Zeitzeugen
Bekenntnisse zu Düsseldorf

Zeitzeugen

Bekenntnisse zu Düsseldorf

Geschenk von Reinbachers 10.05.2001

Grupello Verlag

DAS AUGE LIEST MIT – schöne Bücher für kluge Leser
Besuchen Sie uns im Internet unter: **www.grupello.de**
Hier finden Sie Leseproben zu allen unseren Büchern, Veranstaltungshinweise und Besprechungen. E-mail: grupello@grupello.de

Die Deutsche Bibliothek – CIP-Einheitsaufnahme

Zeitzeugen. Bekenntnisse zu Düsseldorf / Hrsg: Alla Pfeffer.
– 1. Aufl. – Düsseldorf : Grupello Verlag, 2001
   ISBN 3-933749-52-2

1. Auflage 2001

© by Grupello Verlag
Schwerinstr. 55 · 40476 Düsseldorf
Tel.: 0211–491 25 58 · Fax: 0211–498 01 83
Umschlaggestaltung: Thomas Klefisch
Druck: Müller, Grevenbroich
Alle Rechte vorbehalten

ISBN 3-933749-52-2

Inhalt

Vorwort	9
Helmut Hentrich	
Ein Dreivierteljahrhundert in Düsseldorf	11
Aloys Odenthal	
Die Rettung der Stadt Düsseldorf	17
Joachim Erwin	
Mein Marktplatz	22
Marlies Smeets	
Aus dem Rathaus gesehen	26
Rolf Steinhäuser	
Auf dem Stiftsplatz	28
Renate Zilian	
Von Zufällen, vom Stückwerk und dem Ganzen	32
Bernd Dieckmann	
Am 16. Juli 1972	39
Oskar Gottlieb Blarr	
Aus einem Jahr auf Probe wurden 40 Jahre	42
Wieland Koenig	
Das Stadtmuseum – drinnen und draußen	49
Joseph Anton Kruse	
Von Zoo bis Nord: Einige Düsseldorfer Umzüge	51
Bernd Hakenjos	
Immer noch bei Hetjens	58
Gisela Schäfer	
In der Bilker Straße lebt Robert Schumann weiter	64
Volkmar Hansen	
»Mein« Schloß Jägerhof	67
Anna Badora	
Schauspielhaus – zwischen Hofgarten und Innenstadt	72
Wolfgang Arps	
Ein Hamburger in Düsseldorf	77
Wolfgang Reinbacher	
Düsseldorf – wo alles anfing	83
Eva Böttcher	
Rheinallee – Wodanstraße	86

Helmut Ricke
    Ehrenhof – spröder, inhaltsschwerer Solitär   89
Gert Kaiser
    Universitätsstraße 1 – eine besondere Adresse   93
Vittoria Borsò
    Heinrich Heine auf dem Campus
    »Memoiren« und »Visionen 2000 plus«   95
Jürg Baur – Komponist   102
Hans Günter Hofmann
    Goldader an der Georg-Glock-Straße
    Die Bereiche Architektur und Design der Fachhochschule   107
Clemens von Looz-Corswarem
    Düsseldorf – Stadt mit Kurzzeitgedächtnis   111
Bertram Müller
    Über die Anfänge des Tanzhauses NRW Die Werkstatt e.V   116
Peter Haseley
    Aus vielen Schritten wird Kultur   126
Heinrich Riemenschneider
    Altstadt – nicht nur Idylle   131
Monika Voss
    Min Ritterstroß   138
Christiane Oxenfort
    Ich wohne in der Altstadt   142
Günter Tondorf
    Ein Juristenleben in der Düsseldorfer Altstadt   146
Tatjana Kuschtewskaja
    Moskau – Düsseldorf   153
Alexander Nitzberg
    Spinnereien   161
Ursula Gonnella
    Rheinpromenade
    oder das Düsseldorfer »Rheinverständnis« im Wandel   167
Esther Betz
    Die Blumenstraße und die Rheinische Post
    Stationen einer Partnerschaft   177
Manfred Droste
    Martin-Luther-Platz   183
Otto Vowinckel
    Halbe Wahrheiten im Schatten   188
Hanns Friedrichs
    Diese Straße verlangt von dir, etwas an deinem Outfit zu tun   191

Albert Eickhoff
　　Zauberformel aus zwei Buchstaben: KÖ　　　　　　　194
Sophia Willems
　　Redaktion an der Königsallee　　　　　　　　　　　197
Renate von Holenia
　　»Luftige« Erlebnisse in Düsseldorf　　　　　　　　　200
Hilla Schnöring-Peetz
　　Düsseldorfer Eleganz　　　　　　　　　　　　　　206
Hans Schwarz
　　Düsseldorf als Finanzplatz　　　　　　　　　　　　211
Gabriele Henkel
　　Düsseldorf – it's magic　　　　　　　　　　　　　215
Bernd Wiesemann
　　»Bilker« Variationen　　　　　　　　　　　　　　219
Klaus Witzel
　　Arbeitsplatz EVK　　　　　　　　　　　　　　　226
　　Helmut Becker – Auto der Zweite　　　　　　　　　232
Lothar Schröder
　　Kurze Gesänge vor den Toren der Stadt
　　oder: der Bertha-von-Suttner-Platz　　　　　　　　　236
René Heinersdorff
　　Kennen Sie den Josephplatz?　　　　　　　　　　　239
Edmund Spohr
　　Zurück an den Rhein!　　　　　　　　　　　　　242
Jutta Scholl
　　Dreiländereck – auch in Düsseldorf　　　　　　　　259
Ferdinand Scholz
　　Dreieck, in dem ich wohnte – DÜSSELDORF　　　　　264
Karin Füllner
　　»Dies schreibe ich in Urdenbach ...«　　　　　　　　266
Hans-Georg Paffrath
　　Von der Feldstraße zur Königsallee　　　　　　　　271
Peter H. Jamin
　　Die Gartenstraße – Asphaltstraße　　　　　　　　　275
Klaus Pfeffer
　　Empfindsame, teils auch querliegende Gedanken
　　eines kunstsinnigen Stadtwanderers　　　　　　　　279
Olaf Cless
　　Der Streetworker vom Dreieck　　　　　　　　　　289
Wulf Noll
　　Zwischen Pizza und Gyros: Rather Straße　　　　　　294

Marianne Perpeet
   Der Golzheimer Friedhof – einst und jetzt ... 299
Gerd Krumeich
   Golzheim – Und sein Jurassic Parc of History ... 306
Heinz Kalenborn
   Wege nach Golzheim ... 310
Friederich Werthmann
   »Zu-Fall und Notwendigkeit?« (J. Monod) ... 318
Barbara Abedi
   Zooviertel – Dorf in der Stadt ... 323
Alexander Westhoff
   Mein Weg zum Journalismus ... 329
Bruder Matthäus Werner CFP
   Rather Broich, 155 Düsseldorf-Rath ... 337
Hartmut Seeling
   Ein Haus in RATH mit zwei Gesichtern ... 342
Helge Achenbach
   Fortuna – Fußball und Kunst ... 352
Ruth Willigalla
   »... denn da sind ja immer die Zusammenhänge« ... 358
Fritz Aurin
   Meine Halbinsel im Strom ... 365
Horst Landau
   Düsseldorf – subjektiv ... 369
Wolfgang Kamper
   Oberkassel ... 371
Ralf Lingens
   Rundfahrt ... 376
Ulrike Merten
   Nest – Werk ... 380
Astrid Gehlhoff-Claes
   Am Fluß ... 384

Die Autoren ... 387

Vorwort

Kultur entsteht in Schritten, aber nicht von allein. Die treibenden Kräfte sind immer einzelne Persönlichkeiten, die an vielen verschiedenen Punkten ansetzen. In diesem Sammelband geht es um Kultur in Düsseldorf. Zeit- und Ortszeugen aus verschiedenen Generationen kommen zu Wort. Ein vielstimmiger Chor verschiedener Temperamente, Erfahrungen, Aufgabengebiete. Neben Lob und Anerkennung vernimmt man aber auch kritische Stimmen. Ein besonderer Reiz dieses Buches liegt in den autobiographischen Berichten der Autoren über persönliche Umstände, die sie zur Übernahme dieser kulturellen Aufgaben geführt haben.

Manchmal werde ich gefragt, »Wie kam dieses Buch zustande? Hatten Sie einen Auftrag?« Nein, niemand hat mich beauftragt. Die Idee ist dadurch in mir gereift, daß ich beobachtend lebe, daß ich viele Widersprüche sehe, Menschen begegne, die ihre Kraft, ihren Idealismus, ihre Fähigkeiten, ihre Einsicht in Ziele einsetzen, die Kultur schaffen, erhalten, fördern, weitergeben; oft aber auch »Unkultur« verhindern.

Was sind dies für Menschen, die ich ausgesucht habe, einen Beitrag zu diesem Buch zu schreiben, diese Herausforderung anzunehmen? Jeder hier Schreibende hat in seiner Weise Hand an den kulturellen Pulsschlag dieser Stadt gelegt.

Das Buch soll auch jungen Lesern Mut machen, unbeirrt Ideen zu entwickeln, die sie im Laufe der Zeit umsetzen können, Verantwortung zu übernehmen.

Einen Impuls für dieses Buchprojekt hat mir auch die große Zahl positiver Rezensionen, Leserbriefe und Gespräche gegeben, die der 1998 von mir herausgegebene Band »Straßenbilder. Düsseldorfer Schriftsteller über ihr Quartier« ausgelöst hat.

Die Stadt, in der wir leben, sie zwingt uns, Stellung zu beziehen.

Düsseldorf, im Januar 2001 *Alla Pfeffer*

HELMUT HENTRICH

Ein Dreivierteljahrhundert in Düsseldorf

Während ich mich auf der TH (Technische Hochschule) Charlottenburg auf mein Vorexamen im Frühling 1926 vorbereitete, ging mein Vater, der in Krefeld lebte, in Pension. Er fühlte sich aber, trotz seines Alters, noch zu jung, um sich zur Ruhe zu setzen und beabsichtigte, als erfahrener Wasserbauer noch einmal ein Ingenieurbüro zu gründen. Hierfür war Krefeld ja doch nicht der richtige Boden, sondern in Erwägung gezogen wurden Düsseldorf oder Köln. Warum er sich für Düsseldorf entschied, weiß ich nicht, jedoch ging er in Düsseldorf auf Wohnungssuche.

Die Familie war sehr verwöhnt, denn wir bewohnten seit 1908 in Bockum – zwischen Krefeld und Uerdingen gelegen – ein großes Haus mit einem noch größeren Garten. Die Wohnungen in Düsseldorf waren, obwohl es durch den 1. Weltkrieg keine Zerstörungen gab, begehrt und teuer. Schließlich entschied sich mein Vater für eine Wohnung in der Achenbachstraße in unmittelbarer Nähe des Schillerplatzes. Ich erwähnte bereits, daß die Wohnungen teuer waren, und meine Eltern zahlten für diese Wohnung monatlich 600 Reichsmark, was einem heutigen Preis von etwa DM 7.000,– entspräche.

Die Achenbachstraße, im Zooviertel gelegen, war eine Allee, die in einem großen Bogen vom Schillerplatz – der damals noch mit Blumenbeeten ausgestattet war, die dann später aber der schlechten Kassenlage der Stadt zum Opfer fielen – bis zur Grafenberger Allee führte. Einige der dortigen Anwohner besaßen bereits Autos, die aber nachts in Garagen standen und das Straßenbild nicht, wie heute, in unangenehmer Form beeinträchtigten. Uns gegenüber wohnte ein bekannter Modearzt, der sehr viele auswärtige Patienten behandelte, und so standen während der Praxisstunden des öfteren Mercedes- und Maybach-Wagen dort.

Das Zooviertel galt – wie heute noch – als besonders gutes Viertel. Damals waren die Randstraßen um den Hofgarten, wie die Jägerhofstraße, die Goltsteinstraße und die Hofgartenstraße (die heute nicht mehr existiert), die Inselstraße und schließlich die Wasserstraße, die teuersten in Düsseldorf. Diese Straßen sind im wesentlichen in der Mitte des 19. Jahrhunderts mit schönen klassizistischen Reihenhäusern bebaut worden. Mit der Entwicklung der Stadt und ihrem wachsenden Reichtum mußte man, wenn man dort wohnen wollte, zwei nebeneinander liegende schmale Häuser kaufen, um dann dort die großen Einfamilienhäuser, die meistens fünf bis sechs Bedienstete erforderten, nach Abriß der alten Häuser, neu errichten zu können. Diese Häuser, von denen ein großer Teil den Krieg überstanden hat, nach den Entwürfen der Architekten Heinrich Kayser und Karl von Großheim, Berlin, gebaut, sind leider nach dem Krieg der Spitzhacke zum Opfer gefallen.

Diese Art zu bauen war aber nur sehr wenigen reichen Bewohnern möglich, und so entstanden die neuen Wohnviertel wie das Zooviertel, die Cecilienallee bis hin zum heutigen Golzheimer Platz. Der Glanz der teuren Cecilienallee erlosch, nachdem die immer höher wachsenden Kastanien die Aussicht auf den Rhein behinderten. Außerdem brachten das Stadion und die Messe sehr viel Verkehr, so daß aus der ehemaligen Wohnstraße eine wichtige, aber auch laute Verkehrsader wurde.

Noch einmal zurück zum Zooviertel, das in seinem baulichen Ausdruck – auch in Bezug auf öffentliche Bauten wie Pauluskirche und Zoo – die Zeit vor dem 1. Weltkrieg widerspiegelte. Es war ein schönes, angenehmes Wohnen, und mit den Straßenbahnen Nr. 3 und 4, die häufig fuhren, war man mit dem Zentrum gut verbunden. Die Straßen waren still, aber die Kinder der wohlhabenden Eltern spielten niemals auf den Straßen, sondern in den großen, zu den meisten Einfamilienhäusern gehörenden Gärten. An der Grafenberger Allee lagen die großen Einfamilienhäuser der Haniel-Familie mit parkähnlichen Gärten. Auch hier war der Autoverkehr noch gering, so daß die Grafenberger Allee zu den bevorzugten Wohnstraßen gehörte.

Mein älterer Bruder Werner, damals Bergassessor in Breslau, arbeitete außerhalb von Düsseldorf, während mein jüngerer Bruder Erwin in Paris studierte. Aufgrund der Devisenbestimmungen und der sich immer mehr verschärfenden Devisenlage konnte mein Vater die Mittel für seinen dortigen Aufenthalt nicht mehr überweisen, und so mußte mein Bruder zwangsläufig nach Düsseldorf zurückkehren.

Ich hatte, wie anfangs erwähnt, am 1.5.1926 in Berlin mein Vorexamen bestanden, und dieser Tag fiel mit dem Umzug meiner Eltern nach Düsseldorf zusammen. Seitdem bin ich Düsseldorfer Bürger.

1926 war das Jahr der Gesolei-Ausstellung, der ersten großen Ausstellung seit 1902 in Düsseldorf, die ein großer Erfolg wurde. Auch die Bautätigkeit hatte wieder eingesetzt, und Düsseldorf begann sich in relativ kurzer Zeit zu wandeln.

Durch die Weltwirtschaftskrise waren die Preise für Häuser und Grundstücke, die auch noch teilweise durch Hauszinssteuer belastet waren, sehr gefallen.

Als man meinen Eltern dann in Oberkassel in der Düsseldorfer Straße 67 ein Einfamilienhaus anbot, wurde es für damals 30.000 Reichsmark erworben und die Wohnung in der Achenbachstraße gekündigt.

Das Haus in Oberkassel, in der Düsseldorfer Straße, war – wie fast alle anderen auch, ein Normaltyp mit der Küche im Keller, der in Folge des Gartenniveaus und der später aufgeschütteten Straße volles Tageslicht und manchmal auch einen eigenen Zugang zur Straße hatte. Im Erdgeschoß das Eßzimmer, das mit der Küche durch einen kleinen Speiseaufzug mit Hörrohr verbunden war, ein relativ großes Wohnzimmer und ein zur Straße gelegenes Zimmer mit Erker, das gewöhnlich als Salon oder aber als Herrenzimmer genutzt wurde. Im 1. Obergeschoß lagen die Schlafzimmer der Familie; im 2. Obergeschoß die Zimmer für die Bediensteten und für die Gäste. Die Häuser hatten relativ hohe Decken und waren äußerst solide gebaut. Das Haus in der Düsseldorfer Straße, das ich ja heute – nach längerer Pause – wieder bewohne, hat im 1. Obergeschoß noch die alten Fenster und Schlagläden, die nach wie vor – bald 100 Jahre – ihre Funktion gut erfüllen.

Oberkassel war ein mittelständisches Wohngebiet und wurde bevorzugt von Beamten, höheren Angestellten, Anwälten und nicht zuletzt von Künstlern bewohnt. Mittlerweile hat sich das grundlegend geändert, aber die Künstler, da Oberkassel seine bauliche Substanz erhalten hatte, sind dort verblieben. Autos gab es dort wenige, weil das einfach eine Frage des teuren Kaufes und der Unterhaltung war. Autos, noch in vielen Marken vorhanden, waren dort nicht zu Hause, und so wurden mit den Häusern keine Garagen gebaut, was sich heute katastrophal auswirkt. Die damals großen Einfamilienhäuser sind heute fast alle in teure kleine Wohnungen aufgeteilt worden. In diesen Wohnungen gibt es für jeden Besitzer mit Sicherheit ein Auto. Damals gab es vielleicht noch je Haus ein Auto mit Fahrer. Dieses hat leider den Charakter von Oberkassel sehr zu seinem Nachteil verändert. Trotzdem hat es sich heute, nachdem die Randstraßen des Hofgartens fast alle mit Bürohäusern bebaut sind, zu einem besonders bevorzugten Stadtteil von Düsseldorf entwickelt.

Die Düsseldorfer Straße war von Westen her die Zufahrtsstraße zur Oberkasseler Brücke. Der Großmarkt, heute an der Ulmenstraße, entstand erst in den 30er Jahren, und die Bauern aus dem Westen, wie die aus Meerbusch, Büderich und Heerdt, verkauften ihre Produkte auf dem Burgplatz. Ich höre heute noch – mein Schlafzimmer lag zur Düsseldorfer Straße – das Hufgeklapper der Zugpferde, die die Waren der Bauern über die Brücke auf den Markt brachten. Das war sehr störend, aber schließlich gewöhnte man sich daran.

Am Belsenplatz war noch der Bahnhof in Betrieb, der heute – sehr schön restauriert – in ein Restaurant verwandelt worden ist. Am Luegplatz gab es ein gutes Hotel und – wie heute noch – zahlreiche sogenannte Künstlerkneipen. Die Luegallee war im wesentlichen erst auf der Südseite bebaut und damals schon die bevorzugte Ladenstraße in Oberkassel. Die übrigen Straßen, die heute Geschäftsstraßen sind, wie die Dominikanerstraße usw. waren reine Wohnstraßen. Oberkassel war immer ein friedliches Viertel. So hat man dort in der Kristallnacht 1938 keine Möbel auf die Straßen geworfen, und es geht die Legende, an die ich allerdings nicht glaube, daß die Amerikaner damals mit ihren Bombardierungen Oberkassel verschont hätten. Die Kriegsschäden waren in Oberkassel relativ gering und betrafen im wesentlichen die Antoniuskirche und die Sparkasse.

Auf den heutigen Wiesen, südlich der Oberkasseler Brücke, damals Skagerrak-Brücke genannt, war ein großes Freibad, das man vom rechtsrheinischen Ufer mit einem Motorboot als Fähre erreichen konnte. Die berühmte Düsseldorfer Kirmes wurde auch schon damals dort gefeiert, allerdings – im Vergleich zu heute – in einem sehr bescheidenen Rahmen.

Heute ist Oberkassel durch drei Auto- und Fußgängerbrücken mit dem Düsseldorfer Stadtkern verbunden, der sogenannten Brückenfamilie, die neue wichtige Konstruktionsideen brachte, die leider von den Düsseldorfern nicht genügend geachtet wird. Nach ihrem Schöpfer hätte man schon längst eine Straße benennen müssen.

Da Oberkassel sozusagen eine Halbinsel bildet, die Wind und Wetter weit mehr ausgesetzt ist als die Innenstadt, hat sie auch klimatisch einen besonderen Wert.

Die Bautätigkeit an den neu erschlossenen Straßen zur Zeit des Baues der Oberkasseler Brücke, die mit der Ausstellung 1902 verbunden war, hielt sich in normalen Grenzen. Erst in der zweiten Hälfte der 30er Jahre veränderte sich das Erscheinungsbild Oberkassels wesentlich.

Ein sehr beliebtes Ausflugslokal war *Vossen Links*. Es mußte aufgrund eines Wettbewerbes dem Neubau einer Jugendherberge weichen. Dieses wurde auch in der Stadtsilhouette bemerkbar, und eine ganz wichtige Folge war die an der Rheinallee einsetzende Bebauung, die bis dahin nur einige wenige Häuser am Südende aufwies. Dieses geschah aufgrund der Parzellierung des Herz'schen Parks. Die beiden Schwestern Herz, die »Am Heiligenhäuschen« eigene Häuser hatten, ließen den Park, der einige sehr schöne Baumgruppen aufwies, bis zu ihrem Tode unangetastet.

Inzwischen wurde aber auch die Ostseite der Leostraße, in der sich die Garagen und Fahrerwohnungen der großen Häuser am Kaiser-Wilhelm-Ring und Kaiser-Friedrich-Ring befanden, nach Abriß derselben neu bebaut. Dieses setzte sich bis in die Nachkriegszeit fort.

Da mein jüngerer Bruder heiratete und nach Krefeld zog, und ich auch eine eigene Wohnung anstrebte, war das Haus in der Düsseldorfer Straße zu groß geworden. Deswegen beschlossen meine Eltern, es wieder zu verkaufen und zogen in eine Wohnung, in die Malkastenstraße. Durch glücklichen Tausch bin ich dann später wieder in den Besitz des Hauses Düsseldorfer Straße 67 gelangt.

Zu Beginn der Partnerschaft mit Hans Heuser hatten wir im Haus Kaiser-Wilhelm-Ring 1 / Ecke Luegallee eine große Wohnung für unser künftiges Büro gemietet. Da wir aber nicht alle Räume nutzen konnten, bezog ich dort eine kleine Wohnung und zog dann, nach der Erweiterung des Büros, in die Rheinallee 165, in ein von uns für Frau Johanna Poensgen errichtetes Miethaus. Leider ist das Haus durch spätere Umbauten sehr entstellt worden. Durch eine Luftmine, die nahe der Rheinallee fiel, wurde meine Wohnung bereits 1942 ausgeblasen, mein Inventar, leicht beschädigt, konnte ich retten und zog vorläufig zu meinen Eltern in die Malkastenstraße.

Im Frühjahr 1943, also schon nach Stalingrad, erhielten wir den Auftrag zur Errichtung einer Krankenhaus-Sonderanlage für 600 Betten in den Wäldern bei Arsbeck, westlich von Rheydt. Mein Vater als Bauingenieur half, trotz seines hohen Alters, erfolgreich bei der Bauleitung, und die Eltern, die zu dieser Zeit in der Nähe der Baustelle wohnten, kamen zeitweise und auch nur für wenige Wochenenden zurück in die Malkastenstraße. So wollten sie Pfingsten dort verleben und trafen dort am Freitag vor Pfingsten ein. In der Nacht erfolgte der größte Bombenangriff, den Düsseldorf erlebt hat, mit der Vernichtung eines großen Teils der Innenstadt. Bei dieser Gelegenheit habe ich die wichtigsten Straßen der Innenstadt so erlebt, wie es hoffentlich niemals wieder sein wird.

Nachdem das Haus, in dem meine Eltern lebten, lichterloh brannte, brachte ich diese zuerst einmal in einem Luftschutzbunker im Hofgarten, in der Nähe von Schloß Jägerhof unter. Dann machte ich mich auf den Weg nach Oberkassel, wo meine Eltern bei meinem Onkel Max Bürger, dem Bruder meiner Mutter, Unterkunft finden konnten.

In der Malkastenstraße brannten die Dächer; Schloß Jägerhof und das Jacobihaus, die hölzerne Balkendecken hatten, brannten lichterloh; ebenso der Malkasten, an dem ich in Richtung Schadowstraße vorbeikam. An der Ecke Schadowstraße/Tonhallenstraße stand die Tonhalle mit ihrem berühmten Kaiser-Saal ebenfalls in Flammen. Ich ging dann über die Schadowstraße Richtung Königsallee, vorbei an Häusern, die rechts und links von mir in Flammen standen. Die Hitze erzeugte einen sturmartigen Aufwind, so daß ich meinen Hut, der mich vor herabfallender Asche und Glut schützen sollte, festhalten mußte. Als ich die Königsallee erreichte, brannte auch diese – ganz besonders hatte es den östlichen Teil getroffen. An der Ecke Königsallee / Theodor-Körner-Straße brannte der Breidenbacher Hof und der heutige Kaufhof, von dem Architekten Olbrich 1908 erbaut. Ebenso standen das gegenüberliegende Carschhaus und auch das Wilhelm-Marx-Haus lichterloh in Flammen. Glücklicherweise sind der Kaufhof, das Wilhelm-Marx-Haus und das Carschhaus wieder aufgebaut worden und stehen heute unter Denkmalschutz.

Leider wird der nach den Entwürfen von Professor Fahrenkamp angelegte Breidenbacher Hof noch in diesem Jahr abgerissen. Dies ausgerechnet an einer Stelle, an der sich Düsseldorf nach der Jahrhundertwende am charakteristischsten gezeigt hat.

Ich setzte meinen Weg fort über den Hindenburgwall, heute Heinrich-Heine-Allee, vorbei an der alten Kunsthalle und der Oper, die auch in Flammen standen. Am Brückenkopf brannte das alte Planetarium, die heutige Tonhalle, aus.

Nachdem ich bemerkte, daß in Oberkassel offenbar keine Brände entstanden waren, ging ich zurück, um meine Eltern in Oberkassel unterzubringen. Den Weg durch Düsseldorfs Innenstadtstraßen zu diesem Zeitpunkt werde ich niemals vergessen. Es war eine infernalische Götterdämmerung.

Eine Straßenszene im gleichen Jahr ist mir ganz besonders im Gedächtnis geblieben: Im Herbst erfolgte ein weiterer schwerer Luftangriff auf Düsseldorf, der dieses Mal das Zooviertel besonders traf. In der Hallbergstraße hatte ein Freund eine kleine Wohnung, und ich machte mich auf den Weg nachzusehen, ob diese die Nacht überstanden hatte. Von der Inselstraße, wo wir inzwischen ein Refugium gefunden hatten, mußte ich zu Fuß gehen, da die Straßenbahn vorerst den Verkehr eingestellt hatte. Der kürzeste Weg war über die Graf-Recke-Straße, die uns seinerzeit beim Abendspaziergang von der Achenbachstraße in den Grafenberger Wald führte. Sie war um die Jahrhundertwende angelegt worden, eine schöne Allee mit inzwischen hoch gewachsenen Platanen. Hier zeigte sich ein schreckliches Bild der Zerstörung, denn hier waren sehr viele Luftminen gefallen, die die Bäume umgerissen hatten, und die nun kreuz und quer über der Straße lagen. Man kam nur vorwärts, wenn man ständig über zersplitterte und umgestürzte Bäume stieg.

Bei diesem Angriff wurde auch der Zoo zerstört, und die dort verbliebenen Tiere waren nach der Zerstörung in Freiheit. Exotische Vögel, deren Volieren zerstört waren, saßen auf den wenigen noch vorhandenen Bäumen und verlangten lautstark ihr gewohntes Futter. Bei meiner Rückkehr – die besichtigte Wohnung war Gott sei Dank heil geblieben – erlebte ich, trotz des Ernstes der Lage, eine Situation von unwahrscheinlicher Komik: Aus einer Seitenstraße kam ein Rudel Huftiere. Diese übersprangen die umgestürzten Bäume und verschwanden in einem unbewohnbar gewordenen Haus durch die eingedrückte Eingangstüre, um offenbar im Garten nach Futter zu suchen. Sie gingen außerordentlich würdevoll, ja geradezu hochnäsig im Gänsemarsch und verschwanden durch die Haustüre ins Haus, als ob sie dort eingeladen wären. Sonst herrschte auf der Straße Totenstille. Die Bewohner waren offenbar alle noch in der Nacht geflüchtet.

Seit geraumer Zeit wohne ich nun wieder – wie ich bereits erwähnte – in Oberkassel, wo ich mich nicht nur sehr wohl fühle, sondern versuche, an der Entwicklung dieses Stadtteils, soweit es mir möglich ist, noch regen Anteil zu nehmen.

ALOYS ODENTHAL

Die Rettung der Stadt Düsseldorf

Die Liebe zu meiner Heimatstadt Düsseldorf und zu den Menschen überhaupt hatte immer große Bedeutung in meinem Leben. Sie hat mir in der Zeit allergrößter Not und Gefahr den Mut und die Kraft gegeben zu handeln, wie ich es getan habe. Ich konnte nicht anders, und ich bin dankbar dafür.

In Gerresheim wurde ich geboren, wir waren sechs Geschwister. Unsere überaus liebevollen Eltern haben uns nach streng christlichen Grundsätzen geleitet und fürs Leben, für seine Pflichten, Ansprüche und Bedürfnisse, aber auch für den Umgang mit anderen Menschen vorbereitet. Als Beruf wählte ich den des Architekten, den ich nach umfassender Ausbildung Jahrzehnte lang ausgeübt habe.

Mein Vertrauen in das Gute im Menschen wurde zum ersten Mal tief erschüttert, als ich 1935, 23jährig, Hitlers Buch »Mein Kampf« gelesen hatte. Ich las es nicht nur einmal, und mir offenbarten sich Ansichten und Pläne, die nach meinem Verständnis in höchstem Maße menschenverachtend waren. Sie ließen in mir die Ahnung einer Tragödie aufkommen, sollten diese Pläne jemals verwirklicht werden. Die Tragödie kam, unaufhaltsam, getragen von der Mehrheit der Bevölkerung, die die dramatische Tragweite und ihre Konsequenz nicht einzuschätzen vermochte.

1939 begann der Zweite Weltkrieg, über den ausreichend berichtet und geschrieben worden ist. Ich beschränke mich daher auf die Geschehnisse der letzten Kriegstage in meiner Heimatstadt Düsseldorf.

Schon in den Jahren 1937/38 hatte sich in Gerresheim eine Widerstandsgruppe gebildet, der ich mich anschloß. Es war zu der damaligen Zeit schwer, Gleichgesinnte zu finden, da die meisten von Hitler begeistert waren. Zunächst waren wir vier Gesinnungskameraden, später wurde diese Gruppe unter Rechtsanwalt Dr. Wiedenhofen auf 14 erweitert. Vier von ihnen sind jedoch wegen der großen Gefahr wieder zurückgetreten. Es war verboten, sich in Gruppen von 10-12 Personen zu treffen, und so haben wir uns nur in kleinen Gruppen von 2-4 Personen zusammengefunden, immer an einem anderen Ort, und haben die Lage besprochen. Wir suchten die Verbindung zu einem Gleichgesinnten aus der Politik oder dem Polizeipräsidium, und hier hatten wir dann als Vertrauensmann den stellvertretenden Polizeipräsidenten Franz Jürgens gefunden.

Wir waren im guten Sinne eine bürgerliche Gemeinschaft, gingen alle bürgerlichen Berufen nach. Ein politisches Programm hatten wir nicht, im

Gegensatz zu den politisch motivierten Widerstandskämpfern. Unser Ziel war es, mit dem Einsatz der Vernunft einfacher Bürger, das Vaterland vom nationalsozialistischen Joch zu befreien und zu verhindern, daß unsere Stadt mit in den Abgrund gezogen wurde.

Nach Erkenntnis unserer Widerstandsgruppe hatte der Todeskampf der deutschen Nation schon Mitte 1944 sein letztes Stadium erreicht. Die Grenzen in Ost und West waren von den Alliierten bereits überschritten. Nie erlebtes Leid lag über dem Land, endlose Flüchtlingskolonnen mußten ihre Heimat verlassen in Richtung einer ungewissen Zukunft und Bleibe. Unsere Städte waren durch Bombenangriffe schon weitgehend zerstört. Düsseldorf hatte den schwersten von zahlreichen Angriffen bereits in der Pfingstnacht 1943 erlebt, der ganze Stadtteile in Schutt und Asche legte und viele Menschenleben kostete.

Anfang 1945 standen die alliierten Verbände auch vor unserer Tür, sie waren linksrheinisch bis Oberkassel und rechtsrheinisch bis Mettmann vorgestoßen. Unsere deutsche Heeresgruppe um Feldmarschall Model hatte sich in das Gebiet Hubbelrath, Schwarzbach, Ratingen zurückgezogen. Hitler hatte einen wahnsinnigen Befehl erlassen und alle Gauleiter und Armee-Befehlshaber verpflichtet, den Kampf ohne Rücksicht auf die Zivilbevölkerung zu führen, alle Industrieanlagen, Brücken und Eisenbahnen zu sprengen – verbrannte Erde würde zurückbleiben. So sollte auch Düsseldorf bis auf den letzten Mann verteidigt werden.

In dieser Lage sahen wir uns veranlaßt, den damaligen Polizeipräsidenten SS-Brigadeführer Korreng zu überrumpeln und zu verhaften. Diese Blitzaktion ist jedoch an den Gauleiter Florian verraten worden, und er befreite Korreng mit einer kleinen Spezialtruppe. Fünf unserer Mitstreiter wurden verhaftet, einige konnten sich in der Altstadt verstecken. Nur Dr. Wiedenhofen und mir gelang die Flucht. Unser Ziel waren die Alliierten in Mettmann, um sie rechtzeitig aufzufordern, von dem beabsichtigten Bombardement unserer Stadt abzusehen und die Stadt schnellstmöglich einzunehmen.

Polizei-Kommandeur Franz Jürgens, unser Mitverschwörer, hatte für die Bereitstellung eines Polizeifahrzeugs mit Fahrer gesorgt, wir bekamen auch einige Pistolen und die Munition dazu. Der Polizei-Fahrer aber weigerte sich angesichts der veränderten Sachlage, aufs Gaspedal zu treten, und nur durch eine unmißverständliche Geste mit der Waffe konnten wir ihn dazu bringen, Dr. Wiedenhofen und mich durch die zerbombte Stadt bis auf die Hardt zu chauffieren. Auf seine eindringliche Bitte – er habe Frau und Kinder – haben wir ihn dort entlassen unter der Bedingung, unser Vorhaben nicht zu verraten.

Dr. Wiedenhofen und ich machten uns nun zu Fuß auf den Weg. Schon vorher hatten wir entschieden, daß nicht Hilden angesteuert werden sollte – die Straßen dorthin wurden stark von deutschen Truppen kontrolliert –

sondern Mettmann. Auf dem Weg am alten Trinkwasserbehälter vorbei begann die gefährliche Fortsetzung des Abenteuers. Im Wald und auf den noch weitgehend unbebauten Straßen von Gerresheim taten wir so, als gehörten wir nicht zusammen. Aus Angst vor Verfolgern pirschten wir in einigem Abstand durch das Gebiet, wobei ich als Gerresheimer die Führung übernahm.

Der Weg führte uns auch an meinem eigenen Wohnhaus vorbei. Meine Frau trat gerade heraus, um ihre Mutter zu besuchen. Sie wußte natürlich nichts von unserem Vorhaben, ich drängte sie aber, sich mit den Kindern – damals zwei von dreien – bei einer Freundin zu verstecken. Unter Tränen nahmen wir voneinander Abschied.

Es ging weiter die Gerresheimer Höhen hinauf und durch Wälder und Felder, an Häusern und Gehöften teils befreundeter Familien vorbei. Hier, fernab der Stadt, fühlten wir uns endlich etwas sicherer und gelöster, und wir liefen wieder zusammen und sprachen miteinander – wobei sich wieder alles nur um eines drehte: Familie, Freunde, Stadt. Auf der Erkrather Landstraße gelangten wir am späten Nachmittag schließlich nach Hubbelrath. Wir sprachen im Pfarrhaus vor, wo uns Bernhard Petri von unserem Plan abriet, uns noch zu den US-Truppen durchzuschlagen; die Gegend wimmele von deutschen Soldaten. Wir hielten aber nichts von seinem Angebot, uns im Keller oder im Turm seiner Kirche zu verstecken. Jedenfalls war der gute Pastor von unserer Absicht so beeindruckt, daß er eine Flasche Asbach öffnete, die er eigentlich erst nach dem Krieg hatte leeren wollen. Er servierte Kaffee dazu, eine Kombination, die ich heute noch liebe.

Bis wir beiden Widerständler Mettmann erreichten, hatten wir noch einige Abenteuer zu bestehen. Als Dr. Wiedenhofen die in Hubbelrath stationierten deutschen Soldaten aufforderte, das Feuer einzustellen, drohte ihm ein Offizier mit Verhaftung und Standgericht. Bei einer weiteren Patrouille gab ich meinen Freund als Tierarzt aus, der bei einem Bauern die kalbende Kuh versorgen müsse. Zum Beweis zog er eine weiße Kapitulationsfahne aus der Aktentasche: Das Tuch, sagte er, sei für diesen Eingriff gedacht. Mit der Fahne überm Arm und einer von Jürgens unterzeichneten Vollmacht in der Tasche gelangten wir schließlich in Mettmann zu den Amerikanern. Sie empfingen uns mit aufgepflanzten Bajonetten. Es war naheliegend, daß sie uns für Spione hielten.

Nach mehrstündigen Übergabeverhandlungen mit Feldmarschall Petten und seinen Offizieren wurde unsere Bitte, die Stadt Düsseldorf noch heute zu besetzen, abgelehnt mit den Worten: »Kein Tropfen amerikanisches Blut für Düsseldorf! Die Stadt wird heute Nacht 1.10 Uhr mit dem Einsatz von 800 Bombern sturmreif gemacht!«

Wir wurden in einem Einfamilienhaus unter strenger Bewachung und mit ebenso guter Betreuung untergebracht. Die Sorge um unsere Familien und die totale Zerstörung unserer Heimat steigerte sich von Stunde zu Stunde. Der Verzweiflung nahe, kamen wir zu dem Entschluß, eine Petition an das Hauptquartier zu richten mit der Bitte, von einer sinnlosen Zerstörung der Stadt Düsseldorf Abstand zu nehmen.

Unsere Petition hatte Erfolg! Etwa gegen 22.00 Uhr erhielten wir die Nachricht: »Bombardierung vorläufig zurückgestellt. Bereithalten für die nächste Verhandlung!«

In den frühen Morgenstunden des 17. April 1945, etwa gegen 4.30 Uhr, wurden wir abgeholt und nach Langenfeld zum Hauptquartier geführt. Hier erreichten wir nach dreistündigen zähen Verhandlungen, daß die Stadt heute, am 17. April 1945, 15.00 Uhr, mit einem massiven militärischen Einsatz eingenommen wird. Auf großen Landkarten konnten wir ihnen die Wege in die Stadt erläutern. Aber sie waren sich nicht sicher, ob wir sie nicht doch in eine Falle locken wollten, und so stellten sie die Bedingung, daß ich als Ortskundiger die Führung auf dem ersten Panzer zu übernehmen hatte und Dr. Wiedenhofen auf dem zweiten Panzer.

Zwei Panzersperren waren zu beseitigen, dann erreichten wir Eller, die Stadt Düsseldorf und schließlich das Polizeipräsidium. Hier, im Polizeipräsidium, mußten wir erfahren, daß unsere Freunde hingerichtet worden waren. Sie starben im Hof der damaligen Färber-Schule einen sinnlosen Tod und in der Vorstellung, daß unsere Mission gescheitert sein mußte. Fünf Düsseldorfer Bürger, die ihre Stadt vor der völligen Zerstörung retten wollten, wurden noch am 16.4.1945, in der Nacht vor dem Einmarsch der Amerikaner erschossen. Unter ihnen Oberstleutnant Franz Jürgens, der stellvertretende Polizeipräsident.

800 Bomber standen einsatzbereit, unsere Stadt in Schutt und Asche zu verwandeln und ungezählte Menschen einem grausamen Tod preiszugeben. Ich bin dankbar, daß es uns vergönnt war, dies zu verhindern.

Es gibt allerdings auch noch eine Kehrseite. Gelegentlich werde ich von Unverbesserlichen wegen meiner Tat angepöbelt, unflätig am Telefon, ich werde sogar bedroht. Das war in früher Nachkriegszeit besonders schlimm. Acht Tage nach der Rettung unserer Vaterstadt und ihrer Bewohner sagte mir selbst ein Pastor: »Aloys, Du sollst Dich schämen! Wie konntest Du so etwas unternehmen!?« Das tut mir heute noch weh.

Inzwischen bin ich der letzte noch Lebende einer Gruppe von Düsseldorfer Bürgern, die in den letzten Tagen des Krieges vom Schicksal herausgefordert wurden. Am 23.10.1985 ist mir im Rahmen eines bewegenden Festaktes im Plenarsaal des Rathauses das Ehrenbürgerrecht der Stadt Düsseldorf verliehen worden. Diese hohe Auszeichnung und die Würdigung dessen, was wir tun mußten, habe ich stellvertretend und in großer Dankbarkeit für alle meine Mitstreiter entgegengenommen. Ihnen war eine späte Ehrung nicht mehr vergönnt.

Die Namen der Ermordeten leben dennoch in unserer Stadt weiter. Der Platz am Polizeipräsidium trägt den Namen von Franz Jürgens, und im Stadtteil Golzheim sind diesen mutigen Männern die Theodor-Andresen-Straße, die Franz-Jürgens-Straße, die Karl-Kleppe-Straße, die Josef-Knab-Straße und die Hermann-Weill-Straße gewidmet.

Heute, im hohen Alter von fast 89 Jahren, danke ich meinem Herrgott für seine Hilfe in schlimmster Zeit. Er hat mich geführt und mich gleichzeitig beschützt. Möge er unsere Stadt Düsseldorf auch in Zukunft vor Unheil bewahren. Darum bitte ich ihn.

Joachim Erwin
Mein Marktplatz

Meine erste bewußte Begegnung mit dem Düsseldorfer Rathaus – und damit auch mit dem Marktplatz – hatte ich vor fast vier Jahrzehnten. Damals nutzte mein Vater die Gelegenheit eines »Tages der Offenen Tür«, um uns Kindern das Haus der Bürger zu zeigen. Ich war beeindruckt von den Räumlichkeiten. Im Nachhinein scheint mir, als hätte jener Besuch sogar ein wenig zu meinem späteren Entschluß beigetragen, mich der Kommunalpolitik zu verschreiben.

Ich weiß heute nicht mehr, ob und wie mir damals der Marktplatz aufgefallen ist. Gewiß, Jan Wellem hat da natürlich schon auf dem hohen Roß gesessen. Doch der Platz war, im Zeichen der Motorisierung, kaum als Marktplatz wahrnehmbar. Die Altstadt-Besucher fuhren noch mit dem Auto vor. Und wenn die Bolkerstraße zugeparkt war, so wurde eben vor dem Rathaus geparkt. Niemand fand damals etwas dabei.

Ich erinnere mich nicht, wann ich mich zum ersten Male intensiv mit dem gesamten Rathaus-Komplex und dem von diesen Bauwerken so schön eingefaßten Marktplatz grundsätzlich beschäftigt habe. Ich denke, daß dies nicht irgendwann einmal schlagartig geschehen ist, sondern sich in dem Maße vollzog, wie ich meine Vorstellungen zur Stadt und zu Fragen des Städtebaus entwickelt habe. Schließlich müssen auch die Informationen wachsen, die man für die Beurteilung eines solch komplexen und bedeutungsvollen Stadtraums benötigt.

Zusammen mit der Altstadt war auch das Viertel direkt am Marktplatz, die Südseite, im Bombenhagel untergegangen. Anstelle des kleinteiligen Altstadt-Quartiers entstand als erster Schritt der Neugestaltung rund um den Marktplatz der Backsteinbau mit den Säulengängen. Dieser Bau, der eher nach Westfalen oder nach Holstein paßt, wurde 1952 seiner Bestimmung übergeben. Heute ist dort vor allem die städtische Finanzverwaltung untergebracht.

1969 war ein bedeutsames Jahr. Da wurden die elf Jahre vorher vom Rat in Auftrag gegebenen Arbeiten zur umfassenden Gestaltung des Rathaus-Komplexes abgeschlossen. Das alte Rathaus von 1573 und die angrenzende jüngere Alte Kanzlei waren unter Beibehaltung der Fassadenstruktur zu einem Gebäudekomplex verschmolzen worden. Dort wurden die Räume für die Stadtführung und für die städtische Repräsentation geschaffen. Erneuert und in den Rathaus-Komplex integriert werden mußten auch das ehemalige Wohnhaus von Grupello und der wilhelminische Bau aus der Gründerzeit. 1969 wurden diese Arbeiten beendet. Da hatte der Marktplatz seine heutige Form erreicht. Zu diesem Zeitpunkt hatte ich mich als junger Student gerade entschlossen, Mitglied einer Partei zu werden. Ich war der CDU beigetreten.

Es dauerte noch einige Zeit, ehe der Marktplatz dann wirklich wieder wahrnehmbar wurde. Dazu mußte er von ruhendem Blech befreit werden. In den späten sechziger Jahren begannen die Debatten darüber, ob denn die Bolkerstraße Fußgängerbereich werden solle. Die ersten durchweg positiven Erfahrungen mit Düsseldorfs erstem Fußgängerbereich, der Schadowstraße im Abschnitt Blumenstraße/Tuchtinsel, wurden auf die Altstadt übertragen. Doch es gab starken Gegenwind. Das Zurückdrängen des Autos aus bestimmten historischen Bereichen war noch ein ungewöhnlicher Gedanke. Vielleicht veranlaßte mich damals diese Diskussion dazu, mir Altstadt und Marktplatz genauer anzusehen?

Dieser Marktplatz hat Charme. Er ist zu Zeiten entstanden, da der Mensch noch das Maß der Dinge war und Kutsche oder Karren, von Pferd oder Ochse gezogen, die üblichen Transportmittel darstellten. Diese Maßstäblichkeit wurde wieder erfahrbar, als der Marktplatz freigemacht worden war. Er erhielt das Pflaster mit der wellenförmigen Auflockerung, Poller versperrten nun den Autos die Zufahrt. Nun konnte man erstmals wieder den Stadtraum erfahren, den dieser Platz bedeutet.

Markt und Rathaus sind unabdingbare Bestandteile der historischen deutschen Stadt. Ein regelmäßig stattfindender Markt ist eines der ältesten Privilegien einer jeden Stadt. Stadtrechte definierten sich vor allem auch über dieses Recht, Märkte veranstalten zu dürfen. Der Warenaustausch am Ort, das freie Wirken der Kaufleute steht am Anfang des Gedeihens einer jeden Stadt. Das Rathaus wiederum manifestiert bürgerliches Selbstverständnis, hervorgerufen durch die bürgerliche Forderung nach der Regierung der Stadt in eigener Verantwortung und entwickelt unter dem jahrhundertealten Schild der kommunalen Selbstverwaltung.

Für Düsseldorf lassen sich diese Elemente des städtischen Selbstverständnisses wohl gut nachweisen. Unser Rathaus entstand am heutigen Platze bereits 1573. Es ist anzunehmen, daß der Marktplatz gleichzeitig angelegt wurde. Jedenfalls verzeichnen die ersten Stadtpläne, die die Innenstadt sehr genau abbilden, den Marktplatz in seiner heutigen Lage und Gestalt. Die schönste frühe Karte dieser Art ist eine Darstellung »Stadt und Festung« von 1739, die auch »Le Marché« ausweist. Das muß auch so sein, denn bereits 1711 ließ ja Kurfürst Johann Wilhelm II. sein Reiterstandbild auf dem Markt aufstellen. Hofbildhauer Gabriel de Grupello, den er aus Flandern hatte kommen lassen, war am Marktplatz heimisch geworden. Der Kurfürst schenkte ihm 1708 ein großes Haus am Marktplatz. Hier ließ sich der Hofbildhauer nieder, und in einem rechts angrenzenden Gebäude richtete er sich sein Gießhaus ein. In diesem Haus, direkt am Markt, entstand eines der bedeutendsten barocken Reiterstandbilder, das nördlich der Alpen zu finden ist.

Die Stadtakten berichten, daß der Marktplatz seit eh und je besteht und rund 2.400 Quadratmeter groß ist. Dazu kommt die davor verlaufende Marktstraße. Sie wird in Fortsetzung des Marktplatzes mit rund 800 Quadratmetern Fläche angegeben. Eine historische Straße, sagen die Akten aus. Denn im ersten Ortsstatut, das 1877 erlassen wurde, wird die Marktstraße bereits als bestehend angeführt.

Auf diesen reichlich 3.000 Quadratmetern Marktplatz und Marktstraße spielt sich heute immer wieder städtisches Leben ab. Hier erlebte ich die Hochfeste des städtischen Brauchtums, sah St. Martin den Mantel teilen, Hoppeditz aus seiner Sommerruhe erwachen, den Rosenmontagszug defilieren und die Schützen paradieren. Und manchmal werden hier auch Sportler geehrt, beispielsweise wenn die DEG die Spitze erklommen oder Fortuna heute schier unglaublich Erscheinendes zustande gebracht haben.

Als ich 1975 erstmals in den Rat der Stadt einzog, gewann ich eine neue Perspektive – den Blick aus den Repräsentationsräumen der Stadt auf den Marktplatz. Und ich kann sagen, daß dies durchaus eine Erweiterung der Wahrnehmung meiner Heimatstadt ist. Auf dem Marktplatz spielt sich vaterstädtisches Geschehen ab. Und den Martinszug von der Höhe des ersten Stocks zu sehen, ist ein Erlebnis. In spätherbstlich-früher Dunkelheit ziehen die Kinder in endloser Reihe auf den Platz. Fast sieht man nur ihre Lampions, hört jedoch die vertrauten Lieder. Und in dieser Düsternis, erhellt nur von den vielen Kerzen, teilt St. Martin den Mantel.

Seit meiner Wahl 1998 zum Bürgermeister und erst recht nach der Wahl im September 1999 zum hauptamtlichen Oberbürgermeister, erlebe ich eine neue Perspektive. Ich blicke von meinen Amtsräumen auf den für mich schönsten Platz Düsseldorfs, laufe oft darüber und erlebe ihn häufig vom Balkon über dem Haupteingang aus. Dieser Balkon, der auf Geheiß von Kurfürst Karl Theodor Mitte des 18. Jahrhunderts zusammen mit einigen die Repräsentation steigernden Eingriffen in Fassade und Struktur des Hauses entstanden ist, wird oft zum Mittelpunkt des Stadtgeschehens. Und wenn man dann als der erste Repräsentant der Bürgerschaft dort steht und stellvertretend für die Stadt und ihre Menschen Grüße entgegennimmt oder Grüße und Wünsche ausspricht – das ist ein besonderes Gefühl.

Jeder Blick auf den Marktplatz trifft früher oder später auf Jan Wellem. Der Kurfürst hoch zu Roß scheint manchmal über dem fröhlichen Gewoge zu schweben. Ein seltsamer Kontrast: über dem bürgerschaftlichen Mittelpunkt der Stadt ragt ein gekröntes Haupt auf. Da wird dann erkennbar, daß Düsseldorf eben doch eine wichtige Vergangenheit als Residenzstadt hat, eine Vergangenheit, die, wie wir heute wissen, auch eine wichtige Rolle spielte, als die Briten 1946 Düsseldorf zur Hauptstadt des neuen Landes Nordrhein-Westfalen machten.

Also haben wir Jan Wellem viel zu verdanken. Die Düsseldorfer wissen das. Sie fanden es in Ordnung, daß sich der Kurfürst das Denkmal bereits zu Lebzeiten setzen ließ. Sie waren damit einverstanden, daß unter den Preußen der Kurfürst einen ordentlichen Sockel bekam. Und die Düsseldorfer feierten das Ende des Zweiten Weltkrieges erstmals auf ihre Art als heimatstädtisches Volksfest, als der Kurfürst im Spätherbst 1945 auf sein Postament zurückkehrte. 1944 war er zum Schutze vor Bomben in einer Gerresheimer Stollenanlage versteckt worden. Das war der Tiefpunkt in der jüngsten Stadtgeschichte.

Wer im Rathaus an der Spitze steht, darf nicht nur die vergnüglichen Seiten genießen, die dieser städtische Mittelpunkt bereithält. Man muß diesem Platz auch seine ganz besondere Aufmerksamkeit und Sorge widmen, damit er seinen besonderen Wert behält. Dies wurde mir schlagartig bewußt, als am Ende der Übertragung des Rosenmontagszuges 2000 mir jenes Kreuz überreicht wurde, das üblicherweise Jan Wellems Krone ziert. Während der Übertragung war der »Galgen«, der eine Kamera trug, wohl hängengeblieben und das Kreuz war herausgebrochen. Glücklicherweise ging das nur fünf Zentimeter hohe Teil nicht verloren.

Als sich die Nachricht von dem Mißgeschick verbreitete, fand sich auch bald Abhilfe. Der Bildhauer Detlef Krebs, den ich seit vielen Jahren kenne, bot mir an, das Kreuz wieder einzusetzen. Gern nahm ich sein selbstloses Angebot an. Und kaum 14 Tage nach dem Mißgeschick war die Krone des Kurfürsten wieder komplett.

Es ist diese Fülle der Eindrücke, die mir den Marktplatz so wichtig und so wertvoll macht. Dieser Platz ist und bleibt eben ein ganz wichtiger emotionaler Mittelpunkt Düsseldorfs.

Marlies Smeets

Aus dem Rathaus gesehen

Mein Lebensumfeld seit vielen Jahren ist der Bereich um das Düsseldorfer Rathaus. Hier schlägt der Puls dieser Stadt und gibt mit seinem Rhythmus die Lebensabläufe, die Tagesabläufe dieser Stadt wider.

Wenn es morgens noch ruhig ist, so hört man sehr gut stündlich das Glockenspiel auf der Marktstraße. Es erfreut besonders ausländische Besucher und Besucherinnen mit seinem »Bimmeln« – und wenn es tönt »Freut Euch des Lebens« oder »Kein schöner Land«, dann wird es einem »ganz friedlich«.

Später weicht die friedliche Stimmung einer wüsten Geschäftigkeit. Auf den Straßen und Gäßchen rund um das Rathaus fahren Autos und LKWs, um Waren anzuliefern oder Leergut wegzutransportieren. Die Fußgänger und Fußgängerinnen weichen aus, kaufen ein, und es ist sehr geschäftig. Nachmittags, besonders wenn die Sonne scheint, strömen die ersten Besuchergruppen und Flaneure ein. Die einen bestaunen das Rathaus, besonders wenn die schönen Geranien in den Blumenkästen blühen, die anderen suchen die Treppe am Rhein auf, die besonders bei jungen Menschen beliebt ist oder skatern auf der Rheinuferstraße, und viele erobern die Terrassen dort oder auf der Bolkerstraße. Es gibt kaum freie Plätze, und an milden Sommerabenden »brummt und summt« die ganze Altstadt.

Einige Feste rund um das Rathaus, die auch typisch für Düsseldorf sind, gefallen mir besonders:

Am 10. November das Martinsfest. Für mich eines der schönsten, stimmungsvollsten Feste in Düsseldorf. Die Kinder ziehen mit ihren Fackeln rund um das Jan-Wellem-Denkmal. Sankt Martin – noch als Ritter – teilt mit dem Bettler seinen Mantel. Der Marktplatz ist dunkel, die Lampionketten entlang des Rathauses leuchten dunkelrot, und nur die Szene mit der Mantelteilung ist angestrahlt. Die Kinder singen Martinslieder und gehen hinterher in die Geschäfte »gripschen«.

Am 11.11. geht es nicht so stimmungsvoll, sondern lauter zu. Es ist Hoppeditz-Erwachen. Um 11 Uhr 11 begrüßt er vom Rathaus die Närrinnen und Narren, die den Marktplatz bevölkern und eröffnet mit launigen und kabarettistischen Reimen die neue Karnevals-Session.

Karneval, insbesondere am Rosenmontag, ist rund um das Rathaus und in den angrenzenden Straßen der Altstadt »der Bär los«. Für die eingefleischten Karnevals-Jecken, ob kostümiert oder nur mit Papp-Nase, ob mit

Hütchen oder »in Zivil« ist der Rosenmontagszug »Pflicht«. Insbesondere wenn die Sonne scheint, die Narren »gut d'rauf« sind, bringt das Fernsehen das schöne Bild des Marktplatzes, die mit viel Liebe hergerichteten Karnevalswagen und die vielen fröhlichen Menschen in viele Länder Europas.

Ein wunderschönes, traditionelles Fest des Sommerbrauchtums ist das Große Düsseldorfer Schützenfest des St. Sebastianus Schützenvereins von 1316. Wenn am Kirmes-Eröffnungsabend die Schützen mit ihren Gesellschaften zu Hunderten auf den Marktplatz ziehen und den »Großen Zapfenstreich« zelebrieren, dann sind nicht nur die Schützinnen und Schützen stolz auf diese Tradition.

Bei all' dem Trubel, der das ganze Jahr hindurch rund ums Rathaus herrscht, gibt es glücklicherweise auch ruhige Fleckchen mitten in unserer Stadt. Ein solches Fleckchen, das ich sehr liebe, ist der Stiftsplatz an der Lambertuskirche. Hier ist es noch friedlich, und unter den Bäumen herrscht eine Stimmung, die einen innehalten läßt und ruhig und zufrieden macht.

Ich wünsche mir für meine Geburts- und Heimatstadt Düsseldorf, daß die Vielfalt des Lebens rund ums Rathaus mit den vielen gegensätzlichen Festen, mit »Hochs und Tiefs«, mit lauten und besinnlichen Festen noch lange erhalten bleibt, und es weiterhin viele Menschen gibt, die sich dafür engagieren und somit etwas für unser Gemeinwesen und unsere Stadt tun.

Rolf Steinhäuser

Auf dem Stiftsplatz

Knapp vier Jahre ist es her, daß ich in das alte Pfarrhaus im Schatten der Lambertus-Kirche eingezogen bin. Ein geräumiges altes Haus mit bergisch-grünen Fensterläden und dunkelroten Ziegeln. Ein großes Fenster läßt noch die Kutschendurchfahrt in den Hof erahnen. Dort befindet sich jetzt der Garten, ein kleines blühendes Paradies inmitten der Großstadtwüste. Hinter der Gartenmauer fließt die Düssel, die der Stadt ihren Namen gegeben hat, zum Rhein. Wenn ich aus der Haustüre trete, stehe ich mitten auf dem Stiftsplatz.

Vor mir – langgestreckt – die Lambertus-Kirche, die eine ganze Platzseite für sich beansprucht. Sie ist ganz *meine* Kirche. Ich sage das nicht in einem exklusiven Sinne. Anderen gehört sie genauso wie mir. Aber ich habe ein ganz besonderes Verhältnis zu ihr. Stundenlang kann ich sie anschauen. Aus allen Blickwinkeln, die der Platz bietet. Komme ich aus der Müller-Schlösser-Gasse ist es der schlanke Turm mit der gedrehten, schief-verzogenen Spitze, der meine Aufmerksamkeit fesselt. Komme ich aus der Lambertusstraße nähere ich mich ihr von hinten vom Chor her. Dort wirkt sie massig, fast ungegliedert. Der Blick streift über den schönen Anbau von Sakristei und Kapitelsaal und geht weiter zum Turm. Am liebsten stehe ich aber spätabends an den hohen Fenstern meines Wohnzimmers im ersten Stock und schaue auf die angestrahlte Basilika, die sich fast golden vor einem nachtblauen Himmel abzeichnet. Durch das Geäst der Linden auf dem Platz wandert der Blick bis zur goldenen Kugel und dem Wetterhahn auf der Turmkrone. Ich stehe und schaue, bis kurz nach Mitternacht die Stadtverwaltung die Schweinwerfer ausknipst und die Basilika und der Platz in das Dunkel fallen.

Hier am Stiftsplatz, rund um St. Lambertus, hat das Leben dieser Stadt begonnen. Hier standen die ersten kleinen Fischer- und Bauernhäuser um die damals romanische Lambertus-Kirche. Hier war der Mittelpunkt der kleinen Stadt, bis zu deren Außenmauern es nur ein paar Schritte waren. Obwohl im Zentrum gelegen, war der Stiftsplatz nie der Markt der Stadt, sondern ein stiller Friedhof, umgeben von der Kirche und den Wohnhäusern der Stiftsherren. Noch heute gibt es eine Grabkammer unter dem Platz, deren Eingang allerdings verborgen und verschlossen ist. Der Friedhof wurde im Gefolge der Französischen Revolution aufgelassen; still ist der Platz heute noch.

Der Düsseldorf-Besucher, der sich durch die lärmenden Altstadtgassen geschoben hat, der aus dem Gedränge der Kneipen und Straßencafés kommt oder die belebte Rheinpromenade verlassen hat, befindet sich hier auf einmal unvermutet in einer Ruhezone. Die Stille kommt ganz unerwartet, da es nur wenige Meter sind bis zum Getriebe der übervollen Stadt. Man fühlt sich wie im ruhigen Auge des Hurricans. Nur ein paar Schritte und man wird wieder hineingewirbelt in den Sog der Menge.

»Du wohnst wie im Paradies«, sagen meine Besucher. »Ja, aber wie im Paradies nach dem Sündenfall« möchte ich antworten. Die Nase nimmt das Problem als Erste wahr. Es riecht oft streng, besser: es stinkt wie in einer öffentlichen Bedürfnisanstalt. Seitdem die Schamschwelle derart gesunken ist, schlagen viele Altstadt-Besucher ungeniert ihr Wasser an den Hauswänden und Kirchenmauern ab. Wohin auch mit dem ganzen Altbier? Die nächste öffentliche Toilette ist am Rathaus. Schon morgens um sieben, wenn ich zur Frühmesse über den Stiftsplatz ins Theresien-Hospital gehe, ist die Welt nicht mehr in Ordnung. Ich bahne mir einen Weg durch leere Flaschen, Essensreste, Pizzateller und Scherben, die regelmäßig auf den Treppenstufen liegen. Spuren nächtlicher Besucher, die hier fröhlich Mahl hielten, aber das Aufräumen vergaßen.

Wenn dann die Müllabfuhr da war und die Pflastersteine abgespritzt hat, ist der Platz wieder vorzeigbar für die vielen Touristengruppen, die von eifrigen Stadtführern hierher geschleppt werden. Zuerst das Stadterhebungsmonument von Bert Gerresheim an der Gartenmauer, dann ein kurzer Vortrag auf dem Platz, vielleicht ein Abstecher in die Basilika. Manchmal gibt es sogar eine Führung auf Düsseldorfer Platt. Wenn ich dann zufällig über den Platz laufe, werde ich als gebürtiger Kölner zum Gegenstand des Vortrags und eines vergnüglichen Lobes auf die Toleranz der Düsseldorfer, die sogar Menschen aus der anderen Stadt am Rhein bei sich leben lassen.

Besucher aus nah und fern kommen den ganzen Tag. Manche lassen sich durch die geöffneten Kirchentüren verlocken, einen Blick in das Innere der Basilika zu werfen. Orgelklänge, die durch Türen und Wände dringen, scheinen eine regelrecht magische Anziehung zu haben. Nur Gottesdienste »ziehen« noch mehr. Vorsichtig schieben sich die »Seh-Leute« durch die beiden Glastüren, blinzeln in das dunkle Innere und gehen langsam nach hinten bis zum Mittelgang, um einen Blick in das ganze Schiff zu werfen. Ein Eindruck von der Länge eines Vaterunsers genügt den meisten. Dann geht es auf gleichem Weg zurück ins Freie.

Die Altstadtpfarre St. Lambertus ist kleiner geworden, und die meisten Menschen, die hier wohnen, sind »rheinisch-katholisch«. Das heißt die Kirche gehört zu ihrem Leben, aber sie laufen sie nicht ein. Man ist stolz, in St. Lambertus getauft zu sein oder hier zur Erstkommunion gegangen zu sein, aber sonst ist man eher distanziert. Ausnahmen sind das »Krippchen«

gucken zur Weihnachtszeit und das Kerzen anzünden bei der »Maria in der Not«. 60.000 Kerzen brennen hier jedes Jahr vor dem Gnadenbild der Muttergottes und stehen für die vielen Anliegen und Nöte der Menschen. Ein ausliegendes Fürbittbuch kann ganze Geschichten von Not und Bitte, Erhörung und Dank erzählen.

St. Lambertus ist aber nicht nur Pfarrkirche, sondern auch Stadtkirche. In einem kostbaren Schrein ruhen unter dem Pfarraltar die Reliquien des Düsseldorfer Stadtpatrons, des Hl. Apollinaris. Am 23. Juli ist sein Fest. Die Düsseldorfer feiern ihren Patron eine ganze Woche lang. Dann wird der Stiftsplatz zum Festplatz. Vom Lambertusturm wehen die Fahnen in den Stadt- und Kirchenfarben, und die Häuser am Stiftsplatz haben Festschmuck angelegt. Aus jedem Fenster weht ein rot-weißes Fähnchen, und am Pfarrhaus werden bunte Schmucktücher mit Heiligensymbolen angebracht. In das tiefe Festgeläut drängt sich die Blasmusik des heranmarschierenden Schützenregiments. Neugierig stecken die Ministranten ihre Köpfe aus der Sakristeitür, um ja nichts von dem bunten Aufmarsch zu verpassen. Der Stiftsplatz erlebt das eigenartige Schauspiel, wie das Schützenregiment am Vorstand vorbei in die Basilika einmarschiert, um diese flugs durch die Seitentüren zu verlassen und sich entspannt zu einem zweiten Frühstück in die umliegenden Kneipen zu begeben. Um der Ehrenrettung der Schützen willen muß aber gesagt werden, daß der »Durchzug« nachgelassen hat und die Basilika dennoch immer voll von Betern war.

Der Donnerstag in der Apollinaris-Woche ist der Hauptfesttag. Nach dem Hochamt zieht die Reliquienprozession mit den Schreinen der Hll. Apollinaris, Willeicus und Pankratius über den Platz. Auch hier geben die Schützen das Geleit und tragen die Schreine. Dazu ein buntes Bild von Ministranten, Ordensleuten, Mitgliedern von Ritterorden, Priestern und Gläubigen. Betend und singend begibt sich die Prozession auf ihren Rundweg durch die Altstadtstraßen. Auf dem Rückweg dann streifen Blicke wohlwollend über den Bierwagen, der für seinen Einsatz vorbereitet wird. Der Segen noch mit hochgehaltenem Reliquiar, ein brausendes »Großer Gott, wir loben dich«, dann beginnt der gemütliche Teil. 1.000 Schnittchen verschwinden noch bevor man sie richtig wahrgenommen hat, und das Alt fließt in Strömen. Lange noch steht und sitzt man beisammen, klönt über dies und das oder verabredet sich für die Kirmes.

Zum Feiern ist der Stiftsplatz wie geschaffen. Ganz gleich ob für Palmprozession, Osterfeuer, Pfarrfest oder Literaturcafé. Der Platz hat etwas Einladendes und Bergendes. Seine Maße sind menschlich. Man verliert sich nicht wie auf dem nahen Burgplatz.

Der Stiftsplatz ist ein Dorf mitten in der Stadt. Das spürt jeder, der hier wohnt. Man kennt sich, man grüßt sich, man weiß umeinander. Hier ist noch ein echtes Wohnquartier. Die Häuser sind nicht für Großraumbüros entkernt oder für Galerien und Kneipen freigeräumt. Nachbarschaft ist mehr als ein geographischer Begriff. Es gibt noch so etwas wie Nachbarschaftshilfe, und man kann zusammen feiern. Und wie man feiern kann! Die Kehrseite ist die Sozialkontrolle. Der Stiftsplatz ist kein anonymes Wohnumfeld. Hier wissen die Nachbarn wer wen besucht und wer wann geht. Aber wegziehen möchte kaum einer. Wer einmal hier Wurzeln geschlagen hat, den bringt so schnell nichts weg. Der bleibt hier auch in der zweiten und dritten Generation.

Die Altstadt ist kein familienfreundliches Umfeld. Die Wohnungen sind klein oder für Familien unbezahlbar, die Wohnbevölkerung überaltert. Da ist es mir gleich aufgefallen, daß sich in diesem Sommer etwas verändert hat: Sobald das Wetter es zuließ, waren Kinder auf dem Stiftsplatz. Ganz unübersehbar; es gibt wieder Kinder hier. Manchmal sind es acht oder zehn, die da Dreirad fahren oder Roller, mit Kreide auf dem Kopfsteinpflaster malen oder Fußball spielen. Die Kinder haben ihre Mütter mitgelockt. Manchmal ist es wie in Italien. Da sitzen die Mütter auf mitgebrachten Stühlen vor der Haustüre und sehen den Kindern beim Spielen zu. Und dazwischen erzählen sie sich die neuesten Geschichten vom Leben rund um den Stiftsplatz.

Zugegeben, andere finden anderes schöner, einer Hochglanzmetropole angemessener. Aber mich hat der Stiftsplatz mit Düsseldorf versöhnt.

RENATE ZILIAN

Von Zufällen, vom Stückwerk und dem Ganzen

Ein Ball fiel in den Garten. Er landete im Gras und rollte direkt vor meine Füße. Nun ist das wohl nichts Ungewöhnliches, wenn man in einem Viertel Düsseldorfs wohnt, in denen die Häuser Vorgärten haben. Aber hier, in meinem kleinen Garten, der zur Pfarrwohnung in der Wagnerstraße gehört, im Karree zwischen Schadowstraße, Wagnerstraße, Liesegangstraße und Klosterstraße, umgeben von hohen Geschäfts- und Bürohäusern, überbauten Garagen und Lagerräumen, der Ritter-Passage und dem Fitness-Studio, wo der Straßenlärm kaum hineindringt, dafür das Summen der Klimaanlagen den Ton angibt, die Musik der Ballett-Schule ihre Einlagen spielt und sich zu ihren Zeiten die Glocken der Johanneskirche, der Marienkirche und des »Klösterchens« lautstark einmischen und die Stadt zum Beten einladen, da läßt so ein Ball, der einem vor die Füße fällt, doch aufmerken.

Es ist Sonntagnachmittag. Ich blicke auf den Ball und folge der möglichen Flugroute mit meinem Blick. Er wandert durch das dichte Geäst der Birke und geht sieben Stockwerke am gegenüberliegenden Bürohaus entlang bis zur Hausmeisterwohnung. Sollte der Ball dort aus dem Fenster gefallen sein?

Ich kenne den Hausmeister und kenne ihn doch nicht, wie ich andere Hausmeister, die in meinem Pfarrbezirk wohnen, kenne, in der Liesegangstraße, Immermannstraße, Karlstraße und Schadowstraße. In meiner Kartei habe ich bisher keinen Namen unter der Hausnummer in der Klosterstraße finden können.

So kennen wir uns vom Blick aus dem Fenster. Blick-Kontakt-Kennen. Es kann passieren, daß man jahrelang Blickkontakt hat und aneinander vorbeigeht. Es kann aber auch sein, daß man eines Tages anfängt, einander zu grüßen.

So war es bei dem älteren Mann, dem ich immer wieder begegnete, meistens auf der Schadowstraße, manchmal in der Wagnerstraße. Jedes Mal sah ich in sein helles, freundliches Gesicht, er sah in meines, und so gingen wir mitten im Straßengewühl aneinander vorbei. Wir kannten uns und kannten uns doch nicht.

Eines Tages beschloß ich, ihn zu grüßen. Er grüßte zurück, und so ging es einige Monate, bis er starb. Völlig unerwartet, im Sessel, an einem Vormittag, als seine Frau zum Einkaufen war. Als das Telefon bei mir klingelte und seine Witwe mich bat zu kommen, da erkannte ich ihn wieder. »Bitte, würden Sie ihn beerdigen?! Es war sein Wunsch. Er sagte, als wir einmal über den Fall unseres Todes sprachen: ›Von dieser Pfarrerin will ich einmal beerdigt werden. Sie ist so nett.‹« Wir nahmen betend Abschied, und mit dem Einverständnis meines katholischen Kollegen hielt ich die Trauerfeier. Seine Frau ist heute aktiv in unserer Gemeinde. Ich möchte sie nicht mehr missen im Gottesdienst und in unseren Kreisen.

Der Blickkontakt mit dem Hausmeister von gegenüber war anders. Da war mehr Abstand zu überbrücken. Er blickte von drüben, oben, in mein Fenster unten in der ersten Etage. Ich blickte von unten nach oben in sein Fenster unter dem Dach.

Manchmal sah ich ihn, manchmal seine Frau, manchmal ein Kind. Bei mir gab es nicht viel zu sehen. Ein Schreibtisch vor dem Fenster, Bücherregale, Sessel, Sofa, ein Besprechungstisch. »Früher«, so wird er mir später erzählen, »da war mehr los«. Mein Vorgänger hatte eine große Familie. Da war mein Dienstzimmer das Eßzimmer.

Mit meiner Single-Existenz vertrete ich eine andere große Gruppe, die unsere Innenstadt bevölkert. Wo früher Familien wohnten, wohnen heute ein oder zwei Personen im selben Haushalt. Zehntausende haben in den letzten Jahrzehnten das »Quartier« des Gemeindegebietes verlassen, das die City, die Altstadt und einen Teil Pempelforts umfaßt. Kinder gibt es nur wenige. Junge Berufstätige und solche im mittleren Alter fühlen sich dagegen im Quartier wohl, schon immer auch und immer mehr die Senioren.

Ob jemand den Ball holen würde? Ich war gespannt. Es verging nicht lange Zeit, da klingelte es an der Haustür. Eine Frau stand davor und hatte ihre Tochter dabei. Sie stellte sich als die Frau des Hausmeisters vor und bat mich um den Ball. Wir nutzten die Gelegenheit zu einem kurzen Gespräch. Ich erfuhr, daß sie katholisch war.

Dann vergingen einige Jahre. Da begegnete ich erstmals ihrem Mann. Ich weiß nicht mehr bei welcher Gelegenheit. Nur an das Gespräch erinnere ich mich. Seine Frau war inzwischen gestorben, so erfuhr ich. Seine Tochter war aus dem Haus. Sein Leben hatte sich radikal verändert. Ich fragte ihn, ob er auch katholisch sei. »Nein«, sagte er, eigentlich bin ich evangelisch. Das heißt, meine Eltern waren evangelisch und unsere ganze Familie. Wir Kinder wurden alle entsprechend erzogen. Meine Eltern waren sogar sehr fromm und gehörten einer freien evangelischen Gemeinde in Ostpreußen an. Meine Geschwister ließen sich erst als Jugendliche und junge Erwachsene taufen. Nur ich fühlte mich noch nicht so weit. Und dann kam der Krieg und nach dem Krieg der Neuanfang hier in Düsseldorf. Es ergab sich einfach nicht mehr. Jetzt bin ich ja wohl zu alt.« Und in dem letzten Satz lag eine Frage. »Ich habe gerade jemanden aus der Wagnerstraße mit 70 Jahren getauft«, sagte ich. »Sie wären nicht einmal der erste.« Er war erstaunt. »Ich will es mir überlegen.« Von da an besuchte er die Gottesdienste und interessierte sich für das Gemeindeleben, mit dem er bisher keinen Kontakt gehabt hatte.

Die Frau, die ich mit 70 Jahren getauft hatte, war eine langjährige Mitarbeiterin eines Textilkaufhauses. Sie wohnte mir schräg gegenüber. Ihre frühere Wohnung, das heißt den Balkon ihrer Wohnung sieht man nur, wenn man in der schmalen Wagnerstraße über die schmucklose Fassade des Kaufhauses fast senkrecht nach oben schaut und die Balkonkästen entdeckt.

Die stark gesicherte Haustür öffnete sich so leicht nicht. Um in die Wohnung zu gelangen, mußte man sich gedulden und möglichst vorher anmelden. Auch der Aufzug folgte nicht automatisch dem Befehl eines Nichtbefugten bis in die oberste Etage. Aber das kenne ich auch von anderen Geschäfts- und Bürohäusern im Zentrum. Die oft einzigen Wohnungen in einem großen Gebäude gleichen manchmal Bastionen. Wassergraben und Zugbrücke sind nichts dagegen.

Wird man eingelassen, dann hat man oft einen schönen Blick über die Stadt: Fernsehturm, Brückenpfeiler, Hochhaustürme und die Kirchtürme, die sich im Stadtbild noch immer behaupten, auch wenn sie sich in ihrer äußeren Größe den Geldhäusern beugen müssen.

Und immer wieder ist da der Turm der Johanneskirche, mit der sich die rundherum Wohnenden Evangelischen identifzieren. Und es ist ihnen nur schwer vermittelbar, daß ihre Kirche nicht mehr der nach dieser Kirche benannten Innenstadtgemeinde gehört, sondern als Stadtkirche nun alle evangelischen Gemeinden Düsseldorfs repräsentiert.

Hier in den Wohnungen über der Stadt ist das Gedächtnis noch lebendig, wie es einmal war in Düsseldorf. Da wohnen noch Geschäftsleute, die ihrem Standort bis in das Alter treu geblieben sind. In ihren Erzählungen wird das Düsseldorf vor dem Krieg anschaulich. Als nicht nur die Schadowstraße und die Kö erste Adressen waren, sondern auch in den Straßen in Bahnhofsnähe, in der Karlstraße und Graf-Adolf-Straße, das Geschäftsleben pulsierte. Konditoreien, Metzgereien, Restaurants, Modegeschäfte, Lampengeschäfte, Textilhäuser. Hinter ihren Namen standen Familien. Ich hörte von viel Arbeit, aber auch von der Freude am Leben in dieser Stadt und ihrer Kultur. Konzertsäle, Oper, Theater, Tanzsäle. Es war die Zeit, als die Künstler der Akademie ihre Farben noch im Geschäft in der Oststraße kauften und mit dem Geschäftsinhaber Freundschaft pflegten.

Und da wird auch die Kriegszeit immer wieder vergegenwärtigt, die Bombennächte, in denen das Aufgebaute in Schutt und Asche versank. Und immer wieder sind es Geschichten starker Frauen, die noch in den Trümmern die Geschäfte wieder aufnahmen, die mit ihren Kindern in den rohen Mauern der Häuser wohnten und die mit ihren zurückgekehrten Männern zusammen Hand anlegten, um das Zerstörte wieder aufzubauen. Da ist unvergessen, wie Geschäftsleute einander halfen in den Notzeiten. Und lebenslange Freundschaften zeugen davon.

Einer und eine nach der anderen sind in den vergangenen Jahren gestorben. Die letzten Zeugen dieser Zeit. Noch kenne ich ihre Namen und ihre Gesichter, die Gesichter der Männer oft nur von Fotos. Noch denke ich an sie, wenn ich an ihren Häusern vorbeikomme. Noch setzt sich aus Erinnerungsstücken ein Eindruck vom Ganzen zusammen. – Was wird danach sein? –

Nur ganz am Rand tauchen manchmal auch die Namen jüdischer Geschäftsleute auf. Meist aber legt sich Schweigen über sie. Im Jahr 1988, 50 Jahre nach der Reichspogromnacht, wurden die Vorsitzenden der Presbyterien vom Superintenenten aufgefordert, in ihrem Herbstbericht darüber Auskunft zu geben, was über die Ereignisse vor und nach dem 9. November 1938 in der Gemeinde bekannt ist, und nach Möglichkeit auch jüdische Zeitzeugen zu befragen, die vielleicht noch im Gebiet der Gemeinde wohnen.

Von einem ehemaligen Presbyter wurde mir der Name eines Gemeindegliedes genannt. Ich kannte die sympathische, stille Frau, die in der Wagnerstraße wohnte. Sie kam regelmäßig in die Gottesdienste, sie gehörte einem Frauen-Abendkreis an, und ich hatte sie an Geburtstagen besucht. Daß sie jüdischer Abstammung war, hatte ich vorher nicht gewußt. Nie hatte sie darüber gesprochen, noch irgendeine Bemerkung darüber gemacht, daß sie selbst Opfer des Nazi-Terrors gewesen ist.

Ein wenig beklommen brachte ich die Rede auf die Ereignisse der Nacht 1938. Ich wußte nicht, wie sie reagieren würde. Ich wollte ihr nicht zu nahe treten. – Sie begann zu erzählen: Es war 2 Uhr nachts, 10. November 1938. Zwei Lastwagen hielten vor dem Haus in der Wagnerstraße. Der Name der Familie wurde hinausgeschrien in die Nacht, und ihre Eltern und sie wurden davon aus dem Schlaf gerissen. Kurz darauf schlugen SA-Leute die Haustür ein und drangen bis in die Wohnung vor. Sie gingen zu den Fenstern und ließen die Jalousien herunter. Dann begannen sie mit ihrer Zerstörungsarbeit vor den entsetzten Blicken der Familienangehörigen. Sie zertrümmerten das gesamte Mobiliar. Sie gingen mit perverser Gründlichkeit zu Werke. Auch persönliche Gegenstände und Erinnerungsstücke wurden bis zur Unkenntlichkeit zerstört. Dann verschwanden sie.

Noch in der Nacht packte die Familie ihre Koffer und zog zu Verwandten in der Stadt. Der Schock über die Ereignisse hielt Tage an. Wenig später setzte sich die Familie nach England ab und kehrte erst nach dem Krieg wieder zurück.

Die sonst in sich ruhende Frau begann zu weinen, als sie das erzählt hatte. Sie mußte sich erst wieder fassen und fügte dann noch eine Szene an. Vor einem Haus in der Graf-Adolf-Straße standen am Nachmittag des 10. November 1938 Menschentrauben um einen Schuttberg. Wie in vielen Straßen Düsseldorfs waren die Trümmer der Wohnungseinrichtung jüdischer Haushalte aus dem Fenster geworfen worden. Eine Frau kramte in dem Berg nach persönlichen Gegenständen. Sie hielt einige gerahmte Fotos in der Hand. Mit dem Stiefel wurden sie ihr aus der Hand getreten.

Die Erschütterung über das Entsetzliche war leiblich zu spüren und erfaßte mich beim Zuhören, das Gefühl der Ohnmacht von damals, der Schrecken, der Schmerz, die Scham. Dennoch war in ihrem Erzählen kein Zug von Bitterkeit oder Haß zu spüren. Sie hatte ihren Weg gefunden, mit dem Erlebten umzugehen. Und ich verstand nun vieles besser: ihr zurückgezogenes Leben etwa. Auch ihre Zurückhaltung im Verhalten und in dem, was sie sagte, konnte ich nun einordnen. Sie gab sich nicht nach außen zu erkennen. Das hatte sie für ihr Leben gelernt. Ihre zuvorkommende Freundlichkeit hatte auch den Aspekt des Schutzes nach außen.

Nein, ihr Name sollte nicht genannt werden, sagte sie zum Schluß. Sie hatte auch nach ihrer Rückkehr nach Düsseldorf noch Anfeindungen erfahren. Und sie fürchtete, daß die Glut des Antisemitismus in unserem Land wieder angefacht werden könnte.

Sie lebt nicht mehr. Aber immer wieder, wenn ich an ihrem Haus in der Wagnerstraße vorbeikomme, denke ich an sie und halte ihre Geschichte in meinem Gedächtnis wach.

Eines Tages rief mich der Hausmeister von gegenüber an und teilte mir mit, daß er sich taufen lassen wolle. Wir trafen uns zu vorbereitenden Gesprächen, auch in seiner Wohnung in der siebten Etage. Ich blickte von oben nach unten, über die Baumkronen hinweg und den wilden Wein und großblättrigen Efeu, der über Mauern und Hauswände rankt, die Wendeltreppe vom Garten hinauf bis zu meinem Balkon in der ersten Etage. Ich blickte durch mein Fenster bis in das Arbeitszimmer hinein.

Und ich hörte Geschichten von Ostpreußen, von Glauben und Hoffnungen, von Not und Vertreibung, vom Neuanfang hier in Düsseldorf, wie ich sie ähnlich schon oft in den Häusern der Innenstadt gehört habe. Ob Pommern, Schlesien, Westpreußen, Ostpreußen, Sudetenland, alle ehemaligen deutschen Ostgebiete sind in unserer Stadt vertreten.

»Meine Eltern kommen auch aus Ostpreußen«, dieser Satz war für mich oft ein Türöffner, wenn ich Gemeindegliedern noch fremd war. Und sofort veränderte sich das Gespräch, es war auf einmal eine Verbundenheit da. Da mußte vieles nicht mehr erklärt werden. Städte, Landschaften, und wo sie lagen, Bilder und Karten an der Wand, die Erzählungen von den klirrendkalten Nächten, als sich der große Treck über das zugefrorene Haff in Bewegung setzte, spät, zu spät für viele, die dort versanken oder im Bombenhagel auf sinkenden Schiffen ins Meer gerissen wurden. Die Geschichten von Hunger und Angst und wunderbarer Hilfe. Die Liebe zur verlassenen Heimat, in der Mensch und Landschaft sich gegenseitig geprägt hatten, die Lieder. Und die Geschichten der Männer, vom Wahnsinn des Krieges, vom Grauen an der Front, von abenteuerlichen Wegen zurück in die Heimat oder entbehrungsreichen Jahren der Kriegsgefangenschaft in Sibirien oder anderswo. Vom Wiederfinden und von Stationen bis hierher nach Düsseldorf.

Ein guter Boden ist Düsseldorf für sie gewesen. Nicht nur das Haus des Deutschen Ostens in der Bismarckstraße, nicht nur die vielen großen Heimattreffen der vergangene Jahrzehnte zeugen davon. Auch Düsseldorfer Heimatvereine haben sie längst als die Ihren angenommen, die sich hier neu verwurzelt haben und ihre neue Heimat liebgewonnen haben, die einbrachten, was sie mitbrachten: Bodenständigkeit und Treue, Ehrlichkeit und Tiefsinn, Verläßlichkeit und Fleiß. Und das verband sich aufs Beste mit der Lebensfreude und Offenheit des Rheinländers, dem Sinn für Feste, Tradition und Gemeinschaft.

Die Taufe fand in einem Abendgottesdienst in der Neanderkirche statt. Der Schritt hatte ihn Mut gekostet. Er hätte sich lieber im Hintergrund gehalten. Aber nun wollte er zum Abschluß bringen, was er sich immer vorgenommen hatte. Ich begegnete ihm noch oft, in den Gottesdiensten, am Skattisch im neu entstandenen Kirchencafé in der Johanneskirche, beim Austragen der Gemeindebriefe, am Mittagstisch im Foyer. Ich war traurig, als er uns mitteilte, daß er wegziehen würde, um in der Nähe seiner Geschwister zu wohnen. Er wollte im zunehmenden Alter nicht allein sein.

Ich kann das verstehen. Denn in unserer Stadt kann man sehr einsam sein. Immer häufiger kommt es vor, daß ich als einzige auf dem Friedhof hinter einem Sarg hergehe. Selbst dann, wenn Verwandte noch leben oder Nachbarn da sind. Aber da sind Kontakte eingeschlafen, da war einer »komisch« oder sonderbar, führte ein Einsiedlerdasein mitten in der Stadt.

Und sie werden immer jünger, an deren Tod keiner mehr Anteil nimmt, und deren Grabnummer mir in die Hand gedrückt wird, weil kein anderer da ist. Entwurzelung und Heimatlosigkeit sind eine neue bedrückende Wirklichkeit in den Großstädten, auch in unserer Stadt.

Früher dachte ich immer, wenn mir einer sagte, er wohne auf der Kö oder am Martin-Luther-Platz: »Das stimmt ja gar nicht.« Heute sehe ich das anders. Sie sind dort zuhause, weil sie – aus welchen Gründen auch immer – zur Zeit kein anderes Zuhause haben. Und ich hoffe für diese Stadt, daß sie nicht von dort vertrieben werden.

Ich weiß nicht, warum ich immer an jene kleine, zierliche, alte Frau denke, die in der Bismarckstraße in einem winzigen Appartement wohnte. Vielleicht, weil sie dort zwar wohnte, aber ihre Heimat woanders war. Es war die Welt der Oper, in der sie lebte. Die hatte sie seit ihrer Kindheit geprägt. Ihr Vater war Musiker. Die Opernmusik und der Kontakt zu den Musikern war ihr das Schönste und Größte auf dieser Erde.

Je älter sie wurde und je einsamer sie wurde, desto mehr lebte sie in ihrer geliebten Welt der Musik. Die Beziehungen zu anderen waren ihr nicht so wichtig. In den Altenclub kam sie nur noch zu besonderen Programmpunkten, bei interessanten Reiseberichten etwa. Dann flog sie dort ein, saß dabei und gehörte doch nicht dazu und flog wieder davon. Später kroch sie davon. Denn das Gehen war beschwerlich geworden.

In ihrem Keller lagerten Noten meterhoch. Und in ihrem Wohnraum türmten sich gefüllte Koffer, Taschen und Kartons bis zur Decke. Es gab kaum noch Platz für die wenigen Möbel, geschweige denn zum Durchgehen. Über allem lag dicker Staub, und in dem kleinen Küchenteil stapelte sich immer das Geschirr. Wenn ich zu Besuch kam, war sie hoch erfreut und erzählte mir von früher. Zur Feier ihres Geburtstages öffnete sie einmal eine Flasche Traubensaft. Das Verfallsdatum, das ich erspäht hatte, lag schon lange zurück. Und das Glas in meiner Hand trug Spuren langen Unbenutztseins. Ich mochte sie nicht enttäuschen, als wir miteinander auf ihr Wohl tranken. Immer seltener sah ich sie. Immer schmaler und gebrechlicher wurde sie und immer einsamer.

Als der Hausmeister sie nach den Osterfeiertagen tot auffand, lag sie auf dem Boden hinter der Eingangstür neben ihrem Einkaufswagen. Als ich sie sah, auf ihrem Bett liegend, kam mir ihr toter Körper vor wie eine Hülle, die einer abgelegt hat. Sie hatte sie zurückgelassen wie all das andere, was dort lag. Eine Zeit lang zu gebrauchen.

Was bleibt? Am Ende sind es »Glaube, Liebe, Hoffnung, diese drei ...« hat Paulus einmal geschrieben (1. Korintherbrief Kap. 13, Vers 13). Aber die Sätze davor sind für mich das Kostbarste, das ich über all das Erlebte, Erkannte, Geglaubte und Gehoffte legen kann, und dann kann ich auch das Stückwerk, alle unauflösbaren Rätsel, alles noch nicht Verstandene und nicht Gewußte stehenlassen. Und alles hat doch seinen Sinn, seinen guten Ort, wird ihn haben. Es heißt dort: »Wir sehen jetzt durch einen Spiegel ein dunkles Bild; dann aber von Angesicht zu Angesicht. Jetzt erkenne ich stückweise; dann aber werde ich erkennen, wie ich erkannt bin.«

Kürzlich traf ich den Hausmeister, den ich getauft hatte, zufällig in der Wagnerstraße, als er wieder einmal in Düsseldorf war. – War es Zufall, daß er durch die Straße ging? Ich vermute, nicht. Aber daß ich in diesem Moment gerade aus dem Haus kam, schon. Und ich erzählte ihm von diesem Kapitel, das ich schreiben wollte.

Bernd Dieckmann
Am 16. Juli 1972

Der 16. Juli 1972 war mein erster Arbeitstag als Beigeordneter und Kulturdezernent der Landeshauptstadt Düsseldorf.

Viermal war ich in früheren Jahren in dieser Stadt und hatte nie daran gedacht, daß sie einmal die Stätte meines Wirkens sein würde. Immer waren es Kunstausstellungen gewesen, die mich nach Düsseldorf gelockt hatten.

Der Ausstellung von Edwin Scharff 1956 galt der erste Besuch. Ich kannte diesen Künstler und seine Arbeiten aus meiner Heimatstadt Münster und insbesondere jene 1945 bis 1949 geschaffene große Kirchentür für die Klosterkirche Marienthal bei Wesel. Pfarrer Winkelmann, der Anreger und geistige Gestalter dieses kleinen gotischen Klosterkirchleins mit Kunst dieses Jahrhunderts, machte mich neben Edwin Scharff auch bekannt mit Künstlern aus dem Düsseldorfer Raum, die wie er während der Zeit des Nationalsozialismus Malverbot hatten, nicht ausstellen oder verkaufen durften, wie Jupp Rübsam, Johan Thorn Prikker und Heinrich Campendonk.

Bei meinem ersten Besuch in Düsseldorf bummelte ich auch über die Kö und war erstaunt – nicht fasziniert – über die Eleganz der flanierenden Damen und die teuren Auslagen der Geschäfte. Von einem späteren Besuch einer Ausstellung in der alten Kunsthalle am Grabbeplatz ist mir in Erinnerung geblieben, daß in mehreren Räumen Eimer und Wannen standen, um das von der Decke tropfende Regenwasser aufzufangen.

Im Vorfeld meines Dienstantrittes in Düsseldorf besuchten meine Frau und ich das Hochamt in der Lambertuskirche. Hier fand meine erste Begegnung mit dem Brauchtum statt. Der Festgottesdienst am Stephanientag erinnerte an die Förderin der Schützen, Stephanie von Hohenzollern-Sigmaringen, die spätere Königin von Portugal. Mit Fahnen und Musik zogen die Schützen vom Kirchplatz ein – mehrere zogen auf der anderen Seite gleich wieder heraus zur benachbarten Kneipe.

Bei meinem Dienstantritt war Schützenfest. Zu meinem großen Erstaunen waren die Dienststellen am Montagnachmittag geschlossen. Ich nahm bei strahlendem Sonnenschein an dem traditionellen Empfang der Schützen im Rathaus und auf dem Rathausvorplatz teil. In Erinnerung ist mir auch der erste Besuch des Schützenfestes auf den Oberkasseler Wiesen vor jener traumhaften Kulisse der Altstadt Düsseldorfs auf der anderen Rheinseite.

Mein erstes Büro war auf der Andreasstraße im preußischen Erweiterungsbau des alten Jesuitenstiftes neben der Andreaskirche. Dem Büro gegenüber lag das durch die Blechtrommel von Günter Grass weltbekannte *Csikós*, das *Kom(m)ödchen*, und auch andere Künstlerkneipen waren in unmittelbarer Nachbarschaft. Ich habe in dieser Zeit das Alt und die Altstadt kennen und schätzen gelernt.

Mit meiner Frau und meinen drei Kindern fand ich leider in Düsseldorf nicht das gewünschte Häuschen mit Garten. So zogen wir nach Büderich. Diese Entscheidung habe ich nie bedauert, da die Fahrt ins Büro, aber noch mehr die Fahrt am Abend aus dem Büro nach Hause schöner kaum sein kann: In dem Buch von Ingrid Bacher »Das Paar« heißt es: »Wenn ich über den Rhein nach Hause fahre, fällt alles von mir ab.« So habe ich es empfunden, wenn ich über die Oberkasseler Brücke fuhr, und der Blick über den Rhein mit den großen Rheinschleifen schweift und das linksrheinische Vorfeld mit den Wiesen und Pappeln sich weitet.

Auch das Sträßchen über Lörick nach Büderich durch die Felder und Gärten hat seine Reize. Mit 60 km/h kam man immer schnell zum Ziel, und auf dem Weg lockte im Sommer auf der Hin- und Rückfahrt das Freibad Lörick.

Mein zweites Büro in Düsseldorf lag auf der Heinrich-Heine-Allee im Gebäude der alten Reichsbank. Ich schaute in die großen Platanen der Heinrich-Heine-Allee, die später dem U-Bahn-Bau weichen mußten, und in den Hofgarten. Er ist ein Kleinod im Herzen der Stadt, um das Düsseldorf von mancher Stadt beneidet wird.

Der Veranstaltungszyklus »Rund um den Hofgarten« zeigte den Hofgarten als Park im Mittelpunkt zwischen den meisten Kultureinrichtungen der Stadt einschließlich Oper und Schauspielhaus. Erholung und Kulturangebote verbinden sich hier in einmaliger Weise.

In der Kunsthalle, die mit ihren Ausstellungen als Zentrum aktueller zeitgenössischer Kunst aus aller Welt immer über Düsseldorf hinaus ausstrahlte, konnten wir mit dem Kunstbeirat in der Ausstellung »Nachbarschaft« 300 Düsseldorfer Künstler vereinen, wobei die Zahl nicht nur beeindrucken sollte, sondern auch deren vielfältige Handschrift. Die Kunstszene wird in Düsseldorf oft zu wenig wahrgenommen.

Als ich wegen des Umbaus der Kunstsammlung Nordrhein-Westfalen aus meinem Büro im Gebäude der alten Reichsbank ausziehen mußte, war ich froh, daß entgegen der Planung der Architekten dieses Gebäude unter Denkmalschutz gestellt und integriert wurde. Es setzt heute städtebaulich einen wesentlichen Akzent an der ansonsten von Nachkriegsarchitektur nicht immer einfallsreich geprägten Heinrich-Heine-Allee.

Ich zog in das 2. Obergeschoß über der Gaststätte »Goldener Ring« am Burgplatz. Aus meinem Fenster schaute ich auf die Düssel, die unweit in den Rhein mündet, und deren Einmündung an dieser Stelle die Stadt wesentlich ihre Gründung verdankt. Ich schaute gleichzeitig auf St. Lambertus, dieser im Verhältnis zu anderen Domen bescheidenen, aber besonders im Inneren nicht minder schönen Düsseldorfer Kirche am Rhein.

Durch ein anderes Fenster sah ich durch eine Baulücke den Rhein und die Kniebrücke. Die Bedeutung dieses europäischen Stromes und seine früher oft trennende und nach dem Zweiten Weltkrieg verbindende Kraft zwischen den Völkern wollte die Stadt in ihrem Jubiläumsjahr mit einer großen internationalen Ausstellung in den Mittelpunkt stellen. Leider hatte der Rat nicht den Mut dazu, sich zu diesem Projekt zu bekennen und die Kosten aufzubringen. Es blieb bei einer Ausstellung über die Düssel. Vielleicht hätte man heute anders entschieden, nachdem Düsseldorf durch die Tieferlegung der Rheinuferstraße an den Rhein gewachsen ist, und nach dem Fortzug der Bundesregierung von Bonn nach Berlin als Landeshauptstadt am Rhein und als Rheinanlieger im Wirtschaftszentrum Rhein-Ruhr und der grenzübergreifenden Region an Bedeutung gewonnen hat.

Aber auch nach ein paar Jahren ging es von hier wieder weiter in den Ehrenhof, in das einzige in seinem Äußeren erhaltenen Gebäude von der großen Kunst- und Gewerbeausstellung 1902, das als Café und Restaurant errichtet worden war. Die Front des benachbarten Kunstpalastes wurde für die Gesolei durch den Architekten Wilhelm Kreis 1926 beseitigt, wobei die Strukturen des Gebäudes im Inneren erhalten blieben.

Über 20 Jahre wurde über den maroden Kunstpalast diskutiert: Sanierung oder Neubau waren die Fragen. Am Ende meiner Amtszeit 1991 stand ein Wettbewerb, der nicht realisiert wurde.

Joseph Beuys mochte diesen Ehrenhof mit seiner Monumentalität, aber auch mit seiner Offenheit gegenüber dem Hofgarten und dem großräumigen Innenraum. Die Verschlossenheit des Baus gegen den Rhein ist sicherlich aus der Zeit seiner Entstehung kurz nach dem Abzug der Franzosen aus Düsseldorf und nach der Beendigung der Besetzung des Rhein- und Ruhrgebiets verständlich. Der Rhein wurde noch als umkämpfter Fluß zwischen Deutschland und Frankreich gesehen. Das kam auch zum Ausdruck in den Kriegerdenkmälern, die in Düsseldorf nach dem Ersten Weltkrieg entlang des Rheins errichtet wurden. Ein Denkmal zierten sogar revanchistische Sprüche zum Rhein hin.

Heute ist dieser Strom »der europäische Strom«, der zu dieser Stadt paßt, die weltoffen ist und sich manchmal im Überschwang »Tochter Europas« nennt. Er schenkt den Düsseldorfern an beiden Seiten seines Ufers in reichem Maße Arbeitsplätze und gleichzeitig Erholung und Freude.

Oskar Gottlieb Blarr

Aus einem Jahr auf Probe wurden 40 Jahre

Der 1. April 1961 war mein erster Tag im Dienst als Kirchenmusiker in Düsseldorf. Ich kam aus Niedersachsen, wohin ich gegen Ende des Krieges aus meiner Heimat Ostpreußen geflüchtet war, wo ich in Hannover per Abendgymnasium das Abitur nachgeholt, wo ich Kirchenmusik und Schlagzeug studiert, meine erste Organistenstelle gehabt und meine Frau kennengelernt hatte.

Nach Düsseldorf war ich gewissermaßen verkuppelt worden. Zwei befreundete ältere Herren – der Pfarrer und Essayist Prof. Hans-Jürgen Baden aus Hannover und der Pfarrer der Johannes-Kirchengemeinde Dr. Dr. Paul Seifert – hatten den Deal eingefädelt. Freilich hatte ich gute Gründe, bei diesem Arrangement mitzuspielen, denn in Düsseldorf gab es einmal eine damals berühmte neue Orgel und einen kapriziösen und ambitionierten Musikmeister an der Johanneskirche: Professor Gerhard Schwarz. Von ihm wurden Wunderdinge erzählt, und es war viel Munkelns um ihn gemacht worden; z. B. »Sektkübel neben der Orgel«, »Spielt Renaissance-Musik mit Saxophonen«, »Hat eine Jazz-Band gegründet«, »Feiert Orgien im Turm«, »Alle modernen Komponisten, wie Fortner und Henze, gehen da ein und aus«, »Hat Freunde mit viel Geld« usw. Ich fand das alles spannend und dachte: auch wenn ich im Grunde ein kleiner Pietist und Jesus-Fan aus Ostpreußen bin, zu lernen gibt's da was. Zudem sollte Gerhard Schwarz über Kontakte nach Paris verfügen und dort zu Olivier Messiaen, für mich schon damals ein magischer Name, denn bei ihm wollte ich meine Studien komplettieren und meinem eigentlichen Lebensziel näherkommen: ein guter Komponist zu werden.

Die Johannes-Kirchengemeinde hatte mich nach kurzem Probespiel bei Meister Schwarz berufen – so einfach ging das damals –, und ich hatte eine abenteuerliche »Dienstanweisung« unterschrieben, die mich rein sachlich als Assistenten des alternden Meisters Schwarz bestellte und zugleich als ersten Kantor der Neanderkirche in der Altstadt, jener Kirche, die erst 1960 nach längerer Restaurationszeit wieder geöffnet worden war, und von der ich hörte, sie sei die älteste evangelische Kirche in Düsseldorf, und ihr Namenspatron sei Joachim Neander, der berühmte Liedermacher und Schöpfer des Liedes »Lobe den Herren, den mächtigen König der Ehren«. Ich sollte alles machen, wozu der berühmte Chef keine Lust oder keine Zeit hatte: Schulgottesdienste spielen, Taufen und Trauungen, Noten aufräumen, Cembalo, Klavier und Orgel stimmen, den Kinderchor betreuen, den Posaunenchor auf Vordermann bringen, im Frauen-, Männer- und Altenkreis Lieder einüben, die synodale Bibliothek verwalten und im Urlaub des Chefs seine Katze »Minki« betreuen, füttern, Katzenklo usw. Komischerweise hat mich das alles nicht verdrossen, denn ich diente einem berühmten Herrn, und der setzte im Gegenzug nahezu unbegrenztes Vertrauen in mich: Er übergab mir den Bau der neuen Orgel der Neanderkirche, die eine »Europa-Orgel« werden sollte, er stellte mich unverzüglich als Dozenten für »Rhythmus-Lehre« in der Landeskirchenmusikschule an, ließ mich Stimmproben machen in seiner Hauskantorei, der sogenannten Evangelischen Chorgemeinschaft, und unterstützte mich in der Gründung eines eigenen Chores für die Neanderkirche, der ein ganz normaler Gemeindechor sein sollte. Daneben akzeptierte er ein mehr oder weniger geheimgehaltenes Kompositionsstudium bei dem damals berühmtesten Kompositionslehrer im Rheinland, Bernd Alois Zimmermann, an der Hochschule in Köln. Wie ich das alles schaffte, weiß ich nicht, aber es ging irgendwie.

Mein erster Wohnsitz war das Hotel Uebachs in der Leopoldstraße. Dann bekam ich eine Bude im Wilhelm-Schreiner-Haus in der Schützenstraße 56, wo Pfarrer Dr. Erich Dietrich residierte und das Gemeindezentrum im Osten der Pfarrei leitete. Dr. Dietrich kam aus Lodz und war so etwas wie der Patron aller evangelischen Heimatvertriebenen aus dem Osten. Und da ich auch »aus dem Osten« kam, setzte auch Dr. Dietrich volles Vertrauen in mich und unterstützte mich bei der Gründung des Gemeindechores mit nahezu slawischer Vehemenz: möglichst groß sollte der Chor sein und möglichst laut und möglichst einfach singen: Dietrichs Ideal war die Musik von Dimitri Bortniansky; sein musikalischer Hausgott, dem er täglich am Klavier huldigte, war Frédéric Chopin. Zwei Namen, die ich kaum kannte und wenn überhaupt, dann eher als Antipoden der Musik, die mir durch Erziehung und Neigung wichtig war. Ich war ganze 26 Jahre jung, und man hielt mich für lernfähig und formbar, ich dagegen fühlte die Zukunft auf meiner Seite in Sachen einer neuen Kirchenmusik, wie sie mir in Stunden einsamer Erleuchtung vorschwebte: Mein Ideal war eine friedliche Koexistenz von alten Meistern, wie Isaac, Schütz, Bach und neuer Musik, z. B. Messiaen, Strawinsky und dem, was ich zunächst noch heimlich komponierte und eine Koexistenz von sogenannter ernster Musik und populärer Musik, zum Beispiel Jazz, Spirituals und Gospels. Denn ich war überzeugt, daß die afroamerikanische Musik zum authentischen Ausdruck unserer Zeit gehörte, mithin auch in einer kommenden Kirchenmusik von Wichtigkeit war.

So ging ich nächtens, zunächst noch unbeweibt, einsam durch die Straßen zwischen Schützenstraße und Bolkerstraße in der Altstadt und dachte: Es muß doch möglich sein – obwohl mein skeptischer Meister mich immer wieder vor der hiesigen Banker- und Händlermentalität gewarnt hatte –, es muß doch möglich sein, junge Leute zu finden, die meine Philosophie teilten und sich um mich scharen würden.

So kam der 5. Mai heran, an dem der Chor der Neanderkirche gegründet werden sollte. Die ganze Gemeinde, damals noch 23.000 evangelische Menschen, war eingeladen, jung und alt, man sollte den jungen Kantor besehen, der mal gerade fünf Wochen in Düsseldorf war und von dem gestreut worden war, er sei vielversprechend. Meine wunderbare Küsterin Anna Kunze – Gott hat sie bestimmt sehr selig – hatte in ihrem Bekanntenkreis sogar kühn verlauten lassen, der neue Kantor sei eine Kanone, und die Chorgründung würde ohne Frage ein großer Erfolg werden. Es kam aber anders. Von den eingeladenen 23.000 Leuten kamen ganze zwölf, drei davon schrieben sich in die Chorlisten ein. Von denen waren zwei gänzlich untauglich, der dritte, ein Regierungsrat Udo Steinborn singt heute noch mit. Wir waren also zwei. Immerhin. Der alte Schwarz sagte mir: »Siehste, hab ich doch gewußt!« Dr. Dietrich dagegen ermunterte mich mit dem Jesus-Wort: »Wo zwei oder drei versammelt sind in meinem Namen, da bin ich mit dabei.« Und wenn ich mich trauen würde, meine Freundin aus Hannover zu heiraten, würden wir drei sein. Na bitte! Dann ging die Sache mit dem Chor, allen Pessimisten zum Trotz, gut voran. Anfang Juni traten wir schon im Gottesdienst auf. Pfarrfrau Seifert nebst Tochter Barbara – 13 Jahre jung – hatten sich zu uns gesellt, hatten nur die Bedingung gestellt, ich müsse einen Blockflötenkreis eröffnen; so sangen wir zu Blockflöten- und Triangelbegleitung »In dir ist Freude, in allem Leide«. Es dauerte nicht lange, da konnte ich die erste Bach-Kantate aufs Programm setzen. Es war die Nummer 79 »Gott, der Herr, ist Sonn und Schild«. Das geschah zum Reformationsfest 1962 in der Johanneskirche. Meine Gemeinde – von Hause aus notorisch sparsam – hatte dem Chor ein Stereo-Tonbandgerät geschenkt, ganz üppig, ein Grundig TK 56 mit Mikrophonen, Stativen und Lautsprecher. Wir nahmen alles auf, hörten uns begeistert vom Band, und wer am 5. Mai 1961 dabeigewesen war und dem Braten nicht traute, sagte jetzt »Donnerwetter, wer hätte das gedacht!« Der Chor war jetzt an die 50 Leute groß, wenig später wurden es 80, und ich konnte an die Umsetzung meiner Träume gehen.

Ostern 1963 brachte ich im Hauptgottesdienst meine im Unterricht bei B. A. Zimmermann entstandene »Osterperikope« zu Gehör, eine Art Messiaen-Verschnitt mit Vogelstimmen, viel Schlagzeug und Jubelschraube im Chor. Dr. Dietrich war von der Lautstärke der Darbietung beeindruckt, regte aber nachdrücklich an, meine Vorbilder hinfort weniger im Westen – Paris – zu suchen, sondern besser bei den orthodoxen Chören, moderne Grenze sei etwa Rachmaninow. Ich gelobte Besserung und fügte für spätere Aufführungen meiner Osterperikope einige satte A-Dur-Akkorde hinzu und wies den wohlmeinenden Freund darauf hin, daß ich vom Osterbild des

Matthias Grünewald inspiriert worden war, und Grünewalds Helligkeit sei nun mal A-Dur. Im Übrigen soll dem Vernehmen nach auch Rachmaninow den A-Dur-Akkord regelrecht geliebt haben. Ab da war ein Schlupfloch für die neue Musik in der Neanderkirche gefunden, und alles, was dann kam mit dem jährlichen Zyklus »3 MAL NEU«, mit meinen abendfüllenden Oratorien JESUS-PASSION (1985), JESUS-GEBURT (1991) und OSTERORATORIUM (1996), auch die Messiaen- und Strawinsky-Feste zusammen mit Almut Rößler, hatten für mich hier begonnen.

Wenige Wochen nach dem Osterfest 1963 kam ein anderer denkwürdiger Tag. Himmelfahrt! Der eher preußische Pfarrer Dr. Dr. Seifert hatte meine zweite Liebe, nämlich die zur Gospelmusik mitbekommen und schlug mir vor, einen »Gottesdienst für junge Leute« zu machen. Das sollte am Himmelfahrtsmorgen um acht Uhr sein, wenn sowieso keiner in die Kirche ging. Ich hatte das in Düsseldorf bekannte Spiritual Studio mit Lutz Nagel eingeladen, den St. John's Jazzmen hatte ich einige Choralsätze geschrieben, und auf der gebrechlichen Interimsorgel steuerte ich unter anderem meine Transkription der Vendôme-Fuge des Modern Jazz-Quartett bei. Die Werbung bestand in einer klitzekleinen Notiz in der evangelischen Wochenzeitung DER WEG. In der Gemeinde – die ja eher konservativ zu nennen ist – gab es keine diesbezügliche Werbung. Wie staunten wir aber, als die Kirche lange vor acht Uhr schon bis oben voll war – damals gab es noch da, wo heute die große Rieger-Orgel steht, eine zweite Empore. Noch einige Jahre später fuhr man mit Bussen zu den »Gottesdiensten für junge Leute« in die Neanderkirche in die Altstadt. Die heftigen Gegenstimmen »Negermusik in der Neanderkirche«, »Jagt den Blarr mit der Hundepeitsche in die Puszta« – ja, ja, so Kühnes konnte damals noch im WEG veröffentlicht werden – schwiegen bald, denn wir hatten ja keine simple Show gemacht, sondern richtigen Gottesdienst mit Gebet, Lied, Bibellesung, Predigt und Vaterunser. Und vor allem: die Kirche war voll wie Weihnachten, und das mit jungen Leuten, und das am Himmelfahrtsmorgen.

Es gab dann die Fernsehvesper zum Erntedankfest 1965 mit der prima Predigt des alten Pastors Quaas, 1968 den Bittgottesdienst für die von der Sowjetunion okkupierte CSSR mit dem unvergessenen Dieter Linz von der Thomaskirche. Musiker vom Orchester Kurt Edelhagen machten mit, Inge Brandenburg sang und Knut Kiesewetter. Und als ich für diese Musik keine liturgischen Partner mehr hatte, zog die Jugend mit mir in die Bergerkirche, die 1967 wieder aufgebaut worden war. Uwe Seidel und Pater Diethard Zils von den Dominikanern hatten den ökumenischen Arbeitskreis gegründet. Da ging die Sache mit den neuen Gottesdiensten, jetzt »oekumenische Beatmesse« genannt, weiter. Von den neuen Liedern, die damals entstanden sind, ist inzwischen eine ganze Reihe ins neue Gesangbuch gekommen. Der Chor der Neanderkirche hat das alles rührend mitgemacht, war bei den evangelischen Kirchentagen bis 1981 dabei, zum Teil vertreten durch »Oscars Kirchenmäuse«, die sich auf diesen populären Sound spezialisiert hatten – übrigens: Andreas Schmidt, heute weltweit gefeierter Bariton, war einige Semester bei den Kirchenmäusen dabei.

Ein drittes Schlupfloch mit erheblichen Folgen ist noch in der Neanderkirche gebohrt worden! Im Juni 1965 wurde die Orgel der Neanderkirche eingeweiht. Ursprünglich sollte es eine kleine Kiste mit 24 Stimmen werden. Der alte Gerhard Schwarz hatte aber klug die Weichen gestellt für eine ausgewachsene Europa-Orgel, die typische Stimmen aus Deutschland, Italien, Spanien und Frankreich vereinigte. Die Baugeschichte ist ein Roman für sich. Die Gemeinde und der damalige Präses Dr. Krause zogen letztlich voll mit. Der Chor sammelte Geld, ich schrieb ein Stück für das Haus Sack – Maschinenfabrik – und bekam dafür DM 10.000 für die Orgel. Großmutter Henkel – Henkel-Chemie – gab 10.000, 10.000 auch Nils von Bülow von der Gerresheimer Glashütte. Auch Freund Erbslöh und die Brauerei ZUM UERIGE halfen Orgelbauen. Es war – natürlich – nicht Düsseldorfs größte Orgel, aber Düsseldorfs interessanteste. Sie hat seitdem auch allerhand erlebt: jährlich 13 bis 14 SOMMERLICHE ORGELKONZERTE, bei denen 400 Zuhörer keine Seltenheit sind. Mit den Kollekten werden Orgelbauten oder Reparaturen dort unterstützt, wo Geldmittel wesentlich knapper sind als hier: in Polen, Litauen, Jerusalem, Chile und in der ehemaligen DDR. An dieser Orgel wurde der erste Schallplattenpreis für Düsseldorf geholt »Bartok auf der Orgel«, und 1998 gab es das Festival »Orgelpunkt Europa« mit zehn Spielern aus sieben europäischen Ländern.

An der Neanderorgel hat es aber auch heimliche Nächte gegeben, als Lou Bennet oder Eugen Cicero im Anschluß an ihre Auftritte im DOWN TOWN in der Mertensgasse, heute ein Klamottenladen, mit mir in die Neanderkirche gingen und bis zum Morgengrauen weiterspielten. Dort hatte auch Barbara Dennerlein, das blonde Blues-Wunder, auf dem Festival Düsseldorfer Altstadtherbst ihren Auftritt und Holger Clausen, der Jazz-Professor aus Kaarst. Hier hatten Joseph Beuys und Maurizio Kagel sich getroffen, um heimlich eine verrückte Schallplatte zu produzieren.

Jetzt sitzt der neue Neander-Kantor, Jung-Genie Martin Schmeding, an der Orgel und setzt meine Arbeit fort, und er tut es mit schier unglaublichem Nachdruck. Eben noch hat er mit dem Neanderchor einen gewaltigen »Elias« dirigiert, zwei Tage später gewinnt er einen kniffligen Orgelwettbewerb in Lüneburg. Kurz darauf hämmert er zwei dicke Orgelbrocken – B-A-C-H. von Reger und Sigfrid Karg-Elert – in die Tasten, um zwei Wochen später alle sechs Trio-Sonaten von Bach in einem Konzert zu spielen. Wer macht ihm das nach? Möge er noch ein Weilchen im Hinterhof der Neanderkirche bleiben, dort wo einst Joachim Neander um 1674-79 die reformierte Lateinschule leitete und mit seinen Jesus-Freunden in jenem Tal bei

Düsseldorf seine neuen Lieder sang, das dann um 1830 seinen Namen bekam, und wo der Schulmeister Fuhlrott 1856 den prähistorischen Schädel fand und den Fund »homo sapiens neandertaliensis« nannte. Möge mein Nachfolger noch einige Jährchen bleiben an Old Neander, wo schräg gegenüber auf der Bolkerstraße ein anderer Liederdichter, Heinrich Heine, geboren wurde und in die auf dem Neanderhof gelegene Kinderschule ging, siehe Heines »Romanzero«; wo auf dem Turm die städtische Feuerwache tags und nachts bis etwa 1860 wachte und 1928 die Düsseldorfer Revolutionäre sich verbarrikadiert hatten, und wo bis zum Ersten Weltkrieg der christliche Jungmännerverein jährlich zweimal erbauliche Theaterstücke aufführte.

Bruchstücke dieser historischen Facetten haben mich wohl auch angehaucht und angeregt in meinen 38 Jahren in Old Neander, in der Altstadt zwischen Bolkerstraße und Andreasstraße in Düsseldorf am Rhein.

Jetzt wohne ich – nach 25 Jahren neben der Neanderkirche – seit 1987 in der Poststraße, neun Gehminuten vom trauten Hinterhof entfernt. Ist aber auch nicht schlecht. In St. Max kann ich meinem Hang zur Ökumene frönen. Um die Insel kann ich joggen, sogar durch den Rosengarten und um den Teich. Wenn nur nicht die Hunde und Hündlein, zum Teil von weit her – mit Verlaub – zum Abkacken herbeigekarrt würden – es könnte fast das Paradies sein. Und historische Facetten gibt es auch hier: Clara Schumann wohnte in der Nr. 25 und Johannes Brahms auf der Ecke Poststraße/Haroldstraße. Brahms soll auch im Vor-Vorgängerhaus unserer Nr. 19 gewohnt haben, aber das kann auch ein Gerücht sein. Jedenfalls haben die großen Romantiker mich nicht daran gehindert, hier meine drei Sinfonien zu schreiben, die beiden letzten Oratorien und als bisher letztes die erste Nachkriegs-Oper eines Düsseldorfers »Josef Süß Oppenheimer – genannt Jud Süß«, die am 6. September 2000 in Düsseldorfs Kreuzkirche Premiere hatte.

Blicke ich auf nun bald 40 Jahre Düsseldorf zurück, kann ich nicht mekkern und möchte all denen entgegentreten, die Düsseldorf ein musenfeindliches Klima anhängen wollen. Der zugewanderte Frosch Blarr mußte anfangs wohl strampeln, aber bald hatte er unter sich den sprichwörtlichen Klumpen Butter gespürt: Nach meinem Studienjahr 1980-82 in Jerusalem wurde ich Lehrbeauftragter an der Robert-Schumann-Musikhochschule; 1990 gar Professor. 1982 druckte der Triltsch-Verlag meine Liebeserklärung an meine neue Heimat »Orgelstadt Düsseldorf«. Der musisch interessierte Düsseldorfer Rotary-Club Pempelfort wählte mich 1989 zum Mitglied. Meine Landeskirche ernannte mich 1974 zum Kirchenmusikdirektor. Das Land Nordrhein-Westfalen gewährte mir 1994 ein Rom-Stipendium.

Mit Chor und Orchester der Neanderkirche konnte ich Reisen nach Israel, Polen, Island und Italien machen. Es ergaben sich fruchtbare Kontakte zur Insel Hombroich und die Freundschaft zu dem Künstler ANATOL, dessen Kunst ich fast hemmungslos gesammelt habe. Sogar die Tonhalle hat sich meiner Musik in fünf großen Konzerten geöffnet. Nein, ich kann wirklich nicht meckern.

Nur die Bastion Opernhaus steht noch als große Aufgabe vor mir. Und sollte ich doch noch zu Geld kommen, dann würde ich helfen, das Kleinod der im Krieg verbrannten Teschemacher-Orgel in der Bergerkirche wieder aufzubauen und auch aufzubauen das alte Haus vor der Neanderkirche an der Bolkerstraße, da, wo Heinrich Heine in die Kinderschule ging, und – nachdem das herrliche Haus »Kurfürst« von 1640 in der Flingerstraße erst jüngst vordergründigen kommerziellen Interessen sträflich und kurzsichtig zum Opfer fiel – das Düsseldorfer Schloß wieder aufzubauen. Was wäre das für eine Freude, wenn Düsseldorf wieder ein Schloß am Rhein bekäme! Es sieht im Augenblick nicht so aus. Aber wer weiß: manche Träume werden wahr. Und was wären wir ohne Träume, die zu Ideen werden und die Welt lebenswerter machen?

WIELAND KOENIG

Das Stadtmuseum – drinnen und draußen

In Düsseldorf gibt es wohl keine Straße und sicherlich keinen Platz, an denen mein Herz besonders hängt. Aber ich habe Wege quer durch die Stadt, die ich liebe: so zu den Werken von Bert Gerresheim: Heine Monument, Nepomuk, Kreuz an der Rochus Kirche etc. Eine Strecke, die man selbst in der eigenen Arbeit zu gestalten versuchte.

Alla Pfeffer bat mich Ende Oktober im Heinrich-Heine-Institut um diesen Beitrag. Da dachte ich gleich an den Beginn meiner Arbeit im Stadtmuseum.

Die Düsseldorfer Jonges hatten die Idee, der Stadt ein Heine-Monument, geschaffen von Arno Breker, als Geschenk anzubieten. Es gab schon eine Foto-Collage im »Tor«: dieses Denkmal auf dem Gustaf-Gründgens-Platz vor dem Schauspielhaus. Wenn es dazu gekommen wäre, hätte ich meinen Job an den Nagel gehängt.

In Gerresheim stand ein altes jüdisches Bethaus. Da es in ihrer Zeit nicht mehr genutzt wurde, rissen die Nazis es nicht ab. Jetzt – Anfang der 80er Jahre stand es Neubauplänen im Weg, wir konnten es nicht retten. Mit Nazi-Parolen beschmiert, ging es in Flammen auf.

Wir wußten, daß wir verstärkt über die letzten Jahrzehnte deutscher und Düsseldorfer Geschichte arbeiten mußten. Dazu brauchten wir Platz für Forschung, Sammlung und Veranstaltungen: der dritte Bauabschnitt an der Berger Allee, ein Eingriff in eine Düsseldorfer Straße. »Als Halbjude wollen Sie nur ein antifaschistisches Museum«, wurde mir entgegengeschleudert. – Unser Haus steht längst mit Hilfe vieler Politiker, Verwaltungsmitarbeiter und Mitbürger.

Wir griffen wieder in die Straße ein: 1989 – 50 Jahre nach Ausbruch des Zweiten Weltkriegs – hatten wir an der Fassade des alten Palais Spee im Dezember eine Installation: der Tod als Weihnachtsmann, der aus seinem Sack Granaten und Giftmüllfässer verlor. Ich mußte mich vor dem Kulturausschuß verteidigen, denn ich hätte die religiösen Gefühle der Düsseldorfer beleidigt.

Man hatte wohl nicht daran gedacht, daß der Weihnachtsmann eine Konsumfigur aus dem 19. Jahrhundert ist. – Konsum ist manchmal heilig in unserer Stadt. – Im Haus hatten wir Installationen zur Waffenproduktion in Düsseldorf und ihre Lieferung in Krisengebiete.

Wir gingen 1998 wieder auf die Straße und zeigten vor dem Museum die große Plastik des angesehenen polnischen Bildhauers Max Biskupski »Ecce homo«, ein gemarterter, zerstückelter, nackter Mann an einem Kreuzbalken. »Sie perverses Schwein, wir beklagen uns bei Pfarrer Moonen«, tobten Frauen und Männer.

Wir schickten eine Foto-Ausstellung mit Düsseldorfer Ansichten, also auch Straßen, in unsere Partnerstadt Reading, und die Kollegen dort stellten eine Auswahl mit Ansichten ihrer Stadt für uns zusammen, wobei wir uns geeinigt hatten, nicht die Glitzerwerke unserer Städte auszutauschen. Ich erinnere mich besonders an ein Foto, das einen Obdachlosen im Hofgarten liegend zeigt, im Hintergrund zieht eine Prozession vorbei. »Das Stadtmuseum hat den Ruf der Landeshauptstadt beschädigt«, griff uns ein Zeitungsblatt an.

Vor zwei Jahren übernahmen wir aus Amsterdam die Anne-Frank-Ausstellung. Eine Begleitveranstaltung wurde von Neonazis mit erhobenen Armen gesprengt, sie kamen von der Straße.

Inzwischen haben wir die Anschläge am Wehrhahn und auf die Synagoge erleiden müssen – 25.000 Düsseldorfer demonstrierten danach gegen rechte Gewalt. An diesen bedrängenden Tagen kam der Geschäftsführer des Landesverbandes der Jüdischen Gemeinden von Nordrhein, Herbert Rubinstein, in das Museum und vermittelte als Dauerleihgabe die Plastik »Enthauptung Deutschlands« des Bildhauers Ernst R. Brockschnieder: von den Nazis unter das Fallbeil gezerrte Menschen, davor eine Schale mit den Köpfen deutscher Geistesgrößen, darunter auch Heine.

Am 10. November stellt Kultusminister Vesper im Stadtmuseum den dritten Band der Reihe »Jüdisches Kulturerbe in Nordrhein Westfalen: Teil II Regierungsbezirk Düsseldorf« vor. Im Herbst 2001 gedenken wir des jüdischen Malers Julo Levin, in Auschwitz ermordet, mit einer großen Ausstellung zum 100. Geburtstag. Ein Teil des Rheinufers wird nach ihm benannt werden. Eine Düsseldorfer Straße.

Joseph Anton Kruse

Von Zoo bis Nord: Einige Düsseldorfer Umzüge

Das konnte ich mir vor Jahren, als ich noch im – trotz temporärer bundeshauptstädtischer Funktion – stets gemütlichen Bonn von Poppelsdorf aus, wo nahebei der Komponist Robert Schumann seinem Wahnsinn erlegen war, an die Adenauerallee neben dem Arndthaus und von da nach Endenich unter den Kreuzberg zog, nun wirklich für den Fall, die rheinabwärts gelegene Metropole winke als zukünftige Heimstatt, mit einem gewissen, von außen eher unterstützten Fremdeln gar nicht oft genug wiederholen: Daß doch wohl an der Stadt, die dem Lande Nordrhein-Westfalen als Hauptstadt diente, nicht viel dran zu sein scheine. Von ehrwürdigem Alter war sie, nach unterkühlten eigenen Angaben zu urteilen, überhaupt nicht, sondern jung und modern; viel zu sehen gab es demgemäß auch nicht, außer mannigfach zur Schau gestellte Mode und im Freien auf der Geschäftsseite der Königsallee mitten am Arbeitstag Kuchen essende Herrschaften oder nach Feierabend und an Wochenenden in der Altstadt herumstehende und Altbier trinkende Gäste; elegant und fein mochte sie sein, als arrogant jedoch war sie verschrien und wurde als proper wenigstens gelobt; ihrem Namen Düsseldorf mit diesen geradezu anrührenden zwei Worthälften von quick fließendem Bach und überschaubarer Ansiedlung widersprach ihr Ausmaß und der Chic ganz großstädtisch gewaltig; am Rhein lag sie halt, was auf der rechten Seite damals nicht ohne weiteres, ja geradezu schwer mitzubekommen war, außer in Hochwasserzeiten, wenn alle Welt in der Mittagspause zur Pegeluhr rannte. Altehrwürdige Namen und Personen wie in Bonn und überall anderswo in der Nähe schien es offenbar nicht zu geben, oder wenn, hatte die Stadt das ihr ständig nachgesagte jeweils eigentümliche Geschick selbst verschuldet, mit den in weiter Welt noch so berühmten Personen oder ihrer Nachwirkung nicht eben pfleglich umzugehen.

Dahin nun zog es mich. Zunächst einmal und vor allen Dingen Heinrich Heines wegen, von dem man, wie ich später erfuhr, in Moskau durchaus wußte, daß er in Düsseldorf geboren worden war, was in deutschen Landen weniger und wenn, vor allem der überlieferten Debatten und Streitereien wegen, als bekannt vorausgesetzt wurde. Möglicherweise hätte es damals für mich und meine hoffnungsvolle Zukunft auch Alternativen gegeben, über die nachzudenken gewesen wäre, und für die ich hätte tätig werden müssen. München etwa, aber das schien bereits zu südlich alpenhoch unvorstellbar, oder Hamburg vielleicht, eine Stadt im flachen Norden mit

Meerluft, die mir stets imponiert hatte, deren Geschichte ich kannte und die mir in vielem sehr passend erschien, zumal in jenen Jahren beispielsweise von Berlin noch einzig als quasi exterritorialer Insel die Rede war. Denn an die weiteren, die Enklave Westberlin umgebenden Länder war damals so gut wie gar nicht zu denken. Städtenamen wurden innerlich ohne Zweifel gehandelt wie später sogar verschiedene Länder als Flucht- und Entwicklungsmöglichkeiten für die eigene Laufbahn. Die Zeit auf dem sowohl westmünsterländischen wie tief ostwestfälischen Lande war jedenfalls nach Kindheit und Schulzeit an verschiedenen kurartigen Heide- und Höhenorten endgültig abgehakt. Eine Großstadt sollte es schon sein. Die persönlichen akademischen Umstände legten Düsseldorf sowieso nahe. Und wenn schon unbedingt, dann auch möglichst mittendrin.

Also ergab sich, und da ist zweifellos zu sagen: glücklicherweise, eine erste Wohnung im Zooviertel und zwar in der Achenbachstraße, wenn auch nicht an der feinsten baumdunklen Stelle, sondern zwischen Schillerplatz und Rethelstraße. Der Zoopark, in dem es seit dem Kriege keinen eigentlichen Zoo mehr gab, war fußläufig gut zu erreichen und lange Zeit, zumal mit den kleinen Kindern, eine beliebte Anlaufstelle für den ausdrücklich erwünschten Eindruck von städtischem Grün mit etwas Bunt und Ententeich. Falls es die Graf-Recke-Straße entlang zum Grafenberger Wald mit seinem Wildgehege gehen sollte, hatte man dagegen kräftig zu laufen und halbwegs das Gefühl, das bewaldete, nicht ohne Orientierungssinn zu erwandernde Ende der Stadt aus bergischem Land und Feld erreicht zu haben. Was die Zoogegend betrifft, so gehörte sie stets, neben Oberkassel, zu den bevorzugten besseren Wohngegenden, die ihrerseits den Hang besitzen, besonders was das rechtsrheinische Zooviertel angeht, daß seine Ausdehnung maklerseits großzügiger bemessen wird, als es nach dem Katasteramt eigentlich möglich ist. Die Leute leben von diesen Illusionen. Immerhin brüsteten sich die Geschäfte, was die Angebote teurer machte, von sich in ihren Reklamen damit, daß sie einzig am Zoo oder eben auch am Zoo lägen, da sie gelegentlich ebenfalls an der Königsallee Hof hielten und das vieldeutige »auch« die jeweilige Kundschaft auszeichnen sollte, der man wegen ihrer, weiblichenfalls, schwer durch Brillanten behinderten Hände nicht zumuten wollte, für jede Kleinigkeit gleich ein Stück weiter zu fahren. Die Herren standen im übrigen damals den Damen in nichts nach und hatten genauso an ihren prunkenden Beigaben zu tragen und fabelhafte, andernorts nicht überall gesichtete Autotypen zu fahren. Was diese endsechziger und anfangsiebziger Erfahrungen angeht, scheint sich einiges normalisiert zu haben. Vielleicht wird man, an so vieles gewöhnt, einfach auch abgestumpft sein. Doch sollte man die langsamen Veränderungen und Umschichtungen durch neue Generationen und Verhältnisse in Düsseldorf nicht unterschätzen. Auch stimmen nicht alle Vorurteile. Die Leute, die beispielsweise besonders herausragende Oldtimer fahren, können durchaus nett sein und ihr Geld auf anständige Weise verdienen. Vor Jahren geschah es mir, daß ich auf dem Nachhauseweg, an der Fußgängerampel unfern dem Schloß Jägerhof wartend, gemeinsam mit den ebenfalls wartenden Fußgängern einem besonders schönen Wagen nachblickte, aus dem heraus der Fahrer, der gelegentlich dienstlich für uns tätig war, mir plötzlich zuwinkte, so daß ich selber auf einmal zum bewunderten Objekt wurde, der ein derart tolles Auto samt dessen Halter kannte und dem sich nach dem Entschwinden des Fahrzeugs die Köpfe des Publikums entsprechend zuwandten. Da fühlte ich mich wie ein adoptierter Düsseldorfer, der eben nur einmal, wie es seine Art üblicherweise nicht zu sein braucht, schlicht und bescheiden inkognito geht.

Man hätte von der Achenbachstraße aus ohne weiteres die Straßenbahn zu nehmen vermocht, konnte aber von dort aus nahe der Eisenbahnbrücke auch zu Fuß, wenn man anschließend durch die Bagelstraße ausschritt, die Rochuskirche rechts und Schloß Jägerhof wenig später links liegen ließ, endlich fröhlich befreit die Hofgartenallee durchmessen, deren Vorgängerbäume bereits den kleinen großen Napoleon auf seinem Pferd gesehen hatten, und die einen geradewegs je nach jahreszeitlichem Befinden unter dem aparten Lindendach, durchs Laub oder den abweisenden Winterästen zum Teich mit einem der vielen Wahrzeichen Düsseldorfs führte, dem ins Grüne gealterten herb männlichen Wasserwerfer, der sehr euphemistisch-ironisch im Volksmund als jugendlicher Knabe oder alter Junge (Jröne Jong) ausgegeben wird. Von da aus ging es links neben dem Hofgärtnerhaus durch die Unterführung am Ananashügel vorbei und über das Brückchen seitlich vom Operngebäude zum Grabbeplatz, wo damals noch die von den Bomben des Krieges zwar ramponierte, aber über einem im Keller abgedeckten und nur gelegentlich überschwappenden Düsselarm weiterhin ihren Dienst versehende ehrwürdige Landes- und Stadtbibliothek in einem rotdüsteren Gebäude untergebracht war, das später durch den glänzend schwarzen Bau der Kunstsammlung Nordrhein-Westfalen ersetzt wurde. Die betonbewehrte Kunsthalle gegenüber gab es übrigens damals schon und wußte nicht, ob sie sich als Bauwerk für gelungen halten durfte. Aber als Max Ernst seinen Habakuk oben vor dem Eingang einweihte, war das doch ein bewegender Augenblick und wollte man sich gern mit der abstrakten Architektur versöhnt zeigen, auch wenn sie der benachbarten Hofkirche St. Andreas mehr als die kalte Schulter zeigt.

Dort und auch an anderen Orten, zum Beispiel in Duisburg und in Neuss, die leicht mit der Eisen- oder der Straßenbahn zu erreichen waren, arbeitete ich mich durch die ersten Stellen hindurch. Die Wohnung in der Achenbachstraße konnte im selben Haus durch eine größere ersetzt werden, zu der gar noch ein Studierzimmer kam, das nur ein Stockwerk höher unter dem Dach lag. Jedoch gingen die sechs dort verbrachten Jahre zu Ende, die großen Pappeln im Hof mußten ohne unsere anerkennenden Blicke auskommen. Wir zogen zum Auftakt meiner Tätigkeit im Heinrich-Heine-Institut, das gerade noch als verselbständigter Teil der ehemaligen Landes- und Stadtbibliothek mit seinen außermusealen Beständen am Grabbeplatz untergebracht war und während der ersten Wochen meiner städtischen Beamtenschaft komplett zur Bilker Straße wechselte, in die Jahnstraße Ecke Fürstenwall, wo es zu jener Zeit noch nicht ganz so erholsam wohnlich aussah wie jetzt. Von dort aus konnte man jederzeit zu Fuß gehen, ein Stück Königsallee mitnehmen und durch die Bastionstraße zur Bilker Straße gelangen. Man konnte sich aber auch vorher bereits in Richtung Schwanenmarkt wenden, wo seinerzeit das eindrucksvolle Heine-Monument von Bert Gerresheim aus dem Jahre 1981 noch nicht aufgestellt war, einen Blick über den Kaiserteich, dem damals als Landtag dienenden und in späteren Jahren lange Zeit hindurch denkmalpflegerisch gar nicht gut behandelten Ständehaus widmen, das nun endlich für die Repräsentation des Landes Nordrhein-Westfalen und seine Kunstsammlung herausgeputzt wird, und sich dann an den Ort des beruflichen Geschehens begeben. Die Karlstadt hatte sich gerade aus dem Dornröschenschlaf erhoben. Das Palais Wittgenstein gegenüber erblühte für einige Zeit zum variationsreichsten Leben. Die Antiquitätengeschäfte, das nahe Stadtmuseum im Speeschen Palais, das Hetjensmuseum im Palais Nesselrode mit seiner erlesenen Keramik und Heines Schule im ehemaligen Franziskanerkloster neben der Maxkirche verliehen der Karlstadt den eigenen Zauber von überschaubarer städtebaulicher Noblesse. Das Markttreiben auf dem Karlplatz rundete das Gefühl gehobenen rheinischen Lebens ab, wo neben Kirmes und Karneval doch immer auch ein Hauch von Eleganz in der Luft liegt. Auch von Tragik, denn dem Heinrich-Heine-Institut gegenüber befindet sich Robert Schumanns letzte Düsseldorfer Wohnung, von der aus er am Rosenmontag 1854 zur Schiffsbrücke an den Rhein gestürmt war, um hineinzuspringen, weil er offenbar sterben wollte, was ihm erst nach zwei qualvollen Jahren in Bonn gelang, Clara Schumann und die gemeinsamen Kinder allein lassend.

Nach fünf Jahren hatte man sich an den Gang der Ereignisse gewöhnt, die Nähe zu allem und jedem sowie die damit verbundene Bequemlichkeit ausgiebig genossen. Statt des Grafenberger Waldes hatten sich für Spaziergänge der Benrather Park oder noch öfter der Himmelgeister Bogen angeboten, so daß die Stadt durch den Umzug wie selbstverständlich nach mehreren Himmelsrichtungen sich entschlüsselt zeigte. Die Friedrichstadt wurde dennoch von mir aus mancherlei privaten Gründen, die inzwischen so vielen widerfahren, daß es fast zur traurigen Regel gehört, gegen Pempelfort mit dem angrenzenden Derendorf eingetauscht, was der Lage nach, die ja nicht ganz unvertraut war, auch vieles für sich hatte. Die kleine Wohnung im Tiefparterre der Ehrenstraße besaß einen aparten Steingarten, in dem Pfingstrosen blühten, die Duisburger, Derendorfer und Sternstraße boten ihre Bequemlichkeiten für den geschrumpften Haushalt. Wiederum konnte man zu Fuß gehen, aber auch die praktische Straßenbahn benutzen. Durch die Rosenstraße über die Kaiserstraße und am Hofgartenweiher mit seinen Schwänen, Enten und Wasserhühnern vorbei, die gelegentlichen Ratten nicht zu vergessen, die in den Papierkörben schnöperten und in abweisender Hetze den Weg kreuzten, verlief der Gang zur Königsallee. Die Blütenpracht, die im Frühling immer wieder und bis heute das Herz stocken läßt, das vornehme Parkhotel mit seinem nach den Jahreszeiten wechselnden Schmuck, die Magnolienbäume neben der Normaluhr oder inzwischen richtiger: den beiden Uhren aus gemütlicher Vorzeit und kühler utopischer Zukunft – Magnolienbäume also, deren Pracht für kurze Zeit atemberaubend ist und immer an die Poppelsdorfer Allee in Bonn erinnert – angenehmer, wollte es mir oft scheinen, konnte kein dienstlicher Pfad sein. Und auch, wenn er sie natürlich nicht wiedererkennte, unser Dichter, Recht hatte er unter diesem Gesichtspunkt mit der so oft ausgebeuteten Bemerkung, daß die Stadt Düsseldorf sehr schön sei. So weit so gut. Mit anderen Worten: So möge es bleiben oder, wenn es hier und dort gelegentlich doch mangelt, wieder werden.

Nach drei Jahren ergab sich in allernächster Nähe eine Gelegenheit, die nicht ungenutzt bleiben durfte: In der Feldstraße hinter dem Klarissenklösterchen war jene Wohnung zu beziehen, in der der Dichter Emil Barth viele Jahre zuvor gestorben war und die von seiner Witwe aus Altersgründen aufgegeben werden mußte. Alles war mehr als bekannt, dennoch wohnlicher, gar feiner, auch wenn eine junge Dame aus Köln als gemeinsame Freundin der mir lange Zeit gegenüber wohnenden Helen von Ssachno, die für die »Süddeutsche Zeitung« die russische Literatur betreute, und ihres Mannes Hüter Moslè mit seinen unbeschreiblichen, seine Professorenstelle für Verfahrenstechnik in Duisburg geradezu gleichrangig begleitenden Kochkünsten über die abstrakt oder zu einfach scheinende Wohngegend die Nase rümpfte und nur Oberkassel gelten ließ. In der Nähe hatte immerhin Paul Klee gelebt, das Schauspielhaus war nicht weit, Tonhalle und Opernhaus lagen in je verschiedenen Richtungen in vergleichbarer Nähe. Der Blick vom Balkon aus über alles, was die Stadt alt, bekannt und neu machte, über das Glockentürmchen der Klarissen, den Kirchturm von St. Lambertus, die Kunstakademie und den Pylon der Oberkasseler Brücke erinnerten immer auch an den Dichter Emil Barth, der sein nicht allzu langes Leben hier beschlossen hatte. Klostergarten und Hofgarten gaukelten an manchen Tagen die grünste heile Welt vor. Der Weg zu Fuß führte oft durch die Ratinger Straße, wo zu Beginn meiner Düsseldorfer Zeit das Sterbehaus Karl Immermanns noch gestanden hatte und wo in der Nähe Christian Dietrich

Grabbes kurzzeitige Wohnung lag. Unter der neuen Kunstsammlung her betritt man den Grabbeplatz, von dem aus die Bolkerstraße mit dem Heine-Geburtshaus, das seit 1990 endlich zum Andenken an den Dichter der Öffentlichkeit gehört, nicht weit entfernt ist. Die Dienstwege waren also stets auch historische Wanderungen, auch wenn man das in Düsseldorf nicht so stark empfindet und nicht ständig laut wiederholen darf, weil die Stadt trotz ihrer siebenhundert Jahre, zu denen ich mir erlaubte, ihr einen Artikelgruß in der Beilage einer namhaften Frankfurter Zeitung zu dedizieren, ihren Jugendlichkeitstick mit einer Raffinesse pflegt, daß man endlich klein beigibt, es ihr aber auch nicht einmal übel nimmt, weil sie so vieles gewähren läßt, Nähe stiftet, ohne sich aufzudrängen, also leben und leben lassen praktiziert, einfach schon aus Selbstschutz, um auf diese Weise auch von anderen in Ruhe gelassen zu werden.

Und wie immer erkennen wir zu spät, wenn etwas in unserer Nähe unwiederbringlich zu Ende geht, verdrücken dann sogar einige Abschiedstränen und beruhigen uns ganz schnell, weil wir bald darauf vernehmen, daß der Ort oder wenigstens dessen Tradition wohl doch in unwesentlich veränderter Form eine der Vergangenheit gemäße, sehr ähnliche Zukunft erwarten darf. So muß es bei der Aufgabe samt Abriß des Dominikanerklosters an der Herzogstraße gewesen sein, dessen Fortbestehen durch die Andreaskirche in der Altstadt gewährleistet blieb. So geschah es beim Auszug der letzten wenigen Klarissen aus dem Klösterchen, die kurz nach meinem Wegzug in das erste Stück der Kaiserswerther Straße ihrerseits ihre schmalen Ränzlein geschnürt haben und in ein anderes Kloster rheinaufwärts gezogen sind, weil sie der Pflege der älteren Mitschwestern und der Frustration, keinen Nachwuchs mehr erwarten zu dürfen, nicht auf Dauer gewachsen bleiben konnten. Mit einer solchen Prozession alter Frauen an Krücken, die am Sonntagmorgen in der Fastenzeit die Kaiserstraße entlang staksten, um ihren Nonnen Lebewohl zu sagen, hatte ich nie und nimmer gerechnet. Die Kapelle war übervoll, übrigens durchmischt von Männern und jungem Volk. Ein rührender Abschiedsgottesdienst. Eine Geschichte, manches Jahrzehnt länger als hundert Jahre, was für das jugendbetonte Düsseldorf lang ist, ging zu Ende. Im September 2000 dann die Gelegenheit, aus Anlaß einer Kunstausstellung in eben dem Klösterchen treppauf und treppab die asketischen Verhältnisse in ihrer spartanisch properen Winzigkeit kennenzulernen und den Garten auf mich wirken zu lassen, auf den ich so viele Jahre hinabgeblickt hatte, ohne seine eigentliche Liebenswürdigkeit erahnen zu können. Zisterzienserinnen werden erwartet. Die Stadt macht eigentlich keinen frommen Eindruck. Die unaufgeregte Integration von katholischen Klöstern und religiösen Einrichtungen, was besonders für die Diakonissen in Kaiserswerth auf protestantischer Seite galt, auch hier muß man leider die Vergangenheitsform benutzen, hat dennoch der Stadt einen überraschenden Zug von rheinischer Tatkraft mit entsprechendem sozialen Engagement verliehen. Noch ist also nicht alles verloren. Eine tolerante Distanz kann freilich nicht schaden, aber immer noch und immer wieder finde ich die Düsseldorfer Geläute, von denen eines auch jetzt wieder meine unmittelbare Nachbarschaft bestimmt, wunderbar und tröstlich und wünsche ihrer altmodischen Botschaft ein langes jugendliches Leben.

Gut sechzehn Jahre lebte ich dort angesichts der Rückfront des Klarissenklösterchens und zog dann jüngst doch unwesentlich weiter vom Orte der leicht zu beschwörenden Musen wie Schauspielhaus, Oper und Tonhalle in Richtung Gemischtwarenleben in der Nähe der Nordstraße mit ihrem angenehmen, völlig unprätentiösen Treiben, nicht weit von der Klever Straße entfernt, den Golzheimer Friedhof mit Immermanns Grab im Gesichtskreis; und wenn ich zum Rheinpark gehe, die Cecilienallee überquere, habe ich gleich den Rhein vor der Nase. Über Kaiserswerth, wo kurz des Barockdichters und Hexenanwalts Friedrich Spee von Langenfeld zu gedenken ist, dessen Liebenswürdigkeit nicht genug gerühmt werden kann und dessen trotziger Mut nur noch mit dem Heinrich Heines zu vergleichen ist, geht es häufig genug nach Wittlaer mit seinem schönen Wanderweg am Rhein entlang. Das ist die nördliche, die freizeitliche Richtung. Die dienstliche verläuft immer noch in die Karlstadt, meist mit der U-Bahn und über die Station Heinrich-Heine-Allee hinweg bis zur Steinstraße/Königsallee. Wenn ich von dort aus regelmäßig durch die Benrather Straße eile, am nicht eben glücklich neu überdachten Karlplatz vorbei endlich in die Bilker Straße einmünde, denke ich mir mittlerweile oft, daß aus dem ersten Hause des Heinrich-Heine-Instituts nach vierzehn Jahren, gewissermaßen organisch, zwei Patrizierhäuser in der Bilker Straße wurden. Das kulturelle Gedächtnis bedarf des Platzes. Wieder sind fast vierzehn Jahre vorüber. Und wieder muß Platz her. Das, finde ich nach einem Vierteljahrhundert eigener historischer wie aktueller Bemühungen, ist mehr als gerechtfertigt und vernünftig. Ich warte gespannt auf ein positives Ergebnis, auf das selbstverständliche Wachstum auch nach hinten, in eine mit Würde und Effekt bedachte Vergangenheit, dann wird es ohne weiteres mit der Zukunft gut bestellt sein.

BERND HAKENJOS

Immer noch bei Hetjens

Früher war alles besser scheint eine Feststellung zu sein, die, so falsch sie auch ist, von älteren Menschen häufig und wenig rational im Munde geführt wird, selbst nach Kriegen und ihren Folgen. Entbehrungen werden dank der Wunder der menschlichen Psyche später zu Abenteuern, der Mangel zu etwas Außergewöhnlichem, was zur sinngebenden Entwicklungsstufe mutiert, und die Belastungen, wenn sie nicht Krankheit, Tod oder außerordentliche Tragik bedeuteten, werden im Rückblick zu willkommenen Anstrengungen oder zum Vergnüglichen eines vergangenen Alltags.

Wie dem auch sei – auf jeden Fall waren die Zeiten für Geisteswissenschaftler früher rosiger. Ohne Volontariat oder Zeitvertrag konnte vor knapp dreißig Jahren eine sogenannte *feste Planstelle* ergattert werden, wenn ein besonderes Projekt spezielle Kenntnisse erforderte. Das war meine Situation von 1973. Frisch promoviert in Kunstgeschichte, mit klassischer Archäologie und Theaterwissenschaft als Nebenfächern, kam ich als Fachmann für den europäischen Jugendstil an das Hetjens-Museum in der Düsseldorfer Altstadt. Mit begrenzten Kenntnissen von der Keramik, dazu gehört das Porzellan, und im jugendlichen Überschwang des Universitätsabsolventen war seinerzeit »Nun gut, jetzt erst einmal fünf Jahre Tassen – aber dann ein anständiges Museum« die unausgesprochene Devise. Heute bin ich immer noch da, als Altlast, vom Auszubildenden zum Chef, der in ungebrochener Liebe und immer noch fasziniert zu diesem Museum steht.

Mit dem einzigartigen Bestand zur weltweiten Keramikgeschichte, der im Laufe der letzten neunzig Jahre heranwuchs, hat das Museum eine internationale Bedeutung, die lokal nicht immer erkannt wird. Am Anfang stand die Privatsammlung von Laurenz Heinrich Hetjens (1830-1906), der auf der Citadellstraße geboren wurde. Als Kind frühzeitig Sattlerlehrling geworden, machte er eine berufliche Karriere, die ihn zum Direktor in der Energiewirtschaft, einer privaten Gasversorgung in Aachen werden ließ. In diesem industriellen Zusammenhang ergab sich die reiche Heirat mit Catharina Regnier, einer um fünfzehn Jahre älteren Witwe aus Brüssel. Auf das nuptiale Glück folgte ein von materiellen Sorgen befreites Leben als vermögender Rentier. In den letzten Dekaden des 19. Jahrhunderts trug er im Einklang mit seiner 1885 verstorbenen Frau eine Kunstsammlung zusammen, die typisch für die Gründerjahre war. Gemälde berühmter und weniger bekannter Meister gehörten dazu, rund 2.000 graphische Blätter seit dem

15. Jahrhundert, circa 700 Medaillen und Plaketten des 15. bis 18. Jahrhunderts, Waffen, optische Geräte, Fotografien, Möbel, Orientteppiche, Schmuck, Elfenbein- und Holzschnitzereien und vieles andere mehr. Den Kern der Sammlung bildeten rund 1.000 historische Steinzeuggefäße aus den jeweiligen Blütezeiten der rheinischen Zentren Siegburg, Köln-Frechen, Raeren und dem Westerwald, dazu an die 2.000 Matrizen und Patrizen für die Reliefzierrate. Vielfältig wie seine nachgelassene Sammlung waren seine Interessen, doch galt seine eigentliche Leidenschaft, charakteristisch für den Historismus und seine Neo-Stile, dem rheinischen Steinzeug der Gotik, der Renaissance und des Barock. In Konkurrenz zu den Kölner Sammlern Thewalt und Oppenheim erwarb er die bedeutenden Stücke im Kunsthandel. Er griff, bemerkenswert für einen Mann seines Standes, eigenhändig zum Spaten und grub Scherbenhügel und Töpfereirelikte in Raeren und Siegburg aus. Mit einem listigen Testament zwang er Düsseldorf zum Glück. Dem Glück, über ein Museum zu verfügen, das in anderen Städten der Welt nicht existiert. Seine Kunstsammlungen, 150.000 Goldmark zum Bau eines eigenen Museums, das auf ewig seinen Namen zu tragen habe, ausgedehnten Immobilienbesitz und Wertpapiere, alles in allem damals auf insgesamt 840.000 Goldmark geschätzt, vermachte er seiner Vaterstadt unter der Bedingung, daß die Stadt den Nachlaß innerhalb eines halben Jahres akzeptiere und seinen Verfügungen entspräche. An die zweite Stelle der Erbfolge setzte er ausgerechnet Köln – mit dem wohlkalkulierten Erfolg, daß der Neubau Hetjens in kürzester Zeit beschlossen und in Düsseldorf ausgeführt wurde.

Nach den genauen Vorschriften des Erblassers wurde das alte Hetjens-Museum an der Nordflanke des Ehrenhofes, neben dem Kunstpalast, im Mai 1909 eröffnet. Jünger als das Stadtmuseum, älter als das Kunstmuseum, stellte es sich zunächst mit den verschiedenen Materialien als Haus eines Kunstsammlers dar. Vorbild dafür waren vielleicht die schöngeistigen Brüder Gonse in Paris, die mit ihrer Sammlung und mit ihren Schriften den Überlegungen des Philosophen Hippolyte Taine folgten, indem sie dem Positivismus des Fin de Siècle ästhetische und materielle Gestalt verliehen. Man müsse die Vergangenheit nur detailliert begriffen haben, um für die Zukunft hinreichend gewappnet zu sein. Denkste!

Der Weg des immer wieder bedrängten Hetjens-Museums in Richtung einer exklusiven Keramiksammlung wurde 1913 mit der Neugründung der Städtischen Kunstsammlungen eingeschlagen, die gestern noch *Kunstmuseum Düsseldorf im Ehrenhof* hießen, morgen sind sie ein Teil der Stiftung *museum kunst palast*.

Nach dem Ende der großen Ausstellung *Gesundheitspflege, Soziale Fürsorge und Leibesübungen* setzte 1927 schon einmal eine konjunkturbedingte Reorganisation der Museumslandschaft ein. Die Weltwirtschaftskrise war, wie das Wort sagt, weltweit, was heute, scheinbar unerhört neu, *global* heißt. In der damaligen Bredouille geriet das Keramikmuseum als Abteilung des Kunstmuseums in eine Art babylonische Gefangenschaft, die erst 1969 mit dem Umzug in das Palais Nesselrode und mit der wieder gewonnenen Selbständigkeit endete. Der Keramische Kunstballast am Kunstpalast – schon den Organisatoren der GESOLEI lästig – war damit vorläufig in Sicherheit und hat im Herzen der Düsseldorfer Altstadt auch die neuerlichen Verlagerungs- und Kastrationsversuche seit 1980 überstanden. Das alte Gebäude am Ehrenhof diente dem Kunstmuseum zuletzt als Kindermalhaus und mußte 1982 den Neubauten einer Versicherungsgesellschaft weichen.

Et ceterum censeo – der Stiftungsgedanke unserer Tage könnte dereinst ungeahnte Nebenwirkungen haben. Fragen Sie bitte den sogenannten Zeitgeist, die jeweiligen Kultur-Entscheidungsträger oder den changierenden Verwaltungs-Schlamassel. Die Wünsche von Sponsoren, die im besten Fall wahre Mäzene sind, kommen erst neuerdings geballt auf uns zu. *Stiften gehen* heißt im rheinischen Argot *verschwinden* oder *abhauen*. Der *Stift* war der Lehrling mit dem Schreibgerät hinter dem Ohr, derjenige, der ständig unterwegs war, um Milch oder andere Grundnahrungsmittel zu besorgen.

Liebe ist besonders schön, wenn das Innere und das Äußere gleichermaßen anziehend sind. So geht es mir mit dem Palais Nesselrode, das von dem Architekten, Mäzen und Kunstsammler Helmut Hentrich nach Idealplänen aus der Zeit um 1775 rekonstruiert wurde. Die Dreiflügelanlage sieht so wunderbar alt und authentisch aus, weil Hentrich die alten Ziegel der 1958 am Düsseldorfer Flughafen von den Mönchen wegen Geräuschbelästigung aufgelassenen Kartause verbaute und mit großem Einfühlungsvermögen die Sandsteingewände der Fassade und das schiefergedeckte Walmdach rekonstruierte. Im Innenhof gedeiht eine mächtige, über hundert Jahre alte Kastanie, und der nördliche Seitenflügel steht auf der Achse der Citadellstraße. Mit dem Jesuitenbarock der Maxkirche gegenüber ist dies eine historische Idylle in der spätestens seit dem Zweiten Weltkrieg an älterer Substanz nicht ausgesprochen reichen Stadt Düsseldorf.

In einem langen Berufsleben kommt unterwegs mehrfach der Wunsch nach professioneller und örtlicher Veränderung auf. Schwierigkeiten mit sich selbst und der Umgebung oder unbegreifliche Anordnungen von oben können dazu beitragen. Fachliche Neugier kann ein weiterer Beweggrund sein. Warum ich immer noch bei Hetjens bin? Das hat mehrere Gründe. Als Städter ungern in die Provinz verfrachtet, kam nur ein Großstadtmuseum in Frage. Das hätte im Zweifelsfall aber die Konsequenz gehabt, bis zur Verrentung mit einem kleinen Ausschnitt der Kunst- und Kulturgeschichte beschäftigt zu sein, etwa Kupferstiche des 17./18. Jahrhunderts sortieren zu müssen. Die Keramik aus allen Erdteilen und Epochen verpflichtet hingegen zu einer Öffnung vom Spezialisten zum Generalisten. Das ist gegenläufig zur üblichen Universitätskarriere, die in erster Linie die lebenslängliche Zuspitzung begonnener Thesen unter Ausschluß praktischer Erwägungen zum Ziele hat. Wie tröstlich ist es da, im Vergleich die kulturellen und historischen Eigenarten der Töpferwelt in einigen Fällen noch nicht zu kennen. Die Forschung nach Entwicklungen, Hintergründen, unerwarteten Parallelen in Kunst und Technik macht nach wie vor Spaß, und neue Aspekte führen auch bei Vertrautem zu überraschenden Einsichten – selbst über sich selbst. Erst an der Schulstraße habe ich 1974 gelernt, daß Herman Hakenjos, zunächst Werkstattleiter bei den keramischen Berühmtheiten Max Laeuger (1864-1952) und Richard Bampi (1896-1965), seit dem Ende der Zwanziger Jahre mit einigem Renommée in Kandern im Südschwarzwald selbständig, ein Großonkel meines Vaters war.

Außerdem ist die Arbeit an einem Museum, das mit unkonventionellen Mitteln versucht, die Freude an den von den Vätern ererbten Schätzen und am Neuen mit allen zu teilen, angenehm aufregend und sinnlicher als die graue Theorie. Letzten Endes ist der Kampf gegen das unausrottbare Pötte-Klischee des Museums an der Schulstraße immer noch eine Herausforderung: Das Hetjens-Museum ist eine Chronik der Menschheit am Beispiel Keramik. Es bietet Prähistorisches und Antikes, Ethnologisches und Kunsthistorisches, ein Panorama von Kunst und Handwerk seit den Anfängen bis ins 21. Jahrhundert. In London, New York oder Paris müßte man verschiedene Museen für einen vergleichbaren Überblick besuchen. Düsseldorf hat es: Keramik aus 8000 Jahren unter einem Dach.

Vielleicht liegt es aber auch an einer lange nicht erkannten Heimatverbundenheit, daß ich noch bei Hetjens bin. Auf das Grundstudium im weltläufigen Köln folgten zwei Jahre in Paris und zahlreiche, teilweise längere Aufenthalte im europäischen Ausland, in Amerika, Asien und Nordafrika. Postakademischer Snobismus war die Grundlage für die jugendliche Überzeugung, das Leben in dem Dorf an der Düssel sei auf die Dauer nicht besonders wünschenswert. Der damalige Eindruck provinzieller Enge wich bei fortschreitendem Alter der Erkenntnis von der sympathischen Überschaubarkeit einer ehemaligen Residenz, die vieles bietet, was zu einer Großstadt gehört. Sie offeriert alles, selbst das, was man nicht wahrnehmen kann oder will. Die Stadt Düsseldorf ist sehr schön ... Nach wie vor.

Nicht nur der außergewöhnliche Arbeitsplatz in der Altstadt ist der Grund für die Treue zu Düsseldorf; die Bindung an den Stadtteil Derendorf geht im Rückblick sehr viel tiefer als in jüngeren Jahren empfunden. Kindergarten im St. Vinzenz-Haus, Grundschulen an der Franklinstraße und an der Essener Straße, Gymnasialzeit nach zwei Jahren Schichtunterricht im Gebäude der Luisen-Schule seit 1957 im neuen Humboldt-Gymnasium am Wehrhahn. Nicht weit von dort befand sich damals das Institut Français, auf der Oststraße, gegenüber der Marienkirche. Dort war das Gastspiel des Café-Theatre vom Bvd. Edgar Quinet mit *Le retour de Greta Garbo* für Schüler fast so beeindruckend wie das Rencontre von Adenauer und de Gaulle auf dem Balkon der Staatskanzlei am Rheinufer. Das *Fief dä Jool* setzte sich unterbewußt als Aufforderung fest, später in Paris zu studieren. Dort entwickelte sich die permanente Passion für eines der schönsten Länder der Welt, das Königreich Marokko, Drehscheibe zwischen Orient und Okzident – und ehemals französisches Protektorat.

Bei allen Sehnsüchten und bis auf die mondialen Ausreißer vor, während und nach dem Studium habe ich es mit der Wohnung geographisch wirklich nicht weit gebracht. An der Rückseite des Elternhauses tönen die gewaltigen Glocken der Kreuzkirche, wo die Eltern 1939 heirateten. Die Vorderfront trifft noch direkter das Geläut von St. Dreifaltigkeit, Taufkirche der Mutter im Jahre 1914 und neugotisches Erbauungsgewölbe der eigenen Jugend, die katholisch war. In bestimmten Situationen, nicht nur am Sonntagmorgen, können diese klerikalen Klangwuchten irritieren, zudem sie liturgisch versetzt erschallen. Sie sind aber wie das Sirenengeheul, das von der nahen Feuerwache an der Münsterstraße ausgeht, akustische Bestandteile einer vertrauten Atmosphäre, die nur ausnahmsweise bewußt und als störend empfunden werden. Gleich neben der Feuerwache liegt das wunderschöne Münsterbad aus der Jugendstilzeit, das Wasser der vorschulischen Schwimmübungen in der Wiederaufbauzeit. Unlängst wäre es fast den städtischen Raffungen – Controlling oder Orga heißt das heute – zum Opfer gefallen. Neptun sei dank wird es derzeit liebevoll restauriert, als nasses und unmodisches Kommunikationszentrum für alte und alle Derendorfer. Die Schwimmhalle ist schon gerichtet, die Instandsetzung der Nebenräume in Arbeit.

Fallen Verkehrsmittel wegen Witterung oder Streik flach, ist das Museum in der Altstadt von Pempelfort aus in kurzer Zeit zu erreichen. Mit dem Fahrrad über die Klever Straße und das Rheinufer, per pedes über die Nordstraße mit ihrer Betriebsamkeit und den vielen Geschäften, daran anschließend die Stille des Hofgartens. Beides schöne Wege.

Die Erinnerungen an die Zeit auf der höheren Schule sind nicht nur verbunden mit den elterlich verordneten Abonnements in der Oper und im alten Schauspielhaus an der Jahnstraße, sondern auf eben den Routen zur heutigen Arbeit auch mit den Gängen in die Altstadt als Altstadt. Die Frühzeit der Ratinger Straße mit dem *Kreuzherreneck*, dem *Füchschen*, dem Donnerbalken bei *Schlösser* und dem damals in sozialer Hinsicht höchst abenteuerlichen *Einhorn* gehörten zum Wanderpensum. Im *Creamcheese* war es ein Privileg, auf der Empore hin und wieder die Stroboskope und die Linsen der Projektoren bedienen zu dürfen. Da kam Leben in die Szene, selbst wenn der statuarische Eisenbahn-Film von Lutz Mommartz auf der Rolle lag. Von diesen Vergnügungen rund um das Abitur ist heute nur wenig geblieben, obwohl die Versuchung immer noch am Weg liegt: hin und wieder ein Besuch in *Bim's Marktwirtschaft* – Bim und Achim Reinert waren mehr als nur die Wirte des *Creamcheese* – und viel zu selten das geschätzte Altbier, dat leckere Dröppke, beim *Uerigen* um die Ecke, auf dem Weg vom Museum nach Hause.

Die Mutter stammte aus Derendorf und der Vater aus Baden. Kriegsbedingt bin ich 1945 in St. Georgen bei Triberg geboren, kam mit sieben Monaten nach Düsseldorf und trage einen nicht nur in dieser Gegend problematischen Namen. Ende des 19. Jahrhunderts als Uhrmacher nach England, in die Vereinigten Staaten und Australien ausgewanderte Verwandte der väterlichen Linie hatten ebenso unter Verballhornungen zu leiden wie der kleine Hakenjos am Rhein. Lag im englischen Sprachraum Mackintosh nahe, so waren die Varianten hier vielfältiger und reichten von einfachen Verdrehungen über Urkomisches bis hin zur skatologischen Skurrilität. In den Nachkriegsjahren verführte der Name zu Fragen wie »Bist du Flüchtling?« oder »Sind deine Eltern Ausländer?« Harmlose Hänseleien im Vergleich zum Gift heutiger Fremdenfeindlichkeit. Dabei ist dieser alemannische Name im deutschen Namenslexikon für den Landkreis Villingen im Schwarzwald seit dem frühen 16. Jahrhundert nachgewiesen und bezeichnet etymologisch nichts anderes als den »Jos(t), der am Haag (am Waldrand) wohnt«. Auf Platt übersetzt heißt das »Jupp vorm Busch«. Das paßt doch nach Düsseldorf?

Gisela Schäfer

In der Bilker Straße lebt Robert Schumann weiter

Das Haus steht auf der Bilker Straße. Es ist über 200 Jahre alt. In diesem Haus wurde ich geboren und verlebte dort meine Kindheit und Jugend. Auch heute ist es mir noch Heimat. Ich liebe dieses schöne alte Haus mit seinen noblen klassischen Proportionen, seinen hohen Fenstern und seiner edlen mit klassizistischen Ornamenten verzierten Eingangstür. Es strahlt eine vornehme Zurückhaltung aus, öffnet sich nicht jedem, wohl aber denen, die es lieben.

Es wurde 1791 von einem wohlhabenden Düsseldorfer Bürger zur Zeit des Kurfürsten Karl Theodor erbaut und ist seit Generationen im Besitz unserer Familie. Eine elegante zweiflügelige Anlage, die mit einer Toreinfahrt für die Pferde, früher einmal, wie alte Fotos zeigen, in einen großen Garten führte, von dem heute ein schöner Gartenhof übriggeblieben ist. Im Zweiten Weltkrieg wäre das Haus beinahe – wie die Nachbarhäuser links und rechts – den Brandbomben zum Opfer gefallen, hätte mein Vater damals nicht mutig und eigenhändig den brennenden Dachstuhl gelöscht. Ihm verdanken wir, daß es heute noch steht.

Vom Haus Bilker Straße 6 aus führten mich meine Wege zum St. Ursula-Lyzeum am Rhein und zur alten Kirche St. Maximilian. Wege, die mir die idyllische Altstadt vertraut machten, die heute leider die »längste Theke der Welt« und ein Rummelplatz für erlebnisgierige Menschen geworden ist. Zum Ablauf des Jahres gehörten der Martinszug und der fröhliche Schützenzug ebenso wie die Fronleichnamsprozession, zu deren Ehren aus allen Fenstern Fahnen und »Perserteppiche« herausgehängt wurden, verziert mit Kerzen und Blumen. Natürlich zogen alle Festzüge durch die Bilkerstraße!

Auf der Bilker Straße erhielt ich auch meinen ersten Klavierunterricht bei Meister Flohr, einem zierlichen weißhaarigen Herrn, der noch bei Emil von Sauer studiert hatte und dadurch im Grunde ein Enkelschüler von Franz Liszt war.

Einige Häuser weiter, im Hause Bilker Straße 15, hatte jedoch einer der ganz Großen der Musikgeschichte gelebt: Robert Schumann. Mit seiner Frau Clara und den sieben Kindern war das großzügige Haus seine letzte Wohnung in Düsseldorf. Hier besuchte ihn der junge Johannes Brahms, dessen Genie Schumann sofort erkannte und förderte. Von diesem Haus aus nahm er auch den Weg zu seinem tragischen Selbstmordversuch von der alten Rheinbrücke. Mich hat das Schicksal dieses großen Komponisten der deutschen Romantik, dessen einfachere Klavierstücke ich schon spielen konnte, früh interessiert.

Schräg gegenüber im Haus Nr. 7 lebte der alte Herr Hauth, ein reicher Weinhändler und ein großer Liebhaber und Sammler alter Kunst. Sein Haus, das heutige Palais Wittgenstein, war noch etwas eleganter als das unsrige. Als Kind durfte ich den alten Herrn, der an schwerem Rheumatismus litt, zuweilen besuchen und seine schönen Bilder der Kölner Malerschule des 14. und 15. Jahrhunderts betrachten. Eine Sammlung, die leider später nach Köln ging und nicht in Düsseldorf blieb!

Um Medizin zu studieren, wie meine Vorfahren, verließ ich das schöne alte Haus und die Bilker Straße und ging nach Marburg und Bonn, wo ich außerdem noch Philosophie, Kunstgeschichte, Musikwissenschaft und Religionsgeschichte studieren konnte.

Als ich wieder nach Düsseldorf zurückgekehrt war, eröffnete der originelle Herr Schmela auf der Hunsrückenstraße – nicht weit von der Bilker Straße entfernt – eine der ersten Galerien für zeitgenössische Kunst. Es war eine aufregende Zeit! Mein Freund Jean Tinguely und seine Frau Eva Äppli stellten dort aus. Ebenso Heinz Mack und die Gruppe Zero, mit der wir uns oft in »Fattys Atelier« trafen.

Aber die Musik blieb doch das Wichtigste in meinem Leben. Karl-Robert Kreiten, den ich als Kind bewunderte und mit dessen Familie ich befreundet war – sie bewohnten ein wunderschönes Haus auf der Wasserstraße, nicht weit von der Bilker Straße entfernt – lehrte mich, wie herrlich ein Flügel klingen kann.

Die intensive Beschäftigung mit Schumanns Musik und der Gedanke ein Schumann-Fest in Düsseldorf zu veranstalten, nahmen Ende der 70er Jahre immer mehr Raum ein. Mit musikliebenden Freunden und mit Daniel Barenboim besprach ich meine Idee eines Musikfestes, das dem Andenken dieses großen Komponisten gewidmet sein sollte. Immerhin hatte Robert Schumann mit seiner Familie als Städtischer Musikdirektor von 1850-1854 in unserer Stadt gelebt und hier fast ein Drittel seines Gesamtœvres komponiert, darunter die berühmte »Rheinische Sinfonie«, das Cello-Konzert, Violin-Konzert, Messe und Requiem und vieles andere. Der Geislersche Saal sowie der Cürtensche Saal auf der nahen Bergerstraße und die Max-Kirche waren unter anderem Aufführungsorte seiner Werke.

Schumanns tragischer Selbstmordversuch am Rosenmontag des Jahres 1854 und sein Tod in der Heilanstalt Endenich bei Bonn 1856 haben nicht nur die damalige Musikwelt erschüttert, sondern sind auch heute noch Gegenstand großen Interesses.

1979 gründete ich, unterstützt von Schumann-Freunden und zwei Düsseldorfer Großbanken, die Robert-Schumann-Gesellschaft e. V., die sich zum Ziel setzt, »der künstlerischen und wissenschaftlichen Pflege des musikalischen Erbes von Robert Schumann und seiner Zeit zu dienen. Der Vereinszweck soll besonders erreicht werden durch Konzerte, Festspiele, Förderung von Künstlern und Förderung der Einrichtung eines Schumann-Museums in Düsseldorf.«

In den vergangenen zwanzig Jahren konnten so meine Ideen eines Schumann-Festes in Düsseldorf, eines Internationalen Klavierwettbewerbes »Clara Schumann«, Konzerte mit jungen Künstlern, Einrichtung eines Forschungsinstituts, in welchem Musikwissenschafler die erste historisch-kritische Gesamtausgabe der Werke Robert Schumanns erarbeiten, verwirklicht werden. Inzwischen sind bereits sechs Bände der insgesamt 52 Bände umfassenden Gesamtausgabe beim traditionsreichen Musikverlag B. Schotts Söhne in Mainz erschienen.

So hat sich die Schumann-Gesellschaft zu Düsseldorf, der viele weltberühmte Künstler angehören, wie Bernstein, Arrau, Fischer-Dieskau, Barenboim, Ashkenazy, Martha Argerich, Wolfgang Sawallisch und viele andere sowie renommierte Musikwissenschaftler aus aller Welt, zu einem Internationalen Schumann-Zentrum entwickelt. Mein Haus auf der Bilker Straße, neben dem Heine-Heine-Institut und gegenüber dem ehemaligen Wohnhaus der Schumanns, beherbergt in seinem schönen historischen Ambiente nun die Geschäftsstelle der Gesellschaft und ihre Forschungsstelle. Künstler und Musikwissenschaftler aus aller Welt fanden und finden den Weg hierher und halten Forschung und Gesellschaft lebendig. Nicht selten legt die sonntägliche »Stadt-Führung« in unserem schönen Innenhof eine Besucherpause ein.

Ich freue mich, daß meine Heimatstadt Düsseldorf, die ein treuer Partner unserer Schumann-Feste wurde, durch die Schumann-Gesellschaft und ihre Aktivitäten – neue Schumann-Gesamtausgabe, Internationaler Concours Clara Schumann für Klavier – eine Belebung ihres Musiklebens erfahren konnte und in der internationalen Musikwelt an musikalischem Ansehen gewonnen hat. Man verbindet jetzt – durch das Schumann-Fest und den durch das Fernsehen übertragenen Klavierwettbewerb – weltweit Düsseldorf mit dem Namen Robert Schumann. Das ist vielleicht eine kleine »Wiedergutmachung« am Komponisten, der in unserer Stadt nicht besonders glücklich war.

Mein Wunsch zum Abschluß: Ich würde mich freuen, wenn sich junge Menschen wieder mehr für die Schönheit und den Wert der klassischen Musik interessieren und begeistern könnten. Mit reißerischen »Musik-Events« und »cross-over-Konzerten« ist das sicher nicht zu erreichen. Es bedarf einer frühzeitigen und klugen Hinführung der Jugend zu diesem Kulturerbe, auf das unser Land stolz sein darf.

VOLKMAR HANSEN

»Mein« Schloß Jägerhof

Ja, wie ist es dazu gekommen, daß ich mich seit langem als Düsseldorfer fühle? Es könnte eine reine Wunschvorstellung sein, aber es gibt immerhin objektivierende Bestätigungen: Die »Alde Düsseldorfer«, die im ältesten Heimat- und Bürgerverein zusammengeschlossen sind, haben mir im Frühjahr 2000 die ehrenvolle »Jan Wellem-Plakette« verliehen. Es scheint also wechselseitige Sympathie zu sein, von meiner Seite aus heimatliches Zugehörigkeitsgefühl. Ein äußerer Anlaß, wie die Einladung zur Mitarbeit an diesem Band, gibt den Anstoß, über das selbstverständlich Gewordene nachzudenken, es verfremdend in den Blick zu nehmen, um die Stationen einer Verwurzelung rekapitulieren zu können.

Als freier Preuße am 16. April 1945 in Burg bei Magdeburg geboren, gelang meiner Mutter die endgültige Übersiedlung ins rheinhessische Dorf St. Johann bei Sprendlingen 1947. Nach der Rückkehr des Vaters aus der russischen Kriegsgefangenschaft konnte die Familie 1950 nach Frankfurt ziehen, in den südlich des Mains gelegenen Stadtteil Sachsenhausen. Wenn ich die »Faust«-Verse »Ach, neige, / Du Schmerzenreiche« oder »Neige, neige, / Du Ohnegleiche, / Du Strahlenreiche« zitiere, so fällt es mir nicht schwer, sie als hessisch-reinen Reim vorzutragen. Als Kind habe ich das wiederaufgebaute Goethe-Haus gesehen, war auf der Textor-Schule als Volksschule. Nach einer Aufnahmeprüfung durfte ich das Carl-Schurz-Gymnasium besuchen, ab 1956 in Bonn das Friedrich-Ebert-Gymnasium. »Demonstrationen« waren die Begeisterung für John F. Kennedy bei seinem Besuch in der amerikanischen Siedlung Bad Godesbergs, für Charles de Gaulle bei seiner Rede auf dem Bonner Marktplatz. Während der ersten Studienzeit kam die ergreifende Trauerfahrt des toten Konrad Adenauer auf dem Rhein hinzu, aber auch das Interesse, was ein Rudi Dutschke oder eine Schriftstellergruppe zur Notstandsgesetzgebung zu sagen hatten. Schon in Bonn erlebte ich studentische Debatten, bei denen es um »Gewalt gegen Sachen« ging. Nach Bewältigung des Philosophicums im Sommer 1969 ließ sich ein guter Schnitt machen, und im Wintersemester setzte ich das Studium in Düsseldorf fort. Ein schönes Zimmer in der Karolingerstraße, an einem der Düssel-Arme, ließ mich diese Region der Stadt erlaufen.

Ein geisteswissenschaftliches Studium an der jungen Universität bedeutete damals das Hören von Vorlesungen im eleganten, heute abgerissenen und durch das gläserne Stadttor ersetzten Studienhaus, bedeutete den Besuch der Seminarräume an der Haroldstraße, in umgebauten Jugendstilhäusern, dort, wo heute das Innenministerium steht. Von »Massenuniversität« war wenig zu spüren, besonders in dieser Schlußphase des Studiums. Seminare von Manfred Windfuhr in der Neugermanistik, Herbert Kolb in der Altgermanistik, bei den Historikern vor allem bei Wolfgang J. Mommsen, ab 1970 auch Ästhetik-Vorlesungen bei Herbert Anton hatten bei allem Anwachsen der Studentenzahlen niemals etwas von Anonymität. Auch hier wurden die K-Gruppen, die durch die Renaissance des Marxismus gebildeten kommunistischen Fraktionen, immer stärker, doch gab es zunächst noch genügend unverbissene Betrachtungsweisen, um die Komik der Agitierenden wahrzunehmen. Nach der Ersten Philologischen Staatsprüfung 1971, diese Bezeichnung war Programm, wurde das anders. Man diskutierte über »Gewalt gegen Menschen«, die Slogans wurden platter – statt »Macht die blaue Blume rot« jetzt »Rot ist mehr als eine Farbe« –, und ich erlebte hysterische Massen in umfunktionierten Vorlesungen. Gut, daß es daneben das Privatleben im Freundeskreis gab. Spaziergänge mit Freunden am Rhein entlang, die in intensiven Gesprächen sich mit der Flut der neuen Theorieansätze gesellschaftspolitischer Art auseinandersetzten (zum Beispiel Stamokap, der Staatsmonopolistische Kapitalismus, für die Praxis des realexistierenden Sozialismus). Durch eine kleine Wohnung am Schwanenmarkt mit Blick auf das Ständehaus wurde das Zentrum noch mehr Lebensmittelpunkt. Im »Café Voltaire« war Skatspiel, unter anderem mit dem Beuys-Schüler Anatol, ein geselliges Vergnügen.

Studentisches Leben bedeutete aber auch, daß wir eine Fußballmannschaft bildeten, ironisch mit »Lokomotive Historix« betitelt, die tatsächlich Hochschulmeisterschaften gewann, ehe uns die hart trainierenden »Romangelsax« ablösten. Als Stadt am Strom erlebte ich Düsseldorf vom Ruderboot aus. Wie oft sind wir von Hamm, vom Bootshaus des »Düsseldorfer Rudervereins 1880 e.V.« aus, wohl stromauf Richtung Flehe – damals mit der »Hansa« als festliegendem Schiff – oder Uedesheim – damals mit der bewirteten Terrasse auf dem Deich – gerudert? Die Studentenriege selbst mit ausbildend, erreichte ich einmal sogar die 1.000 km-Marke als Jahresleistung. Den A-Schein im Segeln habe ich auf dem Unterbacher See gemacht und bald mit Freunden für Wochenendausflüge in die Niederlande genutzt, Abfahrt Samstag 6 Uhr, um vor den Ruhrgebietsfahrern zu liegen. In der Talstraße, damals noch ganz in einem Viertel für den Kfz-Bedarf gelegen, hatte ich einen weißen R 4 erwerben können, ein sparsames Gefährt mit Revolverschaltung, das für so manchen Studentenumzug zur Verfügung gestanden hat.

Zur Finanzierung diente auch ein Engagement beim Düsseldorfer Schauspielhaus, noch von Karl-Heinz Stroux geführt. Vom reinen Statisten hatte ich mich zum Kleindarsteller hochgearbeitet, wurde mit dem Angebot einer

Regieassistenz in Versuchung geführt. Bei der Eröffnung des neuen Hauses registrierte ich mit innerer Belustigung die Gesichter von Kommilitonen in der Menge, die gegen irgendetwas demonstrierten. Beeindruckend dagegen, Peter Weiss zu erleben, der sein »Trotzki«-Stück kurz begleitete, ebenso die Regiearbeit von Harry Buckwitz, dessen Sprachgefühl ich in unvergeßlichen Szenen erleben durfte. In Klingemanns Inszenierung von Shakespeares »Coriolan« war es die Arbeit am Bühnenbild, die mir imponierte, oder Erich Schellow in der Titelrolle. Bei anderen Stücken schaute ich zu, vor allem bei Büchners »Dantons Tod«. Bei den Abstechern auf andere Bühnen in NRW versuchte ich, nur im ersten Teil aufzutreten, um rasch in Düsseldorf von der Proszeniumsgasse aus dessen Schluß mitzuerleben, denn meine spätere Frau, eine gebürtige Düsseldorferin, hat dort als Statistin mitgespielt. In St. Lambertus haben wir geheiratet. Nicole Heesters als Lucile ließ die machtvoll-ausweglose Freiheit der Schlußworte »Es lebe der König!« spürbar werden. Unvergeßlich auch eine Gestalt wie die des so intensiv spielenden Wolfgang Reichmann, der sich in kleiner Gesprächsrunde von der Titelrolle erholte, oder die Welt der Tänzer mit ihren Szenekneipen. Die Sensibilität Wolf Seesemanns als Regisseur schuf in dieser Theaterwelt eine Genauigkeit in der Betrachtung des einzelnen Worts, die den sinnvollen Gegenpol zu den sich monatlich ablösenden Theorieparadigmen der Universität bildete. Alt-Pempelfort mit dem Theaterarchiv unter Kurt Loup und der »Kronenburger Literaturkreis« von Karl Friedrich Koch führten zu anderen Künstlern, zu den Schriftstellern Rolf Bongs, Günter Lanser, Rolfrafael Schroer oder Ernst Meister. Im Malkasten, für den Heinz Spohr aktiv war, engagierte mich Rudolf Werner Ackermann für einen Stand bei einem der Künstlerfeste, und in dem Kellergewölbe wurde als Nachbereitung für die Helfer eine gesellige Weinrunde zusammengestellt, in der sich auch der beeindruckende Landschaftsmaler Fritz Köhler befand. Zerstreuung waren diese Begegnungen nicht, denn sie führten zur eigentlichen Aufgabe, dem Verständnis des literarischen Kunstwerks, zurück.

Dies trifft erst recht auf Dr. Hans-Otto Mayer zu, diesen menschlich so gewinnenden Buchhändler, der im dritten Stock auf der Königsallee über »Schrobsdorff« eine großartige Thomas-Mann-Sammlung aufbewahrte. Auf sie war ich bei dem systematischen Durchgang durch die Archive und Sammlungen gestoßen, hatte die Arbeitsruhe und Fülle des Materials schätzengelernt. Bis zum Abschluß der Dissertation »Thomas Manns Heine-Rezeption« im Sommer 1974 stand für mich dort als wissenschaftliche Hilfskraft ein Schreibtisch, hatte ich schon morgens mit Blick auf die Normaluhr und das Jugendstilgebäude des »Kaufhof« über Thomas Mann gearbeitet, ehe ich Lehrveranstaltungen besuchte. Die Erweiterung von einer erkundenden Denkweise hin zur Dienstleistung hat dort stattgefunden. Die Sammlung war, vor allem durch das entstehende Regestenwerk der Briefe

Manns, in die internationale Grundlagenforschung eingebunden. Die Anerkennung, die Thomas Mann auch in den sozialistischen Ländern genoß, machte erste Begegnungen mit Forschern aus diesen Ländern möglich. Unter den Besuchern waren Golo Mann, Peter de Mendelssohn, Georg Wenzel, Jehuda Galor, der Däne Gert Heine, mit dem ich die Interviews, die Thomas Mann gegeben hat, zu sammeln begann, um sie 1983 in einer Auswahl öffentlich zu machen. Schloß Benrath und der Park standen mir durch die Erzählung »Die Betrogene« besonders nahe. Nichtsahnend war ich 1975 an einer Ausstellung zu Thomas Manns 100. Geburtstag wesentlich beteiligt, die im Goethe-Museum, noch im Hofgärtnerhaus, gezeigt worden ist. Mein Essay in dem Begleitkatalog: »Goethe und Heine als Paradigmen des Klassischen und Modernen im Denken Thomas Manns«.

Mit dem 1. Juli 1974 trat ich meinen Dienst bei der Stadt Düsseldorf an, als Redakteur für die deutschsprachigen Teile der historisch-kritischen Werkausgabe Heinrich Heines. Schauplatz waren einige Räume in der Stadt- und Landesbibliothek am Grabbeplatz, dort, wo heute das elegante Gebäude der Kunstsammlung NRW steht. Erst später habe ich erfahren, daß hier die erste Station der Kippenberg-Sammlung nach der Gründung der Stiftung 1953 als Zwischenlager gewesen sein muß. Die Arbeitsstelle der Ausgabe, ein Projekt der Deutschen Forschungsgemeinschaft, ist 1976 mit dem Heine-Institut in Räume der Bilker Straße eingezogen, zunächst ins Dachgeschoß, dann in ein unmittelbar dahinter liegendes Haus. Aufgeschreckt wurden wir in unserer Arbeit wiederholt durch Meldungen in den Medien: Die konkurrierende Heine-Ausgabe aus Berlin und Paris, eigentlich aus Weimar, werde bald fertig sein. Sie ist bis heute unabgeschlossen, während die 23 Bände der Düsseldorfer Ausgabe, von denen in meiner Zeit bis 1992 18 Bände entstanden, vollständig vorliegen.

Meine selbständige Forschung hatte ihr Zentrum in Heines »Lutezia«, seiner überarbeiteten Sammlung von Paris-Korrespondenzen aus den vierziger Jahren des 19. Jahrhunderts. Die Ergebnisse flossen teilweise in die Edition ein, teilweise in die Habilitationsschrift. Zudem hatte es mir die Lehre angetan. In dem modernen Komplex der Universität im Düsseldorfer Süden unterrichte ich seit dem Wintersemester 1975/76 zur Gesamtheit der Neueren Deutschen Literaturwissenschaft. Die Vorlesungen und Seminare wurden seit 1976 durch internationale Vortragsreisen ergänzt. Auf Kongressen im In- und Ausland konnte ich Themen mit editorischen, mediengeschichtlichen und komparatistischen Schwerpunkten behandeln, schrieb Rezensionen, Forschungsberichte, Abhandlungen, gab Bücher heraus. Unter den besonderen Eindrücken sind Lesungen von Dürrenmatt und Grass, eine Diskussion mit Pierre Bertaux, eine Lesung von Martin Walser 1976, den ich in der Kunsthalle einführen durfte, zu nennen. Im selben Jahr wurde ich in den LC Düsseldorf aufgenommen, den ältesten deutschen Lions-Club.

Gleichzeitig waren drei in Düsseldorf geborene Kinder großzuziehen, ein Hausbau zu bewältigen. Zu dem Sonntagmorgenprogramm für die Kinder und ihre Freunde aus der Nachbarschaft zählten Fahrten zu den umliegenden Zoos in Krefeld, Duisburg oder Wuppertal, zur Pfalz in Kaiserswerth, zu den Parks, zu den Museen – kurioserweise im Goethe-Museum wurden sie in Aktion, als Benutzer einer Ausstellung von hölzernem Kinderspielzeug, vom WDR gefilmt.

Auf meine Tätigkeit im Goethe-Museum, das seit 1987 im Schloß Jägerhof domiziliert ist, war ich seit Jugendlektüren vorbereitet. Die erste Gesamtausgabe, die ich gelesen habe, waren fünf Dünndruckbände Goethe – damals meinte ich, es sei tatsächlich der ganze Goethe. So zur Lebensbegleitung geworden, fundierten in Bonn die Vorlesungen Richard Alewyns zum jungen Goethe das Interesse, ordneten Ästhetik-Debatten in Seminaren und unter Kommilitonen Goethe in den literaturgeschichtlichen Zusammenhang ein, vertieften die Beschäftigung mit den Deutungen Thomas Manns und den Lebenszusammenhängen Heines die Kenntnisse. Mit Freude bin ich 1993 zum Vorstand der Kippenberg-Stiftung und Direktor ihres Goethe-Museums berufen worden. Durch Ausstellungen, Kolloquien, Vorträge, Publikationen, Neuerwerbungen wird der zentrale Aufgabenbereich erfüllt, mit Veranstaltungen wie Diskussionen oder Konzerten das Rokoko-Schloß lebendig. Ein Stück Geselligkeit, wie sie im benachbarten Jacobi-Haus so gepflegt worden ist und wie Goethe sie 1774 und 1792 in Pempelfort erlebt hat, soll sich hier erneuern. Zu den Höhepunkten des »Goethe-Jahres« 1999 zählte eine Ausstellung von vielseitigen, manchmal sogar lustigen Schülerarbeiten aus ganz NRW, denn im kreativen Umgang mit Goethe liegt die Chance, die eigene Persönlichkeit zu entwickeln.

Suche ich nach einem Symbol für meine eigene Entwicklung, so denke ich an ein Bild, das ich von Jugend auf geliebt habe, an Paul Klees »Hauptund Nebenwege«.

Anna Badora

Schauspielhaus – zwischen Hofgarten und Innenstadt

Ich stehe vor der halbrunden Wand meines Büros im Düsseldorfer Schauspielhaus und schaue durch eines der elf Fenster meines »Raumschiffs« in den Hofgarten hinaus. Das Licht fällt einen Moment lang so hell herein, daß ich geblendet die Augen schließe. Die Sonne hat sich gegen die langsam weichenden Schleier des Nebels durchgesetzt und läßt die bunten Bäume des Parks in ihrer Herbstpracht erstrahlen. In meinem Rücken überträgt ein Lautsprecher die Probe aus dem Großen Haus. Auf der Bühne setzt sich Professor Bernhardi mit dem jungen Pfarrer Reder über Fragen von Politik und Wahrheit, von Toleranz und religiöser Integrität auseinander. Mir geht die Debatte über das Programmheft zu »Bernhardi« durch den Kopf, die ich am Nachmittag zuvor mit den Dramaturgen geführt habe. »Wo verläuft angesichts der überall aufflammenden Ausländerfeindlichkeit und rechtsradikalen Gewalt die Grenze zwischen Kunst und Politik?« hatten wir uns gefragt und uns gegenseitig daran erinnert, daß die Wahrheit des Theaters zeitbedingt ist. Wer sie zu besitzen glaubt, dem verflüchtigt sie sich wie eine Fata Morgana ...

»Vor 57 Jahren war der Hofgarten etwas anders beleuchtet!« hat mir ein paar Tage zuvor Eva erzählt, als ich mit ihr von meinem Zimmer aus in den Hofgarten schaute. Die hochelegante Siebzigerin, die ausgefallene Schuhe und starken Espresso liebt und immer einen zarten Duft von Chanel No. 5 zurückläßt, war damals ein junges Mädchen und hat 1943 den Luftangriff auf Düsseldorf miterlebt, der die gesamte Innenstadt in ein Flammenmeer verwandelte. »Die Villen auf dem heutigen Gustaf-Gründgens-Platz haben lichterloh gebrannt«, erzählte sie, »und die Leute sind in Panik in die Bunker im Hofgarten geflüchtet!«

Auch das Schauspielhaus in der Karl-Theodor-Straße, das Louise Dumont und Gustav Lindemann vom Beginn des Jahrhunderts bis ins Jahr 1932 leiteten, wurde in Mitleidenschaft gezogen. Von diesem kostbaren Stück Theatergeschichte blieben lediglich die Außenmauern und einige Garderoben übrig. In einer der Garderoben hatte sich Eva zusammen mit anderen ausgebombten Schauspielern notdürftig eingerichtet.

1951 wurde das Kleine Haus der Städtischen Bühnen – das Operettenhaus – zum Schauspielhaus umgebaut. Die massive Eichentür, die früher den Zugang zum Arbeitszimmer des Generalintendanten Gustaf Gründgens öffnete, führt heute zu einem kleinen Archiv am Ende des Ganges bei meinem Büro. Gustaf Gründgens ist in diesem Haus noch immer nicht richtig tot. Er lebt in den alten Kostümen, die der ehemalige Kostümdirektor Walter Zemma, heute ein Ehrenmitglied des Theaters, noch persönlich für den Meister gefertigt hat, umweht aber vor allem die Bühne, über die heute Joachim (»Aki«) Ehle wacht, dessen Vater Willi von Gustaf Gründgens als technischer Direktor aus Berlin an den Rhein mitgebracht wurde. Der Sohn hat das Amt übernommen.

Das Düsseldorfer Schauspielhaus an der Jahnstraße galt als Provisorium, war aber sehr beliebt. Noch heute schwärmen ältere Mitarbeiter davon. »Es war dort sehr eng«, erinnert sich unser alter Theaterpförtner, der früher Beleuchter war. »Um auf die Bühne zu kommen, mußten alle durch die Kantine. Da saßen wir dicht beieinander: ob Schauspieler, Techniker oder Garderobieren, und warteten auf unseren Einsatz. Wir waren eine große Familie.« Dieses Theater lag in dem traditionellen Theaterviertel, in unmittelbarer Nachbarschaft zum Apollotheater am südlichen Ende der Kö, zu mehreren Kabaretts, Kinos und Tanzcafés.

Mein Telefon klingelt. Eine Nachricht aus Budapest, wo wir in diesen Tagen im Rahmen des Festivals der *Union des Theatres D'Europe* mit Brechts »Galilei« gastieren. Der Dramaturg Frank Raddatz berichtet von einem großen Erfolg; das ungarische Publikum spendet unseren Schauspielern Ovationen, und die Festivalleitung ist von der Aktualität des Abends begeistert. Zwei Tage später heißt es in der Westdeutschen Zeitung: »Galilei als Verräter und Wendehals – für ein im Umbruch befindliches Land und seine Intellektuellen ein brisantes Thema.« Das ist das Faszinierende am Theater, daß eine Aufführung in einem anderen Land völlig anders erlebt werden kann. Die geistige Situation hier im Lande ist mit der in Ungarn nicht zu vergleichen. Der Text zeigt dort neue Seiten und regt zu anderen Erlebnissen an. Was mögen frühere Inszenierungen des »Galilei« an unserem Haus für ein Echo ausgelöst haben?

Wo früher die Goltsteinstraße auf die Hofgartenstraße stieß, hatte der Krieg ein Niemandsland entstehen lassen, das durchsetzt war mit den ausgebrannten Ruinen einstiger Wohnhäuser und Villen und das als unbefestigter Parkplatz diente. In den Fünfziger Jahren fiel die Entscheidung, in dieses Brachland ein *Theater* zu setzen. Es sollte ein repräsentatives und großstädtisches Gebäude sein, ja, möglichst sogar ein architektonisches Wunder, auf jeden Fall ein Kunstwerk, das international bemerkt und anerkannt würde. Ein kühner Traum, projiziert auf dieses zerbombte Fleckchen Erde.

Wenn ich daran denke, was hier begonnen und angepackt wurde, fällt mir eine alte Fotografie ein, die meine Mutter in unserem Familienalbum aufbewahrt. Sie zeigt eine Frau und vier Männer, darunter den Jungen, der später mein Großvater wurde, die mit seltsam verschrobenen Mützen und Lederjacken auf den Trümmern von Tschenstochau stehen und voller Begeisterung auf einen Haufen Steine zeigen, aus dem auch sie die Welt neu zu erschaffen gedenken.

Nachdem weltberühmte Architekten wie Ludwig Mies van der Rohe, Le Corbusier und auch Walter Gropius für den Entwurf eines neuen Schauspielhauses nicht zu gewinnen waren, wurde 1959 ein Wettbewerb ausgeschrieben, den bekanntlich der Düsseldorfer Architekt Bernhard Pfau gewann.

Anders als in dem berühmten »Faust«-Monolog war »Im Anfang ...« der neuesten Düsseldorfer Theatergeschichte weder das WORT, noch der SINN, noch die KRAFT. »Im Anfang war ...« das GEBÄUDE, als eine kühne Herausforderung für künftige Theatermacher. An diesem Gebäude schieden sich die Geister. Seine kühle Ästhetik provozierte und löste Kontroversen aus.

Die Geschichte über die Umstände der Eröffnungspremiere vom Januar 1970 hatte ich schon in meiner Berliner Zeit Anfang der Achtziger Jahre aufgeschnappt, weil sie als Inbegriff der Widersprüche galt, denen das Theater in jenen Zeiten des Wandels ausgesetzt war. Hunderte von Demonstranten, ausgerüstet mit Stinkbomben und Nebelkerzen, Farbbeuteln und Knallkörpern hatten versucht, diese wie es damals hieß »unwürdige Premiere« zu verhindern und die erwartungsfroh heraneilenden, elegant gekleideten Premierenbesucher mit Tomaten beworfen. Während auf der Bühne für die geschlossene Gesellschaft geladener Premierengäste Büchners Revolutionsdrama »Dantons Tod« gespielt wurde, tobte draußen auf dem Gustaf-Gründgens-Platz die Studentenrevolte.

Die ästhetische Diskussion um die Architektur des Hauses, das als »Burg«, »Pudding«, »Kunstniere«, »Hutschachtel« oder »Kurvenpalast« bezeichnet wurde – keiner der Spitznamen konnte sich durchsetzen –, spiegelte eine Debatte wider, die die Aufgabe der Künste dem rebellischen Geist der Zeit gemäß neu zu bestimmen gedachte.

Wie mag an diesem Eröffnungstag dem damaligen Intendanten Karl-Heinz Stroux zumute gewesen sein, der die Geschichte des Düsseldorfer Schauspielhauses 17 Jahre lang geprägt hat? Fünf Jahre zuvor, bei der Grundsteinlegung für das Schauspielhaus, hatte er erklärt: »Möge das neue Haus sein: traditionsgemäß eine Stätte der lebendigsten Dichtkunst, der phantasievollsten Schauspielkunst, eine Stätte des heiteren und ernsten geistigen Festes für den Bürger.« Hat er am Tag der Eröffnung an einem der elf Fenster seines Büros gestanden, wie ich es jetzt tue, und hat sich gefragt, ob die Tomaten und Farbbeutel der Demonstranten sein schönes neues Theater verunzieren werden? »Bürger in das Schauspielhaus, schmeißt die fetten Bonzen raus!« wurde draußen geschrieen und auf Transparenten gefordert, »Werft das Thyssenhaus auf das Schauspielhaus!«

Die poetische Filmsequenz, in der sich das Thyssenhaus wie im Liebesakt über das Düsseldorfer Schauspielhaus beugt, ist Bestandteil der Inszenierung von Igor Bauersima, die am 15. November 2000 im Kleinen Haus Premiere hatte. Der junge Schweizer Autor und Filmemacher tschechischer Abstammung hat in »norway.today« die Ausdrucksformen seiner Generation ausgelotet. Er kombiniert Elemente des Films mit den Mitteln der traditionellen Schauspielkunst und bezieht das Internet als Kommunikationsmittel in die Arbeit ein. Bis zur Premiere konnten die Internet-User auf speziell eingerichteten Websites entscheiden, ob das selbstmordgefährdete junge Paar von den Klippen springen sollte oder nicht. Dem *Leben* gelang es, sich zu behaupten! Ich konnte die beiden während der Dreharbeiten dabei beobachten, wie sie durch den Hofgarten und über den Gustaf-Gründgens-Platz rannten und im wilden Tanz die Jacken und Pullis in die Luft warfen. Die jugendliche Begeisterung und die Fantasie von Julie und August alias Birgit Stöger und Christoph Luser füllte den leeren grauen Platz, auf dessen Mauern ein einsames Plakat klebt, das zum Widerstand gegen rechte Gewalt aufruft.

Umzäunt von Fliederbäumen und von Rosenstöcken, die noch im November blühen, eingebettet in einen wilden Garten und umgeben von einem großen Park, der zum Gelände der Kaiserswerther Diakonie gehört, liegt das *andere* Haus, das mir in meinen Düsseldorfer Jahren ans Herz wuchs. Auch zu diesem Haus gehört eine Geschichte, die mich nicht losläßt. Wie mit dem Schauspielhaus die Legende von Gustaf Gründgens verbunden ist, so gehört zur Kaiserswerther Diakonie die Geschichte von Theodor Fliedner. Fliedner kam 1822 als junger Pfarrer in das verarmte Kaiserswerth, das wirtschaftlich so darniederlag, daß es nicht einmal seinen Seelsorger bezahlen konnte. Doch Fliedner brachte mit seinen sozialen Visionen einen unerwarteten Aufschwung zustande. Unter seinem Zugriff entstand eine Diakonissenanstalt, in der alle damals virulenten sozialen Fragen in einer Weise gelöst wurden, die heute noch Gültigkeit hat.

Mein anderes Haus liegt in der Nähe der prächtigen Gartenanlage, die zur Nervenklinik gehört. Sie wurde von einem Schüler des Landschaftsarchitekten Weyhe entworfen und erlaubt es den Patienten, dank einer raffinierten Anordnung von Hügeln, bei freier Aussicht und ohne direkten Blick auf Mauern, die sie umschließen, spazierenzugehen. Daß mein anderes Haus in einer »exterritorialen und extemporären Zone« liegt, wie sich Bazon Brock in einem Vortrag im *Malkasten* ausdrückte, machte mir auch der Beamte des Kaiserswerther Ordnungsamts bewußt, der meinem Wunsch, meine Familie und mich in diesem Haus anzumelden, mit der Erklärung begegnete, dieses Haus gäbe es nicht! »Ich bin aber dort gerade eingezogen«, beharrte ich, und bekam zu hören, dies sei ausgeschlossen. Die Existenz des Hauses ließ sich dann doch noch ermitteln, und so konnten meine

Familie und ich das verwunschene Haus am Zeppenheimer Weg ein paar Jahre lang mit amtlicher Billigung bewohnen.

Schwester Leni, eine Diakonisse im Ruhestand oder »Feierabendschwester«, wie man sie nennt, erzählte mir vor kurzem beim Tee aus ihrem Leben in der Diakonie: »Als wir hier 1832 mit Friederike und Fliedner angefangen haben«, sagte sie, und mit ihrem seltsam anmutenden »Wir« war immer die Diakonie gemeint, »waren wir zwei Diakonissen und arbeiteten im Gebäude der ehemaligen Seidenspinnerei. Die Spinnerei war bankrott gegangen und hatte zweihundert Familien um ihre Existenz gebracht, und so haben wir in der Fabrik ein Hospital eingerichtet. Hundert Jahre später waren wir 38.000 Schwestern, die in der ganzen Welt tätig waren. Wir haben in dieser Zeit die Grundlagen für die moderne Krankenpflege geschaffen. Dabei haben wir völlig autonom gewirtschaftet und gelebt, hatten unsere eigenen Wasseranlagen und unsere eigenen Bauernhöfe, haben uns praktisch selber versorgt. Dabei ist ein Geflecht der unterschiedlichsten sozialen Einrichtungen entstanden: Waisen- und Altersheime, Kindergärten, Ausbildungsstätten für gefallene Mädchen, Krankenhäuser, Anstalten für Gemütskranke usw. Wir haben als *eine* große Gemeinschaft gelebt.« Was für ein eindrucksvolles, erhabenes »WIR«!

Meine Referentin stürzt ins Zimmer und ruft mich zurück zu den Pflichten: »Frau Badora, wo bleiben Sie? Ihr Einführungsgespräch zu »Was ihr wollt« fängt gleich an.« Richtig, ich wollte heute über den interpretatorischen Ansatz meiner Inszenierung sprechen: Die Identitätskrise des modernen Menschen. Ich greife nach Ernst Blochs Essay über »Utopie und Niemandsland«, aus dem ich gleich zitieren werde. Draußen ist es inzwischen dunkel geworden, und das Publikum strömt in den Zuschauerraum. Hoffentlich wird es eine gute Vorstellung.

WOLFGANG ARPS
Ein Hamburger in Düsseldorf

Düsseldorf-Hauptbahnhof, November 1944: unser Lazarettzug hielt endlich zur erneuten Wundversorgung. Ein Kamerad hatte dauernd verzweifelt gesungen: »Das Schwäbele hat keine Beine mehr, das Schwäbele hat keine Beine mehr.« Bald lagen wir auf schon bereitgestellten Tragen auf dem Bahnsteig und warteten auf den Abtransport. Da standen um uns herum die in der Morgendämmerung zur Arbeit eilenden Düsseldorfer und heiterten uns auf mit ihrem fröhlich klingenden rheinischen Dialekt. Ich dachte, hier in dieser Stadt müßte man leben können. Im Marien-Hospital an der Sternstraße empfing uns eine Welle des Mitgefühls und der Liebe durch die unermüdlich arbeitenden Nonnen und Ärzte. Ich hatte zum Glück nur einen Heimatschuß: Steckschuß eines vorher aufgeschlagenen Explosivgeschosses im linken Unterschenkel »mit Zerreißung der Achillessehne«, so stand es auf der Begleitkarte, die jeder von uns nach der Operation auf dem Hauptverbandsplatz umgehängt vorfand. Wie sich später herausstellte, stimmte das nicht. Gott sei Dank, ich würde also auf jeden Fall Theater spielen können.

Das tat ich dann auch nach dem Krieg und der Gefangenschaft in meiner Heimatstadt Hamburg. 1949 kam ich an das Deutsche Schauspielhaus unter Intendant Albert Lippert, dem ich sechs Jahre verbunden war. Dort hörte ich dann auch wieder rheinische Klänge: 1950 kam der im Rheinland geborene dynamische Regisseur und Schauspieler aus Berlin, Karl Heinz Stroux, als Gast, um zu inszenieren. Als ich 1954 dann nach anderen Arbeiten unter seiner Regie wieder im »Dunkel ist Licht genug« von Christopher Fry den Sohn Stefan spielte, fragte er mich eines Tages: »Du, Wölfchen, kommste zu mir nach Düsseldorf? Man hat mich da zum Intendanten gemacht, weil Gründgens dort weggeht und hierher nach Hamburg kommt. Hast du Lust?« »Ja, und wie!«, sagte ich voller Freude. Ich hatte aber schon nach Stuttgart abgeschlossen. »Dann kommste eben nach einem Jahr zu mir.« Das war 1956: Es war äußerst schwierig, in dem zerstörten Düsseldorf eine Wohnung zu bekommen. Ich fand sie in der Vautierstraße am Staufenplatz, wo täglich bis zu 240 Güterzüge vorüberdonnerten. Die Bleibe war aber noch im Bau, als wir schon mit dem Möbelwagen anrollten. So mußte ich jeden Tag nach Wuppertal, wo wir, meine Frau und meine Tochter, bei einem Freund wohnen konnten.

Es begannen nun die wunderbaren Theaterjahre im Schauspielhaus an der Jahnstraße unter dem genialen Regisseur und Intendanten Stroux.

Meine Liebe zur Stadt und zu diesem erfahrenen und durch Gründgens geschulten Publikum war so groß, daß ich nie bereut habe, nicht nach Hamburg zurückgekehrt zu sein. Stroux wurde Vater des Ensembles, seiner Strouxmannschaft, wie damals allgemein geschrieben wurde, und wie es sie an keinem deutschsprachigen Theater gab. In Düsseldorf traf ich dann auch schon meine Kollegen aus Hamburg wieder, Edgar Walther und Eva Böttcher, mit der ich schon etliche Liebespaare gespielt hatte. Heinrich Böll kam mit seiner Uraufführung »Ein Schluck Erde«, Siegfried Lenz mit »Die Augenbinde«, Ionesco fand mit vielen Stücken seine Erstaufführungen durch Stroux, darunter »Hunger und Durst«, »Fußgänger der Luft«, Friedrich Dürrenmatt erlebten wir mit seiner Uraufführung »Porträt eines Planeten« und Jean Martinon dirigierte Felix Mendelssohn-Bartholdys Musik zu unserem »Sommernachtstraum«.

Oft rettete Stroux uns vor Mißerfolgen, wenn er eine mißratene Inszenierung eines anderen Regisseurs noch in zwei Tagen umstellte, sie auffrischte, kürzte, Rollen eine andere Wendung gab und sagte: »Ich denke, jetzt können wir den Düsseldorfern diese Premiere anbieten.« Er wünschte, daß wir uns in der Stadt so verhalten mögen, daß unser Publikum sagt, »der gehört zum Ensemble unseres Schauspielhauses.«

Unvergessen sind auch die Tage der »Offenen Tür«. Dann saß er bei uns in der Garderobe und trank noch einen Whisky: »Ich muß mir Mut machen, ich muß wieder betteln gehen für ein neues Schauspielhaus.« Inzwischen hatte man in Deutschland schon 37 neue Schauspielhäuser gebaut, und Düsseldorf durfte nun nicht zurückstehen. Als er unter den Zuschauern den Oberbürgermeister Becker und den Stadtplaner Prof. Tamms begrüßte, fragte er spontan, ob die Herren ihren Rütlischwur zu einer Grundsteinlegung auch halten würden; und Becker erwiderte, er habe die Hoffnung, schon bald auch den Rohbau präsentieren zu können.

Unvergessen sind auch die Proben von »Hallo Dolly« in der Jahnstraße. Der amerikanische Verlag hatte für die Vergabe der Aufführungsrechte an Stroux für die deutsche Erstaufführung die Bedingung geknüpft, die Rolle der Dolly dürfe nur mit einem bekannten deutschen Star besetzt sein. Und so kündigte er in einer Matinee an: »Und jetzt wird Ihnen unser Star Tatjana Iwanow den berühmten Song aus ›Hello Dolly‹ singen.« Sie sang, die Düsseldorfer jubelten und die Presse schrieb vom Star, der geboren sei. Stroux bekam die Rechte. – Noch in den letzten Proben hatte Stroux selbst dirigiert: »Euer Tempo ist zu lahm.« Unser Dirigent, der heute weltbekannte Düsseldorfer Jazzmusiker, Klaus Doldinger, saß mit großen Augen da und sah, wie unser Stroux dirigierte, von Feuer sprühte und das Orchester und uns zu immer größerem Tempo anfeuerte. Nach der umjubelten Premiere kam er beglückt zu uns auf die Bühne, bedankte sich für diesen Abend und sagte, daß es so in den besten Tagen der 20er Jahre in Berlin gewesen sei. Der

Regisseur, Kostüm- und Bühnenbildner war Jean Pierre Ponnelle, der amerikanische Choreograph war Dick Price. Die Menschen standen Schlange um das Haus herum bis in die Luisenstraße. – Und wer denkt heute noch an die vielen Abstecher und Tourneen mit den Bussen von Bandrock und unseren extra für Bühnenkulissen gebauten Lastwagen mit der Aufschrift »Düsseldorfer Schauspielhaus Karl Heinz Stroux«? Wir trugen den Namen der Stadt quer durch Europa. Der Name Stroux verhieß: Ich trage die Verantwortung für dieses Unternehmen, bei mir könnt Ihr euch beschweren, wenn euch das Theater nicht gefällt.

Am 16.6.1965 wurde der Grundstein zum neuen Haus gelegt, für den Rundbau von Prof. Pfau an der Schadowstraße neben dem grandiosen Drei-Scheiben-Thyssen-Hochhaus, von Prof. Dr. Hentrich erbaut, der selbst auch ein begeisterter Zuschauer war.

Claire Wohlthat, eine alte Dame, seit 1900 schon Zuschauerin, wurde die »Fächerfrau« genannt, weil sich auf ihrem Fächer, der heute im Theatermuseum liegt, alle bekannten und beliebten Schauspieler eintragen durften. Sie kämpfte und erreichte bei der Stadt, daß der noch unbenannte große Platz vor dem neuen Schauspielhaus den Namen Gustaf-Gründgens-Platz erhielt.

Es gab auch noch eine andere begeisterte Zuschauerin, deren Namen wir nie erfahren haben, die mir in Abständen mehrere Tausend DM schickte. Ich sollte dafür sorgen, daß nach der Premiere von Dürrenmatts »Planeten« im Kleinen Haus (Regie Erwin Axer) eine Premierenfeier in Hugo Steigers »Walliser Stuben« am Ernst-Reuter-Platz stattfände. Hier hatten wir unser festes »Stammhaus«, Hugo hatte für uns einen Extra-Mittagstisch eingerichtet, den Wein gab es sogar frei. Jetzt feierten wir die Nacht hindurch unseren Erfolg mit Dürrenmatt und Axer. – Nie wieder wurde die Bühnentechnik des Hauses so intensiv genutzt, wie bei dieser Inszenierung. Die Besucher saßen auf vier tribünenartigen Blöcken um uns herum, wir kamen aus der Unterbühne zu unseren Auftritten herauf. Nur noch in Ponnelles »Bacchantinnen« von Euripides waren diese Tribünen fahrbar und wurden mit dem Publikum je nach Szene in verschiedene Positionen gerollt.

Schon vor der Eröffnung des neuen Hauses begannen die ersten Demonstrationen. Die Absicht, daß nur geladene Gäste zur Premiere kommen sollten, war Anlaß für die Proteste der Düsseldorfer 68er Generation. Richtiger wäre es natürlich gewesen, wenigstens die Hälfte der Eintrittskarten an die Bevölkerung abzugeben. Der ASTA der Uni Düsseldorf, der Kunstakademie, der Ingenieurschule und die Gruppe »Kritische Medizin« hatten zur Demonstration aufgerufen. Man behauptete, »für das Bedürfnis einer längst fragwürdig gewordenen Kultur einen Ruhmestempel zu errichten, seien 40 Millionen Steuergelder verschleudert worden, das Haus sei »Betonscheiße«, ein Prototyp des bürgerlichen Establishments, die ganze sogenannte Kultur sei nur für die reichen Bonzen. »Nicht diskutieren, liquidieren! Werft das

Thyssenhaus aufs Schauspielhaus!« – Man drohte, über Nacht die großen Scheiben des Foyers zu zertrümmern, ebenso die technischen Einrichtungen der Bühne. Und so liefen unsere Techniker zusätzlich zu ihren schweren letzten Premierenvorbereitungen zwei Nächte lang Wache. Unter diesem Druck versuchte die Stadt, einen Teil ihrer Fehler wiedergutzumachen, indem sie zwei öffentliche Generalproben im Großen Haus erwirkte: »Dantons Tod« von Büchner und »Trotzki im Exil« von Peter Weiss. Beide wurden heftigst gestört. Die Trotzki-Probe wurde abgebrochen: »Wir wollen kein Bildungstheater, wir wollen die Gesellschaft verändern. Die Schauspieler sollen mit uns zusammen spielen und gemeinsam Themen auswählen. Schreibt doch mal ein aktuelles Stück! Du sprichst ja auswendig, das ist ja gar nicht deine Meinung! Lauter, ich bin blind!« Peter Weiss schlug vor, nach der Aufführung zu diskutieren. Seine Bitte wurde nicht respektiert. Weiss verkündete: »Der 2. Akt wird nicht gespielt. Ich lehne es ab, mit euch zu diskutieren.« Er wurde niedergeschrien: »Wir fordern statt eines Intendanten ein Dreierkollegium für die Zukunft einzuführen! Wir fordern Beteiligung aller interessierten Bürger an Proben und Spielplangestaltung!« Die Revoluzzer verließen schließlich weit nach Mitternacht das Haus, weil Stroux angeordnet hatte, die Heizung voll aufzudrehen und die neue Tonanlage überlaut mit Wagnermusik ertönen zu lassen.

Die Premierenbesucher am 16.1.1970 wurden mit Farbbeuteln beworfen, man versuchte, die Bühne zu stürmen, während wir im Kleinen Haus unsere »Bacchantinnen« ohne Störung spielen konnten. Die junge Bevölkerung blieb also ausgesperrt durch Barrieren und zirka 500 Polizisten zu Fuß, zu Pferd und mit Hunden. Kriminalbeamte saßen im Zuschauerraum, im gesamten Bühnen- und Hinterhaus.

Ob die Protestler von damals auch dabei waren, als der damalige Bundeskanzler Willy Brandt auf Einladung Ulrich Brechts im Schauspielhaus am 17.9.1972 vor dem Düsseldorfer Publikum unter anderem sagte: »Die Theater sind keine Arabeske unseres Lebens. Sie sind ein Spiegelbild. Und damit zugleich ein Politikum ... Vielleicht sollte man sich darauf einigen, auch bei den Theatern nicht mehr einfach von Subventionen zu sprechen, sondern neutraler von ihrer Finanzierung. Das würde zwar keine Mark mehr bringen, aber vielleicht doch einiges von dem Ressentiment abbauen, das den Theatern heute vielfach entgegengebracht wird, weil manche sie noch immer ideologisch als ›kulturellen Überbau‹ ansehen, was sie nicht mehr sind. Der prozentuale Anteil der Theater an den allgemeinen Ausgaben hat sich, das sollte man nicht übersehen, nicht erhöht. Es wäre ungerecht und politisch falsch, wollte man das Theater, nachdem es ein Hätschelkind der Nation war, nun zu ihrem Prügelknaben machen.«

Man fragte sich damals auch, warum erst zur Eröffnung protestiert wurde; denn es hatte schon 1957 die Ausschreibung eines Architektenwettbewerbs gegeben. Die Öffentlichkeit war laufend über den jeweiligen Stand der Dinge unterrichtet worden, Modellentwürfe waren zu besichtigen. Es gab also Einspruchsmöglichkeiten genug. Stroux versuchte mit uns, seinem kleinen Beirat, bei einigen Sitzungen der Stadt Einfluß zu nehmen gegen einen zu lang gestreckten Zuschauerraum. Im Zeitalter des Fernsehens, wo die Kamera die kleinste Regung im Gesicht der Akteure für den Zuschauer heranholen könne, sei es ein Nachteil für uns, quasi über die Entfernung eines Fußballplatzes spielen zu müssen; die Intimität einer Szene, leise Töne, würden unweigerlich verlorengehen. Wir schlugen vor, nach Art der neuen Häuser in Holland zu bauen, die wir auf vielen Abstechern dort bespielt hatten. Es waren Rundbauten mit einem kurzen Zuschauerraum, das Publikum saß um uns herum auf steil ansteigendem Gestühl, oder mit einem oder zwei Rängen. Aber da wurde uns entgegengehalten, »Rangunterschiede« dürfe es nie wieder geben. Schließlich durften wir Theaterleute nur noch bei der Gestaltung des technischen Aufbaus der Bühne und der Einrichtung der Garderoben mitreden.

1972 ging das Theater in andere Hände über. Die Wende begann: die des politisch-ideologischen Zeigefingertheaters. In Deutschland kam der Slogan auf: »Trau keinem über 30« und »Opas Theater ist tot«. »Bubis Theater ist leer!« war die Gegenthese. Die »Königsmörder«, wie sie sich selber nannten, gingen ans Werk. Der Kampf um die Macht begann; so brutal, daß einer von ihnen sich nicht zu fragen scheute: »Herr Stroux, wann sterben Sie endlich?«

Versuche zur Mitbestimmung fanden bald unter dem neuen Intendanten Ulrich Brecht statt: Unsere ausländischen Raumpflegerinnen aus der Türkei und Jugoslawien, wie auch alle unsere Bühnentechniker und Büroangestellten, sollten neben ihrer Tätigkeit alle in Frage kommenden Stücke lesen und beurteilen, um mit uns den Spielplan zu bestimmen. Sie hätten also mindestens 40 Stücke lesen und beurteilen müssen, um sich dann für ca. 18 zu entscheiden. – Und so standen wir denn eines Tages auf dem Dach des Thyssen-Hochhauses und hatten den herrlichen Ausblick über unsere Stadt. Dr. Sohl, der Chef des Hauses, war unter anderem auch Vorsitzender der »Freunde des Theaters«, und in dieser Eigenschaft hatte er zum Gespräch über die Situation am Schauspielhaus geladen. Er zeigte von hoch oben hinunter auf das Haus und sagte: »Sehen Sie, wie klein, fast unbedeutend es wirkt? Ja, machen Sie doch politisches, machen Sie linkes Theater, aber machen Sie gutes Theater, lassen Sie keine Langeweile aufkommen, denn das ist tödlich für jedes Theater.«

1976 kam Günther Beelitz. Unter ihm gewann das Haus wieder Profil. Es wurden wieder Abstecher gemacht; Gastspiele fanden mehrmals in Rußland und auch in der DDR statt. 1986 wurde er nach München berufen. Dr. Volker Canaris übernahm die Leitung. Zu seinen größten Erfolgen zählt auch das Engagement Jérôme Savarys für »Cabaret« mit Ute Lemper. Wir spielten diese Vorstellung 50 Mal vor ausverkauftem Haus. Die Menschen standen wieder Schlange. Zum Erfolg geriet auch die Vorstellung von »Checkpoint Charlie« in der Regie von Hans-Jörg Utzerath, der mit Düsseldorf bestens vertraut war durch seine Intendantentätigkeit an den Kammerspielen. Noch heute spricht das Publikum von seiner dortigen Heine-Revue.

Und Vater Ehle, der Technische Direktor des Hauses, der mit Gründgens von Berlin gekommen war, und später dann sein Sohn Joachim meisterten in diesen aufregenden Jahrzehnten in Ruhe und Überlegenheit alle technischen Schwierigkeiten und verwirklichten so auch die ausgefallensten, phantastischsten Ideen der Regisseure.

Und der Düsseldorfer Heinz Engels, der bei Stroux lernte und viele glänzende Regiearbeiten ablieferte, ging bald als Intendant nach Göttingen.

Mit Canaris' Weggang 1996 habe auch ich meine Tätigkeit am Schauspielhaus beendet und mich mit Leidenschaft ganz meiner freien Berufstätigkeit gewidmet.

Seit 1956 waren mir nicht nur das Haus an der Jahnstraße, das längst abgerissen ist, und das Haus am Gründgens-Platz zur Heimat geworden, sondern ganz Düsseldorf mit seiner Umgebung. Ich zog von der Vautierstraße in ein Häuschen am Neusser Weg in Lohausen, in eine Wohnung in der Hans-Sachs-Straße, eine Wohnung im Schneider-Esleben-Hochhaus in der Tersteegenstraße und jetzt in eine Wohnung in Wittlaer-Bockum. Hier haben wir die herrliche Niederrheinlandschaft und den Heltorfschen Park vor der Tür.

So habe ich endgültig die Elbe mit dem Rhein getauscht.

Wolfgang Reinbacher
Düsseldorf – wo alles anfing

Aus den frühesten Erinnerungen ergibt sich mein heutiges Bild und meine Zuneigung für diese angenehme Stadt.

Als ich am 1. August 1960 auf dem Vorplatz des Düsseldorfer Hauptbahnhofes stand, es war sieben Uhr früh, ich war mit dem Nachtzug aus der Steiermark angereist, fühlte ich mich durchaus wohl und guter Dinge. Der Grund war nicht die barocke Schönheit des Bahnhofsvorplatzes, noch der Traumboulevard, der sich Graf-Adolf-Straße nannte, sondern schlicht und einfach die Tatsache, daß ich einen Dreijahresvertrag mit dem Düsseldorfer Schauspielhaus in der Tasche hatte. Dieses Theater unter der Leitung von Karl Heinz Stroux, es befand sich in der Jahnstraße, hatte einen wahrhaft europäischen Ruf, und ich empfand es als große Auszeichnung, nach Abschluß meiner dreijährigen Schauspielerausbildung am Max-Reinhardt-Seminar in Wien, hier als Anfänger mit diesem schönen Beruf beginnen zu können. Wohin also zu dieser frühen Morgenstunde?

In meiner Tasche hatte ich die Adresse eines Untermieterzimmers, das Bekannte für mich angemietet hatten. Also mit dem Taxi nach Unterrath. Eine ältere Frau öffnete mir, führte mich in das Zimmer ihres verstorbenen Mannes, ermahnte mich eindringlich, in diesem Raum nichts zu verrücken, zu verschmutzen oder zu verstellen. Weiblicher Besuch sei zu vermeiden oder zumindest bis 22 Uhr zu beenden. Wunderbare Aussichten für meine einundzwanzig Jahre! Und als diese Dame nach der dritten Nacht, die ich in diesem merkwürdigen Refugium verbrachte, mich anflehte, ich möge ihr doch nicht immer nachts Sand ins Bett streuen, war mein Gastspiel in Unterrath beendet. Vom Düsseldorfer Schauspielhaus in der Jahnstraße bekam ich nur den Pförtner zu sehen. Ich machte mich mit ihm bekannt als neue Theaterhoffnung für diese Stadt. Sehr schön, sagte er, aber der gesamte Betrieb sei noch in den Ferien und die Proben zu »Richard III.« von Shakespeare, mit mir als kleinem Prinzen, begännen am 9. August, dann möge ich wiederkommen. Also Zeit genug für die Suche nach einem neuen Domizil. Diesen Straßennamen habe ich behalten. Es war die Prinz-Georg-Straße in Derendorf. Soweit ich mich erinnere, befand sich dort die Zentrale des Jugendherbergswerks, und ich konnte ein Lehrerzimmer beziehen für die Zeit, bis ich das Richtige fände. Inzwischen hatten die Proben begonnen, von den Kollegen wurde ich herzlich aufgenommen. Um die Ecke des Schauspielhauses, in der Adersstraße, gegenüber dem »Weindorf«, fand ich ein Apartment. Mein Lebensmittelpunkt wurde das Schauspielhaus und das Geviert Adersstraße-Jahnstraße-Herzogstraße und Talstraße. Daß ich heute nach vierzig Jahren in Düsseldorf-Oberkassel meine Heimat gefunden habe, war im Spätsommer 1960 wirklich nicht zu erahnen.

Zunächst machte mich Klaus Knuth, der Sohn des unvergessenen Gustav Knuth, mit der Altstadt bekannt. »Fattys Atelier« mit seinen Bierbons für Künstler, der »Uerige« – der Strich auf dem Deckel kostete damals 32 Pfennige –, Frau Schusters »Wiener Heuriger« und das »Hängetischchen« waren für uns bevorzugte Anlaufstellen in der Altstadt, und als Stammkneipe kristallisierte sich im Laufe der Jahre »Pauls Lokal« in der Jahnstraße heraus. Viele berühmte Schauspieler, die damals in den Aufführungen des Schauspielhauses zu sehen waren, wie Ernst Deutsch, Attila Hörbiger, O. E. Hasse, Elisabeth Bergner, Ewald Balser und von den jüngeren Wolfgang Arps und Martin Benrath, die mich besonders förderten, nicht zu vergessen die temperamentvolle Nicole Heesters, gaben mir eine Ahnung, was Schauspielkunst sein kann.

Besonders aber erinnere ich mich an eine Aufführung der selten gespielten spanischen Komödie »Donna Diana« in der Inszenierung von Edgar Walther, der ja auch jahrzehntelang dem Schauspielhaus als Regisseur und Schauspieler verbunden war. Das heißt, ich erinnere mich eigentlich nur an eine junge Schauspielerin, die mich durch ihre wunderbare Ausstrahlung, durch ihre Aura und ihre ausdrucksvolle Stimme, sofort faszinierte. Und es gehört wohl zu den glücklichsten Umständen meines Lebens, daß ich mit ihr seit Dezember 1965 verheiratet bin. Ihr Name: Eva Böttcher. Düsseldorf sei Dank. Wobei mir das Jahr 1965 beinahe zum Verhängnis wurde. Im April dieses Jahres knallte ich mit meinem Oldtimer-Mercedes in der Jülicher Straße gegen einen Alleebaum und verletzte mich schwer. Den Professoren Rehrmann und Kulendal von der Düsseldorfer Universitätsklinik habe ich es zu verdanken, daß ich so wiederhergestellt wurde, um im Herbst mit den Proben zu dem Stück »Tango« von Slawomir Mrozek zu beginnen, dessen Uraufführung im Januar 1966 zu einem bedeutenden Ereignis der 60er Jahre wurde. Karl Heinz Stroux hatte mir das Textbuch ins Krankenhaus geschickt, um meine Genesung zu fördern; es ist ihm gelungen, und er wurde unser Trauzeuge bei unserer Hochzeit im Dezember. Wir zogen nach Oberkassel in die Rheinallee, und nach dem großen Ereignis der Eröffnung des neuen Schauspielhauses am Gustaf-Gründgens-Platz und zahlreichen Ausflügen zu anderen Theatern, die mich nach Basel, an die Münchner Kammerspiele, ans Wiener Burgtheater und an das Residenztheater in München führten, schließt sich der Kreis, wenn ich hier an unserem Schauspielhaus auf vierzig Jahre Theater zurückblicken kann mit einem Stück von Thomas Bernhard mit dem bezeichnenden Titel: »Die Macht der Gewohnheit«.

Gerade Städte mit einer Einwohnerzahl von fünf- bis sechshunderttausend sollen ja einer Studie nach eine besonders angenehme Lebensqualität haben. Von Düsseldorf kann ich dies nur bestätigen, auch wenn zu bedauern ist, daß der Fußballclub Fortuna nicht mehr in der 1. Bundesliga spielt. Nach vielen Straßenbildern in Düsseldorf, die mein Leben beeinflußt oder wie die Jülicher Straße fast beendet hätten, bin ich nun mit meiner Eva in der Wodanstraße in Oberkassel gelandet. Hier in diesem schönen Stadtteil, wo wir im Laufe der Jahre viele Freunde gewonnen haben und wo für mich schon der Niederrhein mit seiner speziellen Atmosphäre beginnt, wollen wir – so Gott will – noch einige Zeit bleiben. Und so geschah es, daß aus einem jungen Steirer, der in Graz sein Jurastudium abbrach, um in Wien Schauspieler zu werden, ein alter Düsseldorfer »Jong« wurde.

Eva Böttcher

Rheinallee – Wodanstraße

Seit 35 Jahren lebe ich nun schon in Oberkassel, zusammen mit meinem Mann Wolfgang Reinbacher, mit dem ich auch Ende des Jahres 2000 meinen 35. Hochzeitstag feiern konnte.

Wir kamen aus ganz verschiedenen Richtungen. Wolfgang kam aus Graz bzw. Wien und ich aus Hamburg. Ich bin dort aufgewachsen und habe nach dem Abitur eine Schauspielausbildung bei Joseph Offenbach gemacht. Ich ging dann für fünf Jahre an das Hamburger Schauspielhaus, das letzte Jahr unter der Intendanz von Gustaf Gründgens, mit dem ich in zwei Uraufführungen zusammenarbeiten konnte. In diesen Jahren lernte ich Professor Karl Heinz Stroux kennen. Ich war so fasziniert von dieser dynamischen Theaterpersönlichkeit, daß ich bald seinem Ruf ans Düsseldorfer Schauspielhaus folgte. Drei Jahre wollte ich an diesem Theater bleiben; daß daraus 43 Jahre wurden, stand nicht in den Sternen.

Ich habe Karl Heinz Stroux, diesem großen Theatermann, viel zu verdanken. Seine kraftvolle Phantasie, sein überschäumendes Temperament riß uns junge Schauspieler immer wieder in seinen Bann. Er verlangte viel, von sich und von uns. Und es kostete manche Träne, seinem Anspruch immer Genüge zu tun.

Meine anfängliche Enttäuschung über die Stadt Düsseldorf und das Theater in der Jahnstraße – beides erschien mir viel zu klein und eng im Vergleich zu Hamburg – wich bald einem sehr belebenden Auftrieb, was das Leben im Allgemeinen und die künstlerische Arbeit im Besonderen anging.

Ich bezog ganz in der Nähe des Theaters ein kleines Apartment – meine erste eigene Wohnung! Ich habe sie geliebt und hätte nicht mehr Freude haben können, wenn ich in ein Schloß gezogen wäre. Die Nähe des Theaters verführte auch oft Kollegen zu einem »Mal-Vorüberkommen«, und so konnte ich mich über Einsamkeit nicht beklagen. In diesem Zusammenhang kommt mir eine Szene in den Sinn. Wir spielten »Wilhelm Tell«, und eine Viertelstunde vor Vorstellungsende sollte der Weltmeister-Boxkampf im Fernsehen übertragen werden. Da ich als einzige schon einen Fernseher besaß, beschlossen die Kollegen, die fünfzehn Minuten unbedingt einzuspielen, um dann, mit Bierflaschen bewaffnet, in mein Apartment zu stürmen. An der Spitze Ernst Deutsch und Attila Hörbiger. So geschah es, und auf dem Boden hockend erwarteten etwa dreizehn Kollegen den spannenden Kampf. Wie enttäuscht waren wir, als wir hörten, daß der Boxkampf gar nicht stattgefunden hatte und zu einem späteren Zeitpunkt ausgetragen werde. Es wurde aber trotzdem ein lustiger Abend.

Mit mir sind auch zwei Kollegen an das Düsseldorfer Schauspielhaus verpflichtet worden, die ich von meinen ersten Schritten auf der Bühne her kannte: Wolfgang Arps und Edgar Walther. Wenn man mir damals, als Wolfgang Arps und ich noch junge Liebespaare am Hamburger Schauspielhaus spielten, gesagt hätte, wir würden in Zukunft als Bühnenliebespaar immer älter werden, ich hätte ihn ausgelacht. Aber so kam es tatsächlich, und noch heute sind mein Mann und ich mit Wolfgang und seiner jungen Frau Jutta befreundet und fahren sogar manchmal zusammen in Urlaub.

Wie gesagt, Wolfgang und ich zogen dann bald nach Oberkassel in die Rheinallee. Es waren entscheidende Jahre. Viele neue Freundschaften entstanden. Besonders eine, durch unmittelbare Nachbarschaft bedingte, mit dem auch in Düsseldorf sehr bekannten, sehr erfolgreichen Maler und Kunstprojekt-Gestalter Gerhard Wind und seiner Frau Barbara verband uns bald mehr als ein großer Balkon, nämlich eine innige Freundschaft. Die Rheinallee wurde bald zu einem Treffpunkt vieler Künstlerkollegen, sowohl in seinem Atelier als auch in unserer Schauspielerwohnung. Es wurde diskutiert und debattiert, auch über sprachliche Schwierigkeiten hinweg. Ich denke da zum Beispiel mit Freuden an Eugene Ionesco, der in der Rheinallee zu Gast war und in dessen Stücken »Nashörner«, »Hunger und Durst«, »Der König stirbt« usw. ich die weiblichen Hauptrollen verkörperte. Karl Heinz Stroux hat diese Stücke uraufgeführt und ihnen zu weltweitem Ruhm verholfen.

So wurde uns in den vielen Jahren Oberkassel und die Rheinallee bald zur Heimat. Nach vielen Auslandsgastspielen, auch nach einer vom Goethe-Institut organisierten Welttournee, die uns ein halbes Jahr fast um den Globus führte, kamen wir immer mit Freude wieder in das gemütliche Oberkassel zurück.

Und nun leben wir in der Wodanstraße. Wir sind aus diesem Umkreis nicht herausgekommen, weil gerade dieses Stück Oberkassel uns ans Herz gewachsen ist. Hier ist nun unser Zuhause und wird es wohl, so Gott will, noch lange bleiben.

Ich habe es eigentlich nie bereut, so lange in einer Stadt geblieben zu sein. Durch die vielen Auslandsgastspiele von Amerika über Asien nach Australien habe ich so viel von der Welt gesehen, daß ich nicht das Gefühl habe, etwas versäumt zu haben.

Den Beruf einer Schauspielerin habe ich mir erwählt, weil ich von Jugend auf nie etwas anderes werden wollte. Schon in der Schule habe ich rezitiert, gespielt, und sogar bei einem Klassentreffen sprach man noch von meiner Darstellung des Juden Shylock im »Kaufmann von Venedig«. Und das im zarten Alter von 17 Jahren. Es war sicher sehr seltsam, aber es zeigt mir, wie besessen ich schon damals von der Schauspielerei war. Mit eigenen Mitteln einen anderen Menschen zu verkörpern, nahm meine ganze Phantasie gefangen. Und so bin ich heute froh, diesen Weg konsequent gegangen zu sein.

Dieses ständige Auf und Ab von Erfolgen und Mißerfolgen war immer auch wieder ein Ansporn zur Erneuerung. Denn jede neue Rolle beginnt mit dem ersten Schritt. Es gibt auch kein Ausruhen auf gehabten Erfolgen. Der Beruf ist ein Hier und Jetzt, und daraus bezieht der Schauspieler seine Kraft und Spontanität. Es ist natürlich nicht leicht, jeden Tag zur selben Stunde im Vollbesitz seiner körperlichen Kräfte zu sein, und manche beginnende Erkältung wird zu einem kleinen Unglück, wenn der Zeiger der Uhr der Vorstellung näherrückt. Aber die Bühne ist ja ein magischer Raum und hat schon manchen entzündeten Zahn vergessen lassen.

Heute spiele ich nur noch ab und zu Theater. Ich bin in der glücklichen Lage, es mir aussuchen zu können und verfolge nun das Geschehen auf der Bühne vom Zuschauerraum aus.

HELMUT RICKE

Ehrenhof – spröder, inhaltsschwerer Solitär

Eigentlich war alles eher Zufall. Es hätte jede Stadt sein können, nun war es eben Düsseldorf. Kurz vor meinem Examen hatte mich in Heidelberg das Angebot erreicht, im Düsseldorfer Kunstmuseum eine Ausstellung über Gabriel Grupello und die Barockplastik am Niederrhein zu Ende zu bringen, die ein Kollege dort unvollendet hatte liegenlassen müssen – ein Zeitvertrag für zehn Monate, nicht ganz schlecht bezahlt, eine Chance, die man wahrnehmen mußte.

In dieser »Durchreisesituation«, gut mit Arbeit eingedeckt, zudem noch frisch verheiratet, nahm ich die Stadt, in der ich da gelandet war, eigentlich kaum wahr. Eben aufgetaucht aus den 68er Diskussionen an der Universität, hatte man ohnehin so seine jugendlich festgefügten Vorurteile über dieses neureiche Banken- und Wirtschaftszentrum am Rhein und die oberflächliche Konsumwelt der Königsallee. Vorerst sah ich weder Anlaß noch Notwendigkeit, irgendetwas zu revidieren oder auch nur zu überprüfen.

Dann wurde durch die Übernahme der Abteilung Plastik und Kunstgewerbe im Kunstmuseum unversehens aus der Durchreise ein Daueraufenthalt. Nun konnte man es sich nicht mehr ganz so leicht machen. Wie weit sollte sich der eher zurückhaltende Norddeutsche, der – trotz Studiums in Süddeutschland – aus seiner Heimatstadt Hannover mit ihrer englischen Vergangenheit immer noch Werte wie Understatement und »mehr sein als scheinen« mit sich herumschleppte, auf diese so ganz andere Stadt einlassen?

Ehrlich gesagt, ich habe mich lange gesperrt. Es wollte nicht so recht klappen mit dem Heimischwerden. Über einige Jahre sah ich mir die Stadt, oft ziemlich verwundert, gewissermaßen von außen an. Was sollte man auch von einem Gemeinwesen halten, dessen historische Identifikationsfigur ein ziemlich kleinkarierter, sich maßlos überschätzender barocker Kurfürst war, der auf dem Buckel seiner Untertanen einen vergeblichen Anlauf nach dem anderen unternahm, einer der Großen in Europa zu werden. Offensichtlich reichte die Tatsache, daß er Düsseldorf für wenige Jahre in den Rang einer Residenz seines heillos zersplitterten Territoriums erhoben hatte, völlig aus, ihm auf ewig dankbar zu sein. Sicher, da gab es noch andere Namen – Heinrich Heine, Robert Schumann, Felix Mendelssohn-Bartholdy – aber spielten die wirklich eine Rolle?

Doch es war eine schöne Stadt, und hier zu leben erwies sich zusehends als angenehm. Und sie hatte eine Kunstakademie, in der sich während meiner ersten Jahre Entwicklungen vollzogen, die die Kunstwelt grundlegend veränderten. Der Kunsthistoriker in mir entdeckte bald die Ecken, mit denen es sich leichter umgehen ließ als mit dem Getriebe auf der Kö – die Karlstadt, natürlich Benrath, Kaiserswerth, Gerresheim. Auch die versteckt dörfliche Struktur, die in vielen der zusammengewachsenen Stadtteile erhalten geblieben war, erleichterte die Annäherung, sie machte die menschliche Seite dieser Großstadt sichtbar.

Dennoch brauchte ich meine Zeit. Einer der Gründe für diese Anlaufschwierigkeiten war sicher auch der Ort, an dem ich arbeitete. Da ich mit meiner Familie, der Kinder wegen, während der ersten Jahre weit außerhalb in Kaarst und Osterath wohnte, war meine Vorstellung von Düsseldorf sicher auch durch das Erscheinungsbild des für mich ziemlich problematischen Ehrenhofs mitbestimmt. Aus dem Studium hatte ich die heftig diskutierten Ideen eines neuen Museums im Kopf: Überwindung der Schwellenangst, Angebote für möglichst alle Bevölkerungskreise, Einbeziehung der Schulen, Vermittlung durch unaufdringliche didaktische Methoden, kurz, das Museum als eine offene, einladende Institution. Und nun dieses Gebäude aus den 20er Jahren, das man auf den ersten Blick auch für ein Produkt politisch weit belasteterer Zeiten halten konnte: eine Vorzeige- und Repräsentationsarchitektur, die für nichts einstand als für sich selbst. Natürlich war das Ensemble städtebaulich ein großer Wurf. Als Kunsthistoriker verstand ich das durchaus zu würdigen; der Museumsmann aber hatte damit seine Probleme. Diese Ellbogenarchitektur mit ihrem massiven, abweisenden Sockelgeschoß wirkte alles andere als einladend, und in der täglichen Arbeit wurde immer wieder deutlich, daß dies kein wirklich funktionierender Museumsbau war. Daran haben leider auch die diversen Umgestaltungen und Erweiterungen der vergangenen Jahre nichts grundlegend ändern können: Jeder Versuch, das Innere mit dem Äußeren in Einklang zu bringen, war zum Scheitern verurteilt.

Erst ziemlich spät begriff ich, daß der Ehrenhof, bei allem Stolz der Düsseldorfer auf die erfolgreiche GESOLEI, für die er erbaut wurde, mit Düsseldorf als Stadt eigentlich wenig zu tun hat. Er war und ist ein Solitär am Rhein, den die Düsseldorfer nie so recht angenommen haben. Mit dieser Situation hatte das Kunstmuseum seit seiner Gründung zu kämpfen, und es steht zu hoffen, daß sich hieran durch den Erweiterungsbau und die Gründung von Stiftung und *museum kunst palast* endlich etwas ändert.

Der Ehrenhof war wie er war, also konzentrierte ich mich auf das Innere und erlebte eine Überraschung. Da gab es in der vielseitigen Abteilung Plastik und Kunstgewerbe einen gesonderten Bereich, den ich zunächst mißtrauisch beäugte – eine sehr umfangreiche, alle Epochen umfassende Glassammlung. Nun rangiert das Kunstgewerbe in der Hierarchie kunsthistorischer Wertungen nicht gerade in der Spitzengruppe; an deutschen Universitäten erfährt man über diesen Bereich so gut wie nichts. Entsprechend ahnungslos stand ich der neuen Materie gegenüber, sah aber bald, daß ich es hier mit einem Sammlungsschwerpunkt von internationalem Rang zu tun hatte.

Ignorieren half nichts; ich begann also, mich mit der Thematik zu befassen und stellte zu meinem Erstaunen fest, daß ich dafür offenbar nicht ganz ungeeignet war. Hilfreich erwies sich dabei mein familiärer Hintergrund. Beide Eltern hatten ihre Ausbildung an einer Kunstgewerbeschule erhalten und waren in Theorie und Praxis mit Architektur und Kunsthandwerk befaßt. Es gab also keine Berührungsängste gegenüber dem Bereich des »Angewandten«, der dem Menschen und seinem täglichen Leben ja stets näher war als die große Kunst. Kurz, ich wandte mich, zunächst den Gegebenheiten folgend, dann zunehmend aus Neigung, in meiner wissenschaftlichen Arbeit und meinen Ausstellungsaktivitäten der Glassammlung des Kunstmuseums zu.

Damit änderte sich etwas Grundsätzliches, nicht nur für mein berufliches Leben, sondern auch im Verhältnis zu meinem neuen Wohnort; er hatte mir nun etwas zu bieten, das es nur hier gab, und damit eine Möglichkeit, eigene Wege zu gehen. Düsseldorf wurde so schließlich doch noch meine Stadt. Überspitzt ausgedrückt: Ich fühle mich heute nicht zuletzt deshalb als Düsseldorfer, weil es hier das Glasmuseum Hentrich gibt. Diese Sammlung hat wesentlich zu meiner Identifikation mit der Stadt beigetragen.

Dies hat auch viel mit der Person Helmut Hentrichs zu tun, der als Bürger Düsseldorfs durch seine Schenkung die Sammlung des Kunstmuseums entscheidend geprägt hat. Durch ihn und eine kleine Zahl weiterer Sammler und Förderer hat sich mein Bild von Düsseldorf gewandelt. Die Stadt ist für mich – gewissermaßen als Parallelbild zur landläufigen Vorstellung vom Schreibtisch des Ruhrgebiets – auch zu einem Ort bürgerlichen Kulturengagements geworden, für den es lohnt, sich einzusetzen.

Und die Stadt gibt durchaus einiges zurück. Ihre Weltoffenheit hat es mir leicht gemacht, Aktivitäten über die Stadtgrenzen hinaus zu tragen. Rheinische Toleranz und Laisser faire haben stets den nötigen Handlungsspielraum für meine Initiativen geöffnet – vorausgesetzt natürlich, es wurde nicht zu teuer. Engagierte Politiker und Dezernenten haben mich unterstützt, und auch die Rückmeldungen aus der Bürgerschaft blieben nicht aus. Man steht in dieser Stadt kulturell keineswegs auf verlorenem Posten.

Nun bieten sich neue Chancen, die es zu nutzen gilt. Sie liegen in einer neuen Organisationsstruktur, neuen Konzepten und einem großzügig angelegten Erweiterungsbau im Ehrenhof. Am äußeren Erscheinungsbild der Anlage hat sich wenig geändert. Ein harmonisches Zusammengehen von Außenbau und Innerem wird weiterhin unerreichbar sein; auch eine deutlichere Öffnung für den Besucher läßt die historische Architektur nicht zu.

Die Lösung kann nur in neuen Inhalten und einem bewußt inszenierten Spannungsverhältnis zwischen beiden Bereichen liegen, das Dynamik und Überraschung erzeugt.

Mit dem Neubau hinter der Fassade des Kunstpalasts könnte dieses Ziel in erreichbare Nähe gerückt sein. Was vorerst noch fehlt, ist eine großzügige Umgestaltung auch des Museumsteils der Anlage, ein großer Wurf, der Museum und Ausstellungshallen einander gleichwertig gegenüberstellt. Vielleicht hätte man auch beherzter an die bestehende Anlage herangehen können – etwa mit einer Lösung, die einen zentralen Eingang in der Art des Pariser Louvre ermöglicht hätte. Zwar gerät da ein weiteres Mal der Kunsthistoriker mit dem Museumsmann in Konflikt, aber die Entscheidung wäre mir hier leichtgefallen, zumal der denkmalpflegerische Sündenfall mit der Errichtung der Sheddächer über dem 1985 ausgebauten zweiten Obergeschoß ja ohnehin bereits geschehen ist.

Inzwischen habe ich die Hälfte meines Lebens in Düsseldorf verbracht, und es waren sicher gute Jahre. Natürlich war auch Glück im Spiel, und ich komme mir fast etwas undankbar vor, wenn ich hier nicht uneingeschränkt ein Loblied auf die Stadt gesungen habe. Manchmal schleicht sich auch der Verdacht ein, daß ich mir möglicherweise gar kein Urteil erlauben kann, weil ich die Stadt eigentlich immer noch nicht so ganz richtig kenne. Aber hat das Gefühl nicht letztlich jeder, der nicht hier geboren ist?

GERT KAISER

Universitätsstraße 1 – eine besondere Adresse

Die Straße, über die ich ein paar Zeilen schreiben will, weil dort mein Arbeitsplatz liegt, heißt Universitätsstraße. Sie hat nur eine einzige Hausnummer, nämlich Universitätsstraße 1.

Wenn jemand diese Adresse aufsucht, wird er sich in einer Situation finden, die Franz Kafka zu einem Romanentwurf hätte dienen können. Denn Universitätsstraße 1 – das ist die Arbeitsplatz-Adresse für rund sechstausend sehr verschiedene Individuen mit sehr verschiedenen Namen, Aufgaben und Berufen. Außerdem ist es die Adresse von einigen hundert sehr verschiedenen Institutionen in der Spannweite von »Seminar für Klassische Philologie« über »Institut für Mikrobiologie« bis »Allgemeiner Studentenausschuß« und »Bafög-Stelle«. Nicht zu vergessen: Universitätsstraße 1 ist die Adresse des Arbeitsplatzes für rund 25.000 Studenten und Studentinnen.

Kurz: Universitätsstraße 1 – das ist die Adresse für die Heinrich-Heine-Universität, ist die Adresse für einen riesigen Campus mit Dutzenden von Straßen, Dutzenden von Gebäuden, Dutzenden von Plätzen: Ruheplätze, Liegewiesen, Kreuzungen, geschäftige Plätze mit quirligem Fußgängerverkehr, idyllische Orte zum Verweilen, Lesen, Reden.

Daß man all diese lebendigen Verschiedenheiten mit einer einzigen anonymen Adresse überzogen hat – das ist ein Relikt planungsbürokratischen Geistes der sechziger Jahre, als die Universität gebaut wurde. Wer sich innerhalb der Universität zurechtfinden will, der muß sich dann an so aussagekräftigen Gebäudenummern wie 23.11 oder 25.14 orientieren. Kein vernünftiger Mensch macht sich die Mühe, diese Zahlen im Kopf zu behalten, anderseits gibt es viel zu wenige und dazu noch sehr unübersichtliche Orientierungstafeln. Und wenn gar Besucher einen Campus-Menschen nach einem Gebäude mit solch einer Zahl fragen, dann werden sie in neunzig von hundert Fällen Unverständnis und Achselzucken begegnen.

Das Kafkaeske daran ist, daß diese Nummern eine große Eindeutigkeit suggerieren, daß es aber fast ausgeschlossen ist, mit ihrer Hilfe ein bestimmtes Institut oder gar einen bestimmten Menschen zu finden.

Ich bin jetzt siebzehn Jahre Rektor der Universität und habe es nicht geschafft, dieses System zu überwinden. Ich habe ein paar Mal den Versuch gemacht, bin dann aber wieder müde geworden.

Deshalb stehe ich diesem System inzwischen mit wachsender Hochachtung gegenüber. Es ist eine Struktur, die von wenigen Experten, zum Beispiel der Hausverwaltung, durchschaut wird, von diesen auch als geheimes Expertenwissen gehütet und verteidigt wird. Ich kann das verstehen. Denn wer sich hauptberuflich einmal in diese Struktur hineingearbeitet hat, der wird sie für wichtig halten. Das ist ähnlich wie mit dem System der germanischen Lautverschiebung oder mit dem Periodensystem der Chemiker.

Und vermutlich wird es auf irgendeiner Ebene eine städtebauliche Begründung dieses Systems geben, zumindest eine Begründung, an die sich die wenigen Experten gewöhnt haben.

Meine Hochachtung gründet darin, daß ein System, das so absolut nutzerfeindlich ist, das die Studenten ratlos umherirren läßt, das den Suchenden immer wieder verzagt macht, daß dies so dauerhaft überlebt.

Und wenn nun ein Mensch mit mehr Energie, als der gegenwärtige Rektor sie hat, sich daran machte, dieses System zu ändern, es etwa dadurch zu humanisieren, daß man den Straßen innerhalb des Universitätscampus etwa richtige Straßennamen gäbe oder den Gebäuden richtige Gebäudenamen statt der vierstelligen Zahlencodes – dann, ja dann würde dieses System seinen größten Triumph erfahren. Zwar würde jedermann diese »Humanisierung« vernünftig finden, aber zugleich würde ein universitätsweiter Streit über die konkrete Namensgebung des jeweiligen Gebäudes, des jeweiligen Platzes, der jeweiligen Straße ausbrechen. Wie kommen die Germanisten dazu, ein Gebäude etwa Jacob Grimm-Haus zu nennen, wo die Anglisten, die im selben Gebäude wohnen, viel eher eine Benennung nach großen Dichtern oder Dichtungen, also Beowulf oder James Joyce, präferierten? Und so weiter und so weiter.

Da die Universität Düsseldorf in Sachen Namensgebung über besondere Erfahrungen verfügt, läßt sich leicht ein mehrjähriger Disput voraussehen. Und deshalb wird dieses wahrscheinlich in sich schlüssige, aber völlig unbrauchbare System bestehen bleiben. Und es wird seinen Platz behalten in der Geschichte der Siege von Systemen über Menschen. Wahrscheinlich wird es demnächst unter Denkmalschutz gestellt.

VITTORIA BORSÒ

Heinrich Heine auf dem Campus
»Memoiren« und »Visionen 2000 plus«

Der Senat der Universität zu Düsseldorf beschloß am 20. Dezember 1988, daß die Universität künftig den Namen »Heinrich-Heine-Universität Düsseldorf« tragen soll. Vier Jahre später wurde ich an diese Universität berufen. Als Romanistin, für die die französische Kultur eine zweite kulturelle Heimat ist, fühle ich mich mit dem Namenspatron besonders verbunden, und es geschieht nicht selten, daß ich den Campus mit den vergleichenden Augen desjenigen sehe, der, wie Heinrich Heine, zwischen den Kulturen steht und mal als Franzose, mal als Deutscher die Umwelt betrachtet. Als Flaneur und Kosmopolit zwischen zwei Kulturen antizipierte Heine etwas, das im 19. Jahrhundert, dem Jahrhundert der Nationen, auf heftige Ablehnung stieß und heute, fast 200 Jahre später, im Jahrhundert der Globalisierung zu einem Privileg der kulturellen Beweglichkeit geworden ist. Dieses Privileg verdanke ich zum Beispiel nicht nur meiner beruflichen Beziehung zu den romanischen Kulturen und zu Deutschland. Vielmehr ist es zum alltäglichen Rahmen meiner Existenz geworden: Ich habe einen italienischen Paß, sehe Italien mit dem nostalgischen Blick Goethes, Frankreich mit der Leidenschaft Heines, Spanien und Lateinamerika hin und wieder mit dem familiären Gefühl einer fernen Nähe. All diese Sprachen, besonders aber die deutsche, in deren kulturellem Raum ich mein Lebenszentrum gefunden habe, sprechen mit einer Stimme, die – wie Heinrich Heine in seinen Memoiren über seinen Vater sagt – direkt zum Herzen dringt, »als habe sie gar nicht nötig gehabt, den Weg durch die Ohren zu nehmen«.

Einem solchen flanierenden oder nomadischen Blick eröffnen sich eigentümliche Tiefenschärfen, vielseitige Perspektiven und nahezu geheime Zusammenklänge. Ich frage mich, ob es nicht diese Zusammenklänge sind, die der Universität ihr Profil geben. Denn auf den ersten Blick bietet die Universität Düsseldorf dem Ausländer oder auch dem deutschen Fremden, der aus traditionsreichen Universitäten nach Düsseldorf kommt, architektonisch wahrlich kaum Merkmale, die diese Universität von anderen nordrhein-westfälischen Neugründungen der 70er Jahre differenzieren würden. Die Universitätsbibliothek, das geistige Zentrum des Systems, sticht allerdings am Ende des von der Mensa – dem leiblichen Zentrum der akademischen Gemeinschaft – kommenden Brückenwegs aus den anonymen Reihenbauten heraus, und es war eine weise Entscheidung, den Ort vor der Universitäts- und Landesbibliothek für den Sitz der Statue von Heinrich Heine zu wählen.

Tatsächlich war für Heinrich Heine die Bibliothek im Hause seines Onkels, Simon de Geldern, von besonderer Bedeutung. Dort wird er an die *Studia Humaniora* herangeführt, aber auch mit den »Hülfsmitteln des geistigen Fortschritts« vertraut gemacht. Er darf in der Bibliothek des Hauses, das den Namen »Arche Noah« trug, bis zu den »höchsten Bücherbrettern« klettern und in den Antiquitäten der Dachkammer stöbern. Sein Wissen, seine Imagination und, wie er schreibt, sogar seine eigene Genealogie werden durch die hier zufällig vorgefundenen Texte von Fremden und Familienmitgliedern mitbestimmt. Deutlich wertet er, wenn er behauptet, die Bibliothek des Onkels, eines Bibliomanen und Humanisten, sei ihm von größerem Nutzen als die Universitätsstudien. Wie steht es heute mit der Heinrich-Heine-Universität? Würde sie Heines scharfe Reflexions- und Beobachtungsgabe ebenso souverän überstehen wie die Evaluationen der unzähligen und unsäglichen Expertenkommissionen dieser letzten Jahre?

Heinrich Heine selbst führt seinen kritischen Geist zurück an »Ort und Zeit« seiner Geburt, und zwar das Düsseldorf zu Ende des skeptischen achtzehnten Jahrhunderts, eine Stadt, in der nicht nur die Franzosen, sondern auch der französische Geist herrschten. Die Stadt Düsseldorf, die von 1795 bis 1801 und von 1806 bis 1813 unter französischer Besatzung stand, atmete auf, als an die Stelle der feudalen Gerichtsbarkeit das bürgerliche Recht trat, die Leibeigenschaft aufgehoben und die Frondienste abgeschafft wurden. Im Rheinland begann sich die Industrie zu entwickeln, ein Prozeß, der von den napoleonischen Kriegen und der Kontinentalsperre unterbrochen wurde. Düsseldorf wird von Heine Westfalen gegenübergestellt; eine rückständige Region, in der das »Gleißen und Prahlen« der Städte noch nicht Einzug gehalten haben.

Heines Kindheit unterschied sich gewiß nicht von der seiner Altersgenossen, deren Eltern in Düsseldorf Kaufleute, Lehrer, Ärzte, kleine Beamte oder Gewerbetreibende waren. Der Sohn des jüdischen Tuchhändlers tat sich in der Schule nicht besonders hervor und war auch mit seinen Lehrern nicht zufrieden. Nur in der vom Rektor gehaltenen Einführung in die Philosophie ging der Unterricht – so Heine – über das Mittelmaß hinaus: »Es ist gewiß bedeutsam, daß mir bereits in meinem dreizehnten Lebensjahr alle Systeme der freien Denker vorgetragen worden sind«. Alle weiteren Äußerungen zu seiner Ausbildung sind für das damalige Bildungssystem vernichtend. Heine wird im Düsseldorfer Lyzeum zunächst mit der französischen Sprache und Literatur konfrontiert, dann nimmt er aber auf Betreiben der Mutter, die für ihren Sohn die Laufbahn eines Geistlichen, eines Staatsbeamten, eines Kaufmanns und schließlich eines Juristen erträumte, das Studium der mathematischen Wissenschaften auf, insbesondere Geometrie, Statik, Hydrostatik, Hydraulik, Logarithmen und Algebra.

Nach dem Fall des Kaiserreichs und in Folge der Freundschaft mit dem Haus Rothschild beschäftigt er sich dann mit den Fächern Englisch und Buchhaltung, die ihn für den Beruf des Kaufmanns vorbereiten sollten. Schließlich wird Heinrich an der Universität Bonn das neu errichtete Fach Jurisprudenz studieren und später nach Göttingen und Berlin an die 1810 von Wilhelm von Humboldt gegründete Universität überwechseln. Die detaillierte Geschichte des Studiums von Heinrich Heine ist in vielerlei Hinsicht interessant. Es ist erstens bemerkenswert, daß die Heinrich-Heine-Universität alle Disziplinen vertritt, die in der Familie Heinrich Heines bedeutsam waren, Ärzte und Kaufleute, oder mit denen Heinrich Heine selbst in Kontakt getreten ist. Zweitens stimmt auch die Entstehungsgeschichte der Fakultäten auf eigentümliche Weise mit der Reihenfolge überein, in der diese Disziplinen in der Biographie des Namenspatrons aufgetreten sind: So wie Heine aus einer Ärzte-Familie stammt, so ist die Düsseldorfer Universität 1966 aus einer Umwandlung der medizinischen Akademie hervorgegangen. Es folgte eine kombinierte, sich ein Jahr später trennende Naturwissenschaftlich-Philosophische Fakultät, dann Wirtschaftswissenschaft (1990) und Jura (1992). Auch für Heine kommt Jura zuletzt; er schließt 1825 die Promotion ab.

Heine war erbarmungslos gegenüber all den Fächern, die er studierte: Französische Hexameter, so schrieb er, seien ein »gereimtes Rülpsen«, woraufhin man ihm jeglichen Sinn für Poesie absprach und ihn einen Barbaren des Teutoburger Waldes nannte. Mathematische Wissenschaften hielt er für eine »mechanische Errungenschaft, die ich von mir warf als unnützen Plunder«. Den juristischen Doktorhut hängte Heine an den Nagel; die Zeit, die er mit der römischen Kasuistik und mit der Jurisprudenz verbrachte, »dieser illiberalsten Wissenschaft«, seien vergeudete «schöne blühende Lebensjahre« gewesen. Wie würde er heute seine Universität erleben?

Ein Namenspatron ist eine Signatur, und Heinrich Heine holt tatsächlich die Düsseldorfer Universität aus der architektonischen Grauzone des Ähnlichen, der Wiederholungen in der Hochschullandschaft Nordrhein-Westfalens. Zunächst ragt, wie gesagt, die Universitätsbibliothek hervor. Freundlich, geräumig und hell – nahezu als Emblem wissenschaftlichen Lichts und artistischer Muse – schlägt sie wie das Herz im Zentrum des akademischen Organismus. Von diesem Blickwinkel aus gesehen ist die Architektur gar nicht mehr so anonym. Die Topographie bekommt ein Profil. Denn die Bibliothek befindet sich inmitten eines Netzes, in dem große Arterien zu den fünf Fakultäten, den lebensspendenden Organen der akademischen Körperschaft, führen: Die Universitätsbibliothek und die Statue von Heinrich Heine stehen symmetrisch zur Verwaltungs- und Regierungszentrale. Dort residiert unter anderem der Rektor. Ob sich die Rektoren der Heinrich-Heine-Universität jenem Modell des Rektors des Düsseldorfer

Lyzeums verpflichtet fühlen, der aus der Mittelmäßigkeit des Unterrichts herausragte und den Dichter zur philosophischen Reflexion und zur geistigen Toleranz hinführte? Ausgehend von der Statue Heinrich Heines vor der Universitätsbibliothek entfalten sich auf der gegenüberliegenden Seite die Philosophischen, Wirtschaftswissenschaftlichen und Medizinischen Fakultäten, rechts von ihr die Naturwissenschaftliche und die Juristische. Von diesem Blickwinkel aus gesehen fallen in der Biographie Heinrich Heines allerlei weitere Übereinstimmungen auf. Drücken diese Koinzidenzen der Universität einen besonderen Stempel auf? Oder sind sie gar eine Bestimmung, ein Fatum?

Es ist gewiß nicht ohne Bedeutung, daß zu Beginn des Jahres 1988, dem Jahr, an dessen Ende die Universität den Namen Heines übernehmen wird, sie als erste europäische Universität auch den Studiengang »Literaturübersetzen« ins Leben ruft. Gegenstand dieses Studienganges sind der Austausch, die sprachlichen Übertragungen und die Kontakte zwischen der deutschen, französischen, italienischen, englisch- und spanischsprachigen Literatur und Kultur. Am Beispiel der vielen deutschen und ausländischen Namensgebungen, mit denen Heinrich Heine während seines Lebens konfrontiert wurde, läßt sich zeigen, wie das Studium der Übergänge zwischen Sprachen dramatische Konflikte und bereichernde Kontakte zwischen Kulturen ans Licht bringen kann. »Mein lieber Harry« ist der Kosename, mit dem sein Vater den jungen Heinrich anspricht, quasi als Beschwörungsformel für eine strahlende Zukunft. Harry hieß nämlich der englische Partner und Freund des Vaters, der sich auf den Einkauf des feinen Seidentuchs verstand. Harry heißt der junge Heine in der Familie und bei Hausfreunden, was angenehmer empfunden wird als Heinzchen oder Hinze im heimatlichen Dialekt.

Heinrich Heine erinnert sich in seinen Memoiren an die Geschichten um seine verschiedenen Namen: Gleich nach seiner Ankunft in Paris wird er kurzerhand in Henri umgetauft. Da sich die Franzosen »alle Dinge der Welt recht bequem machen«, wird er Henri Enn, oder auch Henrienne genannt. Manchmal kommt jedoch die Homophonie zu »Un rien« zur Sprache. »M. Un rien« bedeutet so viel wie »ein Herr Nichts«, und hier sehen wir uns einer jener ironisch-sarkastischen Stellen gegenüber, bei denen wir eigentümlich berührt werden. Ironisch-witzig weiß Heine genau, mit dem Spott umzugehen. Unter seiner Feder gerät der Spott um seinen Namen zur scharfsinnigen Kritik an jenen, die die Urheber des Spottes gewesen sind. Wollen die »Pharisäer der Nationalität«, die mit dem Dekret des Bundestages vom 10. Dezember 1835 sämtliche Schriften Heinrich Heines samt denen des »Jungen Deutschland« jetzt und für die Zukunft verboten, im exilierten Dichter einen Vaterlandsverräter sehen, so antwortet der Dichter: »Z. B. unter meinen edlen Landsleuten, welche nach Paris kommen, sind manche, die mich hier gern verlästern möchten, aber da sie immer meinen Namen deutsch aussprechen, so kommt es den Franzosen nicht in den Sinn, daß der Bösewicht und Unschuldbrunnenvergifter, über den so schrecklich geschimpft ward, kein anderer als ihr Freund Monsieur Enrienne sei, und jene edlen Seelen haben vergebens ihrem Tugendeifer die Zügel schießen lassen.«

Eigentlich freut sich Heinrich über die Flexibilität und Freiheit, die sein Name im Zusammenhang mit fremden Sprachen zeigt. So heißt es weiter unten: »Heinrich, Harry, Henri – alle diese Namen klingen gut, wenn sie von schönen Lippen gleiten. Am besten freilich klingt Signor Enrico. So hieß ich in jenen hellblauen, mit großen silbernen Sternen gestickten Sommernächten jenes edlen und unglücklichen Landes, das die Heimat der Schönheit ist«. Doch ist der Rufname Harry in der deutschen Heimat Anlaß für heimtückische Verfolgungen. Seine Schulkameraden und Nachbarskinder vergällen und vergiften ihm damit »die schönsten Frühlingsjahre des Lebens«. Sie betonen die Homophonie zu »Haarüh!«, dem Ruf, den man für die Esel zu verwenden pflegte. Und der sarkastische Humor des Schriftstellers, der durchaus die Schmerzen des Kindes wegen dieser Homonymität mit dem »schäbigen Langohr« verrät, ist eine indirekte scharfsinnige Analyse der Verzerrungen und Ausgrenzungen, die mit seinem Namen verbunden waren.

Mit der Heinrich-Heine-Universität »gleitet« heute der Name Heinrich Heines – gleichgültig mit welcher Aussprache – überall von »freundlichen Lippen«, denn die Düsseldorfer Universität ist nach der ersten transrheinischen Partnerschaft mit der französischen Universität Nantes im Jahre 1973 inzwischen auch mit zahlreichen europäischen, amerikanischen und ostasiatischen Universitäten partnerschaftlich verbunden. Im Zusammenhang mit Ostasien hat sich übrigens eine weitere Seite des autobiographischen Skripts des Namenspatrons erfüllt. So macht Heinrich in den verstaubten Kisten unter den Büchern des Großvaters einen kostbaren Fund: ein Notizbuch aus der Hand eines Bruders des Großvaters, den man den Chevalier oder den »Morgenländer« nannte, weil er große Reisen in den Orient gemacht hatte. Die geheimnisvolle Figur des Großoheims beeindruckt ihn so, daß er etwas wie einen »morgenländischen Doppelgänger« in sich entdeckt, und er ist stolz, daß seine Werke als erste eines europäischen Schriftstellers in Japan rezipiert worden sind.

Heine vermißte wohl in seinen Universitätsjahren die Ganzheitsbildung, die *cultura universalis*, die erst die von Wilhelm von Humboldt gegründete »Universitas« anbot. Und die Bibliothek in der Arche Noah war deswegen gut, weil sie *Studia Humaniora*, humanistische Studien, mit fortschrittlichen »Hülfsmitteln« verband. Jeder kennt Heines scheinbar widersprüchliche Stellungnahmen zu den klassizistischen Traditionen und zu ihrem Gegenteil, der romantischen Ästhetik und Poetologie, und man ist sich heute einig: Die Widersprüchlichkeit ist in der Sache selbst zu suchen, und zwar in der Notwendigkeit, einseitige Positionen zu überwinden, die nur traditionalistisch klassische oder nur innovationsgläubige romantische Regeln favorisieren, und gar diese mit nationaler Deutschtümelei verbinden. Sie sind, wie Heine im Vorwort der Erstausgabe von »Deutschland. Ein Wintermärchen« voraussagt, »nicht mehr als eine müßige und knechtische Spielerei«, deren Gefährlichkeit der Dichter für die zukünftige Entwicklung Deutschlands indes präzise ahnt und denunziert.

So lernen wir von Heine, nicht nur zwischen den Kulturen zu sein, sondern auch zwischen den historischen Zeiten: Innovationen müssen als dialektischer Prozeß im Verhältnis zu den historischen Traditionen gesetzt werden. Denn die Gegenwart ist nichts anderes als eine Baustelle, in der die Zukunft aus den Traumpotentialen der Vergangenheit gebaut wird. Diese müssen gedeutet und als archäologisches Substrat jedweder innovativen Planung erkannt werden. Dieses Programm einer reflektierten und souveränen Innovationspolitik könnte zu Beginn des 21. Jahrhunderts das bildungspolitische Ziel unserer Zeit sein. Jedenfalls wünsche ich mir so das Profil der Heinrich-Heine-Universität.

»Reisen zwischen den Kulturen« bedeuten also nicht nur Bewegungen zwischen unterschiedlichen Nationalitäten, sondern auch unterschiedlichen Zeiten und Wissenstraditionen. Eine mentale Beweglichkeit zwischen historischen Kulturen und Innovationskulturen – etwa im Zusammenhang mit Informations- und Kommunikationstechnologien oder auch mit der aktuellen Gesellschaft der Bilder und der Virtualität – ist die intellektuelle Ausrüstung für das Betreten innovativer Wege in einer immer schneller werdenden Welt. Denn die Skepsis – die Signatur von Heinrich Heine – läßt uns fragen, ob die von den Technokraten gesponnene Utopie interaktiver Lernumgebungen, ihrer Emanzipations-, Demokratisierungs- und Solidarisierungspotentiale einmal dem Schicksal aller Utopien verfallen wird, nämlich an ihrer Unpraktikabilität zu scheitern. Hier würde allerdings dieses Scheitern soviel bedeuten, daß statt demokratischer und kommunikativer Strukturen ein weltweites System weniger Globalisatoren und vieler Globalisierter und eine weltumspannende virtuelle Vernetzung ohne menschliches Gesicht entstehen würde. Die Dialektik der Innovation mit dem Gegenprinzip der Pluralität verschiedener Wissenstraditionen muß gewahrt bleiben, will die Universität ihre Aufgabe erfüllen, Kunst, Reflexion und historisches Bewußtsein mit den »Hülfsmitteln des Fortschritts« in Einklang zu bringen. Dies heißt zum Beispiel für meine Disziplin soviel wie das Zusammenspiel von *Studia Humaniora* und Cybertexten; von Handschriften, wie sie in der Bibliothek der Heinrich-Heine-Universität auch als e-Texte verfügbar sind, und Multimediaprodukten, und vieles mehr.

Zu den Kulturen und Traditionen, die ich auf meinem Weg von der äußeren Architektur der Heinrich-Heine-Universität zu dem in ihr enthaltenen intellektuellen Potential fand, gehört gewiß auch das Naturell und die Sprache der Leute in der Landeshauptstadt am Niederrhein. Heine sah seine Heimat von außen, mit jener fernen Intimität des Reisenden. Und sein Porträt von Düsseldorf ist in romanischen Ländern nahezu sprichwörtlich: »Zum Glück sind meine Landsleute ein harmlos fröhliches Völkchen, sie sind im Rausche gutmütig, *ils ont le vin bon*.« Dieser Düsseldorfer Geist ist umso wünschenswerter, als neben der Echtzeit-Kommunikation des Internets auch die echte Kommunikation mit den farbenprächtigen Varietäten des Deutschen und mit den vielen Fremdsprachen, die hier gesprochen werden, weiterleben mag. Jedenfalls bin ich geneigt, unserem Namenspatron zu folgen, der bei der Vielsprachigkeit am Niederrhein an die Überlegungen eines kosmopolitischen Zoologen dachte, welcher den Affen für den Ahnherrn des Menschengeschlechts hielt und die Menschheit für ein verdorbenes Affentum. So wird die Frage nicht definitiv zu beantworten sein, ob das »fatale Kauderwelsch des Niederrheins« ein »verdorbenes Holländisch« ist, oder ob man in der Sprache der Düsseldorfer schon einen Übergang in »das Froschgequäke« des Holländischen sehen muß. Und auch werden wir nicht definitiv wissen, ob »das Kauderwelsch des Niederrheins zu Düsseldorf noch einigermaßen erträglich ist«, ob es »in dem nachbarlichen Köln wahrhaft ekelhaft [ist]« und ob »das Köln das Toskana einer klassisch schlechten Aussprache des Deutschen« ist. Auch ich, die ich aus der Toskana stamme, neige mit Montaigne dazu, »suspendre le jugement«, das Urteil aufzuheben. Und gleich dem Zoologen weigert sich schließlich auch der Kosmopolit Heine, den Ursprung und die »wahre Sprache« auf ein Territorium festzulegen.

Insgesamt zeigt sich Düsseldorf dem Fremden so, wie Heine es aus Frankreich erinnernd oder beobachtend sah, und diese mentale Mobilität ist in der heutigen Welt nicht nur ein wünschenswertes Prinzip, sondern vielmehr eine Notwendigkeit. In der Universität von Heinrich Heine lokalem Kolorit und fremden deutschen und ausländischen Sprachen zu begegnen ist reizvoll, besonders wenn wir uns wie der kluge kosmopolitische Zoologe verhalten. In dieser modernen Auslegung des kritisch-aufklärerischen Denkens von Heinrich Heine sehe ich eine vitale Funktion unserer Bildungssysteme und eine zukünftige Chance für Deutschland, Europa und eine gemeinsame Welt.

Jürg Baur – Komponist

Am 9. November 1918 dankte Wilhelm II. als Kaiser ab. Zwei Tage danach, am 11.11., konnte dann endlich in einem Eisenbahnwaggon bei Compiègne der deutsche Zentrumspolitiker Matthias Erzberger den Waffenstillstand unterschreiben, der den ersten Weltkrieg, den der zweite Wilhelm, wenn es nach ihm und seinen Generälen gegangen wäre, gern noch fortgeführt hätte, faktisch beendete.

Es herrschte also Waffenstillstand. Warum – frage ich ganz nebenbei – ist das Wort *Stillstand* so negativ besetzt? Der Krieg war aus, dieser Stillstand tat gut, aber der offizielle Friedensschluß ließ noch auf sich warten, und 15 Jahre später wurde schon der nächste Weltkrieg, an dem auch ich teilnehmen mußte, in Angriff genommen.

Wenn ich am 11.11.1918, also am Tage dieses historischen Waffenstillstands geboren wurde, und das ist nicht in Frage zu stellen, so werden Sie angesichts der Übermacht des Faktischen verstehen, daß bei mir, obwohl ich in Düsseldorf – also im Rheinland – zur Welt kam, bei diesem Datum karnevalistische Assoziationen eher nicht aufkommen. Wichtiger ist mir, daß ich kein Kriegskind mehr war, allerdings auch noch kein Friedenskind.

Und dann wurde ich Komponist. Darauf werde ich noch genauer eingehen. Zunächst aber will ich ins Heute, ins Jahr 2000 springen, um zu beweisen, warum ich keine Zeit habe, diesen Text hier zu schreiben.

Ein Cello–Konzert, für das ich einen Auftrag erhielt, wird im Juni 2001 im Kieler Schloß uraufgeführt. Außerdem arbeite ich an einem Liederzyklus für Bariton und Orchester nach Gedichten von Paul Celan, dessen Uraufführung während des Beethoven-Festes 2002 in Bonn stattfinden wird. Darüber hinaus bin ich noch mit der Rheinoper im Gespräch über eine Kammeroper für die Spielzeit 2003/2004.

Also, mir reicht das, und da meine Zeit so knapp bemessen ist, werden Sie verstehen, daß ich das Schreiben dieses Textes delegiert habe. Ich versorge meinen Schreiber mit Büchern, die über mich erschienen sind, erzähle ihm aus meinem Leben, und er verfaßt den Text. Wenige Seiten nur sollen es werden, bei meinen mehr als acht Jahrzehnten Leben sehr wenig. Wir wollen es trotzdem versuchen.

Um über einen Komponisten zu schreiben, muß man selbst kein Musiker oder ausgewiesener Musikkenner sein, es sei denn, man schreibt über dessen Kompositionen. Das aber wird dieser Otto Vowinckel nicht tun. Abgesehen davon kann man auch anderes, als Musik *komponieren,* und etwas zu *notieren* heißt nicht unbedingt, daß es *Noten* sein müssen. Über meine Musik ist schon vieles von kompetenten Leuten gesagt und geschrieben worden. In diesem Beitrag soll es eher um mich als Düsseldorfer gehen, auch um Düsseldorf selbst, wenn man so will den Ort- und Wortzeugen.

Ich wurde also Komponist. Als Avantgardisten verstand ich mich nie, obwohl das, was ich schrieb, in den Ohren mancher konservativer Hörer durchaus avantgardistisch klang. Wenn aber der Komponist verlangt, daß Musiker mit ihrem Instrument Dinge veranstalten, die weder mit dem Instrument, noch mit dem Musiker als solchem zu tun haben, dem die merkwürdigsten Verrichtungen vorgeschrieben werden, gebe ich mich sehr reserviert. Ich bin, ohne das jetzt weiter ausführen, oder mit Beispielen belegen zu wollen, kein Freund einer Art vordergründiger Avantgarde, die meint, ohne traditionelle handwerkliche Kenntnisse auskommen zu können.

Bin ich ein Düsseldorfer Komponist? Nein, ich bin ein Mensch, der zufällig dort geboren ist und dann Komponist wurde, das aber nicht zufällig. Mit der Musik fing es früh an, aber auch mit meiner Schwäche für die Eisenbahn und für Fußball, damals in Gerresheim auf der Hardt in der von Gahlen-Straße.

Da gab es aber noch eine andere Leidenschaft: Das war das Schreiben von Geschichten. Wenn ein Text erhalten ist nach so vielen Jahrzehnten und man kann ihn nachlesen, kommt schon ein wenig Rührung auf. Damals mit acht Jahren schrieb ich zum Beispiel am Anfang einer Geschichte: »Im europischen[!] Reiche war auch Deutschland sehr bekannt, und wo der Rhein floß, lag eine große Stadt, Düsseldorf, deren Nebenstation Gerresheim hieß«. Die »Nebenstation« war natürlich ein Eisenbahnbegriff. Darauf, daß Gerresheim älter ist als Düsseldorf, will ich hier nicht eingehen, außerdem wußte ich das damals sicher nicht. Mir fällt aber, wenn ich den kleinen Jürg interpretieren darf, dreierlei auf:

Zum einen scheint da bereits ein Europa-Bewußtsein vorhanden gewesen zu sein. Das wäre zu loben. Weiter charakterisiert mich bereits damals ein Bedürfnis nach einer klaren Standortbestimmung. Schließlich aber hätte ich bei einem Kind eine solche Standortbestimmung eher vom Zentrum, also ihm selbst nach außen und nicht umgekehrt erwartet.

Während der Schulzeit in der evangelischen Volksschule an der Ecke Benderstraße / Von-Gahlen-Straße, wurde Fußball mein Lieblingssport. Meine Eisenbahnleidenschaft zeigte sich darin, daß in meiner Phantasie die Straßen in Gerresheim von Zügen befahren wurden auf imaginären Gleisen, und den Haltestellen gab ich – zum Teil völlig frei erfundene – Städtenamen.

Nicht erfunden waren die Namen Béla Bartók, Paul Hindemith, oder Philipp Jarnach, von dem ich nicht ahnte, daß er später mein Kompositionslehrer an der Kölner Musikhochschule werden sollte. Diese Komponisten regten mich, den Achtjährigen, zu ersten modernen Kompositionsversuchen an. Ihre Klaviermusik, dessen erinnere ich mich noch genau, war mir in Heften des Schott-Verlages, außen mit schwarzweißen Schachbrettmustern, in die Hände gefallen. Meine Umgebung war von diesen Versuchen eher irritiert, ausgenommen – Gott sei Dank – meine Eltern.

So ging das dann weiter, mit Klavier- und Orgelunterricht und einer Reihe von Kompositionsversuchen, die ich ohne Anleitung unternahm. Meine Titel wählte ich dramatisch. Es ging zum Beispiel um den »Absturz eines Bergführers am Matterhorn«, oder den »Weltuntergang« in drei Teilen. Eine Ortsveränderung ist zu erwähnen: Meine Eltern zogen, als ich 13 war, nach Unterrath.

Damals hörte ich viele Sinfoniekonzerte im Kaisersaal der alten Tonhalle, die an der nach ihr benannten Straße lag. Mein besonderes Interesse galt den Streichquartett-Zyklen im Ibach-Saal. Daher kam wohl auch die Anregung, mich in dieser Musikform selbst zu versuchen. Wie die Tonhalle findet man heute einen »Ibach-Saal«, bedingt durch die Zerstörung im Krieg, nicht mehr am gleichen Ort. Er lag früher an der Bleichstraße.

Ganz in der Nähe, an der Klosterstraße, im Hindenburg-Gymnasium, wurde dann 1936 mein erstes Streichquartett vom Prisca-Quartett uraufgeführt, und nach dem Abitur konnte ich auf Empfehlung von Hans Münch-Holland, dem Cellisten dieses damals sehr bekannten Ensembles, mein Studium in Komposition, Orgel und Klavier an der Kölner Musikhochschule beginnen. In diese Zeit fielen auch die Reichsmusiktage in Düsseldorf mit ihren nazi-ideologischen Programmen. Als Musikstudenten waren wir zur Teilnahme verpflichtet – weniger schöne Erinnerungen bei aller sonstigen Freude am Studium.

Die aber dauerte nicht lange, denn es begann der zweite Weltkrieg und ich wurde Soldat. Tapfer komponierte ich weiter, wenn es irgend ging, und der Krieg mit der anschließenden russischen Gefangenschaft hielt mich – Gott sei dank – nur bis Ende 1945 fest. Die letzten sechs Monate verbrachte ich in Auschwitz, das die Russen kurzerhand in ein Lager ihrer eigenen Gefangenen umgewandelt hatten.

So war ich also frei! Doch nun mußte ich mir Gedanken darüber machen, was Musik bedeutet. Wie ich das meine? Nun, die Musik gehörte in der Antike und im Mittelalter zu den sogenannten Freien Künsten, die eines freien Mannes würdig waren, der es sich leisten konnte, sie allein um ihrer selbst willen auszuüben, jedenfalls nicht, um davon leben zu können. Ich wollte Komponist werden, und ich wollte und mußte – inzwischen verheiratet – auch davon leben. Mein allererstes Honorar als Komponist hatte ich im übrigen 1939 erhalten. Der Reichsrundfunk zahlte mir für ein Stück von fünf Minuten Dauer 1,50 Reichsmark – pro Minute wohl bemerkt – also immerhin 7,50 Mark.

Nun, nach dem Krieg, war ich während meines Studiums, das ich in Köln wieder aufnahm, auf Nebenverdienste angewiesen. So dozierte ich in musiktheoretischen Fächern am Robert–Schumann–Konservatorium in Düsseldorf. Auch hatte ich eine Tätigkeit vermittelt bekommen bei Gustav Gründgens am Düsseldorfer Schauspielhaus und war als Pianist und Bühnenmusik-Compositeur den Launen dieses beeindruckenden Schauspielers und Intendanten ausgeliefert. »Da fehlt doch was!«, fuhr er mich an, als ich ihm ein selbst komponiertes Lied zu Schillers »Räubern« vorgespielt hatte, das auf der leeren Quinte endete. Es fehlte nicht wirklich, aber ich verstand, was er meinte, ergänzte die scheinbar fehlende Dur-Terz, und es tönte bis zum Rhein hinunter: »Ja, das ist es!« Und das war es dann auch.

Mein Leben blieb mit vielen verschiedenen Tätigkeiten sehr bewegt. Nach dem Studium wurde ich 1952 Kantor der neu errichteten evangelischen Pauluskirche in Unterrath. Auf dem *Heine-Feld*, dessen Name mit dem Dichter sicher nichts zu tun hat, wurde die Kirche gebaut mit einer wunderbaren Orgel, und die Konfirmanden begrüßten mich sonntags: «Do kütt dä Orjelmann«. Das Heinefeld war eine etwas problematische Gegend mit vielen armen Bewohnern. Die Kirche war durchaus nicht nur willkommen. Häuser und Menschen mußten weichen. Außerdem war die Kirche evangelisch in einer überwiegend katholischen Umgebung. Es bedurfte einiger Überzeugungsarbeit, bis sie angenommen wurde, was mich betrifft zum Beispiel, bis ein guter Kirchenchor zustande kam.

Die Ansiedlung auf dem Heinefeld wurde früher einmal »Negerdorf« genannt. Die Bezeichnung war aber nicht so herabwürdigend gemeint, wie sie klang. Sie hatte sogar einen gewissen Nebenklang von Sympathie. Hier hatten Zigeuner gewohnt, deren so andersartiges Leben nicht nur auf die Jugend der umliegenden Viertel eine erhebliche Faszination ausübte. Der Maler Otto Pankok hat hier seine »Zigeunerbilder« gemalt. Die von ihm Gemalten nannten ihn liebevoll ihren »Molari«. Die meisten kamen in Hitlers Gaskammern um.

Im Jahre 1965 wurde ich Direktor des Robert-Schumann-Konservatoriums in Düsseldorf, das damals noch an der Inselstraße lag, im Haus der heutigen Architektenkammer. Ein weiteres Domizil fand sich an der Fischerstraße. Dort wurde später auch der Neubau errichtet für das Institut, das sich schrittweise ab 1971 »Musikhochschule« nennen durfte. Aber schon 1969 erhielt ich – vielleicht zur Beschleunigung der Umwandlung – den Professorentitel.

Das lief ja alles sehr erfreulich, meine Tätigkeit als Komponist konnte sich entfalten. Viele erfolgreiche Ur- und Erstaufführungen, vor allem meiner sinfonischen Werke, fanden in der Rhein-Tonhalle, dem ehemaligen Planetarium, vor und nach seinem endgültigen Umbau zum Konzertsaal statt, sowie in der Stadthalle und im Schumann-Saal.

Dann aber, 1971, gab es eine Verstimmung. Den Grund hatte ich selbst geliefert. Ich war einer für mich sehr ehrenvollen Berufung als Leiter einer Kompositionsklasse an der Hochschule für Musik Köln gefolgt, wohnte aber immerhin weiter mit meiner Familie in dem neu erworbenen Haus in Düsseldorf am Nagelsweg im Stadtteil Lohausen, wo ich durch die idyllisch–ländliche Umgebung und die typische Niederrein-Landschaft zu einer Reihe von neuen Werken angeregt wurde. Heute und schon länger wird Lohausen durch den Flughafen von oben beeinträchtigt und bald auch seitlich von der über den Rhein verlängerten Autobahn akustisch sogar in die Zange genommen.

Zurück zu meiner Professur in Köln: Sicher wäre die Verstimmung in Düsseldorf geringer gewesen, wenn ich einem Ruf an die Musikhochschule in München gefolgt wäre. Den erhielt ich 1975, aber ich schlug ihn aus und pendelte weiter zwischen Düsseldorf und Köln hin und her. Eine Art Versöhnungsspagat schaffte ich trotzdem auf etwas kuriose Weise und sozusagen übergeordnet, denn er bewies, daß Köln und Düsseldorf durchaus vereinbar sind.

Ich will hier nicht Ämter, Ernennungen, Ehrungen oder Orden aufzählen, die sich so im Lauf eines Lebens ansammeln können. Über alle, die ich bekam, habe ich mich gefreut. Von einem besonderen Orden aber muß ich erzählen. Es ist der Orden vom *Kallendresser*, ein Kölner Orden, verliehen einem Düsseldorfer. Das möge man sich auf der Zunge zergehen lassen. Wenn nun mein Beitrag zu diesem Buch, das sich doch um Düsseldorf drehen soll, ausgerechnet mit einer Geschichte aus Köln endet, kann mir das nicht angekreidet werden, da ich für diesen Bericht ja nur indirekt verantwortlich bin.

Was hat es nun mit diesem Orden auf sich? Ein wenig Anrüchiges hat er, genauso aber etwas Ehrenvolles. Der *Dresser* ist eine kleine Bronzefigur, die hoch oben an einem Haus am *Alten Markt* in Köln angebracht ist. Weniger angebracht ist das, was sie, weitgehend entblößt in Hockstellung verharrend, zu tun, oder tun zu wollen scheint. Denn die Bezeichnung *Dresser* könnte auch eine Fehlinterpretation sein. Was wäre denn, wenn die Entblößung Aufforderungscharakter im Sinne des Götz von Berlichingen-Zitates hätte, gerichtet an die Obrigkeit, der gegenüber man in Köln immer schon Mut und Respektlosigkeit bewiesen hat? Dieser Deutung will ich mich anschließen, wie es vielleicht auch der Kölner Bauunternehmer Jupp Engels tat, der einen von Ewald Mataré geschaffenen, nach dem *Dresser* benannten Orden gestiftet hat. Wen auch Engels von der Mitte der sechziger Jahre bis zu seinem Tod 1991 mit dem Orden bedachte, jeder durfte sich geehrt fühlen, wie zum Beispiel der Bankier Herstatt, der Architekt Schürmann, der König von Schweden oder der Komponist Jürg Baur.

Otto Vowinckel

Hans Günter Hofmann

Goldader an der Georg-Glock-Straße
Die Bereiche Architektur und Design der Fachhochschule

Wenn Sie Freude an glücklichen Gesichtern haben, dann sollten Sie zum Examensfest in der Georg-Glock-Straße die jungen Damen und Herren besuchen, die alsbald Designer, Innenarchitekten und Architekten sein werden. Zweimal im Jahr – Mitte Februar und Mitte Juli – präsentieren an einem Donnerstag und Freitag mehr als 100 Kandidaten öffentlich ihre Diplomarbeiten. Alle haben drei Monate lang ihre ganze Kraft und Fähigkeit in diese Arbeit eingebracht. Nun bedecken Zeichnungen, Fotos und Computerdrucke die Wände und Ausstellungstafeln. Modelle und Materialcollagen, Bildschirme und Skizzenbücher füllen Tische und Podeste. Nach überstandener Anstrengung macht die Leistung zufrieden, selbst wenn es Kritik gab und die gesteckten Ziele nicht ganz erreicht wurden. Ein Lob, eine gute Note oder gar eine Auszeichnung machen das Glück vollkommen.

Stolz führen die Diplomanden ihre Eltern durchs Haus. Deren Lächeln zeigt die ganze Spannweite zwischen Stolz über den Erfolg und der Erleichterung, die Tochter oder den Sohn auf der Schwelle der Selbständigkeit zu wissen. Zuweilen wird schon Nachwuchs mitgebracht. Die Kleinen testen begeistert die ungewohnte Länge und Akustik der Flure.

Für die Lehrer sind diese Tage eine Zeit der Ernte. Vergessen ist der Kampf gegen Begriffsstutzigkeit und Trägheit, auch gegen manche bürokratischen Zumutungen. Die Freude an der Begeisterung und dem Eifer überwiegt nun alles.

Die Stimmung steckt auch die Hausmeister an, die für zwei Tage ihren Zwiespalt vergessen zwischen Sympathie mit dem kreativen Chaos und der Pflicht, die Ordnung zu hüten.

In der Holzwerkstatt stehen die Sägen, Fräsen und Schleifmaschinen still. Hier entstandene Möbel und Modelle sind nun staubfrei in einer Ausstellung zu besichtigen.

Journalisten und Fotografen kommen eilig und werden zu den jeweils besten Arbeiten geführt, möglichst zu den Projekten, die sich mit lokalen Themen beschäftigen und überdies noch mit Auszeichnungen bedacht werden.

Wenn sie doch den wirklichen Wert des Ereignisses ahnen würden! Die Ausbildung unserer Jugend ist unser wichtigster »Rohstoff«! So gesehen ist unsere Hundertschaft Diplomanden eine Goldader, die als wörtliches Vorkommen die Zeitungen mit Nachrichten füllen würde.

Abends dann – im still gewordenen Foyer und Treppenhaus – kommt die Erinnerung auf an Maskenfeste vergangener Jahre, wundervolle Inszenierungen in Schwarz-Weiß, auf denen die Professoren von den Studenten mit humorvoll-charakteristischen Masken ausgezeichnet wurden. Heute werden die Feste anders gefeiert, die Jugend bleibt lieber unter sich.

Noch tiefer in der Vergangenheit liegt die Zeit der Werkkunstschule. Fritz Winter stellte damals in Krefeld ein Lehrerteam zusammen, welches bis in die 80er Jahre das Kollegium getragen und geprägt hat, als die Abteilung längst schon nach Düsseldorf umgezogen und Teil der riesigen neuen Fachhochschule geworden war.

Diese hat mit ihren sieben Fachbereichen jetzt knapp 9.000 eingeschriebene Studenten. Jeden Herbst beginnen im Fachbereich Architektur 140 und im Bereich Design 60 Erstsemester ihr Studium.

Den angehenden Designern von Kommunikation, Werbung und Objekten wird an unserer Schule deutlich mehr Raum und Betreuung gewidmet als den zukünftigen Gestaltern unserer baulichen Umgebung. Selbst wenn dies der Wertschätzung in unserer Gesellschaft entsprechen sollte, so ist es doch traurig, daß diese Meinung in den Ministerien des Landes geteilt und in Zahlen umgesetzt wird. Hier ist dringend eine Korrektur notwendig.

Das Besondere an der Düsseldorfer Architekturabteilung besteht darin, daß die Innenarchitekten und Architekten unter einem Dach unterrichtet werden. Sie erhalten im Wesentlichen die gleichen gestalterisch geprägten Grundlagenfächer und später die Möglichkeit, die Entwurfsthemen aus einer sehr breiten Palette wählen zu können – vom Möbel- bis zum Städtebau.

Im eigenen Lehrbereich unterrichte ich die angehenden Architekten und Innenarchitekten im Freien Zeichnen und Malen. Die Arbeit in diesem Fach ist mir in 20 Jahren nie langweilig geworden. Warum ist sie immer noch faszinierend? Glückliche Schüleraugen sind nicht allein ein Grund. Als besonders kostbar betrachte ich die Kontakte zu den jeweils sehr ausgeprägten verschiedenen Persönlichkeiten der Kollegen und den Austausch dieses Kollegiums mit dem beruflichen Umfeld. Angeregt vom damaligen Dekan, Prof. Dr. Wolfgang Meisenheimer, haben vor einigen Jahren die Kollegen sich gegenseitig ihre Lehrinhalte im Einzelnen vorgestellt und das Ergebnis in einer Veröffentlichung herausgegeben. Trotz unterschiedlichster Bildungs- und Lebensläufe wurde ein grundsätzlicher Konsens über die Ausbildungsziele gefunden. In naher Zukunft werden mehrere Stellen neu besetzt. Es bleibt also spannend.

Bei der ersten Vorlesung vor dem Erstsemester blickt der Lehrer in junge, neugierige und vertrauensvolle Gesichter. Dabei führt der Unterricht in gestalterischen Fächern auf schwankenden Boden. Es gibt keine Regel, die nicht erfolgreich entkräftet werden könnte. Deswegen gibt es ja ein Leben lang viel zu lernen. Wie nun unterrichten? »Das Leben«, schrieb der kürzlich verstorbene Kollege van Schijndel, »das Leben ist dynamisch, fragil und fragmentarisch, keineswegs übersichtlich, klar und ganzheitlich.« Gesetzte Spielregeln können also nur für eine Folge von Lernschritten als Geländer dienen und müssen nach erfolgreichem Gebrauch wieder in Frage gestellt werden. Das Wesentliche ist der Austausch von Leben: von Gesprächen, von der Vermittlung der eigenen Arbeit und von gemeinsam verbrachter Zeit in Seminaren und auf Reisen. Unsere ganze Arbeit zielt darauf ab, die Darstellung und die gestalterischen Fähigkeiten zur Handschrift und damit zum Bestand der Studentenpersönlichkeit werden zu lassen. Dergestalt verinnerlicht wird das Zeichnen zur Meditation vor dem Motiv und zum Tanz von Arm und Hand. Es geht um das Bannen einer Idee, um das Einkreisen einer Form, unerheblich, ob sie auf einer vorgefundenen oder erfundenen Situation beruht.

Daher schulen wir geduldig das räumliche, besonders auch das perspektivische Denken. Wir lehren das Sehen der Umwelt und das Wechselspiel von Beobachten und Erfinden. Die zügige Skizze ist das Handwerkszeug, um sich selbst und anderen Räume zu erklären. Daran ändert auch unsere Computer-Zeit nichts.

Der Unterricht ist eine Sache zwischen Studenten und Professoren. Die Öffentlichkeit schaut dabei nicht zu. Einige Gelegenheiten möchte ich allerdings erwähnen, wo wir in Erscheinung treten. Wenn die großen Kurse der ersten Studienjahre die Foyers moderner Bauten bevölkern, so ist dort das eifrige Bemühen um Darstellung und Analyse des Raumes zu beobachten.

Die Arbeitsergebnisse der verschiedenen Lehrbereiche werden zweimal im Jahr im Ballhaus im Nordpark gezeigt. Die Schule veröffentlicht ihre Tagungen und Forschungen in der Reihe der ad-Hefte.

Vor dem Haus der Gestalter steht, von Prof. Kammerichs entworfen, eine große in Aluminium gegossene Hand, die einen Bleistift wie eine Speerspitze auf den Eingang richtet. Dieses Monument ist Treffpunkt für viele Reisen. Der Bus für die Stadtrundfahrt in der ersten Studienwoche startet hier ebenso wie die jährliche Exkursion zum Beispiel nach Kronenburg in der Eifel oder in die Provence zum Zeichnen und Malen. Bei der Abfahrt sind die Gesichter erwartungsvoll und begeisterungsfähig, bei der Rückkehr zufrieden über die vollen Skizzenbücher und Mappen. Auf diesen Reisen wird der Alltag mit seinen Ablenkungen zu Hause gelassen. Jeder kann sich – inspiriert durch die neue Umgebung – auf die Erfahrungen innerhalb der Gruppe und die eigene Arbeit konzentrieren. Innerhalb weniger Tage gab es schon überraschende Fortschritte und Entwicklungen. Für die Teilnehmer ist dies eine beglückende Erfahrung.

Begeistert kommen regelmäßig die Studenten zurück, die ein europaweit organisiertes Austauschjahr oder ein Entwurfsseminar in einer unserer Partner-Hochschulen verbracht haben. Hier sind zu nennen die Innenarchitektur-Abteilung in Sligo in Irland, die Abteilungen des Kent Institute of Art and Design in Rochester und in Canterbury, sowie das Moskauer Architektur Institut MARCHI. Freundschaftliche Verbindungen bestehen auch zur Ecole Spéciale in Paris.

Unser Bemühen um Bau- und Stadtbaukunst könnte noch sehr viel erfolgreicher sein, wenn das allgemeine Bewußtsein für diese Fragen besser entwickelt wäre. Dies gilt für Studienbewerber, die im Gegensatz zu einem Musik- oder Kunststudium normalerweise ohne Vorbildung ihre Architektur-Ausbildung anfangen. Die breite Mehrheit der Bevölkerung findet sich mit mangelhafter Umweltqualität ab, weil der Maßstab und das Wissen um Alternativen fehlen. In der Erwachsenenbildung sind hier große Lücken zu füllen. Der Fachbereich wäre durchaus bereit, an derartigen Programmen mitzuarbeiten.

Eine weitere Vision ist eine zukünftige, europäisch abgestimmte Bildungslandschaft. Die Vorbereitungen für den Umbau unseres Lehrangebots und der Abschlüsse im Sinn eines koordinierten Hochschulsystems haben bereits begonnen.

Es gilt, die Goldader einer gut ausgebildeten Jugend auch in Zukunft optimal zu erschließen.

CLEMENS VON LOOZ-CORSWAREM

Düsseldorf – Stadt mit Kurzzeitgedächtnis

Als ich am 1. August 1985, einem Freitag, morgens um 8 Uhr, meinen Dienst beim Stadtarchiv Düsseldorf in der Heinrich-Ehrhardt-Straße 61, Zweiter Stock, antrat, stand ein Blumenstrauß auf dem alten Schreibtisch, der als Arbeitsplatz für mich vorgesehen war. Daneben ein Brief des damaligen Leiters, Prof. Dr. Hugo Weidenhaupt, in dem er sich dafür entschuldigte, mich wegen seines Urlaubs nicht persönlich begrüßen zu können und mir einen guten Beginn in Düsseldorf wünschte. Nachdem mich die wenigen Mitarbeiter des Archivs freundlich aufgenommen und ebenfalls mit guten Wünschen alleine gelassen hatten, konnte ich mir darüber klar werden, worauf ich mich eingelassen hatte.

Das Stadtarchiv Düsseldorf befindet sich in einem ehemaligen Lagergebäude der Firma Kaufring, das Ende der 60er Jahre von der Stadt Düsseldorf angekauft worden war, um dort städtische Dienststellen unterzubringen. Der Komplex lag und liegt verkehrsgünstig an der Einmündung der Rather Straße in die Heinrich-Ehrhardt-Straße. Diese letztere, benannt nach dem Gründer der Firma Rheinmetall, verbindet das aus den Verkehrsnachrichten hinlänglich bekannte Mörsenbroicher Ei mit der Theodor-Heuss-Brücke. Es handelt sich um eine der meistbefahrenen Straßen der Stadt, und die Emissionskarte des Umweltamtes zeigt hier die höchste Konzentration an Schadstoffen. Schnell kann der Autofahrer von hier aus die Stadt in die eine oder andere Richtung wieder verlassen. Eingerahmt ist dieses Büro- und Lagergebäude durch das weitläufige Gelände der Firma Rheinmetall, auf dem damals noch – wie man aus den Fenstern des Archivs beiläufig beobachten konnte – die Drehtürme von Leopard-Panzern montiert wurden, und – auf der anderen Seite der Straße – dem Mercedes-Benz-Werk, das heute vor allem Kleinlaster, so den beliebten »Sprinter« produziert.

Hier also hatte man das Archiv der Stadt Düsseldorf untergebracht, den Hort der wertvollen alten Dokumente und Urkunden, das Gedächtnis der Stadt. Hier, fünf Gehminuten nördlich der Endstelle der Straßenbahnlinie 704, das ist eine Station hinter dem Schlachthof, zwischen Kfz-Zulassungsstelle, städtischer Druckerei und dem Veterinäramt liegt das Institut, in dem sich das historische Bewußtsein der Stadt bildet, in dem die Akten und Unterlagen verwahrt werden, die jetzt und in Zukunft über die Vergangenheit der Stadt und letztlich auch über unsere Zeit Auskunft geben sollen. Organisatorisch gehörte es damals, wie die Druckerei, zum Hauptamt der Stadt, zur Zentralverwaltung.

Diese Zuordnung und die Tatsache, daß das Stadtarchiv Düsseldorf in den Jahre 1969/70 von schönen, aber zu engen Räumlichkeiten im Ehrenhof in dieses Lagergebäude am Stadtrand verbracht worden war, gab, daß mußte man bei näherem Hinsehen zugeben, Sinn. Verstand man in der Düsseldorfer Stadtverwaltung doch unter Archiv vor allem die Lagerung von Akten des 19. und 20. Jahrhunderts, die hier auf circa acht Kilometern die Regale füllen.

Ein Historisches Archiv, ein Archiv, in dem sich die Geschichte der Stadt widerspiegelt, das als Hort einer lebendigen Vergangenheit der Stadt gelten konnte, gab es nicht mehr. Düsseldorf hatte im ersten Drittel des 19. Jahrhunderts seine Vergangenheit buchstäblich weggeworfen, hatte die alten Urkunden und Akten aus seinen Zeiten als Grafensitz und Haupt- und Residenzstadt der Herzöge, Kurfürsten und Großherzöge von Berg an die Papiermühle verkauft und den Marktfrauen unter dem Denkmal des Jan-Wellem zum Einwickeln der Fische überlassen. So traurig der Verlust für einen Historiker ist, so vereinfacht er auch vieles. Braucht man doch keine Restaurierungswerkstatt, um Pergamenturkunden mit ihren Siegeln zu restaurieren, kein qualifiziertes Personal, das mittelalterliche Schriften lesen kann, und keine klimatisierten Räume, um frühneuzeitliche Ratsprotokollbände zu lagern.

Worauf hatte ich mich eingelassen? Sollte ich es nicht sehr schnell bereuen, das Historische Archiv der ehemaligen Reichsstadt Köln mit seinen überreichen Schätzen, mit seiner überregionalen Reputation, mit seiner großen Zahl wissenschaftlich ausgewiesener Kollegen verlassen zu haben? Hatte ich mich nicht in eine historische Wüste begeben, in eine Stadt, die keine Geschichte hatte und die – wie es schien – auch ganz gut ohne sie auskam?

An meinem ersten Arbeitstag in Düsseldorf traten mir Tränen in die Augen, und ich weiß nicht mehr, ob sie mehr dem Zustand des Archivs oder meiner eigenen Situation galten.

Damals, 1985, stand das große Jubiläum »700 Jahre Düsseldorf« bevor, wollte man doch die Erinnerung an die Erhebung des Dorfes an der Düssel durch Graf Adolf von Berg zur Stadt am 14. August 1288 gebührend begehen. Stadtjubiläen sind für Historiker Hoch-Zeiten, steht doch wenigstens für kurze Zeit ihre Arbeit im Mittelpunkt des öffentlichen Interesses. Geplant war eine große Ausstellung »Der Rhein«, von der dann nur eine pressewirksame Floßfahrt und ein schmales Bändchen mit der Darstellung verpaßter Möglichkeiten verwirklicht wurde. Für die Zukunft geschaffen wurde, wenn auch mit etwas Verspätung, die vierbändige Große Stadtgeschichte, von der zur Zeit die letzten Exemplare verramscht werden. Geblieben ist vom Stadtjubiläum 1988 letztlich nur das eindrucksvolle, von Bert Gerresheim geschaffene Stadterhebungsmonument am Burgplatz.

Wenn ich mich in Düsseldorf auch nicht in einer blühenden Geschichtslandschaft befand, so gab es doch vereinzelt begrünte Flecken, Oasen und kleine Gärten an denen einem Interesse für die Düsseldorfer Vergangenheit begegnete. Es gab und gibt Menschen in Düsseldorf, die sich für die Geschichte der Stadt interessieren und engagieren. Was verdanke ich nicht alles Hugo Weidenhaupt, der mir als Vorgesetzter, Mentor und väterlicher Freund in seiner leisen, bescheidenen aber kompetenten Art den Zugang zu Düsseldorfs Vergangenheit gewiesen hat. Was verdanke ich nicht den Vorstandsmitgliedern des Düsseldorfer Geschichtsvereins, von denen einige, wie der damalige Vorsitzende Otto Fuhrmann, der jetzt selbst eine Persönlichkeit der Stadtgeschichte ist, mein Bild von einem bürgerlichen Düsseldorf geprägt haben. Aber auch losere Kontakte mit zahlreichen Persönlichkeiten, wie mit dem unvergessenen, so früh verstorbenen Kustos am Stadtmuseum Bernd Heppe, dem Journalisten Alphons Houben, dessen Fehlen wir noch gar nicht ganz begriffen haben, oder mit dem kenntnisreichen Architekten Edmund Spohr, der auf seine Weise segensreich wirkt, haben mein Bild von »Geschichte in Düsseldorf« geprägt, ganz zu schweigen von den zahllosen inhaltlichen Gesprächen, die ich mit Forschern an der Universität, Benutzern des Archivs, Studenten, Genealogen und Heimatfreunden führen durfte.

Wo aber ist der Ort, der Platz, der Stellenwert, den die Geschichte der Stadt im öffentlichen Leben von Düsseldorf einnimmt? Warum scheint das in Düsseldorf so ganz anders zu sein, als in anderen Großstädten, in denen sich das Selbstbewußtsein der Stadt und ihrer Bürger viel stärker aus der jeweiligen Stadtgeschichte erklärt?

Bei einem Vortrag vor den Düsseldorfer Jonges vor einigen Jahren habe ich einmal behauptet, daß sich Düsseldorf schwer tut mit seiner Vergangenheit. Daß sich die Stadtgeschichte hier nur allzu schnell auf »unseren« Jan Wellem, den Ausspruch Napoleons über Düsseldorf als »Klein Paris« (was von unseren Marketingstrategen heute historisch falsch mit Modestadt gleichgesetzt wird) und der Funktion als Schreibtisch des Ruhrgebietes reduziert. Stimmt es, daß die Bodenhaftung der Menschen in Düsseldorf geringer ist, was gelegentlich mit der größeren Fluktuation von Führungsschichten erklärt wird? Stimmt es, daß sich im Geschichtsbewußtsein der Stadt noch immer die Unsicherheit des Emporkömmlings zeigt, der sich erst im 19. Jahrhundert gegenüber Köln behaupten konnte? Die Stadt orientiert sich an der Zukunft, die Vorbilder liegen in Sydney, New York und Tokio. Wundert es da, daß die nächste größere deutsche Stadt rheinaufwärts Frankfurt ist? Vielleicht vergessen die Verantwortlichen dabei, daß in Düsseldorf nicht nur Umsatz gemacht wird, sondern auch Menschen leben, Menschen, die alle ihre persönliche Geschichte haben, die in einer Wohnung, einem Haus, in einer Straße, einem Stadtviertel leben, deren persönliche Geschichte mit ihrer Umwelt verbunden ist, deren Weg zur Arbeit, zum Einkauf, zum Vergnügen, sich in einer realen Welt abspielt, einer Welt, die menschliches Maß haben muß. Einer Welt, die auch Stallgeruch, gemeinsames Erleben, Wiedererkennen möglich macht. Hier bilden sich die Wurzeln, aus denen die Identifikation mit der Stadt entsteht. Je mehr ich über das Haus, die Straße und den Ort, in dem ich lebe, weiß, je mehr ich damit verbinde, um so eher ist es meine Heimat. Heimat im ganz unsentimentalen Sinn.

Jedesmal, wenn ich auf meinen häufigen Fahrten durch die Stadt am Golzheimer Friedhof vorbeikomme, dann grüße ich dort meinen Urgroßvater, den Architekten Anton Schnitzler, den großen Baumeister des biedermeierlichen Düsseldorf, von dem die Max-Schule in der Citadellstraße und die Goldene Brücke im Hofgarten erhalten sind. Und wenn ich am Ulanendenkmal am Rheinufer vorbeikomme, denke ich an meinen aus Westfalen stammenden Großvater, Rittmeister der Ulanen, noch in den alten, von Kurfürst Johann Wilhelm angelegten Kasernen, der in Düsseldorf eine »gute Partie« gemacht hat. So manche Straßen, so manche Bauwerke beginnen für mich zu leben, wenn ich mich mit ihrer Geschichte beschäftigt habe, auch wenn sie nicht mit der eigenen, persönlichen Geschichte verbunden sind.

Mir fallen dabei natürlich auch alle die Stationen ein, an denen sich das Stadtarchiv Düsseldorf seit seiner späten Gründung im Jahre 1912 aufgehalten hat, vom Stadthaus in der Mühlenstraße angefangen, über das schöne Gebäude des ehemaligen Restaurants des Kunstpalastes von 1902, in dem sich heute das Kulturdezernat befindet, bis hin zu dem heutigen Domizil. Viel zahlreicher sind die Orte und Gebäude, die im Laufe der Jahrzehnte für das Archiv ins Auge gefasst worden sind, vom Palais Nesselrode, dem jetzigen Hetjens-Museum, das nach dem Krieg für das Archiv wieder aufgebaut werden sollte, angefangen, über das große Gebäude der ehemaligen Leihanstalt am Rheinufer, das jetzt einen Teil der Kunstakademie beherbergt, bis hin zum ehemaligen Prinz-Georg-Gymnasium, das viele Düsseldorfer als Filmforum, Theaterhaus und Sitz der Landesbildstelle kennen. Aus der Erkenntnis, daß ein Stadtarchiv mehr ist, als ein Aktenlager, folgte das Bemühen, auch als Kulturinstitut anerkannt zu werden und etwas näher ins Zentrum der Stadt zu rücken. Das erstere brachte 1995 die Zuordnung des Archivs zum Kulturdezernat mit sich, das letztere, den Ausbau des Gebäudes der Prinz-Georg-Straße 80 für das Stadtarchiv, der schon greifbar nah erschien, fiel dem Schulentwicklungsplan zum Opfer. War die Lobby der Musikschule stärker, war ich zu sehr davon überzeugt, daß das Stadtarchiv, das Geschichtsinstitut der Stadt, eine »würdige und angemessene« Unterkunft braucht und bekommen mußte, daß ich mir eine andere Entscheidung der Verantwortlichen nicht mehr vorstellen konnte?

Sei dem, wie es sei. Seit drei Jahren jedenfalls werden die Räume des Archivs in der Heinrich-Ehrhardt-Straße so umgebaut, daß die Akten sich über bessere Aufbewahrungsbedingungen freuen können und sich auch für die Mitarbeiter Verbesserungen ergeben. Die periphere Lage des Archivs hat sich damit nicht gebessert, wenngleich das nördliche Derendorf, wie andere Düsseldorfer Industriestandorte auch, langsam seine Struktur ändert. Vielleicht aber gelingt es doch auf anderem Wege, die Stadtgeschichte in Düsseldorf präsenter zu machen. Gerade heute sollte den Verantwortlichen und Bürgern deutlich sein, daß Kenntnis und Bewahrung ihrer Geschichte Lebensqualität bedeutet, daß wir ohne diese Einbettung in das Gewordene keine Standortbestimmung leisten und keine seriöse Zukunftsplanung betreiben können. Wie jeder Mensch seine eigene Geschichte hat, die er nicht verleugnen kann, die ihn auch bisweilen einholt, so hat auch die Gemeinschaft der Bürger, die Stadt ihre Geschichte. Die Geschichte von Düsseldorf ist faszinierend und spannend zugleich, ich wünsche mir, daß sich noch mehr Menschen damit beschäftigen.

Bertram Müller

Über die Anfänge des Tanzhauses NRW Die Werkstatt e.V

Das sogenannte »Düsseldorfer Wunder« der Entstehung des ersten Tanzhauses in Deutschland, das sich aus der Kulturinitiative »Die Werkstatt e.V. für Tanz, Theater, Malen, Werken und Gestalten« entwickelt hat, hat vieles mit seinem ursprünglichen Entstehungsort an der Grafenberger Allee 330 zwischen Flingern, Zooviertel und dem Stadtteil Grafenberg zu tun. Denn dort gab es in unmittelbarer Nachbarschaft mit einer kunst- und kulturinteressierten Bürgerschaft ein im Umbruch befindliches großes Areal von Industriegebäuden, die ihre alte Funktion verloren hatten und in den meisten Fällen vor dem baldigen Abbruch standen. Diese weiträumigen Hallen und Bürokomplexe boten ideale Voraussetzungen für Kunstaktionen, die meistens vor allem eines benötigten: einen leeren und im Winter irgendwie beheizbaren Raum.

Natürlich war es nicht nur das schöpferische Aktionen freisetzende Potential des Geländes und seine förderliche Umgebung, die diese neue Art von Kunstaktions- und Kulturvermittlung entstehen ließ, sondern auch eine besondere gesellschaftliche, kulturell wache Atmosphäre, wie sie Mitte der siebziger Jahre in den Nachwirkungen der politischen Studenten-, der Jugend- und Kulturzentrums-Bewegung allgemein lebendig war. Eine grundlegende Neudefinition überkommener Werte, vor allem eine Öffnung fremden kulturellen Traditionen gegenüber, Ausbruch aus den etablierten Strukturen und Elfenbeintürmen wurde damals zur Lebensstil bestimmenden Devise von vielen.

Eigentlich ist die Ur-Werkstatt von niemand absichtsvoll gegründet worden. Dieser wichtige Vorläufer des erst 1978 gegründeten Vereins »Die Werkstatt e.V.« ist vielmehr einfach entstanden, offenbar am richtigen Ort, zum richtigen Zeitpunkt, mit ein paar kulturell inspirierten Bürgern, im Kontext eines fördernden Zeitgeistes. Joseph Beuys' Person und Geist wirkte in dieser Zeit besonders in dieser Stadt. Jeder konnte sich endlich offen als Künstler fühlen und sogar so nennen. Viele machten sich trotz Beruf und Familie durch Selbsternennung zum Künstler. Aber nicht nur das eigentliche Kunstschaffen, sondern auch Aufbruch und Gründerstimmung wie: »Gestalte Dein Leben neu, mach Dein eigenes Ding, gründe Deine eigene Initiative« war nicht nur von Joseph Beuys' erweitertem Kunstbegriff inspiriert, sondern Ausdruck einer weit verbreiteten, zur konstruktiven

Umsetzung gereiften Establishment-Kritik der sechziger Jahre und einer längst fälligen Loslösung von den festgefügten Nachkriegsstrukturen in Kultur und Gesellschaft. Wie heute Hunderte von engagierten jungen Leuten Internet-Initiativen und Software-Firmen über Nacht ins Leben rufen, so gehörte es in den siebziger Jahren zum Zeitgeist mit hundertfünfzigprozentigem ehrenamtlichen Engagement und ohne sichere Berufsaussichten, einen Kulturladen, alternativen Kindergarten, ein soziokulturelles Zentrum, ein Tanztheaterstudio, eine Film- oder Video-Werkstatt oder ein Straßenfestival usw. zu gründen.

Mitte der siebziger Jahre kam ich aus beruflichen Gründen, zusammen mit meiner Frau Johanna aus dem süddeutschen Raum (Heidelberg) nach Düsseldorf. Johanna hatte eine Stelle im Düsseldorfer Luisengymnasium zugewiesen bekommen, ich habe im Anschluß an ein Theologiestudium eine Stelle als Pfarrvikar an der evangelischen Melanchthonkirche in Düsseldorf-Grafenberg übernommen. Gleichzeitig – so etwas war damals noch möglich – studierten wir beide noch Psychologie in Bonn und unterzogen uns nach dem Psychologiediplom einer weiteren fünfjährigen Fachausbildung zum klinischen Psychotherapeuten. Unsere beruflichen Perspektiven konzentrierten sich dabei mehr und mehr darauf, einige von uns erträumte Konzepte neuer sozialer und kultureller Lebensgestaltung in einen sinnvollen Zusammenhang mit einem »lebensunterhaltenden« beruflichen Engagement zu bringen. Es war mir von Anfang an klar, daß der durch meine akademische Ausbildungen eingeschlagene Weg in aller Regel in eine kirchliche oder klinisch–therapeutische Institution herkömmlicher Art führen würde. Doch dies war eine berufliche Perspektive, die mir damals nur als Übergangslösung denkbar war.

Dabei gab es vor allem in einzelnen Düsseldorfer Stadtteilen viele positive neue Ansätze von kirchlicher Arbeit, vor allem im Jugend- und Gottesdienstbereich. Die aufregenden Gottesdienstexperimente der Thomaskirche, aber auch der Melanchthon- und Markuskirche sind mir bis heute noch unvergessen. Als ins Rheinland Zugezogene erlebten wir es über viele Jahre hinweg als schwierig, einen Zugang zu den in sich abgeschlossenen Düsseldorfer Kulturzirkel zu finden. Im tiefsten Grunde unfreundlich erschien uns der oberflächliche, fast abweisende Düsseldorfer Kommunikationsstil. Merkwürdigerweise fanden wir nur selten Leute, die ohne abwertende Bemerkung sagten, daß sie gern Düsseldorfer sind. Deshalb gibt es vielleicht auch in dieser Stadt bis heute keine Kultur des Willkommenheißens für Neubürger. Süddeutsche Lebenskultur war halt viel gemütlicher und weniger narzistisch aufgeblasen. Dort schwätzt man mit fast jedem, vor allem gern mit den Neuen und ist stolz auf fast jedes Fachwerkhaus in seinem Ort. Damals hatte ich allerdings noch nicht die besondere kommunikative Bedeutung der rheinländischen, insbesondere der Flingerer »Büdchen« entdeckt. Die wahren Umschlagplätze der Kommunikation, ein natürlicher Bürgertreff, nächtliche Notversorgungsstation – sicher eine der weitaus wertvollsten Institutionen, die Düsseldorf zu bieten hat.

Das kulturelle Leben von Düsseldorf erschien mir in den ersten Jahren, mit Ausnahme der vitalen Auf- und Umbruchstimmung an der Kunstakademie, ohne subkulturelles Flair, edel, aber ziemlich abgestanden, traditionell etabliert, ohne energiespendende Orte für die Entstehung von künstlerischen oder soziokulturellen neuen Konzepten.

In unserer unmittelbaren Wohngegend entdeckten wir jedoch nach einiger Zeit in der Grafenberger Allee 330 in einem zum Abbruch bestimmten Industriegelände (Haniel), wie einzelne Künstler, Theaterleute und Tänzer die leerstehenden Räume als Atelier, Proberaum, Künstlertreffpunkt und zunehmend auch für Tanz- und Theater-Workshops und Kurse nutzen. Geld hatte natürlich niemand. Glücklicherweise gab es im Umkreis in Grafenberg, im Zooviertel und Flingern einige Eltern, die an einer körperlich-seelischen Entwicklung ihrer Kinder jenseits von Leistungsdrill interessiert waren. Diese Eltern schickten zunehmend ihre Kinder zu den wöchentlichen Kursen der jungen amerikanischen Tänzerin Chris Parker oder entdeckten für sich selbst den Nutzen und Spaß an modernen und kreativen Tanzformen. Ich selber war zunächst besonders angezogen von dem künstlerischen Flair, der diese Räume durchzog, dem offenen Organisationsprozeß dieser, aus aller Welt zusammengewürfelten Initiative und vor allem von der Tatsache, daß ich erstmals in Deutschland afrikanischen Tanz und afrikanisches Trommeln live erleben und daran teilnehmen konnte. Ein Workshop mit dem legendären Masterdrummer aus Ghana, Mustapha Tettey Addy, bewirkte meinen endgültiger Einstieg in diese Werkstatt-Initiative, die mich bis zum heutigen Tag fasziniert und gefangenhält.

Es gab viel Platz in dem ehemaligen Verwaltungsgebäude zwischen dem Zooviertel, dem bürgerlichen Grafenberg und dem sozial buntgemischten Flingern. Es entstanden immer neue Ateliers und Projekte unter anderem das »Werkstatt-Statt-Theater« in einem dunklen hohen Raum im hinteren Teil des Gebäudes, Robert Solomons selbstgezimmerte kleine Studio-Tribüne, der bunt gemalte Künstlertreff im Zentrum des Gebäudes mit einigen alten Sofas, zwei Eisschränken und meistens mit der damaligen Haupttriebfeder der Werkstatt-Initiative, Uli Hoffmann, vor und hinter der Bar als dem fast immer gut aufgelegten, charmant-chaotischen Kommunikator. Lang dauernde Teamtreffs haben eine formelle Organisationsstruktur anfänglich überflüssig gemacht. Alles wurde von allen entschieden – auf jeden Fall von denen, die jeweils dabei sein konnten, mit dem Preis eines enormen Zeitaufwands. Aber das wollte man ja gerade: Mit vielen verschiedenen Leuten zusammensein und reden und nebenbei etwas Erfreuliches organisieren. Um einige, letztlich unverzichtbare Bürogeräte, wie eine Schreibmaschine und ein Telefon anzuschaffen sowie einen für damalige Verhältnisse viel Geld verschlingenden Fotokopierer mieten zu können, mußten wir eine Umlage erheben, wobei natürlich nie genug zusammenkam. Dies führte zu einer baldigen Verschuldung einer zahlenmäßig und namentlich nicht eindeutig feststellbaren Gruppe von Ur-Werkstättlern.

Zur Rettung sollte die wachsende Zahl der Kurse und Workshops zuverlässiger organisiert und für die immer zahlreicher gewordenen Kurs- und Workshopangebote auch ein Programm gedruckt werden. Ein Organisationsteam mit begrenzter Verantwortung, aber ohne Bezahlung, wurde gewählt, das vor allem diejenigen Arbeiten ausführen sollte, wozu sich niemand freiwillig in den langen wöchentlichen Gesamtteam-Sitzungen finden ließ. Bezahlt wurden damals nur die unterrichtenden und auftretenden Künstler und natürlich die externen Lieferanten und Vertragspartner. Erst ganz allmählich setzte sich die Erkenntnis durch, daß eine professionelle Organisation und Öffentlichkeitsarbeit genauso wichtig ist und bei knappem Geld kreativ sein muß, wie die eigentliche künstlerische Arbeit selbst. Um herauszufinden, wie diese beiden Bereiche des wirkungsvollen und erfolgreichen künstlerischen Schaffens auf neue Weise miteinander optimal zu verbinden sind, vergingen noch viele weitere Jahre der Werkstatt-Geschichte.

Dies alles geschah von der Öffentlichkeit unbeachtet. Jedoch war dieser äußerst komplexe Suchprozeß nach neuen Strukturen die vitale Keimzelle und die bis heute noch gültige konzeptionelle Basis der schließlich 1978, nach einem großen, aber unvermeidlichen finanziellen Crash der Ur-Werkstatt neugegründeten Vereins DIE WERKSTATT, aus der dann 20 Jahre später das inzwischen überregional bekannte Tanzhaus NRW im ehemaligen Straßenbahndepot von Düsseldorf hervorging.

Der Durchbruch zur breiteren öffentlichen Beachtung der neuen Kultur-Initiative an der Grafenberger Allee 330 erfolgte eher zufällig dadurch, daß die Dozenten von Wochenendworkshops vor allem am Samstagabend den Teilnehmern und einem kleinen Kreis von Bürgern aus der Nachbarschaft ihre Kunst vorführten. Unvergeßliche exotische Trommelkonzerte, fremdländische Tanzvorführungen und experimentelle Theater- und Performance-Abende waren nicht immer leicht zugängliche Angebote für die Bürger, die einen Ausweg aus dem Gewohnten suchten. Auf jeden Fall war es fast immer ein höchst anregendes Erlebnis.

Für die Einzelgastspiele in der Werkstatt verfertigte der Beuys-Schüler Peter Kreusch aus Künstlerfotos und einfachen weißen Pinselstrichen die Druckvorlagen für die ersten schwarzweißen Plakate, die im Laufe der Zeit zu einer stilistisch eigenständigen Plakatserie wurden und zunehmend die Aufmerksamkeit der Bevölkerung und schließlich auch der Kulturbehörde auf sich zogen. Das wurde natürlich nur dadurch erreicht, daß wir in vielen

Nachtstunden die Plakate auch an geeigneten Orten so anbrachten, daß sie nicht beschädigt wurden und wenigstens eine Woche hängen blieben. Vor allem dadurch habe ich die nächtlichen Straßen und Gebäude der Stadtteile Flingern, Grafenberg, Derendorf und Stadtmitte intensiv kennengelernt. Für die offizielle Plakatierungsart hatte die Werkstatt natürlich kein Geld.

Was ist das, die Düsseldorfer Werkstatt? fragten immer mehr Leute. Die Fabrik in Hamburg kannte damals jeder als ein großes soziokulturelles Musikveranstaltungszentrum neuer Art. Sie stand später Modell für das Mitte der 80er Jahre in der Fichtenstraße gegründete ZAKK. Die Werkstatt e.V., die ihren Namen bewußt an die Namensgebung in Hamburg »Die Fabrik« angelehnt hatte (damals war es Mode, neue Kultureinrichtungen mit Funktionsbezeichnungen von Industriegebäuden zu benennen zum Beispiel »Börse«, »Lagerhalle«, »Pumpenwerk« usw.), wollte lieber eine kleine, dafür aber überall multiplizierbare soziale Plastik sein.

Die Werkstatt wollte damals vor allem nicht einmalig und keine Großeinrichtung werden, sondern eine schlichte »Werkstatt für Kunst und Persönlichkeitsentfaltung«, vermittelt durch individuell angeleitete, künstlerische Arbeit in kleinem Kreis. Es entwickelte sich bald die Vorstellung, daß es in anderen Stadtteilen noch weitere Kultur-Werkstätten geben sollte, natürlich je nach Bürgerinteresse verschieden gestaltet, so, wie eine kleine, gut sortierte Stadtteilbücherei oder ein Brotladen um die Ecke. »Kultur ist Lebensmittel für alle«, so lautete ein Slogan Ende der siebziger Jahre. Das war kein Ausverkauf von Kunst und keine leichtfertige Verflachung des Künstlerberufs. Die Vorstellung, daß nun auch im Bereich des Kunstschaffens, wie in anderen Wirkungsbereichen – Therapie, Handwerk etc. – nur noch der staatlich lizenzierte Spezialist die jeweilige Kunst exklusiv ausführen darf, obwohl der zum Laien degradierte Bürger dazu fachlich in vielen Fällen durchaus in der Lage sein kann, war unerträglich. Das demokratische Recht eines jeden Bürgers, an der Kunst- und Kulturgestaltung mitzuwirken und unmittelbar daran teilzuhaben, floß in die erste inhaltliche Formulierung der von mir verfaßten und mittlerweile hauptverantwortlich umgesetzten Werkstattkonzeption ein. Sie zeigte noch deutlich die verschiedenen gesellschaftspolitischen Ideale aus den 68er und 70er Jahren.

Die Werkstatt war im Kern gesellschaftspolitisch ausgerichtet, vielen erschien sie jedoch eher kulturpädagogisch und individuell-künstlerisch orientiert. War sie nun eher ein kulturelles Bildungszentrum, ein Künstler-Tanzhaus oder ein soziokommunikatives Bürgerzentrum? Die Vielschichtigkeit der Werkstatt hat bis zum heutigen Tag manche Besucher und Politiker wie auch einige Fachleute verwirrt. Ein solches Modell, welches Kulturvermittlung, Kunstdarbietung und Kommunikation mit mehr als 250 verschiedenen Veranstaltungen pro Woche unter einem Dach zu vereinen sucht, konnte besonders mit dem Hintergrund der soziokulturellen Bewegung, im unmittelbaren Horizont von Beuys und Pina Bausch, der Folkwang-Schule und des holländischen bürgernahen Fools-Festivals gedeihen. Natürlich war es nicht ganz selbstverständlich und nicht immer einfach, diese verschiedenen Strömungen zusammenzufügen und in eine konkrete Arbeits- und Organisationsform umzusetzen. Bereits 1977 war die Werkstatt an ihre organisatorischen und finanziellen Grenzen gekommen. Die ehrenamtlichen Mitarbeiter der ersten Stunde hatten durch die zunehmend zu bewältigende Arbeit die Lust an der weiteren Mitwirkung verloren. Die inzwischen angelaufenen Mietschulden waren nicht mehr aus eigener Kraft abzutragen. Die spontan entstandene Kultur-Initiative war trotz bzw. gerade wegen ihres zunehmenden Erfolgs an ihr vorläufiges Ende geraten. Die Zeit der »Flower-Power« war endgültig vorbei. Eine Absicht, als Gruppe oder gar als Organisation zu überleben, war bei den wenigen noch verbleibenden Mitwirkenden gering. Es mußte nichts verteidigt, nichts für die Ewigkeit geschaffen, noch irgendwelche Positionen erhalten werden. Was blieb und nicht so leicht tot zu kriegen war, war der neu gewonnene kulturpolitische Ansatz der Kunstvermittlung, ein restliches, unerschütterliches Vertrauenskapital treuer Kursteilnehmer in die Arbeit der Dozenten und ein Netzwerk von fachlich geeigneten Künstlern und Workshop-Dozenten.

Einige Kulturpolitiker, aber auch die Verwaltung, waren bereit, die bis dahin entstandenen Schulden in Höhe von ca. DM 40.000,- zu 2/3 zu übernehmen, wenn ein klares organisatorisches und inhaltliches Konzept vorgelegt würde. Das war aufgrund des Geistes, in dem die Werkstatt entstanden war und bis dahin gelebt hatte, eine schier unüberwindliche Forderung als Gegenleistung für einen Neuanfang. Es war andererseits ein politisch faires und kluges Angebot, sozusagen als nachträgliche indirekte Danksagung für langjähriges, kulturelles, innovatives Engagement für diese Stadt und als Anreiz, das bisher Erreichte auf neuen Grundlagen fortzuführen.

Für mich war »Die Werkstatt« bis dahin zum unverzichtbaren Lebenselexier geworden. Als Außenstehender kann man kaum nachvollziehen, welche Lebensqualität es mit sich bringen kann, regelmäßig mit anderen an einem Theater- oder Trommelkurs teilzunehmen, ein Teilnehmerfest mit hunderten von bühnenängstlichen und schließlich vom Erfolg begeisterten Kursteilnehmern back stage mitzuerleben oder sich nach manchen weniger gelungenen Aufführungen durch eine außergewöhnliche künstlerische Darbietung seelisch auftanken zu lassen. Auch neben der Ausübung eines anderen Berufs bot sich für mich die Möglichkeit, mit und für ein Theater ganz ungewöhnlicher Art zu leben. Wozu benötige ich da noch einen Kick von der Kö oder der Altstadt? Aus purem Eigeninteresse und kulturellem Überlebenswillen in dieser Stadt wollte ich die Ideen und die Kontakte der Ur-Werkstatt erhalten und habe mich deshalb daran gemacht, der nun offiziell zu gründenden »Werkstatt e.V.« unter anderem eine Vereinssatzung sowie eine schriftliche Konzeption zu geben, welche die Ziele und Inhalte erstmalig formulierte. Die Erweiterung eines verbindlichen Kurs-, Workshop- und Vorstellungsprogramms auf der Grundlage der teilweise noch bestehenden Kontakte waren die ersten Schritte in eine neu zu definierende und organisatorisch realisierbare Zukunft. Dabei wurden drei wesentliche Ziele bestimmend:

1. Bürgern aller Altersgruppen und sozialen Schichten die aktive Teilnahme an verschieden Kulturtraditionen zu ermöglichen,
2. die Abgrenzung zwischen Bildung, Kultur und Sozialarbeit zu überwinden und in ein integriertes Konzept unter einem Dach zusammenzubringen und damit die gesellschaftliche Bedeutung der Kunst in den Vordergrund zu bringen,
3. vor allem aber eine Heimat für die Vermittlung von fremdländischer Kultur zu sein, ein kulturpolitisches Anliegen, das heute fast noch wichtiger ist als damals.

Die ersten veröffentlichten Programme und Vorstellungen unter meiner Leitung waren ein buntes Kaleidoskop der verschiedensten Künstler und Kulturen. Dozenten aus aller Welt, zunächst aus 20 später aus 44 verschiedenen Kulturkreisen unterrichteten seitdem regelmäßig in der Werkstatt. Kinder haben dort genauso wie ältere Bürger ihren ersten Tanzunterricht erhalten und dabei entdeckt, daß Tanzen nicht ein Privileg von jahrzehntelang trainierenden »Balletteleven« ist, sondern ein Lebensausdruck für jedes Alter sein kann. Schließlich hatte auch der international angesehene Tänzer Kazuo Ohno aus Japan erst mit vierundsechzig Jahren das Tanzen begonnen.

Für dieses neuartige Konzept der Vermittlung vielfältiger Kulturen sowie der Überbrückung der tiefen Gräben zwischen Profi- und Laien-Tanz erhielt die Werkstatt e.V. bereits ein Jahr nach ihrer Gründung (1979) den ersten allgemeinen Kulturpreis der Stadt Essen und wurde damit salonfähig und endlich dauerhaft zuschußfähig für die Stadt Düsseldorf. DM 30.000 Jahresförderung, auch damals nicht sehr viel, mußten ausreichen, die auch nach der Vereinsgründung entstandenen Löcher zu stopfen. Vor allem das Vorstellungsprogramm war durch Eintrittsgelder allein auf Dauer nicht zu decken. Darüber hinaus wurde die neu gegründete »Werkstatt e.V.« in ihrer jungen Existenz erneut bedroht, dieses Mal nicht von innen. Die gewerkschaftseigene Wohngesellschaft »Neue Heimat« hatte den Überlassungs-Mietvertrag für das Gebäude an der Grafenberger Allee »gekündigt« und drohte, es innerhalb eines halben Jahres abreißen zu lassen. Die Werkstatt mußte sich in kürzester Zeit ein neues Domizil suchen. Erst viele Jahre später wurde das Düsseldorfer Arbeitsamt auf dem Gelände gebaut. Der erhalten gebliebene Backsteinturm – heute Sitz der Hermann-Harry-Schmitz-Societät – ist ein Rest des ehemaligen »Geburtshauses« der Werkstatt e.V.

Nur zähem Willen, als Gruppe zusammenzubleiben, und dem Engagement weniger Personen, wie einiger Kulturpolitiker der Stadt, Bernd Dieckmann, Edi Pielen, Ursula Gonnella, Hubert Werder und Verwaltungsbeamter war es zu verdanken, daß »Die Werkstatt e.V« nach einer abenteuerlichen, fast zweijährigen Zwischenphase in verschiedenen Räumen und Stadtteilen schließlich ihr erstes gesichtertes Domizil in der Börnestraße 10 fand. Die Miete, nicht mehr und nicht weniger, übernahm die Stadt. Immerhin fast DM 300.000. Dieses Gebäude war aus damaliger Perspektive ideal zur Verwirklichung der entwickelten Ziele und Inhalte. Es war zentral gelegen. Man konnte es mit der Straßenbahn oder mit dem Fahrrad erreichen. Es war vor allem bürgernah. Fast zu bürgernah, denn manche Anwohner haben sich in den ersten Monaten wegen der vielen Besucher, vor allem aber wegen der vielen Afrikaner massiv beschwert und damit die Fortsetzung der Arbeit ernsthaft bedroht, deren vorzeitiges Ende nur durch mehrere Bürgerversammlungen und kontinuierliche Kontaktarbeit mit den aufklärungsbedürftigen Anwohnern sowie nach über 20 Schallmessungen und behördlichen Überwachungen abgewendet werden konnte.

Das Gebäude hatte endlich genügend, wenn auch kleine Studioräume, und daran angeschlossene Kommunikationsräume. Allerdings verfügte es, wie sich später herausstellte, nur über eine viel zu kleine Bühne. Das Haus war im Besitz von Karl-Heinz Müller, dem Immobilienmakler und Kunstmäzen, der später mit der Museums-Insel Hombroich ein in Deutschland einmaliges und inzwischen weltweit bekanntes neues Museumskonzept verwirklicht hat.

In diesen zentrumsnahen Räumen wurde »Die Werkstatt« schnell zum erfolgreichsten, größten und vor allem staatlich nicht gebundenen Zentrum für kulturelle Bildung in der Bundesrepublik mit mehr als 150 Kursveranstaltungen pro Woche. In den Jahren von 1982 bis 1998 in der Börnestraße hat die Werkstatt mehr als 1.000 verschiedene Gastspiele aus dem Ausland auf ihrer kleinen Studiobühne präsentiert. Die intime persönliche Atmosphäre, das multikulturelle Klima, die meist herzliche Betreuung durch das Team hat viele Künstler bzw. Tanzkompanien aus aller Welt nach Düsseldorf in die Werkstatt gelockt. Dieses humane Kapital war unsere einzige Chance, namhafte Künstler, deren normale Gage ein Vielfaches dessen war, was wir bezahlen konnten, nach Düsseldorf zu locken. Daß Beuys ab und zu da war, diskutierte und Kaffee trank, war für Düsseldorfer nichts besonderes. Daß unter anderen Allen Ginsberg, Gregory Corso, Ernst Jandl im Rahmen des von Nikolas Einhorn, einem ehrenamtlichen Mitarbeiter der Werkstatt, gegründeten »Internationalen Forum für Poesie« in der Werkstatt auftraten, waren besondere Ereignisse. Daß man in der Werkstatt sogar bei der inzwischen weltberühmt gewordenen Woopy Goldberg an Comedy-Workshops teilnehmen und ihre Solo-Vorstellungen am Abend besuchen konnte, macht noch heute diejenigen stolz, die schon damals ihr ungewöhnliches Talent entdeckt hatten. Von dieser Kunstform Comedy, die einst Carlos Traffic, Andy Geer aber auch Helge Schneider auf unsere Bühne brachten, hat sich die Werkstatt später getrennt. Das Gebäude war bald zu klein, um alle Kunstsparten, mit denen »Die Werkstatt« in der Grafenberger Allee begonnen hatte (Theater, bildende Kunst Musik) auf Dauer fortzusetzen. 1984 konnten wir glücklicherweise unseren großen Theaterbereich auslagern: Unter der Leitung von Ernest Martin wurde das Junge Theater in der Altstadt (JUTA) gegründet. In völlig eigener Regie hat Ernest Martin viele Jahre mit geringen öffentlichen Mitteln ein erfolgreiches freies Theater geleitet, das erst kürzlich Teil des 1999 gegründeten Forum Freies Theater (FFT) mit neuer Leitung geworden ist. Ähnliches geschah mit unserem Kinderbereich unter Leitung von Christoph Honig, der sich bald selbständig machen konnte. Als eigenständige Organisation wurde das AKKI neu gegründet und betreibt bis heute in eigenen Räumen im Park neben der Philipshalle eine sehr ideenreiche Kinderarbeit. Ebenso hat Toni Bachleitner in der Werkstatt Börnestraße 10 seine Marionetten gebaut, bevor ihm nach einem Jahr die Leitung des Düsseldorfer Marionetten-Theaters übertragen wurde.

Die Räumlichkeiten in der Börnestraße hatten einen entscheidenden Nachteil: Die Studios waren für den Tanz zu klein. Hinzu kam, daß 1995 die Miete um mehr als DM 5,– pro Quadratmeter steigen sollte. Dieses wollte ich nicht akzeptieren und suchte wieder einmal neue Räumlichkeiten für das Tanzzentrum.

In den fünfzehn Jahren in denen »Die Werkstatt« in der Börnestraße untergebracht war, mußte die Werkstatt bzw. die Stadt Düsseldorf mehr als DM 5.000.000 für die Miete aufbringen. »Die Werkstatt« war inzwischen ein fester Bestandteil des kulturellen Lebens von Düsseldorf geworden. Vor dem Hintergrund der öffentlichen Sparpolitik Mitte der 90er Jahre gab es durchaus eine reale Gefahr, dem städtischen Rotstift anheimzufallen. Es war ein riskanter und nervenaufreibender Akt, über viele Monate mit zwanzig Mitarbeitern, mehr als vierzig Künstlern und Dozenten und mehr als 2.000 an das Haus gebundenen Kursteilnehmern, das bisherige Haus aufzugeben, ohne eine sichere Alternative in Aussicht zu haben.

Nach intensiver monatelanger Suche in allen Stadtteilen nach geeigneten Räumen kam uns das Glück erneut entgegen. Lothar Neuse war gerade dabei, sein erstes Musicalhaus im ehemaligen Straßenbahndepot hinter dem Bahnhof aufzubauen. Er war ein abenteuerlich beseelter Privatmann mit der Ambition, gleichzeitig Musicalautor, Bauherr, Unternehmer und Herausforderer des damaligen Musicalriesen in Deutschland, der »Stella«, zu sein. Vor allem aus finanziellen Gründen konnte er nicht das ganze ihm durch die Stadt zur Erbpacht angebotene Straßenbahn-Depotgelände neben dem Hauptbahnhof mit insgesamt mehr als 8.000 qm neuwertig umbauen und gewinnbringend nutzen. Die Stadtverwaltung erhoffte sich zusätzliche Steuereinnahmen aus dem damals noch boomenden Musical-Geschäft. An einer kulturellen und damit förderungsbedürftigen Kultureinrichtung wie der »Werkstatt« waren einige einflußreiche Personen der Stadtverwaltung und Politik nicht sonderlich interessiert. Besonders die entschiedene Fürsprache der Ratsfrau Gertrud Hanke beim damaligen Stadtdirektor Jörg Bickenbach gab den entscheidenden Anstoß zur Finanzierung und Neugründung als Tanzhaus NRW an der Erkrather Straße. Dabei hat die Stadt angesichts der steigenden Mietforderungen für die Börnestraße einen sehr günstigen Deal gemacht. Statt jährlich mindestens DM 400.000 Miete an einen Privatmann zu zahlen, waren jetzt einmalig DM 2.400.000 (14% der gesamten Umbaukosten) in ein Gebäude zu investieren, das im Besitz der Stadt ist und bleibt. In den folgenden, über ein Jahr dauernden Klärungsprozessen, ob nun das Gelände nicht doch wieder ganz dem mit Gewerbesteuern lockenden Musicalgeschäft zuzuschlagen wäre, schützte besonders Kulturdezernent Grosse-Brockhoff das Projekt. Auch der kulturinteressierte Bau- und Liegenschaftsdezernent Rattenhuber unterstützte die Unterbringung des Tanzhauses NRW in dem ehemaligen Straßenbahn-Depot. Das Ministerium für Städtebau, Wohnen, Kultur und Sport und die damalige Ministerin Ilse Brusis wurden überzeugt, einen Landeszuschuß von 80% der insgesamt sich auf 16 Millionen belaufenden Baukosten zu bewilligen. Erst dadurch wurde das Tanzhaus NRW realisiert. Da die Werkstatt ein freier Trägerverein ist und keine öffentlichrechtliche Einrichtung, war es unendlich schwierig, die noch verbleibende Restfinanzierung des Baus, die Koordinierung des Umbaus unter Einbeziehung vieler öffentlicher Stellen neben der Abwicklung des alten Programms, des Umzugs und der Konzipierung des neuen Betriebs zeitlich und kräftemäßig unter einen Hut zu bringen. Spätestens damals wurde klar, daß das Werkstatt-Projekt nun als Tanzhaus NRW erwachsen geworden ist und keine überwiegend idealistisch motivierte Teilzeitbeschäftigung für die Teammitarbeiter mehr sein konnte. Es hat inzwischen ein professionelles Management.

Bei all dem bin ich vor allem eines geworden: ein mit dieser Stadt immer mehr verbundener, ihre Überschaubarkeit und ihr vielseitiges kulturelles Angebot schätzender, aber auch ihre Unzulänglichkeiten registrierender Bürger dieser Stadt. Gelegentlich höre ich privat und in der Öffentlichkeit, daß das Tanzhaus eine für das kulturelle Leben Nordrhein-Westfalens beispielhafte Bedeutung gewonnen hat. Möge das Tanzhaus NRW weiterhin eine umtriebige, junge Künstler fördernde, eine fremde Kulturen vertraut machende und vor allem eine bürgernahe Kultureinrichtung bleiben.

PETER HASELEY

Aus vielen Schritten wird Kultur

Über Breite und Spitze, Weltoffenheit und Fremdenhaß, die drei Tenöre im Rheinstadion und Aleatorik auf nächtlichen Bürotürmen. Ein Gespräch mit Peter Haseley

Herr Haseley, erinnern Sie sich noch an den ersten Eindruck, den Düsseldorf auf Sie machte?

Da ich aus Köln kam, hatte ich sehr hohe Erwartungen an Düsseldorf, weil sich ja beide Städte immer auf einer Linie sehen und versuchen, sich gegenseitig auszustechen. Düsseldorf hat eine Universität, Köln auch. Düsseldorf hat einen Flughafen, Köln auch. Köln hat eine Messe, Düsseldorf auch ... Ich habe also versucht, Düsseldorf als Großstadt zu sehen, stellte aber schnell fest, daß der eigentliche Kern von Düsseldorf, die Urzelle, nicht so bedeutend ist, daß sich nur aus dieser Quelle schöpfen ließe. Ich merkte dann, daß die Quelle des Reichtums von Düsseldorf eigentlich im Nordosten zu finden ist: im Ruhrgebiet.

Allerdings ist Düsseldorf viel älter als das Ruhrgebiet.

Natürlich. Aber es war wohl so, daß die rasante Entwicklung von Düsseldorf als reicher, moderner Stadt erst mit Erschließung des Ruhrgebiets in Gang kam. Ich glaube, was das Ruhrgebiet ausmacht, ist auch in Düsseldorf wiederzufinden: Diese Verbindung von Landschaft und Arbeit. Wir könnten dies auf einem Spaziergang erkunden.

Ich schlage vor, gegen Ende unseres Gesprächs.

Einverstanden. – Alles was mit der Arbeit zu tun hat, das Projektieren, das Kooperieren, die Abwicklung, die Vermarktung, wird von Düsseldorf aus gesteuert. Die Düsseldorfer verstehen es, die Ströme der Arbeit, der Waren, der Ideen zu lenken und an sich zu binden. Die Stadt ist ein Umschlagplatz, und dadurch ist sie weltoffen. Man ist darauf angewiesen, die Kontakte, die man in die ganze Welt knüpft, zentral zu bündeln.

Wie ist es in Köln mit der Weltoffenheit?

In Köln muß man dazugehören, bevor man akzeptiert wird. Wenn man von außerhalb kommt, ist da zunächst mal eine reservierte Haltung. Ich habe das selbst gespürt. Wenn man dagegen nach Düsseldorf kommt, ist das keinerlei Manko, sondern wirkt bereichernd.

Glauben Sie, daß Sie als Amerikaner einen besonderen Bonus genießen? Sie sind keine Türke, Marokkaner, Albaner ...

Als ich vor rund zwanzig Jahren nach Deutschland kam, war es zunächst nur für ein Jahr, als Musikstipendiat. Ich habe sehr schnell gemerkt, daß, wenn ich mich nicht integriere, indem ich die Sprache lerne und meine Umgebung zu verstehen versuche, ich für die Menschen als Fremdkörper isoliert bleibe. Das heißt, daß ich dann nicht nur wenig Verständnis sowie Gegenliebe spüre, sondern auch wenig von mir mitteilen kann. Und ich habe mir sehr viel Mühe gegeben, mich zu »integrieren«, um es einmal mit diesem etwas einseitigen Wort zu umschreiben.

Was geht Ihnen in letzter Zeit angesichts der Welle von Gewalt gegen Ausländer durch den Sinn? Angesichts von Brandanschlägen auf Synagogen? Vor Kurzem gingen viele Düsseldorfer dagegen auf die Straße.

Ich war bei der Demonstration dabei. Weil ich dachte, unter diesen Umständen ist man als freiheitsliebender Mensch wirklich aufgerufen, dabei zu sein. Auf der einen Seite glaube ich nicht, daß sich in Deutschland die Geschichte wiederholt und wir kurz vor einer Machtergreifung stehen. Auf der anderen Seite hätte ich es vor zwanzig Jahren nicht für möglich gehalten, daß eines Tages im Rheinland eine Synagoge geschändet werden könnte. Ich dachte, so etwas würde es nie wieder geben. Hier stellt sich die Frage, wie die Gesellschaft mit rassistisch denkenden und handelnden Menschen umgeht. Auch in Amerika ist dies ein Problem. Rechtsradikale sind dort insgesamt sogar mächtiger und zahlreicher als in der Bundesrepublik. Wie Umfragen der letzten Zeit, etwa die Shell-Jugendstudie, belegen, gibt es einen hohen Prozentsatz von Deutschen, die meinen, es gebe zu viele Ausländer hier. Eine subjektive Wahrnehmung, die sich meist auf bestimmte Ausländergruppen bezieht. Und dieses beunruhigende Syndrom ist von den politischen Kräften überhaupt nicht verarbeitet. Das ist es, was mich so stört: Daß die Politik, die eigentlich die Probleme der Gesellschaft aufarbeiten soll, sich damit nicht recht beschäftigt. Und es bei althergebrachten rhetorischen Formeln beläßt.

Was Studien über die Einstellungen Jugendlicher zu Tage fördern, kann man jederzeit auch aus Politikermund hören: »Das Boot ist voll«, »Wir sind an der Grenze der Aufnahmefähigkeit« und so weiter.

Da geht ein roter Faden durch die ganze Gesellschaft. Das beschränkt sich nicht auf die Jugend, die dann »Probleme macht«. Das ist das, was mich – um wieder auf Düsseldorf zurückzukommen – bekümmert: Daß diese Haltung eigentlich zu Düsseldorf gar nicht paßt. Oder steckt vielleicht hinter der Wertschätzung der Arbeit als Quelle des Reichtums der fatale Umkehrschluß: Nur diejenigen, die arbeiten und aktiv beitragen, gelten etwas? Wer nicht dazu gehört, ist kein vollwertiges Mitglied der Gesellschaft? Aber die Ausländerfrage läßt sich ja keineswegs auf eine Problematik von Arbeitslosigkeit reduzieren.

Zurück zu Ihrem Bild von Düsseldorf als Schaltzentrale. Steckt darin auch der Aspekt, daß diese Stadt zum Teil auf Kosten Anderer lebt und glänzt?

In gewissem Sinne ja. In der Kultur ist das häufig der Fall. Man holt sich von anderswo, was man braucht, um zu genießen. Man geht einkaufen. Düsseldorf schafft es, produktive und talentierte Menschen zeitweise an sich zu binden. Selten hält sich jedoch die Waage zwischen den Importen und Exporten, abgesehen von den Bildenden Künsten und der Kunstakademie. Wie viele Musiker zum Beispiel hat die Stadt Düsseldorf beschäftigt, die nicht hier gelernt haben, was sie uns schenkten. Das fängt neuzeitlich bei Mendelssohn an, der 1833 nach Düsseldorf kam, und hört bei den drei Tenören im Rheinstadion nicht auf. Ich denke, es gibt auch eine Gefahr des Reichtums, des Wohlstandes: man vergißt, wie viele Schritte nötig sind, bis man soweit ist, selbst erfolgreich auf der Bühne zu stehen.

Da scheinen die Sorgen des Leiters der Musikschule durch, dem das heimische Potential am Herzen liegt.

Es ist viel Potential in Düsseldorf. Womit ich zu kämpfen habe, ist, daß man sagt: Die Musikschule ist von »nur lokaler« Bedeutung. Weil wir uns mit der hiesigen Bevölkerung beschäftigen. Wir bieten den Kindern und Jugendlichen der Stadt die Möglichkeit, ihre Talente und Interessen zu verwirklichen – eine tolle Sache, sehr wertvoll. Wir können aber auf der großen, internationalen Bühne nicht die Rolle spielen, die man kurzfristig spielen kann, wenn man mit dem gleichen Geld einfach Künstler einkauft. Ich fände es toll, wenn die drei Tenöre im Rheinstadion aus Düsseldorf kämen! Das wäre ein ganz großer Erfolg für uns. Aber es ist leider so, daß man weniger in die Ausbildung investiert und stattdessen die fertigen oder halbfertigen Produkte von außerhalb kauft und hier präsentiert. Wenn man jedoch nicht in der Lage ist, selbst einzuschätzen, was es bedeutet, kulturell, künstlerisch, musikalisch tätig zu sein, dann verliert man eigentlich die Maßstäbe, das überhaupt zu genießen und zu würdigen, was auf einer Bühne oder sonstwo angeboten wird. Dann ist das Künstlerische kein Austausch mehr zwischen Publikum und Bühne, sondern wird zum Zirkus, zum Sport. Man bewundert die Akrobatik, man fiebert um Millisekunden, aber was Kunst letzten Endes ausmacht – Gedankenaustausch, Übertragung von menschlichen Regungen –, das geht dann verloren.

Der frühere bildungsbürgerliche Kreis der Kenner, der ein großer Kreis war, ist unübersehbar im Schwinden begriffen.

Aber warum? Weil die Bildung als solche etwa ihren Wert verloren hat? Oder vielmehr weil die Dinge, die wir mit Bildungsbürgertum verbinden, aus der Mode gekommen sind? Ich glaube, daß Bildung, daß Kultur eine große Zukunft haben, wenn wir uns die Mühe machen, Kinder, Jugendliche, aufgeschlossene Menschen mit der Kunst praktisch zu konfrontieren. Wenn wir das nicht tun, werden wir unsere Traditionen verlieren. Die werden dann nicht mehr gebraucht, nicht mehr verstanden. Es ist eine alte Wahrheit: Die Spitze wird nur von der Breite getragen, sie bildet sich nur aus der Breite heraus. Wenn diese nicht gegeben ist, wird die Spitze zur Zirkusnummer. Man bewundert das Exotische, es kommt und geht, aber es beeinflußt uns jenseits des Augenblicks nicht mehr. Vielleicht ist das alles sehr altmodisch und humanistisch, was ich da sage, aber ich glaube wirklich daran.

Gerade in einer Stadt wie Düsseldorf, wo der schnelle Konsum alles zu sein scheint, laufen Sie Gefahr, als Prophet in der Wüste zu erscheinen.

Es ist meine Aufgabe, für mein Produkt einen Markt zu finden.

Jetzt reden Sie ja auch schon so ...

Das tue ich, damit ich verstanden werde. Ich finde es zum Beispiel wichtig, für Kinder und Jugendliche, die in der Musikschule etwas gelernt haben, dann auch eine Möglichkeit zu finden, es zu präsentieren. Daß sie eine Anerkennung dafür erleben, daß sie sich angestrengt haben. Ob man das nun *product placement* nennt oder Selbstverwirklichung – auf jeden Fall spüre ich, ganz instinktiv, daß es sehr wichtig ist. Wenn wir uns in unserer Gesellschaft nur denen zuwenden, die Probleme verursachen, die drogenabhängig sind oder rechtsradikal auftreten, und dadurch eine gewisse »Zuwendung« und »Anerkennung« bekommen, dann vernachlässigt unsere Gesellschaft die Menschen, die sie künftig braucht, die immer komplexer werdende Welt zu verstehen. Wir müssen uns verstärkt denen zuwenden, die etwas leisten können, die bereit sind, etwas beizutragen und sich mit allem, was die Kultur bietet, auseinanderzusetzen.

Herr Haseley, wollten wir nicht noch einen Spaziergang machen?

Aber ja, unbedingt!

Von wo starten wir?

Von der Urzelle Düsseldorfs, am Burgplatz, wo die Düssel unterirdisch kanalisiert in den Rhein fließt ...

... und der letzte Rest vom Schloß steht, das 1872 abgebrannt ist ...

... genau, und lästig war und beseitigt wurde. Von hier also wollen wir Richtung Nordosten gehen, Richtung Ruhrgebiet, Richtung Reichtum. Erst einmal aus der Altstadt heraus, an der Königsallee vorbei, über den Schadowplatz, durch den Hofgarten zum Schloß Jägerhof, wo nicht nur die Preußen gewohnt haben, sondern später auch die Gestapo residierte ... Natürlich ist Schloß Jägerhof nicht mehr das, was es war, es ist verstümmelt, seit die beiden Seitenflügel entfernt wurden. Nebenan sieht man den Malkasten, die bürgerliche kulturelle Tradition der Stadt, und versucht zu erahnen, wie es damals gewesen sein mag im Kreise von Jacobi, Goethe und all den anderen Gelehrten ... Weiter geht es durch Pempelfort, an der Rochuskirche vorbei, durch die Prinz-Georg-Straße mit ihren Häusern aus verschiedenen Stilen und Zeiten. Hier sehen wir auch das künftige Musikschulgebäude, zu dem das alte Prinz-Georg-Realgymnasium, erbaut im Jahre 1906, gerade umgebaut wird. Dann über die Franklinbrücke: die vielen Bahngleise, der verwaiste alte Derendorfer Güterbahnhof. Von hier können wir die verschiedenen Hochhäuser von Düsseldorf sehen; wie Wachttürme stehen sie verteilt, wie Kirchen im Mittelalter. Sie leuchten in der Dämmerung, sonst käme der Flugverkehr durcheinander ... Jetzt kommen wir zur »kleinen Kö«, der Rethelstraße, wo das östliche Düsseldorf flaniert und einkauft. Am Eisstadion vorbei, kein bedeutender Bau, aber mit sportlicher Ausstrahlung. Schließlich landen wir beim neuen Wahrzeichen Düsseldorfs, dem Arag-Hochhaus.

Sehr elegant!

Ja. Und wenn ich davor stehe und mir die Innenbeleuchtung betrachte, in ihren unregelmäßigen Mustern, dann fühle ich mich immer an moderne Musik, an Aleatorik erinnert. Wo man scheinbar auch kein Gesetz findet, kein Muster, und doch ergibt die Vielfalt einen übergeordneten Sinn.

Hier endet unser Gang?

Ja. Sehen Sie, gleich hinter der Kreuzung kommt schon die Autobahn – Richtung Ruhrgebiet.

Das Gespräch führte Olaf Cless

Heinrich Riemenschneider
Altstadt – nicht nur Idylle

Das Schicksal erlaubt es keinem Menschen, den ihm vorgezeichneten Zeitpunkt und Ort seiner Geburt selbst bestimmen zu können. So wurde ich im September des Jahres 1924 – als sogenanntes Sieben-Monats-Kind – in der Düsseldorfer Altstadt in eine Zeit hineingeboren, die man im nachhinein nur als schrecklich bezeichnen kann.

Zu diesem Zeitpunkt hatte die galoppierende Inflation gerade ihren Höhepunkt erreicht. Die verheerende Geldentwertung wird an dem Beispiel deutlich, daß am 28. September 1924 eine Düsseldorfer Tageszeitung sage und schreibe 150 Milliarden Mark kostete. Ein US-Dollar wurde mit über vier Billionen Mark notiert. Die Not und Verzweiflung, vor allem bei den ärmeren Bevölkerungsschichten, war riesengroß. Viele Mütter wußten nicht mehr, wie sie ihre Kinder ernähren sollten. Von diesen Ereignissen erfuhr ich als Kind erst später, als sich ab 1931 die Arbeitslosenzahlen wieder rapid erhöhten, und Tausende von arbeitslosen Menschen die neben dem Arbeitsamt gelegene Ratinger Straße bevölkerten.

Hier erhofften sich die Arbeitslosen, eine Aushilfstätigkeit zu ergattern, die von manchen Unternehmern direkt auf der Straße angeboten wurde. So diente die Ratinger Straße den Arbeitslosen auch als ein Ort der Kommunikation, wo sie sich austauschen konnten. Mit diesen Menschenmassen wurden wir als Schulkinder jeden Tag konfrontiert, da die Erwerbslosen täglich zum Stempeln ihrer Arbeitslosenkarte das Arbeitsamt aufsuchen mußten. Aus diesem Grunde wurde die Arbeitslosenhilfe damals auch als Stempelgeld bezeichnet.

Für die evangelischen Altstadtkinder führte der nächste Weg zur Schule am Eiskellerberg unmittelbar über die Ratinger Straße und Mühlengasse in Richtung Kunstakademie.

An der Ecke Mühlengasse und Ratinger Straße stand jeden Morgen ein junger Mann, den wir Kinder alle nur Larry nannten. Das Besondere an diesem Menschen war, daß es sich bei ihm um einen hellhäutigen Farbigen handelte. Larry, der mit Familiennamen Hilarius Gilges hieß, kannten wir Kinder immer nur fröhlich und lachend. Er war der unbestrittene Freund der Altstadtkinder. Das verringerte allerdings nicht seine finanzielle Not, da er für seine junge deutsche Frau und zwei kleine Kinder zu sorgen hatte. Der Not gehorchend verdiente er sich ein paar Mark, indem er billigeren holländischen Zigarettentabak, mit Blättchen zum Selberdrehen, an die

Arbeitslosen verkaufte. Gegen ein paar Pfennige paßte er auch noch auf die Fahrräder von Erwerbslosen auf. Bei diesem Geschäft halfen wir unserem Freund Larry, wenn der Andrang zu groß wurde.

Zur Belohnung führte er uns dann einen Stepptanz vor, den er perfekt beherrschte. Larrys Vater, der im Ersten Weltkrieg als Askari beim deutschen Heer in Afrika gedient hatte und ebenfalls mit seiner deutschen Frau in Düsseldorf lebte, hatte den Tanzunterricht für seinen talentierten Sohn bezahlt.

Mit diesem Talent gelang Larry zumindest ein kleiner sozialer Aufstieg, da er bei Modenschauen im großen Kaufhaus Tietz als Modell Beschäftigung fand. Selbst im berühmten Düsseldorfer Varietétheater Apollo hat der komödiantisch Veranlagte mitwirken dürfen. So wurde der bekannte Schauspieler und Regisseur der beiden Düsseldorfer Bühnen, Wolfgang Langhoff – der 1945 Generalintendant der Städtischen Bühnen werden sollte – auf ihn aufmerksam. In der von Langhoff 1930 gegründeten Agitproptruppe »Nordwest ran«, die sich aus Laiendarstellern zusammensetzte, konnte Larry sein Können beweisen. Da sich die Darbietungen der Gruppe »Nordwest ran« hauptsächlich gegen die rechtsorientierten Parteien richteten, war diese linke Propagandatruppe den Nazis in besonderer Weise verhaßt.

Durch die immer häufiger werdenden Versuche der Nazis, mit ihrer SA – diese Abkürzung stand für Sturmabteilung – die Altstadtstraßen zu erobern, wurde der Aufenthalt auf den Straßen für uns Kinder immer gefährlicher. Da den Altstadtbewohnern das Wesen der Nazis zutiefst zuwider war, solidarisierten sie sich mit den Kommunisten, so daß es der SA nie gelang, die Ritterstraße und die Ratinger Straße zu stürmen.

Auch nach der Machtübernahme der Nazis am 30. Januar 1933 mieden die SA-Leute zunächst diese Straßen. Allem Anschein nach fürchtete die SA-Führung, daß es bei ihrem Erscheinen Aufruhr geben könnte. Um dem zu begegnen, kam dafür ein Großaufgebot von Polizisten zum Einsatz, um jede Ansammlung von Arbeitslosen mit Gewalt zu verhindern. So verließen die Erwerbslosen jeden Morgen fluchtartig die Altstadtstraßen, um nicht mit der Polizei in Konflikt zu geraten. Unseren Freund Larry sahen wir Kinder deshalb immer seltener.

Daß die Angst der Nazis vor einem Aufstand ihrer politischen Gegner groß war, zeigte ihre Reaktion auf den Reichstagsbrand in Berlin vom 27. Februar 1933. Schon am nächsten Tag setzte in ganz Deutschland eine Verhaftungswelle ein, deren erste Opfer vor allem Kommunisten und Sozialdemokraten waren. Es hat nicht an Stimmen gefehlt, die behaupteten, daß die Nazis die Brandstiftung selbst inszeniert haben, um sich so ihrer politischen Feinde zu entledigen. Dies geschah in der Form, daß SA-Leute, entgegen jedem demokratischen Rechtsempfinden, mit Polizeiaufgaben betraut wurden. »Zum Schutz des Staates«, wie es in der Verordnung des preußischen Ministerpräsidenten Hermann Göring hieß. Dazu genügte eine weiße Armbinde, welche die SA-Leute nun an Stelle der Hakenkreuzbinde trugen, um im Verein mit der Polizei und der Gestapo willkürliche Verhaftungen vorzunehmen.

Unter den ersten Verhafteten befand sich Wolfgang Langhoff, der am 28. Februar in seiner Wohnung in der Benrather Straße festgenommen wurde. Langhoff wurde Wochen später in das von den Nazis errichtete Konzentrationslager Börgermoor verbracht.

Den größeren Kindern blieben die Verhaftungen nicht verborgen, da sich unter ihnen ja viele Bekannte befanden. So dachten wir, daß Hilarius Gilges auch unter den Verhafteten sein könnte. Um so größer war das Entsetzen, als sich wie ein Lauffeuer die Nachricht verbreitete, daß Larry in den unter der Rheinbrücke gelegenen Sand- und Kiesgruben in bestialischer Art ermordet worden war. Nach den Aussagen der Ehefrau von Gilges und deren Hausnachbarin drangen in der Nacht sechs lederbemantelte SA- und SS-Männer gewaltsam in die Wohnung der Familie Gilges ein. Unter Anwendung brutaler Gewalt schleppten sie den verzweifelt schreienden Larry von der Ritterstraße, an der Kunstakademie vorbei, zu den Sandbergen, wo er dann später tot aufgefunden wurde. Sein Körper wies Stich- und Schußwunden auf. In der Lunge befand sich Sand. Seine Arme hingen ausgekugelt am leblosen Körper. Der furchtbaren Ideologie der Nazis und ihrem Rassenwahn zufolge wurde Gilges ermordet, weil er als Farbiger mit einer deutschen Frau verheiratet war und mit ihr zwei Kinder hatte. Da half ihm auch nicht, daß er ebenso wie sein Vater, der in Afrika im deutschen Heer gedient hatte, die deutsche Staatsbürgerschaft besaß. Hilarius Gilges war somit das erste Rassenopfer der Nazis in Düsseldorf.

Diese Vorgänge bewirkten eine große Einschüchterung der Menschen und entsprachen damit der Taktik Hitlers, dessen oberstes Gebot lautete: »Drohen, Einschüchtern, Vernichten.«

Nur so war es möglich, daß die Nazis, die nie eine parlamentarische Mehrheit in Deutschland besessen haben, an die Macht gelangten und diese auch behaupten konnten.

Der Not gehorchend arrangierten sich auch Menschen mit den Nazis, die alles andere als deren Freunde waren. In den Straßen war Ruhe eingekehrt. Aber immer noch zogen SA- und SS-Formationen mit ihren Fahnen durch die Stadt. Diese Hakenkreuzfahnen mußten von den Passanten mit dem Hitlergruß, also mit ausgestrecktem rechten Arm, gegrüßt werden. Bürger, die es wagten, die Fahne nicht zu grüßen, wurden von den Nazis durch körperliche Gewalt dazu gezwungen. So zogen viele Menschen es vor, die Straße zu wechseln, um die Fahnen nicht grüßen zu müssen.

Im Laufe der Jahre hatten auch viele Männer die politischen Fronten gewechselt, indem sie Mitglied der NSDAP wurden. Die Solidarisierungsversuche der Nazis, zum Beispiel durch das Winterhilfswerk, wurden auch im Altstadtbereich immer erfolgreicher. Die Verteilung warmer Winterkleidung für die Kinder und die Ausgabe von Erbsensuppe kamen bei der Bevölkerung gut an. Auch die Sportveranstaltungen und sogenannten Geländeübungen der Hitlerjugend, kurz HJ genannt, fanden bei den Jugendlichen immer größeren Anklang. Nur Erwachsene konnten erahnen, daß es sich bei den vielen Aktivitäten der HJ um eine vormilitärische Ausbildung handelte.

In den Straßen der Stadt war es ruhiger geworden. Nun wandten sich die Nazis in verstärktem Maße der Drangsalierung von jüdischen Geschäftsleuten zu. Wie das vor sich ging, bekamen auch wir Kinder hautnah zu spüren. Meine Eltern und ich wohnten damals in der Bolkerstraße in einem Haus, das neben der Neanderkirche und schräg gegenüber von Heinrich Heines Geburtshaus gelegen war. In diesem Haus hatte der jüdische Textilkaufmann Müller sein Herrenbekleidungsgeschäft, das unter dem Namen Hosenmüller stadtbekannt war. Die Attraktion seines Geschäfts war ein Lieferwagen, dessen Karosserie einer Hose mit nach vorn gestellten Beinen nachgeformt war. Vor diesem Laden postierten sich nun immer häufiger SA-Leute. Sie beschmierten die Schaufenster mit Parolen »Kauft nicht bei Juden« oder hinderten Menschen mit Gewalt daran, das Geschäft zu betreten. Da in diesem Haus eine Familie mit zehn Kindern wohnte, wurden alle Kinder beim Passieren des Hauseingangs von den Nazis beäugt und befragt, ob sie jüdische Kinder seien.

Diese Ausschreitungen gegen jüdische Geschäfte wurden weniger, je näher der Termin der Olympischen Spiele 1936 in Berlin rückte. Anscheinend hatten die Nazis doch Angst, daß die Amerikaner ihre Drohung wahr machen würden, an diesen Spielen in Deutschland nicht teilzunehmen. Selbst die »Stürmerkästen«, in denen das antisemitische Hetzblatt »Der Stürmer« im gesamten Stadtgebiet ausgehängt wurde, verschwanden für diese Zeit. Nach dem riesigen Erfolg, den die deutschen Sportler als stärkste Mannschaft bei den Olympischen Spielen erringen konnten, wurde von den Nazis wohlweislich verschwiegen, daß die Durchführung dieser Spiele schon 1928 an Deutschland vergeben worden war.

Nachdem meine Mutter dem Drängen meines Stiefvaters nachgegeben hatte, in die Flingerstraße in das Haus »Zum Kurfürsten« umzuziehen, traf ich dort wieder mit meinem jüngeren Schulfreund Hansi Sültenfuß zusammen, dessen Vater in der Flingerstraße ein Zigarrengeschäft eröffnet hatte. Hansi Sültenfuß, der ebenfalls in der Ratinger Straße das Licht der Welt erblickt hatte, konnte später als Sportschwimmer außergewöhnliche Leistungen erbringen, die ihm gar zu nationalen Ehren gereichen sollten.

Bis es soweit war, hatten wir allerdings erst den fürchterlichsten Krieg zu überstehen, den die Welt bis dahin erlebt hatte.

Durch die politischen Ereignisse in der Altstadt geprägt, hatte sich bei mir eine Abwehrhaltung gegen die Nazis entwickelt. Dies zeigte sich schon direkt nach dem Machtantritt der Nazis, als Polizei gegen die Radschläger aus der Altstadt – vornehmlich auf der Königsallee – regelrechte Razzien veranstalteten. Radschlagen galt als Betteln und wurde unter Strafe gestellt.

Von meinem Naturell her war mir der Kommandoton der Nazis, der sich auch immer stärker bei einigen Mitschülern bemerkbar machte, zutiefst zuwider. Dank der Tatkraft meiner Mutter, die zum Beispiel durch das Stricken von Pullovern ihr Haushaltsgeld aufbesserte, um ihrem Sohn eine bessere Zukunft zu ermöglichen, hatte ich im Hindenburg-Gymnasium an der Klosterstraße Aufnahme gefunden.

Sportlich gesehen zog mich das Boxen an, was sicherlich mit den beiden Kämpfen zu tun hatte, die Max Schmeling gegen Joe Louis bestritt. So meldete ich mich bei dem Trainer der Boxsportabteilung des Postsportvereins, Jean Pannen, der den legendären Heini Heese zu vielen Meistertiteln geführt hatte. Reiner Zufall war es, daß ich meinen ersten Boxkampf im Schüler-Papiergewicht, gegen August Rommerskirchen, im Silbersaal der Gaststätte *Von der Wacht* in der Neubrückstraße bestritt. Dieser Kampf wurde mit Unentschieden gewertet.

Schon 1937 konnten Schüler und Jugendliche an Kinderlandverschickungen teilnehmen, die gern genutzt wurden. In den Schulferien wurden die Jungen und Mädchen in Sonderzügen zu ihren Bestimmungsorten im ganzen Reich befördert. Im Nachhinein war zu erkennen, daß es sich dabei schon um vormilitärische Transportübungen handelte.

Die schon erwähnte Familie des Textilkaufmanns Müller in der Bolkerstraße hatte bereits 1938 Düsseldorf in Richtung Amerika verlassen. Die Einverleibung Österreichs durch Hitler mag dabei eine entscheidende Rolle gespielt haben.

Wie ein veröffentlichtes Foto beweist, wurde am 13. Mai 1938 auf der Kölner Straße mit der Ausgabe von Volksgasmasken begonnen. Durch Zufall wurde ich Zeuge dieser Verteilung. Ein Indiz für die Kriegsvorbereitungen Hitlers lieferte der schon Jahre vorher gegründete Reichsluftschutzbund mit der Ausbildung von Luftschutzhelfern.

Mit der Ermordung des deutschen Botschaftssekretärs Ernst vom Rath in Paris, durch den Juden Herschel Grynspan, wurde der Nazi-Führung ein Vorwand geliefert, nun massiv gegen jüdische Menschen vorzugehen. Am Morgen des 10. Novembers 1938 befand ich mich auf dem Schulweg vor dem Hause an der Ecke Charlottenstraße und Bismarckstraße, als mit großem Krachen ein ganzer Flügel aus den oberen Etagen des Hauses geflogen kam. Als ich erschrocken nach oben sah, bemerkte ich eine Reihe von SA-Männern, die durch die zerbrochenen Fenster Haushaltsgegenstände jeglicher Art auf die Straße warfen. Auch andere Schüler berichteten von ähnlichen Erlebnissen, ohne daß uns dafür eine Erklärung gegeben wurde. Als wir dann aus der Schule kamen, sah es auf den Straßen wie nach einem Bombenangriff aus. Ganze Bettgestelle, Teppiche, Kleidungsstücke und Berge von Hausrat lagen vor den Häusern auf der Straße. Das war das Ergebnis der sogenannten »Reichskristallnacht«, womit die Hetzjagd auf Juden eingeleitet wurde.

Mit großem Pomp und der Aufbietung des gesamten Parteiapparates und Pflichtteilnahme der Jugend wurde der aus Düsseldorf stammende Ernst vom Rath am 17. November in Düsseldorf beigesetzt.

Schon ein knappes Jahr später, am 1. September 1939, befahl Hitler den Überfall auf Polen, den er siegreich beendete. Kurz darauf erfolgte der Frankreichfeldzug, den er ebenso für sich entschied. So war es nicht verwunderlich, daß diese Blitzsiege von einem beträchtlichen Teil der Bevölkerung bejubelt wurden.

Meinen ersten Kontakt mit der Hitlerjugend hatte ich 1940, als ein Mitschüler mich darauf aufmerksam machte, daß man bei der Motor-HJ den Motorrad-Führerschein machen könne. Nach wenigen Übungsstunden im Grafenberger Wald erhielt ich den ersehnten Führerschein.

Wegen Befehlsverweigerung – ich hatte mir entgegen der Anordnung während der Übung eine Flasche Wasser geholt – wurde ich vom weiteren Dienst suspendiert. Nach etwa vierzehn Tagen erhielt ich die Aufforderung, auf dem Übungsplatz am Staufenplatz zu erscheinen. Angezogen mit einem schicken hellen Anzug, meldete ich mich bei dem Gefolgschaftsführer. Dieser brüllte mich sofort an, daß ich verschwinden sollte, da ich ja aussähe wie ein Stenz. Dabei bemerkte er, daß gegen mich ein Disziplinarverfahren eingeleitet würde. Von der HJ habe ich danach nichts mehr gehört.

Die schwersten Bombenangriffe auf Düsseldorf nahmen erst im Sommer 1942 ihren Anfang. Auf Befehl des Ortsgruppenleiters der Altstadt wurde ich mit mehreren Schülern als Melder eingesetzt, um Bombenschäden in der Altstadt zu melden. Dabei mußten wir tagsüber auch Verschüttete bergen, die unter den Trümmern umgekommen waren.

Mit solchen traurigen Erfahrungen belastet, wurde ich im Oktober 1942 direkt von der Schulbank zum Militärdienst eingezogen. Schon im Januar 1943 befand ich mich im vollgestopften, mit Stroh ausgelegten Güterwagen, bei teilweise 30 Grad Minus auf dem Weg durch Rußland. Mein erster Fronteinsatz bei einer Panzereinheit im Süden Rußlands dauerte nur wenige Minuten, da ich durch Granatsplitter am linken Arm verwundet wurde. Die schlimmsten Erinnerungen an meine Soldatenzeit in Rußland knüpfen sich an meine Aufgaben als Kradmelder, wo ich im Beiwagen meines Motorrades gefallene Kameraden hinter die Front transportieren mußte, um sie dort zu begraben.

Nach weiteren Verwundungen in Frankreich und in Deutschland wurde ich im Juni 1945 schwerverwundet nach Düsseldorf entlassen. Das völlig zerstörte Düsseldorf bot einen verheerenden Eindruck. Auf Befehl der englischen Besatzungsbehörden mußte ich an der Trümmerbeseitigung mithelfen, obwohl ich einen Arm im Gipsverband hatte. Das war nach den vielen gestohlenen Jahren ein bitterer Neuanfang.

Monika Voss
Min Ritterstroß

Es war 1953. Ich machte zum ersten Mal in meinem Leben Bekanntschaft mit der Ritterstraße. Mit zögernden Schritten, ängstlich an der Hand meiner Mutter. Sexta-Aufnahmeprüfung am Gymnasium St. Ursula, Ritterstraße 14. Die Welt, in Gestalt von betulichen Müttern, blieb draußen, Nonnen mit weiß-schwarzen Hauben und langen schwarzen Gewändern nahmen mich und eine große Zahl Leidensgenossinnen in Empfang, buchstäblich unter ihre Fittiche.

Drei Tage wurde ich examiniert, drei Tage ging ich die Ritterstraße entlang mit leerem Gefühl im Magen, aber noch leerer im Kopf.

Aus diesen ersten Tagen stammen meine Eindrücke mit Gewißheit nicht. Behutsam suche ich Erinnerungen, die aus neun langen Schuljahren gewachsen sind.

Von der Straßenbahnhaltestelle am Ratinger Tor durch das Mühlengäßchen kam ich gerannt, denn ich war meistens zu spät. Hatte ich damals einen Blick für die keineswegs sonst so typischen schmalen Altstadthäuser, die hier langgestreckt und breit die Straßenfront einnahmen? Oder fiel mir dies erst später auf? Doch schon als Sextanerin faszinierte mich die Gedenkplatte auf der linken Straßenseite am Haus Nr. 21

> In diesem Hause litt und stritt
> der Dichter
> Christian Dietrich Grabbe

Ich stellte mir herzlich wenig unter »litt und stritt« eines armen Grabbe vor. Der Name sagte mir zu dieser Zeit noch viel weniger. Aber der Reim des zweifachen Imperfekts gefiel mir. Im Staccato vor mich hinmurmelnd – litt und stritt, litt und stritt – hüpfte ich weiter an vielen kleinen Fenstern und Hauseingängen vorbei, dann ein großes Tor, und nichts wie in die Klosterpforte hinein. Dort wartete schon »Nonne Himmel« – so nannten wir respektlos die ehrwürdige Schwester am Eingang – mit mißbilligenden Blicken auf die ewig Zuspätkommenden.

Die Fenster unseres Klassenraumes blickten auf die Ritterstraße, ich auf eine gestrenge Mater Ignatia, für die ich Vokabeln und Idioms pauken mußte. Den großen Tafelzirkel schwang die eher gütige Mater Innozentia, um uns den Satz des Pythagoras in die Köpfe zu schreiben.

Die Düsseldorfer schickten ihre Töchter gern zu den Ursulinen. Klassenräume und Hof wurden bald zu klein. Das Gymnasium St. Ursula bekam »Zuwachs«. Es wurde angebaut. Der Eingang wurde in den Neubau auf die Ursulinengasse verlegt. Noch immer lief ich morgens die Ritterstraße entlang, nun aber an der Klosterpforte vorbei und um die Ecke. Dieses neue Eckgebäude, die Verlängerung der alten Klostermauern war nun unsere neue Turnhalle, auf die alle Ursulinen, Schüler wie Lehrer, mehr als stolz waren.

Im Eckhaus gegenüber, hinter gelben Ziegelmauern geduckt, hockten die Finanzbeamten, die den Düsseldorfern auf die Finger oder besser gesagt in die Taschen guckten. Als stolze Sextanerin wurde ich manchmal von meinem Vater von der Schule abgeholt, der mir jedes Mal vor dem gelben Eckhaus weit ausholend erzählte, daß vor dem ersten Weltkrieg wichtige Regimentssoldaten mit dem lustigen Namen »de Knüfkes« hier untergebracht waren, was mich zehnjährigen Dotz verständlicherweise nicht sonderlich beeindruckte. Sicher hätte es mich mehr interessiert zu erfahren, daß Jahrzehnte später dieses Haus dem zweiten und schönsten Neubau von St. Ursula zum Opfer fallen sollte.

Die andere Ecke, Ritterstraße 10, machte damals einen renovierungsbedürftigen, verstaubten Eindruck. Doch die große runde Toreinfahrt und das Familienwappen im Bogen darüber erzählten vom Glanz früherer Tage. Erst viel später lernte ich die bunte Vergangenheit dieses Hauses kennen: Anfangs Eigentum eines der vielen Grafen von Spee, der sich besonders um die Armen kümmerte, dann Stammkneipe des Ulanenregimentes, genannt »söße Eck«. Dort trafen sich täglich bekannte Altstadtoriginale: der Laternenanzünder »dä Latähnepitsch« und »et Peffermönzke«, ein versoffenes Genie. Später vom bekannten Düsseldorfer Architekten Edmund Spohr umgebaut ist es heute Sitz des Buch- und Kunstantiquariats Hans Marcus, das sich – wie passend – auf Bücher und Kupferstiche vor 1870 spezialisiert hat.

Doch nun wieder zurück in die Ritterstraße meiner Schulzeit! Von der Ecke Ursulinengasse in Richtung Rhein bis zum Goltsteinhaus gab und gibt sich die Ritterstraße einen gehobenen Anstrich. Man könnte auch sagen, »se deht sech ene vörnähme Deu aan«. Obwohl wir in manchen unterrichtsfreien Stunden, die uns die sonst so arbeitsreiche Oberprima bescherte, oft diesen Teil der Ritterstraße zum Rhein entlangliefen, will ich nicht verwegen behaupten, daß mir dieser feine Unterschied schon damals auffiel.

Ohne mich nun auf einen historischen Exkurs zu begeben, möchte ich doch kurz erwähnen, daß die Straße ihren Namen von den dort stehenden Häusern bekam. Häuser, die nicht mit einfachem Stroh, sondern mit feinen Dachpfannen bedeckt waren, blieben steuerfrei und waren so den »Rittersitzen« gleichgestellt.

Bis heute erzählen Fassaden, edle Hauseingänge und Familienwappen vom Adel oder Hofbeamten, die dort lebten, bis die Ritterstraße ihnen nicht mehr standesgemäß erschien. Denn wer »von denne feine Lütt, die jet aan de Fööß hant«, möchte schon in der Nähe einer Armenschule oder eines Waisenhauses residieren?

Auch wenn im Laufe der Jahre zeit- und teilweise die Straße den Charakter eines »Ärm-Lütt-Milljöhs« erhielt, hat sie bis heute nichts von ihrem Charme verloren.

In den neun Schuljahren erlebte ich diese Straße mit allen Sinnen. Ich habe sie nicht nur gesehen, ich habe sie auch gehört. Altstädterinnen lagen gern im Fenster vis-à-vis und hielten »Konversation«: »Na, Frau Schluppemann, had ehr schon jet op'm Meddachsdesch?«

»Enä, Frau Schmitz, äver et es jrad em Pott!«

Täglich führte mich mein Weg am Spielplatz des Altstädter Kindergartens vorbei, dessen Tor zur Ritterstraße führte. Damals konnte ich nicht ahnen, daß Jahrzehnte später auch mein Sohn dort versuchte, sich im Sandkasten tatkräftig durchzusetzen. Häufig erklangen über die Mauer Schimpfkanonaden in herrlichstem Lokalkolorit:

«Wat wellste, du kleene Knubbeldotz? Ech donn dech nu emol verkamesöle, datte nimieh weeß, wo henge on vöre es!«

»Jank mech fott, du fiese Zankappel!«

Ich habe die Ritterstraße nicht nur gesehen und gehört, ich habe sie auch gerochen. Die Nähe zur Parallelstraße, der viel belebteren, kneipenreichen Ratinger Straße bleibt nicht ohne Auswirkung. Das Grundstück der Düsseldorfer Institution *Zum Füchschen* macht sich, entsprechend seiner Bedeutung und Funktion, mehr als breit und erstreckt sich von einer Straße zur anderen. Auf die Ritterstraße hinaus rollen dickbäuchige Bierfässer aus dem Hof zum Verladen. Nein, sie sind nicht undicht! Dennoch liegt würziger Duft in der Luft! Wo gebraut wird, kann man's schnuppern!

Früher wie heute kann man sich des Eindrucks nicht erwehren, »nohm Rhing hen wöhd et vörnähmer!«

Der Lagerhof vom »Füchschen«, das Haus der »Offenen Tür«, das schlichte Anna-Stift, einfache Hausfassaden, funktionale Kargheit von Klostermauern, der zweite dunkle Backsteinneubau der älteren grünen Eingangstür in Glas gefaßt gegenüber.

Nun die kreuzende Ursulinengasse als Zäsur? Zum Rhein hin seriöse Anwaltskanzleien, gediegene Patrizierhäuser mit und ohne Familienwappen, verschwiegene Gärten und im Eckhaus an der Ritterstraße Nr. 2 das Schöffensiegel Löwe mit Anker – lange bevor man daran dachte, es zum Stadtwappen zu machen – an der Hausfront und hoch oben im schmiedeeisernen Tor die verschnörkelten Initialen des Kurfürsten Carl Theodor. »Ärm Lütt« lebten und leben nicht hier.

Jahrzehnte lassen sich nicht in eine Straße zwängen. Und doch tun sie es hier für mich. Mit Schritten ohne Eile gehe ich heute meinen alten Schulweg entlang. Ich sehe Altes und Neues, Vergangenheit und Gegenwart. Bekanntlich sieht man nur das, was man weiß. Als Schülerin sagten mir Brauchtum und Mundart überhaupt nichts. Daß ich mich einmal sehr intensiv damit beschäftigen sollte, ahnte ich damals nicht.

Heute sehe ich sie vor mir, die im Krieg zerstörte »Ritterburg«, Haus Ritterstraße Nr. 30 mit Vorhof, dem heutigen Kinderspielplatz. Dort wurde vor 200 Jahren der erste Düsseldorfer Mostert »fabriziert«. Natürlich auch im unteren nicht so feinen Teil! Der Rückfront des »Füchschens« genau gegenüber! »Wat wör denn hütt en Blootwoosch odder Ferkeshax ohne ons leckere Mostert? Och e Wööschke künnt mr ohne däm janit erongerkreeje!«

Ich bummle weiter »min Ritterstroß« entlang. Vorbei am St-Anna-Stift, dessen damalige Bewohnerinnen liebevoll »Ritternönnekes« genannt wurden, wo heute wie früher barmherzige Ordensfrauen ihren Dienst tun. An den Mauern des alten Ursulinenklosters vorbei, hinter denen nun das immer größer gewordene Gymnasium verwaltet wird. Hier leben heute keine Ursulinenschwestern mehr. Sie zogen fort, die wenigen. Im Schulgebäude segeln schon seit Jahren keine weiß-schwarzen Hauben mehr durch Klassen und Flure.

Glanzvolle Schriftzüge über grüner Eingangstür »Erzbischöfliches St. Ursula-Gymnasium«. Ein Gong ertönt. Schulschluß! Türen öffnen sich. Schülerinnen und *Schüler*!!! strömen aus dem dunklen Backsteinbau.

Ich schwelge in Erinnerung. Mein Gott! »Nonne Himmel« an der alten Klosterpforte hätte nicht alle eingelassen. Koedukation war nicht nur zu meiner Schulzeit auf St. Ursula sondern, noch lange später ein Fremdwort, es war ein Wort von einem anderen Stern!

Aber Kleiderkontrolle war »in«! Brave Ursulinenschülerinnen durften nur in Röcken erscheinen, lange Hosen waren verboten. Ich sehe mich noch morgens an eiskalten Wintertagen – die gab es damals noch – mit dicken Wollstrümpfen und Röckchen über die spiegelglatte Ritterstraße zur Pforte schlindern!

Heute ist Kleiderkontrolle »out«! Erlaubt ist, was gefällt! Ein buntes Durcheinander von Mädchen und Jungen! Lautes Stimmengewirr, fröhliches Lachen erfüllt die schmale Straße. Gelb und rot gegelte Köpfe, Miniröcke, Brikettsohlenschuhe und ... jede Menge lange Hosen! Meine alte Ritterstraße ist jung, meine Schule auch. Ich freue mich.

Christiane Oxenfort
Ich wohne in der Altstadt

Meine Liebe zur Düsseldorfer Altstadt ist so seltsam wie jede andere Liebe auch, denn glauben Sie nicht, daß ich erklären könnte, warum mich an dieses Viertel eine Zuneigung bindet, wie an keinen anderen Flecken dieser Welt. Mag Liebe auch blind machen, sie macht doch nicht taub und unempfindlich. So gerne ich in der Mertensgasse wohne, oft warte ich nachts darauf, daß die Ventilatoren zu brummen aufhören, die Frischluft in die engen und überfüllten Kneipen pumpen, und höre im Morgengrauen die grölenden Stimmen der letzten Zecher. Und natürlich weiß ich sofort, was mein Vater meint, wenn er im Sommer sagt, das Wetter schlägt wieder um. Er meint den fauligen Geruch, der dann an manchen Tagen aus den Gullys aufsteigt. Die Kanalisation ist alt, und ohnehin ist das Viertel nicht für so viele Menschen ausgelegt wie heute dorthin kommen. Aber das hat unsere Altstadt mit den Altstädten in Paris, London, Athen und sonstwo gemeinsam, und ich freue mich, mittendrin zu sein, nicht in einem Vorort, am Stadtrand, sondern in der Mitte der Stadt zu leben.

Das Haus, in dem ich wohne, wurde 1593 errichtet. Seit 180 Jahren ist es im Besitz meiner Familie, die dort seither eine Gastwirtschaft betreibt. Zuerst hieß sie Weinhaus Alte Zeit, der Name steht noch heute auf der zur Andreasstraße gerichteten Fassade. In den zwanziger Jahren des vergangenen Jahrhunderts bürgerte sich der Name Tante Anna ein, weil Anna Oxenfort, die 1920 verstorbene Wirtin, einfach ein Begriff war. Mein Vater, Engelbert Oxenfort, führt das Weinhaus Tante Anna seit 1974, also auch schon wieder ein Vierteljahrhundert. Er trägt übrigens denselben Namen wie der erste Wirt vor 180 Jahren. Da mag es fast unausweichlich scheinen, daß er den Familienbetrieb übernommen hat. Es war ihm aber nicht in die Wiege gelegt, denn das Gasthaus gehörte seinem Onkel Engelbert, einem Halbbruder meines Großvaters. In den sechziger Jahren war die »Tante Anna« vorübergehend auch ein zwielichtiger Treffpunkt von Herren, die ein kurzes Stelldichein mit Damen suchten. Es hat meinen Vater einige Jahre Geduld und eine gute Portion seiner Zähigkeit gekostet, dieses Publikum herauszukomplimentieren und das gesellige bürgerliche und internationale Publikum herein zu bitten.

Wie das Beerdigungsinstitut Salm in der Andreasstraße, die Bäckereien Hinkel am Burgplatz und in der Mittelstraße, der Optiker Ziem auf der Bolkerstraße oder die Brauerei Uerige in die Rheinstraße ist das »Weinhaus

Tante Anna« ein Familienbetrieb. Meine Mutter Hildegard steht meinem Vater zur Seite; seine Schwester, meine Tante Claire, arbeitet mit; meine Schwester Barbara erneuert den alten Betrieb mit frischen Impulsen, und dann gibt es noch Menschen wie die Hanna, die seit jeher als Faktotum immer da und nicht wegzudenken sind. Als ich 14 Jahre alt war, habe ich selbst zum ersten Mal in der »Tante Anna« gekellnert und fast zwanzig Jahre lang bin ich eingesprungen, wenn Not am Mann war, ob in der Küche oder hinter dem Tresen. Ich habe keine Zeit, das sagt in einem Familienbetrieb keiner, wenn angepackt werden muß.

Die Altstadt ist der Ort, wo ich herkomme. Allerdings hat mein Vater mir voraus, daß er auch dort geboren ist, im Theresienhospital hinter der Lambertuskirche. Ich bin nicht einmal in Düsseldorf geboren, aber meine Mutter war auf dem Weg dorthin. Weil ich versucht habe, schneller dort zu sein als sie, hat sie es nicht mehr geschafft. In der Ursulinengasse habe ich St. Ursula, eine Klosterschule, besucht, an der es zu meiner Zeit noch keine Jungen gab. Als mein Vater klein war und die Volksschule neben St. Ursula besuchte, durften die Mädchen noch nicht bei der Hl. Messe ministrieren. Dazu mußten die Jungen von nebenan kommen, zu denen auch mein Vater gehörte. Zu meinem Glück durften sich später auch die Mädchen beim Gottesdienst betätigen. Da konnte ich durch Singen und Musizieren die wohlwollende Anerkennung gewinnen, die sich für meine schulischen Leistungen nicht immer einstellen wollte.

Für mich gehört der Rhein zur Altstadt, obwohl die hoch aufgerichteten Häuser mit ihren stolzen Fassaden an der Rheinuferpromenade die Altstadt mit ihren eher kleinen, gebückten Häusern vom Fluß trennen. Der Schloßturm aber steht auf dem Burgplatz wie ein Pflock, der die Altstadt am Rheinufer festmacht. Von hier weht ein frischer Wind über den offenen Platz in die Gassen hinein. Hier öffnet sich die Altstadt zu einem freien Blick auf das fließende Wasser und den Himmel über den Rheinwiesen, ein Blick, der mich abends zum Träumen verführt, es sei denn, daß ich, statt still zu stehen und zu schauen, mit den Inline-Skates am Wasser entlang sause, das so langsam aussieht und doch so schnell fließt. Auf alten Fotografien schlagen die für Düsseldorf berühmten Radschläger auf der Promenade ihr Rad. Ob die Inline-Skater am Rheinufer ihre Nachfahren sind? Jedenfalls hat der Bewegungsdrang hier seit damals nicht nachgelassen.

Rheinaufwärts gesehen markiert der Markt auf dem Karlplatz die Grenze der Altstadt. Hierher zieht es mich, wenn immer ich Fleisch, Obst und Gemüse, Kräuter und Blumen einkaufen will. Das Einkaufen ist ein bißchen teurer und dauert samstags ein bißchen länger als anderswo. Aber vieles bringt mein Gemüsehändler Basen frisch von seinen Feldern in Kappes-Hamm, und ich habe Gelegenheit, ein Schwätzchen zu halten, mir raten zu lassen, was ich am besten nehme. Nirgendwo bekomme ich so gutes Fleisch, ob Lamm, Kalb, Wild oder Geflügel, wie bei Stüttgen auf dem Markt. Bei Jean-Luc kann ich auch kaum vorbeigehen, ohne mir eine besondere Leckerei zu leisten, am liebsten Mousse de Canard. Bei Hammer-Schmitz hole ich Blumen. Ein Teil meines Vergnügens liegt darin, beim Einkaufen immer wieder einer lieben Gewohnheit zu folgen. Ob ich mich an die neue Überdachung des Marktes gewöhne, weiß ich nicht. Ihre eher zweckmäßige Konstruktion könnte ebensogut eine Autowaschanlage überdachen.

Rheinabwärts reicht die Altstadt bis zur Oberkasseler Brücke. Die Kunstakademie auf der einen Seite, die Tonhalle auf der anderen Seite der Brückenauffahrt bilden dort die Schlußpunkte. In der Tonhalle habe ich als Flötistin im Flötenquartett ViF und in Konzerten oft gespielt. Das Gebäude der Kunstakademie signalisiert mir wie kein anderes in der Stadt, daß Kunst in Düsseldorf wichtig genommen und ihr zugebilligt wird, stolz zu sein. Die dort gelegene Eiskellerstraße will mit ihrem Namen auch nicht auf ein hin und wieder doch kühles Klima für die Kultur in Düsseldorf deuten, sondern bezeichnet den Ort, wo in einer früheren Zeit das Eis für die Altstadt in den Kellern der Bastion Eiskellerberg gelagert wurde. Die Ursulinengasse und die Ritterstraße sind die stillen Wohnstraßen der Altstadt, wo das Leben geordnet und stetig dahinzugleiten scheint.

Die Heinrich-Heine-Allee bildet die Grenze der Altstadt zur Stadtmitte. Dort steht heute das Opernhaus, schon halb in den Hofgarten gerückt. Oft habe ich im Orchestergraben gesessen und Flöte gespielt. Ursprünglich befand sich die Düsseldorfer Oper, die Kurfürst Jan Wellem seit 1695 für seine Gemahlin Anna Maria Luisa Medici unterhielt, in der Altstadt auf der Mühlenstraße, dort, wo heute der Haupteingang des Gerichtsgebäudes ist. Beim zehnten Düsseldorfer Altstadt Herbst, dem Festival für junge Kultur, das mein Vater gegründet und ich aufgebaut habe, konnten wir dort das Händel Oratorium »Susanna« szenisch aufführen, ein besonderes Ereignis, nicht nur, weil dabei auch an diesem Ort in der Altstadt wieder Musik gemacht wurde.

Georg Friedrich Händel hielt sich 1710 und 1711 am Hofe Jan Wellems in der Altstadt auf. Felix Mendelssohn Bartholdy und Robert Schumann wirkten im 19. Jahrhundert in der Düsseldorfer Altstadt. Bei dem Internationalen Musikwettbewerb für junge Kultur des Festivals Düsseldorfer Altstadt Herbst präsentieren sich jedes Jahr junge Ensembles, die zeitgenössische Musik aufführen, Improvisationen und Performances zeigen. In den Kirchen der Altstadt, der Andreaskirche und der Lambertuskirche, der Neanderkirche und der Bergerkirche, also den katholischen wie den evangelischen, spielen während des Festivals Düsseldorfer Altstadt Herbst nicht nur internationale Musiker, sondern auch Orchester und Chöre aus Düsseldorf, etwa der Chor des Görres-Gymnasiums. Oskar Gottlieb Blarr, der Komponist und langjährige Kantor der Neanderkirche, hat unser Bestreben, die Altstadt musikalisch wieder zum Klingen zu bringen, besonders gefördert.

Natürlich ist die Altstadt für mich auch der Ort, wo ich Bekannte auf dem Weg von meiner Wohnung in der Mertensgasse zum Festivalbüro auf der Bolkerstraße zufällig treffe, wo ich fast jede Kneipe kenne, weil ich einmal eine Zeitlang häufig dorthin gegangen bin, wo ich mit Freunden und Künstlern zusammensitze, esse und Pläne schmiede. Hier lebe ich, hier bin ich zu Hause.

Mein Wunsch für die Altstadt ist, daß hier wieder langsam gegessen und getrunken wird, nicht in Hast und wie auf der Flucht, sondern mit Zeit, mit Lust und zum Vergnügen. Dann öffnen sich hier die Sinne wieder mehr für Musik und Wein, Leckerei und Malerei, Theater und Pommes, Pizza und Literatur.

GÜNTER TONDORF
Ein Juristenleben in der Düsseldorfer Altstadt

Die Düsseldorfer Altstadt lernte ich 1951 kennen, als meine Familie von Bonn nach Düsseldorf umzog. Ich besuchte das Humboldt-Gymnasium, das im Krieg zerstört worden war und Gastrecht im Luisen-Gymnasium an der Kasernenstraße genoß. Es war die Zeit des Wechselunterrichts. Vom Humboldt-Gymnasium war es ein Katzensprung zur Altstadt. Einmal wöchentlich pilgerten wir zur Max-Kirche, wo die Schulmesse gefeiert wurde. Die wunderschöne Barockkirche war geheimnisumwittert, standen doch das Gotteshaus und die angegliederte Volksschule an der Citadellstraße im Mittelpunkt gruseliger Geschichten, die in dem damals sehr populären Buch *Das Rote U* erzählt wurden. Ich war vom Turnunterricht befreit. In den Freistunden stromerte ich voller Neugier durch die Altstadtgassen.

Ein Jahr später traf mich das Los, die Tanzschule *von Kayser* an der Jacobistraße besuchen zu müssen. Als Fortgeschrittener hatte ich schließlich den »Dreh raus«. Das Tanzen machte Spaß. Anschließend trafen wir uns im *Tabu* in der Kasernenstraße, wo wir bis in die tiefe Nacht hinein für relativ kleines Geld bei guter Jazz-Musik »schwoften«.

Nach dem Abitur studierte ich in Köln Jura. Während der ersten Semester nahm ich es mit dem Studium nicht so genau. Ich genoß die Befreiung vom Schulunterricht, der in der Nachkriegszeit noch sehr autoritär verlief. Ich lebte die neu gewonnene Freiheit in vollen Zügen aus.

Anlaufstelle in der Düsseldorfer Altstadt war das *Kreuzherreneck*, unter Insidern bis heute nach dem Vornamen des vormaligen Wirtes *Bobby* gerufen. Die Inneneinrichtung ist von Professor Günter Grothe entworfen worden. Die Fenster der Eckkneipe wurden von »Flötchen« Horst Geldmacher geschaffen. Wer verkehrte in den 50er Jahren dort nicht alles? Heute berühmte Künstler wie die Professoren Heinz Mack und Norbert Kricke. Damals kam es zu einer legendären Prügelei zwischen den beiden, aus der Professor Mack als Sieger hervorging. Es muß dabei heftig zugegangen sein; anschließend legten sie den Schwur ab, 10 Jahre lang nicht mehr miteinander zu reden. Das Versprechen wurde eingehalten. Das *Bobby* soll Vorbild für den *Zwiebelkeller* in der Blechtrommel von Günter Grass gewesen sein. Hier verkehrten die Feetwarmers, eine preisgekrönte Amateur-Jazzband, darunter Klaus Doldinger und der spätere Finanzminister Manfred Lahnstein. Inmitten derer tranken wir Studenten unser Bierchen. Ganz nüchtern gingen wir selten nach Haus.

Vom *Bobby* war es ein kurzer Weg zur Kunstakademie. Die Karnevalsfeiern in der *Ake* hatten in der damals recht prüden Zeit einen berüchtigten Ruf. Angeblich sollte es dabei sehr freizügig zugehen. Lustig und phantasievoll waren diese Feiern schon, aber aus heutiger Sicht harmlos. Dies kann ich »schwurfest« bezeugen. Der von Gustaf Gründgens gesungene Song wurde wahr: »Die Nacht ist nicht allein zum Schlafen da«.

Während der Referendarzeit trafen wir jungen Leute uns in einer Kneipe an der Hunsrückenstraße 20, *Vis à vis Fattys Atelier*. So firmierte das Köm(m)ödchen, das im »Hinterzimmer« des Lokals spielte. In dieser leicht schummrigen Gaststätte lernte ich nach und nach das gesamte Ensemble kennen, neben Lore und Kay Lorentz auch Ernst Hilbich und Werner Vielhaber.

1966 wurde ich Anwalt in Düsseldorf, und 1967 betrieb ich eine kleine Kanzlei an der Friedrichstraße, zog einige Jahre später um zur Schadowstraße und kam 1976 in die Altstadt. Ein guter – wenn auch anstrengender Mandant – war Helmut Mattner, ein seinerzeit bekannter Altstadtgastronom. Seine Lokale *Lord Nelson*, *Töff-Töff* und *Alcazar*, dürften noch in guter Erinnerung sein. Helmut Mattner bot mir Räume in der ersten Etage des wunderschönen Hauses Bolkerstraße 18 an. Stand man vor diesem Haus, so ging es links in das Tanzlokal *Lord Nelson*, rechts in meine Kanzlei. Vor dem Haus wurde bei schönem Wetter ein Terassencafé betrieben. Dort ließ es sich der *Hanseaten-Club* gutgehen. Ihm gehörten geschäftstüchtige Persönlichkeiten an, die entweder nichts taten oder dunklen Geschäften nachgingen. Die Fahndung kam nicht umsonst häufig hierher. Kein schlechter Nährboden für eine Strafverteidigerkanzlei.

Auf dem Weg von meiner Kanzlei zum nahegelegenen Amts- und Landgericht in der Mühlenstraße begegnete ich den Menschen der Altstadt – den Wirten, die ihre Gaststätten öffneten, den Kleingewerbetreibenden, die ihre winzigen Geschäfte aufschlossen, den Lieferanten und Müllmännern, den Marktfrauen und den Ratsherren, die mit ernster Miene zu den Sitzungen im Rathaus eilten und die sich am späten Nachmittag unter anderem im *Goldenen Ring*, im *Schlüssel* und später im Schloßturm – manchmal fraktionsübergreifend – auf ein Bier trafen. Wir haben in Düsseldorf bekanntlich keinen kölschen Klüngel, wir haben aber eine »Düsseldorfer Mafia«. Die Altstadt hatte tagsüber ein dörfliches Flair. Man kannte und man sah sich; »man«, das waren die Leute, die in der Altstadt lebten und arbeiteten.

1978 lernte ich meinen heutigen Sozius Lothar Böhm kennen, der bei mir als Referendar arbeitete. 1980 beschlossen wir, eine Anwaltssozietät zu gründen. Seitdem arbeiten wir ununterbrochen zusammen.

Wir waren alle noch jung und tatenfroh. Nach Lust und Laune fielen wir abends in benachbarte Gaststätten ein, ins *Golden Door* des stets gut aufgelegten und witzigen Buba oder ins *Czikos*, dessen ungarisch angehauchter Wirt Schuster immer mit einem weißen Schal herumlief und zu Zigeunermusik eine vorzügliche, sehr scharfe Gulaschsuppe servieren ließ. Im *Ohme Jupp*, einer urgemütlichen Kneipe, gingen damals viele berühmte Künstler der Kunstakademie ein- und aus, unter ihnen Joseph Beuys, Anatol und seine Jünger von der *Kunstakademie Oldenburg*. Der Wirt Lehnen sorgte für gutbürgerliches Essen, das der Kellner Walter, ein ehemaliger U-Bootfahrer, und die dicke Gerda, wie sie liebevoll genannt wurde, bereitwillig servierten. Joseph Beuys sah ich gelegentlich vor seinem Büro für *Direkte Demokratie* in der Andreasstraße. Wir kamen ins Gespräch, und er versuchte mir seine politischen Anschauungen nahezubringen, denen ich zugegebenermaßen etwas skeptisch gegenüberstand.

In der Neubrückstraße lag neben dem *Cream Cheese* der *Clou*. In den 70er Jahren entstand im *Clou* mit tatkräftiger Unterstützung des Strafverteidigers Hermann Rosenkranz ein Juristen- und Journalistentreff, an den sich die heute noch lebenden Strafjuristen, Journalisten und Künstler mit Wehmut erinnern. Die Kneipe war nicht schön, die Einrichtung auf das Nötigste beschränkt und in einem schmalen Schlauch untergebracht. Hier versammelten sich die Richter Günter Bogen, Bernd Wömpner, die Staatsanwälte Hans Hallmann und Kurt Flücht und viele Strafverteidiger, darunter Horst Loevenich, Werner Lohmann, Lothar Lindenau, Günter Statz (für ihn war immer ein Platz auf der Fensterbank reserviert), Jörg Weck und Wolfgang Zick. Von den Journalisten sah man Horst Strerath (Rheinische Post), Uli Lang, Günther Hahn, Wolfgang Berney (Express) und Günter Franke (Bild). Von der benachbarten Galerie Bender fanden sich die Künstler Birgit Happ und Professor Klaus Köhler-Achenbach, Ella Kuhl und Fritz Wegeleben ein. Immer seltener begaben sich die Gerichtsreporter in die Strafgerichtssäle, weil sie ohnehin von uns Verteidigern zuverlässig erfuhren, was sich darin im einzelnen ereignet hatte. Wir wiederum erhielten von den Journalisten Hintergrundinformationen aus dem Justizbereich. Der Erfahrungsaustausch mit den Richtern und Staatsanwälten sorgte für eine gute Atmosphäre vor Gericht. Erfolge wurden im *Clou* ausgiebig begossen, Mißerfolge heruntergespült. Ich habe sogar eine Gerichtsverhandlung in Mietsachen in diesem Lokal miterlebt. Die Prozeßbeteiligten werden von mir nicht genannt. Es ließ sich so zwangloser judizieren als im gegenüber gelegenen Amtsgericht. Die *Freunde der italienischen Oper* ließen sich ebenfalls im *Clou* blicken. Dort konnten sie zwischen den Gerichtsterminen vormittags und nach Büroschluß, mindestens einen, wenn nicht mehrere, Strafverteidiger finden. Wir trafen uns mit Kind und Kegel. Unsere Frauen und Kinder konnten so hautnah Frust und Freude unseres Berufslebens miterleben. Hochzeiten, Jubiläen, sonstige private Feste wurden im *Clou* gefeiert, Freundschaften fürs Leben geschlossen. Ging es hoch her, kam es vor, daß sich Ulla, meine Frau, hinter den Tresen stellte und den Zappes spielte. Es wurde ohne Ende geblödelt und gewitzelt. Ein wunderschönes Thema war die Renaturierung der Düssel. Zu diesem Zweck waren Amts- und Landgericht abzureißen, unter denen die Düssel verrohrt fließt. »Recht« war in einem Turm zu sprechen, der neben der freigelegten Düssel zu bauen war. Gerichtsentscheidungen waren durch Losentscheid zu fällen. Wir waren einhellig der Meinung, daß die Entscheidungen dadurch nicht ungerechter und auch billiger wurden. Im Sommer würde an den sandigen Ufern der Düssel reger Badebetrieb herrschen. Eine spezielle Betriebsgesellschaft war zu gründen, Aktien sollten in erster Linie die Gäste des *Clou* erwerben. Der Rhein war ohnehin umzuleiten, auf seinem Grund Champignons zu züchten! Für alle, die dabei waren, war es eine wunderschöne Zeit. Dank an die Wirte Mecki und Atze.

Heute haben die Gerichtsreporter und Strafjuristen einen neuen Versammlungsort gefunden. Sie fühlen sich im *Ohme Jupp* bei der neuen Wirtin Cornelia de Bruin gut aufgehoben. Die Geschichte wiederholt sich.

Zurück zur Bolkerstraße: Rosenmontag zogen die Karnevalsfreunde, während der Kirmes im Juli die Schützen und im November die Martinsfreunde durch die enge Straße. Rosenmontags veranstalteten Lothar Böhm und ich in unserer Kanzlei rasante Karnevalsparties mit Freunden und Kollegen und all den hübschen Müttern und ausgelassenen Kindern. Es war ein herrliches Bild, wenn sich die Kinder – darunter unser Oliver und unsere Babette – auf dem winzigen Balkon des Hauses Bolkerstraße 18 zusammendrängten und den Karnevalisten zujubelten. In den Fenstern standen die Erwachsenen und schrien »Kamelle«, »der Prinz kütt«. Ich war lange Jahre Vizebaas des Heimatvereins *Alde Düsseldorfer*, Baas war der herzensgute Leo Theisen. Die *Alde* tagten im *Schlüssel*. Mich kannten daher viele Karnevalsfreunde *aus dem Zoch*; unser Gebrüll hatte Erfolg, die Kinder wurden mit Bonbons reichlich eingedeckt.

Apropos Karneval: Was ich damals nicht ahnen konnte: 1996 gründeten Gleichgesinnte mit meinem Partner Lothar Böhm als Frontmann und mir als Timple-Spieler die Mundartrockband *Die Ritter von de Ritterstroß*. Während im Kölner Karneval seit Jahrzehnten Mundartgruppen zu den Höhepunkten jeder Sitzung gehören, fehlten in Düsseldorf vergleichbare Gruppen. Die zahlreichen Auftritte in Düsseldorf in und außerhalb der »Fünften Jahreszeit« auch auf der Kö, dem Karl- und Marktplatz haben gezeigt, daß die *Ritter* auf dem richtigen »Kreuzzug« sind.

Leider wurde die Bolkerstraße immer mehr zum Rummelplatz. Viele schöne alte Gaststätten verschwanden, an ihre Stelle traten Fastfoodläden. Deren Inhaber wechselten schneller, »als die Heiden ihre Hemden«. Die alten Ausleger und Reklameschilder wurden ersetzt durch reißerische Werbung. Statt alter Laternen beleuchtete Neon die Fassaden der Geschäfte und Bratwurstbuden.

Ich suchte nach einer Veränderung. Zufällig traf ich den engagierten Düsseldorfer Architekten Dr. Edmund Spohr, der verschiedene Bauvorhaben in der Altstadt betreute. Ich fragte ihn, ob er neue Büroräume für uns wüßte. Dr. Spohr unterbreitete mir den Vorschlag, mit der Kanzlei in seinen Neubau, Ritterstraße 9, umzuziehen. Der Name Ritterstraße erklärt sich nicht, wie zu vermuten wäre, aus dem Adelsstand der ersten Hausbesitzer, sondern daraus, daß diese bei Errichtung ihrer Häuser »mit der ewigen Steuerfreiheit begnadet« und deshalb den »Rittersitzen« gleichgestellt wurden. Leider galt dieses Privileg bei unserem Einzug 1984 nicht mehr.

Dieser Teil der Altstadt hatte seinen ursprünglichen Charakter weitgehend erhalten. Die Bewohner hatten sich erfolgreich gegen ein Überschwappen der Pizzakultur auf den Bereich nördlich der Ratinger Straße gewehrt. Der Kunstantiquar Hans Marcus kaufte das Grundstück Ritterstraße 10, auf dem früher das *Süsse Eck* betrieben wurde. An dieser Stelle baute er ein wunderschönes Gebäude für sein *Buch- und Kunstantiquariat*. Das Haus spiegelt heute am schönsten den Stil der Ritterstraße wider. Die nördliche Altstadt mit Ritterstraße, Eiskellerstraße und Reuterkaserne, ist inzwischen durch viele Bau- und Restaurierungsmaßnahmen zu einem städtebaulich gelungenen Ensemble geworden.

Der Umbau der Rheinuferpromenade hat den Verkehrslärm an der Ritterstraße signifikant herabgesetzt. Es ist ruhig geworden. Die Stille wird gottlob unterbrochen durch den Pausenlärm der Ursulinenschülerinnen und -schüler sowie dem Singsang der Alten des Theresienhospitals bei ihren Festen. Ballermannatmosphäre wie auf der Bolkerstraße gibt es in diesem Teil der Altstadt nicht. Die Straßen und Lokale der Ratinger Straße sind fest in der Hand der Düsseldorfer Jeunesse dorée.

Im Laufe der Jahre vergrößerte sich unsere Kanzlei, in der heute die Rechtsanwälte Gregor Leber, Professor Dr. Hans Lisken und Heribert Waider mitarbeiten. Gerne kehren wir nach Büroschluß ins *Kreuzherreneck* ein. Der Wirt Peter Leisten hört auf den lustigen Spitznamen »Zocker«. Er ist Beichtvater und Organist in einem – kurzum ein Altstadtoriginal. Während der »blauen Stunde« darf im *Bobby* über Berufliches kein Wort verloren werden. Dafür werden bei jeder passenden und unpassenden Gelegenheit die Vor- und Nachteile des Badens und des Duschens unter großem Gelächter aller Gäste lauthals diskutiert. In der Ecke am Fenster knobeln die Leute der *Werbeagentur Butter*, Bernd Koch und Arndt Sebastian, der stets weiß gekleidete Maler Gerd Boege, der indische Koch Kang aus dem *Pinocchio* und die Thekenmannschaft Renate und Günter Weisel. Nach wie vor geben sich die Künstler ein Stelldichein: die Malerinnen und Maler Thea Gelker, Wilfried Esser, Prof. Franz Eggenschwiler und sein Assistent, der Lehrbeauftragte Charly Böcker und seine Lebensgefährtin Jeong-Sook Yu, der Bildhauer und Musiker Peter Rübsam und der Trommler Peter Thoms. Ab und zu lassen sich Helge Schneider und die Kunstprofessoren Franz-Josef Kuna, Jörg Immendorff und Markus Lüpertz sehen. Johannes Heesters weilte hier, während seine Frau am Düsseldorfer Schauspielhaus auftrat. In den frühen 90er Jahren war das *Bobby* vorübergehend ein Treffpunkt trinkfester Staatsanwälte. Es hatten sich prompt Journalisten eingefunden, die sich eine »Geschichte« erhofften. Als es schließlich zu einem Jackentausch zwischen einem Staatsanwalt und einem Journalisten kam, bereitete der leitende Oberstaatsanwalt dem munteren Treiben ein Ende.

Unvergessen bleibt das Lokal *Schloßturm* an der Ecke Mühlenstraße/ Burgplatz und dessen freundlicher Patron Horst Kremer. Dieser hatte für seine Gäste immer ein persönliches Wort übrig. Hier kamen Brauchtumsfreunde und FDP-Politiker, an ihrer Spitze der liebenswürdige Ratsherr Heinz Winterwerber, zusammen. Wer unbedingt eine Nachricht unter die Leute bringen wollte, erzählte diese unter dem Siegel der Verschwiegenheit Horst Kremer. Einen Tag später stand sie in der Zeitung. Kein Wunder, daß im *Schloßturm* auch Journalisten verkehrten, unter diesen Jochen Piel und Wolfgang Berney vom Düsseldorfer Express, der spaßeshalber »Totengräber des Düsseldorfer Brauchtums« genannt wird. Horst Kremer stand oft vor seinem Lokal und wartete auf Kundschaft. Rosenmontag fanden im *Schloßturm* unvergessene Karnevalsfeste statt. Seine Stammkunden hatten jederzeit Zugang durch den Nebeneingang, den Horst Kremer persönlich kontrollierte. Er war einer der ersten Gastwirte, der seinen Besuchern ersparte, die Speisekarte zu studieren. Er pries seine Gerichte so überzeugend an, daß Ulla und ich häufig nicht widerstehen konnten, »Grünkohl mit Mettwurst« oder »Tatar angebraten« zu bestellen. Dazu ein frischgezapftes Glas Pils oder einer seiner hervorragenden Weine – und die Welt war in Ordnung. Aus Alters- und Gesundheitsgründen schloß Horst Kremer 1998 die Gaststätte. Ein Jahr später verstarb er. Es war ihm nicht vergönnt, im Kreise seiner Familie seine seit langem ersehnte Freizeit zu genießen.

Die Bekanntschaft zu Dr. Edmund Spohr sollte weitere Früchte tragen. Zu Beginn der 80er Jahre stellten wir ein Vakuum in der Düsseldorfer Kulturszene fest. Die traditionellen Heimat- und Künstlervereine hatten sich vor und nach dem zweiten Weltkrieg häufig zu aktuellen Fragen der Kunst und Kultur geäußert. Dies wollten wir uns zum Vorbild machen und ein Forum für kulturell interessierte Bürger schaffen, die sich in den Kulturbetrieb Düsseldorfs einmischen und diesen mit neuem Leben erfüllen wollten. So gründeten wir zusammen mit unserem Ehrenbürger Professor Dr. Helmut Hentrich, Albert Fürst, Dr. Wieland Koenig, Fritz Kulins, Dr. Albert Peters, Heinrich Riemenschneider, Dr. Achim Rohde und Stefan Simmler den *Kulturbeirat Kunst- und Gartenstadt Düsseldorf*, dem kurze Zeit später Dr. Andreas Kleffel, Professor Dr. Max Kratz, Prof. Dr. Klaus Pfeffer, Detlef Becker und Dr. Hartmut Seeling beitraten. 1991 gaben wir dem Kulturbeirat eine Vereinsform. Er erhielt den Namen *Initiativkreis Kultur in Düsseldorf e.V.*. Zwischenzeitlich haben viele angesehene Düsseldorfer zu uns gefunden. Heute sind wir eine verschworene Gemeinschaft von etwa dreißig »Kulturkämpfern«. Wir versuchen, unsere Vorstellungen in Hintergrundgesprächen dem Rat und der Verwaltung nahezubringen. Nur wenn wir glauben, daß schädliche Entwicklungen durch öffentlichen Protest verhindert werden müssen, gehen wir an die Öffentlichkeit. So protestierten wir Mitte der 90er Jahre vehement gegen das Aufkommen von Ausländerfeindlichkeit. Wir befassen uns mit Kunst, Literatur, Theater, Oper, Konzert- und Museumswesen, aber auch mit der Stadtbildpflege. Auf diesem Gebiet haben wir unter anderem für die Altstadt einiges erreicht:

- Der Rat erließ eine Satzung gegen reißerische Werbung.
- Der Grundriß des alten Bergertors ist vor dem Stadtmuseum angedeutet.
- Wir verhinderten (bis jetzt) die geplante Fotovoltaikanlage an der Schulstraßen-Bastei.
- Wir protestierten erfolgreich gegen das von Architekt Professor Fritschi im Rahmen der Gestaltung der Rheinuferpromenade vorgesehene Neonlichtband und den »babyblauen« Bodenbelag, der in ein sanfteres Graublau umgewandelt wurde.
- Die großflächige Werbung am Schloßturm findet nicht unsere ungeteilte Zustimmung.

Viele unserer Wünsche warten noch auf ihre Umsetzung:

- Der Giebel der alten Residenz befindet sich immer noch versteckt im Amtsgerichtsgebäude.
- Es ist der Lebenswunsch von Professor Dr. Helmut Hentrich, assistiert von Prof. Dr. Klaus Pfeffer den eingelagerten barocken Marstallgiebel des Schlosses Jägerhof und die erhaltenen Mosaiken der ehemaligen Kunsthalle wieder ins Düsseldorfer Stadtbild zu integrieren. Wir werden nicht müde, daran immer wieder zu erinnern.

Seit 17 Jahren bin ich Sprecher dieses Kulturkreises. In dieser Eigenschaft habe ich viele liebenswerte Menschen kennengelernt. Es war und ist mir eine Freude zu helfen, ihre Vorstellungen von einem kulturell vielseitigen und lebendigen Düsseldorf mit zu verwirklichen. So kann ich meiner Heimatstadt ein wenig von dem zurückgeben, was sie mir seit meiner Jugendzeit an Gutem geschenkt hat.

Tatjana Kuschtewskaja

Moskau – Düsseldorf

»So, in einer Woche haben Sie Ihren Filmabend in unserer Black Box« – erinnerte mich am Ende unseres Gesprächs der Direktor des Düsseldorfer Filmmuseums Hartmut Redottée, ein sympathischer Mensch, der in das Kino verliebt war. »Wir werden Ihre russischen Dokumentarfilme zeigen: *... und aus den Netzen des Teufels befreie mich!*, *Die Fahrlässigen* und *Von Irdischem und Himmlischem*. Danach lesen Sie, wenn Sie wollen, noch ein paar Seiten aus Ihrem Manuskript. Rechnen Sie damit, daß ein intellektuelles Publikum zu Ihnen kommt. Es wird Fragen stellen. Und einige Studenten planen eine Diskussion.« Als Redottée sah, daß ich bei diesen Worten den Kopf ein wenig hängen ließ, lächelte er mir aufmunternd zu: »Tatjana, Sie sind doch in Moskau oft aufgetreten, und das sowohl auf literarischen Veranstaltungen wie auch auf Filmabenden. Sie haben doch Erfahrung, wie ich hoffe ...«

Es war in Düsseldorf im Jahre 1995. Ich erinnere mich, wie ich ganz langsam am Rheinufer entlangging. Meine Beine waren vor Angst wie gelähmt. Ich hielt das Programmheft *Black Box Kino im Filmmuseum* in der Hand und schimpfte mich selbst mit barschen Worten aus: Ach, warum, warum habe ich nur in diesen Abend eingewilligt? Es wird doch ein totaler Reinfall werden! Ganz abgesehen davon, daß ich Deutsch mit starkem Akzent spreche, vergesse ich womöglich vor Aufregung auch noch die richtigen Worte. Wie kann es da eine Diskussion geben?! Vor dem deutschen Publikum habe ich solche Angst, daß mir die Knie zittern. Mein russisches Publikum – das ist eine Sache. Das deutsche Publikum aber eine ganz andere! Die Studenten werden vielleicht Fragen stellen, die ich nicht verstehen werde. Oder sie halten mich am Ende gar für eine Kommunistin, die gekommen ist, um zu agitieren. Dabei habe ich doch mein Leben lang keiner Partei angehört. Und außerdem brachte mich der Gedanke geradezu um, daß ich meinen Freund Dieter Karrenberg in Verlegenheit bringen würde, diesen großen Liebhaber der Literatur, diesen uneigennützigen, klugen Menschen, der mich mit Herrn Redottée bekannt gemacht hatte. Gerade durch ihn lernte ich auch in dieser Stadt neue Freunde kennen. Und eine Stadt, in der einem Menschen nahestehen, ist schon nicht mehr eine beliebige Stadt.

Doch an diesem Januarabend ging ich ganz allein durch Düsseldorf und weinte beinahe. Dabei fühlte ich so stark wie nie zuvor, daß ich Ausländerin war. Ich ging und erinnerte mich, wie einmal unser Kameramann im

Jermolowa-Theater in Moskau eine Szene aus einem Stück mit dem Titel *Sprich ...* aufnahm. Man sieht die Versammlung einer Kolchose. Eine ältere Bäuerin liest stockend irgendeine für sie geschriebene Rede vor. Der Vorsitzende der Kolchose unterbricht sie: »Sprich ohne Papier ... Sprich ... Und sprich mit deinen, deinen Worten, verstehst du, und nicht mit fremden Worten ...« Die Bäuerin verliert die Fassung, weil man sie so viele Jahre gelehrt hatte, auf der Tribüne nur fremde Worte zu sprechen. Doch hinter ihrem Rücken bewegen sich die Schatten der Mitbewohner ihres Dorfes, alles arme, gequälte Leute wie sie, und sie flüstern ihr zu: »Sprich ... sprich ... sprich ...« Und die Frau bemüht sich, etwas zu sagen, doch sie schafft es noch nicht, und Tränen fließen über ihr erschöpftes Gesicht. Ich fühlte mich auch wie eine solche Bäuerin ...

Da merkte ich überhaupt erst, daß ich durch die hell erleuchteten Straßen der Altstadt ging und meine Augen ganz feucht waren. Durch die offenstehende Tür eines Bierlokals drangen fröhliche Stimmen, man hörte Gläserklang und Lachen. Und da hatte ich plötzlich eine Idee. Wie, wenn ich mich zusammenreißen würde, eine selbstbewußte Miene aufsetzte und versuchte, mein Deutsch in einem harmlosen Gespräch mit den Gästen des Lokals auf die Probe zu stellen. Ich schwankte, doch eine innere Stimme sagte bestimmt: Jetzt oder nie! Nur Mut! Geh! Und wenn dir dieser Abend gelingt, wird das fast vergessene Gefühl der Kraft und Freiheit zu dir zurückkehren. Vorwärts!

Ich setzte mich an die Theke, und nach einigen Minuten wußten alle, daß ich aus Moskau bin, daß ich nach dem Krieg geboren wurde, daß mein Vater als Arzt im Lazarett Dienst getan hatte, und daß ich ein Buch schreibe. In einer deutschen Gaststätte gibt es keine Fremden. Alle sind gleichberechtigt. Und Hauptperson ist derjenige, der sich mit einer interessanten Geschichte lautstark in Szene zu setzen versteht. Nun denn, ich erzählte mit energischer Stimme eine Begebenheit, die ich oft auf meinen Lesungen wiederholte: von meinem Vater und einem deutschen Soldaten und einer kleinen Elefantenfigur aus Elfenbein. Dann erzählte ich ohne Atempause noch ein paar Geschichten aus meinem künftigen Buch mit Reportagen aus Rußland: von Tabu-Themen, vom Friedhof der Wale im Norden und davon, wie in meiner Kindheit in der Wüste Kara-kum eine Schlange auf die Veranda unseres Hauses kroch, und ich sie mit Milch fütterte ...

Nach einer Stunde hatte ich schon Fortschritte gemacht, sowohl mit dem Erzählen als auch mit dem Anhören von Berichten über Sportereignisse, von politischen Ansichten und Meinungen über Gewerkschaftsprobleme, von Histörchen und Witzen. Mit dem Thekennachbarn an meiner rechten Seite, einem dicken Elektriker, konnte ich mich schon darüber streiten, in welcher Stadt sich das Zeppelin-Museum befindet, und die Nachbarn an meiner linken Seite luden mich zum Geburtstag ihres Enkels ein.

Doch die Hauptsache – alle hatten mich verstanden! Und mein Akzent hatte niemanden gestört! Und auch ich hatte alle verstanden, und wenn ich etwas nicht verstanden hatte, erriet ich es am Tonfall und konnte das Gespräch aufrechterhalten. Ich verstand sogar, worüber die zwei Maurer neben mir an der Theke sprachen: »Sie hat mir einen Kasten Bier gekauft und denkt, daß ich damit zufrieden bin. Doch für mich sind diese zwei Stunden in der Kneipe meine zwei Stunden Freiheit und Unabhängigkeit. Nur hier fühle ich mich selbst als Mann! ...«

Das Examen, das ich mir selbst auferlegt hatte, war damit bestanden. Ich war das erste Mal in meinem Leben allein in einer solchen Gaststätte. Mehr als drei Stunden verbrachte ich dort, und es war mir sogar gelungen, eine Diskussion über den Sozialismus anzufangen. Ich fühlte mich erschöpft, aber glücklich. Meine Gesprächspartner wollten mich auf keinen Fall fortlassen, sie nahmen mir das Versprechen ab, ihr Stammlokal bald wieder zu besuchen. Und einer von ihnen bat mich sogar, einen Brief an Gorbatschow zu übermitteln.

An diesem Januartag verließen mich Angst, Hemmungen und mangelndes Vertrauen in mein Deutsch für immer. Und das Leben schien schön und unendlich zu sein.

Meine Veranstaltung in der Black Box am 1. Februar 1995 war ein voller Erfolg, zumal sehr lebendige, von Interesse zeugende Gespräche über meine Filme und meine schriftstellerische Arbeit stattfanden.

So begann mein literarisches Leben in Düsseldorf. Dennoch dauerte es bis zu meinem deutschen Erstlingswerk *Ich lebte tausend Leben. Reportagen aus Rußland* noch zwei Jahre. 1997 kam dieses Buch mit einem Vorwort von Lew Kopelew im Verlag edition cicero, Velbert, heraus; 1999 das zweite: *Russische Szenen* im Berliner Wostok Verlag.

Ungefähr in dieser Zeit trat ich in den Verband deutscher Schriftsteller ein. Ich war darüber betroffen, daß in diesem reichen Land die Schriftsteller eher arm leben, denn die schöpferische Intelligenz in Deutschland, zu der auch die Schriftsteller gehören, verdient vergleichsweise wenig. Ich begriff das, weil ich selbst zeitweilig Not litt. Und außerdem war ich gewöhnt, in Moskau das Wort *Schriftstellerverband* mit einer Organisation zu verbinden, die Büroräume, Schreibtische, Sekretärinnen und Telefone hat. Und hier befand sich alles in einigen Aktenordnern von Alla Pfeffer, der Vorsitzenden des Schriftstellerverbands von Düsseldorf/Neuss: Notizen, Sitzungsunterlagen, Finanzpapiere und die Korrespondenz. Die Autoren tagen hier nicht jeden Monat stundenlang hochoffiziell mit Stenogrammen und Protokollen, sondern treffen sich bei Mitgliederversammlungen in Heines Geburtshaus, an verschiedenen Orten literarischer Veranstaltungen oder im Café. In Alla Pfeffer vereinen sich auf erstaunliche Weise die Zerbrechlichkeit und die Festigkeit eines Diamanten. Schon häufig war sie die Initiatorin eindrucksvoller literarischer Veranstaltungen wie *Die Düssel fließt in Europa, Fremde-Mutter-Sprache*: Düsseldorfer Autoren mit europäischen Wurzeln lasen aus ihren Texten. Und wir, zehn Schriftsteller aus verschiedenen Ländern, brachten am 7. und 21. Mai 2000 im *ZAKK – Zentrum für Aktion, Kultur und Kommunikation* eine besonders interessante Zusammenkunft zustande.

Über das literarische Leben einer russischen Schriftstellerin in Düsseldorf zu schreiben, ist nicht leicht, doch es ist noch schwerer, solche Aufzeichnungen zu beenden. Ich müßte noch etwas über einige meiner Auftritte im *Poetry Café* im Geburtshaus von Heinrich Heine, dem Literaturcafé *Schnabelewopski*, berichten, das jahrelang von dem begabten amerikanischen Lyriker John Linthicum geleitet wurde. Ich müßte eine eigene Geschichte über die Begegnung mit meinen Lesern im *Gerhart-Hauptmann-Haus* schreiben, die mich danach mit Briefbeichten überhäuften. Ich müßte schließlich noch vom Programm *Literatur um halb fünf* in der Johanneskirche im Zentrum von Düsseldorf berichten, wo ich mehrere Lesungen und Filmabende durchgeführt habe, eine Lesungsreihe, die Alla Pfeffer ins Leben gerufen und moderiert hat.

Wissen Sie, welche Frage die deutschen Leser mir am häufigsten stellten? »Wie sind Sie nach Düsseldorf gekommen?« Ich antwortete darauf je nach Laune immer verschieden. Beim *Bücherbummel auf der Kö* sagte ich im Scherz zu einem jungen Paar im Hippie-Look: »Einem Mann habe ich einmal geschworen, ihn nie zu verlassen. Der Heimat leistete ich niemals einen solchen Schwur.« Sie lachten und kauften unerwartet zwei meiner Bücher. Ich war sehr gerührt über dieses Interesse an Rußland. Von allen Seiten umgaben mich auf dem Bücherbummel Auslagen mit bunten, grell-leuchtenden Umschlägen der Bestseller. Tief betroffen dachte ich den ganzen langen Tag daran, wieviel Kraft für anspruchslose Unterhaltungsliteratur vergeudet wird, und daß die mächtigen Verlage für solche Makulatur, vor allem für die groß angelegten Werbekampagnen, riesige Summen ausgeben. Es ist einfach traurig!

»Warum haben Sie Rußland verlassen?« – hat man mich schon tausendmal gefragt. Ich antworte ernsthaft, daß ich als Russin, die ihr Land liebt, auch andere Länder kennenlernen möchte und diese ebenso lieben kann. Und daß ich mehr als alles in der Welt die Grenzen zwischen den Ländern hasse. Die Welt teilt sich für mich nicht in die »unsrige« und die »andere«, die »eigene« und die »fremde«. Ganz Europa war für mich immer interessant und mir nahe. Ich fühlte und fühle mich immer als Weltbürgerin, als Europäerin in jenem hohen Sinne, der Goethe, Heine, Gogol, Turgenjew und Schukowskij eigen war.

Als der »eiserne Vorhang« verrostete und sich die Menschen und Bücher durch seine scharf gezackten Löcher hindurchzuzwängen begannen, trug ich mich mit dem Gedanken, eine dokumentarische Erzählung über den russischen Dichter Wassilij Schukowskij (1783-1852) zu schreiben, der mehrere Jahre in Düsseldorf gelebt hat. Zu seinen Freunden gehörten Alexander Puschkin, dem zu Ehren in Düsseldorf ein schönes, ansehnliches Denkmal aufgestellt wurde, Nikolaj Gogol und viele andere russische Größen, denen er half und die er unterstützte. Er war Lehrer und Erzieher des jungen Erben des Zarenthrons, des späteren Zaren Alexander II., und dessen Reisebegleiter in Deutschland. Dank seiner Nähe zur Zarenfamilie konnte er vielen begabten Menschen helfen. Er war befreundet mit Goethe, Immermann, Caspar David Friedrich und König Friedrich-Wilhelm IV. von Preußen. Der siebzigjährige Goethe fühlte, daß Schukowskij ein ungewöhnlicher, genialer Mensch war. In einem Brief spricht Goethe sein Bedauern über die Kürze ihrer Begegnung aus. In solchem Falle »überdenken wir erst im nachhinein, was wir hätten sagen, wonach wir uns erkundigen, was mittheilen sollen.«

Mit 57 Jahren heiratete Schukowskij zum ersten Mal – aus großer Liebe – Elisabeth von Reutern, die Tochter eines mit ihm befreundeten Düsseldorfer Malers. Sie war 19 Jahre alt. Ihretwegen verließ er alles – St. Petersburg, die Zarenfamilie, den Freundeskreis und das literarische Milieu. Das junge Paar siedelte sich in Düsseldorf in der Inselstraße an, wo die Familie von Reutern lebte. Auf dem Grundstück befindet sich heute das Standesamt. Das einzig Traurige war, daß Lisa kein Wort Russisch verstand. Im Hause wurde von nun an nur Deutsch gesprochen. Schukowskij war so glücklich in seiner schönen, großen Villa mit Garten, unmittelbar am Hofgarten gelegen, nahe am Rhein. Und es schien, als hätte das Glück kein Ende. Doch dann ereigneten sich solche Schicksalsschläge, daß es mir notwendig erschien, Düsseldorf mit eigenen Augen zu sehen, um die ganze Tragödie der letzten Jahre dieses großen russischen Dichters besser nachempfinden zu können.

Er wurde blind, als er sieben Jahre lang die »Odyssee« übersetzte, und die junge Frau verlor nach der Geburt des ersten Kindes den Verstand. Er schreibt im Tagebuch: »Das Familienleben ist eine Schule der Geduld.« Nach der Geburt des zweiten Kindes, des Sohnes Paul, verfinsterte sich der Gemütszustand seiner Frau endgültig, und die ganzen letzten Jahre gingen unter den Zeichen von Krankheit und Umnachtung dahin. Im Februar 1852 erreichte Schukowskij die Nachricht vom Tode seines Freundes Gogol. Bald danach, am 24. April 1852, starb auch er.

Wenn man in Düsseldorf lebt, versteht man Schukowskij besser. Vielleicht gilt sogar umgekehrt: Wenn man Schukowskij liest, versteht man Düsseldorf besser.

Zu guter Letzt möchte ich von zwei interessanten Ereignissen meines literarischen Lebens in Düsseldorf erzählen. Das eine ist tragikomisch, sogar eine Farce, das andere ist eine für mich sehr wertvolle Begegnung. Man lud mich in einen Frauenklub ein. In Deutschland stieß ich auf eine große Anzahl von Klubs und Vereinen. Es ist nichts leichter, als hier einen Klub zu gründen: Klub der Liebhaber von Erbsensuppe, Klub der Krimi-Fans, Klub der Verehrer von Sonnenuhren. So lud man mich in einen Frauenklub ein, von denen es hier viele gibt. Die Vorsitzende verging fast vor unausgelebter Aktivität. Hochgewachsen, mit einer Donnerstimme, hätte sie alle Redner des Bundestags in den Schatten stellen können. Da war ein gelehrtes Tantchen, trocken und langweilig. Da war ein seelenvoll-klägliches Weiblein, eine pensionierte Amtsperson. Da waren noch irgendwelche Frauen, die fast einen Skandal entfachten, als auch der Ehemann von Alla Pfeffer, ein besonders intelligenter Professor für Architektur, meine Autorenlesung besuchen wollte. »Was wollen Sie? Das ist doch ein Mann! Das geht nicht! Wir haben unser eigenes literarisches Leben. Unseres! Ich bitte Sie um Verständnis, es geht nicht!« Ich trat für den Professor ein und sagte, daß es in meinem Buch *Russische Szenen* überhaupt nichts gibt, was Männer nicht hören dürften. Daß ich keine spezifische Frauenprosa schreibe, sondern dokumentarische Prosa, Reportagen. Doch man hörte nicht auf mich. So verließen der Professor und Alla Pfeffer den Veranstaltungsort, begaben sich in ein benachbartes Café, wo sie mit Dieter Karrenberg einen angeregten Abend verbrachten.

Ich verstand dann bald, weshalb Männer nicht eingelassen wurden. Eine Gesprächsteilnehmerin erzählte, sie sei auch Schriftstellerin. Und um einem guten Buch zum Durchbruch zu verhelfen, müsse man ein ewig schmeichelndes Kätzchen sein, neben dem sich jeder noch so dumme männliche Lektor als Sokrates fühlte. Eine andere Frau, eine Journalistin, pflichtete ihr bei, daß eine ernsthafte Schriftstellerin in Deutschland kaum Karriere machen könne, da dies ein männliches Land sei, wo man ein Karrierehai sein müsse, in dessen Augen Zahlen wie auf einem Taxameter vorüberziehen. Eine angehende Dramaturgin (ich erinnere mich, daß meine kleine Tochter auf die Frage, womit sich ihre Mama beschäftigt, nicht »Dramaturgin«, sondern »Dramatologin« antwortete) erzählte, daß auch sie von ihrem Mann gesagt bekam, ihr Platz sei in der Küche und im Bett ...

Die Veranstaltung dauerte drei Stunden, doch meine *Russischen Szenen* waren bei den Gesprächen schon recht bald aus dem Blickfeld geraten. Das besondere Interesse der Frauen aber galt meinem Privatleben. Und so erzählte ich ihnen, daß ich nie dieses feine Moskauer Dämchen war, das eine männliche Schulter zum Anlehnen braucht. In meinen Augen ist die Ehe eine Frage der Leidenschaft, der Partnerschaft und des Taktes. Ich glaube nicht an die Existenz der »zweiten Hälfte«, ich fühle mich als Ganzes ... Am Ende wurde doch noch die Frage nach meinen weiteren literarischen Plänen gestellt. Und ich berichtete, daß ich in Düsseldorf einen klugen, hochqualifizierten und gutwilligen Verleger gefunden habe, der sich für mein nächstes Projekt interessiert: Bruno Kehrein vom Grupello Verlag.

Nun aber komme ich zu dem für mich interessantesten Ereignis. Es geschah am 24. Juni 1998. Die Schriftstellerin Elisabeth Mann-Borghese, das letzte noch lebende Kind Thomas Manns, hatte an demselben Tag wie ich eine Autorenlesung in Düsseldorf. Nachdem meine Veranstaltung zu Ende war, eilte ich sogleich zu ihrer Lesung. Sie las eine wundervolle Erzählung aus ihrem neuen Buch *Der unsterbliche Fisch*. Sie las so, daß man deutlich spürte, was in der Seele dieser nicht mehr jungen Frau vorging, die ihrem berühmten Vater äußerlich und innerlich so ähnlich war. In ihrer starken leidenschaftlichen Stimme klang etwas an, das gleichzeitig gewissenhaft-angespannt und vertrauensvoll wirkte. Nach der Lesung ging ich zu ihr, um ihr mein Buch zu schenken. »Sie sind Russin?« – ihre müden Augen blickten plötzlich klug und lustig. »Schreiben Sie dokumentarische Prosa?« Sie öffnete die Seite mit dem Inhaltsverzeichnis und las einige Kapitelüberschriften laut vor. Kurz, sehr kurz erzählte ich, wovon mein Buch handelt. Und da sprach sie einen Satz, den ich jetzt ständig wie ein Gebet wiederhole: »Das Leben schreibt die besten Geschichten.« Und sie sagte noch, es sei wichtig, daß in jedem Wort meine eigene Biographie atmet, denn »die Gefühle der Leser können nur durch eigene Gefühle ausgelöst werden.« Sie fragte kurz danach, welche Tabu-Themen ich im Buch behandele. Ich fühlte ihr aufrichtiges und brennendes Interesse, doch hinter uns war schon eine riesige Schlange von Autogrammsammlern zusammengekommen, die geduldig warteten, während wir sprachen. Sie ließ mich dennoch nicht fort, sondern sagte: »Ich will Ihnen auch mein Buch schenken.« Sie nahm »Den unsterblichen Fisch« und schrieb hinein: »Für Tatjana mit allen guten Wünschen für ihre Arbeit. Elisabeth Mann-Borghese.« Als sie mir ihr Buch gab, sagte sie: »Sie gehören zu dem glücklichen Menschentyp, der das Heute zum wichtigsten Tag des Lebens machen kann.« Ich begegnete ihrem Blick und verabschiedete mich mit den Worten: »Ich werde mich immer an diesen Tag erinnern. Diese Begegnung bedeutet mir sehr viel. Ich danke Ihnen herzlichst.«

Ich ging durch das abendliche Düsseldorf und dachte mit stockendem Herzen: Mann – das ist ein bedeutender Abschnitt der deutschen Literaturgeschichte: Von Elisabeth Mann-Borghese verläuft eine direkte Verbindungslinie zur großen deutschen Literatur, zu den bedeutenden Werken wie dem von mir seit meiner Jugend geliebten *Zauberberg*.

Vor meinen Augen geschah heute ein Wunder – eine begabte Autorin aus der großen Schriftstellergalerie der Manns, die Tochter des von mir geliebten Thomas Mann, stand als lebendiger Mensch vor mir. Ich fühlte die Wärme ihrer Hände, hörte ihre Stimme und die Worte, die sie an mich richtete.

Ich ging durch Düsseldorf, das ich in diesen Jahren so liebgewonnen hatte. Mir schien, daß das Leben wunderschön ist, und ich war voller Zuversicht, daß sich meine literarischen Pfade noch oftmals mit denen bedeutender Menschen kreuzen werden, und daß mir mein neues Buch *Mein geheimes Rußland* noch besser als meine früheren Arbeiten gelingen wird. Und ich dachte an den Ausspruch meines Vaters: »Für mich ist es schon zu spät, um Pessimist zu sein.«

Alexander Nitzberg
Spinnereien

Nicht über mich will ich schreiben. An den Ereignissen, die mich betreffen, habe ich nicht teilgenommen. Die Aufklärung soll folgen.

Es begann – wie immer – eines Abends. Ich lag schon im Bett und versuchte einzuschlafen. Aber es ging nicht so einfach: In meinem Kopf rotierten einzelne Wortteilchen um den Kern eines entstehenden Gedichts. Und etwas kratzte an der Brust.

Ich erhob mich im Bett und schaltete das Licht an. Im Halbschlaf sah ich ein winziges Spinnentier auf mir sitzen. Es stach mich schmerzhaft. Ich muß es wohl vertrieben haben, denn kurz darauf bin ich eingeschlafen. Aber die Stelle juckte noch am nächsten Morgen.

Diese Begebenheit, der ich anfangs noch kaum Bedeutung beimessen wollte, wiederholte sich in der kommenden Nacht. Nur daß die Spinne etwas größer geworden war. Auch die Nacht darauf. Entweder war es meine Wahrnehmung, die durch die ständige Arbeit an den Silben zugespitzt, das Insekt in anderen Proportionen erscheinen ließ, oder aber es war inzwischen tatsächlich gewachsen. Schon wurde auf seinem Rücken ein kleines Kreuz sichtbar.

Ich weiß nicht genau, wie lange es dauerte, bis die Spinne wirklich groß wurde. Einige Wochen oder Monate vielleicht. *Aber eines Tages war sie groß.* Und während ich träge im Bett lag, wühlte sie in meinem Kleiderschrank und hinterließ darin ein Chaos. Sie schnappte sich den Gehrock meines Großvaters, sowie seinen Zylinderhut samt Spazierstock. Und in dieser Aufmachung begab sie sich in die Düsseldorfer Altstadt. Dort war nämlich eine neue Art von Veranstaltung angesagt: »Poetry-Café«.

Im dunklen Raum des Lokals im Heinrich-Heine-Geburtshaus, saßen jede Menge jüngerer und älterer Leute. Ein schwankender Rauchteppich hing unter der Decke und schaukelte erwartungsvoll. Ein hagerer Herr mit Schnäuzer und grauen Haaren betrat das Café und legte eine Liste auf das Lesepult, in die sich jeder eintragen konnte. Auch die Spinne trug sich dort ein – an dreizehnter Stelle. In ihrer krummen Schrift kritzelte sie *meinen* Namen: Alexander Nitzberg. »Düsseldorf hat sehr viele Dichter«, sagte der Herr mit Schnäuzer und amerikanischem Akzent.

Peter Maiwald las und illustrierte jedes Wort dadurch, daß er mit den Fingern der einen Hand an den Fingern der anderen Hand zerrte. Es war immer wieder die gleiche Geste, und doch konnte man, wenn man sie sah, nicht umhin, ihm Glauben zu schenken, er sei wirklich ein Stier im Bett und ein Verlassener am Bahngleis.

Ein Mädchen sang lächelnd Eichendorff-Gedichte und flüsterte Verse vom Fjodor F. Sie nannte sich Ruth E. Wünschel ...

Ferdinand Scholz verkündete, er habe ein Gedicht geschrieben, das aus einem einzigen Wort besteht! Zunächst machte er eine kurze Einführung in die persisch-türkische Poetik mit ihren ewigen Rosen (*gül*) und Nachtigallen (*bülbül*) und las daraufhin die Überschrift: »Westöstlicher Wundermaschin.« Dann folgte das Gedicht, und es bestand tatsächlich aus einem einzigen Wort: »Bülbülgüleisen«.

Wolfgang Reinke flüsterte mit unterkühlter Stimme sich und Benn, und Benn und sich. Und Vera Henkel trug ihre Männergeschichten vor. Dabei neigte sie den Kopf zur Seite, und es wirkte so, als würde sie sich selbst vor all diesen amoklaufenden Hausfrauen und Bürofritzen ekeln.

»Elixender Nitzbörg«, sagte der Herr mit dem Schnäuzer, und die Spinne erhob sich von ihrem Platz. Sie schritt zum Pult und begann zu lesen. Sie las mit einer schneidend deutlichen Stimme, die den jüngeren und älteren Leuten in die Gehörgänge kroch. Peter Maiwald lachte unwillkürlich und blickte den Herrn mit dem Schnäuzer an, der Herr mit dem Schnäuzer machte große Augen und blickte Peter Maiwald an. Es hatte ihnen gefallen. Und sie bemerkten nicht, daß es eine Spinne war, die sich da am literarischen Leib der Stadt festbiß ...

Die Spinne bekam Freunde: Peter Sendtko, ein seltsamer junger Mann, überzeugt davon, daß er als Kind von Außerirdischen entführt wurde. Er arbeitete in einem Zauberlädchen. Hier, zwischen künstlichen Blumensträußen und Federbüschen, zwischen Kartenspielen und venezianischen Masken saßen sie bisweilen stundenlang und unterhielten sich. Vor allem über die geheimnisvolle Kunst der Alchemie, die Verwandlung von Blei zu Gold.

Tobias Koch, ein blasierter Klavierstudent, der am liebsten die Weihnachtsbeleuchtung in öffentlichen Räumen unbemerkt außer Betrieb setzte, imponierte der Spinne dadurch, daß er sie gleich bei der ersten Begegnung fragte: »Are you an idiot?«

Bernhardt Reichel, einen Posaunisten, beneidete die Spinne dafür, daß er auf seinem Bücherregal tatsächlich nur ein einziges Buch stehen hatte – ein Buch über die Posaune ...

Und sie alle bemerkten nicht, daß es eine Spinne war, mit der sie sich da anfreundeten. Es folgten kleine Auftritte – mit und ohne Posaune – auf verschollenen Bühnen: Im *Neuen Raum* auf der Lichtstraße, irgendwo im Hafen, *Café Grenzenlos*, *Lichthof* ... Vor zehn Leuten, vor zwanzig, vor zwei ... Aber unter ihnen auch immer der mysteriöse Herr Werner, jener unveränderliche Ahasver der Kulturlandschaft. In seinem Notizbuch steht auch so manches über die Spinne vermerkt, denn sie ist genauso zeitlos wie er ...

Die Kulturlandschaft ... ein Panoptikum aus traurigen Riesen, glücklichen Zwergen und allerlei domptiertem Getier. Manch trübselige Gestalten mit exotischen Namen, Jongleure mit Seifenblasen, Zauberer mit altersschwachen Kaninchen im Hut, heiser gewordene Sänger, schleichende Lindwürmer, welke Kameliendamen, Zirkusdirektoren ohne Zirkus, alle mit einer Geschichte, wenige Geschichten mit einem Happy End.

Wer Erfolg hatte, zog aus. In Düsseldorf als Weltstar zu leben, ist unschick. Ein Weltstar gehört eben in die weite Welt. Fasil Say, beispielsweise. Ein türkischer Pianist mit einer brutal aussehenden Schramme im Gesicht. Er glich mehr einem Rowdy als einem Pianisten. Wenn er Schostakowitsch oder Brahms spielte, schien jeder Akkord irgendwie mit sehr viel Paprika und Sambal Ölek gewürzt. Heute tritt er in der Carnegie Hall auf!

Viele kamen und viele gingen. Aber dazwischen war eine Spinne. Viele kamen und viele gingen. Sie aber blieb.

Hartmut, ein quäkender Pumuckl, dessen Stimme erahnen ließ, was »Bocksgesang« wirklich heißt, lachte lauthals: »Ich als Tenor muß ja Wagner lieben!« Und: »Ihr Jungs seid gut, aber ihr könntet etwas Schliff gebrauchen. Ich würde euch Unterricht geben. Gegen Geld natürlich.« Es kam nicht dazu: Erstens, das Künstlerduo Sendtko und Nitzberg war beleidigt und wollte sich keine Lektionen geben lassen. Zweitens, der Sänger wurde bald darauf erstochen in seiner Wohnung aufgefunden.

»Möchten Sie nicht als kleines Theaterensemble auf einer Veranstaltung spielen, mit der wir den Kulturdezernenten zu seiner Verabschiedung überraschen wollen? Gut wären sieben Minuten, noch besser – fünf. Leider ohne Honorar.« Eine Woche später hieß es: »Bitte nur fünf Minuten, besser – drei. Ach, und würden Sie vielleicht auch etwas für unser Büfett mitbringen? Wir haben uns überlegt, es wäre schön, wenn die Künstler selbst das Büfett gestalteten.« Noch eine Woche später: »Leider muß die Veranstaltung ausfallen. Denn die Künstler haben sich geweigert, das Büfett zu übernehmen.«

Ein Abend im Zakk. Düsseldorfer Kleintheater für Düsseldorfer Großkulturträger. Schon wieder nur fünf Minuten Zeit. Schon wieder das verdammte Büfett ... Es soll erst in der Pause eröffnet werden, und der erste Teil zieht sich unmöglich in die Länge. Der letzte Streich: Die Spinne Alexander Nitzberg und Peter Sendtko. Sie reden auf der Bühne mit einem echten Regenschirm! Peter Sendtko trägt eine überdimensionale Krawatte mit runden Löchern, die an einen holländischen Käse gemahnt. Endlich die Pause. Das Büfett ist eröffnet, verehrte Kulturträger und Kulturträgerinnen. »Sie haben doch heute abend auch etwas gespielt?« fragt eine geschminkte Person den Dichter und Schauspieler Peter Sendtko. »Ich erkenne Sie an Ihrer Krawatte wieder. Die ist ja schön! Wo gibt es die eigentlich?« Der arme Dichter mußte sich an diesem Abend im stark angetrunkenen Zustand von der Spinne nach Hause bringen lassen.

Die Spinne sitzt im Saal und muß gleich Gedichte vortragen. Eine ältere Dame sitzt hinter ihr und wird vom plötzlichen Hustenreiz befallen. Geistesgegenwärtig holt das Insekt ein Päckchen *Fisherman's Friend* heraus und bietet es der Geplagten an. Ihr Husten legt sich augenblicklich. Die Spinne betritt die Bühne. Sie deklamiert. Sie strengt sich an. Das Publikum ist begeistert. Es klatscht. Das Programm geht weiter. »Sagen Sie mal, was war das? Es hat mir außerordentlich gut gefallen!« bedankt sich die Dame. »Es waren eigene Gedichte und einige Übersetzungen aus dem Russischen«, antwortet der Geschmeichelte. »Nein, ich meine, was war das, was sie mir da gegeben haben?« »*Fisherman's Friend*, Verehrteste.« »Ach die! Davon habe ich schon so viel gehört. Vielen herzlichen Dank.«

Der Schweizer Dichter André Ronca, genannt »Der Metzger«, will dem Kollegen Sendtko »die Fresse polieren« ... Wegen der Rilke-Parodien. »... sowas gegen einen R-r-rilke!« knurrt er verärgert. Die Sache steigt. André Ronca, wird gemunkelt, ist ein Profiboxer ... Er hat den Schwarzen Gurt im Boxen! Den hat Sendtko wahrlich nicht. Dennoch schreibt er eine neue Parodie:

Der Boxer

Sein Hirn ist vom Bombardement der Schläge
so stumpf geworden, daß es nur noch schwimmt.
Er glaubt, »dat dat nur an de Schläge läge«,
doch weiß ja jeder, daß das gar nicht stimmt.

Die Sache legt sich wieder: Erstens, »Hut ab, du hast Mut«, soll Ronca gesagt haben. Zweitens, er wird in seiner Wohnung tot aufgefunden. Und sein Tod ist ein Riß. Seine »Freunde« jubeln: »Da seht ihr! Ihr habt ihn zugrunde gerichtet!« Seine »Feinde« klagen: »Wir haben ihn leider zu wenig gekannt!« Die »Freunde« verbieten den »Feinden« schon einen Tag nach Roncas Tod – und zwar in schriftlicher Form! –, eine Gedenkveranstaltung zu organisieren ... Dies sei doch schließlich den »Freunden« vorbehalten. Am Ende gibt es gar keine Gedenkveranstaltung. Weder bei den »Freunden« noch bei den »Feinden«.

Inzwischen aber ist die Spinne gewachsen. Sie bekommt allmählich rosa Bäckchen, was jedermann auffällt. Sie bewegt sich freier und selbstbewußter, redet wie gedruckt. Ihrem seltsamen Charme kann sich kaum einer entziehen. Selbst die Kritiker sagen: »Er hat was. Ich weiß nicht, was, aber irgend etwas hat er.« Immer öfter fällt *mein* Name in Zeitungen und im Radio. Und während ich im Bett liege und mich kaum jemandem zeigen kann, läuft sie durch die Welt! ... Peter Rühmkorf lobt sie. Sie bekommt den Förderpreis des Landes NRW verliehen! Sie ist mit Dichtern, Musikern,

Künstlern, Schauspielern und Verlegern bekannt. Ist Mitglied im P.E.N.-Club. Neuerdings veranstaltet sie sogar »Den Salon im Heine-Geburtshaus«! Und keiner bemerkt ...

Francisco Tanzer, ein bis in die Zehenspitzen aristokratischer Österreicher, den jeder Komponist schon mindestens einmal vertont hat, scheint allerdings etwas zu erraten ... Ihm habe ich nämlich bei meiner Ankunft in Düsseldorf 1990 einige Prosatexte gezeigt. Er schätzt sie. Schon seit einiger Zeit redet er mit der Spinne, sie soll wieder so werden wie sie war. Und wenn sie ihm sagt, es sei nicht möglich, blickt er ihr ahnungsvoll in die Augen ...

* * *

Ich liege im Bett und kann kaum noch lesen. Nur wenige wissen um mein Schicksal. Einige Freunde vielleicht. Aber was soll man mit einer halben Leiche machen? Die Spinne ist doch viel unterhaltsamer. Sie kommt übrigens jeden Abend zu mir ins Zimmer und löscht die Lichter. Was sie dann macht, weiß ich nicht, denn ich habe Angst und schließe die Augen. Ich sehe nur, daß das Kreuz auf ihrem Rücken viel größer geworden ist, und meine Brust ist eine Wunde.

Von der Außenwelt bekomme ich immer weniger mit. Nur noch das, was in den Zeitungen steht. Das scheue Mädchen Ruth E. Wünschel, zum Beispiel, hat sich als Lyrikerin Saskia Fischer einen Namen gemacht. Auch singt sie keine Eichendorff-Lieder mehr, sondern besingt Stahlgußwerke der Bochumer Vorstädte. Manchmal glaube ich, daß es ihr ähnlich geht wie mir, nur daß es eine *Libelle* ist, die sie plagt ...

Ferdinand Scholz polemisiert im Augenblick gegen das »kreative Schreiben« und macht mit seinem *antikreativen* Schreibkurs die Heinrich-Heine-Universität unsicher.

Tobias Koch ist ein geachteter Pianist geworden. Ein Geheimtip. Er spielt nicht in der Carnegie Hall, sondern irgendwo zwischen Antwerpen und Brügge. Ab und zu tritt er auch in Düsseldorf auf, meldet sich dann aber nicht. Ein Geheimtip eben.

Vera Henkel ist stets zwischen Düsseldorf und Portugal anzutreffen. Sie schreibt an einer Romantriloge, deren erste zwei Bände in einem Wohnwagen entstanden sind, kurz bevor dieser unter Denkmalschutz gestellt wurde.

Bernhardt Reichel posaunt und liest weiterhin in seinem Buch, dem Buch über die Posaune.

Der grauhaarige Mann mit Schnäuzer und amerikanischem Akzent veranstaltete zuletzt einen babylonischen Heinrich-Heine-Marathonlauf mit sage und schreibe achtzig Dichtern in hundertsechzig Sprachen und in nur drei Tagen! Dann ging er – und ward nie mehr gesehen ...

Der mysteriöse Herr Werner taucht dagegen immer häufiger auf allen Kulturveranstaltungen gleichzeitig auf, was bereits Apollonius von Tyana und dem legendären Grafen von St. Germain nachgesagt wurde. Nur besonders takt- und geschmacklose Zeitgenossen fragen ihn nach wie vor: »Sagen Sie, was machen Sie eigentlich? Sind Sie selbst ein Künstler?« Er aber lächelt nur und sagt nach wie vor: »Nein, nur Liebhaber.« Neulich hörte die Spinne ihn allerdings Verse von Petrarca und Gaspara Stampa frei rezitieren. Er war eben schon immer da ...

Francisco Tanzer arbeitet derzeit an seinem Nachlaß für die Österreichische Nationalbibliothek, den er seinen »Vorlaß« nennt, und läßt preisgekrönte Photographen noch ungeordnete Aktenordner zum Nutzen und Gebrauch der kommenden Generationen festhalten ...

Auch Wolfgang Reinke denkt an die Zukunft und hat ausgerechnet die Spinne zum Nachlaßverwalter erklärt! Und zwar unmittelbar vor einer Urlaubsreise. Er hatte nämlich das Gefühl, er werde nicht zurückkommen ... *Nach* dem Urlaub mußte er sich dann eine regelrechte Schelte seitens des frischgekürten Nachlaßverwalters gefallen lassen: Er sei ja immer noch am Leben! Er versicherte, er werde in Kürze eine weitere Urlaubsreise antreten und hoffe, diesmal niemanden zu enttäuschen.

Und was wird aus meinem Nachlaß? Brauche ich überhaupt einen? Tatsache ist, daß ich immer weniger schreibe. Überhaupt kann ich nur noch sehr wenige Dinge tun. Seit die Spinne schreibt und die vielen Dinge tut. Sie wird es schaffen, soviel steht fest. Aber daran wage ich gar nicht zu denken. Überhaupt kann ich kaum noch denken. Seit sie denkt. Bin ja schon recht froh, daß wenigstens dieser Tex

Ursula Gonnella

Rheinpromenade
oder das Düsseldorfer »Rheinverständnis« im Wandel

Nichts bezeugt den Sinnes- und Strukturwandel der Stadt Düsseldorf in den letzten dreißig Jahren besser als ein nachdenklicher Spaziergang am Rhein. Als ich vor mehr als dreißig Jahren nach Düsseldorf kam, freute ich mich auf eine Metropole am Rhein. Ich erwartete, daß sich hier am Rheinufer das lebendige städtische Leben, ähnlich wie in London oder Paris, am stärksten widerspiegelt.

Doch die Enttäuschung war groß. Die Düsseldorfer schienen sich ihrer herrlichen Lage am Rhein nicht sonderlich bewußt zu sein. Städtische Zentren waren die Königsallee und die Altstadt, jedoch ohne jede Anbindung an den Rhein. Eine Kneipe am Rheinufer, zumindest oben auf der Uferstraße war undenkbar, ebenso eine Verbindung zum Industriehafen, was sollte man da. Das schmale Rheinufer im Altstadtbereich, eine Hauptverkehrsader zwischen Nord und Süd, war ständig lärmumtost. Tröstlich waren allein die Steckrübenfahrzeuge im Herbst mit ihren Traktoren, die zwar den ganzen Verkehr lahmlegten, aber dennoch etwas Menschliches in die lärmende Verkehrswelt brachten.

Spazierengehen konnte man nur unterhalb der Uferstraße an den Anlegeplätzen der Passagierschiffe zwischen alten Gleisen. Das Areal des alten Hafens, der sogenannte Rheinort, war zugeschüttet und unbefestigt. Er diente als trübseliger Parkplatz oder manchmal als Kirmesplätzchen für die Herbst- oder Frühjahrskirmes. Die Pläne, dort einen modernen Rathausturm zu bauen, zerschlugen sich.

Rathaus und Schloßturm waren in einem ziemlich erbärmlichen Zustand, genauso wie das alte Planetarium, die heutige Tonhalle. Die alte Pfandleihanstalt, ein schönes Gebäude am Rhein, war sanierungsbedürftig und wartete auf eine angemessene Nutzung. Ebenso unattraktiv waren die Bauten des alten Messegeländes, heute ersetzt durch die modernen Bürohäuser der Victoria-Versicherungsgruppe. Mit den abweisenden Fassaden des Ehrenhof-Komplexes aus den zwanziger Jahren versöhnten nur die Rheinterrassen mit ihrem zauberhaften Biergarten, einem der schönsten Plätze am Rhein, den die Düsseldorfer zu bieten hatten.

Einzig die Gebäude des Regierungspräsidiums und des Oberlandesgerichts mit ihren damals altersgeschwärzten Fassaden ließen erkennen, daß die Preußen um die Jahrhundertwende sich auf das Rheinufer einließen, vielleicht aus vaterländischen Gründen. Die Cecilienallee, der Sitz des Oberlandesgerichtspräsidenten und die alte Staatskanzlei sind weitere Zeugnisse der preußischen Bauweise am Rhein.

Wer dann endlich am Rheinufer entlang bis zum Nordpark promenierte, sah dort ein wenig einladendes, reparaturbedürftiges imposantes Gebäude, aus der Zeit des Neoklassizismus, die ehemalige Neue Kunstakademie.

Einzig die Gebäude der Firma Mannesmann dokumentierten etwas Großstadtflair am Rheinufer; die Firma war mutig genug, sich dort anzusiedeln, während die sonstigen Verwaltungsbauten ihre Standorte im Zentrum der Stadt suchten.

Das waren in groben Zügen die tristen Eindrücke von der Stadt am Strom meiner ersten Düsseldorfer Jahre. Man hatte das Gefühl, Düsseldorf identifiziert sich in keiner Weise mit dem Rhein; er war zwar da, wurde aber nicht sonderlich beachtet.

In diesem Zusammenhang erscheint es mir ganz symptomatisch, daß die große Ausstellung »Der Rhein«, die zum 700jährigen Geburtstag der Stadt im Jahr 1988 geplant war und die zum zentralen Punkt der Jubiläumsfeierlichkeiten werden sollte, kläglich scheiterte.

Sie sollte Düsseldorfs Bezug zum Rhein dokumentieren. Die Stadt und ihre Bürger sollten lernen, mehr Selbstbewußtsein und Selbstverständnis als Stadt am Rhein zu bekunden. Die Lage am Strom sollte anläßlich des Stadtjubiläums in das zentrale Bewußtsein der Düsseldorfer gerückt werden. All diese Angaben von Beweggründen zeigten, daß allmählich das große Bewußtseinsdefizit, das die Stadt bezüglich ihrer Lage am Rhein hatte, erkannt wurde und zu Recht aufgearbeitet werden sollte.

Die Vorbereitungen dazu liefen schon Jahre vorher an. Es wurden eifrig Arbeitsgruppen gegründet, die Universität, die übrigens erst im Jubiläumsjahr 1988 nach Heinrich Heine benannt wurde, war in die Mitarbeit einbezogen. Andere Rheinstädte, wie Straßburg, bekundeten großes Interesse.

Durch meine Anfrage im Kulturausschuß 1984 wurde das Projekt zum ersten Mal öffentlich zur Kenntnis gebracht. Die Verwaltung wurde daraufhin beauftragt, alle nötigen Schritte zu unternehmen, um das Vorhaben in die Realisierungsphase zu bringen. Die weiteren Schritte endeten in einer angedachten Ausstellung mit einem Finanzvolumen von nunmehr vierzehn Millionen Mark, von denen die Stadt Düsseldorf acht Millionen übernehmen sollte. Man versuchte, das Projekt in reduzierter Form als Vorlage in den Rat einzubringen, natürlich in aller Hast und viel zu spät. Die klägliche Niederlage war vorprogrammiert, allein die SPD war für das Projekt. CDU, die Grünen und ein Mitglied unserer Fraktion, der FDP, stimmten dagegen, und so war die Ausstellung »Der Rhein« mehrheitlich sozusagen buchstäblich den Bach hinuntergegangen. Die Düsseldorfer konnten dann zum Trost in einem zum Stadtjubiläum erschienenen zweibändigen Werk mit den

Titeln »Der Rhein« und »Die Düssel« alles nachlesen. Ich denke, die Düssel siegte bedauerlicherweise auf der ganzen Linie.

Die Rheinpromenade heute, im Jahr 2001, sieht ganz anders aus. Die intensiven Bauphasen der siebziger, achtziger und neunziger Jahre haben das Gesicht des Rheinufers in kaum vorstellbarer Weise verändert und damit auch eine Bewußtseinsänderung der Düsseldorfer zu ihrem Strom bewirkt.

Die siebziger und achtziger Jahre

Auslösender Faktor der Veränderungen am Rheinufer war der Bau der neuen, 1972 eröffneten Messe. Die Architekten öffneten zum ersten Mal seit den zwanziger Jahren des letzten Jahrhunderts ein städtisches Gebäude zur Rheinfront. Es wurde dadurch natürlich noch mehr Verkehr an das Rheinufer gebracht, aber der erste Akzent »Düsseldorf, die Stadt am Rhein« wurde gesetzt.

Die mit der Messe verbundenen Verkehrsprobleme bewirkten den Neubau und spektakulären Querverschub der Oberkasseler Brücke. Ein Teil des frei gewordenen alten Messegeländes in der Rheinlage wurde 1979 an die Victoria Versicherungen verkauft. Diese errichteten auf dem Gelände einen signifikanten großen Neubau, 1986 fertiggestellt, der sich zum Rhein in monumentaler Weise öffnet. Auch hier wurde die Lage am Rheinufer bewußt als Gestaltungselement in die Planungen einbezogen. Ein anderer Teil des alten Messegeländes wurde zu einer bemerkenswert häßlichen aber teuren Stadthalle mit städtischen Mitteln in Millionenhöhe umgebaut.

In dieser Zeit, 1973, wurde im Kulturausschuß und Rat der Stadt das sogenannte Kulturbauprogramm beschlossen. Es beinhaltete die großen Umbaumaßnahmen und Umgruppierungen der Düsseldorfer Kulturinstitute, angefangen von der Tonhalle bis zum Neubau des Aquazoos im Nordpark. Zur Realisierung der Bauprojekte wurde eine gemischte Kommission, bestehend aus Mitgliedern des Bau- und Kulturausschusses eingesetzt, der ich als Mitglied angehörte. Für die Tonhalle wurde speziell die sogenannte Tonhallenkommission eingerichtet. Als erste Konsequenz des Kulturbauprogramms wurde in derselben Ratssitzung der Planungsauftrag für den Umbau des alten Planetariums erteilt, das zu dem in den zwanziger Jahren von dem Architekten Kreis entworfenen Ehrenhof-Komplex gehört.

Vorausgegangen war eine heftige Diskussion über den zukünftigen Standort eines neuen Konzerthauses, das keineswegs ursprünglich am Rhein errichtet werden sollte. Die Planungen der Stadt sahen vielmehr einen Neubau am Kennedydamm vor, für den kontinuierlich Gelder zurückgelegt wurden. Da warf Professor Hentrich den genialen Vorschlag in die Debatte, das bestehende Planetarium, einen der wichtigsten Bauten des Expressionismus, zu einem Konzertsaal, der jetzigen Tonhalle, umzubauen. Der Vorschlag setzte sich durch, und das Architekturbüro Hentrich und Petschnigg wurde mit dem Umbau beauftragt. Die Idee war eine geniale Verbindung zwischen Denkmalschutz, moderner Architektur und einer außergewöhnlichen Nutzung. Die Wirtschaft und viele Bürger waren bereit, für das Projekt zu spenden.

Die Eröffnung der Tonhalle 1978 war ein spektakuläres Ereignis. Dank der glücklichen Hand des Architekten wurde durch die behutsame Bewahrung der expressionistischen Innenarchitektur in Verbindung mit den Anforderungen eines modernen Konzertsaals ein großartiges Ensemble geschaffen, beispielhaft für den denkmalpflegerischen Umgang mit historischer Substanz. Die Tonhalle ist heute das Schmuckstück am Rheinufer, und wenn abends der kleine Stern auf der Kuppel leuchtet, dann freut sich ganz Düsseldorf. Das Bewußtsein der Düsseldorfer für ihr Rheinufer war geweckt.

Fast zehn Jahre später wurde das zweite große Projekt des Kulturbauprogramms am Rhein fertiggestellt: der Aquazoo im Nordpark, der anstelle der ehemaligen Neuen Kunstakademie errichtet wurde. Wir als die Mitglieder der Kulturbaukommission erkannten, daß in der Zeit der immer knapper werdenden Mittel die hohen Baukosten vom Rat nicht akzeptiert würden, außerdem kam das Problem des plötzlich einsturzgefährdeten Kunstmuseums dazu. Wir schlugen deshalb vor, das Projekt auf zwei Bauabschnitte zu verteilen. Damit wurden Gelder für die Sanierung des Kunstmuseums freigesetzt. Diese Version fand dann auch eine breite Mehrheit im Rat. Als der erste Bauabschnitt beendet war, argumentierten wir sehr überzeugend, daß es viel teurer sei, die Baustelle abzubauen und nach gewisser Zeit wieder aufzubauen, als jetzt sofort weiterzubauen. Der Rat hat sich diesen Argumenten nicht verschlossen. Der Aquazoo konnte 1987 eröffnet werden.

Nicht Bestandteil des Kulturbauprogramms und völlig unvorhergesehen war der plötzliche Handlungsbedarf zur Sanierung des Kunstmuseums am Ehrenhof. Auslösendes Element waren die Pläne zur Sanierung des Kunstpalastes. Die Erneuerung des völlig maroden Gebäudes war seit meiner Ratstätigkeit im Gespräch, die großem Umbau- oder Neubaupläne existierten schon lange. Es wurden mit viel Phantasie, Kreativität und Hingabe die verschiedensten Nutzungsentwürfe erarbeitet. Nach langen Streitigkeiten mit den Künstlern über den Inhalt wurde ein Stufenwettbewerb ausgeschrieben und in mühsamen, langdauernden Jury-Sitzungen durchgeführt. Sieger war das Architekturbüro HPP. Bei den ersten baulichen Untersuchungen wurde zum Erstaunen aller festgestellt, daß die Fundamente des Kunstpalastes wesentlich haltbarer und sicherer waren als die ebenfalls untersuchten Fundamente des Kunstmuseums. Man befürchtete im Fall Kunstmuseum sogar Gefahren für Museum und Besucher. So wurde dieses Museum kurzerhand im Herbst 1979 geschlossen und seine Ausstellungen in die Kunsthalle verlegt. Die Pläne für den Kunstpalast waren damit erst einmal gestorben.

Die Kosten der Sanierung kamen nun, neben den Kosten für einen Neubau des Aquazoos, auf die Stadt zu. Es entstand ein großer Streit zwischen CDU und SPD über die Priorität beider Institute. Die CDU war für das Kunstmuseum, die SPD für den Aquazoo. Nach längerem Hickhack wurden die Mittel salomonisch und friedlich aus den oben ausgeführten Gründen für beide Institute im Rat bewilligt. Im Jahr 1985 wurde das sanierte Kunstmuseum, um ein Zwischengeschoß und eine Cafeteria reicher, im neuen Glanz eröffnet. Die neue Pracht hielt gerade neun Jahre, dann wurde durch einen Brand 1994 der linke Seitenflügel erheblich beschädigt. Das Kunstmuseum mußte erneut für ein Jahr geschlossen werden.

In diesem Zusammenhang ein Wort zu den Künstlern und ihrem Bezug zum Rhein. Die Künstler entdeckten schon in den sechziger Jahren den Rhein für sich. Sie benutzten die damaligen Kasematten unterhalb des rauschenden Verkehrsstromes der Rheinuferstraße in den Gemäuern gegenüber den Anlegestellen der Passagierschiffe für Ausstellungen, als Ateliers oder als Treffpunkt. Dies war nur im Sommer möglich, da im Winter die Gefahr des Hochwassers drohte. Diese Idylle endete mit dem Beginn der Bauarbeiten für den Rheintunnel.

Als weitere Ausstellungsfläche nutzten die Künstler in dieser Zeit das alte, vom Krieg ziemlich mitgenommene ursprüngliche Hetjens-Museum neben dem Kunstmuseum. Nach einiger Zeit wurde dieses Gebäude unter großem Protest der Künstler abgerissen, nachdem es zuvor noch als Kindermalhaus des Kunstmuseums gedient hatte.

Ein spektakuläres Ereignis war 1973 die Rheinüberquerung von Joseph Beuys und dem Künstler Anatol in einem Einbaum, begleitet von einer Gruppe Rettungsschwimmer und der Wasserschutzpolizei.

Auch Harald Naegeli sorgte für Gesprächsstoff. Er ist meines Wissens der einzige Künstler, der es geschafft hat, daß seine Person zum Gegenstand einer Debatte im Düsseldorfer Stadtrat wurde.

Er hatte anläßlich des schrecklichen Chemieunglücks bei Sandoz in Basel im Jahr 1987 einen Pfeiler der Oberkasseler Brücke mit einem Fisch mit Totenkopf bemalt und wollte dieses Kunstwerk der Stadt schenken. Die schwierige Frage war nun, ob die Annahme dieses Geschenks, wie sonst üblich, auch eine Fürsorgepflicht zur Erhaltung des Kunstwerks beinhaltet. Es wurde munter diskutiert, bis das Argument fiel, daß die Kunst Naegelis auch ihre Vergänglichkeit beinhaltet und beim nächsten Hochwasser verschwindet. Die Schenkung wurde daraufhin mit großer Erleichterung angenommen.

Ein weiteres Signal am Rheinufer wurde durch den Bau des 1982 fertiggestellten Fernmeldeturms gesetzt, der die erste Verbindung zwischen dem Hafengelände und dem Bereich des Rheinufers der Altstadt herstellte. Die Rheinfront gewann allmählich ihr Gesicht.

In dieser Zeit fing man an, über den Abriß alter Gebäude, der in den fünfziger und sechziger Jahren ohne große Hemmungen vonstatten ging, nachzudenken. Man erinnerte sich wieder der Stadtgeschichte und bewertete die Denkmalpflege völlig neu. Es entstanden die ersten Entwürfe für ein Denkmalschutzgesetz in NRW, an denen ich für meine Fraktion mitgearbeitet habe. Auch in Düsseldorf entstand ein geschärftes Bewußtsein für die spärlichen Überreste der Vergangenheit.

So wurde Anfang der siebziger Jahre zum ersten Mal von der Bevölkerung gegen den geplanten Abriß der Jugendstilhäuser an der Berger Allee, einer Parallelstraße zum Rheinufer, zugunsten eines weiteren Hochhauses von Mannesmann protestiert. Es war die erste Bürgerinitiative in NRW. Als Ratsmitglieder erklärten sich nur der damalige OB Klaus Bungert, der Ratsherr Prof. Kalenborn (SPD) und ich mit ihr solidarisch.

Treffpunkt der heißen Debatten war der legendäre »Maximilian« in der Citadellstraße. Unser Einsatz war leider von wenig Erfolg gekrönt. Wir wurden im Rat und den politischen Gremien als hoffnungslose Kultur- und Denkmalromantiker verspottet. Mannesmann ließ sich dann doch noch erweichen und sparte wenigstens einige wenige Jugendstilfassaden von der Blockbebauung aus.

Weit schwieriger gestaltete sich die Diskussion über die Erweiterung des Landtages, der bis dahin seinen Sitz im alten Ständehaus am Schwanenspiegel hatte. Es gab nur zwei Lösungen: Entweder Umbau des Ständehauses oder völliger Neubau am Rhein. Nach heftigen Debatten gegen die geplante Umgestaltung des Ständehauses, Redeschlachten im Rat und nicht zuletzt wegen der drohenden Stimmen der »Düsseldorfer Jonges« zum Wohle des Denkmalschutzes siegten die Befürworter des Neubaus am Rheinufer, zu denen auch ich damals gehörte. So wurde das Ensemble am Schwanenspiegel zwar nicht angetastet, verfiel jedoch in einen Dornröschenschlaf, aus dem es vor der letzten Landtagswahl im 20. Jahrhundert zugunsten einer Nutzung durch die Kunstsammlung erweckt wurde. Der renovierte Bau soll im Jahr 2001 eingeweiht werden.

Rechtzeitig zum Stadtjubiläum 1988 wurde dann das neue Gebäude des Landtages fertiggestellt und bezogen. Ich habe dort einige Jahre für die FDP-Fraktion gearbeitet und bin nach wie vor von der schlichten Schönheit des Baus begeistert.

Wieder wurde die Ansicht des Rheinufers um ein entscheidendes Gebäude ergänzt. Düsseldorf lag jetzt tatsächlich und endgültig am Rhein, und die Pläne für eine Tieferlegung der verkehrsreichen Rheinuferstraße waren nur folgerichtig. Das Projekt wurde trotz der immensen Kosten, an denen sich Land und Bund beteiligten, im Rat der Stadt auf den Weg gebracht.

Parallel dazu kamen die Überlegungen zur Bebauung des zugeschütteten kleinen Hafengeländes in Gang. An der Realisierung dieses Projekts war zuerst die Gesellschaft »Neues Düsseldorf«, bestehend aus Mitgliedern der in Düsseldorf ansässigen Versicherungen und Banken, beteiligt. Die Bebauungspläne wurden dann in veränderter Form dem Bauausschuß vorgestellt. Die große Massierung der Gebäude auf relativ kleinem Raum verschlug allen erst einmal den Atem. Es kam zu Protesten. Insbesondere die Grünen wehrten sich gegen die enge Bebauung. Bei den Gründungsgrabungen wurden stadtgeschichtlich relevante Funde geborgen, unter anderem eine kleine Heiligenfigur. Daraufhin wurden die Arbeiten erst einmal eingestellt. Nach harten Kämpfen und Auseinandersetzungen fand der Vorschlag, den alten Sicherheitshafen in seinen Konturen wiederherzustellen und nur eine Randbebauung zuzulassen, eine Mehrheit im Rat. Zugleich wurde auch beschlossen, ein Gebäude für das Filmmuseum und für die Verwaltung des Hetjens-Museums an dieser Stelle zu errichten. Allerdings war für das Hetjens-Museum damit ein sehr negativer Nebeneffekt verbunden: die Ausstellungsräume der ständigen Sammlung, die sich im benachbarten Palais Nesselrode befinden, waren nunmehr nur noch durch den Keller erreichbar. Im Jahr 2000 wurde dieser Mißstand behoben: der Freundeskreis des Museums schaffte es, einen ebenerdigen Eingang zu bauen.

Die neuerliche Bebauung des alten Hafens wurde an einen Generalunternehmer vergeben und parallel zur Tieferlegung der Rheinuferstraße durchgeführt. Die Bebauung des kleinen Hafenbeckens ist leider im Gegensatz zu den jetzt entstandenen kühnen Bauwerken des Düsseldorfer Handelshafens ziemlich enttäuschend und spießig ausgefallen. Das stehende Wasser des Hafenbeckens ist nicht sehr attraktiv, und der alte Flußkahn, von der Verwaltung in einer Nacht- und Nebelaktion in das Becken gesetzt, viel zu groß.

Es ist mir unvergeßlich, als 1993 zum ersten Mal der Verkehr durch den Rheintunnel geleitet wurde und auf dem oberen Teil der Rheinuferstraße plötzlich absolute Stille eintrat.

Mit der Oberflächengestaltung der Rheinuferstraße wurde der Architekt Fritschi betraut. Man hatte jetzt das große Selbstbewußtsein gefunden. »Wir sind jetzt wer am Rhein und haben die Verpflichtung, alles so schön, großartig und nach Düsseldorfer Art zu gestalten.«

Man erzählte sich und anderen, die Ramblas im spanischen Barcelona seien die schönsten gepflasterten Promenaden, sicherlich nicht zu Unrecht. Also fuhren führende Politiker nach Barcelona zur Begutachtung und kamen mit spanischer Begeisterung erfüllt zurück mit dem Vorschlag, auch im nördlichen Düsseldorf eine spanische Ramblapflasterung auf die Rheinuferstraße zu legen – babyblau! Der Bauausschuß war sprachlos, die Presse hatte seitenweise zu schreiben, und die Gemüter erhitzten sich fast schon in spanischer Manier – hauptsächlich am Babyblau. Glücklicherweise konnten wir dann im Bauausschuß den Vorschlag in ein dezenteres Graublau umwandeln. Ebenso umstritten war die von Fritschi geplante Festbeleuchtung, die dann mangels finanzieller Möglichkeiten fallengelassen wurde.

Die Tieferlegung der Rheinuferstraße und die Neugestaltung der Oberfläche mit den gestutzten Platanen, den Cafés und Bistros hat Düsseldorf nun endgültig an den Rhein gebracht. Die große Treppe am Schloßturm ist inzwischen *der Treffpunkt* für Jung und Alt. Und manchmal kommt tatsächlich beim Promenieren ein leichtes spanisches Gefühl auf.

DIE NEUNZIGER JAHRE

In den neunziger Jahren erfolgte die bisher letzte und großartige Bereicherung der Rheinfront durch den markanten Victoria-Turm. Er wurde ein Wahrzeichen für die Stadt am Rhein, selbst vom Flugzeug aus gut zu sehen und besonders schön bei Dunkelheit mit seiner signifikanten, beleuchteten kühnen Spitze.

Die Stadt verkaufte dafür 1993 ihre Stadthalle an der Fischerstraße, nachdem kurz zuvor noch einmal ein städtischer Betrag in Millionenhöhe in erneute Renovierungen geflossen war. Mein schwäbisches sparsames Gemüt betrachtete dies als grobe Verschwendung öffentlicher Mittel. Ich äußerte in einer Anhörung bei der Victoria sehr direkt diese Meinung und war aus diesem Grund auch gegen den Verkauf. Wie kurzsichtig meine Betrachtungsweise war, sah ich ein, je mehr der neue, elegante und harmonische Bau wuchs. Der damalige Vorstandsvorsitzende der Victoria Versicherungen, Herr Dr. Jannott, war von meinen Ausführungen verständlicherweise nicht gerade begeistert. Inzwischen sind wir sehr freundschaftlich verbunden und arbeiten bestens zusammen im Vorstand des Freundeskreises des Hetjens-Museums.

Für den Erlös des Stadthallengeländes an der Fischerstraße wurde in einem sogenannten Hallenkonzept der neue Standort für die Stadthalle im Messebereich bestimmt. Der Radschlägersaal, der insbesondere von allen Brauchtumsvereinen dringend und lautstark gefordert wurde, sollte in einem umgebauten Saal der Rheinterrasse untergebracht werden. Vergebens wurde um den Erhalt der schönen alten Bäume in deren Biergarten gekämpft; die Lobby des Brauchtums war stärker. Die Bäume mußten weichen und wurden erbarmungslos gefällt. Es tut mir heute noch leid, daß es nicht gelungen, ist diesen Plan zu stoppen. Die Brauchtumsvereine sind dort jedenfalls bis auf ein paar Karnevalsveranstaltungen nie in Erscheinung getreten.

Zum Ende des zwanzigsten Jahrhunderts wurde auch das Problem des Kunstpalastes gelöst. Es wurde eine völlig neue Planung erstellt und vor allem eine neue Finanzierungsmöglichkeit durch die Beteiligung der Wirtschaft gefunden. Wie immer, so stand auch dieses Mal das Projekt unter heftigen Protesten der Künstlerschaft. Man darf gespannt sein, was für neue kulturelle Möglichkeiten nach seiner Fertigstellung am Rheinufer entstehen.

Zwei Punkte bedaure ich sehr: Es ist mir nicht gelungen, trotz hartnäckiger Anträge im Kulturausschuß, eine Skulpturenausstellung im Rheinpark ins Leben zu rufen. Alle dahin gehenden Bemühungen sind leider mehrfach gescheitert, obwohl dafür sogar im Etat des Kulturausschusses schon Finanzmittel bereitgestellt wurden.

Ebenso wurden meine Bemühungen um ein sommerliches Freiluftkonzert der Düsseldorfer Symphoniker nach Art der New Yorker Central Park Konzerte im Ehrenhof-Komplex nur vom damaligen Intendanten der Düsseldorfer Symphoniker, Herrn Dr. Gierth, begrüßt und unterstützt. Ich habe jedoch die Hoffnung nicht aufgegeben, daß diese Projekte irgendwann einmal doch noch verwirklicht werden.

Zusammenfassend bleibt festzustellen: Wenn man heute, im Jahr 2001, vom Ausgangspunkt des Rheinturms aus rheinabwärts promeniert, hat man die feste Gewißheit: die Düsseldorfer haben ihr Rheinverständnis gefunden. Am Landtag vorbeizuschlendern, das Leben auf der Rheinuferstraße genießend, vorbei am renovierten Rathaustrakt, am Schloßturm, an der Kunstakademie, die inzwischen auch das Gebäude der alten Pfandleihanstalt besitzt, vorbei an der Tonhalle, dem sanierten Kunstmuseum, den Bauten der Victoria Versicherung, den Rheinterrassen bis zum Aquazoo im Nordpark und zur Messe, das alles ist das Rheinufer einer Metropole am Rhein. Die Spaziergängerin kann sich jetzt zufrieden auf ein Mäuerchen am Rheinufer setzen.

Anmerkung

Für ihre Hilfsbereitschaft zu Auskünften und Informationen möchte ich mich bedanken bei Bernd Dieckmann, Dr. Edgar Jannott, Professor Heinz Kalenborn und Harald Naegeli.

Zeittafel

1972   Eröffnung der Neuen Messe
1973   Beschluß des sogenannten Kulturbauprogramms
1973   Rheinüberquerung von Joseph Beuys und Anatol im Einbaum

1978 Eröffnung der Tonhalle
1979 Schließung des Kunstmuseums
1982 Fertigstellung des Fernsehturms
1984 Veröffentlichung des geplanten aber nicht ausgeführten Ausstellungsprojektes »Der Rhein«, vorgesehen zum Stadtjubiläum.
1985 Wiedereröffnung des sanierten Kunstmuseums
1986 Fertigstellung des ersten Victoria-Gebäudes am Rhein
1987 Fertigstellung des Aquazoos im Nordpark
1987 Harald Naegeli schenkt der Stadt Düsseldorf sein Kunstwerk, gesprayt auf einen Pfeiler der Oberkasseler Brücke
1988 700jähriges Stadtjubiläum
1993 Fertigstellung des Rheinufertunnels
1994 Eröffnung des neuen Gebäudes für das Filmmuseum und Erweiterung Hetjens-Museum
1994 Brand des linken Seitenflügels des Kunstmuseums
1995 Wiedereröffnung des Kunstmuseums
1998 Fertigstellung des zweiten Victoria-Gebäudes mit dem ERGO-Turm

ESTHER BETZ

Die Blumenstraße und die Rheinische Post – Stationen einer Partnerschaft

Am Morgen nach der »Reichskristallnacht«, am 10. November 1938, sind meine Eltern von Essen nach Düsseldorf umgezogen. Nach gut zwei Dutzend Umzügen aufgrund der Verfolgung meines Vaters durch die Nationalsozialisten sollte Düsseldorf Endstation der unfreiwilligen Wanderschaft werden. Aber auch innerhalb Düsseldorfs mußten sie noch oft ein- und auspacken, nachdem die Wohnung in der Zietenstraße 1944 den Brandbomben zum Opfer gefallen war. Viele Straßen und Wohnbezirke Düsseldorfs lernte ich dabei kennen. Richtig zu Hause fühle ich mich jedoch auf der Blumenstraße.

Die Blumenstraße und die Rheinische Post sind eng miteinander verbunden. Jeder Schritt des einen Partners hatte Folgen für den anderen. Wie kam es zu dieser Schicksalsgemeinschaft?

Am 26. Februar 1946 übergab im Stahlhof an der Kasernenstraße Major-General W. H. A. Bishop acht deutschen Verlegern der Britischen Zone Lizenzen zu Zeitungsgründungen. Mein Vater, Dr. Anton Betz, Publizist von Grund auf, erhielt die Lizenz Nr. 12 zur Herausgabe der in Düsseldorf erscheinenden Tageszeitung »Rheinische Post«. Seine Mit-Lizenzträger waren der damalige Oberbürgermeister Düsseldorfs und spätere Ministerpräsident Karl Arnold, der Rechtsanwalt Dr. Erich Wenderoth und Dr. Friedrich Vogel, der wenig später das »Handelsblatt« gründete.

Der Hochstimmung des Neubeginns stand ein kaum zu bewältigender Nachkriegsalltag gegenüber. Die Rheinische Post begann mit dem Vermögenswert Null. Sie besaß nichts, kein Haus, keine Büros, keine Schreibmaschinen und erst recht keine Setz- und Druckmaschinen. Sie war völlig auf fremde Hilfe angewiesen. Das Verlagshaus Droste am Martin-Luther-Platz war zwar von Bomben schwer beschädigt, doch wieder bewohnbar. Dort konnten einige Büros gemietet und die Zeitung gedruckt werden. Die erste Nummer der Rheinischen Post erschien am 2. März 1946 mit vier Seiten zum Preis von 20 Reichspfennigen und hatte die Schlagzeile »Äußerste Anstrengungen zur Versorgung Deutschlands«.

Hunger, Kälte, Geldnot, Papiermangel und vielerlei Entbehrungen konnten das Wachstum des Neulings nicht hemmen. Die Zeitung faßte Tritt in ihrem großen Verbreitungsgebiet. Die Zahl der Mitarbeiter wuchs, und bald schon herrschte in den gemieteten Büros drangvolle Enge. Möglichst bald auf eigenen Füßen zu stehen, unabhängig zu werden – das war die Zukunftsvision der Gründer. Ein erster, entscheidender Schritt zu diesem Ziel war der mutige Entschluß, auf dem Ruinengrundstück der Firma Nommsen, Schadowstraße 11, ein Verlagshaus zu bauen. In 99 Tagen stand der Rohbau, Ende 1949 konnten alle Mitarbeiter – inzwischen waren es in Düsseldorf gut 200 geworden – die 85 neuen Büroräume beziehen. »Eine glückliche Lösung«, heißt es im Geschäftsbericht 1949, auch wenn der Bau »die flüssigen Mittel stark beansprucht« hatte.

Notgedrungen mußte die Rheinische Post an mehreren Orten in fremden Druckereien hergestellt werden. Damit waren viele Risiken verbunden. Nur ein eigener technischer Betrieb konnte Abhilfe schaffen. Noch bevor sich die Chance zum Bauen auf der Schadowstraße 11 ergeben hatte, weckte ein Grundstück auf der Blumenstraße größtes Interesse. Das Verwaltungsgebäude der »Völkischer Verlag GmbH«, Blumenstraße 16-18 (in diesem Verlag erschien bis kurz vor Kriegsende die »Rheinische Landeszeitung«), lag in Schutt und Asche. Verwalter des gesperrten Vermögens war, von der Militärregierung bestellt, Mitlizenzträger und Gesellschafter der Rheinischen Post, Dr. Erich Wenderoth. Im Mai 1948 schrieb ihm mein Vater, daß »wir uns ernstlich mit dem Gedanken tragen, im Zentrum der Stadt Düsseldorf ein Verlagsgebäude zu errichten« und daher die Chance ergreifen möchten, das Grundstück zu mieten. Der Mietvertrag wäre allerdings als Vorläufer »eines später vorzunehmenden Kaufvertrags« zu betrachten.

Erstaunlich rasch ging dieser Wunsch in Erfüllung. Schon am 23 Juni 1948 konnte der Mietvertrag zwischen dem Verwalter des Vermögens der »Völkischer Verlag GmbH« und der »Rheinischen Post GmbH« unterschrieben und von dem »Bezirksbeauftragten für gesperrte Vermögen beim Finanzminister des Landes Nordrhein-Westfalen« genehmigt werden. Mit diesem denkwürdigen Vertragsabschluß beginnt die Schicksalsgemeinschaft zwischen der Rheinischen Post und der Blumenstraße.

Der Weg zueinander war lang, mühevoll und mit Stolpersteinen gepflastert. Im Januar 1950 konnte auf der Blumenstraße eine Behelfsgarage für die Rheinische Post in Betrieb genommen werden. Doch schon gab es Streit mit dem Nachbarn von Nr. 14, weil die Firmenfahrzeuge angeblich dort parkten. Die »Wegeaufsichtsbehörde« der Stadt Düsseldorf schaltete sich ein: Es sei ein Verstoß gegen die Straßenverkehrsordnung, der strafrechtlich geahndet werden könne, den Bürgersteig Blumenstraße 16-18 mit Kraftfahrzeugen zu befahren, ohne daß die Einfahrt besonders befestigt worden sei. Zwei Jahre später sah das »Bauaufsichts- und Baulenkungsamt« die öffentliche Sicherheit durch die Ruinen des Grundstücks gefährdet und forderte die Mieterin auf, »die losen Putz- und Bauteile an der Vorderfront zu entfernen« und »die offenen Kellerlöcher auf dem Hof ... verkehrssicher abzudecken«.

Inzwischen war das Grundstück auf das Land Nordrhein-Westfalen übergegangen. Aus finanziellen Gründen wurde seitens der Rheinischen Post der Gedanke bevorzugt, das Grundstück im Erbbaurecht zu erwerben. Nun war der Finanzminister der neue Adressat. Ihm wurde die Notwendigkeit des Grundstückserwerbs für die politische und wirtschaftliche Unabhängigkeit der Zeitung eindringlich geschildert. Die Bitte »um wohlwollende Prüfung des Antrags« schloß mit der Ankündigung, »Ihnen innerhalb kürzester Zeit den Entwurf eines Erbbauvertrages« vorlegen zu können. Der Antrag war datiert auf den 23. April 1951 und von meinem Vater unterschrieben.

Wieviel aber würde das Grundstück kosten? Die Gutachter kamen zu unterschiedlichen Ergebnissen. Bei dem einen ergab die »Wertschätzung« DM 290.000,- bei dem anderen DM 256.000,- da in dem noch verbliebenen Mauerwerk und Kellerräumen aus der Zeit des einstigen Hotels Heck Nachteile für einen modernen Zweckbau vermutet wurden.

Interessant bei diesem Gutachten ist die Charakterisierung der Blumenstraße. So heißt es mit Datum 6. April 1950 im Gutachten des Bauingenieurs Hans Tüshaus: Die Blumenstraße liege zwar in unmittelbarer Nähe der verkehrsreichen und besten Geschäftsstraßen Königsallee und Schadowstraße, müsse aber ihnen gegenüber »als eine Art Seitenstraße angesprochen werden, und zwar in der Hauptsache als Zufahrtstraße zum Hauptbahnhof«. Leider werde sie »viel als Autoabstellstraße benutzt«; der Verkehr sei gering, da »der tote Martin-Luther-Platz und die Bismarckstraße keine Anregung für Kaufinteressenten« biete. Fazit: Das Grundstück, ungefähr in der Mitte zwischen dem Kreuzungspunkt von Schadowstraße und Königsallee, befinde sich »in einer verhältnismäßig noch recht guten Lage«.

Die Zeit drängte. Endlich, am 8. Dezember 1951, führte eine entscheidende Besprechung mit maßgeblichen Vertretern des Finanzministeriums zu »klaren Verhältnissen«: Der Erbbaurechtsvertrag wird zurückgezogen; die Rheinische Post wird ein Kaufangebot mit Angabe der Zahlungstermine vorlegen; die Regierung wird sich mit der Finanzbehörde wegen der Preisfestsetzung ins Benehmen setzen. Das Kaufangebot der Rheinischen Post vom 12. Dezember 1951 nannte als Preis den Betrag von DM 200.000,- der innerhalb einer Frist von vier Jahren abgegolten werden sollte. Die Behörden zeigten Wohlwollen. Bereits am 12. Februar 1952 gab der Finanzminister grünes Licht und ermächtigte den Regierungspräsidenten, den Kaufvertrag abzuschließen. Die Würfel waren gefallen! Die fünfjährige Geduldsprobe hatte ein glückliches Ende gefunden.

Nun konnte endlich mit dem Düsseldorfer Architekten Robert Gäs, der schon das Haus Schadowstraße 11 gebaut hatte, geplant werden. Nach umfangreicher »Enttrümmerung« und »Entschuttung« begannen die Bauarbeiten am 1. September 1953. Im Mai 1954 wurde der erste Bauabschnitt abgeschlossen. Das Vorderhaus bestand aus zwei Etagen mit Läden und Büros. Es wurde durch ein Notdach abgedeckt. Der Torso war keine Zierde, doch brachte er neues Leben in die Blumenstraße. Das Reisebüro der Rheinischen Post zog ein, und in den Rückgebäuden konnten die ersten eigenen Setzmaschinen aufgestellt werden. Im Keller wurde ein Papierlager eingerichtet; die Rollen konnten durch einen Verbindungsgang direkt zur Druckerei Droste weiterbewegt werden. Unvergeßlich das Verkehrschaos auf der Blumenstraße, wenn die tonnenschwere Fracht von den Lastwagen abgeladen wurde!

Die Atempause war von kurzer Dauer. Bald schon gab es Probleme mit dem Notdach, das der Witterung nicht standhielt. Obwohl das überraschende Kaufangebot für das Grundstück Schadowstraße 11 das Unternehmen stark belastete und Kredite notwendig machte, mußte das Haus fertiggestellt werden. Die Aufstockung um drei Etagen war im Frühjahr 1956 abgeschlossen. Die Hauptbuchhaltung und die Vertriebsabteilung konnten einziehen. Mehrere Geschosse waren mit dem Haus Schadowstraße 11 verbunden. Der Bau wirkte ausgeglichen; die in Sichtbeton gehaltenen Konstruktionsteile gaben ihm Leichtigkeit; mit dem hellen Grau des Betons harmonierten die emailweiß schimmernden konkaven Eternitschalen der Brüstungen und die in Englischrot gestrichenen Stahlfenster. Die Blumenstraße hatte einen interessanten baulichen Akzent bekommen.

Aus der Rheinischen Post war eine große Regionalzeitung geworden. Die »Rheinisch-Bergische Druckerei- und Verlagsgesellschaft mbH«, wie das Unternehmen inzwischen hieß, hatte ein stabiles wirtschaftliches Fundament und besaß eigene Grundstücke, Verlagshäuser, eigene Setzmaschinen, eine Akzidenzdruckerei, eigene Rotationsmaschinen und Beteiligungen. In eine neue Größenordnung führte 1970 – nach langjähriger Zusammenarbeit – die Verschmelzung mit der Droste Verlags- und Druckerei GmbH.

Am 11. Dezember 1984 starb mein Vater. Als ich im Frühjahr 1985 in seinem Büro in der Blumenstraße seinen Nachlaß sichtete und seinen Schreibtisch ausräumte, an dem er noch bis kurz vor seinem 90. Geburtstag – auch Sonntag morgens – saß, hatte das Unternehmen bereits die ersten Schritte in eine völlig neue Zukunft gewagt. Jetzt hieß es Abschied nehmen von der Gründungsperiode, Abschied nehmen von der großen Tradition der konventionellen Drucktechnik, Abschied nehmen von der Blumenstraße. Was war geschehen?

Schon Anfang der 70er Jahre hatte sich das Verlagshaus der Herausforderung der »elektronischen Revolution« gestellt. Der Siegeszug der Bildschirmgeräte, der Computer, des Licht- und Fotosatzes, der Datenverarbeitung und Rechner löste eine lange Periode des Planens und der Investitionen aus. Man mußte buchstäblich noch einmal von vorn anfangen. In dem Areal Schadowstraße-Blumenstraße-Martin-Luther-Platz waren die Möglichkeiten begrenzt. Man entschied sich für die »grüne Wiese«. So wuchs in generalstabsmäßiger Planung in Heerdt ein modernes Druck- und Medienzentrum heran: Zuerst 1973 das Druckzentrum, dann das RP-Haus für die Redaktion, danach das Rechenzentrum und schließlich das fünfzehnstöckige Pressehaus, das 1991 bezugsfertig war. Zug um Zug leerten sich die Gebäude in der Innenstadt. Das »Bleibergwerk« hatte ausgedient. Ein Kapitel Düsseldorfer Pressegeschichte ging zu Ende.

Ein kühler Oktobermorgen. Wir stehen in einer riesigen Baugrube. Nur die gegenüberliegende Seite der Blumenstraße ist zu sehen. Übrig geblieben, von Stahlstützen gehalten, ist nur das Teppichhaus Maessen. Verschwunden ist die erste Adresse Schadowstraße 11, das vertraute RP-Haus Blumenstraße 16-18, wie weggefegt das Fliesenhaus und die angrenzenden Geschäfte. Vor den Fensterhöhlen der Fassadenrückwand des Pressehauses Martin-Luther-Platz spielt eine Jazzband. Inmitten des Chaos herrscht Hochstimmung: Wir feiern die Grundsteinlegung der »Schadow-Arkaden«! Bauherrin ist die Rheinisch-Bergische Druckerei- und Verlagsgesellschaft, Architekt der Städteplaner und Erbauer der Kö-Galerie, Walter Brune. Es ist der 5. Oktober 1992.

Lange war ungewiß, was mit dem kostbaren Industriegrundstück in allerbester Geschäftslage Düsseldorfs geschehen würde. Vorsorglich waren im Verlauf der Jahre alle zum Kauf angebotenen Häuser auf der Blumenstraße von der Verlagsgesellschaft erworben worden, wohl wissend, daß der Kauf nur dazu diente, um später abreißen zu können. Ein ganzes Viertel war verödet. Erst als die Behörden der Stadt Düsseldorf grünes Licht für die Bauvoranfrage gaben, konnten die Gremien der Grundstückseignerin handfest planen und endgültig entscheiden.

Als die Schadow-Arkaden im September 1994 eröffnet wurden und Besucher wie Gäste spontan begeistert Besitz von ihnen ergriffen, hatte Düsseldorf ein neues, inzwischen viel beachtetes Einkaufs- und Kommunikationszentrum erhalten. Mit ihm gewann auch die Blumenstraße ein neues Aussehen. Fast die gesamte linke Straßenseite, an deren Beginn der dreißig Meter hohe gläserne Turm wie ein Scharnier Schadow- und Blumenstraße aneinander bindet und an deren Ende der hochragende Backsteinturm der Johanneskirche mit der großen Uhr hereinschaut, ist zur architektonisch gestaltreichen, mit rotbraunem Granit verkleideten Außenhaut der Schadow-Arkaden geworden. Der breite Bürgersteig lädt zum Verweilen ein. Sechs schlanke Ginkgobäume erinnern an den majestätischen Vorfahr aus der Frühzeit der Blumenstraße, dessen Stamm gegenüber, im Hof der Schrobsdorff'schen Buchhandlung zu bewundern ist. Wenn nun auch Günther Ueckers »Lichtplastik« – ein Geschenk des Verlages der Rheinischen Post und der Hypo-Vereinsbank – wie ein Baldachin Schadow-Arkaden und Kö-Passage miteinander verbinden wird, ist der Charakter der Blumenstraße unverwechselbar geworden.

Auch Verlag und Redaktion der Rheinischen Post haben sich auf ihrem angestammten Gelände wieder angesiedelt: mit der Geschäftsstelle, dem Ticket-Service, der Buchhandlung Droste und RP-Online, mit dem der Verlag erfolgreich ins Internet einstieg. Nach 17 Jahren des Exils konnte die Lokalredaktion von Düsseldorfs größter Zeitung endlich wieder in die Stadtmitte zurückkehren; sie hat die Adresse Blumenstraße 14.

Manfred Droste
Martin-Luther-Platz

Nein, ich schreibe nicht über die Niederrheinstraße, wo ich seit meiner Kindheit wohne. Es ist eine sehr lange Straße, vom Freiligrathplatz bis nach Kaiserswerth, eine Durchgangsstraße. Glücklich, wer wie wir, weit von ihr entfernt im Garten wohnen kann. Es ist eine Straße ohne städtischen und ohne ländlichen Charme. Sie wurde kürzlich noch verunziert durch eine ebenso gefährliche wie überflüssige Taxispur.

Ich schreibe über den *Martin-Luther-Platz*, wo ich im ehemaligen Pressehaus, den heutigen Schadow-Arkaden, seit den 50er Jahren mein Büro habe, und wo ich auch gleich daneben an der Klosterstraße zur Schule ging.

Er ist der absolute geographische Mittelpunkt von Düsseldorf: 51°13'32" nördlicher Breite und 6°46'58" östlicher Länge. Wenn man die Stadt mit ihren Umrissen aus Pappe oder Holz ausschneiden würde und wie ein Mobile ins Gleichgewicht bringen wollte, müßte man hier die Öse anbringen, und zwar genau an der Johanneskirche. Sie steht seit 1881 in der Mitte des Platzes, der bis 1934 Königsplatz hieß, und früher von gutbürgerlichen Wohnhäusern umstanden war. Man konnte von dort durch die Königstraße zur Königsallee gehen. So wurde der Herrscher dreifach geehrt.

Die Johanneskirche ist die größte Kirche der Stadt. Aber die Gemeinde ist klein, denn in der Innenstadt wohnen nur noch wenige Leute. So hat Pfarrer Thorsten Nolting eine *Kirche in der City* daraus gemacht, in der Konzerte, Lesungen und Ausstellungen stattfinden, in der jedermann willkommen ist, und in der es sogar ein Kirchencafé gibt. Auf der großen Beckerath-Orgel spielte viele Jahre Almut Rößler, ihre Messiaen-Feste seit 1968 wurden berühmt.

Der Luftangriff Pfingsten 1943, der die Düsseldorfer Innenstadt weitgehend zerstörte, beschädigte auch die Johanneskirche erheblich. In den 50er Jahren wurde sie etwas vereinfacht und leicht modernisiert wieder aufgebaut. Zwei betende Engel, die beim Angriff von den Giebeln gestürzt waren und lange Zeit in Kaiserswerth ein Zwischenquartier gefunden hatten, wurden 1994 vor der Kirche aufgestellt und erinnern – einem fehlt der Kopf – an die schlimmen Zeiten.

Gegenüber dem Haupteingang der Johanneskirche liegt der schöne klassizistische Bau, der das Justizministerium des Landes Nordrhein-Westfalen beherbergt. Er stammt aus den 60er Jahren des Neunzehnten Jahrhunderts und diente früher hauptsächlich der Strafjustiz. Obwohl das Gebäude – eine

Justizministerin ließ es zartrosa anstreichen – einen freundlichen Eindruck macht, zittern auch heute noch Leute vor seinem Anblick, junge Juristen, die sich hier den Prüfungen zum Zweiten Staatsexamen stellen.

Auf der Rasenfläche davor wurden nach dem Kriege Denkmäler aufgestellt, die früher die Alleestraße, später Hindenburgwall, heute Heinrich-Heine-Allee, zierten. Sie passen so gut in den Raum zwischen Kirche und Justizgebäude, als hätten sie schon immer da gestanden. Sie waren nicht immer gut angesehen. Nach dem Kriege wurden Stimmen laut: »Weg mit dem Raubvogelpack am Hindenburgwall«.

Kaiser Wilhelm I. zu Pferde, 1896 vom Bildhauer Karl Janssen geschaffen, wird von zwei geflügelten Genien begleitet. Zu seinen Füßen breitet ein Adler seine Schwingen aus.

Das Bismarckdenkmal von 1899 enthält nichts Geflügeltes. Zu Füßen des Eisernen Kanzlers mit Pickelhaube sitzen eine vollbusige Verehrerin, die Industrie darstellend, und ein antiker Krieger.

Es waren ursprünglich drei Denkmäler, aber das Moltkedenkmal hat den Krieg nicht überstanden. Am Martin-Luther-Platz kann man davon nur noch den Sockel mit den Sockelfiguren besichtigen, einen Schmiedemeister mit seinem Lehrling, der ein Schwert in der Hand hält.

Im Laufe der Zeit sind in der unmittelbaren Nähe modernere Skulpturen hinzugekommen. Ein Brunnen von Friederich Werthmann, in einem idyllischen Bereich neben der Kirche, wo Wasser in einer filigranen Metallkugel zerstäubt. Die »Raumsäulen« von Erich Hauser vor der Industrie- und Handelskammer und eine Edelstahlskulptur von Friedrich Becker, die in abstrakter Form an die Düsseldorfer Radschläger erinnert.

Seit der Stadtplaner Prof. Tamms nach dem Kriege die Berliner Allee anlegen ließ mitsamt der Hochstraße, die von Norden her in sie einmündet und auch zur Immermannstraße Richtung Bahnhof führt, ist der Martin-Luther-Platz wesentlich größer geworden als er früher war. Ich beschreibe den Platz so, wie er sich jetzt darstellt, auch wenn Gebäude, die ihn umgeben, postalisch zur Berliner Allee oder zum Ernst-Schneider-Platz gehören.

Die Industrie- und Handelskammer und die Rheinisch-Westfälische Börse, entworfen von den Architekten Gutschow und Nissen, bilden ein schönes Ensemble. Im Zeitalter der elektronischen Kommunikation wird der Börsensaal, in dem lautstark Wertpapiere gehandelt wurden, nicht mehr benötigt. Ein Umbau steht bevor. Zu hoffen ist, daß die Harmonie der miteinander verbundenen Gebäude bestehen bleibt. Die Bauten entstanden Mitte der 50er Jahre teilweise auf dem Gelände des ehemaligen Hindenburg-Gymnasiums – früher Städtisches Gymnasium, dessen Tradition heute das Humboldt-Gymnasium an anderer Stelle fortsetzt. Die Platanen auf der Grünfläche davor gehörten zum Schulhof. Dort mußten wir in den für Sport vorgesehenen Stunden, in Ermangelung qualifizierter Sportlehrer – die jungen Lehrer waren Anfang des Krieges bereits eingezogen –, Völkerball spielen. Eine ziemlich langweilige und staubige Angelegenheit. Der Direktor der Schule hieß Dr. Ellenbeck. Ein hochgewachsener Mann mit Adlernase und Adlerblick, der seit Kriegsbeginn nur noch in Offiziersuniform, auf der Brust das EK I aus dem Ersten Weltkrieg, anzutreffen war. Unser Klassenlehrer Herzogenrath gab Deutschunterricht und weckte in mir die Freude an Gedichten und am Theater. Als Vorsitzender des Literarischen Vereins organisierte er Schüleraufführungen. »Was ihr wollt« von Shakespeare mit Oberklasseschülern und hübschen, begabten Schülerinnen aus der Luisen-Schule fand ich hinreißend gut. Ich selbst durfte die Hauptrolle in einem rustikalen Schwank, »Die Gans« von Steguweit, spielen, der dem weniger fortgeschrittenen Alter meiner Klasse entsprach. Vom Umfeld der Schule blieb mir in Erinnerung die Droste Buchhandlung mit Herrn Krusinger, bei dem wir unsere Schulbücher bezogen, die kleine Bäckerei, wo man für fünf Pfennige ein Rosinenbrötchen, ein sogenanntes Mürbchen, kaufte, wenn man das Schulbrot vergessen hatte, und der Lebensmittelladen Peter Reuther, dessen Auslagen alle Gemüse und Früchte der Jahreszeiten zeigten. Schließlich auch der populäre Schadow-Keller, der für sein preisgünstiges und deftiges Essen bekannt war. Nach dem Krieg beherbergte der Schadow-Keller, der in der Zeit der Lebensmittelkarten kaum noch Speisen bieten konnte, eines der vielen in dieser Zeit entstandenen politisch literarischen Kabaretts.

Düster ist die Erinnerung an den Tag nach der Pogromnacht im November 1938. An der Eckstraße – zwischen Marienstraße und Klosterstraße – hatte man aus der Wohnung eines jüdischen Arztes die Möbel, auch ein Klavier war dabei, aus den Fenstern geworfen. Es lag Brandgeruch in der Luft von den schwelenden Trümmern der Synagoge an der Kasernenstraße. Auf der Königsallee sahen wir zerschlagene Schaufenster und Frauen, die dabei waren, zwischen den Scherben Gegenstände zu bergen, ohne zu den Gaffern aufzusehen.

Die Eckstraße gibt es heute nicht mehr. Der Platz wurde größer. Die Bauten wurden größer. So entstand neben der Börse der große Bau der Landeszentralbank in würdiger Schlichtheit, schwarz und schweigend. Und weitere Gebäude verdienen Erwähnung: die Simonbank, heute Vereinsbank, an der Ecke Königstraße und Blumenstraße, gut eingepaßt in die Umgebung aus dunklem Metall und dunklem Glas; das Defries-Haus gegenüber, eines der wenigen erhaltenen Vorkriegshäuser. Der helle Werkstein wurde sorgfältig restauriert, schön gegliedert und mit Reliefs verziert.

Am anderen Ende der Zeile, Ecke Schadowstraße, entsteht zur Zeit ein vielversprechender Neubau, entworfen vom amerikanischen Architekten Richard Meier, für Peek & Cloppenburg.

Last but not least ist vom Pressehaus zu berichten, erbaut 1926 von den Architekten Tietmann + Haake ehemaligen Mitarbeitern von Wilhelm Kreis, das eine deutliche stilistische Verwandtschaft mit dem von Kreis kurz vorher erbauten Wilhelm-Marx-Haus aufweist. Backstein, gegliedert durch Werksteinpfeiler. Die Fassade mit dem Treppengiebel wurde in die neu erbauten Schadow-Arkaden integriert. Der von Bernhard Pfau zeitlos modern gestaltete Anbau von 1937 besteht allerdings nicht mehr. Er hatte den Krieg überstanden, während das Pressehaus mit den Hintergebäuden der Druckerei zu 80% zerstört war. Immerhin konnten auch nach den Bombenangriffen hier Zeitungen gedruckt werden, da die Zerstörungskraft der Bomben nicht bis ins Erdgeschoß, wo die Rotationsmaschinen standen, und in den Keller, wohin die Setzerei verlagert worden war, reichten. So war das Pressehaus eine Keimzelle der neuen Zeitungen nach dem Kriege: *Rheinische Post*, *Handelsblatt*, *Industriekurier*, *Freies Volk*. Später verschwand das für die Kommunisten lizensierte *Freie Volk*, und der wiedergegründete *Mittag* kam hinzu, einige Jahre darauf ergänzt durch eine leicht geschürzte Tochter, die Boulevardzeitung *Spätausgabe*. Bis 1974 – bis zur Errichtung des neuen Betriebes in Heerdt – wurden hier Zeitungen gedruckt. Redaktionen, Setzerei und Verlag blieben noch länger am Martin-Luther-Platz bis zum totalen Abriß und zum Neubau der Schadow-Arkaden, die unter der Leitung des Architekten Walter Brune entstanden und im September 1994 eröffnet wurden.

Die journalistische und verlegerische Arbeit galt der Vermittlung des Geschehens in der Welt, im Lande und in der Stadt. Manchmal aber auch wurde ganz Naheliegendes ins Auge gefaßt. So ließ es sich Wilhelm Kranefeld, der Lokalchef des *Mittag* nicht nehmen, alljährlich im Frühling ein Feuilleton über die vor dem Pressehaus blühenden Trompetenbäume (Catalpa) zu schreiben, die, obwohl exotischer Herkunft, sowohl den Krieg als auch die weitgehende Zupflasterung der umgebenden Flächen überstanden haben und heute noch stehen.

Es gibt auch sonst noch viele Bäume auf dem Martin-Luther-Platz, und sein Pflaster ist kein totes Pflaster. Besonders lebendig ist es vor den Schadow-Arkaden, wenn das Wetter die Nutzung der Tische und Bänke vor dem *Poccino* zuläßt, aus dessen geöffneten Türen italienische Arien schallen.

Ans Pressehaus binden mich nicht nur berufliche Erinnerungen. Mit meinen Eltern habe ich dort auch gewohnt. Zunächst sehr provisorisch, später in einer wieder aufgebauten oberen Etage. Haus und Garten an der Niederrheinstraße waren bis 1950 von der Besatzungsmacht beschlagnahmt. Von den Flächen des Martin-Luther-Platzes waren die meisten Trümmer geräumt. Vielfaches Unkraut blühte zu den Jahreszeiten. Der Verkehr war gering, sodaß Tschang, der Chow-Chow meines Vaters, stundenlang durch die Gegend streunen konnte, ohne in Gefahr zu geraten. Eher war er für andere Rüden eine Gefahr. Sein besonderer Feind war der Terrier der Gaststätte *Zum alten Fritz* an der Ecke Königstraße, der an Kampfkraft möglicherweise überlegen war, unserem Tschang allerdings nichts anhaben konnte, weil kein Biß sein dickes Fell durchdrang.

An den Umlandcharakter der frühen Nachkriegszeit erinnert heute die Fläche mit den stillgelegten Gleisen, wo die Verwaltungs- und Gestaltungskraft der Stadt noch nicht hinreichte, wo sich ungestört Unkraut breit macht und Unrat liegen bleibt.

Das paßt nicht in eine wohlgeordnete Stadt. Eher paßt dazu der von Tita Giese initiierte »freiwillige« Wildwuchs auf einigen Flächen neben der Hochstraße: hohe Gräser, Bambus, auch Großblättriges. Das trägt zur Vielfalt des Platzes bei, einem lebendigen Mittelpunkt der Stadt Düsseldorf.

OTTO VOWINCKEL

Halbe Wahrheiten im Schatten

In den Schatten-Arkaden sei sie gewesen, zum Einkaufen, sagte mir eine junge Dame. Das klang ein wenig geheimnisvoll, nach Schatten eben und Dunkelheit und machte mich neugierig. Die Einkäufe der jungen Dame dagegen interessierten mich weniger, und ich dachte darüber nach, daß Arkaden doch ohnehin Schatten spenden. Wozu also diese Bezeichnung *Schatten-Arkaden*? Die Frage stellte ich mir aber erst später, so wie alles, was ich hier erzähle, nur die halbe Wahrheit ist. Zuerst war ich amüsiert, höchst amüsiert sogar, denn ich wußte natürlich gleich, was sie meinte, im Gegensatz zu Ihnen hoffentlich.

In den Schatten-Arkaden sei sie gewesen, so hatte es die junge Dame nämlich nicht gesagt. Ich gab es hier so wieder, weil ich versuchen wollte, Sie mit diesem Schatten hinters Licht zu führen, die Geschichte ein wenig spannender zu machen. Aber die Düsseldorfer haben mein Schattenspiel wahrscheinlich bereits durchschaut.

Ich könnte noch behaupten, ich hätte die junge Dame von Schatten-Arkaden sprechen lassen, da ich mich immer bemühe, den Gebrauch unnötiger oder gar irreführender Anglizismen zu vermeiden. Damit könnten aber auch Nicht-Düsseldorfer meinen kleinen Trick durchschauen, wenn sie ein wenig kombinieren und kunsthistorisch interessiert sind.

Die junge Dame hatte nicht *Schatten-Arkaden* gesagt, sondern *Shadow-Arkaden*, phonetisch wiedergegeben: *Schädo*-Arkaden. Den Künstler Schadow kannte sie anscheinend nicht. Da fragte ich mich und dann auch die junge Dame, ob sie den Namen gelesen hätte. Nein, sie glaubte nicht, sie hätte ihn von anderen gehört.

Sie war also, und jetzt will ich versuchen, das mit dem Schatten von allen Seiten zu beleuchten, nicht verdächtig, anzunehmen, man schriebe *shadow* mit s-c-h. Aber irgendeiner mußte doch damit angefangen haben, aus dem geschriebenen *Schadow* einen gesprochenen *Schädo* zu machen, und der war entweder jemand, der tatsächlich glaubte, man schriebe *shadow* mit s-c-h und verband die Arkaden mit dem Schatten, oder er meinte, Schadow, pardon Schädo sei der Name irgend eines Engländers oder Amerikaners oder, noch besser, der Name eines englischen oder amerikanischen Künstlers und das wäre immerhin zur Hälfte richtig, eine Halbwahrheit und ein mathematisch genauer Beleg für das, was man Halbbildung nennt.

Jedenfalls war derjenige, oder diejenige gar nicht erst auf die Idee gekommen, Schadow könnte ein Name sein, der aus Brandenburg stammt, mit dem typischen *o* und stummen *w* am Ende, wer dieser Schadow auch war.

Ich habe das jetzt ausreichend, wenn nicht schon zu hell, beleuchtet. Aber bitte, wenn es Sie stört, habe ich etwa mit dem Durcheinander angefangen?

Zurück zu der jungen Dame. Sie hatte mir noch erzählt, sie ginge am Abend wieder zum Kalligraphiekurs in die Volkshochschule. Das interessierte mich, und wir sprachen über Bandzug- und Redisfedern, Eisengallustinte und den Charakter von Schriften.

Weil ich nun meinte, bei der jungen Dame auf ein gewisses Interesse an Gestaltung im weitesten Sinne schließen zu dürfen und sowieso besser Lehrer geworden wäre, statt Architekt oder am besten Architekturlehrer, wie mein Freund Klaus, sagte ich der jungen Dame, daß Wilhelm von Schadow Maler war, lange Zeit Direktor der Düsseldorfer Kunstakademie im 19. Jahrhundert und Sohn des Bildhauers Johann Gottfried Schadow. Viel mehr wußte ich auch nicht.

Habe ich nicht Bildung gerade noch gönnerhaft jemandem zur Hälfte zugestanden und zur anderen hochnäsig abgesprochen? Und wie stand es bei mir? Da müßten Sie mal Klaus hören: Der weiß alles! Sicher auch über Schadows. Aber was ich wußte, hatte der jungen Dame ja für den Anfang genügt.

Sie fragte mich treuherzig, ob es eine große Bildungslücke sei, nicht zu wissen, wer dieser Schadow war. Ich beruhigte sie, es sei zum Beispiel heute eine größere Bildungslücke, anzunehmen, man schriebe *shadow* mit *s-c-h* – aber nein, das ist schon wieder eine halbe Wahrheit – ich dachte es nur, da ich nicht sicher war, daß die junge Dame das Wort Schadow nicht doch gelesen hatte.

Meiner schreibkundigen Freundin Alla, sie ist die Frau von Klaus, las ich diesen Text vor, den ich eigentlich für abgeschlossen hielt. Sie sagte aber, es fehle ein »literarischer Schluß«, wie sie sich ausdrückte. Ich könne doch die junge Dame zunächst auf die Schadowbüste vor diesen Arkaden aufmerksam machen.

Die gibt es hier aber gar nicht, Arkaden meine ich, nämlich offene Bogengänge. Das ganze bauliche Ensemble hätte man besser Schadow–Galerie genannt. Diese Bezeichnung war aber durch die benachbarte Kö–Galerie schon besetzt. So mußte wieder eine Halbwahrheit her. Das »Schadow« stimmt dafür doppelt, durch die Lage an der Schadowstraße und am Schadowplatz. Seine Bronzebüste steht auf einem imposanten Steinsockel, und Schadow sieht ein bißchen aus wie Goethe, finde ich.

Alla schlug weiter vor, ich könne doch die junge Dame eine Rose niederlegen lassen am Fuße des Denkmals bei ihrem nächsten Besuch der sogenannten Schadow-Arkaden, zur Ehrung und endgültigen Kenntnisnahme, so verstand ich es, und, damit ich einen guten Schluß finde. Aber für den ist es jetzt sowieso zu spät, da ich alles ausgeplaudert und die junge Dame aus den Augen verloren habe.

Trotzdem will ich die Idee mit der Rose in anderer Weise aufgreifen und am Ende doch noch eine ganze Wahrheit ans Licht bringen.

Diese Rose hier, das können Sie mir glauben, diese Rose ist eine Rose, und ich lege sie eigenhändig und tatsächlich im Schatten von Schadows Denkmal nieder.

HANNS FRIEDRICHS

Diese Straße verlangt von dir, etwas an deinem Outfit zu tun

Das ist die Straße, die ich liebe und auf der ich mich wohlfühle, obwohl ich Stationen in dieser Stadt an vielen anderen Straßen erlebt habe. Wie die Graf-Adolf-Straße, bei der ich heute sehr nachdenklich werde, wenn ich an die Zeit vor 30 Jahren denke; daran, wie die Graf-Adolf-Straße einmal war. Ich hatte mein Atelier an dieser Straße, und alles war pulsierendes Leben.

Wer vom Bahnhof in die Innenstadt ging, der ging über die Graf-Adolf-Straße. Und diese Straße hat heute nicht mehr annähernd das, was sie damals allen Ankommenden in dieser Stadt gegeben hat. Sie war lebendig, man merkte den Aufbauwillen; und man merkte, daß diese Straße für Düsseldorf der Übergang zur Königsallee war. Es war eine breite, zweiseitig begehbare Straße mit etwa gleich starken Komponenten, die Vielfalt der Geschäfte war ungleich größer als auf der Kö. Auf der Graf-Adolf-Straße konnte man flanieren, kaufen, einkehren. Es war eine volkstümliche Straße, auf der der Düsseldorfer sich wohlfühlte. Man ging einfach entlang und freute sich auf die Königsallee. Das war die Straße, die ich mal geliebt habe. Heute habe ich kein Verhältnis mehr zu ihr: Sie endete, wie der Stummfilm endete, als der Tonfilm kam.

Die Graf-Adolf-Straße hat ganz sachte hingeführt zur Kö, die sich schon damals hin zu dem Luxus bewegte, den sie heute perfektioniert hat. Und doch entwickelte sich bald dieses Königsallee-Denken: Wir fahren nach Düsseldorf hieß, wir fahren auf die Kö. Und die Leute, die auf der Kö am meisten – ein typisch Düsseldorfer Ausdruck – aufgemotzt waren, die waren gar keine Düsseldorfer.

Da war diese ketzerische Beschreibung, der Düsseldorfer ist ein mit Seide bezogener Misthaufen. Aber das war ein Fehlurteil, die Aufgemotztesten waren die aus dem Bergischen Land. Das waren Leute, die mit dem falsch verstandenen Gefühl des Provinz-Schicks kamen. Ich habe immer gesagt, wenn man die Düsseldorfer angreift, weil sie im Vergleich zu den Kölner oberflächlich seien, dann ist das gelogen. Meine Düsseldorferin war immer eine korrekte Kundin: nie irgendwo halbseiden, nie das Gefühl, außer der Kohle kommt nichts.

Die 1950er und 1960er Jahre hielt die Kö trotz des Aufbaus einen Dornröschenschlaf. Die Geschäfte wiegten sich in Sicherheit: Ich bin auf der Kö, das genügt, da muß ich mich um nichts mehr bemühen. Eines Tages wurde die Straße geweckt, und sie erlebte eine Explosion der Mode. Da waren einige gezwungen, ihren Stiefel mal umzudrehen.

Auch die Königsallee hatte trotz ihrer Berühmtheit einen Niedergang. In den 1970er Jahren änderte sich der Tagesablauf der Menschen, was ihre Vergnügungen betraf. Die Zeit des Café-Gehens war vorbei, die berühmten Cafés waren nicht mehr das, was sie einmal waren, und das *Tabaris* mit Varieté und Kabarett trug sich nicht mehr.

Die Hausbesitzer stellten fest, daß sie mit hochkarätigen Pächtern mehr Geld machen können. Es galt nicht mehr, die Ethik der Straße zu bewahren, sondern es mußte einfach nur noch Geld her. Auf einmal wurden Räume an der Kö an Unternehmen vermietet, die nicht hierher paßten. Das *Café Bittner* ist weg, das *Café Weitz* ist weg, das *Café Hemeshat* ist weg – drei berühmte Treffpunkte der normalen Düsseldorfer. Die Atmosphäre der Caféhäuser auf der Kö ist Vergangenheit.

Fast hätte die Kö das Niveau der schönen Flaniermeile verloren, der schönen Straße, die man von nah und fern besuchen wollte. Plötzlich hat sich aber das Rad gedreht, und es gab wirklich nur noch gute Geschäfte. Die Läden werden immer eleganter, moderner, schöner. Nur das Publikum nicht. Wenn man auf der Kö steht, fragt mach sich: »Was wollen diese Leute eigentlich hier?« Natürlich leben wir in einem Zeitalter des bequemen Seins. Ich kann die Kö nicht als Laufsteg des guten Geschmacks bezeichnen. In den Geschäften gibt es wunderbare Auslagen, tolle Dekorateure, da kann man wirklich sehen, was sich da tut. Aber dieses Kauf-Mich-, dieses Nimm-Mich-Gefühl, das die Läden und Dekorateure vermitteln, das steht in keinem Verhältnis zum Publikum, das vorbei geht.

Früher, da gab man sich Mühe, auf der Kö schön auszusehen. Manchmal war es fast komisch. Eines Tages kam eine Frau zu mir, eine der berühmten und eine der schicksten Frauen Düsseldorfs, und sagte: »Hör mal, an dem Kleid muß was nicht in Ordnung sein, es hat sich keiner umgedreht.« Das ist es. Früher bist du auf die Kö gegangen mit dem Gefühl, das ist die Flaniermeile, hier möchte ich bestehen. Und du warst einfach schick. Das ist vorbei.

Im Grunde hat sich alles demokratisiert. Du hast heute eine supermodern eingerichtete Wohnung, die hat genau so gut Stil wie eine Wohnung voller Antiquitäten. Du kannst genau so gut Stuck an den Decken und dazu geraffte Seidengardinen haben, wie du in kargen Wänden lebst mit irgend einem modernen Bild an der Wand. Das Muß des Zeitgeists, das gibt es nicht mehr. Wenn du dich wohlfühlst und selbstsicher bist in dem, was du ausstrahlst, mit dem was du tust und trägst, dann ist das richtig. Keiner ist verkehrt.

Es gibt in allen Städten, die Tradition und Zukunftsdenken vereinen, immer wieder Stellen, an denen man »Wow« sagt, wenn man etwas schönes

Neues entdeckt. Man geht über die Straßen, die Straßen die man liebt, die Straßen, auf denen man alles findet, was Düsseldorf so lebenswert macht, und dann schaut man nach oben und sieht moderne, hohe Gebäude und hat das Gefühl, vielleicht hat diese Stadt doch so einen kleinen Tick von New York bekommen.

Ich könnte mir vorstellen, wenn ich mich zur Ruhe setze, daß ich auf der Königsallee mit viel Liebe verweilen könnte und irgendwo, wenn noch ein Café da ist, morgens meinen Kaffee dort trinke und vielleicht Freunde treffe. Oder ich sitze auf der Seite, dort, wo die Bänke stehen und schaue den kleinen Enten zu und dem, was sich sonst noch so abspielt auf diesem kurzen Kö-Graben. Und dann denke ich an diesen kleinen Punkt am Ende der Königsallee, dort, wo es zur Graf-Adolf-Straße geht, an der Brücke. Hier habe ich mein allererstes Foto mit einem Modell gemacht, als ich nach Düsseldorf kam. Ich habe dieses Foto noch, und als ich vor zwei Jahrzehnten gefragt wurde, was mein liebster Punkt in der Stadt ist, habe ich diesen Ort genannt. Dort sollte ein neues Foto entstehen: »Mein liebster Platz in Düsseldorf.« Als wir dahin kamen, um dieses Foto zu machen, saß auf einer Bank ein dösender Clochard, und da hatten wir die Idee, ihn mit aufs Bild zu nehmen.

Als kleines Dankeschön boten wir ihm an, ein Glas Champagner mit uns zu trinken. Er hat die Flasche genommen und gesagt: »Dieser Champagner ist nicht kalt genug.« Dann hat er ihn an eine Schnur gebunden und ihn in den Graben runtergelassen. »Gut, daß das Wasser kalt ist, den wollen wir erst einmal kühlen.«

Albert Eickhoff
Zauberformel aus zwei Buchstaben: KÖ

DÜSSELDORF – das Dorf an der Düssel: Es hat seinen Weg zur Metropole nicht mit lärmenden Programmen, politischen Ansprüchen oder schrillen Happenings gemacht. Wohl aber mit rheinischer Heiterkeit, die von den Uferwiesen in Oberkassel und von den Schafherden, die dort weiden, wohltuend hereinweht – bis auf den Prachtboulevard, wo die Schönen so locker und fröhlich flanieren wie kaum irgendwo.

Wer in Deutschland zum reisenden Business gehört, wird auf der Kö seine Schritte mäßigen: Zu viele Grüße sind auszutauschen, so viele bekannte Gesichter tauchen im Strom der Vorbeiziehenden auf, daß die inneren Uhren den Sekundentakt aufgeben und Minuten zum kleinen Talk freigeben, ohne daß der Blick zur Uhr eilt.

Die Königsallee braucht nicht pompös mit ihrem adligen Namen aufzutreten wie andere Prachtstraßen. Zwei Buchstaben genügen, um in Kopf und Herz dies unvergleichliche Gemisch von Gefühlen, Erinnerungen und Gedanken, von Übermut und leiser Wehmut zum Schwingen zu bringen, das aus dem Duft der Kastanienblüten im April, dem Feuer der goldenen Blätter im Herbst, dem Glanz des Wasserspiegels zwischen den Kastanienreihen und dem leisen Grummeln der Enten zu den spiegelnden Fassaden einen so hinreißenden Kontrast liefert. Wer am Wasser entlanggeht, wird bald wieder hinüberwechseln, um in die Traumwelt der flimmernden und lockenden Auslagen einzutauchen. Warum wir uns hier, an der Kö, so wohlfühlen, das hat mit diesem Gefühlsrausch zu tun, in den wir jeden Tag die Menschen versetzen dürfen. Schönes, davon bin ich überzeugt, ist Balsam für die Seele. Und wo Natur und Kultur sich so harmonisch verbinden wie hier, fühlt sich niemand gefangen in der Warenwelt, sondern einfach nur festlich gestimmt und freundlich aufgenommen.

Wer hier den Platz seines Lebens findet, wie wir, der wird jede andere Stadt gelassen besuchen und ausgeruht vergleichen: Alle haben *etwas*, keine aber hat *alles*, wie die Kö in Düsseldorf. Alles, das ist Eleganz und Nonchalance, frohe Nachbarschaft und Weltläufigkeit – und die Würde alter Bäume neben schimmerndem Marmor und spiegelndem Granit, Blüten und Blätter, die auf die Bürgersteige rieseln, Brücken, von denen man ins leise ziehende Wasser des Stadtgrabens schauen kann, wo die Schwäne die Hälse noch schöner recken als die jungen Mädchen in den kleinen Straßencafés, wenn die eleganten Nachwuchsbanker vorbeieilen.

Das große, heitere Spiel, das diese Straße Tag und Nacht inszeniert, jagt niemanden in unbedachte Deals, weil über allem die rheinische Gelassenheit und Offenheit herrscht: Schauen, schlürfen, träumen, wiederkommen. Türen auf, die riesengroße Einladung, nicht die mächtige Verführung ist das Prinzip dieser Eleganzmeile am Rhein. Uns hat das am meisten gelockt: mitzuspielen bei dieser großen Einladung an alle, die das Schöne lieben, jeden Tag. Eine Kultur der Begrüßung, der leisen, unaufdringlichen Nähe zu entwickeln, in der unsere Kunden sich als unsere Gäste fühlen, denen es vor allem gutgehen soll. Wer das Business so versteht und praktiziert, hat fröhlichere Mitarbeiter, denen die Lust an der täglichen hundertfachen Begegnung zum höchsten Wert wird. Verkaufen? – Sicher, es wird viel umgesetzt an der Kö, am meisten aber von denen, die das Klima der erwartungsvollen Begegnung zu schaffen verstehen.

Tatsächlich ist das Brummen der Geschäfte an der Kö für jeden, der hier Erfolg sucht, ein eigenes Thema. Aber es bedrängt die Menschen nicht, die hier eine verträumte oder euphorische Stunde entlang schlendern, Freunde oder Geschäftspartner treffen, weil auch Businessgespräche hier, zwischen Kastanien und pfauenbunten Schaufenstern, einfach besser laufen.

Wir haben Freunde, die hier aufgewachsen sind, in Düsseldorf. Die im ländlichen Umfeld ihre Kindheit verbracht, die Nachkriegsstadt haben wachsen sehen. Kaum irgendwo, Berlin vielleicht ausgenommen, haben wir eine solche Bindung an die Stadt des eigenen Lebens gesehen. Ob sie Künstler sind oder Gelehrte, Wissenschaftler oder Geschäftsleute, Banker, Galeristen, weitgereiste Manager: Düsseldorf ist in Kopf und Herz konkurrenzlos geblieben bei ihnen allen. Eine Stadt, die es schafft, den Menschen ihre Markenzeichen so einzuprägen, muß besondere Qualitäten haben – das beschäftigte mich schon, als wir nur Messeteilnehmer und Gäste unserer zahlreichen Düsseldorfer Freunde waren. Was ist es? dachte ich oft, denn die Faszination, die wir empfanden, aus Westfalen kommend, hatte ja sicher andere Ursachen. Es ist die Mischung, sagten unsere Freunde immer wieder. Eleganz als Spiel, nicht als Diktat, eine vorzügliche Theaterkultur, eine stürmisch wachsende Shoppingmeile im Zentrum, hochkarätige Banken und eine große Theatergeschichte. Landeshauptstadt, werfen wir ein, ist es auch das? – Ach nein, das konsumiert man so nebenbei. Aber die Kö, und nun leuchten die Gesichter der »alten« Düsseldorfer plötzlich, die Kö hat doch nichts mit Politik zu tun, die Kö ist das Rückgrat, das Nervenzentrum der Stadt. Jeden, der kommt, saugt sie an, und auch die Altstadtbesuche gibt es nicht ohne Kö. Eins gewinnt durch das andere erst seinen Reiz. Und dann fügen unsere Freunde nachdenklich hinzu: Es sind auch die großen Felder rings um die Stadt, die kleinen Vororte, die satten Wiesen, die Geheimtips für ländliche Köstlichkeiten wie Waffeln mit Zimt, die den Glanz der Kö verklären. Hier in den Straßencafés gibt es sie alle, die Reminiszenzen an das alte, ländliche Düssel-*Dorf*.

Das ist die Stärke der Stadt, die uns an die Kö gezogen hat, unwiderstehlich: Hier wird nicht hochgestapelt, sondern hier wird aus den Wurzeln gelebt. Das tägliche große Kostümspiel auf dem Boulevard mitzugestalten, die Kulisse mitzustellen, in denen sich die Spieler bewegen, ihnen für jede Tagesstunde ein passendes Outfit zu zeigen, sie schöner, leichtfüßiger und selbstbewußter durch unsere immer offenen Türen nach draußen gehen zu sehen, beschwingt von dem Klima, das wir schaffen, das haben wir nirgendwo in der Welt so wie hier angetroffen. Diese Kö liebt nicht nur ihre eigenen Kinder; sie lebt von der Blutauffrischung, lebt vom Bekenntnis derer, die Düsseldorf entdeckt haben, statt einfach nur hier geboren zu sein; die Düsseldorf den Zuschlag geben, wie wir, weil sie über viele Jahre gespürt haben: Das ist unser Ort, hier kann unsere Vision von Geschäftsbeziehung als tägliche Lust am schönsten verwirklicht werden.

Was diese Straße mit uns, die wir sie nun so lange kennen und genießen, immer noch macht, ist unglaublich: Wenn ich die wenigen Meter an unserer Schaufensterfront entlang zum nächsten Bistro gehe, wenn ich hier und dort einen Blick in die Auslagen der Geschäfte werfe, an denen mich mein Weg vorbeiführt – schon fühle ich wieder diese rauschhafte Anziehung, die vom Schlendern ins Träumen führt, so als wäre ich ein Reisender, der ohne Hast und ohne Termindruck hier umherstreift.

Die Kö – vielleicht ist sie ein wenig das, was in den Märchen die Orte sind, die ein Zauber umgibt. Wer eintritt, darf an dem Zauber teilnehmen. Er vergißt die Regeln der täglichen Hast für Stunden. Dankbarkeit und Glück durchströmt den Gast, weil von allen Seiten, wohin er schaut, alles für ihn aufgebaut und mit frischem Glanz beschienen ist. Es soll uns gutgehen, das fühlen wir auf dieser Straße. Und wir lassen uns darauf ein.

Und wenn ich dann zurückkehre in mein Reich an der Kö, wo ich mitgestalte an diesem wunderbaren Schauspiel von Wohlbefinden und Heiterkeit, dann bin ich nicht nur stolz, hier dabei zu sein, sondern Dankbarkeit bewegt mich, an einem der freundlichsten und verlockendsten Orte mit anderen Regie führen zu können – zur täglich neuen Freude unseres glückshungrigen Publikums.

Sophia Willems

Redaktion an der Königsallee

Kurios genug, dachte ich anfangs, ausgerechnet mich aufzufordern, über eine Stadt zu schreiben, in die ich aus eigenem Wunsch nicht gegangen wäre, um dort mein Arbeitsleben zu verbringen, nach der sich aber andererseits viele immer wieder zurückgesehnt haben. In achtzehn Eifeler Jugendjahren hatten mich die sprachlosen Geheimnisse der Natur durchwachsen; an der Nordsee, meiner zweiten Heimat, war die Magie des Meeres in die fasziniert lauschende Erinnerung gerollt. Im Berlin der 70er Jahre lieferte man sich plötzlich einer auch durch große Persönlichkeiten überwältigenden Stadt aus. Mönchengladbach wiederum, auf das danach meine Wahl gefallen war, gab sich da weniger anstrengend als beschaulich; auch roch man hier, je nachdem, wie der Wind stand, schon das Salz der geliebten Nordsee. Als 1988 der Ruf nach Düsseldorf kam, zögerte ich – sogar lange. Die Stadt Heines, nun gut, aber der war ja lange tot; den armen Robert Schumann hatte es hier in den Wahnsinn und in den Rhein getrieben; Paul Klee hatte man 1933 fortgejagt, und Joseph Beuys war per Gerichtsentscheid gefeuert worden. Was sollte mein Leben zu schaffen haben mit dieser Stadt und ihrem Designer-Lifestyle? Mit Glanz und Glamour? Mißtrauen erweckten auch die Messe und der Flughafen, beides Orte, wo zwar Menschen aus aller Welt ankommen, aber nur, um sich auch zügig wieder aus dem Staub zu machen.

Aber da gab es auch eine kühne Oper, ein freches *Kom(m)ödchen*, eine würdige Tonhalle, einen legendären Schmalenbach, eine berühmte Kunstakademie, überhaupt eine Historie, die mir bis dahin gleichgültig gewesen war. Nun entdeckte ich beides, Geschichte und Gegenwart – und begann zu staunen. Düsseldorf wurde also zu meinem Arbeitsplatz, der ausgerechnet an der auch für mich bis dahin exotischen Königsallee liegt, dem sogenannten Prachtboulevard, der, wenn man ihn dann länger kennt, rasch die klischeehaft bestaunte Pfauenhaftigkeit verliert. So wuchsen mir Düsseldorfer »Instanzen« ans Herz, und sehr habe ich die Schließung des alten Breidenbacher Hofes betrauert, wo ich einst, flankiert von Gobelins und kostbaren, mannshohen Vasen, unter anderen Trudeliese Schmidt und August Everding – letzterer bediente sich unentwegt aus der Silberschale mit den Cashewnüssen –, interviewte.

Aber ebenso schnell spürte ich, daß die Stadt selber sich ihrer und vor allem ihrer wahren (nicht nur ihrer Waren-) Werte auf seltsame Weise nicht bewußt zu sein schien. Johann Nikolaus Forkel, der erste Biograph Johann Sebastian Bachs, setzte an den Schluß seines Buches den bemerkenswerten Appell an das deutsche Land: »Sey auf ihn stolz, aber sey auch seyner werth!« In dieser Stadt, schien mir, konnte ich nun erleben, was geschieht, wenn Forkels Mahnung – ganz generell genommen – ungehört verhallt. Bitter stößt mir der hauptsächlich kommerzielle Umgang der Politiker mit der Kultur und Kulturgeschichte auf. Und diese Haltung wird auch außerhalb weitaus empfindlicher wahrgenommen, als sich das mancher denkt, der nicht über den Tellerrand schaut. Erst jüngst antwortete Kurt Masur mir vor seiner Tournee mit den New Yorker Philharmonikern – die er in Köln startete – auf meine Frage, warum er gar nicht mehr in Düsseldorf gastiere, ihm und seinen Musikern schlage dort eine »unerträgliche Gleichgültigkeit und Provinzialität« entgegen. Und wie erklärt man es sich, daß nicht wenige Dirigenten, Regisseure und Sänger mir gegenüber so oft bekannt haben, die Opernpremiere im kleineren Duisburg sei ihnen viel lieber als in der erlauchten Landeshauptstadt? Natürlich fügen sie dann rasch hinzu: »Aber schreiben Sie das bitte nicht!«

Ach, und das hochnotpeinliche Gelächter landauf, landab, als von offizieller Seite bei einer Podiumsdiskussion der Intendantin des Düsseldorfer Schauspielhauses (zu deren Vorgängern ein Gustaf Gründgens zählt!) »kundenorientierte Kultur« abverlangt wurde. Trendsettendes Gebell verfinstert da wie ein Firnis die traditionell liberale Kommunität. Und das in einer Stadt, in der ein Kurfürst Jan Wellem mit seiner aus dem Hause Medici stammenden Gattin Anna Maria Luisa die Kunst so prachtvoll förderte wie damals niemand sonst in Europa, nicht einmal in Paris. Daß er mit seinem eifrigen Kunstsammeln von Schätzen aller Art auch die Wirtschaft und Zünfte ankurbelte, muß man wohl wieder in Erinnerung rufen. Für den leidenschaftlichen Jan Wellem war dies indes nur ein erfreulicher Nebeneffekt; heute dagegen betrachtet man die Künste fast ausschließlich als Mittel zum Zweck. Zu Recht erinnert seit geraumer Zeit die engagierte Formation »Neue Düsseldorfer Hofmusik« an ihn und erweckt zum Beispiel Kompositionen wieder zum Leben, die einst hier bei Hofe uraufgeführt wurden.

Eine zentrale Eigenschaft verbindet die Stadt mit dem Fluß, den ich liebe wie einst die Nordsee: Sie schwimmt. Aber doch wiederum nicht einem sinnstiftenden, allumfassenden Ziel entgegen. Sie kreiselt und dümpelt, je nach Laune und Launen, Moden und Manierismen, Gewinn und Geschmäcklerischem. Auf die Dauer ist das nicht zuträglich, es ist ein Haschen, nicht ein Habhaftwerden dessen, was man war, ist, sein könnte. Ich gestehe, ich bin privilegiert durch meinen Beruf als Journalistin, begegne meist Künstlern hier und woanders, reise viel, und so schärft sich das Auge – mitunter ebenso schmerzlich – für die Unterschiede. Skeptisch geblieben, was zu den Aufgaben meines Berufes gehört, verhält es sich dennoch inzwischen so, wie ich bekennen muß: Bin ich in München, stört mich die machthaberische Architektur; bin ich in Stuttgart, spüre ich trotz Staatsgalerie und Schloß Solitude immer auch die klein gebliebene schwäbische Münze; bin ich in Frankfurt, bleibe ich als Mensch gegenüber Banken, als Literaturliebhaber gegenüber dem Moloch Buchmesse hoffnungslos hilflos; bin ich in Hamburg, wird mir nicht warm ums Herz. Und Berlin gar ist großmäuliger denn je, ohne dabei doch ernsthaft mit dem Charme und der Weltläufigkeit von New York, Paris oder London konkurrieren zu können.

Kehre ich dann zurück nach Düsseldorf, suche ich noch im Flugzeug sehnsüchtig den Rheinbogen ab, versuche, die geschwungenen, gepflegten Gründerzeit-Fassaden von Oberkassel, die wie ein Dom prangende Tonhallen-Kuppel zu erspähen und denke, daß ich morgen bei gutem Wetter in der Mittagspause unbedingt im Hofgarten spazieren gehen werde, vielleicht mit einem Abstecher zur Allee zwischen Theater- und Goethemuseum. Von der Redaktion aus könnte ich den kurzen Weg wählen, der mich am Opernhaus vorbeiführt, und ich würde die Klänge von Sängern und ihren Korrepetitoren hören, die für die nächste Aufführung proben. Oder daß ich auf einen Sprung noch einmal in die Kunstsammlung hineinschaue, in dieses Gebäude mit seiner fast erotisch fließenden, unvergleichlichen Gestalt. Und verblüfft bemerke ich plötzlich, daß ich mich tatsächlich freue, wieder in Düsseldorf gelandet zu sein. Am anderen Morgen steige ich aus dem U-Bahn-Schacht, gehe über die würdige alte Girardet-Brücke – und bin wieder zu Hause. Kurios genug ...

Renate von Holenia
»Luftige« Erlebnisse in Düsseldorf

Es war Krieg. Ich war jung, als Fliegerbomben meine Heimatstadt Wuppertal zerstörten, wie alle anderen Städte rundum auch. Angst und Grauen lagen über allem bei Tag und bei Nacht. Deutschland war total isoliert von der übrigen Welt.

Und dennoch: Ich hatte einen Traum. Ich wollte andere Länder und ihre Menschen, ich wollte die weite Welt kennenlernen. Zur damaligen Zeit eine absolute Utopie. Mich störte das aber nicht weiter. Auch mein großer Bruder hatte weitschweifende Pläne. Ihn faszinierte das Fliegen, und er wollte Flugkapitän bei der Deutschen Lufthansa werden. Vorerst allerdings war er im Kriegseinsatz und flog als Pilot bei der Luftwaffe. 1943 ist er vom Feindflug nicht zurückgekommen, und die Lufthansa hörte 1945 auf zu existieren.

Doch auch der Krieg nahm ein Ende. Das Leben wurde erträglicher, es normalisierte sich langsam, und die Welt öffnete sich behutsam wieder für Deutschland. Da erschien mir die Erfüllung meines Traumes gar nicht mehr so ganz unerreichbar. Das Tor zur Welt lag ja auch nicht fern: in *Düsseldorf*!

Dort hatten sich inzwischen ausländische Konsulate niedergelassen, es gab einen Flughafen, der von internationalen Luftverkehrsgesellschaften angeflogen wurde, und die wiederum unterhielten schon Büros in der Innenstadt. Und noch etwas: Düsseldorf machte sich bereits einen Namen als Stadt der Mode. Viele lang entbehrte Dinge waren wieder zu sehen und zu kaufen, unter anderem die schönen italienischen Schuhe! Das alles und noch mehr reizte mich an dieser Stadt. Meine beruflichen Interessen begannen sich mehr und mehr gen Düsseldorf zu richten.

Eines Tages, es war Ende 1951, habe ich – von Wind und Regen zerzaust – bei der niederländischen Fluggesellschaft KLM angefragt, ob man mich gebrauchen könne. Schon am nächsten Tag wurde ich zur Vorstellung nach Düsseldorf gebeten. Der Leiter des Büros, Dr. van Veen, prüfte zwei Stunden lang unter anderem meine Sprachkenntnisse und Rechenkünste, befand mich für geeignet und stellte mich ein. Jahre später, als ich längst nicht mehr bei der KLM war, sagte er mir: »Wissen Sie, warum ich Sie damals genommen habe? You looked so cosmopolitan«. Aha! Mein Rock aus schottischem Harris Tweed und der gelbe Rollkragenpullover stammten von Hörhager-Laimböck auf der Kö und haben ihn offenbar beeindruckt.

Zu jener Zeit, Anfang der Fünfziger Jahre, war es fast ein Privileg, bei einer Fluggesellschaft zu arbeiten, entsprechend karg war auch das Salär, nicht viel mehr als ein besseres Taschengeld. Ich blieb deshalb schön zu Hause in Wuppertal wohnen und gesellte mich für die nächsten Jahre unter die vielen Pendler, die tagtäglich mit der Eisenbahn zur Arbeit in die Landeshauptstadt strömten. Es war recht zeitaufwendig, aber Wohnraum gab es im zerbombten Düsseldorf nicht, wäre auch gar nicht zu bezahlen gewesen.

Unser KLM-Büro lag nahe am Hauptbahnhof in der Graf-Adolf-Straße mit weitem Blick die Straße hinunter. Man sah schon früh, wer auf das Büro zukam. Häufig waren es Japaner, sehr höfliche und liebenswürdige Menschen, an denen uns auffiel, daß sie so oft mit dem Kopf nickten und dabei »Hai Hai« sagten. Das bedeutet ganz einfach »ja ja«. Man mußte es nur wissen.

Ebenfalls in der Graf-Adolf-Straße war die SWISSAIR, und uns gegenüber residierte die skandinavische SAS. Wenn der schöne Bruno von der SAS in seiner schmucken dunkelblauen Uniform, Sonnenbrille auf der Nase, lässig vorbeischlenderte, dann konnte man ihn leicht für einen veritablen Flugkapitän halten. Es fehlten ihm nur die vier goldenen Streifen auf den Ärmeln.

Zum internationalen Flair der Königsallee haben zweifellos die PAN AMERICAN und die AIR FRANCE beigetragen, ebenso die PANAIR DO BRASIL, die ihre Räume mit farbenprächtigen exotischen Vögeln in Volieren schmückte.

Im ehemaligen Rheinbahnhaus gegenüber dem Hauptbahnhof repräsentierten die britische BEA und BOAC ihr Land, nebenan war die belgische SABENA, und auch die TCA Transcanada Airlines war dort zu finden. Am Flughafen waren AIR INDIA und FINNAIR vertreten, die israelische EL AL im Wilhelm-Marx-Haus. In der Bismarckstraße hatte die TWA Trans World Airlines ein Etagenbüro. Der Leiter, er hatte gerade promoviert, verließ schon bald seine Gesellschaft. Unter seinem neuen Namen – Ralf Bendix – sang er sich hoch hinauf in den bunten Himmel des Showgeschäfts und wurde ein bekannter Sänger.

Wir Airliner kannten uns alle untereinander, zumindest telefonisch. Es war bei aller Konkurrenz eine wohltuend kollegiale Zusammenarbeit, man half sich gegenseitig, so zum Beispiel bei schwierigen Tarifkonstruktionen. Mag sein, daß der so unterschiedliche internationale Hintergrund eine gewisse Großzügigkeit voraussetzte und kleinliches Denken gar nicht erst aufkommen ließ.

In unserem Beruf war kein Tag wie der andere, interessant war es auf jeden Fall immer. Dafür sorgte in erster Linie die Vielfalt der Menschen. Sie kamen von überall in der Welt zu uns, aus anderen Kulturen, sie sprachen andere Sprachen und brachten Farbe in das tägliche Geschehen. Auch unsere eigenen Landsleute und ihre Eigenarten lernte man näher kennen. Alle – die einen wie die anderen – waren auf ihre Weise liebenswert, das Gespräch mit ihnen immer wieder ein neues Erlebnis. Jener bekannte Berufsboxer Peter Müller aus Köln, genannt »dä Aap«, entlockte uns sogar ein gewisses Mitgefühl. Er konnte seine panische Angst vorm Fliegen nicht verbergen, wenn er denn schon auf Flugreise gehen mußte.

Besonders interessant waren aber auch ganz andere Dinge. Man bekam Einsicht in die wirtschaftliche Entwicklung unseres Landes und in den rasanten Aufschwung der heimischen Industrie. Großunternehmen errichteten Produktionsstätten in Übersee, zum Beispiel Mannesmann und VW in Brasilien, andere Firmen entsandten ihre Vertreter in aller Herren Länder, und die rege Reisetätigkeit verriet viel über die anlaufenden Exportgeschäfte.

Die ausländischen Luftverkehrsgesellschaften hatten unseren Markt unter sich aufgeteilt, ein deutsches Unternehmen gab es nicht. *Noch* nicht! Wir hatten keine Lufthoheit, und »Herstellung, Besitz, Unterhaltung oder Betrieb von Flugzeugen aller Art durch Deutsche« waren untersagt.

Aber es rumorte schon im Verborgenen. Am 24.3.1953 schrieb die Rheinische Post: »London, 23. März. Der konservative *Daily Telegraph* spricht die Befürchtung aus, daß die künftige Deutsche Lufthansa in wenigen Jahren eine gewaltige Konkurrenz für die jetzt bereits bestehenden Luftfahrtgesellschaften werde.« Wie recht sollte er haben, der »Telegraph«!

Ein deutsches Luftfahrtunternehmen war also im Aufbau, und schon zwei Jahre später war es so weit. Am 1. April 1955 ist die neue Deutsche Lufthansa eröffnet worden. Das Land Nordrhein-Westfalen hatte die Vorbereitungen tatkräftig unterstützt.

Ich war rechtzeitig von der KLM zur Lufthansa übergewechselt, und mit mir ging Kollege Günter Sandmann. Wir nannten ihn Pascha, weil nur Frauen um ihn herum waren. Von der BEA kamen drei Kolleginnen, und von PAN AMERICAN kam Günter Höhn. Er wurde der Leiter des ersten Lufthansa-Stadtbüros in Düsseldorf, und alle waren wir von nun an Lufthanseaten.

Der 1. April 1955 wurde zu einem unvergeßlichen Tag. Es regnete, aber viele, viele waren gekommen, Zeuge zu sein, als die erste planmäßige Maschine der Lufthansa in Lohausen landete. Es war eine zweimotorige Convair mit der Flugnummer LH 104 und einem englischen Kommandanten. Viel Prominenz war da, eine Polizeikapelle spielte die Nationalhymne, und Oberbürgermeister Gockeln begrüßte Besatzung und Ehrengäste im Namen des Landes Nordrhein-Westfalen und der Stadt Düsseldorf. Eine 13jährige Schülerin aus Münster verabschiedeten wir mit einem großen Osterei aus Schokolade zu ihrem Flug nach München. Sie nämlich war unser allererster zahlender Fluggast. Claudia hieß sie.

Den ganzen Vormonat war die kleine Flotte von vier Convair-Maschinen schon unterwegs gewesen, hatte Gäste von Reisebüros, den Medien und hochrangige Politiker den neuen deutschen Luftverkehr schnuppern lassen. Wir waren auch dabei.

Am Abend des 1. April trafen wir Lufthanseaten der ersten Stunde – sechs waren wir – uns in der Privatwohnung von Günter Höhn und feierten bei Kartoffelsalat und Würstchen den Neubeginn unserer Gesellschaft. Dazu tranken wir Düsseldorfer Altbier. Wir waren müde nach diesem langen, ereignisreichen Tag, aber voller Begeisterung und überzeugt, aufs richtige Pferd gesetzt zu haben.

Unser Passage-Büro war in der Elberfelder Straße 2-4, 4. Etage. Stühle hatten wir anfangs noch nicht, ein paar Kisten dienten uns als Sitzgelegenheit. Aber Telefon und Fernschreiber hatten wir, und damit konnten wir arbeiten. Unser »Laden« im Erdgeschoß wurde erst etwas später fertig. Er wurde das erste repräsentative Stadtbüro der Lufthansa überhaupt, das eröffnet worden ist, nicht in Hamburg, Frankfurt oder München – nein, in Düsseldorf. Nach seinem innenarchitektonischen Vorbild sollten weltweit alle künftigen Niederlassungen gestaltet werden.

Unsere Nachbarn waren zur einen Seite der Industrie-Club und das Parkhotel, zur anderen, an der Ecke, die belgische »Praline«. Dort gab es ungeahnte Köstlichkeiten aus Schokolade, Butter und Sahne, und mancher dankbare Kunde brachte uns so manches Pfund, wenn wir ihm zu einem begehrten Platz auf einer ausgebuchten Maschine verhelfen konnten. Von Kalorien wurde damals nicht gesprochen, wir waren ja auch noch schlank.

Auf der Kreuzung Elberfelder Straße / Alleestraße regelte Herr Kussmann, der Polizist, den Verkehr, immer freundlich und hilfsbereit. Sehr viel zu regeln gab es allerdings noch nicht, und wenn es draußen kalt und naß war, dann kam er zum Aufwärmen zu uns. Wir betrachteten ihn als unseren Hausfreund.

Das erste Dienstauto unseres Chefs war klein und blitzblau, ein DKW. Mit Fahrer! Dieses enge Gefährt brachte uns zu dritt in den ersten Tagen nach Wuppertal, Krefeld und Remscheid, wo wir die neue Deutsche Lufthansa den Industrie- und Handelskammern vorstellten. Unser Akquisiteur fuhr zu Kundenbesuchen mit seiner Lambretta. Die ist ihm des öfteren gestohlen worden, sie kam aber immer irgendwie wieder zurück.

Im Laden war es in der ersten Zeit noch recht ruhig, man hatte Zeit zu einer Unterhaltung mit dem einen oder anderen Passagier. Teils bewegende Geschichten und Schicksale offenbarten sich, jetzt, da sich nach dem langen Kriegsgeschehen die Welt wieder geöffnet hatte. Betagte Eltern flogen über den Atlantik zum ersten Wiedersehen mit den Kindern, und wir versuchten, ihnen die Angst vor dem großen Flug zu nehmen. Oder von drüben kamen die Verwandten hierher. Unvergessen bleibt mir jener ältere Herr, der vor fünfzig Jahren als junger Mann in die USA ausgewandert war, und dessen Kinder und Enkelkinder seine Muttersprache nicht mehr verstanden. Er entschuldigte sich verlegen, wenn er ein deutsches Wort nicht gleich fand, und ein paar Tränen konnte er nicht zurückhalten vor Glück und Rührung, daß er endlich seine alte Heimat wiedersah.

Anders ein jüngerer Neu-Amerikaner, der partout nur englisch sprechen wollte, dessen ausgeprägter Kohlenpott-Akzent seine Herkunft aber überdeutlich verriet. Ich habe nur deutsch mit ihm gesprochen, und unsere Verständigung klappte mühelos. Vielleicht war ich auch ein bißchen boshaft ...

Schon früh war zu erkennen, was die alte Lufthansa (1926-1945) der neuen hinterlassen hatte: ihren legendären Ruf, die Sicherheit, Zuverlässigkeit und den Service betreffend. Von diesem Vertrauensbonus haben wir profitiert.

Das Streckennetz wurde zügig erweitert. Bereits sechs Wochen nach Neubeginn kamen zu den innerdeutschen Flügen Direktverbindungen von Düsseldorf nach Paris, London und Madrid hinzu, und am 8. Juni 1955 flog die elegante Super-Constellation erstmals nach New York. Eine Zwischenlandung in Shannon/Irland war notwendig zum Auftanken vor dem Flug über den Atlantik. Bald folgten Ziele auf anderen Kontinenten. Es war nur noch eine Frage der Zeit, bis der Lufthansa-Kranich am Leitwerk in allen Teilen der Welt anzutreffen war. Die Flotte zählte stets zu den modernsten des zivilen Luftverkehrs.

Mit dem Düsenzeitalter kamen die Boeing 727 und 737 für die Kurz- und Mittelstecken. Die Boeing 707 und im Frühjahr 1970 dann die 747, der Jumbo-Jet, flogen auch von Düsseldorf nach Übersee. Die Reisezeiten verkürzten sich auf fast die Hälfte, und die Zahl der Gäste an Bord erhöhte sich bedeutend. Längst ist der Airbus dazugekommen, ein europäisches Flugzeug, das der amerikanischen Konkurrenz davonfliegt.

Auch unser Stadtbüro wuchs mit der Zeit, die Elberfelder Straße war zu eng geworden. Im Hause Königsallee 76 fand sich eine neue Bleibe, und als *Woolworth* – für kurze Zeit in den Räumlichkeiten des zuvor stadtbekannten *Café Weitz* ansässig – 1972 die Ecke Kö/Grünstraße räumte, zog die Lufthansa dorthin um. Mit dem Wiederaufbau und der Neugestaltung unserer Stadt haben die meisten Fluggesellschaften ihre Büros in modernere Räume verlegt, sie sind nicht mehr da, wo sie einmal waren. Auch die Lufthansa ist inzwischen nicht mehr auf der Kö, sie hat jetzt ein Service-Center auf der Berliner Allee. Die Königsallee wird mehr und mehr von der Mode bestimmt.

Viele Kollegen sind im Laufe der Jahre in die Welt hinaus gegangen, sie haben Niederlassungen aufgebaut und vertreten das Unternehmen im Ausland. Meine Aufgabe war es über viele Jahre, die Lufthansa bei den hiesigen Banken, der Universität und der Landesregierung zu repräsentieren und ihnen unsere Dienste zu vermitteln. Ich traf namhafte Persönlichkeiten, und

Gespräche über das Dienstliche hinaus führten mich in bislang unbekannte Gefilde. Fragen beschäftigten mich nachher sozusagen neben-beruflich: Wie bewegt und mehrt man Kapital in Milliarden-Höhe? Wie kunstvoll verwoben sind die Gedankengänge eines Philosophen? Wie leicht schleicht sich bei einem ungewohnten Blick in den Präpariersaal der Anatomie ein ungutes Gefühl in die Magengegend? Schließlich aber auch die Feststellung, daß die Liebenswürdigkeit und Aufmerksamkeit auch eines Ministerpräsidenten, des heutigen Bundespräsidenten Johannes Rau, zur Freude an der Arbeit beigetragen haben.

Dienstliche und private Flugreisen haben mich in andere Länder und zu fernen Kontinenten geführt, mein Jugendtraum ist wahr geworden, und ich habe Unvergeßliches erlebt. In Düsseldorf begannen alle meine Reisen, und hierhin bin ich immer nur zu gern zurückgekommen. Ja, ich lebe gern hier!

Als ich 1952 zum ersten Mal mit KLM nach London flog, mußte ich in Amsterdam übernachten. Transitvisa waren erforderlich, und auch die Engländer ließen mich nicht ohne Visum in ihr Land. Die wenigen englischen Pfunde, die mir zugeteilt wurden, vermerkte die Bank in meinem Reisepaß. Wie freizügig reist man heutzutage!

Auch die technische Entwicklung im Lauf der Jahre war atemberaubend, wenn ich nur an die Spanne vom kleinen, zweimotorigen Verkehrsflugzeug bis hin zum Jumbo denke. Im Januar 1970 hatten die Boeing-Werke in Amerika uns Lufthanseaten zu einer Werksbesichtigung eingeladen. Da stand er, unser allererster Jumbo in seiner ganzen Größe und Eleganz, unmittelbar vor seiner technischen Vollendung. Oder aber das Weltraumzentrum Cape Kennedy, besser bekannt als Kap Canaveral, wo ich während einer Führung neben der mächtigen Apollo-Rakete und der Mondfähre stand. Welch gigantische Größe, und wie klein ist doch der Mensch! Aber er hat das alles geschaffen!

Jungen Leuten möchte ich sagen: Lernt fremde Sprachen und seht euch um in der Welt. Sie hat unendlich viel zu bieten, und Begegnungen mit Menschen anderer Kulturen sind eine Bereicherung des eigenen Lebens.

Die Deutsche Lufthansa hat 1955 ganz von vorn angefangen. Schon lange zählt sie zu den Großen im Weltluftverkehr. Ich wünsche ihr allzeit »Guten Flug und Happy Landings« und hoffe, daß ich noch oft mit ihr fliegen kann.

Hilla Schnöring-Peetz
Düsseldorfer Eleganz

Ins Rheinland kam ich am 1. Januar 1949, ein halbes Jahr nach der Währungsreform, der Arbeit wegen. Als Physikerin mit DM 400 brutto zu den »IG Farben in Dissolution«, genauer: deren Faserwerk in Dormagen. Einem typisch niederrheinischen Reihendorf mit dreizehn Kneipen diesseits und jenseits der B 9, ziemlich in der Mitte zwischen Düsseldorf und Köln gelegen.

Beide Städte lockten, der Zuckerrübenidylle zu entfliehen. Schon deren Sing-Sang karnevalistischer Überlebensfreude: »Wir sind die Eingeborenen von Trizonesien«.

Überhaupt: Düsseldorf! Das hatte viel zu bieten, von Schloß Benrath bis zur Kaiserpfalz. Dazu, kaum glaublich, ein intaktes Museum! Zwischen zertrümmerter Altstadt und dem plattgewalzten Werk 2 von Rheinmetall-Borsig gelegen: Der Ehrenhof.

»Ehrenhof!« Allein der Name, so kurz nach dem Krieg, welch magischer Klang für eine deutsche Seele! Und drinnen, für mich unvergeßlich, meine Begegnung mit Tintorettos Gemälden aus dem Passionszyklus. Welch Kontrastprogramm zum »Haus der Deutschen Kunst« in München, einer meiner Studienstädte.

Aus Dormagener Sicht war allerdings weder die eine noch die andere Nachbarstadt für abendliche Kulturveranstaltungen geeignet: Letzte Verbindung zu meiner Dorfidylle um 20 Uhr. Das reichte nicht einmal fürs Kino, geschweige denn für Konzert und avantgardistisches Theater, wie etwa Thornten Wilders »Wir sind noch einmal davongekommen«. Das hatte auch Heinz Hilpert im Deutschen Theater in Göttingen auf die Bühne gebracht. Nicht mehr für mich, nur noch für meinen studentischen Freundeskreis.

Zu dem zählte auch Professor Pascual Jordan. Berühmt geworden als einer der Köpfe der Physik in den goldenen 20er Jahren, in denen Relativitätstheorie und Quantenmechanik entwickelt wurden. Mit seinem 1948 geschriebenen Buch »Physik im Vordringen« versuchte er, der geschundenen Kriegsgeneration den Glauben an Sinn und Ethik der Naturwissenschaften und Technik zurückzugeben. Er hielt Vorträge über die brennenden Fragen der angewandten und theoretischen Physik und Philosophie.

Unter der damals grundsätzlichen Verdammung von Technik und Naturwissenschaft litten die Industriellen des Rheinlandes besonders. Viele lebten in Düsseldorf, bedingt durch Mannesmann, Thyssen, Rheinmetall sowie andere Eisen und Stahl verarbeitende Industrien. Aufkommende Wirtschaftsverbände und Organisationen hatten hier ebenfalls ihren Sitz. Verständlich also, daß in Düsseldorf großes Interesse an Vorträgen von Professor Jordan bestand. Für mich überraschend, wie dringend er dabei auf meiner Begleitung bestand, seines in fremder Umgebung psychisch bedingten Sprachfehlers wegen. Und Dormagen läge ja so nah bei Düsseldorf!

Es gab nur eine Lösung des Problems: Die Farbenfabriken Bayer für eine zeitgleiche Vortragseinladung zu animieren, wodurch sich Dank Werkswagen samt Fahrer die Entfernung Dormagen-Düsseldorf auf das reale Maß reduzierte.

So kam ich zum ersten Mal ins abendliche Düsseldorf mit seinen hell erleuchteten Schaufenstern. Herausfordernd sparsam dekoriert, doch welche Eleganz! Das Funkeln eines Kristallflakons von Maria Farina auf der obersten Stufe einer mit fließendem Stoff drapierten Treppe!

Oder eine in ihrer Haltung hinreißend snobistische Schaufensterpuppe. Mit hochgerecktem Zeigefinger führte sie einen Foxel an silbriger Leine. Gewandet im »New Look«. Mir nur aus Modejournalen bekannt. Die Düsseldorferinnen waren mit diesem *dernier cri* bestens vertraut, wie ich an ihrer Garderobe im sich beängstigend füllenden Vortragssaal feststellte.

Derweilen prüfte Jordan das Pult, das Mikrofon, und bestand darauf, daß ich, »seine persönliche, vertraute Mitarbeiterin«, in der ersten Reihe genau dem Podium gegenüber zu sitzen hätte. Mitten zwischen den Ehrengästen der Veranstalter! Deren Verwirrung stieg, als sie noch vor Beginn des Vortrags den Herrn Professor zu einem festlichen Abendessen im sechsten Stock eines exklusiven Restaurants am Graf-Adolf-Platz einluden. Dorthin, wo man den Blick über das Düsseldorfer Herz, den Stadtgraben samt Königsallee, genießt. »Leider unmöglich. Ich habe meiner Begleiterin versprochen, den Abend mit ihr gemeinsam zu verbringen.«

Es kam, wie es kommen mußte, ich wurde mit eingeladen. Sicher nicht zur Freude des Gastronomen, denn nun waren es 13 am Tisch. Was sage ich: Tisch! War es doch eine überaus festliche Tafel mit hohen, vielflammigen Leuchtern. In ihrem sanften Kerzenlicht funkelten Gläser, Bestecke und Gedecke. Ohne den Blick aus den Fenstern zur Kö zu überstrahlen.

Die Krönung eines Festmahls ist der Hummer. Krebse sind hinsichtlich der Gourmet-Speisekarte ihre kleinen Verwandten. Beides stand während meiner Kriegs-Jugendjahre nicht auf dem Familientisch. Nun mußten die »deutschen Mädchen«, um die Oberstufe eines Gymnasiums besuchen zu dürfen, nicht nur einen Nähkurs mit der Abschlußarbeit eines züchtigen Nachthemdes, sondern auch einen Kochkurs mit einer Kartoffelteig-Apfeltorte erfolgreich abgeschlossen haben, jedoch galten Hummer dort nur als verabscheuungswürdiger Luxus.

Zwar hatten sich in den unergründlichen Tiefen von Mutters Besteckschubladen Hummerzangen und Haken befunden. Wir Kinder hätten gern damit gespielt, durften aber nicht. Und bevor wir noch in ihren bestimmungsgemäßen Gebrauch eingeweiht werden konnten, waren sie im brennenden Phosphor verglüht.

Scheren ausbrechen und öffnen, die Schale des Krebsschwanzes aufbrechen, das Fleisch auslösen, den Darm entfernen. Dann erst kann das Fleisch des Krebses gegessen werden. Nur – ich beherrsche diese Technik eben nicht!

Die rote Kruste meines Krebses glänzte im Kerzenlicht, seine langen Antennen zitterten über einem Sträußchen krauser Petersilie und einem Körbchen aus Mandarinenschale, gefüllt mit Dillmayonnaise.

Nur dem dazu servierten Toast mit Butterbällchen fühlte ich mich gewachsen.

Was tun??

Ich war die einzige Dame am Tisch. Mir wurde als Erste serviert. Ich hatte die Tafel zu eröffnen.

Alle Augen ruhten auf mir. Langsam drehte ich meinen Goldrandteller etwas nach rechts, etwas nach links, betrachtete ihn mit wohlwollender Aufmerksamkeit, wie ich hoffte. Sagte dann laut und deutlich in das Schweigen hinein: »Wunderschön angerichtet!« Drehte mich lächelnd zu dem hinter mir stehenden Oberkellner um: »Bitte, Herr Chefsteward, würden Sie mir diese Köstlichkeit mundgerecht zerlegen?«

Ich ließ meinen Teller aber, wo er war. Es war zu eng an der Tafel, war doch für mich überzähligen Gast extra noch ein Gedeck dazwischen geschoben worden. So wurde ein Servierwagen herbei gerollt. Das Krustentier gab hinter meinem Rücken unter den offenbar geschickten Händen des Kellners sein eßbares Inneres frei.

Als das etwas lädierte »Kunstwerk« wieder vor mir stand, sagte Professor Jordan mit der größten Selbstverständlichkeit: »Für mich bitte auch«, und reichte dem verblüfften Kellner seinen Teller. Trotz der vielen Ober, die um den Tisch standen, brauchte es lange, alle dreizehn Tierchen zu präparieren, denn es gab nur zwei Servierwagen. Keiner half sich nun selber, obwohl unsere 50 bis 60jährigen Gastgeber sicher perfekt darin gewesen wären.

Jordan überbrückte die Zeit, sagte: »Ich genieße diese festliche Tafel. Wunderbar, sich so verwöhnen zu lassen! Ganz im Gegensatz zu unseren sonstigen jahrelangen gemeinsamen Mahlzeiten: Schlangestehen in der Göttinger Volksküche. Zwanzig Mark Pfand für einen Blechnapf, fünf Mark für den Löffel, dreißig Pfennig für ein Liter stampendicke graue – sonntags weiße – Nudeln.«

In das schallende Gelächter hinein fügte er hinzu: »Aber die Tischrunde war auch exquisit. Es war ein Kommen und Gehen der physikalischen Elite aus Ost und West über den Notbahnhof Friedland, 12 Kilometer von Göttingen entfernt, der Stadt zwischen den Zonen. Dort wie hier in Düsseldorf fällt es mir immer wieder ein: O alte Burschenherrlichkeit, wohin bist du entschwunden? Wenn ich einen meiner früheren Studenten irgendwo in der Industrie wiedertreffe, dann geht es mir so wie einer Henne, die Entenküken ausgebrütet hat, nun hilflos am Ufer hin und hergluckt, sich sorgt, daß ihr Nachwuchs ertrinkt, denn sie kann ja nicht schwimmen da draußen im Industrie-Meer. Wie sehr wir alle auf Ihren Erfolg des wirtschaftlichen Wiederaufbaues angewiesen sind, weiß natürlich auch ich. Wegen meiner Verbundenheit mit Naturwissenschaft und Technik bin ich heute gern zu Ihnen gekommen. Deshalb mein Trinkspruch: Möge Ihr Aufbruch auf verschlungenen Wegen zu neuen Ufern erfolgreich sein!«

Leichter gesagt, als getan zu jener Zeit, da in der Forschung und Produktion alles verboten war, wenn es von den Besatzungsbehörden nicht ausdrücklich erlaubt war.

Zu dem in Düsseldorf augenzwinkernd Erlaubten gehörte ab 1950 ein kleines Kontingent von Autos. Nicht für den Zivilgebrauch, aber welche Chargen der Besatzungstruppe gehen schon gern zu Fuß? Privatwagen, die hätten beschlagnahmt werden können? Aussichtslos, die gab es schon seit Kriegsbeginn nicht mehr. So traf es sich recht günstig, daß zwischen DKW in der Ostzone und Rheinmetall in Düsseldorf alte Geschäftsbeziehungen bestanden. Unternehmerischer Wagemut, der nicht in der Ostzone bleiben wollte, mietete 1946 dort, wo sich heute das Mercedes-Werk befindet, ein großes Areal von Rheinmetall. Denen war sowieso jegliche Produktion verboten. Daß es selbst bis zu dem Beginn der geplanten Kleinwagenfertigung noch Jahre dauern sollte, lag daran, daß die Sowjets alles brauchen konnten, auch wenn sie letztlich nicht wußten, wie es abzutransportieren sei. So beschlagnahmten sie etwas verspätet schwere Metallpressen und Werkzeugmaschinen, die trotz Bombenhagel bei Rheinmetall/Borsig noch brauchbar schienen. Der Transport bis zur Bahnlinie: Sache von Borsig. Der in das ferne Rußland: Sache der Sieger. Aber dem waren sie dann doch nicht gewachsen. Fazit: Die Maschinen kamen nach Derendorf zurück. Und deshalb konnten im April 1950 einige der ehemaligen Rheinmetaller zur Fertigung der Null-Serie eingestellt werden. Sie müssen ihr Handwerk sehr gut verstanden haben: Schon im Juli begann die serienmäßige Fertigung der ersten »westlichen« DKWs.

Das interessierte mich erst 1953. Da hatte ich endlich genug Geld angespart, um mir einen nun vierrädrigen fahrbaren Untersatz zu kaufen. Mein zweirädriges Maschinchen – mit einseitiger Achsaufhängung, denn Herr Riedel war Flugzeugingenieur gewesen – war zwar besser als nichts, nur der elende Regen ...

Auto kaufen! Wer denkt da nicht an chromblitzende Schmuckstücke hinter großen Glasscheiben, an Hochglanzprospekte, an Werbebroschüren über die ganze Palette eines Herstellers vom Kombi über die Familienkutsche bis zum Sportflitzer. 1953 – nichts dergleichen, nicht einmal ein Faltblättchen. Aber wie soll man vermissen, was man nicht kennt? Mein Fahrlehrer fuhr einen DKW, schulte mich darauf. Außerdem hatte er gute Beziehungen zu der Firma.

»Da fahr' ich Sie hin, Sie suchen sich einen Wagen aus, und dann fahren wir mit zweien zurück. So einfach ist das, in Düsseldorf einen Wagen zu kaufen. Jedenfalls, wenn man bar bezahlt«, sagte er. »Je nachdem, was Sie aussuchen – aber mehr als fünftausend Mark kostet er keinesfalls.«

Klingt wenig? Oh nein, damals eben auch ein Brutto-Jahresgehalt.

In Derendorf angekommen, standen wir unmittelbar in einer riesigen Halle voller Autos: Schwarze und dunkelgraue in Reih' und Glied, mit grauen Polstern, weiß gepunktet, schwarze oder beige Polsterbezüge. Senkrecht über der Kofferraumklappe vier blanke Chromleisten, chromblitzende Stoßstangen, blanke Türgriffe, hölzernes Armaturenbrett und Lenkrad – einer wie der andere.

Natürlich, Autos eines Typs sind gleich, dachte ich, und doch gefiel mir in dieser Masse keiner, so sehr der Lack auch spiegelte. Etwas ratlos schlenderte ich durch die Halle von Wagenreihe zu Wagenreihe. Schließlich am Kopf der Halle angekommen, leuchtete es am Ende der Reihe kornblumenblau. Im Näherkommen traute ich meinen Augen kaum: Innen mohnrote Kunstlederbezüge, elfenbeinweißes Lenkrad, ebensolche Bedienungselemente auf schwarzem Armaturenbrett! Wie im Traum öffnete ich die Tür, setzte mich hinter das Steuerrad und sagte: »Den oder keinen«. Verlegene Gesichter, Achselzucken. »Das geht nicht, das ist eine Gruppenbestellung aus Amerika. Die Fünf werden demnächst verschifft.«

Ich blieb dabei, sagte immer wieder: Den oder keinen!

Zureden schien zwecklos, so steuerte ich energisch die Tür an, durch die wir hereingekommen waren. Da hörte ich plötzlich: »Bar auf die Hand?« Ich nickte. »Dann müssen wir für Amerika eben einen nachfertigen.«

So kam ich zu meinem ersten und schönsten Auto. Heiß geliebt und viel bewundert in seiner Düsseldorfer Eleganz.

Hans Schwarz
Düsseldorf als Finanzplatz

Im Unterschied zu vielen anderen Autoren dieses Buches ist Düsseldorf sehr spät zu einem Standort meiner Arbeits- und Lebenswelt geworden. Die Stadt ist mir nicht von Kindheit an vertraut gewesen; erst auf der letzten Berufsetappe beginnt Düsseldorf eine wichtige Rolle für mich zu spielen. Bis zu diesem Zeitpunkt – genaugenommen seit meiner Berufung zum Vorstandsvorsitzenden der Stadtsparkasse Düsseldorf Mitte 1995 – haben mich bereits viele Ereignisse und auch Städte geprägt. Dieses hat den Vorteil, die Stadt aus einer Distanz und besseren Vergleichbarkeit zu betrachten und zu bewerten.

Wer sich als Außenstehender mit der Stadt beschäftigt, ist überrascht, mit wie vielen unterschiedlichen Attributen Düsseldorf charakterisiert wird: Stadt der Werbung, Stadt der bildenden Künste, Messe-Stadt, Hochburg des rheinischen Karnevals, Schreibtisch des Ruhrgebietes und dergleichen mehr. Die Vielfalt der Bezeichnungen verrät, daß der Charakter der Stadt gar nicht einfach zu fassen ist. Für mich ist es eine der größten Überraschungen gewesen, daß Düsseldorf als Finanzplatz nur den wenigsten Zeitgenossen der Erwähnung wert ist. Vor meiner Vorstandstätigkeit in Düsseldorf waren das Münsterland, München und Hannover Stationen meines Berufslebens. Besonders in der niedersächsischen und in der bayerischen Landeshauptstadt gehörte es zum guten Ton, die Bedeutung des regionalen Finanzplatzes darzustellen.

Oft habe ich mir die Frage gestellt, warum sich Düsseldorf seiner Finanzplatzrolle so wenig bewußt ist. Eine schlüssige Antwort habe ich bis heute nicht gefunden. Geschieht dies aus verletztem Stolz, weil man weit hinter Frankfurt nur an zweiter Stelle unter den Finanzplätzen in der Bundesrepublik Deutschland steht? Nimmt der Düsseldorfer die Bedeutung der Finanzdienstleister für die Wirtschaftsstruktur der Stadt als etwas Gegebenes hin? Oder schwingt hierbei eine oft nachgesagte rheinische Oberflächlichkeit mit, die besonders zum Tragen kommt, wenn es um Belange der Finanzen geht?

Tatsache bleibt, daß der prägende Charakter großer und kleiner Finanzdienstleistungsunternehmen in keiner Stadt Deutschlands – mit Ausnahme Frankfurts – so stark in den Blick fällt wie in der nordrhein-westfälischen Landeshauptstadt. Dabei kennt die Stadt im engeren Sinne kein »Bankenviertel«, keine »Bankenstraße«. Während in anderen Städten die Ansammlung von Kreditinstituten an einem bestimmten Platz oder einer Straße diese zum Synonym für den Finanzplatz werden lassen, ist es hier anders. Eine »Wallstreet«, die zum Symbol des Finanzstandortes geworden ist, existiert nicht. Gott sei Dank.

Der Sitz bedeutender Kreditinstitute, Versicherungen und Vermögensverwaltungen, Broker-Häuser aus dem In- und Ausland durchzieht die gesamte Stadt. Die äußeren Punkte dieses Finanzdienstleistungsplatzes ließen sich auf der Stadtkarte wie folgt definieren: Im Norden wird dieser Platz begrenzt von zwei großen Versicherungskonzernen, der ERGO-Gruppe am Rheinufer und der ARAG-Versicherungsgruppe am Mörsenbroicher Ei; im Osten am Bertha-von-Suttner-Platz durch die Westdeutsche Genossenschafts Zentralbank (WGZ), im Süden zieht sich das Finanzzentrum bis nach Düsseldorf-Wersten zum Hauptverwaltungsgebäude der PROVINZIAL-Versicherungen und reicht im Westen bis über den Rhein zum Seestern, wo die Ärzte- und Apothekerbank ihren Hauptsitz hat.

In diesem Karree liest sich die Präsenz der Banken in Düsseldorf wie das ABC der deutschen Kreditwirtschaft, von der Ärzte- und Apothekerbank bis zur Westdeutschen Landesbank. Insgesamt sind fast 400 Bankstellen in Düsseldorf vertreten; neben inländischen Häusern wächst die Präsenz ausländischer Institute. Am bedeutendsten und hervorstechendsten sind dabei die japanischen Bankhäuser, die in der Immermannstraße quasi einen »innercircle« bilden. Was die Finanzdienstleistungsbranche für Düsseldorf bedeutet, läßt sich an den Arbeitsplatzzahlen ablesen: Rund 30.000 Menschen sind in der Kreditwirtschaft und dem Versicherungsgewerbe beschäftigt.

Zwei weitere Institutionen der Finanzgilde müssen noch erwähnt werden: die Rheinisch-Westfälische Börse und die Landeszentralbank NRW, die in unmittelbarer Nachbarschaft zueinander an der Berliner Allee ihren Sitz haben. Am Beginn des neuen Jahrtausends stehen beide vor grundlegenden Veränderungen und sind somit symptomatisch für den Umbruch der Finanzwelt in Düsseldorf und weltweit. Mit der Einführung des Euros zum 1. Januar 1999 ist die Verantwortung für die Geldpolitik von den nationalen Notenbanken auf die Europäische Zentralbank übergegangen. Damit hat nicht nur die Deutsche Bundesbank ihre geldpolitische Zuständigkeit abtreten müssen, sondern auch die Landeszentralbanken haben an Bedeutung verloren und versuchen, sich eine neue Identität mit neuen Aufgaben zu geben. Sollte dieses nicht gelingen, könnte eine nach dem Zusammenbruch des Zweiten Weltkrieges hoch angesehene Finanzinstitution im Laufe der Zeit ihre Daseinsberechtigung verlieren.

Die Rheinisch-westfälische Börse hat andere Probleme zu schultern. Fast 90% aller Aktienkäufe und -verkäufe werden in Frankfurt getätigt, der Rest verteilt sich auf sieben verschiedene Regionalbörsen. Da ist es nur ein schwacher Trost, daß Düsseldorf mit über 40% den größten Anteil am verschwindend kleinen Rest hält. Neue Marktnischen müssen besetzt werden, wenn angesichts weiterer Konzentrationsbestrebungen die Regionalbörse in Düsseldorf ihren Platz wahren möchte.

Geld ist ein abstraktes Gut. Anders als der Einzelhandel oder das produzierende Gewerbe ist das Produkt »Geld« bei allen Finanzdienstleistern identisch. Und doch unterscheiden sich die einzelnen Häuser mit einem unterschiedlichen Finanz- und Dienstleistungsangebot, die sich nach ausgewählten Kundengruppen und deren Bedarf richten. Diese Differenzierungen scheinen auf den ersten Blick nur dem Fachmann vertraut zu sein.

Am sichtbarsten treten daher die Unterschiede der einzelnen Finanzinstitute in ihrem architektonischen Bild zutage, das nicht unwesentlich das Gesicht der Stadt prägt. Eine Systematik der Architektur der Finanzwelt in Düsseldorf wird sicherlich der in der Stadt vertretenen Vielfalt nicht gerecht, dennoch lassen sich drei Stiltypen erkennen:

- das traditionelle Bankgebäude, das noch an die Gründerzeit nach der Reichsgründung erinnert und zum Ausdruck bringt, daß Geld auch Macht und Einfluß bedeutet;

- das funktionale Bankgebäude, das nüchtern, streng rational geplant ist und der Außenwelt signalisieren soll, daß Geldgeschäfte als Treibstoff jeden wirtschaftlichen Handelns Regeln und meßbaren Ergebnissen unterworfen sind;

- das »neue« Bankgebäude als Teil einer Warenangebotswelt, die das Geschäft rund ums Geld als Teil des Erlebniseinkaufens begreift. Als Typ dieser neuen Bankarchitektur steht das neue Finanzkaufhaus der Stadtsparkasse Düsseldorf.

Der Chronist der Stadtgeschichte wird später über das Jahr 2000 zwei Ereignisse festhalten, die streng voneinander getrennt waren und dennoch zusammengehören: das 175jährige Jubiläum der Stadtsparkasse Düsseldorf, die damit das zweitälteste Kreditinstitut der Landeshauptstadt ist, und die Inbetriebnahme des modernisierten Sparkassengebäudes als Finanzkaufhaus an der Berliner Allee.

Aus der Vielfalt der Bankarchitektur in Düsseldorf ragt das neue Gebäude heraus. Das Finanzkaufhaus spiegelt die zukunftsgerichtete Unternehmensphilosophie der Stadtsparkasse wider. Es steht für Offenheit, Innovation, Flexibilität und Kundenorientierung, für den Abbau von Kontaktsperren ohne Vernachlässigung der Diskretion und für das Kreieren eines Stükkes Erlebnisbankings mit verschiedenen Dienstleistungen und Aktionen.

Konsequenterweise ist damit die Filiale der Stadtsparkasse eingebettet in ein völlig neugestaltetes, durchgehend serviceorientiertes Angebot: Man findet im Erdgeschoß des Hauses den Eingang zu einem Reisebüro ebenso wie einen Shop mit Wirtschaftspresse oder den neuesten Trends auf dem Mobilfunkmarkt. Ein ausgesuchtes Gastronomieangebot rundet den Service ab und lädt zum Verweilen ein. Unter dem Motto »Banking und Shopping« wird das Erledigen von Bankgeschäften zu einem Teil des täglichen Shoppings, zu einem Erlebnis rund ums Geld.

Die Architektur des Gesamtkomplexes ist Ausdruck der Serviceorientierung. Transparenz und Offenheit, Funktionalität und Freundlichkeit werden durch moderne Baumaterialien und architektonische Highlights ausgedrückt. Glas, Holz und Edelstahl prägen das Bild der Sparkasse. Ein einladenes offenes Atrium dient als Kommunikationszentrum; ein Forum, in dem neben Unternehmensveranstaltungen vor allem kulturelle Events stattfinden, ergänzt die Gesamtkonzeption.

Direkt angebunden an die Kö-Galerie und in unmittelbarer Nähe zum Themenkaufhaus Sevens und dem Designcenter Stilwerk bietet das Finanzkaufhaus eine attraktive, sinnvolle Ergänzung des Angebotes im Herzen der Stadt – in bester Gesellschaft.

Mit dem Finanzkaufhaus setzt die Stadtsparkasse Düsseldorf in der City der Landeshauptstadt ein neues städtebauliches Ausrufezeichen. Für die Berliner Allee, die wichtigste Düsseldorfer Innenstadtmagistrale, zugleich aber auch ein Zeichen für noch mehr Urbanität.

Tradition und Fortschritt – unter diesem Begriff stand das 175jährige Jubiläum der Stadtsparkasse Düsseldorf im Jahr 2000. Tradition und Fortschritt – dieses ist auch ein treffendes Motto für das neue Haus der Stadtsparkasse Düsseldorf. Tradition, denn wir behalten unseren alten Standort bei. Auf den alten Fundamenten ist ein neues Haus gebaut worden. Die Fundamente der Stadtsparkasse sind auch heute intakt: Die Sparkassenidee ist genauso aktuell wie am Ausgang des 18. Jahrhunderts, als sie begründet worden ist. Sie setzt einen Kontrapunkt zur Idee der Globalisierung der Wirtschaft.

Das neue Gebäude ist auch ein sichtbares Zeichen für den Fortschritt, den die Stadtsparkasse Düsseldorf aktiv mitgestalten will. Fortschritt bedeutet nicht jedem beliebigen Trend hinterherzulaufen. Fortschritt bedeutet, den Veränderungen Rechnung zu tragen, dem heute ein moderner Bankbetrieb unterworfen ist. Diese Veränderungen sind vielfältig; sie betreffen das Verhalten der Kunden, sie betreffen die Veränderung der Kapitalmärkte, und sie betreffen die Neugestaltung von Geschäftsfeldern.

Tradition und Fortschritt: Dieses Begriffspaar ist Ausdruck einer zeitlosen Unternehmensphilosophie, die sich der Geschichte bewußt ist, sich aber den Anforderungen der Zeit nicht verschließen wird.

GABRIELE HENKEL
Düsseldorf – it's magic

Es geht uns allen gleich: Die Stätten der Kindheit schrumpfen beim Wiedersehen. Als ich unser Elternhaus in der Reichsstraße 51 nach vielen Jahren auf Einladung von Imi Knoebel besuchte, ehe er es umbaute, konnte ich nicht fassen, daß das Treppenhaus so schmal, der Eingang mit den schwarzweißen Marmorfliesen im Schachbrettmuster so eng gewesen ist. Ich erinnere mich an die mächtige geschnitzte Truhe und an den vergoldeten Spiegel an der Stirnwand. Als Kind schien mir dies kein Flur, sondern ein eindrucksvolles Vestibül zu sein.

Unser Vater kehrte im Sommer 1945 aus dem Krieg zurück. Seine Praxis gegenüber dem Marienhospital war ausgebrannt und das Haus in der Reichsstraße »ausgebombt«. Er schlief zeitweilig im Marienhospital, weil unser Zuhause in einem unzumutbaren Zustand war. Später wurde das Erdgeschoß, eigentlich Hochparterre, mit dem sogenannten Rauchzimmer, dem Salon, Eßzimmer und Küche zur Praxis. Das weiße Emailleschild mit schwarzer Schrift rechts neben der Haustüre: *Prof. Dr. Theodor Hünermann, Facharzt für Hals-, Nasen- und Ohrenheilkunde*, und mit den Angaben zu den Sprechstunden fand ich einschüchternd riesig. Mein Vater hatte den kollegial durchaus lobenswerten Einfall, eine Gemeinschaftspraxis mit einem ebenso praxislosen Professor für *Haut- und Geschlechtskrankheiten* zu eröffnen, und vermutlich Platz für dessen Namen gelassen. Soviel ich weiß, hat unsere sanfte, langmütige und wunderbare Mutter sich nur dieses einzige Mal in ihrer Ehe heftig gegen eine Idee gewehrt, und »Väter«, wie wir ihn nannten, energisch widersprochen. Sie wollte ihren vier Kindern vermutlich nicht erklären müssen, was es denn mit Geschlechtskrankheiten auf sich hatte, und unser Vater war bei dieser Art von Auskünften ohnehin von beeindruckender Schweigsamkeit.

In der Erinnerung bleiben die edlen Proportionen der Zimmer, die hohen Wände dieses spätklassizistischen Hauses, Maße, die im hektischen Wiederaufbau der Nachkriegszeit von Heerscharen eifriger Architekten oft fahrlässig mißachtet wurden. Die »Anlagen« um das schwer beschädigte Ständehaus im wilhelminischen Stil: wie flach dünkt dem Erwachsenen der Hügel, der uns beim Rodeln die Zugspitze ersetzte. Die Akazienbäume auf der gegenüberliegenden unbebauten Seite der Reichsstraße – längst abgeholzt – waren damals jedes Jahr im Juni die Wonne meiner Mutter. Sie erinnerten sie an die Bäume auf der Insel Oberwerth im heimatlichen Koblenz, wo am Tag ihrer Hochzeit der Duft der weißen Blüten aus dem großelterlichen Park zur Festgesellschaft wehte.

Unser Vater hatte seine Garage im Reichsgäßchen, einer wundersam verwinkelten Verbindung zum Fürstenwall. Es gab Schuttplätze und verwilderte »Grünzonen«, wo man ungestört spielen konnte. Unser kleiner Garten wurde zum Nutzgarten. Mit einem Ziegenstall, mit Kaninchen, die nie geschlachtet wurden, weil wir sie so liebten, und mit mannshohen Tabakpflanzen verlor dieses Terrain jedes Geheimnis.

Mein Bruder Theo berichtet jedoch stolz, daß er an dem alten Weinstock hochklettern konnte, um die verräterisch knarrenden Treppenstufen zu umgehen. Strenge Eltern und alte Häuser sind eben ungeheuer hellhörig.

Ein Detail der Chronik der Familie Hünermann berichtet, daß im Jahr 1947 im Herbst, eine Jahreszeit, die für die Gams die »Brunft« bedeutet, die Frage dringend wurde: »Wo kriegen wir einen Bock her?« Unser Vater half uns nicht weiter. So entschloß ich mich, eine Anzeige für einen Bock in den »Düsseldorfer Nachrichten« aufzugeben: »Suche guten Bock für meine Ziege: Prof. Hünermann.«

Homerisches Gelächter muß bei den Freunden unserer Eltern bei der Lektüre ausgebrochen sein. Aber ich bekam eine Antwort, die mich an den Ziegenzuchtverein in Düsseldorf-Eller verwies, und dort gab es auch einen »silbergrau gekürten Ziegenbock«. Doch die Suchaktion hatte der Natur wohl zu lange gedauert, mein Besuch mit Ziege in Eller blieb folgenlos.

Fürstenwall: auf dem Weg zum Markt am Kirchplatz und zur St. Peterskirche, einem neugotischen Backsteinbau, lockte eine Eisdiele. Sie war am Sonntag morgen schon geöffnet, so daß ein Eishörnchen gelegentlich der Speise des Herrn vorgezogen wurde. Bei der Beichte wußte man dann nicht so recht, wie man diese »läßliche Sünde« einordnen sollte. Denn mit dem Sechsten Gebot hatte dieser kleine Ausbruch profaner Lust auf Brausepulver und Vanilleeis bestimmt nichts zu tun. Wir gingen nicht oft in die Peterskirche, die Dominikanerkirche in der Herzogstraße schien uns wesentlich reizvoller. Man mußte nur die Friedrichstraße – die erste richtige Geschäftsstraße meines Lebens – überqueren, und schon war man in dem ebenfalls neugotischen Gehäuse des berühmten Predigerordens. Wenn wir zu spät kamen, geschah es bisweilen, daß der wortgewaltige Pater Apollinaris bei seiner Predigt innehielt, strafend von der Kanzel herabblickte und erst nach einem langen Seufzer mit seinem Sermon fortfuhr. Nach dem »Ite missa est« sahen wir oft unseren Vater. Er stand hinter der letzten Bank. Ich fand das gesundheitlich bedenklich, da er an jedem Wochentag im Marienhospital lange Vormittage im Operationssaal stand, ein großer und schlanker, ja zarter Mann, von zwei Weltkriegen körperlich und seelisch geschädigt.

Wir gingen gern durch die Poststraße am Spee'schen Graben entlang, für mich der nach wie vor schönste und intimste Ort der Stadt, zur Maxkirche;

schon als Kind, angezogen von der barocken Großzügigkeit des dreischiffigen Kirchenraums, mit einem veritablen Hochaltar, alten Gemälden, ansehnlichem Chorgestühl und mit einer lebhaften Konzerttätigkeit. Wir hatten auch in der Woche öfters in der Gegend zu tun. In der Bastionstraße gab es die Metzgerei Possberg. Die vollbusige blonde Frau des Meisters, eine dankbare Patientin, achtete darauf, daß dem verehrten Professor hin und wieder ein gutes Stück Fleisch reserviert wurde. Für uns Kinder unvergeßlich: stets das Scheibchen grobe Leberwurst.

Gegenüber der Metzgerei befand sich unsere Bäckerei mit der Backstube im Souterrain, die ihren Duft am Morgen zur Kasernenstraße schickte. Der Bäcker, auch ein Patient, kreierte zu Hetes Erstkommunion eine Buttercremetorte. Diätprobleme gab es noch nicht.

In der Emaille-Halbliter-Milchkanne holten wir unserem Vater frisch gezapftes Bier, entweder im *Schiffchen* an der Hafenstraße oder in der kleinen *Fischl-Brauerei* in der Friedrichstraße.

Die Straßen unserer Kindheit und Jugend führten uns bald in die Provinzial-Feuerversicherung, wo das Düsseldorfer Schauspielhaus provisorisch untergebracht war, und für uns die Wunderwelt des Geistes und der Kunst sich auftat: Gustaf Gründgens und seine Düsseldorfer Zeit mit legendären Inszenierungen: *Die Fliegen* von Sartre, *Die Möwe, Torquato Tasso, Faust, Wallenstein*. Für eine Schülerkarte mußte man eine halbe Nacht »anstehen«, aber als Belohnung gab es unvergeßliche Eindrücke, die vom *Asta-Nielsen-Theater* in der Graf-Adolf-Straße und von dem Kino am Burgplatz mit ausländischen Filmen ergänzt und bereichert wurden.

Wir fühlten uns privilegiert, Kinder des Südens in einer überschaubaren Stadt. Nicht nur, weil Heinrich Heine in der nahen Bolker Straße geboren war, sondern auch, weil unser Reich der kleinen Parks, des Schwanenspiegels, der Wasserstraße und der eindrucksvollen Monumentalskulptur *Vater Rhein und seine Töchter* ein Ensemble der Phantasie war. Kinder turnten auf den schwellenden Formen der Nymphen, es wurden auch Münzen in das Brunnenbecken geworfen. Der Schwanenspiegel mit seinem Bootsverleih und einem kleinen Caféhaus erschien uns wie der Traum einer großen romantischen Welt. Im Winter lief man dort Schlittschuh, und man konnte auch heimlich unter der Brücke zum Spee'schen Graben gleiten. Ich brachte passable Pirouetten und Sprünge zustande, doch den Wunsch des Teenagers nach Privatstunden lehnte mein Vater mit den Worten ab: »Dafür bist Du zu alt«.

Ich wußte zwar, daß der Schöpfer des Brunnens – strahlender Historismus – der Bildhauer Karl Janssen war, Lehrer von Wilhelm Lehmbruck, aber daß er der Großvater von Konrad Henkel mütterlicherseits war, konnte ich damals nicht ahnen. Von der Firma Henkel im fernen Reisholz kannten wir gerade das Einweichmittel *Henko*, auch geeignet zur Konservierung für das »Huhn im Winter«, und natürlich die magischen Worte *Persil* und *Ata*.

Das Ratinger Tor, lange Jahre Heimat der *Galerie Hella Nebelung*, erscheint mit seinen noblen Proportionen eine Fortsetzung der Idylle unserer Kindheit. Kein Wunder, daß meine Schwester Hete Hünermann ihre Galerie hier gründete.

Gegenüber den *Düsseldorfer Jonges*, dem Gehäuse in allzu strahlendem weiß und Goldornamenten, wurde das *Törchen*, wie Hetes Freunde ihre Galerie nennen, zu einem Nukleus Bildender Kunst, Musik und Gesellschaft. Die Ausstellungen zwischen den Jahren 1986 und 2000 umfassen ein Künstleralphabet: Von Anatol, Joseph Beuys bis Andy Warhol.

»Andy« sagte bei seinem letzten Besuch in Düsseldorf: »It's magic«.

Höhepunkte sind seit Jahren, meist an einem Samstagmittag, die inzwischen berühmte *Himmel und Erde* mit Blutwurst für Freunde, Sammler und solche, die es werden wollen. Man sitzt an schlanken Tischen. Auch für Überraschungsgäste ist immer noch ein Rest Eintopf übrig, von Frau Voigt köstlich zubereitet. Und Wein fließt in Strömen, ebenso wie das Füchschen-Altbier aus der Ratinger Straße. Das Ratinger Tor ist ein Platz »for all seasons«. Selbst im tiefen Regennovember leuchten ausgemalte Räume, Leinwände und Objekte, und das nahe Opernhaus schickt am Abend Licht durch das belaubte oder auch kahle Geäst der alten Bäume. The magic place ...

Vermutlich stand Heinrich Heine als Kind beim Einzug seines geliebten Napoleon im November 1811 am Hofgarten und hat dem Kaiser mit einem Fähnchen zugewinkt. Robert Schumann hat diesen Zauberplatz der alten Stadt, nicht zu verwechseln mit der Altstadt, mit Sicherheit gesehen. Ein Haus mit Aura, ein Schrein für Kunst und ihre *aficionados*. Hete Hünermann hat eine lebendige Drehscheibe geschaffen, lässig, heiter, unprätentiös, scheinbar spielerisch und sehr konsequent in der Qualität.

Kleine Räume, perfekte Raummaße, die laute Kunst einfach nicht dulden, ideal für kleine Formate – Zeichnungen, Tafelbilder, Photographien – mit einer soi-disant Terrasse und Blick auf ein Stück Teich des Hofgartens, wo Schwäne brüten und Enten schnattern, ein Stück Idylle inmitten des tosenden Verkehrs der Heinrich Heine Allee und Maximilian-Weyhe-Allee.

Erinnerungen haben ihre eigenen Maßstäbe. Gerade erleben wir die Verwandlung des Hafenviertels von einer vernachlässigten Industriebrache zu einem flimmernden Konglomerat von Ateliers, Galerien, Fernseh- und Rundfunkanstalten und erstaunlichen Gebäuden von Frank O. Gehry. Erinnern wird man sich vermutlich später nur an die schönen Abende mit Otto in der Gaststätte *Weise im Hafen* auf der Hammer Straße.

BERND WIESEMANN

»Bilker« Variationen

>Ich schreibe
>wie Rotz am Morgen
>mich los
>von
>mir
>von
>meinen Emotionen
>um
>in
>meinen Emotionen
>zu leben

schrieb ich Mitte der 70er Jahre in Bilk, auf der Brunnenstraße wohnend.
Straßenbilder – Düsseldorfer Schriftsteller über ihr Quartier.
Quartier kommt gut aus: Mit »Bilk« verbinden sich bei mir nahezu sechs Lebensjahrzehnte.
Bilk, ein Quartier. Thema mit Variationen.
Lebenslauf eines Bilkers.
1938 geboren in den Städtischen. Am 4. August.
Nach sieben Tagen: Umzug nach Bilk – Brunnenstraße 2.
Wohnhaft dort bis 1942.
Umzug.
Intermezzo: Sauerland. Rothaargebirge. Selbecke. Haus am Wald. Zwergschule (nicht: Zwergenschule! – lieber Nemo).
1948: Umzug nach Düsseldorf-Bilk.
Zunächst: Mecumstraße –
Schule: Aachener Straße –
Dann: Brunnenstraße 18.
Handelsschule: Kronprinzenstraße,
Umzug: Bachstraße (Unterbilk).
Jetzt haben wir das Jahr 1954 erreicht – das reicht.

Ach so: Nebenan, Brunnenstraße 20, wird das Metropol-Theater eröffnet. Meine frühe Liebe zum Kino, zum Film wird geboren. Erste Filme – auch aus dem Vorführraum heraus – sehend. Filmrollen, Panik des Vorführers beim Wechsel, manchmal auch Filmriß, Reparaturen.

Meine Eltern hatten eine Leihbuchhandlung. Praktisch – in vielfacher Hinsicht. Bücher austragen – Taschengeld aufbessern. Bücher lesen: Auf Tom Prox und Billy Jenkins folgen Hemingway, Faulkner und Sartre. Nicht zu vergessen die berühmten Bücher »unter der Theke«. An den Wochenenden, an denen meine Eltern ins Sauerland fuhren, machte ich so meine eigenen Studien. Der Kinsey-Report war dann eine meiner Lieblingslektüren.

Die Brunnenstraße war damals noch keine Einbahnstraße. Sie wurde, wie heute, in beiden Richtungen von den Straßenbahnen befahren. Hinzu kam der Autoverkehr, noch sehr moderat. Apropos Straßenbahn: Als wir aus dem Sauerland zurückzogen, kam natürlich auch unser Hund, Simba, mit. Er hatte eine schicksalhafte Begegnung mit der Straßenbahn. Ergebnis: Aus einem langen Schweif wurde ein kurzer. Danach hielt er sich lieber in den Trümmern auf – wie wir Kinder übrigens auch. Dort gab es für uns alle, ob Hund ob Kind, viel zu entdecken. Pflanzen exotischer Färbung, Alteisen, Metalle, kurz: Schrott. Auch daraus machten wir Taschengeld – und verbrachten so wieder etliche Stunden im Kino: Apollo, Asta Nielsen, Metropol.

Dabei fällt mir eine erste Liebesgeschichte ein: »Schütze Bumm in Nöten« gabs im *Asta*, neben mir eine etwa gleichaltrige junge Dame, also 12 oder 13, mit einem herrlichen Knie! – wenigstens für meine Gefühle. Am Ende des Films war ich so verwirrt, daß ich vergaß, sie anzusehen oder gar anzusprechen: Sie war einfach weg, sie nach links und ich nach rechts ... Es kann auch umgekehrt gewesen sein. Ich ging dann eine ganze Woche lang in den selben Film, in die selbe Reihe – aber ohne dieses Knie gefiel mir Schütze Bumm immer weniger ...

Also: irgendwie schicksalhafte Verbindungen zu Bilk in Düsseldorf.

Aus

einbahnstraßen

bilk
bahnhof

Aussteigen ...

Aus   steigen
werden viele
Aus   steigen
              flippen
              welten

Aus   steigen
wollen
            können
wollen
            können

Aus
steigen
hoch
empor
verzweifelt
beklommen
luft im
Aus   steigen
werden wir:
            wollen
können ...

Ein zentraler Ort für mein Leben wurde immer wieder, wenn auch punktuell, der Bilker Bahnhof. Zunächst waren der Bahndamm und die Brombeersträucher interessant, dann die Klänge der Gleise, das Nahen der Züge signalisierend. Wir hörten bald, mit einem Ohr auf den Gleisen, ob es ein Güterzug oder ein Bummelzug war. Die Schnellzüge wurden dann doch zu gefährlich – da gab es zu oft Unfälle; ebenso übrigens wie beim Schrott sammeln. Hierbei stießen Kinder und Erwachsene mitunter auf nicht entschärfte Munition. Wir hörten dann immer wieder, daß Finger oder Hände, Augen oder Füße deformiert oder gar abgerissen wurden. Gott sei Dank war nie jemand aus meiner näheren Umgebung betroffen.

Nach Studium und Eheschließung mit Renate Fuchs, der phantasievollen Zeichnerin und Malerin, der Geburt unserer Kinder Mirjam und Boris, zogen wir 1969 nach Rath, zum Rather Broich 10. Für eine lange Zeit rückte Bilk in den Hintergrund. Aber nach dem Tod meiner Mutter im Mai 1976 zog ich wieder in die Brunnenstraße: Nach der Scheidung von Renate 1975 ein Stück Heimat. Im Anbau des elterlichen Hauses und auf dem Hinterhof konnte ich – nicht nur musikalisch – gut arbeiten.

In dieser Zeit entstand die »Arbeitsgemeinschaft Musiktheater« am Görres-Gymnasium, von einigen meiner Schüler initiiert. 1977 übernahm ich die Leitung – und machte für mich wichtige Erfahrungen im Umgang mit neuem Musiktheater, theatralischer Musik und: Gruppenprozessen. Die AG entwickelte eigene Szenen und Stücke, stark von Cage und Kagel, aber auch durch die Fluxus-Bewegung beeinflußt. Wir probten Werke von Kagel (»Repertoire«, »Staatstheater«), Cage (u. a. »Theatre Piece«, »Silence«) und Christian Wolff. Der Hinterhof wurde oft in unsere Probesituationen einbezogen. Seine Wände wurden von befreundeten Malerinnen und Malern, aber auch Kindern bemalt. Und wir hatten unsere ersten Auftritte: In Jugendeinrichtungen, im Rahmen der Bundesgartenschau in Bonn »Cage-Zirkus« oder auch im »Studio Beginner« von Walter Zimmermann in Köln.

UND IM BILKER BAHNHOF!

Gisela Schneider-Gehrke und Theo Lambertin hatten damals ihre Ateliers in der umgebauten alten Schalterhalle. Sie machten, gemeinsam mit Hans-Georg Ruckes, dem Friseurmeister und Galeristen (Kunst im Salon: »KiS«) aus Oberkassel, erste Bahnhofsaktionen. Ich trat zunächst solistisch mit eigenen Aktivitäten auf, dann kam die Arbeitsgemeinschaft Musiktheater hinzu. Mit Hans-Georg Ruckes verband mich später eine langjährige Freundschaft, die hier ihren Ursprung hatte.

In der Bahnhofsschänke, mit »Oberkellner« Lutz hinter der Theke, fanden im Rahmen der 1. und 2. Bilker Kunstmesse und der 1. Bilker Dokomenta (DOKOBILKA) auch musikalische und theatralische Aktionen statt. Die Theatergruppe spielte »Theatre Piece« von Cage und ein eigens hierfür entwickeltes Kollektivstück »ad. lib.«. Heine erzählte, mit der Stimme von Jens Eggert, aus seiner Jugend – begleitet von schumannschen Klavierstükken – ebenso wie »Mozart auf der Reise nach Prag« in der Bahnhofsschänke. Eggert deklamierte mit kräftiger Stimme, während die Schnellzüge übers Lokal hinwegdonnerten. Ich konnte mitunter mein eigenes Klavierspiel nicht mehr hören ... Übrigens: Die Schnellzüge fuhren nach Warschau ...

Damals ...

    Du surrst
deine Lieder
auf der Elektrischen
zweihundertzwanzigvoltbetriebenen
Poesietruhe
zweitausendneunundachtzigmalig
benutzt
zur Erstellung
alter Weisen
    Heine singt
im Mai
ausrangiert
    die Knospen sprangen

      auf die Schienen
      der
            städtischen Ausrangierten
um
die neuerliche Fahrpreiserhöhung
wiedereinmal
zu vermeiden

Zum Letztenmal
zu vermeiden
zu surren
den alten Glauben

      EINHEIT
      GLEICHHEIT
      BRÜDERLICHKEIT

Menschlichkeit
der
Numerozehnzwölfneunzehnhundertsechsundsiebenzig ...

Straßenbilder, gekoppelt mit Kneipen und Bahnhof: Das waren die »Bilker Kunstmessen«, die damals einiges Aufsehen erregten. Unvergessen, wie Theo Lambertin »seine« sixtinische Kapelle unter den Tresen der Bahnhofsschänke malte. Mir unvergessen, wie Axel Scheibchen und Jens Prüss ihre Prosa und Lyrik auf der Treppe zum Bahnsteig rezitierten: Zwei lange, schmale, junge Gestalten, umweht von Fernweh und Urindüften. Mit Axel freundete ich mich an – mit seinem Märchen »Mein Schwanzschwein« tingelten wir oft, von meiner Kinderspielzeugkomposition begleitet, durch Nordrhein-Westfalen. Jens Prüss sollte ich in einer meiner nächsten Stationen, der Bilker Straße, wiederbegegnen.
    In der Aula der Realschule Florastraße fanden Festivals mit Musik statt. Neue Musik wurde mit Kindeliedern und -tänzen gekoppelt, Klassik und Romantik, Jazz und Experimentelles ergänzten einander, theatralische Musik und Kindertheater standen nebeneinander. Die Komponisten Norbert Laufer, Heinz-Dieter Willke, Kai Yves Linden probierten erste Werke; ein Experimentierfeld der Musik. Und: Die Aula war oft mit über 400 Zuhörern überfüllt ...
    Über meine Aktivitäten schrieb Helga Meister 1983 im Vorwort des Kataloges zur 1. Bilker Dokomenta: »Bernd Wiesemann, der lebendige Beweis für die Anti-These, daß auch ein Angestellter der Stadt Phantasie besitzen kann, bittet zur »Musikstraße« am Bahnhof Bilk. Dieser Experimentator der Musik zum Zwecke der Lebensbereicherung, bringt die Städt. Musikschule

auf Trab ... Wenn er selbst in die Tasten greift, beim Klaviersolo, entstehen musikalische Collagen.« Rückblickend freue ich mich über diese Formulierungskunst, schmeichelt sie doch nicht nur, sondern gibt mein spezifisches Engagement in dieser Lebensphase wieder.

Der vielleicht schönste Erfolg für die *Arbeitsgemeinschaft Musiktheater* – und damit auch für mich – war die Aufführung von Kagels »Repertoire« im Grünen Gewölbe der Düsseldorfer Tonhalle, eingebettet in Uraufführungen von Schülern und Kollegen und einem Jürg-Baur-Portrait im Rahmen der Gesprächskonzerte von FORUM XX, der Vorgängerin vom *forum 20* der 90er Jahre. Anlaß: Die Tonhalle wurde im April/Mai 1978 nach dem Umbau feierlich eröffnet.

Und damit bin ich, wenn auch indirekt, in der Bilker Straße 11 gelandet. Die Jugendmusikschule – später: Musikschule, dann bis heute: Clara-Schumann-Musikschule – hatte hier ihr Domizil. Julius Alf, Gründer der Musikschule im Jahre 1956, wurde 1978 von Johannes Read abgelöst. Ich übernahm neue, erweiterte Funktionen ... und bezog meine künstlerischen Aktivitäten in die pädagogischen ein. Julius Alf hatte mit den Stadtoberen das Kulturzentrum Bilker Str. 7-9 mit dem Palais Wittgenstein als Veranstaltungsraum geplant und den Auf- und Umbau forciert. Daß die Musikschule dann in Nummer 11 landete und das Musikschulzentrum über 20 Jahre auf Eis gelegt wurde, ist ein kleines Stück Düsseldorfer Musikgeschichte, das jedoch in Kürze ein glückliches Ende finden wird. Die Clara-Schumann-Musikschule wird 2001 in der Prinz-Georg-Straße eine würdige Zentrale finden.

Das Arbeiten in der Bilker Straße wurde für zwei Jahrzehnte Teil meines Lebens: Der Pädagoge wurde planerisch gefordert, die Musik in andere Zusammenhänge gestellt, die Bildende Kunst und die Literatur beeinflußten ihn noch mehr, als sie es ohnehin schon immer taten. Kein Wunder: Hatte doch Rolfrafael Schröer hier das erste nordrhein-westfälische Literaturbüro eingerichtet, lernte ich in ihm einen Menschen kennen, der Arbeit und Leben ähnlich wie ich mit Begeisterung verband. Ihm zur Seite stand Lore Schaumann als Antipodin und Partnerin, deren liebevolle Ausstrahlung mir immer noch sehr präsent ist. Joseph Anton Kruse zog ins jetzige Heinrich-Heine-Institut, das Institut Français öffnete seine Pforten, das Marionettentheater der Zangerles spielte auf künstlerisch hohem Niveau bis Anfang der 80er Jahre, gefolgt vom so anders arbeitenden Anton Bachleitner, der die Arbeit mit seinem Team zu internationalen Erfolgen weiterentwickelte. Galerien öffneten ihre Pforten – peu à peu – das »Alte Haus an der Bilker Straße« wurde von Conzens als immer kostbareres Kleinod weiterentwickelt. Es gab die Destille (alt) und die Destille (neu), die immer wieder Forum für heftige Diskussionen und künstlerische Aktivitäten (»Kunst und Kultur auf leeren Kästen«) wurde. Es entstanden die Künstlerateliers im Hinterhof der Bilker Straße 12 ...

Alle, die mich kennen, wissen, wie diese Zeit mich beeinflußt und begeistert hat. Von hier – der Bilker Straße 11 – aus wurden Opern produziert, die Kinder aus der von mir betreuten Kompositionsklasse David P. Graham komponierten. Durch ihn kam ein Hauch von Montepulciano in die Karlstadt – Graham hat die Idee von Henzes kreativer kompositorischer Pädagogik nicht nur übernommen, sondern auch mit- und weiterentwickelt. Das »Bilker Straßenfest« mit sich öffnenden Musikschul-, Atelier-, Galerie- und Institutstüren, die »Musikstraßen« 1981 bis 1986 schickten Schüler und Lehrer der Musikschule zum Musizieren auf die Straßen – damals ein Novum, heute gang und gäbe.

Dort arbeitete ich bis 1998 als städtischer Angestellter. Jetzt widme ich mich meinen Vorstellungen von Musik und der Kommunikation von und mit Neuer Musik. Ich freue mich über diese vergangene Gegenwart, die in unserer – René Heinersdorffs und »meiner« – Reihe »forum 20 – musik des 20. jahrhunderts im spiegel der dezennien« im Mai des Jahres 2000 einen würdigen und erfolgreichen Abschluß fand. Daß diese Reihe im Ibach-Saal des Stadtmuseums ihre Heimat finden konnte, ist seinem Direktor Wieland Koenig und seiner Offenheit zu verdanken!

Daß die Musik mich zu meiner Gisela führte, rührt auch aus der Situation Bilker Straße her: Als Schülermutter brachte sie ihren Sohn Bastian oft in die »Musikschulzentrale«, zum Harfenunterricht bei Gabriele Emde. Diese lud uns 1985 – als »Fahrgemeinschaft« – zum Sommerfest in die Eifel ein. In diesem August 1985 war das herrliche Strand-Fest der Werkstatt auf den Rheinwiesen vor dem Regierungspräsidium. Dort strandeten wir am frühen Morgen des 12. August bei Samba-Klängen auf verschlammten Wiesen ...

Wie heißt es doch so schön bei Heinrich Heine: »Es ist eine alte Geschichte, doch bleibt sie immer neu, und ...« Bei uns ist deren positive Fassung immer noch – fast täglich – zu erleben.

Klaus Witzel
Arbeitsplatz EVK

Im Januar 1973 trat ich meine Stelle als Chefarzt der Kinderabteilung im Evangelischen Krankenhaus (EVK) an, im »Evangelischen«, wie es die Düsseldorfer nennen. Es ist und war neben dem »Städtischen«, das schon damals eigentlich Universitätsklinik war, mit seinen 580 Betten das größte Krankenhaus der Stadt. Das EVK war damals neu gebaut, der letzte Abschnitt der Kinderabteilung gerade eröffnet. Der Altbau des Evangelischen Krankenhauses, errichtet 1866, fast hundert Jahre zuvor, war Ende der 50er Jahre wegen baulicher und hygienischer Mängel ins Gerede gekommen, und ein notwendiger Umbau erschien den Verantwortlichen der Stiftung, den Mitgliedern des Kuratoriums bei der Vielzahl der Probleme nicht mehr sinnvoll.

Die Stadt Düsseldorf empfahl einen Neubau nicht mehr in Bilk, sondern an anderer Stelle an der Peripherie Düsseldorfs, in Niederkassel, dem Neubaugebiet am Seestern. Bei der langen lokalen Tradition des Krankenhauses, in dem seit Generationen viele Düsseldorfer aus dem Stadtteil zur Welt gekommen waren oder mit ihren Krankheiten behandelt wurden, befürchteten die Kuratoren, ein Neubau an anderer Stelle würde von der Bevölkerung nicht angenommen. Es hätten dann die Patienten der bisherigen Umgebung, vor allem aus der Friedrichstadt, aus Bilk, Oberbilk und »Kappes«-Hamm weit entfernt von ihren Angehörigen gelegen. An der alten Stelle fehlte allerdings benachbarter Baugrund. Ein Architektenteam entwarf dann den Plan, den Neubau in den freien Innenraum des U-förmigen Altbaus am Fürstenwall, in dessen Garten, zu setzen.

Die Verwirklichung der Idee erlaubte es, während des Neubaus den Betrieb im alten Haus weiterlaufen zu lassen, wenn auch mit gewissen Belästigungen durch die Bautätigkeit, wenige Meter entfernt von den Fenstern zum Innenhof. Letztlich gelang es aber so, ein hochmodernes Krankenhaus in der alten Umgebung zu schaffen, dessen erster Bauabschnitt 1969 eröffnet werden konnte.

Gerade auch für die Kinder war die Entscheidung eines Neubaus an alter Stelle ein Gewinn. Zum einen für die Kinder selbst, die so weiterhin wohnungsnah behandelt und von ihren Angehörigen besucht werden können, zum anderen auch für die Klinik durch die hohe Akzeptanz durch diese Einbindung in den Stadtteil. So war und ist die Klinik immer gut mit Kindern belegt.

Viele Geschäfte und Firmen in der Umgebung haben im Laufe der Jahre die Arbeit durch Spenden unterstützt und Privatpersonen durch ehrenamtliche Hilfe, zum Beispiel als »grüne Damen« in der EKH (Evangelische Krankenhaushilfe).

Mein Vorgänger, Dr. Höffken, hatte die Abteilung im Altbau mit damals noch größeren Krankensälen fast vierzig Jahre geleitet, sozusagen als erweiterten Arm seiner Praxis nebenan in der Florastraße. Die damals behandelten Kinder hatten die üblichen Krankheiten des Kindesalters: im Sommer vor allem Durchfälle und gelegentlich Virus-Gehirnhautentzündungen, im Winter Lungenentzündungen und daneben die sogenannten Kinderkrankheiten, wie Masern, Mumps, Windpocken und Keuchhusten, wenn diese schwerer verliefen. Kompliziertere Fälle wurden in das »Städtische« verlegt.

Meine Wahl zum Chefarzt erfolgte nicht, wie ich anfangs dachte, wegen meiner zusätzlichen Spezialisierung als Kinderneurologe, sondern vor allem, weil ich zuvor lange Jahre als Oberarzt der großen Mannheimer Kinderklinik Kinder mit allen Krankheiten des Kindesalters betreut hatte. Schon kurz nach Amtsantritt wurde mir dann auch vom damaligen Verwaltungsdirektor bedeutet, daß meine Spezialkenntnisse zwar interessant seien, ich aber mit einer Förderung gerade dieses Bereichs durch das Krankenhaus nicht rechnen könne; er entspräche nicht der Versorgungsaufgabe der Abteilung.

Daß dann doch alles anders wurde, lag an vielen Dingen, zum Teil an meiner eigenen Hartnäckigkeit, zum großen Teil aber auch an der allgemeinen Entwicklung der Kinderheilkunde in den folgenden Jahren, und dann auch wieder an der Unterstützung meiner Planungen durch den gleichen Verwaltungsdirektor und später seinen Nachfolger.

Beide erkannten, im Sinne der rheinischen Flexibilität, immer wieder rasch, wo es sinnvolle Neuentwicklungen gab. So konnte ich in der Kinderklinik, und konnten auch die Chefärzte der anderen Kliniken im Evangelischen Krankenhaus viel Neues rascher verwirklichen, als das in den anderen Krankenhäusern der Umgebung möglich war, oft einschließlich der Universität. Ich will dabei im Folgenden nur über meinen Bereich berichten. Dabei sollen die beiden nachfolgenden Schemata zunächst die Veränderungen in den 27 Jahren meiner Tätigkeit verdeutlichen:

1972: Kinderabteilung zur Behandlung allgemeiner Kinderkrankheiten, zur Erstversorgung unkomplizierter Frühgeborener und Mitbetreuung der Kinder der Hals-Nasen-Ohren-Abteilung und chirurgisch kranker Kinder mit Blinddarmentzündungen, Leisten- oder Knochenbrüchen.

1999: Klinik für Kinderheilkunde und Jugendmedizin mit folgenden Abteilungen:

– Allgemeine Abteilung mit den Schwerpunkten Pneumonologie-Allergologie, Gastroenterologie, Infektionskrankheiten;
– Kinder- und Neugeborenen-Intensivpflege-Station;
– Neuropädiatrie mit angeschlossener Ambulanz;

- Psychosomatische Tagesklinik unter verantwortlicher Leitung einer Kinder- und Jugend-Psychiaterin;
- Kinderchirurgie unter Leitung eines Kinderchirurgen, räumlich in der Kinderklinik integriert, letztlich Teil der chirurgischen Klinik;
- Ärztliche Kinderschutzambulanz zur Behandlung vernachlässigter und mißhandelter Kinder, organisatorisch selbständig.

Die Schemata zeigen, wie im Laufe der Jahre aus einer nebenamtlich betreuten Versorgungsklinik eine Einrichtung mit differenzierter Struktur entstanden ist, mit erheblicher Zunahme der Mitarbeiter und Differenzierung der Verantwortung. Das war für mich als Leiter und für das Krankenhaus als Kostenträger nicht immer einfach.

Die Kinderneurologie oder, wie es heute heißt, Neuropädiatrie war 1973 im Verständnis der Öffentlichkeit und auch der ärztlichen Standesorganisationen noch nicht fest etabliert. Ihre Wurzeln lagen in der Behandlung der Kinder mit Epilepsien und der Diagnostik und Behandlung von Kindern mit frühkindlichen Hirnschäden und deren Folgen, den Bewegungsstörungen (Spastik) und Entwicklungsverzögerungen. Beide Bereiche waren zuvor Domäne der Neurologen, deren Ausbildung und Kenntnisse in der kindlichen Entwicklung sich aber als unzureichend erwiesen, zumal die Möglichkeiten der Behandlung erheblich zunahmen. In ganz Deutschland, ausgehend von Prof. Hellbrügge in München, entstanden sogenannte Sozialpädiatrische Zentren zur umfassenden Diagnostik dieser Kinder.

In Düsseldorf existierte 1973 neben einem städtischen Behandlungszentrum für sogenannte Spastiker eine neurologische Sprechstunde in der Universitäts-Kinderklinik, die den Bedarf nicht abdecken konnte. Nach Vorverhandlungen mit der Kassenärztlichen Vereinigung, den Krankenkassen und den Gremien des EVK konnte ich so 1978 als Erster in Düsseldorf eine kinderneurologisch-sozialpädiatrische Ambulanz am EVK einrichten. Hier konnten Kinder neurologisch, psychologisch und in ihrer motorischen Entwicklung an einer Stelle untersucht und behandelt werden. Die Einrichtung, die bis heute existiert, war allerdings schon kurz nach Eröffnung überlastet. So war es erfreulich, daß wenig später die Stadt Düsseldorf im Krankenhaus Gerresheim eine ähnliche größere Einrichtung plante. Ich wurde in diese Planung einbezogen und konnte so mit meinen Ideen zur späteren Struktur beitragen, wobei mir allerdings die angebotene ärztliche Mitarbeit neben meiner Tätigkeit am EVK unmöglich erschien.

Auch bei der Planung in Gerresheim zeigte sich, wie bei allen Neuentwicklungen bei mir im EVK, daß Neues zunächst auf Ablehnung und Skepsis bei den Kollegen und den bestehenden Strukturen stößt.

Für alle Neuentwicklungen in der eigenen Klinik war es gut, daß ich als Chefarzt einer allgemeinen Kinderklinik bei allem Streß und aller Verantwortung immer wieder die Möglichkeit hatte, neue Schwerpunkte auszubauen, um sie dann fachlich kompetenteren Spezialisten zu übergeben.

So entstand nach langen Planungen 1986 die psychosomatische Tagesklinik. Das Wechselspiel zwischen organischen Krankheiten und psychischen Belastungen hatte mich zwangsläufig schon in meiner Ausbildung und Tätigkeit in der Kinderneurologie und Epilepsiebehandlung beschäftigt. Seine Bedeutung für eine erfolgreiche Behandlung wurde überdeutlich in meiner neuen Stellung. Ein allgemein bekanntes psychosomatisches Krankheitsbild ist die Pubertätsmagersucht. Hier führt eine zunächst psychische Problematik, meist im Rahmen der Pubertätsentwicklung, zu einer schweren organischen Erkrankung mit Versagen der hormonellen Regulationssysteme und zuletzt zum Organversagen. Dabei beträgt die Sterblichkeit in nicht behandelten oder nicht behandelbaren Fällen bis zum 30. Lebensjahr 20 Prozent. Ähnliche Zusammenhänge zwischen Psyche und Krankheit bestehen bei der Fettsucht, beim Einkoten, Einnässen und bei vielen Fällen von Kopfschmerzen oder anderen Organsensationen. Alles dies sind letztlich Krankheiten, die die Entwicklung der Kinder schwerwiegend beeinträchtigen können.

Der erste Schritt zur Verbesserung der Behandlung dieser Kinder war die Anstellung eines Kinderpsychologen an der Abteilung. Das war erstaunlich schwierig. Sowohl die Krankenhausverwaltung als auch die Krankenkassen waren damals der Auffassung, ein Psychologe sei in einer Kinderklinik nicht notwendig. Nur die Anstoßfinanzierung durch den damaligen Gesundheitsminiser Farthmann machte, anfangs zeitbegrenzt, eine Anstellung möglich.

Ähnlich waren die Hindernisse vor dem Start der Tagesklinik für Psychosomatik. Die Idee entstand 1982 in einem Gespräch mit einem Schweizer Kinderpsychiater. Die Anträge an die Krankenkassen und die Stadt um Aufnahme in den sogenannten Krankenhausbedarfsplan wurden dann jahrelang behindert durch Stellungnahmen von kinderärztlichen Fachkollegen, die damals eine solche Spezialeinrichtung für überflüssig hielten, während sie heute Ähnliches planen oder eingerichtet haben. Bei Eröffnung war die psychosomatische Tagesklinik die erste ihrer Art in Deutschland. Heute werden dort über einen Zeitraum zwischen einem und zwölf Monaten Kinder und Jugendliche behandelt, deren Problematik so ausgeprägt ist, daß eine ambulante Behandlung oder ein Schulbesuch zuvor nicht mehr möglich waren. Die Patienten besuchen dabei als Teil der Behandlung neben der Einzel- und Gruppentherapie im Rahmen der Klinik auch die Schule.

Andere Intentionen führten im Laufe der Jahre zur Einrichtung der ärztlichen Kinderschutzambulanz, zur Einrichtung einer hochspezialisierten Neugeborenen-Intensivstation mit der Möglichkeit der Behandlung und Beatmung auch kleinster Frühgeborener unter 1.000 g Gewicht und zuletzt auch zur Einrichtung einer speziellen Kinderchirurgischen Abteilung.

So wurde letztlich die Kinderklinik fortlaufend den Bedürfnissen der Patienten angepaßt, eine Aufgabe, die nicht immer einfach, aber für mich spannend war.

Schon kurz nach meinem Antsantritt wurde ich von verschiedenen Gremien gefragt, ob ich bereit sei, in ihnen ehrenamtlich mitzuarbeiten und meine Erfahrungen als Kinderarzt einzubringen. So wurde ich 1975 in das Kuratorium des Reckestifts gewählt, dem ich bis heute angehöre. Zum gleichen Zeitpunkt wurde ich Vorstandsmitglied des deutschen Kinderschutzbundes in Düsseldorf und des evangelischen Adoptionsvereins. Daneben beteiligte ich mich an den Sitzungen des Vereins für Körperbehinderte, der Psychosozialen Arbeitsgemeinschaft der Stadt Düsseldorf und wurde und bin Kassenwart der Vereinigung Rheinisch-Westfälischer Kinderärzte und so seit über 25 Jahren verantwortlich für die Organisation ihrer wissenschaftlichen Tagungen.

Insbesondere die Tätigkeit im Kuratorium der Graf-Recke-Stiftung ließ mich den raschen Wandel in den Vorstellungen unserer Gesellschaft im Umgang mit jugendlichen Außenseitern miterleben. Diese Stiftung, gegründet 1822 durch den Grafen Adelberdt von der Recke Volmarstein, zielt auf die Hilfe und Erziehung vernachlässigter und kriminell gewordener Kinder. Diese streunten gerade damals, in der Zeit nach den Befreiungskriegen, in großer Zahl bettelnd und stehlend umher. Die Kinder wurden in Heime aufgenommen mit dem Ziel einer besseren Erziehung, oft über viele Jahre. So existierten noch 1975 im Norden Düsseldorfs in Wittlar an der Einbrunger Straße, dem Sitz der Stiftung, mehrere Heime für Jungen und Mädchen, betreut durch entsprechende Erzieher und unterrichtet – je nach Leistungsfähigkeit – in der angeschlossenen Normal- oder Sonderschule. Diese Art der Betreuung als »Kasernierung« wurde dann zunehmend kritisiert und letztlich unzeitgemäß. Die großen Heime wurden zunächst in kleinere Wohngruppen im Heimgelände umgewandelt und dann bis heute zum großen Teil in Außenwohngruppen, pädagogisch orientierte Wohngemeinschaften in Düsseldorf und Umgebung. Darüber hinaus wurde die Zahl der zur öffentlichen Erziehung von den Kommunen eingewiesenen Kinder wesentlich geringer. Einmal durch den Versuch ambulanter Hilfen durch die Sozialarbeiter der Städte und auch der Stiftung, zum anderen auch durch eine Regionalisierung der Erziehungshilfe mit Schaffung eigener städtischer Einrichtungen.

Die frei werdenden Kapazitäten der Stiftung führten dann zur Übernahme anderer sozialer Aufgaben mit Einrichtung von Heimen für psychisch Kranke und in den letzten Jahren zur Gründung einer großen Einrichtung der Altenhilfe, des Walter-Kobold-Hauses in Wittlaer, das über zweihundert alte Menschen betreut.

Dieser rasche Wandel der Aufgaben unter oft schwierigen finanziellen Bedingungen war und ist eine enorme Herausforderung für den Vorstand der Stiftung und verlangt auch vom Kuratorium als Aufsichtsrat viel an Einsatz und Entscheidungen.

Im Kinderschutzbund erlebte ich anfangs noch die Ära seines Begründers in Düsseldorf, René Heinersdorff senior. Damals wurde die Arbeit getragen durch Geldspenden wohlhabender Düsseldorfer Bürger, Vereine und Industriefirmen, wobei entscheidend für diese Spenden oft die private Bekanntschaft des »alten Heinersdorff« mit den Spendern war. Die Vorstandstagungen und jährlichen Mitgliederversammlungen fanden im Industrie-Club statt. Die Arbeit des Kinderschutzbundes war auch damals sehr erfolgreich, und nicht nur durch die Möglichkeit finanzieller Unterstützung sozialer Maßnahmen, wie zum Beispiel dem Bau von Kinderspielplätzen. Mit dem Ausscheiden von Herrn Heinersdorff kam es dann, bei zunehmendem Ausbleiben von Spenden, zu einem strukturellen Wandel, das heißt die vorher oft finanzielle Unterstützung wurde mehr und mehr durch persönlichen Einsatz der Mitglieder in Krisensituationen der Kinder und Jugendlichen ersetzt. Dieser Wandel, der von den ehrenamtlich Aktiven mehr Zeit und Professionalität erforderte, führte dann auch zu einem personellen Wechsel im Vorstand und Einstellung auch bezahlter Mitarbeiter.

Interessant war, daß auch der Tagungsort des Vorstandes wechselte, da den Neuen der Industrie-Club, als Symbol des wirtschaftlichen Wohlstandes, für eine soziale Organisation unpassend erschien und darüber hinaus historisch belastet zu sein schien durch das dortige ehemalige Auftreten von Adolf Hitler. So fanden dann einige Jahre lang die Sitzungen in wechselnden Gemeindesälen und anderen Räumen statt. Die damalige Entscheidung erschien mir zwar verständlich, obgleich ich vom Finanziellen her die unentgeltliche Überlassung der Räume im Industrie-Club ebenso wie die Nähe potentieller Spender für gut hielt. Heute hat der Kinderschutzbund seine eigene angemietete Geschäftsstelle, und so hat sich zumindest das räumliche Problem erledigt.

Nach den vielen Jahren meiner Tätigkeit im EVK und in Düsseldorf ist mir die Stadt heute zur Heimat geworden. Gerade das Angebundensein an die Klinik mit weniger Möglichkeiten zu Reisen und Kongreßbesuchen, als es an einer Universität möglich gewesen wäre, führte dazu, daß ich Intima der Stadt und des Stadtteils Bilk kennen- und schätzengelernt habe: den Markt am Kirchplatz Ecke Fürstenwall mit seinem Blumenstand, an dem man immer endlos warten muß, da fast jeder Strauß individuell zusammengestellt wird, und jeder Kunde dazu seine Geschichte erzählt. Die kleinen Geschäfte auf der Friedrichstraße, die jetzt leider zunehmend in Fastfood-Restaurants umgewandelt werden und – das war immer meine stille Liebe – der Sternverlag, eine Buchhandlung, in der man endlos stöbern kann. Hier habe ich oft zum Leidwesen meiner Sekretärin Zeit vertrödelt, die ich besser in der Klinik genutzt hätte.

Helmut Becker – Auto der Zweite

Haben Sie schon mal einen motorisierten Schreibtisch gesehen? Nein? Aber ich! Der Tisch ist nicht nur motorisiert, sondern sogar erheblich übermotorisiert. Eine dicke Glasplatte ruht da auf dem gewaltigen Motor eines Ferrari-Testarossa. Glauben Sie bloß nicht, das hätte ich von mir aus gewußt.

Aber der Herr mir gegenüber, mein Tischherr sozusagen, Herr auch noch aller Ferraris in den Ausstellungsräumen und Werkstätten und aller anderen Autos rundherum, weiß es natürlich, weiß fast alles über Ferrari und Rolls Royce und überhaupt fast alles über fast alle Autos, denn er liebt sie und verkauft sie trotzdem, denn von irgend etwas muß er ja leben.

Ich sitze hier in seinem Büro einem Mann gegenüber, der neben seinem Taufnamen Helmut auch den Vornamen »Auto« trägt. Ich kann mir jetzt nicht vorstellen, daß es viele gibt, die seinen Nachnamen nicht kennen.

Helmut »Auto« Becker ist schon der zweite, der diesen Vornamen als Ehrentitel trägt. »Auto der Erste«, wenn ich ihn so nennen darf, war sein Vater Wilhelm, der Begründer dieser Autohausdynastie, der aber auch seinen eigentlichen Vornamen Wilhelm nicht von ungefähr trug. Er wurde an Sylvester 1913 geboren als siebter Sohn seiner Eltern in Serie, die auch noch fünf Töchter hatten, und da stand Kaiser Wilhelm so automatisch wie symbolisch Pate. Und dieser Wilhelm Becker hatte sich von einer dürftigen Bretterbude auf einem Düsseldorfer Trümmergrundstück mit Ersatzteiltausch und Reparaturen von Autos unter schwierigsten Bedingungen nach dem zweiten Weltkrieg hochgearbeitet zum Inhaber des sogenannten interessantesten Autohauses der Welt.

Sein Sohn Helmut war 1966 als Junior-Chef in die Firma des Vaters eingetreten. Hatte er irgendwann den Vornamen »Auto« geerbt? Ja schon, aber er will es nur gelten lassen in Verbindung mit dem klassischen Zitat: »Was du ererbt von deinen Vätern ...« er braucht nicht weiter zu zitieren: »... Erwirb es, um es zu besitzen«, denn er hat es sicher getan, davon bin ich so überzeugt wie er selbst.

Hier kann ich es mir nicht verkneifen, etwas persönliches einzuschieben, da es unmittelbar zum Thema beiträgt: Auch ich erhielt einmal den Vornamen »Auto«. Meine kleine Tochter sah auf der Straße einen »Mini«, und sie rief – und verhaspelte sich vor Aufregung – »Kuck mal Mami so 'n Otto fährt der Auto!« In diesem Moment hieß ich aber nicht nur *Auto*, sondern als Steigerung trugen alle Autos auch noch meinen richtigen Vornamen, nämlich *Otto*. In den KFZ-Papieren steht ja auch meist unter Antrieb: »Otto-Motor«.

Helmut Becker ließe sich aber auch gerne »Mister Auto« nennen. Unter diesem Titel zum Beispiel wäre ja auch einmal eine Biographie fällig, wie diejenige zum 65. Geburtstag seines Vaters. Sie trug den Titel »Der Mann mit dem Vornamen Auto«.

Mein Vorschlag für den Titel einer Biographie über Helmut Becker in Nachfolge seines Vaters wäre dynastisch logisch: »Auto der Zweite«. Er wird sich, wenn es so weit ist, entscheiden müssen.

Was führt mich hierher? Dieser Mann soll in einem Buch Düsseldorfer Zeitzeugen vertreten sein. Das heißt entweder, er schreibt selbst, oder er läßt schreiben, zum Beispiel mich. Soll ich das als Ghostwriter tun, oder unter meinem Namen? Das ist ihm egal, ich kann schreiben, als wer ich will, eine souveräne Entscheidung, die mir viele Freiheiten läßt. So muß ich keine Gedanken unterstellen, sondern kann meine eigenen walten lassen. Übrigens habe ich mich für ein Pseudonym entschieden, genau gesagt ein Anagramm.

In der Suitbertusstraße soll ich mich einfinden zum Interview mit Helmut »Auto« Becker. Ich schaue mir vorher den Stadtplan an. Es gibt da ein Geviert, in dem steht »AUTO BECKER«. Darunter steht – »str.« für Straße. Das wäre also die »Auto-Becker–Straße« Falsch: Das »str.« ist die Fortsetzung des links der *Merowingerstraße* stehenden *Suitbertus*. Es ist also die *Suitbertusstraße*. Dieser Suitbertus war – nun bin ich neugierig geworden – der Gründer des Klosters in Kaiserswerth am Rhein, aber erst dort in Bilk, an der Düssel, die hier mal wieder eine kurze Strecke unverrohrt fließen darf, hat man ihm eine Straße gewidmet. Wenn aber tatsächlich einmal jemand den Wunsch haben sollte, dieses Stück der Suitbertusstraße in »Auto-Becker-Straße« umzubenennen, bleibt westlich der Merowingerstraße immer noch reichlich Platz für den Suitbertus, besser gesagt seine Straße.

Auf dem Becker-Geviert nehme ich noch den Schriftzug *Jaguar* wahr und das Logo dieser Automarke, eben den Jaguar. Alle anderen Marken der Welt könnten hier vertreten sein, die man bei Auto-Becker kaufen kann, warum gerade der Jaguar?

Ich habe eine Assoziation: Der Jaguar ist eine Katze, da sind wir uns ja einig. In dem Buch über Wilhelm Becker nun habe ich eine äußerst originelle Geschichte gelesen, die außerdem beweist, wie willkommen Auto-Becker gewesen sein muß. Als Auto I. das Grundstück für sein Autohaus kaufte, stand dort eine Papierfabrik. Zur Herstellung des Papiers brauchte man damals viel Stroh. Das zog Mäuse und Ratten an, und es stank bei Feuchtigkeit und Wärme gewaltig. Zur Bekämpfung des Ungeziefers setzte man eine Armee von Katzen ein. Auto I. wurde im Kaufvertrag verpflichtet, die verbliebenen 30 Katzen zu versorgen, denen nach Entfernung der Strohhaufen und Abwanderung von Ratten und Mäusen die Nahrung fehlte. Kitekat tat es auch, und die Anwohner waren glücklich. Der Jaguar auf dem Stadtplan hat mit der Geschichte sicher nichts zu tun, eher mit Werbung.

So sitze ich also im motorisierten Büro Autos II. Aber auch ansonsten ist das Büro bemerkenswert. Normale Chefs pflegen sich etagenmäßig über ihre Mitarbeiter zu erheben. Die Chefetagen sind oben. Helmut Becker aber sitzt im Erdgeschoß in einem kleinen verglasten Pavillon. Das Büro ist so winzig und dazu noch so vollgestellt mit hunderten von Dekorations- und Erinnerungsstücken, daß man sich kaum rühren kann. Da kommt mir ein Gedanke: Autos sind doch immer irgendwie eng. Sie können es sein, weil es Kleinwagen sind, die meine ich hier nicht. Sie können es aber auch sein, weil in ihnen so viel Motor und Technik untergebracht ist, daß für den Fahrer kaum noch Platz bleibt. Man denke nur an die Formel I. Sollte ich Helmut Becker vielleicht fragen, ob er sich auch hier wie in einem Auto fühlen möchte, immer in 5 Sekunden von 0 auf 100? Ich lasse es lieber.

Wie zum Beweis seines Tempos und seiner Beschleunigungsfähigkeit deckt mich der Firmen- und Büro- und Autolenker mit Material ein, viel zu viel für diesen Buchbeitrag. Allein der chronologisch geordnete Auszug seiner wirtschaftspolitischen Aktivitäten würde die gewünschte Länge dieses Textes überschreiten. Schier endlos ist auch die Liste der sonstigen Ideen und Aktivitäten des Mannes, den der Oberbürgermeister einen »kreativen Durchlauferhitzer« nannte. Da geht es aber nicht nur um Autos, sondern auch um Initiativen für Düsseldorf, die Region, das Land. Der Mann macht sozusagen vor nichts halt. Wir warten voll Neugier auf das Buch »Auto der Zweite«, vielleicht auch »Mister Auto«.

Aber bitte: Von zwei seiner Aktivitäten muß ich schon hier berichten. Die eine ist vielleicht seine liebste, sicher aber die schönste, und das ist wörtlich zu verstehen. Außerdem ist sie schon lange realisiert. Gemeint ist der »Concours d'Elégance«, ein Korso der schönsten Autos der Autogeschichte auf der Kö, der schönsten Straße Düsseldorfs, von den Menschen ganz zu schweigen. Es ist wirklich bewundernswert, wie es Enthusiasten gelingt, diese uralten Vehikel so herzurichten und zu präsentieren. Das ist Liebe!

Die andere Aktivität, von der ich berichten will, ist die neueste. Aber da gibt es ein Problem. Bei jemandem, der andauernd neue Einfälle hat, kann man das in einer Zeitung schreiben. Und morgen gibt es eine neue Zeitung und eine neue neueste Idee. In einem Buch aber, das Bestand haben soll, ist diese Idee, wenn man von ihr liest, schon lange von neueren Ideen überholt. Die hier gemeinte Initiative ist aber außerdem die weiteste und folgenschwerste, wenn – ja wenn – sie realisiert wird. Es geht darum, die Olympischen Spiele 2012 nach Deutschland zu holen, genau gesagt nach Nordrhein-Westfalen, genauer in die Region Rhein-Ruhr und damit auch nach Düsseldorf. Das wäre ein Hammer. Aber bei aller Bemühung müssen Zweifel erlaubt sein. Vielleicht hat der Leser dieses Textes bereits Gewißheit über den Ausgang der Sache, im Gegensatz zu mir, der ich gerade darüber schreibe.

Nun will ich statt der weiteren Würdigung eines mir nach einer knappen Stunde natürlich noch nicht wirklich persönlich bekannten Düsseldorfers statt über *den* Auto noch ein wenig über *das* Auto nachdenken. Die Vorsilbe *auto* bedeutet, abgeleitet aus dem Griechischen: *selbst, persönlich, eigen*. Es steht in Verbindung mit vielen verschiedenen Nachwörtern, die erst erklären, was gemeint ist: zum Beispiel *Autodidakt*, *Autokrat* oder *Automat*. Aber nur das AUTO hat es geschafft, für sich allein zu stehen, eben ein Auto zu sein. Ursprünglich hieß es *Automobil*, und das war vom Wortursprung her ein griechisch-lateinischer Mischmasch, mit der Bedeutung *sich selbst bewegend*. Es scheint so, als sei man sich bei der Erfindung des Autos, bei der ja wohl weder die alten Griechen, noch die Römer mitgewirkt haben, der Akzeptanz der Kunden nicht sicher gewesen. Gebildet klingend, das schien die halbe Miete zu sein.

Mittlerweile heißt es nur noch AUTO – normalerweise. Aber es gibt Ausnahmen – wie immer. Vornehme und tolle und exklusive Autos, wie man sie in Höchstglanz-Zeitschriften bewundern kann vor italienischen Barockschlössern, oder hier sogar im Original ohne Schloß, heißen nach wie vor »Automobil«. Das ist eine Frage des Preises. Mancher, der einen Rolls-Royce gekauft hat oder einen Cadillac bei der Firma, deren Chef den Vornamen »Auto« in Anspruch nimmt, würde es sich verbitten nur ein »Auto« gekauft zu haben und nicht ein »Automobil«

Zum Schluß noch eine weitere terminologische Beobachtung. Zumindest Renn- und Sportwagen haben keine Motoren, sondern Triebwerke, der Fahrer sitzt im Cockpit, und dieser Fahrer schließlich ist keiner, sondern ein Pilot. Das rückt ein Auto in die Nähe des Flugzeugs. Das Bedürfnis nach Übereinstimmung endet allerdings spätestens beim Fliegen. Das ist beim Autofahren geradezu unerwünscht, kommt aber interessanterweise gerade bei diesen Autos besonders oft vor.

Mein Gesprächspartner Helmut II. Becker scheint mir genug Bodenhaftung zu haben, und man muß ja nicht immer mit Vollgas fahren.

Tito von Woleck

Lothar Schröder

Kurze Gesänge vor den Toren der Stadt – oder: der Bertha-von-Suttner-Platz

Die Stimmenfindung

Wer zu diesem Ort gelangt, bleibt selten lange. Wer hier verweilt, besitzt keine andere Zuflucht. Der Bertha-von-Suttner-Platz ist eine Heimstätte der Heimatlosen. Nur: Wer sich von diesem Ort bewegt, gar angeregt fühlt, wen diese Stätte immer wieder lockt und also immer wieder vertreibt, dem wird es schwerfallen, »Ich« oder doch zumindest: »Mein Platz« zu sagen. Der, der da ursprünglich sprechen wollte, spürt Gesänge auf – Gesänge wie von altersher; leise Stimmen aus brandgeschwärzten Ruinen.

Der Gesang von den Frauen

Sein Name ist der Zehnte der Gleichberechtigung. In erregten Für- und Widerreden hatten sich Düsseldorfer Fraueninitiativen für Bertha von Suttner stark gemacht, hatten die Pazifistin, Schriftstellerin und Friedensnobelpreisträgerin vor allen Dingen als Frau ins Feld geführt. Dabei hätte Kassandra schon gewußt, daß derlei nachgereichte Namensehre nur selten der Erinnerung dient. Eine kleine Bronzetafel zeugt heute verschämt von der streitbaren Friedensfrau, gleich vor jener verschatteten Pforte, hinter der eine andere Frau blind vor Gerechtigkeit über Schuld und Unschuld thront. Zwischen der Gedenktafel und den Finanz-, Arbeits- und Sozialgerichten klafft ein Schlitz im Mauerwerk, auf dem in gestrenger Schrift »Fristsachen« notiert ist.

Der Gesang von den Riesen

Wer hat Angst vor den Riesen aus Stahl, die der Künstler Horst Antes rief? Wer hat sie kommen sehen? Wann wuchs das stählerne, vielspitzige Schilf? Wer schließlich tischt dem nimmersatten Fresser auf? Ihre Schablonen-Existenzen sind ernstzunehmen, ihre Silhouetten unsere flüchtigen Schatten. Die Figuren atmen die Magie des Bekannten. Und hinterrücks schleicht sich die Ahnung an, daß Antes nicht mit Bild-Zeichen, sondern mit Ab-Bildern erschreckt. Eisige Gesellen, die sich aus dem Morgenrot der Vergangenheit aufgemacht haben, letzte Zeugen auch des Oberbilker Stahlwerks, das einst statt dieses Platzes war und vor den Ost-Toren der Stadt Feuer und Dampf spie.

Der Gesang von den Griechen

Der Platz ist eine unbewehrte Ilias. Die Torbögen, hoch wie der Himmel, bieten keinen Schutz. Solche Offenheit macht schwindlig. Selbst hölzerne Pferde können hier ohne Mühe hineingezogen werden. Und tatsächlich sind die Griechen lange schon da, lagern friedlich am Rande des Platzes im »Bistro Omonio«. Früh am Tage wird dort geöffnet, früh am Tage erst geschlossen. Jede Bedienung eine Helena; jeder Gast ein Listenreicher aus dem Geschlechte des Laertes, der ernste, verrauchte Gespräche führt. Niemand wagt mehr die Anrufung der Götter. Mag sein, daß sich mancher noch auf seinem Handy in Zwiesprache mit Athene verstrickt. Zur Eroberung und Brandschatzung jedenfalls ist keiner von ihnen gekommen. Das bißchen Hoffnung auf Einkunft und Wohlstand spülte sie an den Rhein.

Der Gesang von der Hoffnung

Am friedvollen Lager der Griechen ziehen tagsüber Japaner vorbei. In Gruppen streben sie ins Goethe-Institut. Kleine asiatische Wagenburgen, die auf den Wegen des Olympiers zu wandeln lernen. Seit jüngster Zeit folgen ihnen immer mehr Rußland-Deutsche, denen das Heimatland fremd geworden und die Muttersprache unbekannt geblieben ist. Ihre Schritte über den Platz sind vorsichtiger, bedächtiger. Was mögen sie hoffen auf ihrem Weg vorbei an all den Hoffnungslosen, die auf den Brunnenrändern sitzen und ihre Flaschen mit billigem Fusel notdürftig in Papiertüten verbergen?

Der Gesang von den Abschieden

Die Sirenen haben alle Kraft verloren. Niemand muß sich mehr ob ihrer Gesänge die Ohren mit Wachs verpfropfen. So viele Abschiede. Vermißten-Anzeigen in die Gesichter der Vermißten gesprochen, Höfliches in die Rücken der unhöflich Fliehenden, Erstarrtes im Moment bewegter wie bewegender Trennung. Und wieviel Ungesagtes bleibt zurück und bringt den Platz zum Dröhnen! Während hinter den Glasfassaden des Bahnhofs Hieronymus Bosch und Franz Hals, Carl von Ossietzky und Elisabeth Langgässer nach rücksichtsloser Maßgabe der Pläne ihre Irrfahrten aufnehmen.

Ein letztes Atemholen

Langsam verklingen endlich die ohnmächtigen Sirenen des Platzes, auf dem jetzt Regen und Schnee, Hagel und Sonnenstrahlen fallen, langsam werden die Pläne des Josef Stübben freigespült, den »Central Personen Bahnhof« von 1891 auch zum städtischen Osten hin zu öffnen und so den Graben zu schließen, der die Schienenstränge in aller Welt gefordert und der den Zurückgebliebenen trübselige Hindernisse beschert hatte, so daß sich der Architekt Friedrich Spengelin über 100 Jahre später zur Ausgrabung eines urzeitigen Platzes entschloß, den man voll guter Absicht auf den Namen der Freifrau taufte und diesen dann – wie auch sonst alles Unbegreifliche – als postmodern bezeichnete und abhakte und entschärfte, weil von den stählernen Riesen Fragen drohten, die angst und bange machen konnten, weshalb alle übereinkamen, diesen Platz mit holperndem Koffergerät zu zerfurchen, vorbei an den Hoffenden und nicht mehr Hoffenden, hinein in die rasende Flucht, während – ich glaube, wir sagten es schon – Regen und Schnee, Hagel und Sonnenstrahlen fallen.

René Heinersdorff

Kennen Sie den Josephplatz?

In Köln probieren wir im Theater am Dom Woody Allans Komödie *Bullets over Broadway*, ein Stück über die Korruption in der Kunst zur Zeit der Prohibition. Eine entscheidende Szene, wenn nicht *die* Szene des Stückes überhaupt spielt in einem Billardsalon. Es handelt sich um eine jener Spelunken in einem Keller oder auf einem Speicher mitten in New York, von der niemand etwas weiß, außer den paar finsteren, dubiosen Gestalten, die diese Orte als Versteck vor Mord und Totschlag nutzen, um ein paar Stunden vorm rauhen Gangsterdasein zu fliehen und ihrem Tun einen Sinn zu verleihen. Diese Orte, an denen man das Verbrechen vergessen und für ein paar kurze Stunden glauben kann, die Welt sei ein grüner, glatter Filz mit drei Kugeln und ein Stock (ein Queue) genügt, um diese Welt in Bewegung zu halten. Alles bewegt sich, berührt sich, gleitet dahin, rollt aus, und am Ende ist niemand verletzt. Keine Kugel hinterläßt Spuren.

Diese Atmosphäre, die Atmosphäre von Rauch und Licht, dem Licht, das nur jene alten, schwarzen, von der Decke hängenden Lampen erzeugen, das Licht, das nur den Raum unter sich erhellt und dessen geradlinige Grenze nur durch den Rauch zu erkennen ist, das Licht, das den Rest des Raumes im Halbdunkel verschwinden läßt, diese Atmosphäre, die jeder aus Filmen kennt, galt es zu erstellen.

Nun, das Licht ist im Theater kein Problem, wenn man damit umgehen kann. Wichtig aber sind auch die Requisiten. Und diese Aufgabe war nicht leicht: Ein Billard-Equipment aus den 20er/30er Jahren. Und nicht irgendeines, sondern ein teures, eines von Leuten, die sich aufgrund ihrer Zuhälterei und Verschieberei mehr leisten können als die Besucher der erlaubten Billard-Salons an der Ecke. Und noch dazu ein amerikanisches.

Also besuche ich eines Morgens eine der üblichen großen Spielhallen in Köln. Schon das Wort SPIEL-HALLE läßt die Romantik sterben. Neben tosenden, zuckenden und Digitaltöne spuckenden Bildschirmen, die jedes Geräusch so unfaßbar schlecht imitieren, ist man gezwungen, an schlecht angezogenen, schlecht riechenden und schlecht ansprechbaren Menschen, die gebannt auf einen Bildschirm starren und manchmal nicht einmal mehr agieren, sondern die Maschine allein walten lassen, vorbei zu gehen, ehe man im ersten Stock den verwaisten Raum findet, in dem noch die alten Billard-Tische verbannt stehen. Einer hat schon einen durchgewetzten Filz, ein anderer einen abgebrochenen Fuß, und der dritte scheint funktionsfähig.

Ein alter Mann, vielleicht Kubaner, vielleicht auch nur ein Rheinländer, der zuviel raucht, stößt an diesem Tisch ein paar Kugeln. Er bewegt sich langsam, überlegt lange, mustert die Kugeln aus verschiedenen Blickwinkeln. Es scheint, als wolle er mit seinem weißen Hut, der Zigarette im Mundwinkel und den braunen, glänzenden Schuhen in diesen trostlosen Ort eine Spur Vergangenheit, eine Spur Nostalgie hineinbringen.

Ich treffe den Leiter dieser Abteilung und frage, ob er uns für unsere Theaterproduktion Material zur Verfügung stellen kann. Nein. Verkaufen? Nein. Unter Hinweis auf die prominenten Schauspieler eventuell? Nein. Warum? Kenn ich nicht. Gut. Kennt er denn einen Großhandel, eine Firma, die ihn beliefert? Nein. Ich gehe. Die Probe fängt an. Ein Stück Teppich auf einem Brett, drei Tennisbälle und ein Besenstiel markieren fürs Erste die Utensilien. Theater ist Behauptung.

Nach der Probe setze ich mich in ein Café. Ich bestelle einen Wein. Der im wahrsten Sinne des Wortes hinreißende Po der Kellnerin nimmt meinen Blick mit und führt mich an einen Tisch, an dem eine rothaarige Frau um die Vierzig sitzt und der Kubaner aus dem Billardzimmer in der Spielhalle. Vor ihm steht ein Glas Café con leche, und er liest *Le Monde*. Der Typ läßt kein Klischee aus. Wenn er jetzt noch einen Goldschneidezahn hat, weiß ich, er ist Statist beim deutschen Fernsehen.

Ich nehme meinen Wein und gehe an seinen Tisch. »Pardon?« frage ich. Die Rothaarige schaut ein wenig erschreckt zu mir hoch, doch sie lächelt sofort, als sie mich sieht. Könnte sein, daß das nicht an mir liegt sondern daran, daß sie von anderen Männern vorher nicht gefragt wird? Der Kubaner grinst, er hat überhaupt keine Zähne mehr.

»Pardon, j'ai vous vue dans le salon de billard!«. Er wendet sich an die Rothaarige: »Sprichst *du* französisch?« »Nein«, sagt sie, »kein Wort.« Mir ist schleierhaft, warum er *Le Monde* liest, dieses Blatt hat nicht ein einziges Foto und ist darauf stolz. »Ich habe Sie vorhin im Billardraum der Spielhalle gesehen.« »Ja, und?« »Das wirkte auf mich sehr professionell und da habe ich mich gefragt, ob Sie vielleicht wissen, wo ich Billard-Equipment finde?« »Nicht in Köln«. »Wo dann, in Kuba?« »Wie kommen Sie auf Kuba? In Düsseldorf!« »In Düsseldorf?« »Ja!« »Wo?« »Am Josephplatz, der hat alles.«

Josephplatz. Ich habe von diesem Platz noch nie gehört, obwohl ich in Düsseldorf geboren bin und auch dort lebe. Und ich frage mich durch. Kaum einer, nicht mal mein Vater, der jede Straße in Düsseldorf kennt, kennt den Josephplatz. Irgendwo zwischen Krupp- und Kölner Straße soll er liegen, der Josephplatz.

Ich fahre also eine Tankstelle auf der Kölner Straße an. Auch dort kennt man den Josephplatz nicht. Aber man hat einen Stadtplan, den ich, als echter Düsseldorfer, natürlich nicht im Auto habe, und als Theaterleiter kann ich mir ein Navigationssystem noch nicht leisten.

Tatsächlich! In der Nähe der Tankstelle ist im Stadtplan vermerkt: Josephplatz. Ich lenke meinen Wagen um zwei Ecken und gelange auf den Josephplatz.

Und urplötzlich geschieht etwas Merkwürdiges. Die ganze Hektik der großen Ausfall- und Ringstraßen, die, mit Baustellen übersät, kein schönes Bild der Stadt ergeben, ist schlagartig verschwunden.

Plötzlich ist man auf einem Platz, der überall in Europa sein könnte, in Kreuzberg, im Trastevere, auf dem Montmartre oder in Schwabing. Ein rechteckiger Platz, eine Kirche vor Kopf, eine Kneipe, Kopfsteinpflaster. Kein mit Akribie häßlich gemachter Platz, kein Platz, wie wir ihn zu Tausenden in deutschen Fußgängerzonen finden, mit sinnlos plazierter Kunst im öffentlichen Raum, die diesen Plätzen nachträglich ein wenig Leben einhauchen soll und das Gegenteil bewirkt. Sondern ein entstandener Platz, ein Platz voller Alltag und Ruhe, ein echter Platz eben. Als Düsseldorfer ist man das nicht gewohnt. Wer die Häßlichkeit und Sterilität und die damit verbundene Leere und Unnutzbarkeit Düsseldorfer Plätze kennt, wie den Rathausplatz, den Platz vor dem Carsch-Haus oder das schlimmste Beispiel: den Gustaf-Gründgens-Platz, findet hier das Gegenteil.

Kein Platz um des Platzes Willen, sondern ein Platz, der durch die Regeln des Lebens entstanden ist und nicht durch die Regeln der Städteplaner mit ihren grotesken Gedanken. Kein Platz, der Leben braucht, sondern Leben, das diesen Platz braucht. Der Billardhändler lebt dort seit dreißig Jahren. Er hat tatsächlich alles, was immer man in Sachen Billard sucht. Sein Laden ähnelt der Philosophie des Platzes: Ein wildes Durcheinander, bestimmt durch die Erfordernisse des Lebens, und damit logisch. Eine Ordnung, die nur der erkennt, der sie so braucht. Ob er selber Billard spielt, frage ich ihn. »Nein, sagt er, ich habe noch nie eine Kugel gestoßen, ich sitze lieber auf dem Platz.«

Edmund Spohr
Zurück an den Rhein!

Wie alle in Trier Geborenen, bin auch ich den Domstein »runnergerutscht«. Für meinen zweiten und dritten Vornamen Franz-Rudolf stand der Trierer Bischof Franz Rudolf Bornewasser Pate, der durch seine Dompredigten gegen den Nationalsozialismus bekannt geworden ist. Der in konstantinische Zeit zurückreichende Dom und die Porta Nigra sind mir tief im Gedächtnis verwurzelt, und ich habe seit meiner Jugend den Wunsch, diese Bauwerke immer wiederzusehen. Nie vergessen werde ich die Fahrt in dem Opel P4 meines Vaters 1946 nach Düsseldorf. Nachdem ich an der ersten Militärkontrolle von einem freundlich lächelnden schwarzen amerikanischen Soldaten einen ganzen Riegel Schokolade bekommen hatte, habe ich meinen Vater gebeten, jedes Mal anzuhalten, wenn schwarze GI's am Straßenrand zu sehen waren. Ein unvergeßlicher Anblick war der Rhein, den ich von den Koblenzer Höhen erstmals erlebte. Die Sicht ins Tal auf den für mich riesigen Strom mit den Dampfern war überwältigend und hat mich noch tagelang beschäftigt.

Als wir schließlich in dem Elternhaus am Rheindamm in Düsseldorf-Flehe, heute Fleher Deich 2, angekommen waren, brauchte ich einige Zeit, um mich an die Weite der niederrheinischen Landschaft zu gewöhnen. Meine Eltern hatten, fasziniert von der ländlich stadtnahen Umgebung und dem freien Rheinblick, das Haus 1938 errichtet. Mir wurde eingeimpft, wie gefährlich der reißende Strom mit seinen vielen Strudeln sei, denn in den weiten Wiesen und Bachauen des Dorfes im Hunsrück, wo ich zuletzt gelebt hatte, gab es keine solchen Gefahren. Der größte Schock, den ich in Düsseldorf erlebte, war, daß ich die Sprache, das »Volmerswerther Platt«, meiner neuen Spielkameraden nicht verstand. Ich sprach Pfälzisch, und meine Eltern achteten darauf, daß zu Hause Hochdeutsch gesprochen wurde. Vielleicht gerade deshalb habe ich auf dem Spielplatz schnell die Sprache der neuen Umgebung erlernt. Ich habe sogar Gefallen daran gefunden, von einem Dialekt in den anderen zu wechseln, eine Beweglichkeit, die mir später beim Erlernen von Fremdsprachen zum Vorteil gereichte.

Die meisten Eltern meiner Schulkameraden waren Gemüsebauern, und als ich bei der Einschulung nach dem Beruf des Vaters gefragt wurde, sagte ich »Bauer«, er baut Häuser. Ich wurde belehrt, mein Vater sei Architekt und das Wort käme aus dem Griechischen. Die Arbeit eines Architekten habe ich bald kennengelernt, denn in der Nachbarschaft wurden einige

Häuser gebaut, und es war natürlich interessant, auf den Baustellen herumzutollen. Da ich während der Kriegsjahre nicht in Düsseldorf gelebt hatte, habe ich Gott sei Dank keine Erinnerungen an die schrecklichen Erlebnisse, von denen meine Großeltern, die am Zoo »ausgebombt« worden waren und bei uns lebten, berichteten.

Eine Erinnerung, die ich nie vergessen werde, war die Explosion eines Lagers von nicht entschärften Bomben auf der anderen Rheinseite am 29. August 1947. Die Beseitigung der 1943 entstandenen Kriegsschäden an unserem Haus war gerade abgeschlossen, da wurden alle Fensterscheiben durch den Luftdruck der Explosion zerstört. Ein Mädchen, das im Untergeschoß vor dem Fenster gesessen hatte, war mit Glassplittern übersät. Der Vater von Doris Gahlen war Dermatologe an der Medizinischen Akademie und konnte sofort helfen. Zu meinem Glück hatte ich eine Strafsitzung in der nach hinten gelegenen Küche unserer Wohnung, um das Mittagsmahl, die Graupensuppe, die ich nicht mochte, zu beenden. Außer dem Schrecken durch den großen Knall habe ich keine Schäden davongetragen. Über das Unglück wurde auch im Ausland berichtet. Durch den ungeheuren Luftdruck wurden Dächer weggefegt, leichte Decken und Wände eingedrückt und in vielen Gebäuden sämtliche Fenster und Türen herausgerissen. Es war genau eine Minute vor 14 Uhr. Im ganzen Dorf war keine Fensterscheibe mehr heil, kaum ein Dach mehr gedeckt. Zum Glück wurde bei dieser Katastrophe niemand ernstlich verletzt. Es war Sommer, trocken und heiß, so daß das Leben in den scheibenlosen Häusern zu ertragen war.

Das Haus am Rhein war ein freistehendes Mehrfamilienhaus. Während des Krieges lebten in unserer Wohnung auch die Großeltern und die nicht verheirateten Geschwister meiner Mutter. Im Erdgeschoß gab es zwei kleine Wohnungen. Als die Amerikaner 1945 in Düsseldorf eingerückt waren, mußte ihnen unsere Wohnung überlassen werden. Die ganze Familie mußte sich in einem Zimmer im Souterrain zurechtfinden. Im Vorgarten wuchsen Kartoffeln, im Keller unter der Garage war ein Hühnerstall eingerichtet. Der Ziergarten war umgegraben. Hier gab es neben den üblichen Obstbäumen auch Aprikosen, Spalierobst und Weinreben, deren Trauben allerdings sehr sauer waren. Den ganzen Sommer über hatten wir frisches Obst, und im Hochsommer wurde eingemacht und entsaftet. Auch Gemüse und Salat wuchsen reichlich im Garten. Der Krieg hatte die Menschen gelehrt, so weit es ging, sich selbst zu versorgen.

Im Keller lagerten Blätter von Tabak, den mein Vater im Krieg angepflanzt hatte. Bis in die fünfziger Jahre sah ich ihn nie ohne Zigarre. Das Rauchen, so erzählte er immer, war eine Abwehr gegen den Hunger. Er hat es sich über Nacht abgewöhnt, als er auf einer Reise seine Zigarren vergessen hatte und am Wochenende kein Ersatz zu beschaffen war. In der linken Garage, wo noch jede Menge Bauholz »für alle Fälle« gestapelt war und ein im Krieg zusammengebastelter Autoanhänger stand, hatte mein Großvater sich mit 75 Jahren aus den übrig gebliebenen Resten seiner in Derendorf abgebrannten Werkstatt einen Arbeitsraum eingerichtet. Beim Tischlern von Kinderspielzeug, Stühlen und ähnlichem, brachte er mir den Umgang mit Werkzeug an der Hobelbank bei.

In der rechten Garage stand ein alter PKW vom Typ »Adler«, der 1949 wieder flott gemacht wurde. Viel interessanter war ein leichtes Motorrad, eine NSU-Quickly, das den Mitarbeitern des Büros als »Dienstfahrzeug« zur Verfügung stand. Besonders ein jüngerer Architekt, Gunther Alberts, ein hervorragender Zeichner, der von Kollegen und Bauherren Karikaturen anfertigte und mir immer neue Bühnenbilder für mein Kasperle-Theater zeichnete, hatte Spaß an diesem Fahrzeug, mit dem er zu den Baustellen unterwegs war. Während der Korea-Krise ist er aus Furcht davor, in Deutschland Soldat werden zu müssen, nach Amerika ausgewandert. Wir Kinder erhielten immer wieder Briefe und Pakete aus Kalifornien, wo er sehr rasch ein erfolgreicher Architekt geworden ist. Die Bilder von den neuesten Automodellen, vor allem aber seine Erfolgsstory ließen uns von dem Wunderland USA träumen. Der Kontakt ist bis heute nicht abgerissen.

Bei klarem Wetter konnten wir vom Dachgeschoß die Türme des Kölner Doms sehen. Der erste Besuch der Kathedrale war ein unvergeßliches Erlebnis. Als wenige Wochen danach Kardinal Frings auf seiner Düsseldorfer Visite am Graf-Adolf-Platz auf die Kinder zuging und mich fragte: »Weißt du, wer ich bin?« bekam er zur Antwort: »Du bist der Pastor vom Kölner Dom«.

Zu dem 50. Geburtstag meines Vaters 1958 wurde der Hausgarten erweitert und auf dem ganzen Gelände ein neuer Ziergarten angelegt. Ich durfte dem Gartenbaumeister Matthes Schmitz, dessen Baumschule am Stoffeler Kapellchen lag, helfen und lernte so, nicht nur mit Pflanzen umzugehen, sondern auch Trockenmauern und Rabatten anzulegen. Ein wenig tat es mir schon leid, daß viele der Obstbäume und Sträucher verschwanden. Ein Gartenhaus wurde gebaut, in dem mein Bruder Heinz und ich Fêten und Parties und meine Eltern Gartenfeste feierten. Auch ein großes Brunnenbecken entstand, das ich und ein Zeichner des Büros mit Glasmosaiken auslegten. Hier überließen wir uns der Phantasie, um bisher unbekannte Arten von Fischen zu erfinden.

Oft kamen Reisebekanntschaften zu uns nach Hause, dann wurden Fotos und Dias von den Reisen gezeigt, die meine Eltern in den fünfziger Jahren in fast alle europäischen Länder unternommen hatten. Uns Kindern schickte man nicht nur schöne Postkarten von den Reisen, wir bekamen auch Briefmarken mit manchen bestaunten Informationen über fremde Länder. Im Bücherschrank befand sich jede Menge Reiseliteratur, Bildbände und Fotoalben. Meine Mutter führte auf den Reisen regelmäßig ein Tagebuch, in das ich hin und wieder sehen konnte, wenn es auf dem Schreibtisch lag. Oft kamen auch unerwartete Besucher, meist waren sie Bauherren meines Vaters, die sich unsere Wohnung anschauten. Da war einmal die Küche mit vielen Einbaumöbeln, dem elektrischem Kühlschrank und Elektroherd, was nach der Währungsreform offenbar noch eine Attraktion war. Natürlich bestaunten sie auch den Dachgarten mit dem »Schwimmbassin« oben auf dem Garagentrakt. Eine Holzskulptur des Bildhauers Wilhelm Hanebal begrüßte die Gäste des Architektenhauses mit dem Hinweis »Alles im Lot«.

Ein besonderes Ereignis war an Christi Himmelfahrt die jährliche Prozession an unserem Haus vorbei, sie führte über den Deich zu den »Vierzehn Nothelfern«, die im Stoffeler Kapellchen noch heute verehrt werden. Nach der Abschlußandacht um 12 Uhr pilgerte man wieder durch das »Wasserwerk« und über den Deich nach Volmerswerth zurück.

Am Rheindamm standen früher nur wenige einzelne Häuser, und so kannte ich auch die ferneren Nachbarn, die ich anläßlich der Volkszählung 1961 alle aufsuchen mußte. Das übernächste Haus in Richtung Flehe war die 1912 an der Ecke Fleher Straße 341 errichtete »Villa Schmittmann«, die nach der Übertragung an die DJK 1969 Anfang der siebziger Jahre weiterveräußert und abgebrochen worden ist. Vor dem Haus lag ein wunderschöner Garten mit einer Rosenhecke. Es gab so viele Rosen und Flieder, daß es gar nicht auffiel, wenn ich zum Muttertag mich hier eindeckte. Über dem Eingang des Landhauses befand sich der Spruch »Die Heimat am Rhein soll Kraftquelle sein.« Mein Vater hat oft von unserem Nachbarn Benedikt Schmittmann erzählt. Er war Dozent für Sozialpolitik der Kölner Hochschule für kommunale und soziale Verwaltung, seit 1919 Professor für Sozialwissenschaften an der Kölner Universität. Als Zentrumsabgeordneter plädierte er für einen föderativ gegliederten Staat als Grundlage für ein vereintes Europa und den Völkerbund. Wegen seiner »separatistischen Gesinnung« galt der Hochschullehrer als »national unzuverlässig«. Schmittmann, der nach der Schutzhaftentlassung 1933 das Angebot zur Emigration nicht angenommen hatte, lebte seitdem gegen den Rat seines Freundes und Verwandten Konrad Adenauer, der ihn in Flehe oft besucht hat, zurückgezogen in seinem Haus am Rhein. 1939 wurde er verhaftet, acht Tage später ins Konzentrationslager Sachsenhausen eingeliefert. Seine Akte trug den Vermerk »Rückkehr unerwünscht«. Offiziell hieß es dann, er sei in der Untersuchungshaft einem Herzschlag erlegen.

»Professor Schmittmann ist im KZ ermordet worden«, erzählte einer unserer Nachbarn, dessen Töchter Kontakte nach London hatten und BBC hörten. Heute wissen wir: Benedikt Schmittmann wurde am 13.9.1939 von einem SS-Mann zu Tode getreten. Die Veröffentlichung einer Todesanzeige war verboten worden. Ein großes, 1939 von ihm anläßlich des 25jährigen Priesterjubiläums seines Freundes Pfarrer Peter Heinen für die Fleher Kirche gestiftetes Glasfenster mit der Kreuzigungsgruppe, heute leider ohne die ursprüngliche Stifterinschrift, erinnert an diesen Blutzeugen. Sein Name ist auf dem Gefallenen-Ehrenmal vor der Kirche zu finden. Die Kölner haben ihm in der Marienkapelle seiner Pfarrkirche St. Severin eine Gedenktafel gewidmet. Sein Grab befindet sich in der Familiengruft auf dem Nordfriedhof seiner Geburtsstadt Düsseldorf.

Etwas weiter, dort wo sich heute die Rampe der Fleher Brücke befindet, stand auf einem Hügel die »Villa Rheinblick«. Sie diente damals verschiedenen Wassersportvereinen als Vereinshaus. Die Veranstaltungsräume, an deren Nutzung auch Gustaf Gründgens Interesse gehabt haben soll, wurden 1962 von Hubert Petschnigg für das Corps »Marchia« angepachtet. Kurz vor meinem Abitur besuchte uns der Architekt, um mich für das Corps, dessen Aktivitas meist Studenten der damaligen Medizinischen Akademie waren, zu »keilen«. Das Corps wechselte 1970 nach Trier.

Die Villa Rheinblick mußte 1977 der Fleher Brücke weichen. Der Durchgang am Fleher Wäldchen vorbei blieb aber erhalten. Alle Versuche, den »gröne Weg« durch diese Oase, die während der britischen Besatzung angeblich wegen der Gefahr einer Brunnenvergiftung geschlossen worden war, wieder zu öffnen, sind bis heute gescheitert. So ist auch trotz Bundesgartenschau 1987 »Vom Rhein zum Rhein« und der »EUROGA 2002 plus« keine direkte Verbindung am Rheinufer bis nach Himmelgeist zustandegekommen. Wenn wir zum Schloßpark Mickeln oder zum Benrather Schloß wanderten oder später mit dem Fahrrad nach Urdenbach und Zons fuhren, war es immer ärgerlich, einen Umweg um das schöne Wäldchen machen zu müssen. In den Jahren nach dem Krieg diente der nicht eingezäunte Teil des Fleher Wäldchens als wichtige Nahrungsquelle. Hier gab es unzählige Holunder- und Brombeerbüsche, die im Herbst abgeerntet wurden.

Am Fleher Deich lagen zwei Aalschocker. Sie wechselten selten ihre Stelle und blieben dort bis Ende der fünfziger Jahre. Manchmal wurden wir morgens geweckt, wenn die Netze eingeholt wurden. Oft ankerten auf der anderen Rheinseite auch Schiffe, die manchmal neun Schleppkähne hinter sich zogen. Damals gab es noch kein Radar, und so wurden morgens die Anker gelichtet, und wir hörten das Rasseln der Ketten. Im Sommer 1953 war der Wasserstand so niedrig, daß ein Frachtkahn auf Grund lief. Unterhalb unseres Hauses wurden am Ufer sogar die »Hungersteine« sichtbar. Bei Hochwasser suchten die Schiffe den Sicherheitshafen auf. Die Fluten veränderten dann auch die Landschaft. Auf der gegenüberliegenden linken Rheinseite entstand ein riesiger See. An der großen Kilometermarke 733 konnten wir das Steigen oder Fallen des Wassers ablesen. 1952 war der Winter so hart, daß sich Treibeis auf dem Fluß bildete. An den Ufern türmten sich bizarre Barrieren aus Packeis und Eisblöcken. Es war uns strengstens verboten, die Eisschollen am Ufer zu betreten, da sie sich oft lösten und in die Strömung gerieten. Im Sommer beeindruckten die vielen Flöße, das letzte passierte Volmerswerth am 11.8.1988. Es war 110 m lang und 20 m breit.

Unsere Nachbarn zur linken Seite waren die Inhaber der Firma Gebr. Tapken, deren Häuser mein Vater 1950 gebaut hatte. Für uns Kinder war die Baustelle vor der Haustür sehr aufregend. Grundsteinlegung, Richtfest und Einweihung habe ich noch in guter Erinnerung, auch die Baustellenbesuche, zu denen mich mein Vater oft mitnahm. Die Ecke vom Fleher Deich zum Rheindamm war nach dem Krieg ein Kartoffelfeld, erst Ende der fünfziger Jahre wurde sie zu einer Grünanlage. Auch ich habe mich später darum gekümmert, daß dort das Kunstwerk »Sublime Symbols« aufgestellt wurde, das die Düsseldorfer Bank 1994 von dem Künstler Peter van de Locht auf der großen Düsseldorfer Kunstausstellung erworben hatte.

Schräg gegenüber, am Ende des Volmerswerther Deichs, stand »Mauermanns Büdchen«. Hier gab es alles, was die Bauern zur Erfrischung brauchten und was Wanderer und vor allem die Kinderherzen erfreute. Für zehn Pfennig bekamen wir eine ganze Tüte Bonbons, die wir uns aus großen Glasbehältern aussuchten. Sehr beliebt war auch das »Dotzwasser«, ein limonadenartiges Getränk, das in Flaschen abgefüllt war, die mit einer Glaskugel verschlossen wurden. Zum Öffnen wurde die Kugel mit dem Daumen hinuntergedrückt. Noch interessanter als das Büdchen war der angrenzende Garten, denn hier stand ein großes Schild »Betreten verboten – Achtung Fußangeln und Selbstschüsse«. Immer wieder sind wir zwischen den Büschen, die auf den Trümmern alter Bootshäuser und einer kleinen Kippe wucherten, in den Garten gekrochen, der »Cone Haag« genannt wurde.

Auf einer kleinen Anhöhe, im hinteren Teil des Gartens, hatte der Pächter ein Gartenhaus, in dem er das Obst verarbeitete. Es gab dort auch einen Bienenstock. Im Winter, bei großem Hochwasser, drückte das Grundwasser durch, und es bildeten sich Eisflächen, die noch lange nach dem Rückgang des Wassers blieben und sich wunderbar zum Eislaufen eigneten. Daß dieses Paradies einmal der Wohnsitz meiner Familie werden würde, daran war damals natürlich noch nicht zu denken. Das Nachbargrundstück war ein schöner Park mit alten Bäumen. Hier hatte der Architekt Fritz Vehling sein Sommerwohnhaus. Seine Witwe wohnte dort noch bis in die fünfziger Jahre mit ihrer verwaisten Enkelin. Später wurde das Sommerhaus von dem Architekten Josef Lehmbrock für seinen Schwager zu einer Stadtvilla im Bauhausstil umgebaut. Das Haus, das in seiner Form etwas an die Villen Le Corbusiers in der Weissenhofsiedlung in Stuttgart oder in Garches und Vaucresson bei Paris erinnerte, stand zum Teil auf Stützen, um die Natur gewissermaßen in das Haus fließen zu lassen. Der weiße Baukörper setzte sich hart von den gewohnten niederrheinischen Giebelhäusern des Dorfs ab.

Das Nachbaranwesen »De Hött« gehörte der Familie Gäs, die ursprünglich aus der Eifel stammte. Es war eines der typischen langgestreckten eingeschossigen Volmerswerther Ziegelhäuser mit einem landwirtschaftlichen Nebengebäude. Der Zugang vom Deich führte durch einen Torbogen, der mit Rosen berankt war. Mit den gleichaltrigen Nichten und Neffen der »Tant Lisbeth«, die dort mit ihrem Vater wohnte, habe ich oft im Garten gespielt. Ihr Bruder war Robert Gäs, ein Architekt, der als CDU-Ratsherr jahrelang Vorsitzender des Planungsausschusses war und an wesentlichen Entscheidungen wie der Verlegung der Messe beteiligt war.

Auch auf den angrenzenden Grundstücken standen kleinere Bauernhäuser, die den Charakter von Volmerswerth bestimmten. Hinter der Hochwassermauer, die zum Versteckspiel eine besondere Attraktion war, befand sich die gefährlichste Stelle im Rhein. Hier prallte die Strömung mit voller Kraft auf den Deich und hatte ein tiefes Loch ausgespült, das berüchtigte »Volmerswerther Kirchloch«. Es waren große Strudel, die die Wassermassen mit Gewalt nach unten rissen, um flußabwärts wieder schäumend hochzukommen. Mancher geübte Schwimmer war in diesem »Kirchloch« ertrunken, und selbst Paddler hatten hier ihre Schwierigkeiten. Wir gingen gern den Leinpfad entlang, um die Strömung zu beobachten und zu sehen, wie die Paddler im letzten Moment einen großen Bogen um die reißenden Strudel machten. Am Ufer saßen oft Angler, und wir amüsierten uns darüber, wie geduldig sie warteten, bis ein Fisch an der Angel zappelte. Die kleinen Häuschen hinter der Hochwassermauer bildeten ein dörfliches Idyll, zu ihnen gehörte wie selbstverständlich die schlichte neugotische Kirche St. Dionysius.

Die Pfarrkirche bildete mit der »Hött an d'r Kerk«, einer Gruppe kleinerer Giebelhäuser, den eigentlichen Dorfkern. Am Nordende des Kirchplatzes lag die »Volksschule am Volmarweg«. Für den Unterricht der acht Klassen gab es nur zwei Klassenräume, eine Lehrerin und einen Lehrer. Während der Schulpause wurde oft gedötzt. Man war stolz auf die neuen farbigen Tonkugeln, noch mehr aber auf kleine oder größere Glaskugeln. Die »Zwergschule« wurde 1967 geschlossen. Das Gebäude wurde der Kirchengemeinde St. Dionysius überlassen, der es jetzt als Pfarrheim dient.

Die Kirche, die nach dem Krieg wieder ihre Gewölbe erhalten hatte, sollte in den siebziger Jahren teilweise durch einen Neubau ersetzt werden. Für mich war der Abbruch einer intakten Kirche völlig unverständlich. In unserem Architekturbüro wurde viel darüber diskutiert, so daß mein Vater seinen Einfluß gegen die Pläne geltend machte. Heute steht die restaurierte Kirche unter Denkmalschutz. Das Gotteshaus, dessen Patronatsrecht die Äbtissin von Schwarzrheindorf bis zur Säkularisation ausübte, lag ursprünglich auf dem höchsten Punkt der »Volmari insula«. Durch den Bau des Schutzdeiches und die Hochwassermauer nach dem Jahrhunderthochwasser 1926 ist die topographische Situation stark verändert worden.

Am Deich gegenüber der Kirche erinnerten Mauerreste an die ehemalige Gaststätte »Haus Volmar«. Dieses Anwesen der Familie Coenenberg wurde als Restaurant, Bäckerei und Kolonialwarengeschäft bewirtschaftet. Es war Dreh- und Angelpunkt des sozialen Lebens im Dorf, gewissermaßen dessen Spiegelbild. In dem »legendären Saal« von Haus Volmar, so heißt es in der Chronik, fanden nicht nur die Schützen- und Maskenbälle der Volmerswerther statt, der Saal war auch einige Zeit die Probebühne des Düsseldorfer Schauspielhauses. Natürlich trafen sich hier die Männer zum traditionellen sonntäglichen Frühschoppen nach dem Hochamt. Das Restaurant wurde am 12. Juni 1943 bei einem Bombenangriff zerstört.

An der Einmündung des Volmarwegs wohnte Clemens Ingenhoven, Organist der Maxkirche und Dozent des »Konservatoriums«, wie damals die Robert-Schumann-Musikhochschule hieß. Der Kirchenmusikdirektor genoß großes Ansehen in der Stadt. Er war ein Unikum, und ich habe ihn oft nach Festivitäten schwankend durchs Dorf gehen sehen. Die Volmerswerther Orgel war für seine Kunst zu bescheiden, und er hat nur bei besonderen Anlässen dort gespielt. Mich hielt er für zu jung, um mir Klavierunterricht zu erteilen. Da wir aber ein Klavier zu Hause hatten, auf dem meine Mutter hin und wieder spielte, erhielt ich mit meinem Bruder Klavierunterricht bei Heinrich Terbuyken, dem Organisten von St. Martin in Bilk. Er wohnte nicht weit von uns am Aachener Platz. Die Freiheit und das Herumtollen mit Freunden auf den Rheinwiesen, in den Trümmern der Nachbarschaft oder auf dem »Monte Clamotte«, einem aus Schutt aufgetürmten Berg am Aachener Platz, war für mich natürlich attraktiver, als eingesperrt zu Hause am Klavier zu üben.

In Volmerswerth gab es mehrere Bootshäuser und Wassersportvereine. Ich habe oft bedauert, daß es mir nicht gelungen ist, meine Eltern zu überreden, einem Ruderverein beitreten zu dürfen. Zu tief saß bei Ihnen die Erinnerung an den tragischen Unfall eines gekenterten Achters. Gegenüber der Einmündung des Allmendenwegs auf den Volmerswerther Deich ankerte ein Raddampfer, der zu einer Gaststätte mit Bootshaus umgebaut war. Im Januar 1998 wurde die arg heruntergekommene »Hansa«, die wie selbstverständlich zu Volmerswerth gehörte, abgewrackt. Die Dorfsilhouette mit dem Dampfer war ein beliebtes Motiv für die Düsseldorfer Maler. In einer Galerie entdeckte meine Frau ein solches Bild von Georg Grulich mit der im Bau befindlichen Fleher Brücke im Hintergrund. Im Vordergrund war meine Frau zu erkennen, die hier oft mit dem Kinderwagen spazieren ging. Das Bild hing im Arbeitszimmer unserer Maisonettewohnung in dem von mir 1972 errichteten Neubau in der Straße Nach den 12 Morgen 2. Der Blick vom Dachgarten ging auf St. Lambertus und St. Quirinus, von der niederrheinischen Landschaft bis ins Bergische Land. Im Frühjahr schauten wir auf Meere von Stiefmütterchen in immer neuen Farben. Zur Geburt unserer

Tochter hatte ich am Dachgesims eine Lichterkette angebracht, die meine Frau vom Krankenhaus in Heerdt sehen konnte. Kristina, die nach der Promotion in Cambridge heute in Brüssel lebt, verbrachte in dieser Wohnung ihre Kinderjahre. Von den vielen am Volmerswerther Ufer liegenden Wohnschiffen und neun Bootshäusern existiert heute nur noch das Bootshaus Bottke und ein kleinerer Wohnkahn am Ende der Volmerswerther Straße.

An der Kribbe zum Bootshaus Bottke war die alte Landestelle der Fährverbindung nach Grimlinghausen. Die Volmerswerther Fährgerechtsame geht angeblich bis auf das 12. Jahrhundert zurück. Nach dem Zweiten Weltkrieg, als in Grimlinghausen ein Strandbad gebaut wurde, gewann die von der Familie Müller-Linden betriebene Personenfähre neue Bedeutung. Besonders an Wochenenden setzten viele, die mit der Straßenbahn an den Volmerswerther Deich kamen, mit der Fähre über. Der Rhein war damals noch sauber, und es wimmelte an warmen Sommertagen in dem Strandbad wie in einem Ameisenhaufen. Wir haben »Et Müllers Böötsche« oft an Sonntagen benutzt, um an die Erft oder sogar bis Knechtsteden zu wandern. Natürlich waren wir auch in dem Strandbad – das Baden in dem Rhein war dort völlig ungefährlich, da das Ufer seicht war und man meterweit in den Fluß gehen konnte. Am 1. September 1962 wurde der Betrieb der Fähre eingestellt, ein Wiederbelebungsgesuch scheiterte zwei Jahre später.

Gegenüber dem Viehfahrtsweg war das Haus der Eheleute Josef und Maria Aders. Der 1957 verstorbene Stadtverordnete war nicht nur als Schützenchef ein angesehener Mann. Ich kann mich daran gut erinnern, als das Ehepaar seine Goldene Hochzeit feierte und beim Auszug aus der Kirche unter die Kinder einen ganzen Sack Münzen warf. Das gesammelte Geld habe ich noch lange aufbewahrt, es waren einige Mark zusammengekommen. In ihrem Testament haben die Eheleute Aders ihr Haus der Kirchengemeinde für einen Kindergarten vermacht. Es war eine meiner ersten Aufgaben als Architekt, das Kindergartengrundstück zu überplanen und für den zum Rhein gelegenen Teil des Grundstücks einen Bebauungsplan zu entwerfen, den ich in den achtziger Jahren auch umsetzen konnte.

Im Vorflutgelände am »Fährhaus« sind während der Währungsreform einige Häuser gebaut worden. Ich weiß noch genau, wie die Zeitung darüber berichtete, und es einen großen Streit gab, ob man sie wieder abreißen müsse, weil sie bei Hochwasser sehr gefährdet waren. Bei starken Hochwassern wurden immer Sandsäcke angeschleppt, um die Häuser zu sichern. Auch bei dem großen Jahrhunderthochwasser 1993 ist zum Glück keines ernstlich beschädigt worden.

Hinter den Häusern, gegenüber den »Freien Wasserfahrern«, führte eine Rampe zum Rhein. Hier war die Anlegestelle der Autofähre, die Volmerswerth mit »Wittgens Hof« in Grimlinghausen verband. Die Fähre haben wir nicht selten mit dem Auto zur Fahrt nach Köln benutzt. Die Zufahrt war

1945 Auffahrt der von den Amerikanern errichteten Pontonbrücke. Die Brücke, die nur sechs Monate Bestand hatte, war nach Zerstörung aller Rheinübergänge in Düsseldorf die einzige feste Verbindung über den Strom. Es war für mich eine wunderbare Vorstellung, zu denken, daß man den Rhein gerade in unserer Nähe so leicht überqueren konnte. Die Volmerswerther sprechen allerdings noch immer mit großer Skepsis von der Militärbrücke, die als Hauptnachschubweg für die Besatzungstruppen gebaut worden war und nur stundenweise für die Zivilbevölkerung freigegeben wurde. Die provisorische, aus Kriegsmaterial bestehende Behelfsbrücke, lag ca. ein Meter über dem Wasser. Die Brückenbreite reichte nur für den Einbahnverkehr, der von dem Militär geregelt wurde. Im Oktober 1945 wurde von britischen Einheiten, die die Amerikaner ablösten, die Freemanbrücke in Höhe der Rheinterrasse nach Oberkassel – mit 800 m Länge und 10 m über dem Wasser die höchste Pontonbrücke der Welt – in Betrieb genommen. Damit hatte die Behelfsbrücke nach Grimlinghausen ausgedient. Am 4. November 1945 wurde sie abgebaut.

Viele der schönen Linden auf dem Volmerswerther Deich waren im Krieg gefällt worden. Angeblich hat man aus ihnen Panzersperren gebaut, wahrscheinlich wurden sie Brennholz. Später wurden die Bäume alle neu gepflanzt, obwohl man inzwischen wußte, daß die Wurzeln den Deich zerstören. Zwar war das Fahren auf dem Rheindamm nur dem landwirtschaftlichen Verkehr gestattet, weil wir aber zum Dorf gehörten, fühlten wir uns als gleichberechtigte Anlieger und benutzten den Deich als Abkürzung für Fahrten bis nach Hamm.

Zum sonntäglichen Ritual nach dem Kirchgang gehörte ein Spaziergang über den Deich nach Hamm und zurück, entweder über den Südfriedhof oder an ihm vorbei über den Aderräuscherweg. So konnte ich den Bau der Südbrücke in allen Phasen verfolgen. Auf halbem Weg nach Hamm war der Segelhafen eine besondere Attraktivität. Im »Draap« bei Hamm, wo später die Kläranlage gebaut wurde, waren Kleingärten und eine Kippe für die Gemüsebauern. Hier wuchsen die besten Kürbisse, die wir uns im November besorgten und aushöhlten, um aus ihnen Fackeln für den Martinszug zu machen. Die großen Köpfe mit Augen, Nase und Mund leuchteten wie riesige Gespenster.

In der Nachbarschaft wohnte ein Pensionär, den ich hin und wieder mit einem Cello unterwegs sah. Ich drängte meinen Vater, er solle ihn bitten, mir Unterricht zu erteilen. »Unmöglich« war der Kommentar zu Hause. Was ich nicht wissen konnte: Mein Vater hatte mit der SA eine Auseinandersetzung wegen der 1938 an unserem Haus angebrachten Madonna, die als »nicht dem Zeitgeist entsprechend« entfernt werden sollte. Der von mir ausersehene Cellolehrer galt zehn Jahre nach Ende des Dritten Reichs als ehemaliger SA-Mann bei uns zu Hause immer noch als »persona non grata«. Nach längeren Aussprachen der beiden Herren war der Bann gebrochen und der Weg frei für meinen Unterricht. Kurt Gehde wohnte mit seiner Frau in einem der als innovativ geltenden »Stahlfachwerkhäuser«, die der Architekt Dr. Hans Spiegel in den zwanziger Jahren an der Volmerswerther Straße errichtet hatte.

Später habe ich mehr von der Vergangenheit meines Lehrers erfahren. Als ehemaliger Militärmusiker hatte er in der NSDAP Karriere gemacht. Der Krieg hat ihm danach den Glauben an Deutschland genommen, und er hielt mich dazu an, soziale Verantwortung nicht durch Mitarbeit in einer Partei zu übernehmen. Eine ehrenamtliche Tätigkeit in Vereinen sei dem vorzuziehen. Sein Fazit als Musiker war, ein Künstler sollte nie versuchen, über eine politische Partei Karriere zu machen.

Interessante Gespräche gab es auch mit den Besuchern, die ins Haus kamen. Am besten erinnern kann ich mich an die Begegnungen mit den Gerresheimer Freunden meiner Eltern. Dazu zählten Fritz Faust, ein Ostpreuße, der besonders geschätzt wurde, weil er nie seine sozialdemokratischen Ideale verleugnet hat, und Aloys Odenthal, ein Duzfreund meines Vaters, der »Retter Düsseldorfs«, wie wir ihn nannten. Er hat oft über seine Erlebnisse und seine Taten berichtet. Seine Tochter Silvia kannte ich vom Schlittschuhlaufen im Eisstadion. Meinen Vater durfte ich öfter zu Vorträgen, die der Architektenring, BDA oder AIV veranstalteten, begleiten. So hörte ich von dem Düsseldorfer Architektenstreit, lernte schon als Schüler Professor Tamms und seine Gegner Josef Lehmbrock, Bernhard Pfau, Philipp Wilhelm Stang, aber auch Wolfgang Draesel und viele Architekten der Nachkriegsgeneration kennen. Für Paul Schneider-Esleben habe ich als Praktikant in der Schreinerei Kroll Möbel gebaut.

Mit Angerer, Mehrtens, Rohde, Spengelin und anderen Kollegen hatte mein Vater 1964 Japan besucht und in Kyoto eine Steinlaterne gekauft. Sie wurde in unserem Garten aufgestellt. Es war eine feierliche Zeremonie, als der Kollege Rainer Maria Schneider den von ihm betreuten Prinzen Tsunetada Takeda aus Japan zu uns brachte, der das erste Licht in dieser Laterne auf deutschem Boden anzündete. Die japanischen Adressen habe ich gut verwahrt, in der Hoffnung, auch einmal dort hinzukommen.

Zu Hause wurde mehr über Kunst als über Politik gesprochen. Meine Eltern hatten mehrere Abonnements, so daß mein Bruder Heinz oder ich meine Mutter in Konzerte in das Opern- oder Schauspielhaus begleiteten, wenn mein Vater nicht mitgehen konnte. Wenn bei den Meisterkonzerten oder Symphoniekonzerten Cellisten auftraten, hatte ich fast immer das Privileg mitgenommen zu werden. So habe ich in meiner Schulzeit viele Cellisten von Pablo Casals bis André Navarra erlebt. Ich erinnere mich an Auftritte von Ludwig Hoelscher und Elly Ney. Mein Bruder Heinz war sehr stark an Jazzkonzerten interessiert. Er hatte sich auf dem Bau ein Tonband verdient, auf dem er die neuesten Aufnahmen abspielte, wovon ich natürlich auch profitierte.

Meine Eltern besuchten sehr gern den Malkasten, wo wir manche Sonntage verbrachten und wo der Umgang mit Künstlern seit dem Ostereiersuchen in Jacobis Garten etwas Selbstverständliches war. Manchmal kamen auch Künstler zu uns, Eltern und Großvater ließen sich porträtieren. Bei den Sitzungen, aber auch bei den Atelierbesuchen durfte ich oft dabei sein. Auch für das Architekturbüro waren immer wieder Künstler tätig. Häufig besuchten wir Kunstausstellungen, regelmäßig die Winterausstellung oder die dürftig hergerichtete Kunsthalle am Grabbeplatz, die ich auch mit meinem französischen Austauschschüler aus Rouen besuchte. Der Kontakt mit Dr. med. Paul Morlière und seiner Familie ist bis heute lebendig geblieben.

Die junge Kunst und Avantgarde besaß im Malkasten keine Lobby. Professor Ferdinand Macketanz brachte zwar immer wieder Studenten der Kunstakademie mit, aber sie wurden nur selten Mitglied in dem etwas elitären Verein. So mußte ich mir den Zugang zu der zeitgenössischen Kunst selber suchen und fand ihn durch meinen Kunsterzieher Wolfgang Moser, der auch mein Deutschlehrer am Geschwister-Scholl-Gymnasium war und an der Kunstakademie seine Ausbildung für das künstlerische Lehramt erhalten hatte. Er regte mich später an, eine Jahresarbeit über die Düsseldorfer Privatgalerien zu schreiben, und so mußte ich mich von Galerie zu Galerie durchkämpfen. Ich begann mit der alten Kunst bei C. G. Boerner und bei Hans Marcus, der später einmal mein Bauherr wurde, und endete bei Hella Nebelung, die viele junge Künstler förderte. Hans Schmela hat mir damals erzählt, wie er als Senfverkäufer angefangen hatte.

1966 trat ich mit einigen Kunststudenten dem Künstlerverein Malkasten als studentisches Mitglied bei. Dort lernte ich die Brüder Erwin und Helmut Hentrich kennen, deren Erzählungen über ihre Auslandsreisen und ihr Studium in Paris mich neugierig machten und dazu brachten, für künftige Reisen zu sparen.

Den Rhein habe ich während meines Architekturstudiums an der RWTH in Aachen trotz der Thermalbäder im Quellenhof, die auch für Studenten erschwinglich waren, vermißt. Das war anders in Paris, wo ich mit meinem Studienfreund Johannes Werner als DAAD-Stipendiat an der École Nationale Supérieure des Beaux-Arts studierte und oft den Weg vom Quai Malaquais, die Seine entlang, zu unserem Atelier im Grand Palais schlenderte. Natürlich waren wir oft auch im Nachbaratelier, dem von Georges Candilis. Er war mit Juliette Gréco liiert, wodurch wir die Chance hatten, günstig ins Olympia zu kommen.

Ionel Schein, ein jüdischer Emigrant aus Ungarn, Auslandskorrespondent der Architekturzeitschrift »Baumeister«, hat mir damals eine Stage im Städtebauministerium verschafft, wo wir in einer Gruppe von 31 internationalen Stadtplanern mit den französischen Stararchitekten und deren Werken persönlich bekanntgemacht wurden. Mein Wunsch, einmal in Le Corbusiers Wohnung zu leben, wurde erfüllt. Die »Gouvernante« des verstorbenen Meisters hätte mir gerne gegen ein kleines Entgelt einen Teppich nach einem Corbusier-Entwurf gewebt. Dummerweise bin ich nicht auf die Idee gekommen, einen Kredit für das Kunstwerk aufzunehmen, was ich später sehr bedauert habe.

Zum Ende meiner Stage bekam ich das Angebot, an einer Reise in die damals noch verschlossene Volksrepublik China teilzunehmen. Hier hatte, ohne daß wir es wußten, gerade die Kulturrevolution begonnen, und wir waren die einzigen ausländischen Gäste in dem Land, das, wie wir erst nachträglich erfuhren, eine totale Nachrichtensperre verhängt hatte. Was anfangs noch wie eine riesige Studentendemonstration wirkte, wurde uns immer unheimlicher. Als wir zu Fuß die Grenze nach Hongkong überschritten hatten – damals gab es noch keine direkte Verbindung –, erfuhren wir aus den ersten spärlichen Nachrichten, daß in China die Kulturrevolution wütete, die außer Kontrolle geraten war. Die Begegnungszentren, die wir besucht hatten, waren die Zellen der Roten Garde.

Von dem Erlebten waren wir alle tief beeindruckt, so daß uns die Studentenunruhen in Paris bedeutungslos erschienen. Wieder in Aachen Ende 1967, kam mir Deutschland wie »ein Wintermärchen« vor. Ich begriff die Freunde nicht mehr, deren unendliche Diskussionen über Studienreformen und Soziologie sich im Kreise drehten, und entschloß mich, möglichst schnell mein Studium zu beenden. Mein Freund Niek Neuwahl – sein Vater, ein in Düsseldorf geborener Jude, hatte rechtzeitig vor dem Naziterror in die Niederlande entkommen können – war im ASTA aktiv und bat mich, den Vorsitz der Deutschen Sektion der neu gegründeten europäischen Studentenvereinigung AEICE zu übernehmen. Mit ihr reiste ich ein Jahr später nach Japan. Ich war Gast der Stadtentwicklungsgesellschaft von Tokio und wurde von dem Corbusier–Schüler Kunio Mayekawa und dem jungen Kiyonori Kikutake eingeladen. Auch besuchte ich Kenzo Tange in seinem Atelier. Er war gerade durch die Olympiabauten weltberühmt geworden. 1987 hat er mich zu seiner Retrospektive nach Paris eingeladen. Die Stadt Düsseldorf war leider nicht in der Lage, ihm entsprechende Ausstellungsräume anzubieten. Auch hätte er gern in Düsseldorf ein Projekt realisiert.

1969 stand ich als junger Diplom-Ingenieur vor der Entscheidung, die Hochschullaufbahn einzuschlagen oder nach Düsseldorf zurückzugehen. Am verlockendsten war das Angebot, Assistent für Städtebau an der Universität Loewen/Belgien zu werden. Man war durch meinen Entwurf für das Gelände zwischen Rheinstadion und Nordpark auf mich aufmerksam geworden, der dort eine Wohnbebauung mit Terrassenhäusern vorsah, die sich um ein großes Ausstellungsgelände gruppierten. Der Düsseldorfer

Planungsamtsleiter Wolfgang Draesel war von meiner Überlegung, die Parkplätze und Infrastruktur des Rheinstadions für ein Ausstellungsgelände zu nutzen, recht angetan. Später hat die Stadt das gesamte Gelände als Standort der Messe gewählt.

Das Interesse an meiner Arbeit in Düsseldorf hat mich dann doch bewogen, zu meinen Wurzeln zurückzukehren und in einer Dissertation die Stadtentwicklung meiner Heimatstadt zu untersuchen. Angespornt wurde ich durch eine gerade erschienene Publikation über die Entwicklung von Paris. Mein Thema »Die städtebaulichen Konsequenzen der Schleifung der Festung Düsseldorf« war etwas leichtsinnig, denn im Gegensatz zu Paris, wo es bereits viele Arbeiten über die baugeschichtliche Entwicklung gab, mußte ich hier die Erforschung der Festungsgeschichte als Nichthistoriker selber vornehmen. Die im In- und Ausland zusammengetragenen Erkenntnisse haben mich mit der Baugeschichte Düsseldorfs so vertraut gemacht, daß bald nach meiner Dissertation Publikationen wie »Stadt und Festung« und die Baugeschichte der Kirchen in »Stadt und Kirche« sich daraus ergaben. Weitere Veröffentlichungen entstanden zusammen mit dem Kunstwissenschaftler Hatto Küffner, zuletzt »Burg und Schloß Düsseldorf«.

Als es noch keine Last-minute-Flüge in die Ferienparadiese am Mittelmeer oder nach Thailand gab, waren Fahrten mit den Köln-Düsseldorfer Raddampfern auf dem Rhein beliebte Ausflüge. So veranstalteten auch die Düsseldorfer Jonges jährlich eine Mittsommernacht-Fahrt. 1969 war ich auf der »Westmark« mit dabei. In dem Heer der vielen Jonges hatte ich eine junge blonde Dame mit himmelblauen Augen entdeckt. Unser Tanz verlängerte sich ungewollt, da an dem Steiger schon ein anderes Schiff lag und wir erst mit einstündiger Verspätung an Land gehen konnten. Ich habe die junge Dame, eine finnische Studentin, die bei Sandvik in Heerdt ein Praktikum absolvierte, zum Sommerfest in den Malkasten eingeladen. Danach sahen wir uns häufiger, später auch in Finnland. Meine Festungsforschungen konnte ich auf den Spuren der Stadtforscherin mit dem schönen Vornamen Marjatta erweitern: Wien, Budapest, Kiew, Helsinki, Stockholm, Ost-Berlin, Merseburg. Nach drei Jahren wurde sie meine Frau.

Im Heimatverein Düsseldorfer Jonges, der meine Ideen über Stadtplanung und Denkmalpflege begeistert aufgenommen hatte, sah ich ein Forum, meine Vorstellungen umzusetzen. Die erste Aufgabe als jüngstes Vorstandsmitglied war, zusammen mit dem Stadtkonservator Hans Maes, im europäischen Denkmalschutzjahr 1975 die Betreuung der Restaurierung der Fassade der Karmelitessenkapelle.

Zu den wichtigsten Höhepunkten meiner Aktivitäten gehörten die »Rettung der Ständehausanlagen« und der Vorschlag, den »Landtag an den Rhein« zu versetzen. Der Gedanke dazu war mir mitten in dem Streit um das Ständehaus im Januar 1978 auf der Rückfahrt von Bielefeld nach Düsseldorf gekommen. Ich ging sofort ins Büro und zeichnete noch in der Nacht den Entwurf für einen Landtag am Rhein. Ministerialdirigent Professor Dr. Fridolin Hallauer, der Chef der Staatlichen Bauverwaltung im Finanzministerium, den ich von der RWTH Aachen her kannte, war begeistert. Offiziell mußte er den Auftrag des Landtags, das Ständehaus umzubauen, vertreten, förderte insgeheim aber meine Initiative. AGD und Jonges-Vorstand ließen mich in der Öffentlichkeit wirken, und nach langen Diskussionen war die Stadt bereit, meine Skizzen weiter auszuarbeiten und zwei Monate später der Landtagskommission den Vorschlag für einen Landtag am Rhein zu präsentieren. Die Düsseldorfer Jonges dankten mir mit der »Heinrich-Heine-Plakette«.

Zum 50jährigen Jubiläum des Heimatvereins erhielt ich 1979 vom Vorstand den Auftrag, Vorbereitungen für ein Jubiläumsgeschenk zu treffen. Mir kam die Idee, ein modernes Kunstwerk auf den Grabbe-Platz, für den das Land zuständig war, zu setzen. Professor Hallauer war einverstanden, und wir wollten einen Wettbewerb unter Künstlern in Nordrhein-Westfalen ausschreiben. Der Jonges-Vorstand, Oberbürgermeister Josef Kürten und Professor Schmalenbach als Hausherr der Kunstsammlung Nordrhein-Westfalen stimmten schriftlich zu. Später revidierte der Verein seinen Beschluß und beauftragte den Künstler Karl-Heinz Klein mit der Schaffung eines Brunnens auf dem Max-Platz. Da ich mich aber Stadt und Land verpflichtet fühlte, mußte ich daraus Konsequenzen ziehen. Nach neunjähriger Vorstandstätigkeit stellte ich mich 1983 nicht mehr zur Wiederwahl für das Amt des Stadtbildpflegers. Ohne daß ich es wollte, hat dies meine Position in der Dachorganisation, der Aktionsgemeinschaft Düsseldorfer Heimat- und Bürgervereine (AGD), gestärkt. Man bat mich, den Vorsitz zu übernehmen, nachdem die Düsseldorfer Jonges dieses Gremium aus Protest gegen mich verlassen hatten.

Die Idee eines selbstverständlichen Umgangs mit zeitgenössischer Kunst in Bürgervereinen führte zu Gesprächen mit Dr. Günter Tondorf, der gerade seinen Vorstandsposten bei den »Alde Düsseldorfer« aufgegeben hatte, da er es für selbstverständlich hielt, auch Frauen in die bislang nur Männern zugänglichen »Heimatvereine« aufzunehmen und mit diesem Vorschlag keinen Erfolg hatte. Wir waren überzeugt, daß zur Realisierung unserer Ideen solche Vereinsstrukturen nicht geeignet waren und gründeten im März 1983 den »Kulturbeirat Kunst- und Gartenstadt«. Nach einigen Jahren wurde aus dem Beirat ein eingetragener Verein mit dem Namen »Initiativkreis Kultur in Düsseldorf e.V.« Manchmal hatten wir den Eindruck, daß in Düsseldorf weniger das Geld als der Mut zu großen Entscheidungen fehlt, und dabei könnte Düsseldorf sicherlich ebenso wie Bergen oder Krakau als europäische Kulturhauptstadt mit der einzigartigen Königsallee, den Grünanlagen, der Rheinpromenade und ihren Kunst- und

Kultureinrichtungen auf sich aufmerksam machen. Düsseldorf hat mehr zu bieten als nur die »längste Theke der Welt«.

Im Stadtmuseum, dem ich durch meine Arbeit eng verbunden war, habe ich im Dezember 1983 das Amt des 2. Vorsitzenden des Freundeskreises übernommen. Meine Mitarbeit konnte ich nicht versagen, weil außer der Museumsarbeit auch die Probleme des Erweiterungsbaus zu lösen waren und ein Architekt als nützlich angesehen wurde. Ich fand die Idee des neuen Direktors Dr. Wieland Koenig glücklich, das Museum für alle Bürger Düsseldorfs zu öffnen. Inzwischen ist aus dem Museum nicht nur eine »Sammlungsstätte«, sondern auch Begegnungsstätte aller Düsseldorf-Interessierten geworden.

Nach Vorträgen seit den siebziger Jahren in Tokio, Osaka und Nagasaki konnte ich Ende der achtziger Jahre, zusammen mit Louis Sato, Paris, bei der Realisierung des Europa-Pavillons der Expo '90 in Osaka tätig werden. Ich hatte den Rhein als europäischen Schicksalstrom dargestellt und den Bezug zu Düsseldorf durch Heines Autograph der Loreley aus dem Heinrich-Heine-Institut hergestellt. Auch eine Präsentation von Wien gemeinsam mit Budapest hatten wir vorgesehen, Grundidee war ein Brückenschlag zwischen beiden Hauptstädten. Die »Freiheitsbrücke« über die Donau, sechs Monate vor Öffnung des »Eisernen Vorhangs«, war eine Sensation, die dem Europapavillon und damit auch Heinrich Heine und Düsseldorf zwanzig Millionen Besucher gebracht hat.

Der Bürgermeister von Ueno, einer Stadt auf Miyako, der südlichsten Insel Japans gegenüber von Taiwan, hat mich nach dem Besuch der Expo eingeladen, ihn bei dem Bau des »Deutschen Dorfes« auf seiner Insel zu beraten. Um den Düsseldorfer Malkasten zu unterstützen, habe ich eine Nachbildung des Jacobi-Hauses mit dem Goethe-Zimmer vorgeschlagen. Zur Diskussion stand allerdings die Nachbildung der Marksburg in Originalgröße auf einem eigens dafür angeschütteten Hügel im Deutschen Dorf, eine Idee, die ich jedoch nicht befürworten konnte. Bundeskanzler Schröder hat das inzwischen fertiggestellte stolze Wunderwerk, die »Marksburg in Miyako«, im Sommer 2000 besucht!

Das »Paradies« am Volmerswerther Deich, dessen »Fußangeln« längst verrottet waren, konnte 1990 meine Familie erwerben mit dem Wunsch, die Natur möglichst zu erhalten. Wir wollten die Landschaft mit Architektur und moderner Technik verbinden. Die Solartechnik in die Architektur als Gestaltungselement zu integrieren, war ein wichtiges Ziel. Dabei durfte die Architektur kein Fremdkörper in der ländlichen Umgebung sein. Ich habe versucht, in Material und Formen eine eigene Gestaltung zu finden, wobei der Wirkung des rheinischen Ziegels durch Lisenen und Gesimsvorsprünge besondere Aufmerksamkeit geschenkt wurde. Es gab manche Schwierigkeiten, die Bauart durchzusetzen. Zum Glück fand ich in der Bauaufsicht und beim Planungsamt Kollegen, die meine Absichten ernst nahmen und mich unterstützt haben. Natürlich gab es im Prüfverfahren auch Überängstlichkeiten. Weil wir wegen der Photovoltaikpaneele den Förderantrag von der Kernforschungsanlage in Jülich begutachten ließen, äußerte man die Befürchtung, wir wollten Atomstrom erzeugen!

Zusammen mit der Gartenarchitektin Rose Böke ist es gelungen, unsere Vorstellungen von Architektur und Landschaft harmonisch miteinander zu verbinden. So leben wir heute nicht weit entfernt von den »Stätten meiner Kindheit und Jugend,« in einem Haus, das wir gern für den Austausch von Gedanken und Ideen offen halten, in dem sich auch unsere vielen ausländischen Freunde sehr wohl fühlen und den Blick in die niederrheinische Stromlandschaft genießen.

Trotz mancher Widrigkeiten sollte wahr werden, was Goethe 1780 an Charlotte schrieb: »es muß mit uns wie mit dem Rheinwein alle Jahre besser werden.«

JUTTA SCHOLL

Dreiländereck – auch in Düsseldorf

Nach Düsseldorf wollte ich eigentlich gar nicht. Das lag zu nah an meiner Heimatstadt Wuppertal, und ich lebte doch gerade erst ein Jahr im großen, weltstädtischen München, der heimlichen Hauptstadt – und auf jeden Fall für mich der wichtigsten Stadt in Sachen Kultur. Als aber der damalige städtische Bibliotheksdirektor Dr. Ulrich Birkholz mich zu einem Vorstellungsgespräch nach Düsseldorf einlud, fuhr ich hin, um eine praktisch kostenlose Heimfahrt »mitzunehmen«. Als ich das Büro des Direktors verließ, hatte ich das Angebot in der Tasche, ab dem 1. Mai 1971 Leiterin der städtischen Musikbücherei zu werden. Der Schrecken war groß, der Ernst des Lebens sollte nun beginnen nach den Ausbildungs- und Wanderjahren in Marburg, Frankfurt und München. Auch das geplante Jahr in Argentinien bei meinen Verwandten, die die deutsche Buchhandlung in Buenos Aires führten, schien in weite Ferne zu rücken.

Ich sagte mir aber, in Düsseldorf brauche ich ja gar nicht lange zu bleiben, dort erwerbe ich mir erst mal ein bißchen Berufspraxis, und dann breche ich auf in die Welt. Gedacht und gesagt, aber nicht getan – in einigen Monaten bin ich 30 Jahre hier und möchte gar nicht mehr weg.

Zuerst mietete ich mich als möbliertes Fräulein bei einer mütterlichen Dame in Unterrath in der Juiststraße ein. Von dieser Straße gibt es nichts Erwähnenswertes zu berichten, außer daß hinter den kleinen hübschen Häuschen kleine hübsche Gärten liegen, und der Fluglärm noch erträglich ist. Die mütterliche Dame kündigte wegen Eigenbedarf – oder wegen meines Klavierspiels? –, und ich verbesserte mich in ein unmöbliertes Appartement mit KDB, direkt an der Grafenberger Allee, unmittelbar über der Tanzschule Krehn, heute Reichelt. Es vermischten sich Straßenlärm, Foxtrott, Klavier- und Flötenspiel, alles ohne Beanstandung. Nur ein Katzensprung zur Berliner Allee 59, Ecke Bahnstraße, wo die Musikbücherei, gerade aus der Zentrale an der Berliner Allee 39 ausquartiert, hingezogen war, der aber doch bequemer mit der geliebten »Ente« zu bewältigen war ... Dort im ersten Stock des Hauses Nr. 59 verbrachte ich die schönsten Berufsjahre. In unmittelbarer Nachbarschaft befanden sich der Mercedes-Salon im Erdgeschoß, heute Schaffrath, daneben zur einen Seite das Autohaus Moll, zur anderen das kürzlich geschlossene Universum-Kino, gegenüber das ebenfalls inzwischen aufgegebene Pantoffelkino »Berolina« und das Kaufhaus Horten, heute Galeria Kaufhof. Das Wellenbad nur 300 Meter weiter an der

Grünstraße wurde vor einigen Jahren abgerissen – dort eröffnete jüngst das Einkaufscenter »stilwerk«.

In der Mittagspause standen die Chancen gut, eine Auswahl der folgenden Ziele im großen Dauerlauf zu bewältigen: zum Chinesen gegenüber, zur Sparkassenzentrale an der Nr. 33, um die Ecke in die Postkantine an der Steinstraße, viele Jahre durch die U-Bahn-Baustelle hindurch. Zurück dann wahlweise Zigaretten, Fahrkarten, Zeitschriften holen bei Th. Kleen, Blumen kaufen bei Muschkau oder die unvergleichlichen Champagnertrüffel bei Heinemann, Lebensmittel bei Horten, im Musikhaus Jörgensen an der Graf-Adolf-Straße Dienstliches regeln, schnell noch in die Apotheke und dann wieder an die Arbeit.

Fast unerträglich war allerdings der Verkehrslärm. Über die Berliner Allee fahren täglich ca. 50.000 Autos und viele Straßenbahnen. Schreckliche Erinnerungen gibt es auch. Regelmäßig passierten schlimme Verkehrsunfälle, vor allem mit linksabbiegenden Autos, die mit einer Straßenbahn kollidierten. Und leider haben wir auch einige Verkehrstote von unserem Arbeitsplatz im ersten Stock aus erleben müssen. Viele der genannten Geschäfte gibt es heute nicht mehr, und die Verkehrssituation ist zum Glück inzwischen entschärft worden.

Die Musikbücherei wuchs und wuchs, die Besucherzahlen stiegen, ja schwollen an. Unsere Tätigkeit war uns zwar in den Umrissen vorgezeichnet, doch durften wir zum Glück in allen Einzelheiten nach eigenem Gusto verfahren. Das führte zu einer planmäßigen und zielstrebigen Aufbauarbeit durch das bald wachsende Team der Musikbücherei. Aus einer kleinen – 12.000 Medieneinheiten – und ziemlich abgeschirmten Spezialbücherei entwickelte sich im Laufe der Zeit eine äußerst funktionstüchtige und attraktive Bibliothek, die weitgestreuten Bedürfnissen gerecht wurde und die zugleich den wachsenden kulturellen Ansprüchen der Landeshauptstadt genügte. Durch ihre harmonische Einbindung in das Düsseldorfer Musikleben war die Musikbücherei bald mehr als ein bloßer Umschlagplatz von Partituren, Klavierauszügen und Tonträgern. Sie wurde auch Stätte fruchtbaren Gedankenaustauschs, Ort menschlicher Begegnung, an dem Gleichgesinnte sich heimisch fühlten.

Privat verbesserte ich mich durch den Umzug in eine kleine Eigentumswohnung in Eller. Hier war es schön und ruhig, die Straßen hatten abenteuerliche Namen: In den Maisbanden, In der Elb, Am Pflanzkamp und Büllenkothenweg. Kein schlechter Platz: um die Ecke die bunte Kikwegschule, die erste Gesamtschule Düsseldorfs, in Sichtweite der Eller Forst mit dem Ausflugsziel Unterbacher See, auf der anderen Seite nur über die Straße rüber der wunderbare Eller Schloßpark, ein Eldorado zum Radeln. Schade, daß die Türen des schönen Schlosses Eller mit seinem Prinzensaal für die Öffentlichkeit überwiegend verschlossen waren und meist immer noch sind.

Seit vielen Jahren ist dort die Modeschule untergebracht, ein fürstliches Ambiente für die schicken jungen Damen. Neuerdings hört man, daß das Kleinod zu einem kulturellen Veranstaltungsort umgewandelt werden soll, die Stadtteilpolitiker denken jedenfalls darüber nach. Schön wär's, wenn es gelänge.

In Eller wohnte ich 16 Jahre, und das war lange genug, um mich dort fast wie zu Hause zu fühlen. Diesem Gefühl entsprang auch der Entschluß, mir erstmals einen Stadtplan zu kaufen, denn vorher war ich immer der Meinung gewesen, daß sich diese Investition für mich sicher nicht lohnen würde. Übrigens gehe ich noch heute zum Einkaufen auf die Gumbertstraße, freue mich immer wieder an den Marktständen auf dem Gertrudisplatz, erledige nach wie vor im Bürgerbüro Eller meine Ausweisanträge und weiß den großen Parkplatz am S-Bahnhof hoch zu schätzen. Die Zweigstelle Eller der Stadtbüchereien ist vor allem nach dem gelungenen Umbau meine Lieblings-Zweigstelle, angenehm auch dort die räumliche Nähe der Stadtsparkassen-Zweigstelle, eine Kombination, die an vielen Stellen in der Stadt vorkommt. Der Gertrudisplatz ist mein Lieblingsplatz in der Stadt, dort herrscht immer eine lebendige Atmosphäre, ob beim Marktbummel oder beim Gumbertstraßenfest, ob er leergefegt ist oder einem Basar Heimstatt bietet. Auch das kulinarische Angebot läßt sich sehen. Nach dem Einkauf hat man die Qual der Wahl: Reibekuchen oder Poffertjes, Fischbrötchen oder Brathering, Hähnchenschenkel oder lieber Bratwurst. Übrigens, die Hähnchenschenkel sind die besten in der Stadt, behaupte ich mal. Knusprig, weißes Fleisch, lecker gewürzt und für DM 2,50 zu erwerben. Kein Wunder, daß sich vor dieser Bude immer lange Schlangen bilden, und nicht zu verachten – während der Wartezeit ergibt sich genügend Gelegenheit für ein Schwätzchen.

Dann der große berufliche Einschnitt: Die Musikbücherei zieht im Januar 1986 aus ihrem inzwischen sehr beengten Domizil in das Weiterbildungszentrum auf der Ostseite des gerade umgebauten Bahnhofs um, wird wieder vereinigt mit der Zentralbibliothek und ändert ihren Namen in Musikbibliothek. Die neue Adresse heißt Bertha-von-Suttner-Platz und ist den Düsseldorfern weitgehend unbekannt, da dort »hinter dem Bahndamm« ein völlig neues Viertel entsteht. Der Platz ist noch gar nicht fertig und so wird ein provisorischer »Damm« aufgeschüttet, auf dem die überraschend zahlreichen Benutzer wie die Ameisen zur Bibliothek hin- und zurückkrabbeln. Gnadenlos verlaufen die nächsten Jahre: Das ganze Viertel wird hochgezogen, Banken, Versicherungen, Gerichte, Wohnungen, alle ziehen *nach* den Bibliotheksmitarbeitern ein. Unvergeßlich dann die lang anhaltenden Proteste gegen die Gestaltung des Platzes, die Antes-Figuren und die monumentale Architektur spalten die Einwohnerschaft und sorgen für eine Langzeit-Belebung der Leserbriefspalten. Nur die Fotografen entdecken den Platz von Anfang an als lohnendes Objekt. Mit der zunehmenden Verwahrlosung allerdings haben auch sie sich anderen und attraktiveren Objekten zugewandt.

In der neuen Bibliothek bekommt die Musikbibliothek die wohl schönsten Räume des Hauses: ein Souterrain mit breiter Fensterfront zum Platz, das in erster Linie die Tonträger und die wissenschaftlichen Gesamtausgaben von Komponisten aufnimmt; sodann ein großes Parterre, in dem die Noten und die Musikliteratur aufgestellt sind. So kann die Musikbibliothek einen erheblichen Flächenzuwachs verzeichnen, von 300 auf ca. 680 qm. Hatten wir schon in der Berliner Allee mit Ausstellungen, Buchvorstellungen und Vorträgen eine große Außenwirkung erzielen können, so bieten diese Räume jetzt noch bessere Möglichkeiten. Das vergrößerte Raumangebot wird auch sinnvoll für erweiterten Service genutzt, zu diesem zählen etwa die 20 Hörplätze, die von einer mit CD-Playern und konventionellen Plattenspielern ausgerüsteten Abspieltheke aus gesteuert werden; ferner ein Regieraum, in dem der Interessierte ein Mischpult, Tonbandmaschinen, Plattenspieler und Cassettendecks in hoher Qualität und mit dem nötigen Zubehör vorfindet. So können Überspielungen aller Art getätigt und auch Aufzeichnungen von musikalischen Live-Vorträgen aus den beiden angrenzenden Studios gemacht werden. In beiden dieser Studios steht jeweils ein Flügel, der nach vorheriger Anmeldung gegen eine Gebühr zum Üben genutzt werden kann. Leider waren wir gezwungen, dieses für damalige Zeiten einmalige Angebot teilweise zurückzunehmen. So mußte der Regieraum Anfang der neunziger Jahre für das allgemeine Publikum geschlossen werden, da im Zuge der Veränderungen in der Gesellschaft das Eigentum anderer zunehmend mißachtet wurde.

In dieser Zeit erfolgt auch der nächste private Umzug, natürlich in eine viel schönere und größere Wohnung. Immer wieder bin ich erstaunt, daß ich jetzt bereits seit zehn Jahren in Wersten wohne, direkt an der Schnittstelle des Dreiländerecks Wersten/Himmelgeist/Itter, im Uni-Wohnpark. Auch dort ist es, wie in Eller, eher dörflich gemütlich, die Attraktion des Quartiers ist eine Gracht mit zahlreichem Federvieh, vor allem Enten. Vom Frühjahr bis zum Herbst lebt man in einer üppigen Blumenpracht, die von den Anwohnern in kleinen Gärten und auf vielen Balkonen gehegt und gepflegt wird. Das ganze Viertel gilt als »Vorzeigeviertel«, und viele Jahre sah man in- und ausländische Delegationen von Architekten, Städtebauern, Raumplanern und städtischen Beamten hindurchziehen.

Einen besonderen Fixpunkt gibt es in der Otto-Hahn-Straße, in der ich wohne: das Lokal »Casa Nuova«, das einen Mix aus italienischer, neuer und gut bürgerlicher Küche anbietet, und von dem deutschen Paar Karina – sie kocht – und dem unvergleichlichen Norbert im Service geleitet wird. Das »Säälchen« ist der heimelige Ort für sämtliche Eigentümerversammlungen der Straße, für Betriebs- und Geburtstagsfeste und sonstige Anlässe, die die Anrainer mit Speis und Trank zu feiern gedenken. Norbert kennt alle seine Gäste, natürlich mit Namen, Adresse, beruflichen und familiären Verhältnissen. Er weiß um alle Vorlieben oder Abneigungen seiner Gäste, ob es sich nun um bevorzugte Sitzplätze oder um kulinarische Dinge handelt. Mein Leibgericht ist »Spaghetti alla Karina«. Die ich aber nur bestelle, wenn die Chefin persönlich am Herd steht.

Auch in meinem jetzigen Umfeld ist, wie in Eller, genügend Gelegenheit zum Rad fahren. Auf der anderen Seite des idyllischen Damms, der den kleinen Brückerbach umschließt, liegt der Botanische Garten der Universität, ein Kleinod, das man gern Gästen vorführt. Die Kuppel ist ja wirklich immer noch sehr attraktiv, und der Spaziergang durch den Park der Universität erinnert daran, daß hier die Grenze der BUGA war, die sich in den achtziger Jahren von dem Baggersee am Universitäts-Sportzentrum vorbei über die Autobahnbrücke in den damals neu angelegten, wunderschönen Südpark hinzog, der nahtlos in den Volksgarten übergeht.

Nach Süden hin gelangt man schnell zum Rhein nach Himmelgeist, über die Ickerswarder oder die Himmelgeister Landstraße, vom »Am Bärenkamp« durch die »Maikammer« zur Straße »Alt Himmelgeist«, an der schöne Ausflugslokale liegen. Schloß Mickeln, die Nikolaus- und die Hubertuskirche sind immer wieder gern angesteuerte Ziele. Ob die Idylle bleibt? Ich glaube nicht, denn so hübsche und dörfliche Stadtteile ziehen die Entwicklungsplaner magisch an und bringen sie dazu, einen auf zehn Jahre angelegten Entwicklungsplan mit elf neuen Wohngebieten für 3.300 Menschen vorzulegen. Im Moment zählt Himmelgeist 1.260 und Itter 1.577 Einwohner! Im Entwicklungskonzept heißt es: »Der dörfliche Charakter beider Stadtteile soll erhalten bleiben.« Dem ist wohl nichts hinzuzufügen ...

Ich lebe also inzwischen gern hier, aber als Düsseldorferin bezeichne ich mich immer noch nicht. Warum? Ich glaube, daß man Düsseldorfer nur in seltenen Fällen werden kann, man muß wohl hier geboren sein. Das fängt schon mit dem rheinischen Dialekt an, dem ich ein kehliges, kerniges »woll?« immer noch vorziehe und hört nicht zuletzt mit den vielfältigen Ausformungen des Brauchtums in Form von Schützen-, Karnevals- und Heimatvereinen auf. Ich gestehe, ausschließlich in kulturellen Vereinigungen Mitglied zu sein, und an bestimmten Tagen im Februar/März regelmäßig die Stadt zu verlassen, vor allem an einem gewissen Donnerstag. Andererseits finde ich es auch geradezu rührend, mit welcher Intensität und Leidenschaft sich »der Düsseldorfer« auf diesem Gebiet engagiert. Auf sportlichem Gebiet allerdings dürften die Düsseldorfer zufriedener mit mir, dem bergischen Zuwachs, sein; das Rhein- und das Eisstadion, zweifellos sportliche Zentren, sind mir – allerdings aus besseren Zeiten – sehr vertraut.

Ferdinand Scholz

Dreieck, in dem ich wohnte – DÜSSELDORF
NACH ADOLF ENDLER ANLÄSSLICH EINES BIOGRAPHISCHEN ZUFALLS

Papiermühle, Wasserwerk, Henkel,
Dreieck, in dem ich wohnte,
Gelände der Kindheit,
Gelände der vielen Mauern,
der strengen Tore.

Jaja, genau, und dies Klappern, Geklirr von Geschirr,
Sommers zwischen Stimmen und Radio verschallend.
Jaja, und manchmal bläst Henkel
Fette Schaumkissen durch den mageren Verkehr
Über die schwarzschlackenen Gehwege
(Bürgersteige gedeihen hier nicht)
Mit Fettchemiegeruch, von dem die Magenwände
Tannenzapfenschuppen kriegen,
die schmerzhaft sich spreizen.

Um das Seifenzeug herum sparsame Töne:
Das Mahlen von Eisenscheiben im Gleis (Linien 1, 18),
Die neuen evangelischen Glocken um sechs (Ahmbrot!),
Die selbstverständlichen Wörter (Flüschtlingshäuser, Ketteplösch).

Wenn spät abends das Fernmeldezeugamt sich duckt,
Kommen von den Rheinschiffen die Dieselbässe (1 Hub/sec)
Übern Acker gekrochen durch die undichten Fenster
Und verschwinden hinter der gilben Tapete.
Besser sowas als 14 Englein,
Für die sowieso kein Platz wäre.
In den helleren Nächten sind vorm Fenster
Unter der Laterne die Größeren zu hören.
Die haben Fahrräder und kennen Mädchen.

Hinterm Haus der nützliche Garten, in welchem sehr zäh und
Allem Wetter zum Trotz ständig die Großmutter wühlt.

Jaja,
Papiermühle, Wasserwerk, Henkel,
Dreieck, in dem ich wohne,
Landschaft der Kindheit,
Zerschnitten inmitten
Von der Fernstraße acht, der schnurgraden Schneise,
Von der Eisenbahnlinie glänzenden Strängen
(Vom Hafen kommt sie, mündet wer weiß wo),
Zerteilt.

Bzw.
Speckiges Bullerbü,
Stinkendes Lummerland,
Arbeiter- und Bauerngelände:
Maschinenfabrik, Baracken, Genossenschaftshäuser,
Drei Bauernhöfe samt Roggenfeldern – alles auf paar Metern.

Da war sogar die Sehnsucht aus dem Ausverkauf.
Selbst das Fernste hat seitdem nichts mehr versprochen,
Was gehalten zu werden sich lohnte.
Aber im Knochenkoffer weggeschlossen
Regt sich, poltert, randaliert
Laut, lauter
Ungereimtes Zeug.

Tellerklappern und Geschirrklirren
Sind nur Tellerklappern und Geschirrklirren,
Sowieso haben Fahnen nie geklirrt.
Keine Aufbrüche *zum roten der Stürme* mehr.
Statt dessen alles neo;
Wichtigmäuler, entsichert, die endlosen Zahnreihen entblößend,
Grölen sprachlos Klassenkampf.

Papiermühle, Wasserwerk, Henkel,
Shell, Maschinenfabrik, Elektrizitätswerk.

Die kursiv gesetzten Passagen und der Titel sind zitiert nach dem gleichnamigen Gedicht von Adolf Endler, der 1930 in Düsseldorf geboren wurde und 1955 in die DDR emigrierte. Seine Jugend hat er wie ich in Holthausen verbracht.

Karin Füllner

»Dies schreibe ich in Urdenbach ...«

Eigentlich hatte ich singen wollen. Nach unseren Auftritten im Heine-Institut in Düsseldorf, im Grabbe-Haus in Detmold suchte ich mit Helmut Götzinger weitere Möglichkeiten, unser Vormärz-Programm mit Liedern von Heinrich Heine und Georg Weerth präsentieren zu können. Der Benrather Kulturkreis, so hörte ich, wolle sowohl Kultur vor Ort zeigen als auch die Künstler des Düsseldorfer Südens fördern. Das paßte beides, sollte doch Heine auch außerhalb des Düsseldorfer Zentrums gehört werden, und wohnte ich mit meiner Familie seit 1979 in der Urdenbacher Dorfstraße. Stattdessen wurde ich gewonnen, im Dezember 1989 eine »Lesung zum Jahresausklang« mit weihnachtlichen Texten zu organisieren und zu moderieren, ich wiederum gewann Manuela Alphons vom Düsseldorfer Schauspielhaus, die ich bat, Texte von Adalbert Stifter, Joseph von Eichendorff, Heinrich Heine, Rainer Maria Rilke, Marie Luise Kaschnitz, Wolfdietrich Schnurre und Gerd Semmer zu lesen. Die Lesung fand im Tennisclub am Benrather Schloßufer statt mit wunderbarem Ausblick auf den Rhein »im Abendsonnenschein«. Singen durfte ich ein halbes Jahr später dann auch noch. Unter dem Titel »Heute morgen fuhr ich nach Düsseldorf«, der Anfangszeile eines satirisch-ironischen Gedichtes von Georg Weerth, führten wir unser Programm im Juni 1990 im Festsaal der Benrather Orangerie auf. Auf den Plakaten zur Bewerbung der Veranstaltung erschien der Titel im Präsens.

Wenn ich morgens zum Heine-Institut fahre, die Urdenbacher Dorfstraße hinunter, am Alten Rhein und am Schloßufer entlang, glitzert der Rhein links oft im Sonnenschein, Jogger und Radfahrer sind unterwegs, Hunde und Kinderwagen werden ausgeführt, und die Kämpe lädt zum Spazierengehen ein. »Lieb, Dein Garten wartet – es ist doch schöner hier als Berlin«, schrieb Louise Dumont 1910 aus Urdenbach an Gustav Lindemann. Es war mein Hauptseminarleiter, der mich gegen Ende meiner Referendarzeit 1983 bat, an einem Projekt des Pädagogischen Instituts zum Theater in Düsseldorf mitzuarbeiten und mich damit auf die Begründer und Leiter des Düsseldorfer Schauspielhauses aufmerksam machte. Das Ehepaar hatte sich vierzehn Jahre lang in eine wunderbare spätklassizistische, geradezu italienisch wirkende Villa in unmittelbarer Rheinnähe zurückziehen können. Auf der Plakette an der Hausfront, Am Alten Rhein 8, heute hinter einem Baugerüst verborgen, steht zu lesen: »Haus Drängenburg/ Hier wohnten und wirkten/ Louise Dumont/ Gustav Lindemann/ 1908-1922.«

Seit der ersten Lesung im Benrather Tennisclub sehe ich bei meiner Fahrt den Rhein entlang mit einem ganz anderen Blick zu den Fenstern des Versammlungsraums am Schloßufer hoch. Saint Exupérys »Le Petit Prince« kommt mir in den Sinn, denn als ich 1984, bereits mit einer halben Stelle in der Redaktion der Historisch-kritischen Heine-Ausgabe tätig, die Schwangerschaftsvertretung der halben Stelle einer Französischlehrerin am Rückert-Gymnasium in Rath übernahm, las ich den Text mit einem Kurs der Jahrgangsstufe 11, und Jahre später und immer noch denke ich an die Rede des Fuchses, wenn ich am Benrather Schloßufer zum Versammlungsraum des Tennisvereins hochschaue und die Fenster mir so vertraut erleuchtet scheinen. »Mais tu as des cheveux d'or«, sagt der Fuchs zum Kleinen Prinzen. »Alors ce sera merveilleux quand tu m'auras apprivoisé. Le blé qui est doré me fera souvenir de toi.«

1991 wurde ich Mitglied und Vorstandsmitglied des Benrather Kulturkreises und organisierte weitere Veranstaltungen im Benrather Tennisclub: Stella Avni las Else Lasker-Schüler, Hansjürgen Bulkowski las eigene Texte, Rainer Templin spielte Harfe. Im Kuppelsaal des Naturkundlichen Heimatmuseums im westlichen Schloßflügel referierte ich über das Frauenbild Louise Dumonts, und Manuela Alphons las aus Briefen und Texten der berühmten Schauspielerin und Theaterleiterin unter dem Titel »Dies schreibe ich in Urdenbach ...« Olaf Cless und Peter Berkessel präsentierten ihr Otto-Reutter-Programm. Im Hotel-Restaurant Pigage las John Linthicum, Leiter des Düsseldorfer Literaturbüros, und diskutierte mit dem Publikum seine Lyrik. In der Orangerie lasen Manuela Alphons und Carsten Andörfer Dada-Texte, Heinrich Hambitzer vom Düsseldorfer Kom(m)ödchen las Hans Müller-Schlösser, Peter Thomas Heydrich satirische Texte von Heine bis Kästner. Frank Meyer trat mit seinem Hermann Harry Schmitz-Programm auf sowie mit »Wotans Wahn & Micky Maus. Satiren, Parodien & Gegengesänge 1923-45«, Manuela Alphons präsentierte unter dem Titel »In der Fremde« Texte und Lieder von Hölderlin bis Brecht. Wolfgang Arps las auf der Festveranstaltung zum 40. Jubiläum des Benrather Kulturkreises und stellte im Heine-Jahr 1997 unter dem Titel »... als sängen sie heimlich die Marseillaise« im restlos ausverkauften und überfüllten Festsaal Heines Börne-Buch vor. Erste Zusammenarbeiten mit der Stadtbücherei Benrath führten zu Lesungen von Jürgen Seidel, Jan-Christoph Hauschild und Barbara Zimmermann. Die zündende Idee, eine Lesereihe für Prosaautorinnen und -autoren zu beginnen, kam jedoch erst, als Armin Kurth die Leitung der Benrather Bücherei übernahm und für extensivere Zusammenarbeit sehr offen war. »Montagsprosa« haben wir, mein Mann und ich, an einem Winterabend Anfang 1996 erfunden wegen der schönen Assonanz, und vielleicht war es ein prosaischer Montag, und es war Ingrid Schlüter, die mit dem sehr schön passenden Titel ihrer Lesung, »Die Auseinandersetzung mit der Orange«, am 22. April 1996 die erste »Montagsprosa in der Orangerie« eröffnete. Am 22. November 1996 konnte die »Rheinische Post« konstatieren: »Die erste Reihe der Montagsprosa ist erfolgreich abgeschlossen. Meist fanden zwischen 50 und 80 Literaturfreunde den Weg in die Benrather Orangerie.«

Die Urdenbacher Dorfstraße ist die Hauptstraße, die durch Urdenbach führt, laut und geschäftig. Als wir vor 21 Jahren mit einem drei Monate alten Baby hier einzogen, meinte meine Schwester, es sei sicherlich schön für Kinder hier aufzuwachsen: nicht in einer Schlafstadt, sondern dort, wo noch zu sehen ist, wie alles gemacht wird. Das war als Trost gemeint, denn ich wollte aus der Stadtmitte fort ins Grüne. Im Hof ist eine Zimmerei, aber der Blick geht viel weiter, über Gärten und hohe Kastanienbäume hinweg bis zum Park des Benrather Schlosses. Zweimal im Jahr dringen an lauen Sommerabenden die Klänge der Benrather Schloßparkkonzerte bis zu uns auf den Balkon, und zu mitternächtlicher Stunde können wir von dort aus das Abschlußfeuerwerk bewundern. Zumindest sehen wir es in den Himmel aufsteigen. Die Spiegelung über dem Weiher denken wir uns hinzu. Von Feuerwerk in allen Himmelsrichtungen umgeben sind wir in der Sylvesternacht. Bis zum Rheinturm sehen wir das bunte Licht über der Innenstadt strahlen und nach vorn über die Straße und die evangelische Kirche hinweg bis ins Bergische Land. Alle Kirchenglocken läuten: die der evangelischen Kirche unmittelbar gegenüber, die der katholischen Herz-Jesu-Kirche nur wenig entfernt auf der Urdenbacher Dorfstraße, die der Heilig-Geist-Kirche an der Südallee, und vielleicht hört man in dieser Nacht auch aus Benrath und von weiter her die Glocken klingen, kaum auszumachen im Pulverdampf und Geknalle und über dem Tuten der Schiffe vom nahen Rhein. Sehr viel stiller ist es eine Woche vorher in der Weihnachtsnacht, aber nach dem spätabendlichen Gottesdienst in unserer Kirche gegenüber, auf der wir immer die Uhrzeit ablesen können, geht gegen Mitternacht jedes Jahr das kleine Fenster im Kirchendach auf und heraus schiebt sich das blitzende Metall einer Trompete, um in die Stille hinein Weihnachtslieder zu blasen. Auf der Straße stehen die Gottesdienstbesucher und auch wir öffnen unsere Fenster und singen mit.

Die über dreihundert Jahre alte evangelische Kirche auf der Urdenbacher Dorfstraße, deren Geschichte Helmut Ackermann zum Jubiläum 1993 beschrieben hat, ist die Hochzeitskirche schlechthin. Immer wieder läutet es am Samstag um 14 Uhr zur Trauung: weiße Droschken fahren vor, gemietete Hochzeits-Rolls-Royce, aber auch ganze Autokolonnen, blumengeschmückt und mit Wimpeln. Baumstämme werden durchsägt und Blumen gestreut. Sehr festlich geht es auf der Dorfstraße auch jedes Jahr zum Erntedank zu. Urdenbach, das »Dorf mit Herz« ist stolz auf seinen Erntedankzug, der zum Mittag des Erntedanktags nicht nur alle Urdenbacher auf die Straße lockt, sondern auch eine Touristenattraktion für die Sonntagsausflügler der Umgebung ist. Wir können vom Fenster aus die Wagen und Gruppen vorüberziehen sehen, zum Teil sehr prächtig und mit großer Liebe gestaltete Themenwagen, sogar die Bienenzucht von Gustav Lindemann fuhr in einem Jahr die Urdenbacher Dorfstraße entlang. Zum anschließenden Schürreskarrenrennen jedoch gehen wir hinüber in den alten Kauffahrteihof auf der anderen Straßenseite, wo jedes Jahr zum Erntedankfest Claus Barthelmess einlädt, Künstler und ehemaliges Vorstandsmitglied des Benrather Kulturkreises, beides schon in zweiter Generation. Als der Vater 1939 seine Werkstatt vom Torhaus der Orangerie nach Urdenbach verlegte, schrieb er: »In den alten Eichenschränken fand ich auch Bücher über Technik und Künste, darunter eine Technologie, die nach der Eintragung Nicolas de Pigage, dem Erbauer von Schloß Benrath, gehört hat.« Im Vorderhaus, dem ehemaligen Herrenhaus, wohnt heute neben anderen Heike Schoog, Redakteurin der »Rheinischen Post«.

Viele weitere Umzüge führen im Jahr durch die Straße. Nicht nur die Hochzeitsgäste fahren in Wagenkolonnen hupend durchs Dorf, auch die Abiturienten des Annette-von-Droste-Hülshoff-Gymnasiums machen hier auf ihren Schulabschluß aufmerksam. Ein besonders schöner Umzug ist der Martinszug, den ich weniger vom Fenster aus verfolgt habe, sondern mitsingend jahrelang mit meinen Kindergarten- und Grundschulkindern die Straße entlanggegangen bin. In Piels Loch wird dann das sicherlich schönste Martinsfeuer in Düsseldorf gezündet, aufgeschichtet von der Zimmerei Kullenberg, ein in den Himmel loderndes Feuer, dort, wo die Hochwassertouristen zu Anfang des Jahres oft einen See mit Schwänen bewundern können.

In unserer unmittelbaren Nähe in Urdenbach gibt es seit mehr als 15 Jahren einen griechischen Gemüsehändler, bei dem wir täglich frisches Gemüse erstehen, eine griechische Imbißstube und eine griechische Schneiderin, die mir die Ärmel meiner Jacken kürzt, und mit der ich über unsere Kinder spreche, die gemeinsam zur Schule gegangen sind. Auch ein griechisches Restaurant hat es auf der Urdenbacher Dorfstraße gegeben, in dem wir manchmal gefeiert haben, etwa nach unserem Konzert in der Benrather Orangerie, in der Freizeitstätte Garath oder in einer Sylvesternacht. Deutsch-finnische und deutsch-indische Freundschaften haben eine wichtige Rolle nicht nur im Leben unserer Kinder gespielt und spielen sie noch.

Rahmenthemen für die Einzellesungen der Montagsprosa waren in den fünf Jahren: »Alltag«, »Biografisches – Autobiografisches«, »Düsseldorf«, »Kindheit« und »Der fremde Blick«.

Im Oktober 2000 liest Christa Wolf auf Einladung des Heinrich-Heine-Instituts aus »Begegnungen Third Street«: »und immer wieder die Frage an mich: Was ist in Deutschland los, und ich versuche auch mir zu erklären, aus welchen Untiefen der deutschen Seele diese Ausbrüche von Haß und Gewalt kommen«. Im November demonstrieren die Schülerinnen und Schüler aller sechs Benrather Schulen gegen Rechtsradikalismus. Das Haus Spilles, eine Jugendeinrichtung, ist mit Nazi-Symbolen und -Parolen beschmiert worden. »Es ist schon beachtlich, wie viele Schüler die Schülervertretungen mobilisiert haben«, heißt es am nächsten Tag in der Zeitung.

Wenn wir in diesem Jahr fünf Jahre »Montagsprosa« feiern, werden 25 Autorinnen und Autoren aus Düsseldorf und der näheren und weiteren Umgebung gelesen haben: Ingrid Schlüter, H. Dieter Pannen, Barbara Bongartz, Ingrid Bachér, Niklas Stiller, Charlotte Marlo Werner, Kajo Scholz, Vera Henkel, Willi Achten, Joseph Anton Kruse, Liane Dirks, Horst Eckert, Ferdinand Scholz, Alla Pfeffer, Wilhelm Gössmann, Thomas Laux, Christoph Peters, Regina Ray, Hansjürgen Bulkowski, Anna-Dorothea Schmid, Astrid Gehlhoff-Claes, Thomas Hoeps, Florence Hervé, Ralf Thenior, Ina-Maria von Ettingshausen. Mit einer Frau hat es angefangen, mit einer Frau hört es hoffentlich noch nicht auf.

Abends auf dem Nachhauseweg kann ich rechts im Dunkeln den Rhein ahnen. Im blaßgelben Licht der Straßenlaternen sehe ich die Herbstblätter fallen, die rotgolden funkeln. Wie sie vor der Fensterscheibe meines Autos tanzen, sieht es aus, als fahre ich in eine Theaterkulisse hinein, und ich sehe das Bühnenbild von Janáceks »Das schlaue Füchslein« vor mir, in dem ich vor beinah 30 Jahren im Düsseldorfer Mädchenchor der Deutschen Oper am Rhein gesungen habe. Manchmal auch scheint der Mond und läßt mit seinem Glanz ein Schiff, »Schiffer und Kahn« im Rhein aufblitzen. »Es ist einsam in Urdenbach – nur ganz spät, oben in meinem Zimmerchen, da bin ich mit Dir zusammen«, heißt es in einem Brief Louise Dumonts an ihren Mann 1921.

Hans-Georg Paffrath
Von der Feldstraße zur Königsallee

In meine Hand gelangte das Buch »Straßenbilder – Düsseldorfer Schriftsteller über ihr Quartier«. Ein Beitrag von Alla Pfeffer trägt den Titel »Um-Feld-Straße«, der sofort mein besonderes Interesse fand. Ich erinnerte mich meiner Kinderjahre, war die Feldstraße doch Ort meiner Kindheit. Diese Straße, die seit der zweiten Hälfte des 19. Jahrhunderts existiert, verläuft etwa 600 bis 700 Meter lang ziemlich genau von Norden nach Süden und macht in Höhe der Gartenstraße hin zur Jägerhofstraße einen kleinen Knick, bis sie vor dem Hofgarten endet. Gerade dieser Teil südlich des Knicks war mir besonders vertraut – hatte doch mein Vater das Haus Feldstraße 70 nach dem Ersten Weltkrieg, als er geheiratet hatte, gekauft. Es gab noch eine Wohnraumbewirtschaftung. Im Erdgeschoß, in drei kleinen Zimmern, wohnte ein Ehepaar mit einem Sohn. Wir bewohnten die erste und zweite Etage und hatten neben dem großen Speicher noch ein Zimmer im Dachgeschoß zur Verfügung.

Erst 1936 konnte auch das Erdgeschoß umgebaut und von uns genutzt werden. Hinter dem Haus lag ein, in unseren Augen, schöner Garten, für meine Schwester und mich ein kleines Paradies. Es gab einen an der Mauer zum Nachbarn hochrankenden Rebstock, dessen Trauben allerdings recht sauer waren, aber dessen Laub in seiner Herbstfärbung eine herrliche Dekoration für Jagdessen war und von Bekannten gern abgeholt wurde. Darunter lag ein Beet mit Rhabarber. An der Mauer entlang standen Stachelbeersträucher, von Pfirsichbäumen überragt. Rosenstöcke, eine Rotbuche und Jasmin belebten den Garten. Als wir größer wurden, kletterten wir über die Mauer und »eroberten« uns Nachbargärten – ich meist recht vorsichtig; ich war nicht schwindelfrei.

Aber auch die Straße hatten wir zur Verfügung. Hier stand in den 20er und frühen 30er Jahren nur ein Auto geparkt, das morgens zur Bürozeit kam und am späten Nachmittag wieder weggefahren wurde. Modell? Zum Wochenende oder an Feiertagen fuhr schon mal ein großer Maybach vor das Nachbarhaus – eine Sensation für uns – natürlich von einem Chauffeur gefahren. Oder der Horch einer reichen Tante von mir aus Oberbarmen, natürlich auch mit Chauffeur. Ansonsten gab es nicht viel Autoverkehr, sodaß wir gefahrlos Rollschuh laufen und auf der noch ruhigeren – gab es überhaupt eine Steigerung der Ruhe in diesen Wohnvierteln? – Mozartstraße Völkerball spielen konnten.

Neben uns wohnte eine Familie mit neun Kindern, der Älteste war der »Vizevater« in der Familie, und weiter zum Hofgarten lebte ein Senatspräsident, in dessen Garten, wie alle Häuser ihn hier hatten, ein herrlich großer Birnbaum wuchs. An der Ecke zum Hofgarten stand die von einer hohen Mauer und großen Bäumen umgebene Villa Dietrich, sie gehörte dem Besitzer der Dietrich-Brauerei. Ihr gegenüber zwei ganz niedrige kleine Häuser, die wohl übrig geblieben waren aus der Zeit, als die Feldstraße noch Feld war. Sie mußten später Neubauten weichen, wie auch die große Villa. Auf der unserem Haus gegenüberliegenden Seite gab es einen Kolonialwarenladen. Auf dessen Treppenstufen stand, wenn es mal ruhig in seinem Laden war, der Händler mit seiner großen Schürze und einer Kappe auf dem Kopf. Hier konnte man auch abends noch schnell anklingeln, um die vergessene Butter oder das Mehl zu kaufen.

Täglich kam der Milchmann mit seinem Fuhrwerk von Lohausen angefahren und brachte die Milch, die er aus einer großen Kanne mittels eines Literbechers in die von uns vorgehaltenen Gefäße umfüllte. Im Sommer wurde von der in Schalen umgefüllten Milch Dickmilch gemacht; mit Zimt und Zucker gegessen ein besonderer Genuß. Die Kohlen und Briketts wurden ebenfalls per Pferdekarren, aber diesmal mit dem typisch rheinischen Karren auf zwei großen Rädern, angeliefert. Sein Inhalt wurde abgekippt, und das rheinische Kaltblut, welches das Fuhrwerk zog, konnte direkt nach dem Abkippen wieder weiterziehen, während hilfreiche Kräfte die nun vor dem Kellerloch liegende Kohle in den dafür am Haus vorgesehenen Schacht schaufelten. Von Zeit zu Zeit hörte man die Glocke des Lumpensammlers und seine Stimme »Lumpen, Eisen, Flaschen und Papier – alles, alles sammeln wir.« Oder der Eismann kam und brachte das Stangeneis, das für den Eisschrank so wichtig war. Man durfte es nicht lange auf den Treppenstufen vor der Haustür liegen lassen, sonst war von der Stange nur noch eine Wasserlache übrig.

Eine Unterbrechung der Stille in der Straße brachten manchmal Straßenmusikanten, die alleine, zu zweit oder zu dritt musizierten, nicht immer sehr melodisch, aber man warf dann in Zeitungspapier gewickelte Pfennigstücke nach unten; in Zeitungspapier gewickelt, damit sich die Stücke nicht allzu schnell in Gosse oder Senkkasten verloren.

Ein besonderes Ereignis für die Anwohner der Feldstraße war es, als um 1930 der Rosenmontagszug hindurchzog. An allen Fenstern unseres Hauses, natürlich auch denen der Nachbarn, standen fröhlich winkende Kinder und Erwachsene. Ich glaube Toni Bors, ein alter Freund meines Vaters, war in diesem Jahr Prinz Karneval. Er machte auch später noch mit seinem Freund Dr. Inden besonders an Altweiberfastnacht viel Allotria.

Aber auch eine andere Art von Unterbrechung des Alltags kam in unsere stille Straße, wenn sich hier Einheiten des Frontkämpferbundes »Stahlhelm«

formierten, der sein Vereinshaus an der Jägerhofstraße hatte. Oder wenn sich in der Gartenstraße die Kommunisten aufstellten mit ihren roten Fahnen und ihren typischen Schalmeienkapellen, mit der Spitze des Zuges an der Kaiserstraße.

Unser Bäcker war nur zwei Häuser nebenan auf der Ecke zur Gartenstraße. Schon Jahrzehnte war das Haus im Besitz der Familie und ist es, glaube ich, noch heute. Es gab immer frische Brötchen und frisches Brot. Der Laden hat als einziger, wenn auch nach Zerstörung wieder aufgebaut, den Krieg überlebt, wenn auch ohne Backstube, die im Keller war. Das Brötchen kostete drei Pfennige, ein Amerikaner fünf oder ein Kirschstreusel 15 Pfennige. Sollte es ein besonderes Brot sein, so wurden wir zur Rosen- oder Duisburger Straße geschickt; die Auswahl war groß.

Um die Ecke war eine Privatschule. Vier Klassen saßen zusammen an einem langen Tisch. Freiübungen wurden im nahe gelegenen Hofgarten gemacht. Später, nach dem Tode der alten Leiterin, zog die Schule zur Sternstraße, Nähe Duisburger Straße. Hier mußten unsere Eltern für jeden Schüler ein Schreibpult stiften, damit jeder seinen eigenen Platz hatte. Meine Schwester ging zwei Ecken weiter in die Taubenstraße. Hier lag ihre Vorschule und das Lyzeum.

Hin und wieder erschien auch ein Schutzmann unter seinem Tschako, vor dem wir viel Respekt hatten. Auch der »Floh-Pitter« streifte schon mal durch unsere Straßen und wurde von uns Kindern gehänselt: »Sieh mal, da fliegt ein Elefant« Man traf auch hin und wieder auf den Bettler mit seinen verkleideten Affen. Pferdegetrappel ließ uns bisweilen ans Fenster laufen, denn ein Reitstall war ebenfalls »um die Ecke« in der Jägerhofstraße, wo sich heute das Bankhaus Lampe breitgemacht hat. Die Kavalkade ritt durch Feldstraße und Mozartstraße Richtung Grafenberger Wald. Es gab Reitwege dorthin. Viel Leben gab es nicht in der Feldstraße, aber sie war lebendig.

Das alles änderte sich in den 30er Jahren. Nach dem Detektor lauschte man jetzt am Radio, dem »Volksempfänger«. Man hörte Marschtritte – aber nicht mehr vom »Stahlhelm« oder den Kommunisten. Nun waren es die braunen Kolonnen, die über die Jägerhofstraße zum Schloß Jägerhof zur Wachablösung marschierten. Der Kolonialwarenhändler stand vor seiner Ladentür und entgegnete einem Passanten, der ihn mit »Guten Tag« begrüßte: »Es heißt jetzt ›Heil Hitler‹, die guten Tage sind vorbei.«

In diesen Jahren gingen viele Bekannte durch unsere Feldstraße, Bewohner der Häuser in der näheren Umgebung, die den Weg in die Stadt durch den Hofgarten nahmen. Man ging zu Fuß. Nur wenige besaßen ein Auto. Den einen oder anderen konnte man schon von weitem erkennen: den früheren Offizier im 5. Ulanenregiment, in Düsseldorf in Garnison, den späteren Vizekanzler Franz von Papen unter seinem steifen Hut, der »Melone«, wenn er seine Schwestern besuchte; die Schüler des Hindenburg- und des

Hohenzollern-Gymnasiums mit ihren grünen und bunten Mützen; den Maler Max Stern unter seinem breitrandigen Hut, dem »Vogelnest«; unter einem ähnlichen Hut sein Bruder, ein Arzt, dem man in der schrecklichen Nacht des 9. November 1938 böse mitgespielt hat.

Ein Haus in der Gartenstraße, in das wir von hinten hineinsehen konnten, war über Nacht von seinen Bewohnern geräumt worden. Wir hatten noch am Tag zuvor die beiden Mädchen zum Spielen bei uns, nicht ahnend, daß wir sie viele Jahre nicht mehr sehen würden und nur über Briefe erfuhren, daß sie bis nach Harbin geflohen waren.

Wochen später zogen in das leere Haus Uniformierte ein, die für uns wie die kasernierte Polizei aussahen. Es war, wie sich später herausstellte, ein Vorkommando der Wehrmacht für die Remilitarisierung des Rheinlandes 1936. Der Krieg, der Bombenteppich zu Pfingsten 1943, hat dem allem ein Ende gemacht. Unter den Trümmern seines Hauses in der Rubensstraße starb der Maler Max Stern. Als Jude durfte er sich nicht in einen der öffentlichen Luftschutzbunker retten. Fast alle Häuser unseres Viertels waren bis auf die Außen- und Grundmauern niedergebrannt, denn sie hatten Holzbalkendecken. Jetzt stehen hier massiv gebaute Häuser mit durchweg eintönigen Fassaden. Auch das Haus meines Vaters brannte aus, sodaß ich kein Umzugsgut hatte, als ich – auf »Bombenurlaub« – in das Haus auf der Königsallee zog. Meine Schwester bekam es wieder aufgebaut.

Jetzt ist in der Feldstraße meist kein Parkplatz mehr zu bekommen, und man muß für die Parkdauer Gebühren zahlen. Rechts und links stehende Autos lassen gerade eine Fahrspur frei, sodaß sich der Verkehr, wie auch in anderen Straßen des Viertels, jeweils nur in eine Richtung bewegen kann. Die Häuser haben sich verändert, die Menschen auch. Wechselvolle Geschichte einer Straße, eines Viertels. Wehmütig gehen oft die Gedanken zurück, werden viele Bilder wieder lebendig.

Gedanken und Wege führen von der Feldstraße durch den Hofgarten zur Königsallee, wohin sich seit Jahrzehnten der Schwerpunkt unseres Lebens verlagert hat. Unsere Galerie Paffrath als traditionsreiche Pflegestätte der Düsseldorfer Malerei fordert Generation für Generation die Kraft unserer Familie. Düsseldorf hat uns immer viel bedeutet. So hoffen wir, daß auch im Zeitalter des Global-Art-Directory unsere Enkel diese Beziehung zu Düsseldorf entwickeln und pflegen.

Peter H. Jamin
Die Gartenstraße – Asphaltstraße

»Meine Schwiegermutter ist verschwunden.« Die Stimme auf dem Anrufbeantworter klingt nervös und ängstlich. »Sie ist mit dem Fahrrad zu Verwandten gefahren. Schon zwei Tage ist sie weg. Ihr muß was passiert sein!«

In der Gartenstraße, Haus Nummer 39, steht Deutschlands einziges Vermißten-Telefon in einem Regal neben Akten, die mit »Versicherung«, »Pkw« und »Garantiescheine« beschriftet sind. Wenn das rote Lämpchen des Anrufbeantworters blinkt, ist in Deutschland ein Mensch verschwunden.

Jedes Jahr werden bei der Polizei in Deutschland mehr als 100.000 Menschen vermißt gemeldet. Etwa 50 Prozent sind Erwachsene, die anderen Kinder und Jugendliche. Manche verschwinden für immer. Manche für Jahre, für Monate oder Tage. Sie flüchten vor ihren Sorgen, vor Schulden, vor Schwierigkeiten mit den Partnern. Vor Eltern, Kollegen, Freund oder Freundin. Manche wurden gemobbt, andere mißbraucht oder mißhandelt. Einige versagen im Prüfungsstreß. Viele sind krank. Deprimiert. Selbstmordgefährdet. Einige wurden entführt und ermordet.

Die Gartenstraße, wo dieses Vermißten-Telefon steht, ist eine ganz normale Straße. Jeden Tag fahren bis zu fünf Post- und Paketdienste durch die Straße, und wer Pech hat und häufig zuhause ist, steht fast täglich Postboten gegenüber und nimmt Päckchen für die Nachbarn an. Man erzählt sich, daß auf der Straße mehr Professoren und Doktoren wohnen, als auf anderen Straßen der Stadt – was man vielleicht daran erkennen mag, daß in manchen Fenstern bis in den frühen Morgen die Lichter brennen. Die Bewohner der Gartenstraße sollen auch sehr musikalisch sein – 13 Anwohner singen angeblich im Kirchenchor, drei in einem Shanty-Chor, vier Nachbarn jazzen in der Düsseldorfer Altstadt, und eine Anwohnerin versucht sich zur Zeit als Gospelsängerin in Amerika. Ein Musikprofessor hat zu Silvester so lange auf seiner Orgel gespielt, bis die Nachbarn auf die Balkone traten und ihm applaudierten. Kurz vor der Duisburger Straße haben Arbeiter des Straßenverkehrsamtes eine weiße »30« auf den Asphalt gemalt – als wollte man den Autofahrern vorschreiben, mit 30 km/h in die vorfahrtsberechtigte Querstraße einzubiegen. Peter Handke, der Schriftsteller und Dramatiker, soll hier gewohnt haben, lange bevor er mit seiner »Publikumsbeschimpfung« berühmt wurde – aber niemand erinnert sich daran, in welchem Haus er lebte. Auch gibt es hier Kinder, die gern Schellecken drücken und sich dann verstecken, und wer Pech hat und jeden Tag zur Mittagszeit zuhause ist, rennt einmal täglich vergeblich zur Haustür und sucht die Straße nach Freunden oder Bekannten ab.

Viel schlimmer als das ist die Suche nach einem Vermißten. Der Schwiegersohn von Frau B. aus dem Ruhrgebiet bittet um Rat. Im Büro des Vermißten-Telefons kennt man die Situation der Angehörigen von Verschwundenen. Erst ist da die Unruhe, wenn die Frau, der Vater, die Mutter oder das Kind nicht nach Hause kommt. Dann wird mit Freunden und Verwandten telefoniert. Dann werden die Krankenhäuser abtelefoniert. Dann fragt man bei der Polizei nach. Dann bricht Panik aus. Das Schlimmste, sagen Betroffene, sind die Ungewißheit und quälende Fragen: Ist die Vermißte verunglückt oder plötzlich geistig verwirrt? Wird sie irgendwo festgehalten, ist sie ermordet worden? In dieser Situation entdecken viele Menschen die grausame Seite ihrer Phantasie.

Der junge Mann aus dem Ruhrgebiet erlebt diese Phase. Er beschreibt, wann und wo die Schwiegermutter verschwand. Sie ist eine Frau wie von nebenan. 80 Mark im Portemonnaie, den Personalausweis zuhause, mit dem Fahrrad unterwegs. Bürgerlich. Familienbewußt. Der Anrufer kann nicht verstehen, daß die Polizei nicht sofort etwas tut. Am Vermißten-Telefon gibt man ihm den Rat, die Suche selbst in die Hand zu nehmen.

Die Gartenstraße ist auf den ersten Blick eine Enttäuschung. Wird ihrem Namen nicht gerecht. Viel Asphalt und wenig Garten. Die meisten Häuser sind von ihren Architekten so lieblos nebeneinander und stilistisch gegeneinander gestellt, daß man sie als »100-Jahre-Anti-Architektur«-Ausstellung präsentieren könnte. In jüngster Zeit ist noch eine Bausünde dazugekommen. An der Ecke Tauben- und Gartenstraße steht jetzt ein schmutzig-rötlich gesprenkeltes Bauwerk, dessen geöffnete Garagentore den Passanten wie gierige Mäuler anblecken.

Fünf Bäume versuchen, sich auf den ersten Metern zwischen Kaiser- und Feldstraße gegen Asphalt und Beton zu behaupten. Einige Anwohner bemühen sich, die Baumbegrenzung zu bepflanzen und fordern die Hundebesitzer auf: »Bitte hier nicht!«

Als Politiker und Stadtverwaltung in den Straßen des Viertels vor einigen Jahren die Bäume verteilten, hat die Gartenstraße die Niete gezogen. Mozart-, Feld- und Taubenstraße wurden begrünt. Für die Gartenstraße zeichneten Mitarbeiter in der Stadtverwaltung nur einen Plan mit verkehrsberuhigenden Maßnahmen.

Im Haus Gartenstraße 39 schellt das Vermißtentelefon wieder. Wie macht man ein Suchplakat? Wie geht man mit den Medien um? Wie soll man sich gegenüber der Polizei verhalten, die inzwischen doch mal das Gelände abgesucht und es mit einem Hubschrauber überflogen hat? Für Sonntagmittag hat die Familie aus dem Ruhrgebiet zur Suchaktion aufgerufen. »Die Nächte sind für uns die schlimmste Zeit«, sagt der Schwiegersohn. »Dann liegt man da, und kann nichts tun.«

Nachts ist die Gartenstraße ein Parkplatz. Bei Dunkelheit stehen die Autos in dicht geschlossener Reihe links und rechts der Fahrbahn. Alle paar Meter parkt ein Pkw in zweiter Reihe. Zu Messe-Zeiten werden die Autos noch ein bißchen enger zusammengestellt, und Anwohner, die spät abends mit ihrem Pkw einen Parkplatz suchen, kurven entnervt durch das Viertel. Vorteil der Fahrbahnverengung ist, daß Autofahrer, die gerne Tempo-30-Rekorde auf ihrer Durchfahrt von der Duisburger Straße über die Garten-, Feld- und Jägerhofstraße hin zur Stadtmitte brechen, wenigstens nachts dazu gezwungen werden, auf der Slalomstrecke den Fuß vom Gaspedal zu nehmen. Gegenverkehr! Quietschende Reifen! Nachtmusik für Anwohner.

Wenn eines der Autos von der Gartenstraße gestohlen wird, füllt die Polizei anstandslos ein Formular aus. Sie registriert den Diebstahl, die besonderen Kennzeichen, Hinweise von Zeugen, Umstände des Verschwindens – und der Wagen wird zur Fahndung ausgeschrieben. Für manche Vermißten, deren Angehörige beim Vermißtentelefon in der Gartenstraße Nummer 39 um Rat fragen, ist das keine Selbstverständlichkeit. Nach dem Gesetz kann jeder volljährige Bürger verschwinden, wann immer er will – nur wenn der Verdacht auf eine Gewalttat besteht, oder die vermißte Person in eine hilflose Lage geraten sein könnte, übernimmt die Polizei den Fall. Da fallen manche durch das Raster. Frau B. aus dem Ruhrgebiet ist seit zwei Tagen verschwunden. Erst heute hat die Polizei die Vermißte registriert. »Sie wird schon wiederkommen«, hören die Angehörigen auf der Polizeiwache. Routine-Floskeln.

Die Gartenstraße ist eine der reichsten Straßen Düsseldorfs. Hier gibt es Rechtsanwaltbüros, Werbeagenturen und Arztpraxen und zwei Hotels, eine Bank, eine Bausparkasse und Versicherungen. Das allein macht aus der Gartenstraße keine Schloßallee. Aber in dem unscheinbaren Gebäudekasten an der Ecke Kaiserstraße ist jeden Monat Zahltag für die meisten der knapp 600.000 Bürger der Stadt Düsseldorf und der 17 Millionen Einwohner NRWs. Da steht das Finanzamt Düsseldorf-Altstadt, und in seinem Rücken thront der Finanzminister des Landes NRW. Wenn es nicht den bargeldlosen Zahlungsverkehr gäbe, wäre der Tresor für die vielen Milliarden Mark, die hier jährlich eingenommen werden, sicherlich so groß wie die Gebäude der Kassierer.

Am Apparat des Vermißtentelefons ist der Schwiegersohn von Frau B. und berichtet von der Suchaktion. 100 Verwandte, Freunde, Fremde und Bekannte haben sich bei strömendem Regen auf die Vermißtensuche gemacht. Ausgestattet mit Karten und Anweisungen. Die lokalen und regionalen Zeitungen, Fernsehen und Hörfunk schickten Reporter, und auch der Hausarzt der Vermißten kam, um bei der Suche zu helfen. Nur die Polizei ließ sich nicht blicken. Vielleicht wurde ja in der Stadt von einem Politiker ein Denkmal eingeweiht, das es zu beschützen galt.

Die Gartenstraße macht gelegentlich auch Schlagzeilen. Die vorläufig letzten erschienen, als sich die Anwohner für die Beibehaltung der Einbahnstraßenregelung zwischen Feld- und Duisburger Straße einsetzten. Vergeblich. Die neue Regelung bringt nur Nachteile – mehr Verkehr, mehr Lärm, mehr Parkplatzsuche, mehr Raser. Die von der CDU und FDP regierte Bezirksvertretung 1 hatte nur eine halbjährige Testphase beschlossen, deren Prüfungskriterien streng geheimgehalten wurden. Böse Stimmen behaupten, daß das Straßenverkehrsamt gar nicht genau wußte, was es denn da getestet hat, und andere schwören den regierenden Parteien Rache bei der nächsten Wahl.

Der Schwiegersohn von Frau B. aus dem Ruhrgebiet meldet sich wieder beim Vermißtentelefon. Die Suche ist vorbei. Die Vermißte wurde gefunden. Spaziergänger entdeckten im Buschwerk erst ein Fahrrad. Dann fanden sie die völlig verängstigte und schwer verletzte Frau – sie war überfallen und vergewaltigt worden. Vor einer Woche.

Die Gartenstraße ist schön. Vor allem dort, wo ihr die Fremden nicht ins Dekolleté sehen können. Die Innenhöfe sind grün, mit Bäumen und Büschen bewachsen, und mancher Anwohner hat einen Garten angelegt und züchtet Rosen und Vergißmeinnicht. Am Kiosk um die Ecke, auf der Duisburger Straße, erfährt man, daß sich ein älterer Nachbar mit einem der Tretroller aus glänzendem Aluminium auf die Nase gelegt hat. Wenn man nachts im Hotel *Ufer* Zigaretten holt, bleibt man auf einen kurzen Plausch mit dem Nachtportier stehen. Der neue Besitzer des Hotel *Berial* ist wunderbar gastfreundlich, bittet Anwohner und Politiker beim Streit um die Aufhebung der Einbahnstraßen-Regelung zu Tisch und serviert Kaffee und Kuchen. Bei der schönen Bäckersfrau gibt es nicht nur belegte Brötchen, sondern auch die freundlichen Worte, die in den Supermärkten mit der Computerkasse endgültig ausgerottet wurden. Und gegenüber, im Lebensmittelgeschäft, findet jeder außer frischem Gemüse, Obst und Blumen noch Zeit für eine kleine Plauderei.

Tja, wenn auf der Gartenstraße jetzt nur noch ein bißchen mehr Garten und etwas weniger Asphalt wäre ...

KLAUS PFEFFER

Empfindsame, teils auch querliegende Gedanken eines kunstsinnigen Stadtwanderers

Diese Stadt läßt ihren Bewohner leben. Sie erschlägt ihn nicht, weder durch Dichte, Ausdehnung noch Monumentalität. Sie ist übersichtlich und öffnet sich immer wieder ins Freie. In vielfältigen Windungen durchzieht sie der Rhein. Waldhöhen säumen ihren Ostrand. Und überall lockern Grünräume das oft recht dicht bebaute Stadtgefüge auf. Düsseldorf läßt sich durchwandern. Hiervon ist im Folgenden die Rede.

Die meisten Städte identifizieren sich mit Wahrzeichen, die in die Höhe ragen, mit Domen, wie Köln, Schlössern, wie Heidelberg. Oder weltläufig und fortschrittsgläubig, mit Hochhäusern, von Kaarst bis Kuala Lumpur, von Holzheim bis Hongkong.

Es gibt aber auch Städte, deren Wahrzeichen nicht aufragen, sondern sich in die Fläche dehnen. Es sind die Festungsstädte und Planstädte aus Renaissance und Barockzeit oder die Gartenstädte.

Düsseldorf wurde das Glück zuteil, um 1800 aus einer Festungsstadt in eine unserer schönsten Gartenstädte verwandelt zu werden.

Der grüne Ring um Altstadt und Karlstadt, der bald darauf auch von außen durch klassizistische Vorstädte umgriffen wurde, entwickelte sich zur grünen Mitte, zu einem subtilen, verletzlichen Wahrzeichen. Nur in leiser Sprache redet es zu den Bewohnern dieser Stadt. Und stellt sie immer wieder vor die Wahl, wegzuhören oder zu lauschen. Als ständiger Bewohner der Innenstadt beobachte ich dieses Verhältnis stetig und bin nur froh, daß die grüne Mitte Düsseldorfs bis heute erhalten geblieben ist, wenn sie auch immer wieder gefährdet wird.

Diese abwechslungsreichen, durch Wiesen, Hügel, Alleen und Wasserflächen geprägten Grünanlagen wurden von geraden oder gekurvten Randstraßen, auch von einspringenden Plätzen eingefaßt. Weiße, meist dreistöckige Zeilen klassizistischer Wohnhäuser von drei oder vier Fensterachsen bildeten ihren Saum. Die geschlossene Bauweise herrschte vor. Im Inneren der Blöcke hatte jedes Haus seinen ummauerten Garten. Bis spät ins 19. Jahrhundert vermochte das klassizistische Düsseldorf dieser guten nordwesteuropäischen Städtebau-Tradition hoher Dichte bei geringer Stockwerkszahl noch zu folgen. Low rise – high density, so sagt der Engländer.

Diese vornehme, gesammelte Atmosphäre prägte Düsseldorf noch bis in die Zeit der Fliegerangriffe, dessen kann ich mich noch gut entsinnen. Aber auch dessen, daß bis dahin das Stadtbild vielfach durch einen schrillen Gegensatz geprägt war: Der subtile Maßstab der klassizistischen oder auch älteren Bebauung wurde oft genug durch prunkvoll auftrumpfende, beträchtlich höhere Geschäftshäuser des späten 19. Jahrhunderts gestört. Dagegen waren moderne Bauten der Zwischenkriegszeit im Stadtinneren so selten, daß sie mit ihren glatten Fassaden auffielen.

Überragt wird die ganze Stadt vom Höhenzug des Grafenberger Waldes. Vom Dach des Marienhospitals aus konnte ich ihn sehen, auch von der Rheinbrücke aus. Viele Kirchtürme bestimmten das Bild. Die meisten waren im späten 19. Jahrhundert erbaut, fast so viele neuromanische wie neugotische, die Mehrzahl in Werkstein, verschiedene in Backstein, eine Anzahl Turmpaare. Buchstäblich singulär war das Hochhaus. Es war das Wilhelm-Marx-Haus mit seiner allabendlich mystisch empordämmernden Waschmittel-Reklame. Außer diesen Turmbauten schoben sich aus den vom Nordosten bis zum Süden der Stadtperipherie gelegenen Industriewerken dichte Gruppen roter Kamine vor die blaugrüne Waldkulisse.

Nur wenige Schritte außerhalb des stadtprägenden Grünringes, im nordöstlichen Außenwinkel des Hofgartens, habe ich meine Kindheit verbracht und wohne seither fast ununterbrochen hier, wo ich alle Ziele der Innenstadt und auch meinen Arbeitsplatz, die Fachhochschule, zu Fuß erreichen kann. Und wohin ich als Kind und als Erwachsener immer wieder gerne zurückgekehrt bin. Wir bewohnten ein typisches klassizistisches Stadthaus. Wie gern spielte ich in seinem ummauerten Garten! Vögel zwitscherten, Glocken klangen. Aber übers Dach dröhnten auch Pauken, Trompeten und Marschtritt. Das war die neue Zeit, in die man nun singend marschieren wollte.

Meine Eltern bekamen viel Besuch von Verwandten und Bekannten, die uns Kinder auch öfters beschenkten. Eine zu exaltiertem Jubel neigende Patientin meines Vaters versetzte den damals noch sehr jungen Verfasser dieser Zeilen in die Rolle des erwartungsvoll beobachteten Schenknehmers einer Truppe feldgrauer Bleisoldaten, deren Anführer, genauer gesagt Führer, jedoch an Stelle des gleichfarbigen Ehrenkleides eine gelbbraune Uniform trug und sich zusätzlich durch einen schwenkbaren rechten Arm auszeichnete. Aber wie so vieles Spielzeug, so ging auch diese ominöse Erwerbung in meinen Händen recht bald den Weg allen Spielzeuges.

Viele Spaziergänge führten mich zu allen Jahreszeiten in den so wunderbar abwechslungsreichen Hofgarten. Manchmal ging es auch weiter in die Stadt, wo Kleidung oder Schuhe gekauft werden mußten. In ihrem Gedränge fühlte ich mich nicht wohl. Oder aber zum Rhein, wo unter weitem Himmel vielfältige Schiffe fuhren. Zuweilen ging es auch über die Rheinbrücke, entlang an den Stäben ihrer beiden gewaltigen stählernen Bögen nach Oberkassel, um dort die Großtante zu besuchen. Auf der Brücke und am linken

Rheinufer entfaltete sich die Gesamtansicht der Stadt mit ihren Türmen und Schloten vor der blauen Waldkulisse.

Oder wir Kinder wurden zum Graf-Adolf-Platz geführt, der damals allerdings seinen Namen in den eines anderen Adolf, keines Grafen, sondern eines Gefreiten, permutiert hatte, wo unter stockwerkshohen Kübelpalmen markige Platzkonzerte erschollen.

Alle diese Ziele ließen sich gut zu Fuß erreichen, so auch die Wirkungsstätte meines Vaters, das in sandig gelbem Backstein um einen barock anmutenden Vorhof, jedoch mit neugotischen Formen gebaute Marienhospital.

Schon als Kind war ich ein Stadtwanderer. Und alle diese meine Wege führten mich zurück in mein schönes, kultiviertes Elternhaus. Hier und im umschlossenen Garten wuchs ich auf und fühlte mich geborgen.

Nun aber nahm mich ein anderer geschlossener Hofraum in seine Obhut, alle meine Kinderträume in sich aufsaugend: Mit königlicher Geste umfing mich Hinterhof-Versailles. Das war die Franklinschule. Die Frage, wie königlich sich hier der ABC-Schütze fühlte, steht hier ebenso wenig in Rede wie die, ob dessen eben genannte Kinderträume Wunschträume seien oder Alpträume.

Über graublauem Basaltlava-Sockel umschloß perfekter dunkelroter Ziegelbau rhythmisch gegliederte Klassenfenstergruppen in drei hohen Stockwerken. Diese Cour d'honneur, dieser Huldigungshof also – die hierfür gebräuchliche Eindeutschung »Ehrenhof« ist ja in Düsseldorf schon anderweitig besetzt – war nicht nur Schauplatz befreienden Pausenlärmes. Vielmehr wurde hier auch gehuldigt. Aus aberhunderten junger Kehlen drangen Volkslieder empor. Im aktuellen Lexikon schloß der Artikel, der das Schlagwort Volkslied erklärte, mit dem lapidaren Satz: *Die Lieder der Bewegung sind jetzt Volkslieder geworden.*

Mit deren frohem Schall schwang sich auch stets das Banner des tausendjährigen Jahrzwölftes zum Gipfel des Fahnenmastes empor. Zu diesem Liedgut gesellten sich nach dem zweiten Sommer aus gegebenem Anlaß auch Todesjubellieder und Jägerchöre, die zu fröhlicher Feindfahrt aufriefen.

Daß Lehrjahre keine Herrenjahre sind, bekam der zu künftigem Herrenmenschentum zu erziehende kleine Garant einer großen Zukunft durchaus zu spüren. Seine Erziehung steuerte geradewegs ihrem krönenden Gipfel entgegen, der Formung des deutschen Mannes durch den Dienst in der Wehrmacht. Dabei wurde dem Drittklässler aber auch die erste Begegnung mit dem später so hoch geschätzten Robert Schumann durch sein possierlich-skurriles »Soldatenlied« zuteil: Ein scheckiges Pferd / Und ein blankes Gewehr / Ein hölzernes Schwert / Ja, was will man noch mehr? // ... Dann wird exerziert / Von mittags bis spat / Bis der Schlaf kommandiert: / Zu Bett, Kamerad!

281

Das wurde nicht nur gesungen, sondern auch getan. Eben durchexerziert. Gerade auch hierfür bot der feierliche Schulhof den würdigen Rahmen. Seine Mauern widerhallten nicht nur zackige Kommandos, sondern auch Anfeuerungsrufe wie »Ihr Hornochsen! Hammelherde! Himmelschockschwerbrettnochmal!«

Zur Stärkung der Gemeinschaft und zur Ergänzung des heimatkundlichen Anschauungsunterrichtes gehörten auch Wandertage, auf die wir uns natürlich freuten. Aber zuerst wurde exerziert. Es gab jedoch auch Wandertage, an denen die Kolonne, trotz der eben genannten Anfeuerungsrufe, nicht spurte. Statt Ausrückens zur Wanderung gab es dann Schleifdienst bis zum mittäglichen Ende. Auf dem militärischen Erziehungsgipfel hieß es: Entweder ihr spurt, oder ihr zerbrecht! Nun, dies war ein Vorgeschmack für Achtjährige.

Zur Zeit der martialischen Jägerchöre und Todesjubellieder gab es auch Nachmittagsunterricht. Die Abschlußzeilen des Schumann-Opusculums: *... bis der Schlaf kommandiert: Zu Bett, Kamerad!* bekam dadurch beklemmende Aktualität. Nicht nur Hornochse war man, sondern auch Schlafmütze. Vor allem, wenn die Nachmittagssonne auf den Klassenfenstern stand. Dann schnarrte das Kommando: »Rauskommen!« Die etwa sechzig Schüler scharten sich stehend um das Lehrerpult zum Kopfrechnen. Unsere Antworten wurden nicht nur als richtig oder falsch bestätigt, sondern auch mit würzigen Kommentaren versehen. So kam keine Langeweile auf.

Alles hier war kernig, herzhaft, echt, deutsch. Jede Frage hatte ihre Antwort. Und nach Fraglichem wagte keiner zu fragen. Nein, die rheinische Liebenswürdigkeit wohnte allen reich facettierten Nazi-Aktivitäten der Gauhauptstadt Düsseldorf stets inne.

Koedukation gab es nicht. Als ein Jahr später meine Schwester eingeschult wurde, traf ich mich einmal mit ihr während der Pause am besagten Fahnenmast, dem Mittelpunkt des Schulhofes. »Den Fahnenmast spalten wir jetzt entzwei, damit sich hier nicht immer die Jungs mit den Mädels treffen!« tönte es, mag ich auch gar eingewendet haben, es handele sich um meine Schwester. Ging ich mit ihr zusammen nach Hause – ich wählte dazu gern den gegenüberliegenden Bürgersteig –, so tönte der Sprechchor herüber: Dem Peffer seine Frau / Hat Augen wie Kakau, / Hat Beene wie 'ne Leberwurscht, / Dat weiß isch janz jenau.

Und es gehörte dazu, daß es in der Winterzeit auf dem Heimweg von der Schule schon dämmerte. Dabei stieß ich mir einmal gehörig den Kopf an einem Briefkasten. Um so froher war ich, wenn ich zu Hause war.

Und froh war ich auch, als ich das mir an diesem Orte bevorstehende vierte Schuljahr überspringen durfte und ins Hindenburg-Gymnasium an der Klosterstraße aufgenommen wurde. Hier fühlte ich mich als lernwilliger junger Mensch angenommen und gut aufgehoben.

Die Umgebung trug das Ihre zum Wohlbefinden des Gymnasiasten bei. Verschiedenartige Bäume beschatteten den weiten Schulhof. Unser Biologielehrer zeigte uns hier die verschiedenen Baumarten. Von ihnen ist nur noch eine Gruppe Platanen übrig geblieben, in deren Schatten sich heute lässig ein abstraktes Metallröhren-Liebespaar räkelt. Das Schulhaus war ein weißer, großzügiger Bau in edlen klassizistischen Formen: Auch Düsseldorf hatte seinen Martin Gropius-Bau. Hier stand er. Auf dem Umkehrpodest der Haupttreppe, die zur prächtig ausgemalten Aula führte, war die Gedenktafel für die Gefallenen jetzt wieder ins schmerzliche Bewußtsein vorgedrungen. Im Spätsommer ließ der stellvertretende Direktor die Schüler hierfür um Blumenschmuck bitten. Stolz brachte ich ihm einen Strauß Gladiolen, die meine Mutter unserem schönen Garten, wohl nicht ganz leichten Herzens, entrungen hat. Im zweiten Spätsommer meiner Gymnasialzeit begannen die Fliegerangriffe. Ich kam nach Mitteldeutschland.

Drei Jahre später, zur Sommersonnenwende 1945, sah ich meine Heimatstadt wieder. An einem nebligen Morgen zogen wir den Bollerwagen, mit dem wir vor den Russen geflohen waren, durch die zertrümmerte Stadt.

Das Leben ging weiter, trotz Trümmern. Die poetische Stadtatmosphäre des 19. Jahrhunderts war nur noch in den Ruinen zu spüren, die nun nach und nach, Grundstück um Grundstück, durch schmucklose Neubauten ersetzt wurden. Es ging nicht nur um das Überleben, es ging auch um Überwindung des ungeliebten Erbes der Vätergeneration durch die damals wirkende Generation. Dies sieht man vor allem an ihrem Umgang mit dem reichen Erbe an öffentlichen Bauten des 19. Jahrhunderts, das damals weder kunsthistorisch gewertet noch denkmalpflegerisch betreut wurde.

Ich war froh, den Rhein wiederzusehen, den Hofgarten und die wenigstens teilweise erhaltene Altstadt. Und auch darüber, daß sich meines Zeichentalentes der Maler Richard Gessner annahm. Als Schüler und als Architekturstudent durchstreifte ich die Stadt immer wieder mit dem Malblock. Diese meine Blätter aus der Zeit des Wiederaufbaues sind im Jahre 1972 im Stadtmuseum ausgestellt worden.

Aber auch die Diskussion um die Stadtplanung verfolgte ich schon als Gymnasiast. Bald nach dem Kriege leuchtete kurze Zeit die hinreißende Idee auf, vom Hofgarten zum Grafenberg und vom Ständehaus zur Flora Grünzüge längs der Düsselläufe durch die dicht bebaute Innenstadt zu führen.

Dann aber ertönte das Zauberwort Verkehr. Gemeint war der Autoverkehr. Betreten blickte der Unterprimaner auf ein Stadtmodell, das sich zu Seiten einer gewaltigen Nord-Süd-Schneise anordnete, von der sich im Gelände des Hofgartens je eine Fahrbahn nach Südosten und nach Südwesten im spitzen Winkel verzweigte. Vergebens suchte er nach Hofgärtnerhaus, Rundem Weiher und Johanneskirche. Ganz so weit kam es nicht. Diese drei Wahrzeichen wurden dann nicht beseitigt, nur dicht gestreift.

Später kam eine Hochstraße ins Spiel. Wie in Amerika! So jubelten die aller provinziellen Fesseln überdrüssigen Düsseldorfer. Mochte man dort drüben auch damals schon vorhandener *Flyovers* oder *Elevated* überdrüssig sein, so wollte man hier nur ja nicht den Anschluß verpassen! Mit zaghafter Bewunderung kündete die Presse das Kommen des Tatzelwurms an. Und erwartungsvoll blickte man dem Bau des zugesagten Tausendfüßlers entgegen. Diese einschneidende Maßnahme vollzog sich aber gerade im sensibelsten Punkt der grünen Mitte Düsseldorfs, am Übergang des alten Hofgartens in den jüngeren Teil. Gerade die im Viertelkreis, in der Art eines englischen Crescent die Außenseite des damals viel größeren Landskronen-Weihers begleitende Hofgartenstraße bot ein unvergleichlich schönes Bild.

Als junger Architekt erlaubte ich mir, diese Aktivitäten, abseits allen einhellig zur Schau getragenen automobilistischen Fortschrittsglaubens, mit Bedauern und Sorge zu sehen. Arbeitete ich doch gerade jetzt an meiner Dissertation über den Spätklassizismus in Düsseldorf. Da griff ich zum Stift und zeichnete die Karikatur: »Achtung – der Tatzelwurm kommt!« Ein tausendfüßiger Tatzelwurm durchstampft, triumphierend aufgereckten Halses einen großen Baum quer im Maule tragend, zwischen fortflatternden Enten und Schwänen den Hofgarten. Die Zeitung druckte sie.

Und ich nahm auch im nebligen Spätwinter 1961 an der ersten Düsseldorfer Bürgerdemonstration teil, die sich erfolgreich gegen das Zuschütten des südlichen Armes der Landskrone wandte, unterstützt von unserem im Schmucke einer prächtigen roten Halsschleife prangenden Dackel.

Mit und ohne Dackel wanderte ich immer wieder nachdenklich durch die Stadt, durch ihr Grün und auch durch die Altstadt. Freudig erspähte ich 1960 oben auf der seit anderthalb Jahrhunderten verbauten Kreuzherrenkirche Zimmerleute, die ihren steilen Dachstuhl wiedererrichteten. Aber in die Freude über die fortschreitende Wiederherstellung dieses schönen gotischen Raumes mischten sich Gefühle anderer Art beim Blick auf die gegenüberliegende Reihe lebendiger und vielfältiger Altstadthäuser, die ebenso zügig dem preisgekrönten Wettbewerbsprojekt für die Erweiterung der Justizbauten wich. Verstohlen lugt aus dem Innenhof dieses Baukomplexes ein Hochhaus hervor, das jetzt von Osten her den Blick auf den Lambertusturm verdeckt. Und der vorbeiwandernde, über den Denkmalschutz von Bauensembles nachdenkende Steuerzahler denkt an den Kernspruch: Wer das Kreuz in der Hand hat, der segnet sich zuerst! Hier hat er sich in seiner juridischen Facette bewährt.

Bei meinen Stadtwanderungen nahm ich auch immer wieder bekümmert die Konsequenz zur Kenntnis, mit der man auch nach dem Kriege die einst in ihrer klassischen Dreistöckigkeit so harmonischen Platzwände des Karlplatzes unbeirrt weiter aufzonte. Der damals so sorgfältig rekonstruierte Dachumriß der Maxkirche kann nun nicht mehr, wie noch zur Jugendzeit meiner an diesem Platz geborenen Großmutter, auf diesen noblen, spätbarocken Platz einwirken, der durch diese fatale, fast rundum vollstreckte Aufzonung seinen Charakter als Mittelpunkt der streng-schönen Karlstadt eingebüßt hat. Im Jubiläumsjahr des Kurfürsten Karl Theodor, des Spiritus Rector dieses städtebaulichen Gesamtkunstwerkes, mundet diese Feststellung besonders bitter. Und schwer wiegt auch das Versäumnis, die Karlstadt mit Hilfe einer Denkmalbereichssatzung rechtzeitig unter erhöhten Schutz zu stellen.

Auf meinen Wegen durch den Hofgarten in die Altstadt konnte ich die gleiche unerbittliche Aufzonungs-Konsequenz zur Kenntnis nehmen. Ihr Gegenstand ist die ebenso sensible Heinrich-Heine-Allee. Gerade ihr nördliches Stück bildete ja die Ostkante der von ihren Türmen überragten Altstadt gegen die offene Gartenstadt-Mitte.

Das Ingenium barocker und romantischer Gartenkunst hatte die vom Schloß Jägerhof gegen Westen führende Blickachse über Reitallee, Runden Weiher und Goldene Brücke, schräg über die Dächer der Allee-Bebauung hinweg auf die Längsseite der kurfürstlichen Hof- und Jesuitenkirche St. Andreas geschaffen. Aber in den 1950er Jahren wurde auch diese Ecke der Allee zum Grabbeplatz hin in zwei Bauabschnitten aufgezont. Die so beglückende Ausstrahlung des reichen Umrisses dieser frühbarocken Kirche mit Turmpaar, Chorkuppel und Mausoleum auf Platz und Hofgartenlandschaft wurde empfindlich gestört. Selbst der Blinde kann es merken, wenn der Glockenklang an der Häuserzeile abprallt.

Und immer wieder lockt die Altstadt den Stadtwanderer. Mag ihr verhältnismäßig klares, übersichtliches Straßennetz sich auch nicht, wie in Bonn, Mainz, Soest, Bremen oder Lüttich, auf leere Plätze öffnen, die den Namen untergegangener Kirchen tragen. St. Lambertus war die *Groote Kerk*, Stiftskirche und einzige Pfarrkirche. Sie blieb glücklicherweise erhalten, wie auch die nach 1804 zu Pfarrkirchen erhobenen nachmittelalterlichen Klosterkirchen.

Aber auch Düsseldorf trägt sehr schwer an einem leeren Platz besonderer Art: Es ist der Burgplatz, wo bis spät ins 19. Jahrhundert das Residenzschloß der Grafen, Herzöge und Kurfürsten stand, das sich aus einer Wasserburg in der Düsselmündung zu einem Mittelpunkt der Stadt und der niederrheinischen Lande entwickelte. In Renaissance und Barock durchlebte es bedeutende Blütezeiten. Dem 1794 beschädigten Bau gab der Klassizismus des 19. Jahrhunderts noch einmal eine reizvolle Gestalt. Als aber das Schloß 1872 wieder brannte, war man inzwischen leichtherzig bereit, seine Ruinen unauffällig zu beseitigen. Nur der seitdem um so lauter besungene Alte Schloßturm blieb erhalten. Verloren steht er vor einer ebenso zufällig erhaltenen, überhohen wilhelminischen Häuserzeile. Beim Bau des Rheinufertunnels sah ich noch, wie die Bagger die Grundfesten der einst so kraftvoll gegen den Rhein vorspringenden Nordwestecke des Schlosses abrissen. Nachdem Uferpromenade und Burgplatz ihre heutige Gestalt angenommen hatten, teilte das Amtsblatt die tröstliche Nachricht mit, daß die verbliebenen Fundamente des Düsseldorfer Schlosses nunmehr als Bodendenkmal unter Schutz gestellt seien. Vielleicht gelingt es einer späteren Generation einmal, dieses Fundamentdenkmal in der Fläche des Burgplatzes sichtbar werden zu lassen.

Nun, dies sind Gedanken eines häufig seine Stadt durchwandernden Menschen, der bei den Architekturstudenten der Fachhochschule Baugeschichte und Denkmalpflege lehrt. Und dem im Laufe vieler Lehrjahre immer stärker bewußt wurde, wie vielfältig unsere unersetzlichen Baudenkmäler bedroht sind, wie schwer Verluste wiegen und wie wichtig es ist, wachsam zu sein.

Ein anders Flächen-Wahrzeichen dieser Stadt, kein künstlich geschaffenes, sondern ein von der Natur geschenktes ist der vielfältig geschlungene Verlauf des Rheines in ihrem Gebiet. Schon jahrelang suchte ich immer wieder verschiedene, dabei auch abgelegene, verträumte Uferstellen auf, um dort zu malen. Allmählich schälte sich der zusammenhängende Bildbericht über eine große Düsseldorfer Uferwanderung heraus. Und ich faßte diese Bildserie mit ihren vielen faszinierenden Gegensätzen und Widersprüchen in einem illustrierten Buch zusammen, das 1992 unter dem Titel *Eine Stadt am Rhein – Düsseldorf* erschien. 1994 wurde diese Bildserie im Stadtmuseum ausgestellt.

In jener Zeit hatte Düsseldorf die ebenso kühne wie glückliche Entscheidung getroffen, den starken Verkehr der Rheinuferstraße einem Tunnel anzuvertrauen, um die Altstadt mit dem Rheinufer wieder zu verbinden. Ähnlich glücklich fügte sich damals auch der Bau der Fußgängerbrücke über die Hafenmündung, die eine empfindliche Lücke im Wanderwegenetz der Stadt schloß.

Von meiner Wohnumgebung aus konnte ich immer schon in wenigen Minuten den Hofgarten erreichen, um mich dort aufzuhalten oder ihn zu durchqueren, zur Innenstadt, zur Altstadt oder zum Rhein hin. Und wenn ich jetzt das Rheinufer erreicht habe, stehe ich vor der reizvollen Wahl, beliebig weit rheinab oder rheinauf zu wandern. Und die westwärts wandernde Sonne spiegelt sich im Rhein, dessen Wasser in den letzten Jahren grüner und klarer geworden ist. Rheinauf lockt die lebendige neue Uferpromenade längs der Altstadt zur Vielfalt des Hafens. Rheinab kann ich zu Häupten der großen Ufermauer durch den Rheinpark gehen oder zu deren Füßen über den von Bootshäusern gesäumten unteren Uferweg, immer die offene Landschaft vor Augen. Besonders gerne biege ich auch in den alten Golzheimer Friedhof ein, dessen gesammelte Stille in reizvollem Kontrast zur lebhaften Uferlandschaft steht.

Oder ich kann über die nahe Oberkasseler Brücke zum linken Ufer streben, um dort den weiteren Weg stromauf oder stromab zu wählen. Aus der engen Kurve der platanengesäumten Oberkasseler Uferallee öffnet sich der Blick auf die Innenstadt mit ihren vielfältigen Türmen und den Hochhäusern, in deren Glasfassaden sich der Himmel spiegelt. Hinzu kommt die straffe Eleganz der drei großen Schrägseilbrücken. In der reizvollen Spannung aus gleichem Konstruktionsprinzip und verschiedener Anordnung bilden sie tatsächlich eine Brückenfamilie. Für den Rückweg bietet sich also eine der beiden anderen Brücken an.

Den Hintergrund des Rheinparks bildet das zu Anfang des 20. Jahrhunderts zum Teil sehr kompakt mit vielen interessanten Beispielen der frühen Moderne bebaute Viertel um den Golzheimer Platz. Dahinter, östlich der Kaiserswerther Straße, lagen noch zu meiner Jugendzeit weiträumige Laubenkolonien, bis die Stadtplanung der 1960er Jahre dieses Gelände in große Parzellen teilte für Verwaltungsbauten, Hotels und für die Staatliche Ingenieurschule, die seit 1972 den Kernbereich der neugebildeten Fachhochschule darstellt. Und hier, im Fachbereich Architektur, lehre ich seit bald 28 Jahren Baugeschichte, Denkmalpflege und Freihandzeichnen.

Und hat der hier beschriebene, die Stadt so stetig und bewußt bewohnende Bürger gar noch Wünsche zu äußern? Ja, er hat. Nach einem halben Jahrhundert Dynamisierung dieser Stadt zu Lasten ihrer Ruhe sähe er gern einige Schritte zurück, zu innerstädtischer Ruhe. Zu einer Stadt, die nicht nur vom Durchgangsverkehr durchstürmt, vom Weltluftverkehr überflogen und vom Berufsverkehr bependelt wird. Gerade den Innenstadtquartieren wünsche ich wieder mehr Bewohner.

Ich wünsche mir wirksamen Nachdruck bei den Programmen zum Schließen von Baulücken und zur Begrünung von Innenhöfen, samt Flachdächern. Und Stadträume, die nicht nur Autos zum Verweilen einladen, sondern auch lebendige Menschen. Nicht nur Leute, die frühmorgens oder spätabends, gesammelten Blickes Schlüssel suchend, in schräger Richtung über den Bürgersteig ein kürzest mögliches Wegstück zwischen Autotür und Haustür – oder umgekehrt – durcheilen. Sondern auch Menschen, die der Länge nach, gelassenen Schrittes, die Straßen durchwandern, zur Arbeit, zur Schule, zum Einkauf oder in die Freizeit. Mütter mit Kinderwagen. Spielende Kinder. Angler an Rhein und Düssel.

Ja, die Düssel! Mag sie auch zwei der drei Silben dieses kontra-signifikanten Ortsnamens ausfüllen, so fließt sie hier doch leider weniger durch das Bewußtsein der Stadtbewohner, als durch dunkle Röhren. Immer schon hat mich diese Tatsache bekümmert. Und selten haben mich in letzter Zeit Nachrichten mehr erfreut als die von den freigelegten Düsselläufen an der Yorckstraße und Eulerstraße.

Städte wie Berlin – mit seiner Panke, Leipzig – mit den Stadtbächen der Pleiße –, oder Hamburg – mit der oberen Alster – sollten uns zu einem Düssel-Programm ermuntern, mag es auch langfristig sein. Zu guter Planung gehört nun einmal auch Zielbewußtsein! Denn die weite Ebene, die heute von der Großstadt Düsseldorf überbaut ist, wird gegliedert und belebt von den beiden Düssel-Läufen. Nur, wer merkt es?

Auch die schönen Kanal-Alleen, die das späte 19. Jahrhundert einem jeden der beiden Düssel-Arme schenkte, haben wir ja weitgehend dem so vitalen Parkbedürfnis unserer Autosportler preisgegeben, teils durch Beparken der Uferwege, teils auch, wie in der südlichen Prinz-Georg-Straße, durch Verschütten der Düssel zwecks Gewinnung eines Mittel-Parkstreifens in der Art des viel bewunderten Berliner Kurfürstendammes.

Jedoch gerade hier, nördlich des Jägerhofes und im Gelände südwestlich des Ständehauses sehe ich, wenigstens auf mittlere oder längere Sicht, Möglichkeiten, die Düssel weiter freizulegen und ihre Uferwege zu Ansätzen radialer, vom historischen Gartenring ausgehender Stadtwanderwege zu machen.

Haben wir nicht für die Bundesgartenschau 1987 mit intelligent eingesetzten Mitteln das dicht bebaute Oberbilk mit dem Volksgarten verbunden? Und können wir nicht auch heute in diesem Sinne weiter wirken, vielleicht nur in kleinen Etappen, aber ähnlich zielbewußt?

Ruhige, von Grün und auch vom Wasser begleitete Stadtwanderwege könnten vielleicht manchem besonnenen Autofahrer der zweiten oder dritten Generation wieder die Einsicht näherbringen, daß der Mensch nicht nur über vier Räder verfügt, sondern auch über zwei Beine. Und die Gabe des aufrechten Ganges befähigt den Menschen auch, gewisse Entfernungen zu Fuß zu bewältigen, ohne dabei zusammenzubrechen.

Schon seit längerem bestätigen Städteplaner den Kernsatz: Der beste Verkehr ist der, welcher gar nicht erst aufkommt. In das vielfältige Stadtgeflecht kalkulieren sie zunehmend auch die fußläufige Verbindung ein.

Und wie viel schöner ist zu jeder Jahreszeit der innerstädtische Fußweg im Schatten von Bäumen! Wie viele Härten im spröden Düsseldorfer Nachkriegs-Stadtbild sind seit zwanzig Jahren durch neu gepflanzte Straßenbäume gemildert worden! Deshalb wünsche ich auch dem Düsseldorfer Straßenbaum-Programm Ausdauer und Zielbewußtsein.

Mögen diese Wünsche auch eher unspektakuläre Dinge umkreisen, so messe ich ihnen aber dennoch große Bedeutung zu. Denn eine Stadt soll ja nicht nur beeindrucken, sondern auch zum Durchwandern und zum Verweilen einladen.

OLAF CLESS
Der Streetworker vom Dreieck

Warum das Dreieck Dreieck heißt, weiß ich nicht. Im Grunde handelt es sich dabei um eine schlichte Straßenkreuzung. Wohl grenzen an sie zwei Häuserblocks von dreieckigem Grundriß, doch das ist erstens nicht auf Anhieb erkennbar, zweitens nichts Besonderes. In einem Lexikon über »Düsseldorfs Straßen und ihre Benennungen« lese ich über das Dreieck: »Der Volksmund bezeichnete damit die dreieckige Ausweitung der Collenbachstraße von der Nordstraße aus bis zum Platz an der Kreuzkirche«. Ich kann mir diese »dreieckige Ausweitung« nicht so recht vorstellen. Aber was soll's – es gibt das Dreieck, jeder nennt es so, und die Straßenbahnhaltestelle trägt auch diesen Namen.

Es ist eine belebte Ecke mit viel Platz für die Fußgänger. Man wartet auf die Bahn, steigt ein, steigt aus, hält ein Schwätzchen, trinkt hier ein Bier, dort einen Eiskaffee, geht Geld abheben, bummelt, kauft ein. Zwei Kleine-Leute-Kaufhäuser liegen einander gegenüber, draußen werden Brot und Obst angeboten, es gibt den Metzger, die Apotheke, die Drogerie, und ein richtiges öffentliches Telefon steht all denen zur Verfügung, die noch immer nicht zur angeblichen Info-Elite gehören. Die Betriebsamkeit am Dreieck ist eine überschaubare, die Atmosphäre volkstümlich, stadtteilnah. Man kennt sich, zumindest: man sieht sich immer wieder.

Inmitten dieser kleinen Welt, wo der Alltag die Stadtteile Derendorf, Golzheim und Pempelfort unbekümmert um strenge Bezirksgrenzen vermischt, gibt es seit einigen Jahren einen heimlichen Fixpunkt. Manche Passanten registrieren ihn nur aus dem Augenwinkel. Andere steuern ihn gezielt an. Den Dritten fällt, wenn sie ihn sehen, auf geheimnisvolle Weise irgend etwas ein, was sie noch erledigen wollten, sinnierend bleiben sie stehen, um dann ihre Richtung zu ändern. Der Fixpunkt ist von durchaus unauffälliger Art. Einem, der hier bloß zufällig des Weges käme, bliebe er verborgen. Erst die sanfte Kraft der Gewohnheit, der Umstand, daß man ihn tagaus, tagein hier vorfindet – so daß man unwillkürlich stutzt, sollte er einmal nicht an seinem Platz sein –, macht den Fixpunkt zum Fixpunkt. Ich spreche von dem Mann, der neben Kaufhaus und Bäckerbude, vor einem stillen Hauseingang, die Straßenzeitung *fiftyfifty* anbietet.

Er tut dies stumm, einfach durch seine Anwesenheit. Der Stapel ruht auf seiner Hand, die Titelseite ist sichtbar. Der Mann macht keine Anstalten, die Kundschaft anzusprechen, zu umwerben, womöglich zu bedrängen. Er ist das personifizierte Gegenteil eines »aggressiven Verkäufers«. Nun könnte man annehmen, diese bescheidene Person, die dem Publikum noch nicht einmal mit Blicken zu nahe tritt, stünde auf verlorenem Posten. Doch da würde man sich sehr täuschen.

Rudolf D. wird seine Zeitungen los. Nicht gerade reißend, aber beständig. Im Lauf der Jahre hat er sich Vertrauen und treue Kundschaft erworben. Man kauft bei ihm nicht nur die Zeitung. Das ist schon beinahe Nebensache. Man wechselt ein paar Worte mit ihm, und oft auch mehr als nur ein paar. Man tauscht die neuesten Neuigkeiten rund um die Nordstraße aus. Nicht verzagen, Rudolf fragen! Er weiß viel, er hört viel und sieht viel. Man bedenke: Selbst der Sparkassenfilialleiter ist mit ihm per du. Als kürzlich das Kaufhaus nebenan den Besitzer wechselte und sich die Verkäuferinnen der Bäckerei schon Sorgen um ihren Arbeitsplatz machten, konnte Rudolf sie beruhigen: Er wußte vor ihnen, was der Konzern plante.

Rudolf ist eine feste Institution. Man vertraut ihm mal kurz sein Kind an. Man gibt ihm für ein Weilchen den Hund in Obhut. Man fragt ihn, wieviel Uhr es ist und wie das Wetter wird. Vor allem aber: Man fragt ihn um Rat, kommt zu ihm mit den eigenen Kümmernissen. Rudolf ist nicht einfach ein Zeitungsverkäufer – er ist Zuhörer, Aufmunterer, Berater, Seelsorger, Sozialarbeiter, Streetworker. Wie kaum ein Zweiter blickt er hinter die Kulissen der Normalität, bis hinein in Abgründe der Einsamkeit und Verzweiflung. Wenn er auf dieses Thema kommt, wird er sehr wortkarg. Von »Horrorgeschichten« spricht er dann ganz allgemein, die man unmöglich weitertragen könne. Allenfalls kommen noch ein paar Andeutungen über seine Lippen: über Eheleute, die seit Jahrzehnten kaum noch ein Wort miteinander wechseln, über kleine Pechvögel im Aktienfieber, über Selbstmordgefährdete.

Rudolf weiß, daß sein »Amt« gefährlich ist. Daß ihn viele Zeitgenossen nur als Mülleimer benutzen wollen. Daß ihn das Übermaß an Negativem selbst runterzuziehen droht. Daß viele Gespräche keine von Gleich zu Gleich sind. Daß sein eigenes Schicksal, seine eigenen Sorgen manchen gar nicht interessieren. Daß er nur für Andere da sein soll, statt er selbst zu sein. Also wehrt er sich auch gegen manche Zumutung und Zudringlichkeit. Fragt: »Sind Sie sicher, daß ich der Richtige bin, dem Sie das hier erzählen?« Und sollte dies noch nicht deutlich genug sein, so kann er auch deutlicher werden.

Daß ausgerechnet der *fiftyfifty*-Verkäufer Rudolf heute jemand ist, zu dem die »Mühsamen und Beladenen« des Stadtteils kommen, von dem sie ein aufmunterndes Wort, eine kleine Weisheit, eine Prise Durchhaltewillen mitnehmen, gehört zu jenen erstaunlichen und geradezu ironischen Wendungen, die die Dinge bisweilen nehmen. Denn dieser Mann schien bis vor wenigen Jahren noch selbst ein hoffnungsloser Fall. Er war ein Trunkenbold, dem die Bewohner der Nordstraße – die schon damals sein Revier war, freilich in einem anderen Sinne – abfällige oder mitleidige Blicke zuwarfen und manchmal auch etwas Kleingeld, das er umgehend in Bier und Schnaps anlegte. Wie hatte es so weit kommen können? Und wie ist er dem wieder entronnen?

Rudolf kommt 1956 in Düsseldorf als viertes von neun Geschwistern zur Welt. Die Schule macht ihm Spaß, er heimst eifrig Fleißkärtchen ein, in Englisch und Sport hat er eine Eins. Jahrelang ist er Klassensprecher, dann auch Schulsprecher. Er macht den Hauptschulabschluß und bewirbt sich bei der Polizei. Buchstäblich an der letzten Aufgabe der zweitägigen Prüfung im Präsidium scheitert er. Schade, dieser Beruf – »anderen Menschen helfen« – hätte ihm gelegen. Ersatzweise absolviert er eine Lehre als Dreher bei Mannesmann. In seinen heimlichen Träumen aber ist er Entwicklungshelfer, weit weg, am liebsten in Australien. Vielleicht, um sich aus der Freudlosigkeit des Elternhauses zu befreien? Sein Vater ist Trinker und tyrannisiert Frau und Kinder. Schlimme Szenen spielen sich ab. Sie, die Geschwister, müssen »alles mit ansehen«. Irgendwann schleppen die vier Ältesten die Mutter zum Scheidungsanwalt. Noch einmal dreht der Vater durch. Rudolf, sechzehn Jahre alt, muß ihn gewaltsam in Schach halten. Ihr erster Farbfernseher, gerade zwei Tage alt, geht zu Bruch ...

Die Bundeswehr holt Rudolf. Nach der Grundausbildung verpflichtet er sich für vier Jahre als Zeitsoldat. Er heiratet, wird Vater zweier Kinder. Arbeitet wieder bei Mannesmann, bis das Werk Mitte der 80er Jahre dicht macht. Bekommt einen neuen Job bei Klöckner. Seine Mutter ist inzwischen wieder – und endlich glücklich – verheiratet. Doch ihr Mann, ein Bruder ihres ersten, stirbt schon bald. Er ist immer Rudolfs Lieblingsonkel gewesen, geradezu sein Ersatzvater. Ein tüchtiger, lebensfroher Mensch, der es vom Großmarkt bis zu einer Tätigkeit im Kunstmuseum brachte. Sein Tod setzt Rudolf zu. Jetzt fängt er, ganz allmählich, an zu trinken. Die Mutter erkrankt an Krebs, es bleiben ihr nur wenige Jahre. Rudolfs Leben gerät außer Kontrolle. Der Alkohol macht ihn erst arbeitsunfähig, dann arbeitslos. Eine Therapie mißlingt: Seine Frau läßt sich genau zu dieser Zeit scheiden. Da kann er ja auch gleich weiter saufen, denkt er – und tut es. Jetzt lebt er auf der Straße. Verdingt sich bei einer brutalen Drückerkolonne. Flieht vor ihr, wandert zu Fuß von Bayern in die Heimat zurück. Schläft im Unterholz, in Parks, auf Spielplätzen. Man stiehlt ihm Portemonnaie, Papiere und den Führerschein Klasse 2, den er damals bei der Bundeswehr gemacht hat (was ihm die Polizei aber nicht glaubt). Er landet bei der Bahnhofsmission, dann in der Klosterstraße. Lernt andere Obdachlose kennen, erfährt, wo es Frühstück, warmes Essen und andere milde Gaben gibt. Im Caritasheim kommt er fast ins Lot, dank Arbeit in der dortigen Schreinerei und Cafeteria. »Baut« dann doch wieder einen Rückfall, kehrt dem Heim den Rücken, liegt abermals auf der Straße – meist in Derendorf, weil dort »die meisten Zigarettenkippen« herumliegen und außerdem »die Leute netter« sind.

Eines Tages kommt ein Kumpan mit der *fiftyfifty* an. Rudolf kennt die Zeitung, er kochte Bruder Matthäus und den anderen den Kaffee, wenn sie im Caritasheim das Projekt besprachen. Aber das Blatt selbst verkaufen? Sich offen zu erkennen geben? Eine schreckliche Vorstellung. Andererseits, er braucht Trinkgeld im wahrsten Sinne des Wortes. Mit einem einzigen Exemplar stellt er sich schließlich bei Aldi hin. Es ist ihm unendlich peinlich. »Hoffentlich spricht mich niemand an«, denkt er. Doch genau das geschieht. Es ist ein Frau. Sie kauft ihm das Heft ab. Bringt anschließend ein Stück Kuchen vorbei. Den ißt allerdings sein Kumpel auf.

Etwa ein Jahr später steht er wieder einmal am Dreieck. Es ist ein trüber Abend. Rudolf hat seit dem Morgen getrunken. Seine Augen sind feucht vom Wind. Erst nimmt er die junge Frau gar nicht wahr, die eine Zeitung von ihm will. Sie ist schwanger, die Hände liegen auf ihrem Bauch, sie lächelt ihn an, wartet gelassen, bis Bewegung in ihn kommt. Von diesem Moment an, sagt Rudolf, habe sich alles geändert. Da habe er sich vorgenommen, wieder Freude zu empfinden, und sei es nur einmal in seinem Leben. Er besitzt ein Foto von jener Frau und ihrer kleinen Tochter. Er hat es später einmal selbst knipsen dürfen, mit einer Kamera vom Trödelmarkt. Es hängt in seiner Wohnung, eingerahmt.

Noch hat er damals diese eigene Wohnung nicht. Aber eine Hausbesitzerin aus der Schwerinstraße meint es gut mit ihm und läßt ihn samt zweier Freunde unterm Dach einziehen. Eines Abends hocken die drei am Tisch und sagen: So geht es nicht weiter. Fest entschlossen begeben sie sich, es ist das Jahr 1998, für gut vier Monate zur Entgiftung nach Lintorf. Seither ist Rudolf trocken. Einer der beiden Anderen auch. Der Dritte betrank sich noch am Tag der Entlassung. Ihre Wohngemeinschaft gibt es nicht mehr. Seit letztem Frühjahr hat Rudolf eine eigene Wohnung. Zusammen mit seinem Wellensittich Tobi. Ein Traum ist für ihn wahr geworden. 40 Quadratmeter und ein Kohleofen.

Rudolf ist zufrieden, »jeden Tag«, wie er sagt. Glücklich ist er nicht. Dazu bleiben ihm zu viele unerfüllte Wünsche. Er würde gern einen sozialen Beruf ausüben, wo er »Menschen beraten und begleiten« kann. Er würde gern ab und zu seine Kinder sehen, jetzt, da er sich nicht mehr vor ihnen zu verstecken braucht. Er würde gern einen Menschen ins Herz und in die Arme schließen.

Das ist die Geschichte des Mannes mit dem Verkäuferausweis Nummer 085, der Tag für Tag, bei jedem Wetter, von morgens bis abends am Dreieck steht und die Obdachlosenzeitung anbietet. Es ist auch eine Geschichte über die Menschen um ihn her. Nachdem er mir alles erzählt hatte, sagte Rudolf: Aber die wirklichen Erinnerungen sind das, was man nicht sagt und sagen kann.

Seine Geschichte geht täglich weiter. Noch steht er an dem Punkt, den ihm die Menschen von der Nordstraße irgendwann einmal als den günstigsten zugewiesen, und erfüllt gewissenhaft die Aufgabe, die sie ihm übertragen haben: einfach da zu sein, zuzuhören, Seelen aufzuheitern. Doch eines Tages wird eine neue Aufgabe auf ihn warten. Die ihn kennen und mögen, ahnen das längst. Sie sagen: Wir werden dich vermissen.

WULF NOLL
Zwischen Pizza und Gyros: Rather Straße

Die Rather Straße im Norden Düsseldorfs ist literarisch noch unentdeckt. Sie durchzieht den Stadtteil Derendorf zwischen Münsterstraße und Heinrich-Ehrhardt-Straße, über die sie noch ein Stückchen hinausführt, um bei DaimlerChrysler in einem Industriegelände zu enden. Es ist keine lange Straße, man kann sie in einer Viertelstunde durchschreiten, doch aufmerksame Beobachter und Flaneure brauchen länger. Die Straße verfügt, wie andere auch, über Besonderheiten und über eine Geschichte, eine harmlose und eine weniger harmlose. Künstler arbeiten hier in ihren Ateliers, und Musikgruppen üben in Hallen und in Fabrikräumen, die auf weiträumigen Geländen an der Straße liegen. Zur Hälfte ist die Rather Straße eine Wohn- und zur Hälfte eine Industriestraße, an der sich stillgelegte, jetzt anderweitig genutzte Werke erstrecken. Man trifft auf Autohäuser, Werkstätten, Einrichtungshäuser für die Gastronomie und auf Fleischfabriken.

In der Nähe der belebten Münsterstraße befindet sich eine kleine, aber beliebte Pizzeria, die *Pizza da Anna*, wo eine dicke italienische Anna mit ihrem ebenso fülligen Sohn vorzügliche Nudeln und Pizzen serviert. Auf der Seite gegenüber, mit den ungeraden Nummern, versteckt sich die Diyanet Merkez Camii, die Islamische Moschee. Besonders am Freitag trifft man hier auf viele dunkelhaarige und bärtige Männer, auf »Graue Wölfe«, die ihr Türkischsein und ihre Religion eher hervorkehren als verstecken. Man spricht davon, daß die Moschee in die stillgelegten Gebäude des Bahnhofs Derendorf umziehen wird, weil die Räumlichkeiten in der Rather Straße zu klein geworden sind.

Auf derselben Seite folgt ein Laden *Internationale Lebensmittel*, und nach ein paar Schritten steht man vor Harrys Trinkhalle. Harry hat fast immer geöffnet, oft bis spät in die Nacht hinein. Bestimmt ist Harry der beliebteste, zumindest der gemütlichste Mann in der Rather Straße, der seit undenkbaren Zeiten diese Trinkhalle betreibt. Der chthonische Geist der Straße hat sich in ihm verkörpert, spricht aus ihm heraus. Harry ist der Kopf der Straße und hat für seine trinkseligen, schwadronierenden Kunden immer einige tröstende Worte parat. Apropos »international«; dieses Wort bezieht sich in der Rather Straße zumeist auf Türken und Griechen.

Auch der *Geisten Grill*, von dem man behauptet, daß aus ihm die besten Buletten der Stadt stammen, befindet sich in griechischer Hand. Die alten Griechen waren die Väter der europäischen Kultur, die neugriechischen

Nachfahren haben es mit Hähnchen, Haxen und Buletten zu tun. Ich weiß, man hält mich für unberechenbar. Aber warum? Weil die alten und neuen Griechen meinen Geist grillten! Sokrates, Platon, das hübsche Fräulein Simele und der Hausmeister Elas! Da stehe ich nun leicht umnebelt in Harrys Trinkhalle und stelle mir vor, wie der Geist aus der Geisten- in die Rather Straße gelangt.

Dem Grill gegenüber befindet sich eine Einfahrt zum Parkplatz von Schlösser Alt, einer alteingesessenen Brauerei, deren dominante Brautürme hoch über die Häuser hinausragen. Manchmal liegt der Geruch von erhitztem Getreidemalz über dem Viertel; ich mag den aromatischen Geruch, er ist meine Muse. Bald hinter der Einfahrt gelangt man an eine hohe Backsteinmauer, die sich zwei-, dreihundert Meter hinzieht und zu einem Eldorado für Graffiti, Werbeplakate und Inschriften geworden ist. Diese Mauer ist der Außenwall, hinter dem sich der Schlachthof vor den Blicken der Anwohner verbirgt.

Das Schlachthofgeschehen spielt sich in Hallen ab, nichts dringt nach außen – auch sollen die Tage des Schlachthofs gezählt sein, so daß man erwarten kann, daß der Schlachthof in absehbarer Zeit zu einer städtischen kulturellen Einrichtung wird. Frühmorgens jedoch, wenn man aus dem Haus geht und nach Brötchen verlangt, trifft man auf sie, auf Flaneure in weißen, blutbefleckten Kitteln, die aus dem Schlachthof kommen, um im kleinen Supermarkt mit dem schönen Namen *Himmelreich* etwas fürs Frühstück zu besorgen. Unter den »blutigen« Flaneuren befinden sich auffallend viele Schwarzafrikaner, kräftige, muskulöse Gestalten. Sie werden für ihre Arbeit gut bezahlt.

Früher standen Frau und Herr Himmelreich selber im Kramladen, waren sehr alt, behäbig und unbeweglich. Längst wurde der Laden renoviert, ist in griechischer Hand, doch die Schriftzüge Himmelreich befinden sich noch immer über dem Eingang. Ein weißer Pfeil an der Fensterfront und die Aufschrift *Restaurant – Taverne: Die 2 Griechen* weisen um die Ecke in die Spichernstraße, wo die beiden Griechen die *Euler-Stube* übernahmen. Die zwei Griechen sind ein großer Langer und ein kleiner Dicker. Der kleine Dicke steht meistens in der Taverne am Gyros-Grill; der große Lange im Laden an der Kasse.

Ich kehre zur backsteinfarbenen, großen Mauer zurück, die bemalt, beschrieben und mit Werbeplakaten überladen ist und beginne mit ihrer »Lektüre«, die an eine Wandzeitung denken läßt. Eine kleine bronzene Tafel löst einen Schock aus. Die Inschrift ist die folgende: »Dem Gedächtnis mehrerer Tausend jüdischer Mitbürger aus dem Niederrhein-Gebiet, die in den Jahren 1941 bis 1943 vom Schlachthof in Düsseldorf aus als Opfer des nationalsozialistischen Rassenwahns in die Konzentrationslager und damit in den Tod deportiert wurden.«

Da ist sie wieder, die üble deutsche Vergangenheit, die wahnsinnige Geschichte, mit der ich nichts zu tun habe, die aber über allen Deutschgeborenen lastet. Ich hätte sie vermutlich selbst nicht überlebt, diese Geschichte, wäre hoffentlich rechtzeitig außer Landes gegangen. Viele meiner Verwandten trugen diese seltenen Namen: Blumenstein, Goldberg, Mausehund ... waren aber seit undenkbaren Zeiten christlich und eingebürgert.

Ich weiß, die Rather Straße verunsichert meine Identität, wenn ich in ihr entlangflaniere, nicht jedoch, wenn ich sie normal begehe. Beim Flanieren, der Art und Weise des Gehens mit Tiefenstruktur, denke ich an die Uhlandstraße in Berlin. Es war ein »Zauberweg«. Und der Zauberer David, der mich auf seiner großen schwarzen Couch klassisch-freudianisch schweben und vom Zauberbaum in Buzancy träumen ließ, war ein Freund von Jacob Taubes und Gershom Sholem.

Doch die Rather Straße ist nicht die Uhlandstraße, und in der Spichernstraße gibt es keinen U-Bahnhof, der in den Untergrund führt. Ich will nicht abschweifen und setze die Lektüre der Schrift an der Mauer fort. Es sind viele Aufschriften, Liebeserklärungen, bunte Graffiti, Werbeplakate. Moplak-Werbung für Hugo Boss, die Bitte der Regierung, 100.000 Arbeitsplätze für junge Leute zu schaffen, es könnten mehr sein, Werbung für Käse: Rougette zergeht auf der Zunge, für Erdbeereis: Außen Unschuld – Innen Sünde, für Interkom, Telekom, Isis und für sonstige Anbieter.

Ein paar politische Aufschriften folgen, es sind weniger geworden, und dann: »Sandra, ich liebe dich!« Wer sie so liebt, ist Richard, der in hellblauen Lettern einen riesigen Liebesbrief auf die Mauer gepinselt und sich dabei sehr angestrengt haben muß: »Diese Wand kann nicht alle Worte fassen, um dir zu sagen, wie sehr ich deinen Charakter und deine Schönheit mag, wie sehr ich dich bewundere und deinem Wesen erlag. Die Frauen müssen dich beneiden, die Männer begehren, weil du so bist, wie du bist. Seit langem kann ich nicht richtig denken, schlafen, leben, ohne dich, denn zu sehr schrecke ich vor deiner Vollkommenheit zurück, um dir zu sagen: Sandra, ich liebe dich!«

Hat er es ihr nun gesagt oder hat er es ihr nicht gesagt? Vielleicht hat sie den Liebesbrief an der Wand gelesen, es sei denn, sie wohnt woanders. Über dem Schriftzug Richard steht jetzt »Vatos Locos«, das klingt wie »vergebliche Liebesmüh« oder wie der Name eines Griechen, der womöglich besser mit ihr zurechtgekommen ist.

Wenn ich so langsam bin, gelange ich nie bis ans Ende der Rather Straße. Ich setze mich in Bewegung, der notorische Fußgänger in mir wirft einen abfälligen Blick auf die Glasfront des Autohauses Adelbert Moll, hinter der die neuesten Modelle von Audi zu sehen sind. Gegenüber befindet sich die Einfahrt zu Wegusta, einer Firma für Apparatebau. Weder die *Rather Stube* mit ihrem Bingo-Spiel, noch die Automatenhalle *Spiel und Spaß* können mich aufhalten, wohl aber *Das weiße Haus*. Es steht auf der Höhe der Straßburger Straße auf dem Gelände von Rheinmetall, von der Rather Straße ein bißchen abgerückt.

Das weiße Haus bringt Licht in die Straße, ist ein alternatives Kulturzentrum, vielleicht der ehemaligen *Werkstatt* vergleichbar. Doch es setzt die Akzente anders, ist kommerzieller und modischer. Leute können sich hier für Castings herausputzen und sei es bloß zum Spaß für einen Tag: »Be a model ... for one day!« »Möchten Sie einmal den Glamour und das Gefühl eines Top-Models erleben? Die Möglichkeit bieten wir Ihnen jetzt. Unsere modebewußten und professionellen Visagisten, Stylisten und Fotografen, die für TV und Modezeitschriften arbeiten, können Ihnen diesen Traum erfüllen.«

Claire Fisher, eine Ex-Schönheitskönigin, Model und Schauspielerin aus Holland, inzwischen in die Jahre gekommen, betreibt das *Weiße Haus* und das dazugehörige *Café StarMakers*. Einige Nachwuchstalente, meint sie, habe man herausgebracht, beispielsweise in der Show von Esther Schweins. Darüber hinaus ist Madame Claire die Chefin einer Naturkosmetik-Kette, und mit dieser verdient sie das Geld, um ihren weißen Traum vom kreativen Haus zu verwirklichen.

Viel Musikszene ist dazugekommen; es gibt den *El Palacio de la Salsa* und *Palacio Caribe*, ansonsten Samba, Merengue, Bachata und Samba-Reggae, auch Hip-Hop Jam: »Lyroholica – out of order!« Lyroholica, ich habe etwas dazugelernt und weiß jetzt, wie ich die dichtungsbesessenen Freunde titulieren kann.

Ein geräumiger Wohnkomplex wurde erbaut mit ineinander verschachtelten Häusern, die nicht mehr nur funktionell sind und nicht bloß an ein »Krankenhaus« denken lassen. Auf dem Weg zur Heinrich-Ehrhardt-Straße, einer vielbefahrenen Umgehungsstraße und Verkehrsader, gelange ich, bevor ich an den Ort komme, den alle Autofahrer kennen, zum Veterinärsamt und zu den Werkstätten des Düsseldorfer Schauspielhauses. Vor langer Zeit fragte ich dort nach Requisiten für einen Auftritt der Aktionspoeten zum Thema »Das große D'dorf« nach und erhielt sie auch. Seitdem hält man mich nicht mehr für einen Düsseldorfer.

Der besagte wichtige Ort für die Gegner der Flaneure, die Autofahrer, ist die Kfz-Zulassungsstelle des Straßenverkehrsamtes. Die offizielle Anschrift ist die Heinrich-Ehrhardt-Straße, doch die Einfahrt, der Parkplatz und der größte Teil des Gebäudekomplexes befinden sich in der Rather Straße. Spät erst entdeckte ich, daß die Rather Straße über die Kreuzung zu Daimler-Chrysler führt und dort in dem Industriegelände einfach verschwindet. So ist sie, die Rather Straße, eine Straße die anonym wird und ins Nichts führt ...

Warum ich hier wohne? Jahrelang war ich woanders, brauchte einen Standort für Bücher, einen Stellplatz für den Computer. Zur Zeit wohne ich hier, es ist eng geworden, doch die Räume sind hoch und die Fenster riesig. Der Blick aus den Fenstern führt ins Freie, schweift über den Nordosten Düsseldorfs. Rechts ballen sich die Häuser an der Münsterstraße, welche in der Ferne der viereckige Turm der Franziskuskirche überragt. Im Vordergrund triumphieren die Türme der Brauerei, doch das neue Arag-Hochhaus stellt alles in den Schatten. Den Bahnhof Derendorf kann ich erspähen, die Bahngleise und die Häuser an der Liststraße. Bis nach Mörsenbroich blicke ich hin und in entgegengesetzter Richtung nach Rath, begrenzt wird der Blick nur von der grünen Linie des Grafenberger Waldes. Mit Einbruch der Dunkelheit beleben funkelnde Lichter die Silhouette der nordöstlichen Stadt.

Das Haus, in dem ich wohne, ist ein Haus mit vielen Parteien, der Name des Architekten ist angebracht: Phil Roos, Baujahr 1950-51. Im Erdgeschoß befindet sich eine Gaststätte: *Schlösser in Derendorf*, die ein kroatisches Ehepaar betreibt. Man wirbt mit gut bürgerlich; glücklicherweise gibt es hier keinen Schützenverein, Derendorf ist voll davon. Mehrmals im Jahr ziehen die Schützenvereine in langen Aufmärschen mit Tatarumtataa durch die Rather Straße: junge Leute, alte Leute, Greise und berittene Kolonnen. Verwundert reibt man sich die Augen; manchmal steht die Zeit seit Heine still mit dem ironischen Unterschied, daß jetzt viele Türken- und Griechenköpfe verwundert aus den Fenstern schauen.

Wenn man nach langer Zeit zurückkommt, dann haben sich die Namen der Leute verändert. Sie heißen nicht mehr Peters, Kiesow oder Korbmacher, sondern Dalkyriadis, Fountoglou, Kiziridis oder, besonders zungenbrecherisch, Triantafyllidou.

MARIANNE PERPEET

Der Golzheimer Friedhof – einst und jetzt

Er ist mein Lieblingsfriedhof, diese Oase der Stille, seine wohltuende Ruhe wird kaum vom vorbeiflutenden Lärm berührt, Büsche und Sträucher bilden einen natürlichen grünen Lärmschutz. Er ist für mich das schönste und idyllischste Fleckchen Düsseldorfs, und diese Meinung teile ich sicher mit vielen anderen seiner Besucher. Ich wohne ganz in seiner Nähe. Ich liebe seine alten verwitterten Grabsteine, von weichem Moos überzogen und von dunklem Efeu fest umschlungen. Aber dieses so romantische Efeu setzt sich an manchen Gräbern leider so zerstörerisch durch, daß es zum beschleunigten Verfall dieser unwiederbringlichen Steinzeugen einer vergangenen Zeit beiträgt und ihre Inschriften immer schwerer entzifferbar werden.

Ein wenig Père-Lachaise-Atmosphäre ist spürbar, natürlich nur »petit«, und »Petit Paris« nannte einst Kaiser Napoleon bei seinem Besuch am 2. November 1811 unsere kleine Stadt, als er an der Stadtgrenze nicht weit von unserem Friedhof am *Luftballon* von begeisterten Bürgern empfangen wurde und sie die Straße, durch die der Kaiser zum Schloß Jägerhof ritt, von nun an Kaiserstraße nannten. Heinrich Heine schildert später in seinem Buch »Le Grand« diesen Besuch und hat unseren Hofgarten in der Welt bekannt und berühmt gemacht.

Natürlich kann es unser Golzheimer nicht mit den Berühmtheiten eines Père Lachaise aufnehmen, aber große Namen aus Kunst, Kultur und Wirtschaft ruhen auch hier eng beieinander. So Wilhelm von Schadow. Als Leiter der Kunstakademie prägt er im 19. Jahrhundert den Ruf der Stadt als internationale Kunstmetropole. Neben Schadow fanden zahlreiche bedeutende Maler seiner Akademie hier ihre letzte Ruhestätte, und mit ihnen Architekten, Baumeister, Wissenschaftler, Militärs und Beamte. Auch die Geistlichkeit, mit dem volkstümlichen und beliebten Gefängnispfarrer Friedrich Gerst, »Pastor Jäsch« genannt, ein heiterer Gottesmann mit einem goldenen Herzen, der sich für seine »Spitzbove« einsetzte und schon früh eine Art Resozialisierungsgedanken vertrat. Maler wie Johann Peter Hasenclever und Karl W. Hübner griffen Mitte des 19. Jahrhunderts brisante Zeitthemen auf. Mit Bildern wie »Die Weber« und »Arbeiter vor dem Magistrat« wurde hier zum ersten Mal ein sozialpolitisches Engagement in die Malerei eingeführt.

Die Wirtschaft legte in den 1830er Jahren den Grundstein für den Wohlstand der Stadt, die im 20. Jahrhundert zum »Schreibtisch des Ruhrgebietes« wurde. Durch die wachsende Wohlhabenheit zahlreicher Bürger stieg die Nachfrage nach Kaufgräbern und großflächigen Erbbegräbnissen, verbunden mit bemerkenswerten Grabmälern, sodaß unser Friedhof bis zu seiner endgültigen Schließung 1897 vier Mal erweitert wurde und weit über die heutige Sittarder- und Homberger Straße hinausging. Von seinen einst cirka 7.000 Gräbern sind heute noch ca. 350 vorhanden.

Die Klever Straße wurde 1905 als Verbindung zum Rhein gebaut. Dafür wurde der Friedhof brutal in zwei Teile getrennt und ein dreißig Meter breiter Streifen von ihm abgenommen. Alle Gräber, die dabei im Wege waren – dazu gehörte auch das 1851 vom Bildhauer Götting geschaffene Hochkreuz – wurden zum neuen Nordfriedhof überführt, ebenso die Kriegsgräber für die 1870/71 gefallenen deutschen und französischen Soldaten. Eng beieinander ruhen die einstigen Feinde seither rechts und links vom Hochkreuz. Ein Obelisk und eine Gedenkplatte erinnern an ihr gemeinsames Schicksal. Der Nordfriedhof wurde 1884 als Begräbnisstätte gebaut, der Südfriedhof 1904. Endgültig wurde unser Golzheimer Friedhof 1897 für Begräbnisse geschlossen, der letzte Trauerzug bewegte sich hier am 25. November 1897. Die 97 Jahre alt gewordene Sophie Buschmann wurde zu Grabe getragen und als letzte in einem Kaufgrab bestattet. Die Kapazität des Friedhofs war erschöpft, die Stadt inzwischen auf über 100.000 Einwohner angewachsen.

Heinrich Heine schrieb 1826: »Düsseldorf ist eine Stadt am Rhein, es leben da 16.000 Menschen und viele Hunderttausend liegen noch außerdem da begraben. Und darunter sind manche, von denen meine Mutter sagte, es wäre besser, sie lebten noch, wie mein Großvater und mein Oheim, der alte Herr von Geldern und der junge Herr von Geldern, die beide so berühmte Doktoren waren und so viele Menschen vom Tod kuriert haben, und doch selber sterben mußten.«

Den Grabstein der Großmutter Heines, Sarah de Geldern, fand man bei Ausgrabungen eines jüdischen Friedhofs; er wurde auf den jüdischen Teil des Nordfriedhofs an der Begräbniskapelle überführt. Der Versuch, den jüdischen Mitbürgern nach Schließung ihrer Friedhöfe im Stadtgebiet einen neuen Begräbnisplatz auf dem »Golzheimer« anzuweisen, scheiterte aus religiösen Gründen; nur der Arzt Dr. Simon Herz wurde hier begraben. Ein neuer jüdischer Friedhof wurde 1877 an der Ulmenstraße 187 angelegt und blieb Begräbnisstätte bis 1922. Dann war seine Kapazität erschöpft, und seither ist der Nordostteil des Nordfriedhofs der neue jüdische Friedhof. Der nicht mehr genutzte kleine Friedhof gegenüber ist heute eine Gedächtnisstätte. Diese Grenzsteine jüdischen Lebens in unserer Stadt haben die Zerstörungen vor allem der 40er Jahre überdauert, steinerne Zeitzeugen auch sie.

Während der Franzosenzeit von 1806 bis 1813 regelten französische Gesetze auch das Friedhofswesen. Die Bestimmungen wurden nach rheinischer Art locker eingehalten. Wichtig davon aber blieb die Bestimmung, daß den Armen von den Kirchen das Begräbnis kostenlos zu gewähren sei.

Schon unter dem Kurfürsten Karl Theodor gab es Bestrebungen, die alten Begräbnisbräuche von Bestattungen in Kirchen und auf innerstädtischen Friedhöfen, auch aus Hygienegründen, zu unterbinden. Sein Nachfolger Maximilian Joseph verbot sie 1803 dann endgültig. Der Hofbaumeister Caspar Huschberger und sein Kollege Bauer wurden 1804 mit der Suche nach einem geeigneten Platz für einen neuen Friedhof beauftragt, den sie vor der Stadtgrenze fanden. Das Gelände gehörte zum Dorf Golzheim, nach dem der Friedhof künftig benannt wurde. Das Grundstück lag hinter einer Sandbank am Rhein, der heute nicht mehr existierenden Golzheimer Insel. Seine zwei Meter über dem Ufer gelegene Höhe versprach Schutz vor Hochwasser. Hier entstand nun der erste öffentliche Gemeinschaftsfriedhof für alle Bürger ohne Unterschied von Religion und Stand, sein südlicher Teil für Katholiken und sein nördlicher für Protestanten. Sehr bescheiden war diese erste Anlage, eher ein Feldfriedhof, ein Gottesacker. Auf ihm wurde als Erste die am 18. Mai 1805 verstorbene Maximiliane Gräfin von Salm-Reifferscheidt, Äbtissin zu Elten, bestattet. Ihr Grabmal ist nicht mehr vorhanden, es war eine Stele mit antiken Todessymbolen unter einer Trauerweide.

Eine Erweiterung des Friedhofs wurde unter der preußischen Regierung 1816 erforderlich, und einer der bedeutendsten Gartenarchitekten des 19. Jahrhunderts, Maximilian Friedrich Weyhe, damit beauftragt. Weyhe gehörte zu den Künstlern, die die Ideen der großen englischen Gartengestalter in Deutschland verbreiteten. Damit begann ein neues Kapitel in der Gartenarchitektur, eine Einbeziehung von Natur, Seen, Flußläufen. Und so schuf Weyhe an diesem hohen Ufer eine einzigartige Friedhofsanlage, in die er den Blick auf den Rheinstrom mit einbezog. Der Staatsrat Georg Arnold Jacobi, der Maximilian Weyhe damals für unsere Stadt gewinnen konnte, schrieb in seinem Bericht an die preußische Regierung: »Der hiesige Friedhof gehört durch den symbolischen Ausdruck seiner erhabenen Lage im Angesicht des mächtig vorüberziehenden Stromes und durch die Gestaltung der ihn umgebenden und an den Seiten schattend durchziehenden Baumreihen und Buschanlagen ohne Zweifel zu den schönsten in Deutschland.« Als schönen Ort am hohen Ufer über dem Rhein schildert ihn auch Wolfgang Müller von Königswinter und beschreibt »die Trauerweiden und Zypressen und kleinen Hügel, die mit Efeu, Immortellen und Rosen bepflanzt sind«. Später wird Adolph Kohut von ihm sagen: »Wenn man den großen geräumigen Gottesacker erblickt, sollte man auf den ersten Augenblick glauben, daß man sich in einem der schönsten Gärten befindet.«

Maximilian Weyhe wurde auch der Schöpfer unseres Hofgartens, in dem 1851 ein Denkmal für ihn errichtet wurde. Es zeigt den Hofgärtner mit einem aufgerollten Plan und Zeichenstift.

Karl Immermann kommt als Landgerichtsrat und Dichter 1827 nach Düsseldorf. Er reformiert das Theater und geht mit seiner Musterbühne in die Theatergeschichte ein. In einer mitternächtlichen Geisterkomödie »Immermann erinnert sich«, die hier auf dem Alten Friedhof spielt, läßt Heinrich Riemenschneider die großen unvergeßlichen Gestalten aus der Zeit des Düsseldorfer Theaters noch einmal lebendig werden. Von seinem Wohnsitz aus im nahen Gut Collenbach ging Immermann hier oft spazieren und ließ sich von der besonderen Atmosphäre des Friedhofs inspirieren und schildert ihn in einigen Zeilen.

>   Der Friedhof liegt ruhig am wallenden Strom,
>   Die Wolke fliegt leise über der Linden Dom,
>   Die Gräber sind für alle Zeiten das feste Haus,
>   Fluth, Wolken und Wind flüstern vergebens: Ihr Todten heraus.

Auf das Collenbachsche Gut lud Immermann seine Schriftsteller- und Malerfreunde ein, zu denen auch Elisa Gräfin von Ahlefeldt gehörte. Sie war mit Immermann damals nach Düsseldorf gekommen. Ihre Zusammenkünfte nannten sie »zwecklose Gesellschaft«, und ihr Statut war das Textbuch der »Zauberflöte«. Nur 44 Jahre alt wurde Karl Immermann, als er hier am 28. August 1840 starb und unter großer Anteilnahme, auch der Düsseldorfer Maler, zu Grabe getragen wurde.

Künstler der Düsseldorfer Malerschule haben die Schönheit des Friedhofs in ihren Bildern festgehalten, unter ihnen Caspar Scheuren und die Brüder Achenbach. Sie malten ihn im Licht der untergehenden Sonne, wenn sie als glühender Feuerball hinter dem Rhein verschwindet, mit ihren letzten Strahlen Goldfäden durch die flirrenden Blätter der alten Bäume flicht und Sonnenreflexe auf die Wiesen zaubert.

Auf dem von ihm geschaffenen Friedhof wurde Maximilian Weyhe am 25. Oktober 1846 zu Grabe getragen, und es läuteten dabei alle Glocken der Stadt. Gleich nebenan unter einer schlichten Grabplatte ruhen der Leiter der Kunstakademie Wilhelm von Schadow und seine Ehefrau Charlotte. An besonderen Gedenktagen stehen Blumen an ihrem Grab und an dem anderer Maler, was dann das Erstaunen von Besuchern und Hunden findet. Nicht weit davon entfernt ist das Grab von Alfred Rethel. Er zählte zu den bedeutendsten Historienmalern der Akademie. Sein berühmtestes Werk sind die Karlsfresken im Kaisersaal des Aachener Rathauses. Neben dem Grab des Malers liegt das seiner Mutter Johanna Rethel.

Anfang des 20. Jahrhunderts setzt eine Rundumbebauung ein, die dem Friedhof nun bedenklich nahrückt. So entsteht 1907 an der Cecilienallee das Gebäude des Regierungspräsidiums, »das Schloß am Rhein« genannt. Und auf seinem Dach mit dem Kuppeltürmchen wird der Preußenadler befestigt. Der fiel bei einem orkanartigen Sturm in den 70er Jahren eines Nachts herunter, überlebte den Sturz, bekam danach eine festere Verankerung und breitet seitdem wieder weit sichtbar seine Schwingen über Stadt und Fluß. Der von Weyhe bei seiner Neugestaltung des Friedhofs einst so sorgsam einbezogene Blick auf den Strom wurde damit verstellt, endgültig auch durch das 1911 in nördlicher Nachbarschaft erbaute Oberlandesgericht.

Seit kurzem steht der südliche Teil des Golzheimer Friedhofs im Schatten des 108,8 Meter hohen Victoria-Büroturms. 1982 kam der Friedhof sozusagen »zusatzversichert« unter Denkmalschutz. Aber für den Erhalt seiner kulturhistorischen Grabmäler sind weitere Anstrengungen nötig, und so wurde 1989 ein Förderkreis gegründet, unterstützt von Patenschaften. Steinbildhauer schlagen für die Rettung eine Acrylharzvolltränkung vor. Grabsteine, die vom Leben reden und ein bedeutsames Stück Stadtgeschichte widerspiegeln. Einer von ihnen hat ein naturnahes Glaubensbekenntnis: »Gott schläft in den Steinen, er atmet in den Pflanzen, er träumt in den Tieren und wartet in jedem Menschen auf sein Erwachen.«

Diesem modernen Büroturmriesen gegenüber – der Kontrast von Natur und Technik könnte nicht augenfälliger sein – wird der Friedhof im Norden von einem männlichen und einem weiblichen Ginkgo-Baum begrenzt, die hier wie ein altes treues Ehepaar, Philemon und Baucis, eng beieinander stehen. Die Regenerationskraft des Ginkgo ließ ihn alle Naturkatastrophen auf dieser Erde überleben und Jahrmillionen alt werden. Ein Überlebensstratege, der in seiner Beständigkeit zum Urbaum wurde. Er hat die Geheimnisse dieser unendlichen Vergangenheit bewahrt, die Goethe mit der Sensibilität für Urkräfte in der Natur erahnte und denen er in seinem Gedicht »Ginkgo Biloba« nachspürte, um ihn damit auch dichterisch unsterblich zu machen. Und schreibt nicht auch unser Dichter: »Es wird die Spur von unseren Erdentagen nicht in Äonen untergehn?«

Im Süden des Friedhofs, an der heutigen Sittarder Straße, entstand 1907 das vom Architekten Josef Kleesattel in Jugendstilformen entworfene Künstler-Atelier-Haus. Heute werden hier noch 40 Ateliers von Künstlern bewohnt. Auch die Malerin und Bildhauerin Hannelore Köhler hat hier ihre Werkstatt. Ihre liegende Skulptur »Sphinx« begrüßt uns vor dem Eingang zum Haus. Hier wird die Urkunde des »Vereins Düsseldorfer Künstler zur gegenseitigen Unterstützung und Hilfe« aufbewahrt, der 1844 von Wilhelm von Schadow mitbegründet wurde und seine Unterschrift trägt. Gleich nebenan ein kleiner Spielplatz mit fröhlichen Kindern, die im Sandkasten buddeln, auf Rutschen klettern, mit Wippen für Große und Kleine, lärmende Hunde zwischen den Grabsteinen, alte Linden und Eschen, die im Sommer kühlenden Schatten spenden. Eine Amsel singt frei und unbeschwert ihr Lied. Dennoch macht eine Stele in unmittelbarer Nähe nachdenklich. Sie erinnert an drei Künstler des »Jungen Rheinland«, die mit ihrer Kunstrichtung den Nazis nicht ins Konzept paßten: Julo Levin und Franz Monjau. Sie kamen später im KZ um. Der kleinwüchsige Karl Schwesig überlebte nach einer langen Leidenszeit. Die Stele wurde aus einem der Steine der im Zweiten Weltkrieg zerstörten Kunsthalle vom Steinbildhauer Josef Müller geschaffen.

Am Ende der Sittarder Straße stand in den 30er Jahren ein für die Hitlerjugend gebautes Heim. Hier trafen sich auch die Jungmädel, zu denen ich damals gehörte (bis 14 Jahre). Bei einem dieser Treffen fielen meine Korallenohrringe auf, und man gab mir zu verstehen, sie künftig zu Hause zu lassen. Ich trug sie jedoch weiter, blieb weiteren Veranstaltungen fern und wurde dabei von niemandem je vermißt.

Den Golzheimer Friedhof liebe ich zu allen Jahreszeiten, und er ist auch zu allen Tageszeiten zu besuchen, es gibt keine verschlossenen Tore. Die ersten Vorfrühlingsboten künden sich schon Ende Januar an, dann sind die weiten Wiesen übersät mit dichten Gruppen von Schneeglöckchen, dazwischen schüchterne Veilchen. Schon bald werden sie alle abgelöst von Teppichen dottergelber Narzissen, und von den japanischen Zierkirschbäumen fällt zarter rosafarbener Blütenzauber auf einsame Grabsteine herab. Seine alten Bäume: Birken, Pappeln, Ahorn, Linden und die seltenen dunklen Eiben, sie alle leben hier weiter, sorgsam gepflegt und gehütet, Zeitzeugen auch sie.

Manchmal begegnen uns Obdachlose, die hier unter dem Schutz der alten Bäume etwas Geborgenheit und Trost suchen in einer Welt, der sie nicht gewachsen sind. Manchmal fassen sie Vertrauen, dann erfahren wir etwas von ihrem Schicksal und warum sie zu verlassenen einsamen Menschenkindern einer Wohlstandsgesellschaft wurden. Sie haben sich ihren Stolz bewahrt und betteln nie. Täglich kämpfen sie um ihr Überleben.

Die Natur formt unseren Friedhof und seine Grabsteine mit, ihr Helfer ist das alles überwuchernde Efeu. Ein Grabstein ist von einem Efeubaum bekrönt, dessen Wurzeln ihn wie mit starken Armen zu umfangen scheinen, Leben und Tod als den ewigen Kreislauf der Natur symbolisierend.

Für die Grabsteinkultur im 19. Jahrhundert ist der Golzheimer Friedhof ein einzigartiges Beispiel, das die verschiedenen Stilepochen widerspiegelt, von den antiken versöhnenden Todessymbolen mit dem schönen Jüngling als geflügeltem Engel des Thanatos, neben Barock, Klassizismus und der Neugotik mit ihren zierlichen Türmchen, die Romantik mit ihren Memento-mori-Symbolen, Totenschädel, Stundenglas mit Flügeln für die dahineilende Zeit, Schmetterling, die Auferstehung symbolisierend, Kreuze aus Gußeisen oder Stein auf massiven Sockeln, wie auf den Gräbern der Maler Johann Peter Hasenclever oder Ludwig v. Milewski. Von Polen kommend, starb er bei den Revolutionskämpfen 1849 auf den Barrikaden. Ein gußeisernes Kreuz schmückt das Grab von Karl Immermann. Einige Gräber sind im neuromanischen Stil gestaltet, in dem um 1904 auch Düsseldorfer Kirchen gebaut wurden, wie die gegenüberliegende St. Adolfus-Kirche. Ihre Glocken klingen in die Stille des Friedhofs hinein.

Fast zweihundert Jahre, so alt wie Père Lachaise in Paris, wird bald auch unser Friedhof, davon beinahe hundert Jahre als Begräbnisstätte genutzt. Nach weiteren hundert Jahren blieb uns diese grüne Oase der Stille inmitten eines immer hektischer werdenden Großstadtlärms, auch in seiner Bedeutung als Gesamtkunstwerk, bis heute erhalten. Es war ein glückliches Zusammenspiel von offizieller Seite, privaten Kreisen, den Bürgervereinen, den großen Namen der hier Ruhenden, die unseren Golzheimer Friedhof vor der Gefahr seiner Überbauung retteten. Und Theodor Fontane dazu: »Alles Alte, soweit es Anspruch darauf hat, wollen wir lieben.« Unser Dichter Heinrich Heine lebte fünfundzwanzig Jahre in Paris. Er starb dort am 17. Februar 1856 und wurde auf dem Pariser Friedhof Montmartre bestattet. Auf dem Grabstein stehen seine Zeilen:

> Wo wird einst des Wandermüden
> Letzte Ruhestätte sein?
> Unter Palmen in dem Süden?
> Unter Linden an dem Rhein?
>
> Werd ich wo in einer Wüste
> Eingescharrt von fremder Hand?
> Oder ruh' ich an der Küste
> Eines Meeres in dem Sand?
>
> Immerhin! Mich wird umgeben
> Gotteshimmel, dort wie hier,
> Und als Totenlampen schweben
> Nachts die Sterne über mir.

GERD KRUMEICH

Golzheim – Und sein Jurassic Parc of History

Düsseldorf war immer schon eine hemmungslos moderne Stadt, allem Neuen zugewandt, wie schon der französische Joanne-Reiseführer aus dem Jahre 1863 wußte, der aber gleichzeitig leicht tadelnd bemerkte: »Düsseldorf verfügt nur über wenige interessante Denkmäler«.

An der radikalen *modernité* hat sich bislang wenig geändert. Das Wilhelm-Marx-Haus war der erste deutsche Büroturm, das Dreischeibenhaus von Thyssen der erste Wolkenkratzer aus Glas- und Stahlprofilen, die Oberkasseler Brücke wurde als Novität auf einer Art Teflon-Pfannen-Boden millimetergenau über dem Fluß eingeschoben und last but not least können die Düsseldorfer auch Häuser aus verbeulten Blechdosen bauen, wie jetzt im Hafengelände zu bewundern. Das läßt sich fortsetzen, und ich hätte da auch einen Vorschlag zu machen, der trefflich Modernität und Respekt vor der Geschichte verbindet. Es handelt sich um einen besonderen Ort, der mir als Golzheimer Jungen, dort 1945 geboren und aufgewachsen, sehr nahe liegt, wohl auch traumatisch besetzt ist; ein Ort, der ein Schandfleck ist auf der Visitenkarte dieser properen Stadt, was die Düsseldorfer nicht bemerken, nicht bemerken wollen – was aber die Fremden aufregt und abstößt. Ich meine das von den Nazis 1937 errichtete Denkmal der Gefallenen des in Düsseldorf ansässigen 39er Regiments am Reeser Platz, am Eingang der Siedlung Golzheim, im Volksmund damals wie heute unerbittlich »Schlageterstadt« geheißen. Denn die Nazis konnten in dieser hübschen Siedlung einige ihrer Bonzen unterbringen. Der arme Schlageter, 1923 während der Rheinlandbesetzung von den Franzosen wegen eines Attentats standrechtlich in der Golzheimer Heide erschossen und von den Nazis zu »ihrem Helden« aufgebaut, konnte dafür nun wirklich nichts. Wie dem auch sei: auf dem Reeser Platz befindet sich heute das monströse Denkmal, jeder Pietät spottend, wo die Soldaten von 1914 siegreich aus ihren Gräbern aufsteigen, neuen Siegen und Eroberungen entgegenstreben, die dann nachträglich 1940 nach den Siegen in Frankreich als Schriftzüge eingefügt wurden. Zum Denkmal gehört auch noch ein Weihe- bzw. Aufmarschplatz, der heute in seiner öden Leere wie eine Drohung wirkt.

Erinnerungen aus meiner Kindheit halten diesen Ort als drohendes Dunkel fest, weiter gingen wir nicht aus Golzheim weg, der Platz war tabu. Der heimische Raum erstreckte sich um den Golzheimer Platz, Haltestelle der 10, 11, nicht aber der D, die nur an der Uerdinger Straße hielt. Feinkost

Urlich gab es da und eine Leihbücherei mit Heißmangel und Wäscherei, wo man die neuesten »5 Freunde«-Bände oder »Hanni und Nanni« für einen Tag entleihen konnte. Direkt neben dem Vaterhaus, »Haus Vionville«, der Malermeister Bröhl, der Lebensmittelladen von Heyders, dann »Schmitze-Billas« Schwarz-Weiß-Tankstelle mit dem Garagenhof (Fußball spielen verboten!) und daneben das Pfarrhaus, welches später Pension wurde und heute zu den dort üblichen Modehäusern gehört. Gegenüber die Albertus-Magnus-Kirche, deren dräuendes Riesenholzkreuz mit aus tausend Wunden blutendem Christus heute pietätvoll ich weiß nicht wohin verbracht worden ist. Egal: das riecht heute noch nach Weihrauch und Meßwein, wehe du wurdest beim Nippen erwischt, Pfarrer Köhnen hatte eine flinke Hand und Watschen waren durchaus noch üblich, wenngleich bereits verboten. Irgendwie war solche Grobheit Nachwirkung der »eisernen Zeit« und des Krieges. Überall standen Ruinen und wurde für den Neuaufbau von Düsseldorf abgerissen.

Den Schulweg zur Katholischen Volksschule an der Schwerinstraße konnte man abkürzen, wenn man über die Trasse der neu angelegten Fischerstraße lief. Lustig war, wenn dort mal wieder Knochen herumlagen, mit denen gekickt werden konnte. Medizinstudenten holten sich hier Anschauungsmaterial für den Anatomieunterricht. Die herumliegenden Knochen und Schädel waren Zeugen Düsseldorfer Modernisierung. Denn im Zuge des Baus der Fischerstraße hatte man durch die neue Verbindung zum Rhein namens Klever Straße eine Schneise in den Golzheimer Friedhof geschlagen, ohne Rücksicht auf die Totenruhe.

Nachbarschaft reichte bis zum Binnenwasser und den Hochhäusern an der Uerdinger Straße, deren Abstand voneinander in den 20er Jahren bereits als Brückenauffahrt festgelegt wurde. Wer kommt zum Fußball am Rhein, wer hat einen echten Lederball mit Schnürverschluß am Ventil, wer darf mitspielen? Auf Linksaußen kommt immer der Ungeschickteste. Die Fußball-Nachbarschaft am Rhein gibt es nach wie vor, eine echte Düsseldorfer Kontinuität. Vater hat mir gezeigt, daß man immer noch erkennen kann, daß die Rheinwiesen 1926 zur Gesolei aufgeschüttet worden sind. Man sieht es den Bäumen an, die oft erst mit Stammitte aus dem Boden ragen. Vielleicht wäre ja die Lösung, die beim Deichbau der 20er Jahre für die Rheinwiesen gefunden wurde, auch für den Reeser Platz angezeigt: Machen wir doch einfach aus dem häßlichen und immer noch drohenden Aufmarschplatz der Nazis eine wunderschöne grüne Wiese. Auf dieser könnten wir im Sinne zukunftsorientierten Geschichtsbewußtseins, das einer so modernen Stadt gut ansteht, alle möglichen Denkmäler aus früheren Zeiten, die keinen Bezug zu uns mehr haben oder dem Städtebau weichen müssen, aufstellen. Die schreckliche Präsenz des Nazi-Erinnerungsdenkmals von 1937 für die Gefallenen des Ersten Weltkrieges würde dann auf eine spielerische Weise historistisch aufgelöst werden. Beispielsweise sollten unbedingt Wilhelm I., die Reste vom Moltke und Bismarck, vom Martin-Luther-Platz auf diese neue Spielwiese der Geschichte transferiert werden. Sie sind ja dort ohnehin nur einfach mal hingestellt worden, nachdem auf der Alleestraße, später dann: Heinrich-Heine-Allee kein Platz mehr für sie war, warum eigentlich nicht? Andere Denkmäler, die vielleicht auch nicht mehr gebraucht werden, könnten auf meine Spielweise verbracht werden. Ich denke besonders an das Ulanen-Denkmal an der Rheinfront und neuerlich natürlich auch an den »Danzig«-Findling an der Danziger Straße, Höhe Nordfriedhof, sowie den Berliner Bären an der Berliner Allee mit den Entfernungsangaben, die uns die Trennung signalisierten.

Das ist jetzt passé und muß auch nicht erinnert werden, weshalb es in den Denkmalspark gehört. Ein geschickter Architekt mit museologischer Kompetenz könnte sicherlich den gesamten Reeser Platz mit seinen dann zahlreichen interessanten historischen Erinnerungsorten so gestalten, daß die schreckliche Fassade des Nazi-Denkmals für die 39er eine Art Reliefwand abgäbe, ohne Anspruch auf Identifikation. Vielleicht könnten wir in Düsseldorf 2001 sogar aus dem Denkmalpark am Reeser Platz eine Art Jurassic Parc of History machen, mit einer kleinen Halle für Sonderausstellungen, Vorträge und andere kulturelle Veranstaltungen. Das wäre um so praktischer, als sich gesamte Anlage ganz in der Nähe der neuen Stadthalle und Messe befindet. Und nebenbei wäre auch der Schrecken der Messebesucher getilgt, der sich heutzutage noch einstellt, wenn sie auf der Zufahrt zur Messe ungeschützt an dem Nazi-Denkmal vorbeifahren oder vorbeistauen. Wie grausig dieses Schandmal im Jetzt-Zustand auf Freund und Feind wirkt, mag man daran ermessen, daß sich bislang noch keine Sprayer daran versucht haben, obwohl diese gemeinhin sehr abenteuerlustig bzw. auch todesmutig sind.

Im Gegenzug sollte das schöne und künstlerisch bedeutende Denkmalfragment von Jupp Rübsam – auch für die Kameradschaft der 39er 1929 geschaffen – das wegen der »negroiden und semitischen« Gesichter von den Nazis zerstört wurde und dessen auf dem Bauhof wiederaufgefundene Reste in den 70er Jahren ihren alten Standort vor der Tonhalle wiedergefunden hatten, vielleicht in 2001 tatsächlich vom Moos und dem darum herumgewachsenen Unterholz befreit und ein echtes Denkmal der beiden Weltkriege und der Naziherrschaft werden. Die offiziellen Blumen und Gebinde könnten am Volkstrauertag endlich dorthin gebracht werden anstatt zum Reeser Platz, was heute leider immer noch von gedankenloser Gedenkbürokratie veranstaltet wird.

Düsseldorf ist eine moderne Stadt mit dem Hang zum Traditionsmangel. Wenn man schon einmal anfinge, die falschen Traditionen ab- bzw. umzuräumen – etwa so wie ich es vorschlage – könnte gar eine Art geschichtlicher Erinnerung und historisches Bewußtsein entstehen. Frühere Zeiten haben sich bemüht, so etwas zu veranstalten und einzuüben. Von nix kommt nix. Das alte Golzheim ist bis auf wenige Reste verschwunden, in den Innenstadtbereich einbezogen, die Kaiserswerther Straße ist zur Modemeile geworden, die Linie D, pardon: die U 79 hält jetzt auch am Golzheimer Platz. Dem inzwischen 55jährigen Golzheimer Jungen, für den die Orte seiner Kindheit noch so lebendig sind wie die Ruinen des Krieges (Spielen verboten!), würde das schöne und in vielem so liebenswerte Düsseldorf noch mehr bedeuten, wenn sich die Verantwortlichen im Vollzug der weltberüchtigten Düsseldorfer Modernität darauf einließen, sich etwas gestalterischer als bislang üblich der noch drückenden Vergangenheit zu widmen. Gute Ansätze gibt es: die Aktivitäten der Mahn- und Gedenkstätte gehören dazu, genau wie Wieland Koenigs Erinnerungsarbeit im Rahmen eines genial überbordenden Stadtmuseums. Aber wir sollten – Beispiel Golzheim – stärker auf den öffentlichen Raum achten, wo mehr zu bereinigen ist, als AWISTA es könnte und sollte.

Heinz Kalenborn
Wege nach Golzheim

Es fällt mir auf, daß Erinnerungen an Kindheit und Jugend bei mir stark durch ehemals gehörte Musik und Lieder wieder geweckt werden, obwohl ich nicht den Anspruch erhebe, besonders musikalisch zu sein. So steht meine erste Begegnung mit dem Stadtteil Golzheim 1937 unter dem Eindruck des Fahrtenliedes: Aus grauer Städte Mauern ziehen wir hinaus auf's Feld ..., das ich »Dreikäsehoch« in der Volksschule gelernt und mit Begeisterung gesungen habe. Dabei steht der Text nur für eine generelle Aufbruchstimmung, denn aus grauer Stadt kam ich nun wirklich nicht nach Golzheim. Im Gegenteil:

Die damalige Wohnung unserer Familie lag im Südosten Benraths, grenzte rückseitig an Hoxbach und Hasseler Forst, und vor der Haustüre lagen nichts als Wiesen und Weiden der Bauernhöfe Friebus und Hoffmann. Besonders mit letzterem Hof war ich durch täglichen Einkauf einer 1-Liter-Kanne voll Milch und etwas Gemüse sowohl mit dem stets auf einer hölzernen Bank vor der Tür sitzenden Altbauern wie all seinen Haustieren auf Du und Du. Durch einen Apfel hier, ein Stück Wurst da wurde ich als heranwachsender Kunde bei Laune gehalten, und als später im Gymnasium Fontanes *Ribbeck auf Havelland* Schulthema wurde, vertraten in meiner Vorstellung der Altbauer Hoffmann und der alte Ribbeck den gutmütigen Landmann in Personalunion.

Der nahe Wald, der Bach, Wiesen und Tiere, nicht zu vergessen die Flegel des angrenzenden Ortsteils Hassels, alles gehörte zu einem riesigen natürlichen Abenteuerspielplatz, von dem heutige Stadtkinder nur noch träumen können. Aber es war abzusehen, daß dieses schöne Stückchen Heimat nicht von langer Dauer sein würde, nicht nur, weil durch Geburt einer Schwester unsere Wohnung zu klein geworden war, sondern auch, weil Insider munkelten, die Demag dächte an Expansion, Hoffmanns Hof würde wegfallen und auch Friebus' Hof müßte einer Erweiterung des Hasseler Friedhofes weichen.

Da einige Hoffnung bestand, daß meine Volksschulzeit erfolgreich zu Ende gehen würde, und somit ein Schulwechsel anstünde, schien meinem Vater die Zeit reif, über einen Wohnungswechsel nachzudenken. Doch leichter gedacht als getan. Benrath, ein Stadtteil, in dem sich sowohl Eltern wie Kinder dank vieler Kontakte, der Lage am Rhein, Schloß und Park sehr wohl fühlten, litt noch unter der unerwünschten Eingemeindung nach Düsseldorf und machte, was besonders für uns betrüblich war, keine allzu großen Anstrengungen, dem durch Industrieansiedlung ausgelösten Wohnungsfehlbestand abzuhelfen. Zwar gab es eine Neubausiedlung der Gagfah, aber zum Zeitpunkt unseres Bedarfs war natürlich schon alles ausgebucht. Notgedrungen mußten wir uns also mit dem Gedanken vertraut machen, bei der Heimstattsuche über Zaun und Kirchturm zu blicken. Und wir blickten zum rechten Zeitpunkt. Die Meldungen in der Presse – besser gesagt im *Benrather Tageblatt* – dem amtlichen Organ des südlichen Stadtteils – berichteten von einmaligen städtebaulichen Entwicklungen, die als Folgemaßnahmen zur Reichsausstellung *Schaffendes Volk* 1937 im Düsseldorfer Norden realisiert würden.

Besonders der Hinweis, daß neben neuen privaten Bauherrn, vorwiegend Parteigrößen, wie sich später herausstellte, die mit jungen Architekten ihre Wohnvorstellungen entwickelt hatten, sechs Musterhäuser entstanden waren, die mit Möbeln und sonstigen Gebrauchsgegenständen in »bodenständiger Kulturauffassung« ausgestattet seien und nach Ausstellungsschluß zum Verkauf stünden, machte meinen alten Herrn munter. Also trat er mit seinem Ältesten – sonntäglich mit Bleyle-Matrosenanzug feingemacht – an einem Sommertag die kleine Weltreise mit Linie 18 und D-Bahn vom äußersten Süden in den hohen Norden an.

Unser Fahrtziel war die Golzheimer Heide, an derem westlichen Rand zwischen Kaiserswerther Straße und Rhein die Ausstellung errichtet worden war. Die Heide selbst war Manövergelände der Düsseldorfer Garnison schon aus Kaisers Zeiten, hatte aber Bekanntheit erlangt durch die Erschießung Albert-Leo-Schlageters – einem Widerstandskämpfer gegen die Franzosen zu Zeiten der Rheinlandbesetzung. Diesen Mann hatten die braunen Machthaber schnell zu einem der ihren ernannt. Schon einige Jahre zuvor hatte man dort ein hohes Gedenkkreuz errichtet, das in der weiten Heide- und Sandlandschaft als Orientierungspunkt stand.

Diesen Orientierungspunkt im Rücken, stand ich nun am Eingang der Ausstellung an Vaters Hand zwischen den beiden gewaltigen blockhaften Rosselenkern von Prof. Scharf, die, wie man hörte, nicht dem Geschmack des Führers entsprachen. Von hier führte eine breit entwickelte Eingangsachse, gesäumt von Lichtstelen und den Fahnen der Industrie- und Handwerksverbände, zur politischen Zentrale der Ausstellung, dem Haus der Arbeitsfront. Um diesem Gebäude die erforderliche Dominanz zu geben, hatte man hierzu den neoklassizistischen Bau der *neuen Kunstakademie* mit einer Scheinfassade versehen und mit vertikaler Lisenengestaltung dem deutschen Pavillon auf der Pariser Weltausstellung nachempfunden.

Beiden Elementen, der Eingangsachse – die Festallee genannt wurde – später zur »Straße des Lebens« befördert werden sollte und heute zum Parkplatz des Aquazoos degradiert ist, wie auch dem Arbeitsfrontgebäude, das in Folge der SA-Gruppe Niederrhein diente, dann Shop der Besatzungsmächte war, bevor die Abrißbirne zuschlug, um Platz für den Neubau Aquazoo zu schaffen, war kein gutes Schicksal beschieden.

Das wußte ich natürlich damals noch nicht, aber ich kann mich erinnern, daß die großen repräsentativen Architekturgesten mich nicht ganz unbeeindruckt ließen. Anders mein Vater. Ohne mein Staunen zu registrieren, zog er mich zielbewußt in die nach links abgehende Straße, heute Erwin-von-Witzleben-Straße, wo er hinter Schlichtbauten der Hallen für Baustoffe, Gas und Elektrizität richtigerweise die Wundersiedlung vermutete.

Ein Grünzug mit wundervollen alten Bäumen, der sich vom Rhein bis zur Kaiserswerther Straße zog und die erwartete Idylle vom eigentlichen Ausstellungsgeschehen abschirmte, war die richtige Einstimmung. Und was dann kam, war einfach umwerfend. Eine sommerlich heitere Welt tat sich vor uns auf. Ein breit gelagerter Gasthof, davor eine Wiese mit Brunnen – alte Bäume – spielende Kinder – umgeben von sympathisch schlichten Häusern, einheitlich in Form, Material, Farbe. Dennoch keine Uniformität, denn sowohl städtebauliche Zuordnung als gestalterische Details zeigten die unterschiedlichsten Handschriften. Dies war nicht zu vergleichen mit den individuellen Industrieellenvillen auf Benraths Prachtstraße, der Meliesallee, die mir vom Hundeausführen zur Taschengeldaufbesserung bekannt waren. Nicht so sehr Selbstdarstellung, sondern bei aller Individualität im Detail mit Mitteln der Baukunst – im besten Sinne – Gemeinschaft darstellend. Ich will es kurz machen, diese Klarheit und Sauberkeit, an der ich mich nicht sattsehen konnte, wurde schlichtweg zur Liebe auf den ersten Blick. Die Presse hatte wahrlich nicht übertrieben.

Nicht schnell genug konnten wir in ein Musterhaus kommen. Statt der braun gestrichenen Fußbodenbretter zu Hause, hier Buchenparkett, Buchenwangentreppe, große Terrassentüren, durch die der Garten ins Haus kam. All das, es war übrigens das Haus meines heutigen übernächsten Nachbarn, hat auf den Zehnjährigen einen solchen Eindruck gemacht, daß sich der 73jährige noch an manche Einzelheit der Gestaltung erinnern kann.

Meine Begeisterung war berechtigt, denn wie ich später feststellen konnte, hatte die Ausstellungsleitung unter der künstlerischen Oberleitung von Akademiedirektor Prof. Peter Grund und Prof. Fritz Becker das Beste engagiert, was Düsseldorf an jungen Architekten zu bieten hatte – Namen wie Fahrenkamp, Reese, Klüssendorf, Herbeck, Holtgrebe, Junghanns, Thoma, Dierichsweiler, Dr. Beucker tauchen als Planer in der Siedlungsgeschichte auf. Manche von ihnen habe ich später als gute Kollegen kennengelernt. Ob dabei zu Planungszeiten unter den Architekten ein ideologischer Streit ausgetragen wurde zwischen Bauhäuslern, Tessenow-Schülern, Schmidthenner- oder Schulze-Naumburg-Anhängern, war mir als jugendlich Begeistertem ziemlich egal. Das Gesamtergebnis zählte und das überzeugte.

Doch der Traum von einem Leben in einer zumindest von der Wohnatmosphäre her heilen Welt zerrann schneller als geträumt – genauer gesagt – in der blauen Stunde des gleichen Tages, als die Familie um den Tisch saß, in Sparbüchern blätterte, Sparbüchsen leerte und Taschen umkrempelte. RM 25.000,– mußten zusammenkommen – Fehlanzeige! Auch der lieben Mutter vorsichtiger Einwurf – Hypothek? – wurde von, wie wir glaubten, meinem kaufmännisch kompetenten Vater brüsk zurückgewiesen. »Bar oder gar nicht«. Dieses *ex catedra*, zu autoritären Zeiten gesprochene Wort, war das unwiderrufliche endgültige Aus. Bleibt mir nur die Vermutung, daß dieser Sonntag mit seiner Euphorie mich nie mehr ganz losgelassen hat und vielleicht Impuls zur späteren Berufswahl war.

Auch der Kontakt zum Ausstellungsgelände blieb erhalten, wenn auch anders als erhofft. Nach Schluß der Ausstellung wurden die fliegenden Bauten abgebaut, und zurück blieben die neue »Kunstakademie« mit der SA-Gruppe Niederrhein als Nutzer, Ballhaus, Kindergarten, HJ-Heim und Grünanlagen mit ihren Wasserspielen und der Festallee. Diese schon vorher beschriebene Allee mit Pflasterung und Plattenbelag aus Granit war der größte Aufmarschplatz der Stadt, und da Gauleiter und Kreisleiter nun in engster Nachbarschaft wohnten, wurde er bei jeder Gelegenheit, die sich bot, frequentiert, und Gelegenheiten gab es viele. Regierungs- und Parteigrößen vieler Länder, besonders der dem Faschismus zugeneigten, wurden in Düsseldorf willkommen geheißen. Und man mußte ihnen was bieten, und wie in allen autoritären Staaten, damals wie heute, mußte die Jugend herhalten. Gerade zehn Jahre alt und somit Pimpf im Jungvolk war ich als Angehöriger des »Jungbanns 39 Düsseldorf« oftmals ausersehen, an den »Goldfasanen« und ihren Gästen vorbeizuparadieren. Da solche Auftritte mit Schulfrei verbunden waren und außerdem das Bahnfahren in dichtgedrängten Zügen mit blondbezopften, weißbeblusten Jungmädels für am Anfang der Pubertät stehende Jungen auch nicht ganz ohne Reiz war, fanden wir an solchen Veranstaltungen zunehmend Gefallen. Mancher auf dem hinteren Perron der Linie 18 begonnene Flirt hat, wie ich weiß, seine 60 Jahre gehalten.

1940, inzwischen waren wir schon ein Jahr im Krieg, und mein Vater schon zwei Jahre Soldat, erhielt ich erneut Gelegenheit, Golzheim, genauer gesagt die Heide, etwas intensiver kennenzulernen. Dem war vorausgegangen, daß ich in Benrath eine nicht nur verbale Auseinandersetzung mit einem Vorgesetzten hatte, der die Partei veranlaßte, mich aus dem Jungvolk (10-14 Jahre) auszuschließen. Da man aber einem an der Front stehenden Vater diese Schmach nicht antun wollte, schlug man mir einen vorgezogenen Eintritt in die HJ (14-18 Jahre) vor, und zwar in eine Einheit meiner Wahl. Da gab es verlockende Angebote – Motor-HJ – Marine-HJ – Flieger-HJ – Reiter-HJ. Das demokratische Deutschland möge mir verzeihen, aber meine Begeisterung für Pferde war so groß, daß ich ein ersatzloses Verlassen des Jungvolks gar nicht erst in Erwägung zog. Daß man durch die attraktiven Angebote uns nur die vormilitärische Ausbildung schmackhaft machen wollte, habe ich erst viel später durchschaut, und da war alles schon zu spät. Vielleicht hat aber auch eine modische Attitüde meine Wahl beeinflußt. Im Gegensatz zur normalen HJ hatten die Sondereinheiten ihre eigene Uniform. So trug die Reiter-HJ graue Stalljacken aus Reichswehrbeständen – auf Taille geschnitten – die billig bei Habernickel am Karlsplatz zu erstehen waren. Im Verein mit schwarzen Reithosen und vom Vater besorgten hochhackigen Stiefeln schien das Glück der Erde auf dem Rücken der Pferde perfekt zu sein.

Doch vor den Erfolg haben die Götter den Schweiß gesetzt. Unsere Pferde standen in Stallungen »An der Piwipp«, heutigem Friedhofsgelände, und mußten im Beritt mit der Reiter-SA geteilt werden. Diese SA-Leute, rauhe Burschen, waren überaus froh, zum Pferdeputzen, Stallausmisten bis zur Kolikbeseitigung junge Helfer an die Hand zu bekommen, so daß das Glück auf dem Rücken der Pferde erst einmal auf später verschoben wurde. Dafür gab es umso intensiver vormilitärische Ausbildung rund um das Schlageterkreuz. Zuerst zu Fuß, später dann meist mit Pferd am Zügel und selten, aber auch im Sattel. Ich bin sicher, daß ich die Gesamtheide in knietiefem Sand und Erikabewuchs mehr als einmal durchkrochen habe. Von diesen Torturen einmal abgesehen, war die Heide jedoch ein herrliches Fleckchen Erde, und es ist schade, daß man heute im Gefüge des an der Stelle errichteten Einfamilienhausbereichs so gar nichts mehr von der Ursprünglichkeit der kargen Heidelandschaft spürt.

Mit dem härter werdenden Krieg in Rußland hieß es auch für uns eines Tages, Abschied nehmen von Diana, Herold, Hera und wie unsere Tierkameraden alle hießen. Wir haben sie bis zur Bahnhofsrampe begleitet und still manche Träne verdrückt, weil wir wußten, daß es ein Abschied von guten Freunden für immer sein würde. Der Abschied von den Vierbeinern, gleichzeitig ein Abschied von Golzheim, war auch ein Abschied von Kindheit und Jugend.

In rascher Folge überschlugen sich danach die Ereignisse: Luftwaffenhelferzeit, Arbeitsdienst, Kriegsdienst, Gefangenschaft. In nur knapp drei Jahren verzeichnet mein Lebenslauf mehr einschneidende Erlebnisse als die folgenden Jahrzehnte meines Lebens. Dann unversehrt und glücklich wieder zu Hause, ging es um den schnellstmöglichen Existenzaufbau. Bauhelfer, Zeichnerlehre, Studium. Assistentenzeit – und nach gewonnenem Wettbewerb für ein Schulzentrum 1954 selbständig als Architekt in Düsseldorf. Golzheim jedoch hatte ich weitgehend aus meinem Bewußtsein verdrängt, war ein Relikt aus fernen Kindertagen. Dazu kam außerdem, daß durch Beeinflussung namhafter Lehrer im Studium und eigene Beschäftigung mit dem zeitgemäßen Wohnungsbau das Beispiel Golzheim zwar von mir noch immer als städtebauliche Meisterleistung der Vorkriegszeit akzeptiert wurde, die einzelnen Häuser jedoch, so fand ich damals, eine provinzielle Biederkeit ausstrahlten, die dem Individualismustrend der 60er Jahre nicht mehr gerecht wurden. – Welch eine Fehlbeurteilung! – Aber man verzeihe mir. Mein Examen lag gerade zehn Jahre hinter mir, und ich war noch in der Phase, wo man glaubt, die Welt verändern zu können; hatte gerade Mies van der Rohe in Amerika besucht, das heißt ich hatte neue Götter gefunden, oder meine erste Liebe hatte ihren spontanen jugendlichen Reiz verloren.

Da ergab es sich, daß ich auf der 1. Boot-Messe im alten Ausstellungsgelände den von mir sehr geschätzten Kollegen H. Sch. traf, der mich, nachdem wir eine Weile maritim gefachsimpelt hatten, um mein Daumendrücken bat, da gerade im Liegenschaftsausschuß der Stadt über seine Bewerbung für ein Grundstück in Golzheim entschieden würde.

Und da war es wieder – das Zauberwort vergangener Tage – »Golzheim«« Sch. ergänzte, daß im Gesamtbereich der Siedlung noch einige Grundstücke vakant seien, aber das Interesse daran groß sei, und eine Bewerbung schnell erfolgen müßte.

Des Kollegen Empfehlung stimmte mich euphorisch, obwohl ich aus einer Vielzahl von Bewerbungsablehnungen für Grundstücke in Garath und Benrath-Süd – trotz, wie ich glaubte, bester Fürsprecher – hätte vorgewarnt sein müssen. Und so kam es, wie vorauszusehen. Dank für die Bewerbung – Bestätigung, daß es zwar Grundstücke gibt – jedoch Vorhalten für wichtige Leute – danach Funk- und Poststille – Resignation.

Doch das Glück kommt manchmal unverhofft und unerwartet. Auf einer Weihnachtsfeier 1969 erfuhren wir, daß gerade ein »Wichtiger« von einer Bewerbung zurückgetreten sei, stießen in die Lücke, und da die Verwaltung nur die Namen ändern mußte, waren wir wenige Tage später glückliche und stolze Anwärter auf ein Grundstück in Golzheim.

Ein kleiner Wermutstropfen blieb jedoch – wie gern hätte ich meinen Vater mit dem Ankauf überrascht und gezeigt, daß man seine Träume nicht zu früh aufgeben darf. Doch das Schicksal hatte ihn uns ein Jahr zuvor genommen.

Kaufpreisverhandlung, Notartermin – alles verlief ohne Schwierigkeiten, und selbst die gestrenge Bauaufsicht legte die einschränkenden Bestimmungen des Baurechts zum Schutz der Siedlungseigenart dem Sinne nach kollegial großzügig aus.

Blieb also, um die Realisierung unseres doch etwas, sagen wir, eigenwilligen Häuschens ohne große Störungen durchführen zu können, der notwendige Kontakt mit den unmittelbaren Nachbarn. Wieder leistete Kollege S. erste Hilfestellung, und gleich bei meinem ersten Besuch erwies sich die

Hausfrau als eine engagierte, der Architektur nicht fremde Dame, bei deren Vater, einem bekannten Stuttgarter Architekten, ich während der Semesterferien 'mal einen kurzen Büroeinblick hatte. Zudem hatte diese Rechtsanwaltsfamilie G. eine Tochter, gleichaltrig meiner Tochter, so daß auch über gemeinsame Schulprobleme schnell nachbarlicher Kontakt geschlossen wurde. Ergänzend sei noch vermerkt, daß die Hausfrau, kommunalpolitisch kulturell engagiert, für mich als ihren politischen Antipoden eine positive streitlustige Nachbarschaft begründete. Aber auch bei allen anderen Nachbarn fand ich für meine Bauziele positive Resonanz. Mein direkter Nachbar – von Beruf Arzt – aber auch leidenschaftlicher Hobbygärtner – empfahl sogar das Einreißen der Zäune – und gemeinsame Freiraumgestaltung. Wir waren von den Möglichkeiten begeistert. Zum Glück – oder auch nicht – hatten jedoch unsere Hunde Berührungsängste – was wir mit einem bedauernden Achselzucken quittieren mußten.

Den, wie ich glaubte, schwierigsten Besuch hatte ich mir bis zuletzt aufgespart. Meinem linken Nachbarn, unserem langjährigen Oberbürgermeister, ging der Ruf voraus, ein äußerst kritischer Zeitgenosse zu sein. Mein Besuch bestätigte Volkes Stimme. Dennoch nahm die ganze Aktion einen sehr positiven Verlauf, weil die Frau des Oberbürgermeisters und meine Frau sich sahen und gleich einen sehr herzlichen Kontakt hatten. So blieben Bauzeit und späteres nachbarschaftliches Zusammenleben frei von Zwist, und gelegentliche Nachbarschaftstreffen zeigten die Verbundenheit ansonsten sehr individueller Gruppierungen. Ein kleines Ärgernis blieb jedoch bei allem sonst Positiven. Unser Hund Abbo, er konnte sich mit der neuen Umgebung nicht anfreunden, ließ keine Gelegenheit verstreichen, Raufereien zu beginnen, bei denen er zwar meist den kürzeren zog, was ihm aber dennoch offensichtlich viel Spaß machte. Die steigenden Tierarztkosten zwangen uns dazu, Hundeausgangszeiten und Ausgangswege untereinander abzustimmen. Dies war wiederum ein Beweis für gute Nachbarschaft. Mit der Zeit starben die engagiertesten Kämpfer aus, und wir erlebten über nunmehr drei Jahrzehnte eine friedliche Nachbarschaft. Viele der Älteren verließen uns und neue, Jüngere fügten sich nahtlos in die bestehende Gemeinschaft ein – alle noch beeindruckt von der Geschlossenheit einer nach wie vor vorbildlichen Gesamtsituation.

Aber nicht nur als Wohnort wurde mir Golzheim vertraut. Nachdem ich 1966 als Dozent an die damalige Peter-Behrens-Werkkunstschule berufen wurde, einige Jahre mit unseren Vorlesungs- und Seminarräumen durch die Stadt vagabundierte, gefiel es dem Land NRW, uns durch Anbau an die bestehende Ingenieur-Schule in der Georg-Glock-Straße eine ausreichende Lehrstätte zu erstellen. Für mich eine ideale Situation – da auch gleichzeitig die Büroräume meiner damaligen Architekten-Partnerschaft Dansard-Kalenborn und Partner in einem Bürohaus des bekannten Kollegen Schneider-

Esleben in Golzheim Unterkunft gefunden hatten, standen Wohnen – Lehre – Architektentätigkeit in idealer räumlicher Zuordnung.

Da wir nach einem gewonnenem Wettbewerb auch noch auf der schon so oft angesprochenen Festallee anstelle der neuen Kunstakademie das Aquarium bauen konnten, war diese Konstellation auch für die Lehre ideal. Es ist mir in der Folgezeit immer wieder von Studenten bestätigt worden, wie gerade der Zusammenklang von Lehre mit Anschauung am gebauten Objekt für ihr Studium wesentlich war.

Jedoch die Zeiten haben sich geändert. Die am Rande der Großstadt liegende Idylle weckt Gelüste bei zahlungskräfigen Interessenten – die Stadtplanung vertritt die Auffassung, daß eine noch so erhaltenswerte Grundstruktur auch gesellschaftlichen Veränderungen ihrer Nutzer offen sein muß, und so findet bei jedem Eigentümerwechsel ein face-lifting statt, meist noch aus Respekt vor den Gründern nur gartenseitig; aber es ist nur eine Frage der Zeit, wann die gesamte Baustruktur sich verändern wird. Ein Relikt aus vergangenen Tagen sind eigentlich nur die Künstlerhäuser, die so ganz allmählich an baulicher Substanz und gepflegtem Umfeld verlieren, vielleicht weil sie im Laufe der Zeit bei der Liegenschaft in Vergessenheit geraten sind.

Aber jeder Wandel hat natürlich auch sein Gutes. So wehrt sich die neue Eigentümergemeinschaft bis jetzt erfolgreich gegen eine Straßenbahnlinie zur Messe durch den Nordpark und auch gegen allzu massive Bebauung an der Orsoyer Straße, der Hermann-Weill-Straße und der Kaiserswerther Straße. Immerhin ein Hoffnungsschimmer, daß meine in die Jahre gekommene Geliebte trotz Behängung mit viel »Modeschmuck« die Spuren einstiger Schönheit nicht ganz verliert, und daß nach Einleben der neuen Besitzer *Ashleys-Garden* hoffentlich der Treff gleichgesinnter Siedlungsfreunde werden kann, den der *Golzheimer Krug* für die Bewohner der 30er Jahre einmal war.

FRIEDERICH WERTHMANN

»Zu-Fall und Notwendigkeit?« (J. Monod)

Meinen ersten Besuch in Kaiserswerth machten mein Vater und ich im Juni 1937 mit dem Fahrrad vom Nord-Ost-Rand von Wuppertal kommend. Ich war also neuneinhalb Jahre jung. Beeindruckt von Stille und Idylle, von Kühen und Pferdegespannen auf den Straßen, qualmenden Raddampfern und endlos erscheinenden Schleppzügen auf dem Rhein. Es war sehr warm, und auf dem sandigen Weg am Rhein entlang aufwärts gab's einen »Platten«! Man konnte den Flugplatz – der noch klein war – von der Stelle, an der repariert wurde, sehen, zwischen Rheinfähre und heutigem Gentenberg oder etwas weiter?

Zurück über die Gerresheimer Glashütte durchs Neandertal kamen wir um Mitternacht wieder nach Hause. Wir hatten über 90 Kilometer hinter uns und waren völlig erschöpft. Der zweite, schon intensivere Besuch in und bei Kaiserswerth war 1951. Wir waren zu dritt, ein Zimmermann, Sohn des Bauherren, und zwei Maurer. Wir bauten in zehn Wochen bei großer Hitze ein Einfamilienhaus. Bis 1958 war mein Leben noch so eingeteilt: Wenn ich Geld verdienen mußte, konnte ich nicht arbeiten, und wenn ich arbeitete, verdiente ich kein Geld. Wer wollte schon Kunst haben? Jedenfalls waren die zehn Wochen Arbeit, etwa 14 Stunden pro Tag, oft auch mehr, auf und an einem Bau wichtig für Kontakte, spätere Verbindungen und ausschlaggebend für den Ortswechsel von Wuppertal nach Düsseldorf.

1956 mietete ich eine Scheune in Kaiserswerth und baute sie zu Atelier und Wohnung aus, mit Fenstern und Türen, Balken und Brettern aus einem Haus auf der Cecilienallee, welches gerade renoviert wurde. Heide Sauer und ich heirateten.

Es folgten Jahre mit ungewöhnlichem Auf und Ab, mit Verlust und Gewinn. 1958 wurde die Tochter Friederike geboren. Es gab 1959 einen Kunstpreis, und mit diesem Geld war ich plötzlich in der Lage, ein Haus zu kaufen bzw. anzuzahlen. Das Haus an der historischen Alten Landstraße, sehr verkommen, ein ehemaliges Landgericht, Baujahr 1709, war im Besitz einer Erbengemeinschaft, aus vier Parteien bestehend, mit je einem Viertel Anteil. Zu dem Anwesen gehörten noch einige Schrebergärten mit Hühnern, Gänsen, Karnikeln, Ratten etc. Es kam also mit einem Schlag zu der Situation »Einer gegen 12«, denn ich hatte mit insgesamt 12 Parteien zu tun, Besitzern und Mietern. Schon bald gab es Anklagen und Gerichtsverhandlungen gegen mich, weil ich anfing, die »Villa Wanzenburg« zu renovieren. Ein

Freund, Gartenarchitekt Roland Weber, meinte: »Das ist ja wie Kleinmoskau«. Später gestaltete er den Garten, nachdem ich sämtliche Zäune und Buden entfernt hatte. Seltsamerweise habe ich die gegen mich angestrengten Prozesse alle gewonnen, zum Teil auch ohne Beistand eines Anwaltes, der hin und wieder die häufigen Termine vergaß. Die Prozesse waren so, wie der Gesammelte Briefwechsel von Jos. Filser (L. Thoma) – aber auf rheinisch! Zum Lachen komisch. Mancher dieser Prozesse endete damit, daß der Richter gegen die klagende Partei die Räumung anordnete, weil er empört war über die »Chuzpe« der Kläger.

Bis 1961 hatte ich drei Viertel der Anteile kaufen können, jedoch spekulierte die Besitzerin des letzen Viertels auf Zeit und auf meine Renovierung. Da aber das Ziel einer Erbengemeinschaft die Auflösung ist, habe ich den Komplex zur Zwangsversteigerung kommen lassen, um ihn ganz ersteigern zu können. Es war eine Zitterpartie, die aber mit nur einem »blauen Auge« endete. Eine Partei hatte lebenslängliches Wohnrecht, zu gegenseitigem Nutzen.

Nach heftigen Renovierungsarbeiten konnte ich im Oktober 1962 in einen Teil des Hauses einziehen – ohne Frau und Tochter, die am 1. Oktober 1962 tödlich verunglückten. Heide war 26, Friederike 4 Jahre alt.

1960-1962 hatte ich immer wieder Anfragen von Hochschulen und Kunstakademien, ob ich einen Lehrauftrag annehmen möchte. Besonders Herr von Buttlar von der Kunstakademie in Hamburg bat mich mehrere Male mitzumachen. Aber ich war zu dieser Zeit derart in Düsseldorf eingebunden, daß ich gerade noch die Metall-Klasse in Kassel einrichten mochte, die es bis 1962 noch nicht gab, dort aber prompt mit hinderlicher Bürokratie zu tun bekam, und zudem noch mit eifersüchtigen Kollegen. Insgesamt eine antikünstlerische Erfahrung, die man nicht weiterempfehlen kann. Eine meiner Skulpturen bekam daraufhin den Titel »Von Kassel bis Oktober«, eine Wegbeschreibung von Ort und Zeit, heute im Von-der-Heydt-Museum in Wuppertal.

Das vorher beschriebene Rauf und Runter nahm kein Ende. Inzwischen hatte ich mit meiner Arbeit so viel Erfolg, daß ich 18 Stunden am Tag eingespannt war, um überhaupt fertig zu werden, durchzukommen. Einige der zu dieser Zeit entstandenen Skulpturen wurden zu markanten Punkten in Düsseldorf, darüber später mehr.

Manchmal waren es Wettbewerbe, die solche Arbeiten auslösten oder, dies kam bei mir häufig vor, ich hatte eine Skulptur in Arbeit und konnte sie bei einer Aufforderung zum Wettbewerb anbieten. Das Modell mußte nach – nicht vor! – dem Original hergestellt werden. So war das pünktliche Einhalten der Termine meistens gewährleistet. Außerdem hatte ich einen sehr tüchtigen und sympathischen Mitarbeiter bis 1966. Dann gabs einen fürchterlichen Krach nach zwölf Jahren freundschaftlicher Zusammenarbeit. Der Streit hatte mich sehr mitgenommen, so daß ich eine Zeitlang wie gelähmt war.

Ich glaube, daß aus diesen Zeilen schon hervorgeht, wie mein Leben von 1956 an mit Kaiserswerth und Düsseldorf verbunden, ja sogar verflochten wurde. Besonders durch das Haus, in dem wir, meine Frau Maren Heyne und ich seit 1963 leben und arbeiten. Maren Heyne kam als Architekturstudentin der TH München mit ihrem Vater, um das kurz zuvor renovierte Haus zu besichtigen. Das war im März 1963. Der Blitz traf uns, und Maren blieb. Ihre Kenntnisse und Bildung waren eine gute Voraussetzung dafür, daß sie eine außergewöhnliche Fotografin wurde.

Themen: »Wie verändert sich der Stil einer Architektur, wenn sie aus dem gemäßigten Klima Europas in die Tropen ›transplantiert‹ wird«, stellte sie sich selbst. In der Karibik gibt es englische, dänische, spanische, französische, holländische Architektur. Ich machte als »Bodyguard« und neugieriger Begleiter mit. Oder: eine Dokumentation, von der Geburt bis zum Tod, über ein Dorf, 1000 Meter hoch in den Alpen, woran sie achteinhalb Jahre arbeitete. Oder: Spuren jüdischen Lebens in der ehemaligen preussischen Rheinprovinz bzw. ein Bildband über jüdische Friedhöfe im Rheinland. Sie hatte die schöne Gelegenheit, all diese Arbeiten im Düsseldorfer Stadtmuseum auszustellen, welches sie unter anderem mit einer Foto-Dokumentation über die Düsseldorfer Karlstadt beauftragte.

Das Haus und das Grundstück haben eine Geschichte, die, historisch bemerkenswert, auf die Mutter von Karl dem Großen zurückgeht, weil Suitbertus etwa um 700 eine Insel im Rhein geschenkt bekam, damit er mit Bonifatius und der Lioba gemeinsam das Land am Niederrhein christianisieren könne. Diese Insel hieß dann Suitbertuswerth.

Er gründete viele Kirchen, die in der Zeit Barbarossas (um 1150) im romanischen Stil »renoviert« wurden. Unter anderem die Walburgiskirche, die so ausgesehen haben mag, wie die von Wittlaer oder Kalkum. Die Walburgiskirche stand bis 1702 dort, wo dann 1709 das Landgericht erbaut wurde. Die Kirche wurde im spanisch-französischen Erbfolgekrieg geschleift, weil sie den Kanonen im Weg war, die man für die Zerstörung von Kaiserswerth, besonders der Pfalz, aufgebaut hatte.

Die Befugnisse des Landgerichtes reichten bis zu Napoleons »Korrektur« von Mülheim bis Siegburg. Man halte sich den historischen Flickenteppich, aus dem Deutschland bis zum Wiener Kongreß bestand, vor Augen!

Heute erinnert noch ein Bildstock an die zerstörte Walburgiskirche. All diese scheinbar äußerlichen Dinge haben sich als Prägungen erwiesen. Unsere Vergangenheit und der Ort an dem wir leben, hat uns geprägt. Ich denke dabei an den Titel des Buches von C. Bielenberg: »The past is myself«. Wunderbar knapp und präzise.

Kaiserswerth, des Kaisers Insel, viel älter als Düsseldorf, wurde 1929 eingemeindet, und wenn Kaiserswerther sagen, sie gingen in die Stadt, dann meinen sie Kaiserswerth und nicht Düsseldorf. Namen wie: Krusen

Döres (Theodor Kraus) oder Schmitze Bakes (Bäcker Schmitz) sind Ausdruck von Eigenständigkeit und familiärem Charakter.

Das Leben mit all den positiven, aber auch negativen Seiten ist schon liebens- und lebenswert. Obwohl man als Anrainer des Flughafens mit falschen Versprechungen, Urteilen des Oberlandesgerichtes Münster, das ja weit weg ist, sich verschaukelt fühlt. Gerade noch waren 75.000 Flugbewegungen erlaubt und heute? Die neue nördliche Start- und Landebahn sollte nur für den Notfall zur Verfügung stehen – und heute? Lärm, Ruß und Gestank sind zu einer ununterbrochenen Belästigung für uns Anrainer geworden. Man stelle sich vor, wir würden die Schalldämpfer unserer Autos demontieren! Kein Flugzeug hat einen Schalldämpfer!

Liebenswertes Düsseldorf: durch Freunde, Bindungen, Verbindungen und Anbindungen, ja auch verkehrsmäßig, geographisch. Man ist mal eben in Köln, Wuppertal, Aachen, Krefeld, Duisburg, Essen, Oberhausen etc. Einige Beispiele der neueren Architektur sind sehr interessant. Die Anbindung an den Rhein, die Uferpromenade, das neue Hafenviertel bis schließlich einiges, was erhalten werden konnte – man denke an den »Malkasten« – beinahe verkauft, von einer Institution, der der »Malkasten« nicht einmal gehörte!!

Es gibt zwischen Wülfrath und Dornap ein Dorf namens Düssel, auch an der Düssel. Wollen wir nicht endlich mal die Namen tauschen? Düsseldorf gibt die Endung Düssel, dem Dorf ab. Düsselstadt ist in letzter Zeit wirklich städtischer geworden.

Habe ich Wünsche an und für die Stadt? Einige:

1. Den Kulturinstituten eine bessere, höhere finanzielle Ausstattung zu geben;
2. daß die Kunst- und Kulturstadt sich nicht so nebenbei, ungerechtfertigt so nennen sollte;
3. daß das Kulturamt sich fürderhin nicht einem Autokannibalismus hingibt, indem es eigene Zweige selber »konsumiert« bzw. abstößt. Was wäre, wenn wir die Kunst aus dem Kunstmuseum verkaufen? Ein Paradoxon!
4. Daß die Verwaltung nicht weiter dem Parkinsonschen Gesetz verfällt, gemeint ist der Philosoph Parkinson, nicht der Mediziner, also eine schlankere, flinkere Verwaltung, die nicht glaubt, Zweck ihrer selbst zu sein.

Wenn ich meine Arbeiten, die in Düsseldorf sind, aufzählen sollte, so möchte ich mit der »Diabolo« anfangen, weil ich die 1978 der Stadt lieh und im Rheinpark aufstellte, und seitdem ist »Funkstille«. Die »Diabolo« gehört noch mir. Das Relief von 1965 im ehemaligen Wellenbad an der

Grünstraße habe ich zum Teil demontiert wegen des Abbruchs des Gebäudes. Die 10 Meter hohe »Pinökel« im Münsterpark ist auch wegen Umbaus wieder bei mir.

Oder die Skulptur »Trigon Düren« von 1957, die im Besitz des Kunstmuseums ist, aber in einem Depot der Stadtwerke wie Prüll gelagert wird und deswegen nicht zu sehen ist.

Oder die »Traumsegel« von 1963 im Bundesrechnungshof.

- Brunnen im Hof des Amtsgerichts, Liefergasse;
- Kugelbrunnen, Johanneskirche;
- »Stau«, Relief in der Berufsschule, Färberstraße
 (Relief von außen nach innen oder umgekehrt);
- »Pegasus«, Berufsschule am Hennekamp;
- »Endiadioin«, Heinrich-Heine-Universität Düsseldorf
 (griechisch für »doppelt gemoppelt«);
- »Trigon« ((Dreieck), Gymnasium am Poth, Gerresheim;
- »Ballung Brehm«, Brehmschule, Hanielpark;
- »Bab-el-Mandeb«, Philippuskirche, Lörick (arabisch – »Tor der Tränen«);
- »Ikarus« im Lichthof Neue Messe (Ikarus gefangen im Käfig);
- »Kulminierende Sphäre«, Schule Wittlaer;
- »Osso Duro«, LVA (italienisch für »harter Knochen«).

Während der Renovierung des Kunstmuseums gab der Direktor des Stadtmuseums Dr. Wieland Koenig mir die Gelegenheit, oben erwähnte Skulpturen im Katalog und einige mehr im Park seines Museums zu zeigen.

1970 bekam ich vom Kunstverein den Auftrag, eine Jahresgabe zu machen. Eine zweiteilige kleine Skulptur, mein erster Bronzeguß, hieß »Philemon & Baucis«. Zusammengesteckt wurden die Teile zur Kugel. Es gab fünf »Èpreuve d'artiste« und 50 Exemplare, alle in alle Winde verstreut.

Barbara Abedi
Zooviertel – Dorf in der Stadt

»Düsseldorf ist die maximale Definition eines Dorfes.« Dieser Satz, den ich kürzlich jemanden sagen hörte, kam mir spontan wieder in den Sinn, als ich mir für dieses Buch Gedanken zu machen begann über die Beziehung, die ich zur Stadt Düsseldorf habe.

Das tue ich so ganz bewußt eigentlich zum ersten Mal. Ich war acht Jahre alt, als meine Eltern mit mir nach Düsseldorf zogen, und mit ein paar Unterbrechungen lebe ich seitdem hier. Oder ich bin hier geblieben, vielleicht ist das der passendere Ausdruck. Wenn ich es mir aussuchen sollte, wo ich leben möchte, dann wäre es vermutlich eher Hamburg oder Berlin. Aber ich lebe nun mal in Düsseldorf, seit vielen, vielen Jahren, und ich lebe ganz selbstverständlich hier und gern.

»Düsseldorf ist die maximale Definition eines Dorfes«. Ich kam vom Dorf, als wir 1953 nach Düsseldorf zogen, meine Eltern und ich. Geboren wurde ich in Bremen, wo ich die ersten sechs Lebensjahre verbrachte. Dann zog es meinen Vater, einen Stahlkaufmann, beruflich nach Zürich – es sollten nur ein paar Monate sein, es wurden eineinhalb Jahre daraus. Meine Mutter und ich lebten solange bei meiner Großmutter in einem winzigen Dorf bei Solingen, wo mein Großvater Dorfschullehrer gewesen war, wo meine Mutter mit ihrer Schwester aufwuchs und wo uns jeder, aber auch wirklich jeder kannte. Die Freiheit dort war für ein Kind grenzenlos, ich kannte jeden Bauernhof, alle Felder, den Wald und alle Menschen, die dort wohnten. Die gesamte Umgebung war ein einziger Spielplatz. Überall durfte ich hin, allein oder mit anderen Kindern, Hauptsache, ich kam mit Einbruch der Dunkelheit nach Hause. Der Schulweg war weit, über eine halbe Stunde mußte ich durch Wiesen, Wald und Felder laufen, und wenn es im Winter sehr viel Schnee oder Glatteis gab, konnte ich gar nicht in die Schule.

Dann fand mein Vater eine Stelle in Düsseldorf, und wir zogen in eine Wohnung in der Sybelstraße im Düsseldorfer Zooviertel. Zuerst ging ich noch jeden Tag durch den Zoopark in die Paulusschule, einige Zeit später wurde die Schule in der Lacombletstraße fertig, da war der Schulweg ziemlich kurz. Daß mein Aktionsradius, verglichen mit dem Dorf, kleiner wurde, fiel mir eigentlich nicht auf. Denn auch im Zooviertel gab es viel Freiheit. Direkt neben unserem Haus befand sich ein großes Trümmergrundstück, auf dem man ganz wunderbar spielen und herumtoben konnte. Das wurde von meinen Eltern nicht sehr gern gesehen, aber ich tat es trotzdem. Man konnte

Verstecken spielen, auf Bäume klettern und – das war das Allerbeste – die »Igelfamilie« besuchen. Diese aus welchem Grund auch immer von uns so genannte Familie – Vater, Mutter und ein Baby – wohnte in einer selbstgebauten Baracke auf diesem Trümmergrundstück und war für mich ein faszinierender Anziehungspunkt. Meine Eltern hielten sie wohl für asozial, ich fand sie überaus spannend. Alles war anders dort in dieser Baracke, es war ein totaler Kontrast zu der wohlanständigen Bürgerlichkeit bei uns zu Hause. Die Einrichtung war anders, die Ordnung, die Sauberkeit, der Lebensstil und der Geruch. Daran merkte meine Mutter auch immer sofort, daß ich wieder dort gewesen war, meine Kleidung und meine Haare rochen nach Kohleofen, nach Essen, nach feuchten Windeln – nach »armen Leuten«.

Als ich 14 war, zogen wir ins eigene Haus in der Thomas-Mann-Straße. Das Zooviertel, das nur postalisch Düsseltal heißt, aber von niemandem so genannt wird, blieb mein Viertel. Ich ging in der Goethe-Schule zum Gymnasium, ins sogenannte Goethe zwei; erst in den letzten Schuljahren wurde daraus die neue Clara-Schumann-Schule in Stockum in der Tersteegenstraße.

Nach dem Abitur ging ich erst ein halbes Jahr in die Schweiz und dann zur Dolmetscherschule nach München, woran sich einige Jahre Auslandsaufenthalt anschließen sollten. Aber alles kam anders als geplant. Nach einer sehr kurzen Ehe war ich eine alleinerziehende Mutter mit einer kleinen Tochter. Und da meine Eltern anboten, sich an der Betreuung meiner Tochter zu beteiligen, kam ich nach Düsseldorf zurück und zog in meine erste eigene Wohnung, die wieder im Zooviertel lag.

»Düsseldorf ist die maximale Definition eines Dorfes«. Eines großen Dorfes, das sich aus mehreren kleineren Dörfern zusammensetzt. Das Zooviertel ist ein solches, ein ganz und gar autarkes Dorf, Oberkassel ein weiteres. Hier lebte ich mit meiner Tochter nach einem kurzem Umweg über Derendorf vierzehn Jahre lang mitten auf der lauten, lebendigen Luegallee, bis ich vor sechs Jahren wieder ins Zooviertel zurückkehrte. Oder fast. Eigentlich gehört die Hermannstraße schon zu Flingern, ist aber nur durch die Grafenberger Allee vom Zooviertel getrennt. Der Düsseldorfer Norden ist also mein Zuhause gewesen und geblieben. In die Innenstadt geht man zum Arbeiten oder zum Shoppen oder zum Bummeln. Die südlichen Stadtteile wie Bilk, Eller oder gar Benrath sind schon fast »exotisch«. Düsseldorf hat gleichzeitig die Vertrautheit einer Kleinstadt und die Anonymität einer Großstadt. Die Wege und Entfernungen sind kurz, man kennt sich, fühlt sich aber nicht beobachtet.

Auf den ersten oberflächlichen Blick ist Düsseldorf auch kulturell gesehen ein Dorf, und man ist rasch geneigt, mit neidischen Augen auf andere, »richtige« Großstädte zu blicken. Wenn man jedoch die Geduld und die Ausdauer hat, sehr genau hinzuschauen, entdeckt man eine Vielzahl an kulturellen Möglichkeiten, die man hier gar nicht vermutet hätte. Ich befinde mich gerade auf diesem Entdeckungstrip und bin überrascht von der Fülle der Angebote und von der Tatsache, wie vieles in Düsseldorf ich nach all den vielen Jahren noch entdecken und kennenlernen kann. Und im kleinen Rahmen kann ich sogar selbst etwas dazu beitragen. Das gefällt mir.

Beruflich bin ich keinen geraden Weg gegangen. Etwas mit Sprache – das war das einzige, was mir seit langem klar war. Ganz sicher keine Banklehre, die mein Vater mir so dringend ans Herz legte. Erst sollte es Journalismus sein. Doch ein Onkel von mir, der Chefredakteur bei der Berliner BZ war, riet mir davon ab. »Da kriegst Du nur die Frauenseite«, sagte er, »Politik, Wirtschaft und Feuilleton machen nur Männer, da kommst Du gar nicht erst dran«. So dachte man eben Mitte der 60er Jahre. Und Dieter Thoma vom WDR, den ich um Rat fragte, sagte mir ähnliches. »Lernen Sie doch erst mal was anderes«, sagte er, »und wenn es dann immer noch der Journalismus sein soll, können Sie es ja später noch mal versuchen«.

Also ging ich zur Dolmetscherschule nach München, lernte Englisch und Französisch und träumte davon, Literatur zu übersetzen. »Davon kann man nicht leben«, sagten meine Dozenten, »werden Sie lieber Wirtschaftsübersetzerin oder Simultandolmetscherin«.

Nach dem Abschluß als Diplomdolmetscherin wußte ich nur, daß ich das auch nicht wollte. Wirtschaft interessierte mich nicht, das Simultandolmetschen fand ich zu nervenaufreibend. Ins Ausland konnte ich nicht, weil ich wegen meiner kleinen Tochter an Düsseldorf gebunden war. Also suchte ich mir einen Job, bei dem ich meine Fremdsprachen einsetzen konnte und landete in der Werbeabteilung bei Helena Rubinstein. Zunächst als Sekretärin, aber da war ich nicht besonders gut. Ich dachte immer schneller, als ich tippen konnte, mit der Stenographie stand ich auf Kriegsfuß, und Kaffee kochte ich auch nicht gern. Mein damaliger Chef, der ein sehr kreativer Mensch war, ließ mich mein Organisationstalent entdecken und machte mich zu seiner Assistentin. Zusammen waren wir ein gutes Team. Sein Nachfolger war selbst gut im Organisieren, und so fand ich heraus, daß auch ich eine sehr kreative Ader habe, und auch wir beide wurden ein gutes Team.

Nach einem kurzen Ausflug in eine Personalagentur begann ich, in Werbeagenturen zu arbeiten. Zunächst als Assistentin in der Beratung, wo es unter anderem zu meinen Aufgaben gehörte, die Manuskripte der Texter ins Reine zu schreiben. Nach einiger Zeit fing ich an, diese Texte heimlich zu ändern, wenn mir etwas nicht gefiel. Und das führte dazu, daß ich beschloß, selbst Texterin werden zu wollen. Die damalige TEAM, heute BBDO, schon zu dieser Zeit eine der größten Werbeagenturen in Düsseldorf, gab mir diese Chance. Und es machte mir Spaß, sehr viel Spaß sogar. Später verlegte ich mich mehr und mehr darauf, Werbefilme zu konzipieren, zu schreiben und zu produzieren. Das war spannend, arbeitsintensiv und mit vielen Reisen verbunden, an die ich heute noch überaus gern und manchmal auch wehmütig zurückdenke. Venedig, Südfrankreich, New York, Südafrika – das waren die Highlights. Hamburg, München, London waren Alltag. Aber auch schön. Manchmal auch sehr, sehr stressig. Ein Job, der unendlich viel Spaß macht, sehr aufreibend ist und sehr gut bezahlt wird. Und irgendwann hat man ein Alter erreicht, wo fast alle um einen herum jünger sind und die besseren Nerven haben. Also war vor sechs Jahren Schluß mit Werbung.

Was jetzt? Aufhören mit Arbeiten? Auf keinen Fall. Aber etwas ganz anderes sollte es sein. Die Idee war schnell da, denn es war eine alte Idee und eine Lieblingsidee. Eine eigene Buchhandlung. Kann ich das überhaupt? Nach ein paar Monaten Volontariat in einer großen Düsseldorfer Buchhandlung war ich überzeugt, es zu können. Wie man einen Kunden berät, ihn »umwirbt«, das hatte ich in meinen langen Jahren in der Werbung gelernt. Und gelesen habe ich immer schon viel und gern. Ein kürzliches Erbe gab mir ein Stück weit finanzielle Rückendeckung. Und wo wollte ich hin mit meiner eigenen Buchhandlung? Da war ich gedanklich sehr schnell im Zooviertel gelandet. Ich kannte die Gegend, ich kannte die dort wohnenden Leute, wenn schon nicht persönlich, dann doch ihren Lebensstil, ihre Vorlieben, ihre Abneigungen, ihren literarischen Geschmack, der mit meinem eigenen in vieler Hinsicht konform ist.

Am 1. April 1996 war es soweit: Mit großem Herzklopfen eröffnete ich die Buchhandlung *Barbara Abedi Bücher* in der Rethelstraße. Sicher gab es manche Fehler, manche Irrtümer, aber im großen und ganzen lag ich richtig. In der Einschätzung des Standortes, der Zielgruppe, des Sortiments. Ziemlich schnell wurden viele Kunden zu Stammkunden, deren Buchgeschmack ich kennenlernte und auch ihre Ehepartner, Kinder, Großeltern, Freunde und Bekannte. Und ich finde es immer wieder schön, wenn ein Kunde zu mir kommt und sagt: »Ich suche ein Buch für meine Freundin, Frau XY, Sie wissen doch, was die gern liest, empfehlen Sie mir was.« Oder wenn ein Kunde im Vertrauen darauf, daß ich seinen literarischen Geschmack richtig einschätzen kann, mit einem ganzen Bücherstapel den Laden verläßt und wiederkommt, um sich weitere Empfehlungen geben zu lassen.

»Düsseldorf ist die maximale Definition eines Dorfes«. Das ist, seitdem ich die Buchhandlung habe, mehr denn je der Fall. Gehe ich in meiner Mittagspause über die Rethelstraße, bleibe ich alle paar Schritte stehen, um einen Kunden zu begrüßen, der mir bei dieser Gelegenheit auch schon mal eine Buchbestellung mitgibt. Alle anderen Einzelhändler, die mich seit vielen Jahren schon als Kundin kennen, begrüßen mich jetzt mit Namen und bieten so nette Vergünstigungen an wie: »Sie können auch gern nach Geschäftsschluß noch klingeln!« oder »Wir bringen Ihnen das Brot (oder den Wein oder die Blumen) auch gern schnell vorbei.« Das erinnert an eine große Familie, und ich fühle mich »meinem« Viertel mehr denn je verbunden.

Als großes Highlight im Beruf des Buchhändlers empfinde ich die Lesungen. Gleich die erste in der neuen Buchhandlung war ein ganz besonderes Erlebnis für mich. Ich hatte Naomi Bubis eingeladen, die Tochter von Ignaz Bubis, die zusammen mit einer Co-Autorin ein Buch mit dem Titel »Shtika« geschrieben hatte, was übersetzt »Schweigen« bedeutet – das Schweigen der überlebenden Holocaust-Opfer ihren Kindern und Nachkommen gegenüber, ein Thema, das mich schon immer und immer wieder stark beschäftigt. Es wurde ein sehr dichter, intensiver Abend mit vielen Fragen und Aussagen jüdischer und nichtjüdischer Gäste. Viele weitere spannende und interessante Veranstaltungen folgten – mit Sigrid Damm, Rafael Seligmann, Barbara Honigmann, um nur einige zu nennen.

Buchhändlerin zu sein gefiel mir und gefällt mir immer noch ganz besonders. Ich tue das, was ich gern tue und was ich gut kann. Ich kann meine Ideen umsetzen und mich mit dem beschäftigen, was ich am liebsten tue: lesen.

So lag es denn auch nahe, daß ich sofort zugriff, als sich mir die Chance bot, zusammen mit einer anderen Buchhändlerin eine weitere Buchhandlung zu eröffnen: BOOKS & LOOKS, seit November 1999 in der oberen Etage der Kö-Galerie. Das ist nun ein ganz anderes Arbeiten als in der Rethelstraße: Es gibt sehr viel Laufkundschaft, auch aus der gesamten umliegenden Provinz, viele internationale Kunden, speziell zu Messezeiten und viele Firmenkunden. Man kennt die meisten nicht, oft wird auf die persönliche Beratung nicht so viel Wert gelegt. Aber vieles ist machbar, was in der kleinen Buchhandlung nicht möglich ist: Veranstaltungen in größerem Rahmen zum Beispiel oder Präsentationen speziell für Firmenkunden. Ganz nach unseren Neigungen und Talenten teilen meine Geschäftspartnerin und ich uns die Aufgaben: Ich bin zuständig für die Veranstaltungen, für die Werbung und die Öffentlichkeitsarbeit. Alles, was ich im Laufe meines beruflichen Lebens gelernt habe, ist anwendbar und kann fruchtbar eingesetzt werden. Und jeden Tag lerne ich etwas Neues dazu. Das gefällt mir über alle Maßen, und daß der Tag manchmal 16 Stunden hat und immer noch zu kurz ist, ist auch in Ordnung. Denn zwischen Beruf und Privatleben gibt es kaum eine Trennung, und das ist meiner Meinung nach das Beste, was ein Beruf hergeben kann.

»Lesen ist wie Atmen«, lautet ein Zitat. So ist es auch für mich. Lesen ist genau so selbstverständlich, so notwendig und so unverzichtbar. Lesen eröffnet ganz neue Welten, macht mit vielen unterschiedlichen Menschen und Gedanken bekannt und vertraut, erweitert mühelos den eigenen begrenzten Horizont. Für mich ist nichts so befriedigend wie eine gut erzählte Geschichte. Ich bin kein Allesleser, ich bin kein Leser von Pflichtlektüre, ich bin ein reiner Genußleser, ein gieriger. Ich finde es wunderbar, einen möglichst großen Stapel vielversprechender, ungelesener Bücher daliegen zu haben, auf deren Lektüre ich mich freuen kann.

Ich lese jedes Buch mit Begeisterung, das mir eine gute, eine spannende, eine interessante Geschichte erzählt. Egal zu welchem Thema. Und das war schon immer so. Mein Vater las in jeder freien Minute, in der er nicht arbeitete. Meine Mutter konnte unendlich viele Gedichte auswendig und hat als junge Frau selbst welche geschrieben. Das Vorlesen, das Geschichten- und Märchenerzählen spielte in meiner Kindheit eine ganz wichtige Rolle. Später auch das gemeinsame Anhören von Hörspielen im Radio. Als kleines Mädchen hörte ich am liebsten Andersens »Kleine Seejungfrau«. Obwohl ich zum Entsetzen meiner Eltern jedes Mal schrecklich weinen mußte, wollte ich das Märchen immer wieder hören. Meine Großmutter erzählte mir von Genoveva, auch das brachte jedes Mal Tränen hervor und ein »bitte noch mal erzählen«.

Sobald ich selber die ersten Worte lesen konnte, tat ich das mit nie erlahmender Ausdauer und Freude, an jedem Ort und zu jeder Zeit. Ich erinnere mich an einen Besuch bei meinem Vater in Zürich, ich war sechs und konnte gerade ein bißchen buchstabieren und Worte mühsam zusammensetzen. Damals gab es in Zürich statt Cafés überall sogenannte Tea Rooms, und ich buchstabierte und setzte zusammen und sagte staunend zu meinen Eltern: »Die Frau Tea Room hat aber viele Geschäfte hier ...«

Die Freude an Büchern und Geschichten habe ich an meine Tochter Isabel weitergegeben, die auch von Kindesbeinen an gern und viel gelesen hat. Und nicht nur das: Seit einigen Jahren schreibt sie auch selbst. Wunderschöne Kindergeschichten, für die sie nach langer Suche jetzt einen Verlag gefunden hat. Und auch ihre eigene Tochter, meine Enkelin Sofia, ist mit ihren fünf Jahren schon eine richtige Leseratte. Natürlich wird sie von ihrer Großmutter reichlich mit Kinderbüchern bestückt, sie geht keinen Abend ohne mindestens eine Gute-Nacht-Geschichte ins Bett – meistens werden es mehrere – und sie fängt schon an, mit viel Phantasie eigene Geschichten zu erfinden und zu erzählen. Daß diese Liebe zu Büchern so nahtlos von einer Generation zur nächsten »weitervererbt« wird, finde ich zutiefst befriedigend.

ALEXANDER WESTHOFF
Mein Weg zum Journalismus

Das war doch unmöglich. Das konnte überhaupt nicht wahr sein. Wir? Umziehen? Davon waren wir doch so weit entfernt wie Fortuna Düsseldorf von der Champions-League. Hatte ich mir als 14jähriger Junge Anfang des Jahres 1995 so gedacht. Doch meine Eltern hatten den Umzug in die Lakronstraße nach Gerresheim schon fest ins Auge gefaßt. Gerresheim? Liegt das überhaupt noch in Düsseldorf? Die Gerresheimer sind doch dieses Bergvolk, die durch den Grafenberger Wald fast völlig von der Außenwelt abgeschnitten sind. Für mich lag das, um es freundlich zu umschreiben, am »Gesäß der Welt«. Was hatte ich da zu suchen?

Meine Eltern versuchten mir zwar einzureden, daß alles in unserem neuen Haus viel schöner werden wird. Größere Kinderzimmer, größerer Garten und ... und ... und.

Für mich gab es doch aber nichts Schöneres als unsere Wohnung in der Sybelstraße im wunderschönen Zoo-Viertel unweit des Zoo-Parks. Dieses über Jahre hinweg liebgewonnene Umfeld konnte man doch nicht einfach grundlos aufgeben.

Wie sehr würde mir unser kleiner Garten fehlen! Wie viele Kindergeburtstage von meinem Bruder Frederik und mir sind auf diesem Fleckchen Erde schon gefeiert worden! Wie viele Blumenbeete meiner Mutter mußten den unzähligen Hockey- und Fußballmatches damals Tribut zollen! Ich habe auch den beiden Apfelbäumen immer verziehen, daß ihre Früchte so extrem sauer waren. Es ist eine echte Herausforderung, einen dieser Äpfel zu verspeisen, ohne eine Grimasse zu ziehen.

Die Sybelstraße 33, Verbindungsstraße zwischen Heinrichstraße und Brehmstraße: Die Garageneinfahrt gegenüber eignete sich hervorragend zum Skateboardfahren, und die Narbe an meinem linken Zeigefinger wird mich wohl auf ewig an diese wilden Fahrten erinnern. Auf dem breiten Bürgersteig der anderen Straßenseite haben wir uns häufig mit Kreide ein Tennisfeld aufgemalt. Stundenlang versuchten wir, die Technik unserer großen Idole Boris Becker, Michael Stich und André Agassi zu kopieren. Bis der Regen unseren »Centre Court« in den Gulli spülte, oder der »böse« Hausmeister des gegenüberliegenden Hauses uns verscheuchte. Seinen Namen habe ich nie erfahren, für uns Kinder war er immer nur der böse Hausmeister.

Sehr schöne Erinnerungen habe ich an die vielen warmen Frühlings- und Sommertage. Wie auf ein Zeichen kamen am späten Nachmittag viele Kinder der Sybelstraße und zahlreiche Freunde vor die Tür. Dann spielten wir so lange Verstecken, bis die Eltern nacheinander zum Abendessen mahnten. Ich weiß noch genau, als Versteck galten nur die Vorgärten und die auf dem Bürgersteig parkenden Autos zwischen der Hompeschstraße und Im Rottfeld. Oft stellte meine Mutter für alle Getränke und Wurstbrote auf unsere Vorgartenmauer. Es wurde nie langweilig, wir fanden immer wieder neue Verstecke.

Hier konnte ich doch nicht so einfach wegziehen!

Auch der kurze Schulweg zum Goethe-Gymnasium in der Lindemannstraße sprach für den Standort Sybelstraße. Mein bester Freund Christian holte mich jeden Morgen zwischen 7.35 Uhr und 7.40 Uhr zu Hause ab, und wir radelten gemeinsam zur Schule. Wir brauchten nie länger als eine Viertelstunde. Auf jeden Fall reichte es, um die Fußballspiele des vergangenen Tages zu »analysieren«.

Zugegeben, es gab schon ein paar klitzekleine Nachteile an unserer Wohnung. Wir hatten ein Zimmer zu wenig, so daß meine Eltern jeden Abend das Wohnzimmersofa in ein Ehebett umfunktionieren mußten, damit mein Bruder und ich jeder in einem eigenen Kinderzimmer regieren konnten. Und in der Küche bekam man schon zu zweit Platzangst.

Aber es war mein zu Hause, das zu Hause der Familie Westhoff. Ich konnte mir gut vorstellen, irgendwann meinen Altersruhesitz im Erdgeschoß der Sybelstraße 33 einzurichten.

Doch aller Protest war vergebens. Ostern 1995 zogen wir in der Lakronstraße ein. Den schönen Erinnerungen war die Neugier auf die neue Umgebung gewichen. Doch der erste Schreck kam schnell. Der Nachbarsjunge erklärte sich bereit, mit meinem Bruder und mir, »Gerresheim-City« per Fahrrad zu erkunden. In diesem verwinkelten Viertel werde ich mich doch in 100 Jahren nicht zurechtfinden, klagte ich. Im Nachhinein dauerte es weniger als zehn Tage. Abgesehen davon mußte ich insgeheim doch zugeben, hätte ich damals natürlich nie laut gesagt, daß es hier so schlimm auch wieder nicht ist.

Doch die Fahrradtour hielt noch eine größere Überraschung bereit: Wir radelten unter den sachkundigen Erklärungen des Nachbarsjungen an der Gräulinger Straße entlang, als unser Führer uns mit ausgestrecktem Zeigefinger auf das Gerresheimer Krankenhaus aufmerksam machte. Da fiel es mir wie Schuppen von den Augen: Ich war nicht, wie die Mehrzahl meiner Freunde, im Vinzenz-Krankenhaus geboren, auch nicht in der Uni-Klinik oder im Marien-Hospital. Nein, ich war doch im Gerresheimer Krankenhaus geboren. Ich bin ja ein Ur-Gerresheimer! Das Schicksal verschlug mich also zurück an meine Geburtsstätte.

Von da an, glaube ich, hatte unser neues Eigenheim einen entscheidenden Pluspunkt von mir erhalten.

Heute behaupte ich, daß das große Haus ein Glücksfall für die gesamte Familie ist. In der Sybelstraßen-Wohnung hätten wir sicherlich nie unsere Hündin »Momo« angeschafft, die aus unserer Familie gar nicht mehr wegzudenken ist. Sie darf so viele schwarze Haare in den Wohnräumen verteilen, wie sie will, und auch, wenn sie den Inhalt ihres Wassernapfes über die Küche ergießt – kein Problem. Auf dem hellen Teppichboden in der alten Wohnung waren schon ganz andere Sachen ein Problem.

Zugegebenermaßen liegt Gerresheim gar nicht so weit außerhalb. Für den Schulweg zum Goethe-Gymnasium brauchte ich etwa 20 Minuten mit dem Fahrrad und mit der Straßenbahnlinie 703 ist man auch ruck zuck in der Innenstadt. Mit der Zeit habe ich auch gemerkt, daß der Grafenberger Wald uns doch nicht von der Außenwelt abschneidet. Heute empfinde ich es eher als Privileg, an Düsseldorfs grüner Lunge wohnen zu dürfen.

Wir haben uns in den fünf Jahren von 1995 bis 2000 sehr gut eingelebt. Und ich glaube, keiner aus meiner Familie sehnt sich noch an die Zeiten in der Sybelstraße zurück. Doch wenn ich durch die Sybelstraße fahre, überkommt mich oft etwas Wehmut: Mein ehemaliges Kinderzimmer zur Straße hin, früher hell erleuchtet und mit Aufklebern an der Scheibe, ist heute fast zu jeder Tageszeit mit dunkelbraunen Vorhängen verhängt. Hinter diesem Fenster war mein Schreibtisch. Von diesem Platz entging mir nichts, was auf der Straße passierte.

Zu irgendeinem Weihnachtsfest, ich schätze, ich war sieben Jahre alt, bekam ich ein Geschenk, das »Mein Postkasten« hieß. Inhalt war eine Original Briefträgermütze, eine Briefträgertasche und unzählige Formulare, sowie kleine Briefumschläge. Kaum waren die Weihnachtsfeiertage vorbei, begleitete ich unseren Postboten, der schon so lange ich denken kann, auf der Sybelstraße die Post austrägt, auf seiner Tour. Ich habe ihn immer bewundert, wie zielsicher er die richtigen Briefe aus seiner Tasche fischte und energischen Schrittes in den Kästen versenkte. Damals beschloß ich, später Briefträger zu werden.

Sie müssen entschuldigen, lieber Leser, jetzt habe ich schon wieder mit dem uralten Kram angefangen. Na ja, jetzt bringe ich es kurz zu Ende: Jedenfalls habe ich unseren alten Postboten im September 2000 wiedergesehen. An den Schläfen etwas ergraut, aber immer noch mit dem gleichen energischen Schritt. Er hat mich leider nicht wiedererkannt.

In meiner Beziehung zu Düsseldorf, der Stadt, die ich nie länger als sechs Wochen am Stück verlassen habe, haben die Fußballer der Fortuna immer eine bedeutende Rolle gespielt. Auch wenn es in den vergangenen Jahren stetig bergab ging.

Jahrelang pilgerte ich mit Schulkameraden zu den Heimspielen der Fortuna ins Rheinstadion. Wir trafen uns in der Altstadt an der Heinrich-Heine Allee und fuhren mit der U 78 bis zum Stadion. Oft machten wir es den andern Fans gleich und kauften uns Bier in Dosen. Zum Thema Bier später mehr. Samstagnachmittags um 14.30 Uhr mit Bierdosen in der Hand, da fühlten wir uns richtig erwachsen. Ich glaube, nur die Vorfreude auf das Spiel oder die Hoffnung auf einen der seltenen Heimsiege bewahrte mich vor Übelkeit und Ekel.

Wir standen immer an derselben Stelle im Stehplatz-Block 36 und kämpften, freuten und litten mit unserer Fortuna. Wobei das letztere natürlich überwog.

Meine Freunde machten ihrer Enttäuschung oft lauthals Luft, so daß ich nach so mancher bitteren Niederlage befürchtete, daß sie beim nächsten Spiel nicht dabei wären. Doch sie kamen immer wieder. Fortuna gehörte zum Wochenende dazu und war wie eine Sucht für uns.

Wenn meine »Leidensgenossen« über haarsträubende Abwehrfehler, die zu Gegentoren führten, zu toben anfingen, war ich immer der leise Trauernde, der so manches Mal auf den kalten Betonboden des Stehplatzblocks glitt, weil meine gepeinigten Augen nicht länger aufs Spielfeld starren konnten. Und ich glitt oft zu den Füßen meiner Mitstreiter. Sie ließen mich dann auch kurz da unten allein, weil sie wußten, der kommt gleich wieder hoch, wir können im Moment eh nicht helfen. In diesen Zeiten wurden sogar meine Freundinnen zu Fortuna-Anhängern. In den Stunden nach der Niederlage war ich offensichtlich derart unerträglich, daß sie immer zu Fortuna hielten, um dem Frust zu entgehen.

Absoluter Tiefpunkt war eine Fahrt zum Auswärtsspiel beim 1. FC Köln. Wir betraten also wie immer voller Hoffnung und in bester Stimmung »feindliches Territorium«. Fortuna spielte ordentlich und verlor wie so oft durch ein Tor in der 90. Minute 0:1. Ich bemerkte, wie sich einige von uns verstohlen ein Paar Tränen mit dem Fortuna-Schal aus den Augen wischten.

Auf der Rückfahrt im sogenannten Fan-Zug fingen die enttäuschten und betrunkenen »Fortunen« an, den gesamten Zug zu zerlegen. Die Beleuchtung wurde herausgerissen und aus der fahrenden Bahn geschmissen. Genauso verfuhren sie mit den Sitzen. Ich war entsetzt, daß genau die Leute, mit denen man sonst einträchtig, ein gemeinsames Ziel verfolgend, im Fanblock stand, dazu fähig waren! Da war es mir das erste und letzte Mal peinlich, ein Fortunafan zu sein.

Doch es gab auch Momente, die äußerst rar gesät waren, wo sich das Dasein als Fortuna-Enthusiast gelohnt hat. Ich erinnere mich an den spektakulären 3:1-Sieg über Bayern München im DFB-Pokal. Oder an das Fußball-Fest beim 2:0 gegen Borussia Dortmund. Da wurde man bei jedem Tor »unserer Helden« vier bis fünf Stufen im Block hinuntergespült und bemerkte die blauen Flecken erst am nächsten Tag.

In Bundesliga-Zeiten und Jahren in der 2. Liga verpaßten wir kaum ein Spiel, doch der Abstieg in die Drittklassigkeit ging über unsere Kräfte. Heute sind wir nur noch selten gemeinsam im Rheinstadion. Ich gehe immer noch gern zu den Heimspielen, auch wenn es am Ende heißt: 0:1 gegen Wilhelmshaven, August 2000!

Zu Düsseldorf gehört auch das Altbier. Doch ich hatte, obwohl hier geboren, immer eine zweifelhafte Beziehung zum dunklen Gerstensaft. Als meine Schulfreunde und ich im Alter von etwa 16 Jahren begannen, abends mal wegzugehen, konnte man sich natürlich dem Bier nicht mehr so einfach entziehen. Obwohl ich das Zeug überhaupt nicht mochte, ein paar zwang ich mir immer hinunter. Wie hätte das denn sonst ausgesehen? Der einzige in der Altstadt, der kein Bier in der Hand hält? Ne, das wollte ich auch nicht. Andererseits konnte dieser bittere Geschmack einen wirklich fertigmachen. Oft habe ich dann nach fadenscheinigen Argumenten gesucht, zum Beispiel: Ich muß morgen ganz früh raus, um nach einiger Zeit auf die weitaus schmackhaftere Cola umsteigen zu können.

In meinem Hockeyverein DSD war es ähnlich. Mit 16 durfte ich in die Herren-Mannschaft aufrücken. Und da war es üblich, gemeinsam nach dem Spiel noch »ein paar Bierchen« zu trinken. Hört sich harmlos an, war es für mich aber nicht. Je nach Spielansetzung auch schon mal sonntags nachmittags um 14 Uhr. Auch hier, ich war ja eh noch der Kleine, wollte ich mich unter keinen Umständen als »Bierhasser« outen.

Wenn nach dem Spiel gezapft wurde, kaufte ich mir ein Eis. Und das soll helfen, fragen Sie sich jetzt bestimmt, lieber Leser. Mir schon. Das sah dann folgendermaßen aus: In der linken Hand das Eis, in der rechten das Altglas. Erst einen kleinen Schluck Bier, und bevor sich der bittere Geschmack im Mund ausbreiten kann, flugs am Eis geleckt und den Geschmack neutralisiert. Nun, im Alter von 20 Jahren, komme ich auch ohne derartige Hilfsmittel aus, denn ich bin in der Zwischenzeit etwas auf den Geschmack gekommen. Vielleicht entwickele ich mich noch zu einem echten »Düsseldorfer Jong«.

Postbote zu werden, ist übrigens nicht mehr mein sehnlichster Wunsch. Inzwischen habe ich ein klares Ziel vor Augen: Ich möchte Journalist werden. Angefangen hat alles mit einer Unterrichtsreihe über Zeitungen im Fach Deutsch. Meine Lehrerin Frau Schlegel hat damals mein Interesse geweckt und mir ausnahmsweise eine Zwei auf dem Zeugnis gegeben. Das war wahrscheinlich die Initialzündung.

In der 11. Klasse bekam ich dann einen Schüler-Praktikumplatz in der Lokalsportredaktion der Rheinischen Post. Nach den zwei Wochen dort wollte ich gar nicht mehr in die Schule zurück, ich hatte ja meine Berufung und den Sinn meines Lebens gefunden. Ein anderer Beruf kam von da an für mich nicht mehr in Frage.

Als dann eines Tages der Lokalchef der RP Hans Onkelbach einen Vortrag im Goethe-Gymnasium hielt, nahm ich all meinen Mut zusammen und fragte ihn, was ich denn tun müsse, um freier Mitarbeiter in seiner Redaktion zu werden.

Dann ging alles ganz schnell: Ich durfte über die erste Sitzung des »EU-Points« des CDU-Ortsverbandes Flingern berichten. Mein erster selbständig verfaßter Artikel überzeugte den RP-Redakteur Jürgen Grosche, und seitdem bin ich dabei.

Und seitdem kenne ich meine Heimatstadt viel, viel besser. Hafenfest in Lörick, Bäckerprüfung in Heerdt, Schützenfest in Stockum und so weiter. Man kommt herum in Düsseldorf und sieht immer wieder neue, interessante Gesichter seiner Stadt. Egal bei welchem Termin ich war oder über welche Veranstaltung ich geschrieben habe, ich bin immer freundlich und herzlich empfangen worden. Das Vorurteil, Düsseldorfer sind arrogant und unfreundlich, halte ich für absolut falsch.

Das Schöne an dem Job ist, mir selbst macht er sehr viel Spaß, und man sieht, wie froh und manchmal auch stolz die Leute sind, wenn sie in der Rheinischen Post erwähnt oder zitiert werden.

Vielleicht haben Sie sich schon gefragt, lieber Leser, warum gerade ich an diesem Buch »Düsseldorf 2001 – Zeitzeugen« mitwirken darf. Warum gerade ich neben allgemein bekannten Persönlichkeiten schreiben darf.

An einem der wenigen warmen Spät-Juni-Tage saß ich in einem der klimatisierten Räume der Lokalredaktion und kam mit meinem Artikel über die Pensionierung des Oberbilker Pastors Bellecke nicht richtig voran. Da stellte die Sekretärin einen Anruf zu meinem Schreibtisch durch: Am Apparat war Alla Pfeffer, Düsseldorfer Schriftstellerin und Vorsitzende des Deutschen Schriftstellerverbandes dieser Region. Sie hatte meine Berichte über das Bilker Schützenfest gelesen und fragte mich, ob ich nicht als jüngster Autor, Teil des Gesamtwerkes »Zeitzeugen« werden wolle.

Ich dachte nur: Wow, hast du ein Glück. Ich hatte versucht, das Schützenfest in Bilk etwas »lockerer« darzustellen und dabei keinem der Schützen zu nahe zu treten. Um so erstaunter war ich, daß diese Art zu schreiben gut ankam.

Mein Berufsziel steht fest, doch es wird wohl noch ein langer Weg dorthin werden. Wenn ich es irgendwann geschafft habe, werde ich mir wieder ein neues Ziel setzen: Einmal auf der Pressetribüne des »Fußball-Mekkas« in Barcelona über den Champions-League-Sieger Fortuna Düsseldorf zu berichten.

Lieber Leser, ich will Ihnen nicht vorenthalten, wie ich in den Kreis der Mitautoren gekommen bin. Hier mein Artikel über das Schützenfest in Bilk 2000, in dem Weihbischof Dr. Friedhelm Hofmann das Pontifikalamt hielt:

»Hey Baby« im Festzelt

»Rock in Bilk 2000« im großen Festzelt am Aachener Platz vor der offiziellen Eröffnung des Schützenfestes. Das bedeutete E-Gitarre statt Blechbläser, Schlagzeug statt Pauke und Popsongs statt Zapfenstreich. Der siebte Jungschützenrockabend lockte alle Altersklassen, vom musikbegeisterten 16jährigen bis zu 50jährigen »Rockomas und -opas« auf den Aachener Platz.

Nur das überdimensionale Wappen des Bilker Schützenvereins und der grün-weiße Schmuck an den Zeltwänden erinnerte an das bevorstehende Volks- und Schützenfest. Der 31jährige Marco Schmidt ist für beide Arten zu feiern zu begeistern: »Super-Stimmung hier, aber ich freue mich auch schon auf das richtige Schützenfest ab morgen.« Doch sonst war an diesem Freitagabend keiner auszumachen, der seine Vorfreude auf die kommenden Tage öffentlich machte. Die Lady-Showband »Rainbow Sally« und die Gruppe »Der Clou« heizten die Zuhörer unter anderem mit Hard-Rockversionen von »Ein knallrotes Gummiboot« und »Marmor, Stein und Eisen bricht« an. Beim Hit »Hey Baby« sang das Festzelt sogar von alleine, so daß die »Sallies« den Titel nur anzuspielen brauchten und dann pausieren konnten.

Stechparade mit Riesen-Spektakel: Gründung des Vereins 1475. Der Schützenkönig wird erstmals durch einen Schuß auf die Königsplatte ermittelt. 1930: Erstes Schützenfest auf dem eigenen Schützenplatz am Aachener Platz. Der Verein wird 1946 von der englischen Militärregierung wieder zugelassen. 1963 erstmaliges Schießen auf Holzvögel. Der Verein wird 1993 mit der Sportplakette des Bundespräsidenten ausgezeichnet.

In etwa so liest sich die Geschichte des St. Sebastianus Schützenvereins Bilk. 525 Jahre wird nun in Bilk Schützenfest gefeiert. Doch zurück in die Gegenwart: Das Fest im Jubiläumsjahr sollte ein ganz besonderes werden.

Erstmalig marschierten die Schützen in einer »Stechparade«, bei der 24 Kapellen an der Bilker Kirche aus allen Richtungen aufeinandertrafen und in Bezug auf die Lautstärke keine Wünsche mehr offenließen – ein Riesen-Spektakel.

Wie jedes Jahr hatten die Bilker wieder einen ausgezeichneten Draht zu Petrus, der einen wolkenlosen Himmel für den »Großen historischen Festumzug« bescherte. Alle anderen Vereine schauen mittlerweile schon neidisch auf Düsseldorfs zweitgrößten Schützenverein, der zu seinen Festtagen traditionell gutes Wetter hat.

Die Ehrengäste, unter anderem Bürgermeisterin Marlies Smeets und Oberbürgermeister Joachim Erwin, der die Schirmherrschaft für das Jubiläumsfest übernommen hatte, sowie zahlreiche Vorstände befreundeter Vereine, durften die feierliche Parade auf der schattigen Seite der Benzenbergstraße verfolgen. Natürlich standen das Regimentskönigspaar Siegfried und Uschi Schulz – sie trug ein langes lilafarbenes Kleid – und das Jungschützenpaar Christian Büscher und Natascha Härthe in der ersten Reihe. An der ausgezeichneten Stimmung am Straßenrand konnte man erkennen, daß sich die Bilker Bürger mit dem Schützenfest identifizieren. Viele hatten ihre Balkone mit grün-weißen Fahnen geschmückt.

»Die Vorbereitungen für das Schützenfest beginnen direkt nach dem vergangenen Schützenfest«, erklärte der Oberst des Schützenvereins Dieter Schmidt. »Wir arbeiten das ganze Jahr hindurch«, ergänzte Vereinssprecher Tim Wiatrowski. Und die Mühe hat sich gelohnt: Die 25 Kompanien – fünf Bataillone – stellten einen eindrucksvollen Zug auf die Beine. Rund 2.000 Menschen marschierten mit. Es entstand ein farbenfrohes Spiel aus Musikgruppen, deren Leistung auf Grund der Hitze besonders zu würdigen ist, Damengruppen in aufwendigen Gewändern, Reiterstaffeln, Schützenfußgruppen in historischen Uniformen und unzählige Pagen.

So kann man Oberbürgermeister Erwin gut nachvollziehen, wenn er sagt: »Die Bilker sind ungeheuer wichtig für das Schützenwesen in unserer Stadt.«

Bruder Matthäus Werner CFP
Rather Broich 155, Düsseldorf-Rath

Die Adresse mit dem dort liegenden Caritasheim hatte in Düsseldorf einen zweifelhaften Ruf. Als Düsseldorfer bin ich in Oberkassel aufgewachsen. Meinen Eltern war das Caritasheim und die dortige Aufgabe bekannt, obwohl unsere Familie zum Stadtteil Rath keine Beziehung hatte. Das Caritasheim befindet sich auf dem ehemaligen Gelände der »Siebel-Fabrik«, die bis in die 30er Jahre hier Holzhäuser und Dachpappen fertigten. 1932 kaufte der Caritasverband für die Stadt Düsseldorf das Gelände, ließ in den Gebäuden das Caritasheim errichten und übertrug der Ordensgemeinschaft der Armen-Brüder des hl. Franziskus aus Aachen die Aufgabe, für alleinstehende Wohnungslose und pflegebedürftige alte Menschen zu sorgen.

Die Menschen, die in dieser Einrichtung Hilfe suchen, gelten bei den Düsseldorfer Bürgern als leistungsschwach, suchtkrank, behindert und wenig motiviert, sich durch Arbeit selber zu helfen. Es sind Obdachlose und »Penner«, mit denen man sich möglichst nicht identifiziert. In den 50er und 60er Jahren war die Adresse bei vielen Kleinunternehmern bekannt, die hier täglich vorfuhren und Wohnungslose als Tagelöhner beschäftigten. Vor dem Tor des Hauses versammelten sich morgens hunderte von Wohnungslosen, die dann von Klein- und Subunternehmern für die Tagesarbeit abgeholt wurden. Das Bild dieses »Sklavenmarktes« mit den vorkommenden Alkoholexzessen und den lauten Lohn-Verhandlungen ist heute noch vielen Düsseldorfern vor Augen, obwohl es längst Vergangenheit ist.

Der Weg einer Berufung

Wenn ich zurückblicke und mich frage, warum ich Franziskanerbruder geworden bin und ausgerechnet mit Alkohol- und Drogenkranken, Strafentlassenen, mit dem Leben nicht zurechtkommenden Menschen arbeite, denke ich oft an ein für mich bedeutsames Erlebnis. Als Kind begegnete ich auf dem Salierplatz in Düsseldorf-Oberkassel einem stark betrunkenen Mann, der auf einer Bank saß. Mit meinen Spielkameraden hatten wir diesen Mann entdeckt. Da er nur lallte und sich in seinem Alkoholrausch so ungewöhnlich verhielt, bildeten wir bald einen Kreis um ihn. In unserer kindlichen Unbekümmertheit verspotteten und verlachten meine Spielgefährten diesen total hilflosen Erwachsenen. Ich machte einfach nicht mit und konnte den Jux meiner Kameraden nicht verstehen. Ich war sprachlos. Das ungewohnte Verhalten, die Hilflosigkeit, die Einsamkeit des Mannes beeindruckten mich tief.

In meiner Schulzeit stellte ich fest, daß ich niemals richtig mitmachen konnte, wenn es galt »Sündenböcke« fertig zu machen. Ich interessierte mich immer für die von der Klassengemeinschaft nicht Angenommenen. Im Rückblick stelle ich fest, die Unbekümmertheit meiner Spiel- und Klassenkameraden konnte ich immer dann nicht teilen, wenn es galt, jemanden zu erniedrigen oder bloßzustellen. Die Erfahrung des Sakralen, der Religion prägte mich offensichtlich stärker als meine Altersgenossen. Die erste heilige Kommunion, das Sakrament der Firmung beeindruckten mich sehr. Ich gehörte zu den glücklichen Menschen, die ein ganz persönliches Gottesverhältnis erlebten. Wenn die Ehrfurcht die Religion gebiert, so habe ich wirklich die Ehrfurcht vor dem heiligen, transzendenten aber auch persönlichen Gott erfahren. Das tiefe Verhältnis zu Christus, das unbekümmerte und zwanglose Sprechen mit ihm bildete sich sehr früh. Ich darf und kann beten.

Diese religiöse Grunderfahrung ließ in mir den Wunsch wach werden, Christus in einer intensiven Art und Weise zu dienen. Die Nachfolge Christi sah ich in einer Ordensgemeinschaft besonders wirkungsvoll gelebt. Die Gestalt des heiligen Franziskus von Assisi beeindruckte mich. Er hatte den Überfluß und Reichtum kennengelernt, war dann von Christus getroffen worden und hatte alle Möglichkeiten eines bürgerlichen Lebens aufgegeben, um sich ganz auf Christus einzulassen. Diese Unbedingtheit der Nachfolge, dieses restlose Vertrauen in Christus, der Mut zum Dienen, entsprachen meinem Ideal. Mein damaliger Pfarrer an St. Paulus, Pfarrer Gatzen, machte mich mit den Armen-Brüdern des hl. Franziskus bekannt und deren Tätigkeit im Caritasheim. In dieser Gemeinschaft sah ich mein Ideal in der Nachfolge Christi und der konkreten, sozialen Hinwendung zum hilfebedürftigen Menschen verwirklicht. Seit 1964 bin ich Mitglied dieser Ordensgemeinschaft. Damit ich mich auch fachlich der Hilfe für Menschen in sozialen Notlagen wirksamer widmen konnte, absolvierte ich eine Ausbildung zum Sozialarbeiter, die ich 1971 mit dem Diplom abgeschlossen habe.

HILFE FÜR MENSCHEN IN SOZIALER NOT

Die Ordensgemeinschaft der Armen-Brüder des hl. Franziskus, die 1857 durch den Lehrer Johannes Höver in Aachen gegründet wurde, hat sich zum Ziel gesetzt – motiviert durch die Nachfolge Christi und die Spiritualität des hl. Franziskus von Assisi – armen, ausgegrenzten und bedürftigen Menschen sozial caritativ zu helfen. Die im Caritasheim schon seit 1932 angebotene Hilfe hat sich in den letzen Jahren durch neue Strukturen verändert und bietet heute Hilfe in Einrichtungen an, die über das Stadtgebiet Düsseldorf verbreitet sind.

Die *ambulante Hilfe* betreibt eine Nachtunterkunft in der Nähe des Hauptbahnhofes mit 42 Plätzen. Sozialarbeiter besuchen die Wohnungslosen an ihren Aufenthaltsplätzen am Tage und in der Nacht. Sie informieren über die Hilfeangebote in Düsseldorf und bemühen sich, das Vertrauen der Wohnungslosen zu gewinnen. In der Nachtunterkunft werden einfache, menschliche Grundbedürfnisse zufriedengestellt. Es gibt Sanitär- und Duschanlagen, die Wäsche kann gewechselt und gewaschen werden. Es wird eine einfache Mahlzeit angeboten. Sozialarbeiter stehen zur Beratung und Hilfe zur Verfügung. Zur ambulanten Hilfe zählt auch eine Wohnraumbörse – es sind Beratungsbüros, in einem Bürohaus unweit vom Hauptbahnhof gelegen. Die dort tätigen Sozialarbeiter akquirieren preisgünstige Wohnungen und vermitteln sie an Wohnungslose. Weil die Erfahrung lehrt, daß es hilfreich ist, Wohnungslose nach ihrem Einzug in eine Wohnung zu betreuen, wird dieser Dienst auf Wunsch angeboten. Bis 100 Personen wünschen sich diese Nachsorge.

In der *stationären Hilfe* werden 200 Plätze angeboten. Stationäre Hilfe bedeutet: Wohnungslose können bis zu einer Dauer von 18 Monaten eine Wohnform mit Selbstversorgung oder Vollversorgung in Anspruch nehmen. Das Angebot geht davon aus, daß wirtschaftliche, soziale, physische und psychische Verhältnisse der Wohnungslosen nicht geordnet sind. Sie können deshalb im stationären Angebot durch Anleitung und Beratung üben, ihr Leben wieder eigenverantwortlich in die Hand zu nehmen. Die 200 Plätze sind im Stadtgebiet dezentral organisiert, das heißt die Wohnungslosen leben in Häusern der Ordensgemeinschaft in verschiedenen Stadtteilen in Wohngemeinschaften bis zu fünf Personen und bewirtschaften unter Anleitung und Beratung eine Wohnung. Sie versorgen sich selbst oder wohnen in Ein- und Zweibett-Zimmern im Heim am Rather Broich und erhalten ihren Bedürfnissen entsprechend eine Versorgung. Diese Hilfe zielt darauf hin, daß sie sich nach 18monatiger Trainings- und Übungszeit selbständig versorgen können.

In der *Arbeitshilfe* bietet die Ordensgemeinschaft im Stadtteil Derendorf ein Beschäftigungsprojekt mit 25 Arbeitsplätzen an. Diese Firma übernimmt Druckereiaufträge, Arbeiten im Landschafts- und Gartenbau, Maler- und Lackiererarbeiten, Umzugs- und Transporthilfen. Handwerksmeister und sozial pädagogische Fachkräfte begleiten die Wohnungslosen bei der Arbeit. Die Wohnungslosen sollen erlernen: beständiges Arbeiten, Pünktlichkeit, Zuverlässigkeit und Fachlichkeit. Sie erhalten ordentliche Arbeitsverträge, die auf ein Jahr befristet sind. Die Maßnahme zielt darauf, Wohnungslosen auf dem ersten Arbeitsmarkt eine echte Vermittlungschance zu geben.

Das Strassenmagazin fiftyfifty

Im Sommer 1995 gründeten der Journalist Hubert Ostendorf und ich das Straßenmagazin fiftyfifty. In dieser Zeitung schreiben Wohnungslose über ihre Lebenslage. Journalisten schreiben kritische Beiträge zur Sozialpolitik und kulturellen Ereignissen. Bekannte Künstler wie Jörg Immendorff, Günther Uecker, Otmar Alt, Peter Royen und andere stellen ihre Kunst für das Straßenmagazin kostenlos zur Verfügung, sei es, daß sie eine Künstleruhr gestalten, die dann mit einem hohen Spendenanteil für Wohnungslosenprojekte verkauft wird, sei es, daß sie Kunstwerke zur Verfügung stellen, die in der neuen »Fiftyfifty-Kunstgalerie« in der Karlstraße 20 angeboten werden. Die Wertschätzung, die die Künstler erfahren, überträgt sich auf die Wohnungslosen. Bis zu 150 Straßenverkäufer sorgen mit ihrem Verkaufsverhalten dafür, daß in der Bevölkerung das Verständnis für die Lebenslage der Wohnungslosen wächst. Die Zeitung erscheint monatlich mit einer Auflage von bis zu 40.000 Exemplaren. Sie wird auch in den Städten Duisburg, Mönchengladbach, Krefeld und Essen angeboten. Die Straßenverkäufer kaufen die Zeitung selber für DM 1,20 pro Exemplar und verkaufen sie für DM 2,40. Die Zeitung wendet sich regelmäßig mit Bittbriefen an die Bevölkerung und ruft zu Spenden für konkrete Hilfeprojekte für Wohnungslose auf. Durch die Spenden wurden in den letzen Jahren sieben Wohnprojekte, ein Arbeitsprojekt, eine Wohnraumbörse, ein Restaurant für Wohnungslose, eine Beratungsstelle für junge wohnungslose Prostituierte auf den Weg gebracht. Die Zeitung hat die Einstellung der Bevölkerung zur Lebenslage der Wohnungslosen positiv verändert. Viele Wohnungslose identifizieren sich mit der Zeitung und haben eine mutige, lebensbejahende, leistungsbereite und verantwortungsbewußte Lebenseinstellung entwickelt.

Neues Image am Rather Broich

Heute darf ich mit Dankbarkeit feststellen, daß durch den strukturellen Wandel unserer Hilfeangebote, durch die politische Wirkung des Straßenmagazins fiftyfifty, durch die Öffnung und Erneuerung der Einrichtungen am Rather Broich sich in der Bevölkerung die ehemals anrüchige Adresse in eine positive und akzeptierte gewandelt hat. Das Thema: sozialer und christlich motivierter Einsatz für Menschen, die nicht den allgemeinen Leistungserwartungen entsprechen, stößt auf Interesse. Menschen schauen hin, zeigen Solidarität und Verantwortung, brechen das Tabu, sprechen mit den armen, zurückgesetzen, kranken, in vielen Fähigkeiten behinderten Menschen. Wohnungslose selber entwickeln das notwendige Selbstbewußtsein, fassen Mut, nehmen ihr Leben verantwortungsvoll in die Hand, weil ihnen Chancen der Integration geboten werden, die an ihren Fähigkeiten und Ressourcen anknüpfen. Ein Gemeinwesen blüht auf, wenn man einander anschaut, miteinander spricht und sozial karitative Zuwendung erfährt. Diese Menschen fühlen sich ernstgenommen. Sie verschließen sich nicht. Das Leben setzt sich durch und befreit.

Hartmut Seeling

Ein Haus in RATH mit zwei Gesichtern

Splittersammlung zur Geschichte des Hauses und seiner Bewohner: Rath ist urkundlich bereits im Jahr 904 als Ort eines Königshofes in einem ausgedehnten Aape (ein alter Begriff für ein Feuchtwaldgebiet, Aaper Wald!) erwähnt. Diesem Hof waren etliche freie Höfe unterstellt, von denen einige schon im späten 19. Jahrhundert und die meisten bis zum Zweiten Weltkrieg aufgegeben wurden. Als Ansiedlung ist die Honschaft Rath in einer aus dem Jahr 1375 stammenden Urkunde belegt. Mindestens ein Gutshof mit dem Namen Volkardey und ein Reiterhof am Aaper Wald sind als landwirtschaftlicher Betrieb bis heute erhalten; sonst erinnern nur noch Namen von Straßen oder Gastwirtschaften an die alten Zeiten.

Das Gebiet war über Jahrhunderte Eigentum des Klosters in Kaiserswerth. Seit Beginn des 19. Jahrhunderts bis 1899 gehörte Rath zur Gemeinde Eckamp. Bis zur Eingemeindung nach Düsseldorf im Jahr 1909 war der Ort eine selbständige Bürgermeisterei. Eine 1843 erstellte Karte belegt, daß die Honschaft Rath eine Streusiedlung war. Auf dieser Karte ist im Bereich des Neuenhofes, entlang einer Allee, die in Rath zuerst Kaiserstraße, danach Münsterstraße und schließlich ab den 30er Jahren Westfalenstraße genannt wird, ein eingefriedetes Grundstück eingezeichnet, auf dem später das Haus gebaut wurde, über das im Folgenden hauptsächlich erzählt wird.

Ab 1860 beginnt sich diese Landschaft in immer schnellerem Tempo zu verändern. Die Düsseldorfer Stadtverwaltung bemühte sich mit großem Erfolg, die Stadt als günstigen Standort für Industrieanlagen bekanntzumachen. Es gelang, Firmen aus entfernteren Gebieten in den kleinen Gemeinden im Umland der Stadt anzusiedeln. In Rath begann diese Entwicklung 1856 mit dem Bau eines Zweitbetriebes der 1847 in der Eifel gegründeten Firma Poensgen, die Bügelmaschinen und Waschmaschinen herstellte. Das Fabrikgelände lag an der Straße »In den Dieken« (in den Deichen), an die auch das ursprünglich zusammenhängende Eckgrundstück der Häuser Westfalenstraße 16 bis 20 mit seiner Längsseite angrenzte.

Im Jahr 1849 wohnten in den vereinzelten Gehöften 1.523 Menschen. Die Einwohnerzahl des Ortes stieg von 1849 bis 1885 auf 2.101 Personen, also innerhalb von 36 Jahre nur um knapp 600 Menschen. Dagegen ist sie von 1885 bis 1900, das heißt in einem Drittel des vorher betrachteten Zeitraumes, bereits auf 7.703 Personen und damit beinahe um das Vierfache angewachsen. 1910 wurden dann schon 15.151 Personen registriert. Diese enormen

Zuwächse sind auf die Ansiedlung der Firma Rheinmetall 1892 direkt an der Sohle des Aaper Waldes, der Mannesmannwerke 1897, auf den Zuzug der Pahlschen Gummi- und Asbestwerke aus Dortmund, der Firma Sack mit einer bedeutenden Fabrikation von Großanlagen und der Maschinenfabrik Sack und Kisselbach zurückzuführen, in deren Sog sich in den 90er Jahren auch viele kleinere Fabriken und Gewerbebetriebe niederließen. Für die großen Firmen war es offensichtlich wichtig, Düsseldorf als Adresse zu führen, denn auf ausnahmslos allen Papieren findet sich der Hinweis auf Rath bei Düsseldorf. Es begann eine intensive Bautätigkeit, die ab 1903 bemerkenswerte Ausmaße angenommen hat. Hiervon zeugen die vielen Mehrfamilienhäuser mit ihren Jugendstilfassaden, die trotz der starken Kriegsschäden in diesem Ortsteil Düsseldorfs erhalten sind. Bis 1895 arbeiteten in der Bürgermeisterei noch etwa gleich viele Menschen in der Landwirtschaft und in den Industriebetrieben. Danach wurde die Atmosphäre der Ortschaft mehr und mehr von den Industriearbeitern geprägt.

Noch um 1880 wurde das Gebiet um den Aaper Wald mit seinen wenigen Bauernhöfen und vereinzelt gebauten Bürgerhäusern als Luftkurort geschätzt. Spätestens um 1910 war das vorbei. Auf dem Gelände der Rheinmetallwerke standen seinerzeit 12 hohe Schlote, die im Volksmund die zwölf Apostel genannt wurden. Ihre Abgase verursachten innerhalb weniger Jahre deutlich erkennbare Schäden am Baumbestand des Aaper Waldes. Es wird erzählt, daß dort die weltweit erste Untersuchung über die Beeinträchtigung der Natur durch Industrieabgase veranlaßt wurde.

Nach 1900 war Rath durch das anwachsende Gewerbesteueraufkommen die reichste Vorortgemeinde im Düsseldorfer Raum, verlor aber als Standort für den Wohnsitz wohlhabender Bürger allmählich an Attraktivität. Dafür gab es mehrere Gründe. Die Werke verursachten ein hohes Verkehrsaufkommen mit entsprechendem Lärm und Schmutz. Man denke nur daran, daß viele Straßen noch nicht ausreichend ausgebaut waren, und in damals die meisten Güter noch mit Pferdewagen transportiert wurden.

Derzeit leben auf dem Gebiet der ehemaligen Honschaft Rath etwa 55.000 Menschen. In den 70er Jahren haben sehr viele der Firmen, die die Entwicklung von Rath bewirkt haben, ihre Produktion einstellen müssen. Es verschwanden Tausende von Arbeitsplätzen. Die Fabrikgelände liegen zum Teil bis heute brach. Seit einiger Zeit aber verstärkt sich eine Aufbruchstimmung, die dafür spricht, daß sich Rath wegen seiner günstigen Verkehrslage zu einem Verwaltungsstandort großer Firmen entwickeln wird. Bis es soweit ist, werden jedoch noch einige Jahre ins Land gehen.

Die Ausstattung der Gemeinde mit den Errungenschaften der neuen Erfindungen wie mit Elektrizität, mit Gas, der Bau einer ausreichenden Kanalisation, die medizinische Versorgung sowie die Bereitstellung des nötigen Schulraums hielten mit der Entwicklung der Industrie und den

Ansprüchen der Bewohner nicht Schritt. So ist es nicht erstaunlich, daß es in der Rather Bürgerschaft kaum Einwände gab, als 1908/9 die Verhandlungen zur Eingemeindung nach Düsseldorf stattfanden. Auf der Wunschliste der Bürger standen an vorderster Stelle der Ausbau der Verkehrswege, der Betrieb auf der bereits seit 1895 zwischen Düsseldorf und Rath vorhandenen Straßenbahnlinie im 10-Minuten-Takt, der Ausbau der Straßenbeleuchtung sowie die Versorgung mit den wichtigen Energien wie Strom und Gas und ein öffentliches Hallen- und Wannenbad, das den Rathern versprochen, aber von der Stadt Düsseldorf nie realisiert wurde.

Die Straßenbahn fuhr bis zum Bahnhof von Rath. Von dort aus hatten viele Unternehmungen eigene Bahnanschlüsse, die für die schnelle Entwicklung dieser Firmen von großer Bedeutung waren.

Das genaue Baujahr unseres Hauses konnten wir nicht herausfinden. Sicher ist es deutlich nach 1866 und vor 1900 gebaut, denn wir fanden bei der Sanierung einer Zimmerdecke eine noch gut erhaltene Papiertüte mit der Abbildung der »Rheinischen Dampf-Kaffee-Brennerei«, die laut Aufschrift 1866 gegründet worden ist. Nach 1900 sind der Mode entsprechend alle Häuser verputzt und mit Stuck versehen worden. Unser Haus ist zugleich mit einem inzwischen abgerissenen Bürohaus und einer ebenfalls abgerissenen kleinen Fabrikanlage gebaut worden. Der Vorbesitzer stellte dort Waschbretter her und betrieb außerdem eine Großwäscherei.

Das direkte Nebeneinander von Wohnstatt und Fabrik und oft auch noch von Arbeiterwohnungen auf einem Gelände war im 19. Jahrhundert allgemein üblich. Sehr häufig befanden sich die Räume für die Verwaltungsarbeit der Fabrikation im Wohngebäude des Fabrikanten. Die Räume solcher Häuser waren in der Regel nicht größer als 20 bis 25 qm. Die Errichtung eines separaten Hauses für die »Comptoirs« spricht dafür, daß der Bauherr unseres Anwesens schon gehobene Ansprüche verwirklichen konnte.

Kaspar Hartmann, genannt Alex, Großvater von Brigitte-Seeling-Fassbender, erwarb etwa 1910 das Anwesen in Rath, einschließlich der Fabrik. Vor dem Einzug der Familie ließ er das Wohnhaus umbauen. Rath war trotz der vehementen Entwicklung immer noch eher ländlich geprägt. Das Grundstück war zu dieser Zeit mehrere Tausend qm groß, bestanden mit einer stattlichen Anzahl von Obstbäumen. Es gab auch einen kleinen abgezäunten Hühnerhof. Die Fläche zwischen den mit einem schmalen Weg verbundenen Häusern war als Blumengarten mit Rasenstücken angelegt, auf denen eine überwachsene Laube stand. Zur Kaiserstraße begrenzte ein schmiedeeiserner Zaun zwischen Mauerpfeilern den etwa sieben Meter tiefen Vorgarten. Die Straßenbahn wurde nicht als störend, sondern als Symbol des Fortschritts betrachtet. Abseits auf dem Nachbargrundstück stand ein schmuckloses Ziegelhaus, wie es Landarbeiter zu dieser Zeit bewohnten. Auf der anderen Straßenseite standen um 1910 einige Miethäuser.

Statt der Wäscherei richtete Alex Hartmann eine Hutfabrikation ein und verlegte sich wahrscheinlich als einer der ersten Unternehmer außerdem auf die Herstellung von vorgefertigten Fenstern. Für das Wilhelm-Marx-Haus, das erste Hochhaus Deutschlands in Düsseldorf, 1922 bis 1924 erbaut, konnte er die Fenster liefern. In den 30er Jahren brach der Absatz der Hutfabrikation durch die Verfolgung der jüdischen Bevölkerung derartig ein, daß sich schon deshalb bei der Familie Hartmann eine ablehnende Haltung gegenüber den Nationalsozialisten herausbildete. 1937 gab die Familie das Wohnhaus wegen der aufwendigen Bewirtschaftung und wegen der veränderten Atmosphäre des Ortes auf und verzog, wie viele andere gut betuchte Bürger.

Alex Hartmann wollte das Grundstück mit einem Mietshaus bebauen, wie er es seit 1938 bereits auf dem zwischen den beiden alten Häusern gelegenen Gartengelände errichten ließ. Das Grundstück war zu diesem Zweck parzelliert worden. Er unterhielt offenbar eine enge Beziehung zu dem Büro des Architekten Kreis, der bekanntlich das Wilhelm-Marx-Haus entworfen hat. Das von ihm gebaute Mehrfamilienhaus steht mit der feingliedrigen Klinkerfassade, dem wuchtigen Gesims, den markanten Fenstern und vielen anderen Details in der Tradition der Kreisschen Architektur. Während der Bauzeit wurde das Material wegen der Bauarbeiten zur Errichtung des Westwalls knapp. Es fehlten auch Arbeitskräfte. Der Bau wurde weitaus teurer als geplant. Die zunehmenden finanziellen Engpässe haben den Großvater wahrscheinlich derartig beunruhigt, daß er 1939 an einem Herzschlag starb. Seine in geschäftlichen Angelegenheiten unerfahrene Frau verkaufte die Fabrik und einen Teil des Grundbesitzes, um den Neubau und das Wohnhaus mit seinem großen Garten erhalten zu können.

Die Erteilung der Baugenehmigung für das Mietshaus wurde mit der Auflage verbunden, einen Teil des Gartengeländes, der für die in den 30er Jahren geplante Verbreiterung der Straße benötigt wurde, kostenfrei abzutreten. Er durfte aber bis zum Umbau der Straße genutzt werden und wurde der Familie auf deren Kosten zurückübertragen, nachdem dieser Plan bereits in den 50er Jahren verworfen wurde. Das Verkehrsaufkommen war in der Westfalenstraße, der Hauptverbindung zwischen Düsseldorf und Ratingen, schon in den 60er Jahren derartig angewachsen, daß die geringe Verbreiterung der Straße keinesfalls ausgereicht hätte. Inzwischen ist dieser Teil der Straße im Rahmen der Maßnahmen zur Beschleunigung des öffentlichen Nahverkehrs zur Fußgängerzone umgebaut. Vor allem die Geschäftsleute haben dagegen heftig protestiert. Wir haben uns für diese Maßnahme ausgesprochen. Auf die Planung habe ich durch Gespräche in der Bezirksvertretung und durch Briefe Einfluß zu nehmen versucht. Unter anderem habe ich einen Brunnen entworfen, der nach dem Umbau der Kreuzung auf dem Hülsmeyer-Platz stehen sollte.

Die Genehmigung zum Abbruch des alten Wohnhauses wurde dem Großvater verweigert. Vielmehr wurde das Haus 1939 von der NSDAP zur Nutzung als Standort für die Ortsgruppe Rath beschlagnahmt. Im Adreßbuch von 1941/42 der Stadt Düsseldorf findet man unter der Hausnummer 16 die entsprechende Eintragung. Erst als wir zur Erweiterung der Heizungsanlage die dünnen Trennwände der Dachzimmer zur Traufe hin aufschlugen und dahinter offensichtlich in Eile gestopfte Papiere fanden, in denen von Arrestvorgängen während der NS-Zeit berichtet wurde, haben wir von den Tanten darüber Einzelheiten erfahren. Sie erzählten uns, daß der erste Ortsgruppenleiter in den Wohnräumen im Hochparterre Arrestzellen einbauen ließ. Die Stahlstäbe für die Zellen hat man einfach in die Decken und in die Parkettböden eingesetzt. Dabei wurde ein raumhoher Fayenceofen ebenso zerstört wie Stuckdekorationen, von denen nur Reste übrigblieben. Wir haben von den gut erhaltenen Teilen dieser Stuckdecken Formen hergestellt und die Decken von drei Zimmern erneuern lassen. Die Bemalung dieser Decken hat meine Frau ausgeführt.

1944 wurden sowohl das neu gebaute Miethaus als auch das alte Wohnhaus von Bomben getroffen. In das Wohnhaus fiel eine Bombe bis in die Kappendecke des Kellers. Glücklicherweise explodierte sie nicht. Aber durch den Luftdruck wurde eine Ecke der Rückfassade des Hauses weggerissen. Das Miethaus wurde später sorgfältig wiederhergestellt, während an unserem Haus noch 1945 die Schäden nur notdürftig beseitigt wurden. 1945 zog die englische Militärpolizei ein, danach die deutsche Polizei. Das Haus wurde dann für kurze Zeit an einen Fabrikanten und schließlich an eine Maklerin vermietet. Sie nutzte es teils als Büro, teils als Wohnung und außerdem mehrere Jahre als Gastarbeiterquartier. Einige Zimmer wurden tage- bzw. wochenweise pro Raum an mehrere Arbeiter vermietet. Dazu hatte sie in den betreffenden Zimmern Waschbecken installieren lassen, deren Abfluß einfach ohne Anschluß an die Kanalisation in einem Loch endete, das in das dicke Mauerwerk geschlagen war.

1967 haben Brigitte Fassbender, Enkelin von Alex Hartmann, und ich geheiratet. Wir waren sehr froh, daß uns die Tanten anboten, das Haus zu sehr günstigen Bedingungen zu mieten. Als wir nach zähen Verhandlungen mit der Mieterin endlich soweit waren, mußten wir innen wie außen einen beklagenswerten Zustand feststellen. Das Haus war im Grunde unbewohnbar. Handwerker, die wir zu Rate zogen, empfahlen einen Abriß oder eine Auskernung. Unsere finanziellen Möglichkeiten ließen die Umsetzung solcher Überlegungen aber nicht zu. Heute sind wir froh darüber.

Beide waren wir nicht davon überzeugt, daß wir unser Leben in Rath verbringen würden. Das Haus erschien uns damals düster. Da es eigentlich abgerissen werden sollte, ist der Neubau bis auf zweieinhalb Meter an die Giebelfront gestellt worden, so daß nur eine sehr enge Einfahrt zur Haustür geblieben ist. Wir haben sie durch eine große Toranlage zur Straße geschlossen. Dies garantiert uns eine dörfliche Abgeschiedenheit. Nach dem Krieg ist ein viergeschossiger Bau an den Westgiebel unseres ehemals freistehenden Hauses gesetzt worden. Deshalb wirkt es heute trotz seines Vorgartens eingezwängt und klein. Von dem ausgedehnten Garten, heute ein integrierter Bestandteil des Hauses, war nur die Wiese mit den Obstbäumen geblieben. Mehrere zwischen dem Garten und dem unbefestigten Hof eng stehende Bäume ließen kaum Licht ins Haus. Schon vor und kurz nach dem Krieg war der Garten von zum Teil über fünf Meter hoch errichteten Mauern verschattet worden. Seiner Gestaltung sind dadurch enge Grenzen gesetzt.

Nur der informierte aufmerksame Betrachter wird erkennen, daß das Haus architektonische Qualitäten hat, die auf die Schinkelsche Bautradition verweisen. Die Grundrisse des Hauses entsprachen den damaligen Ansprüchen des Bürgertums. Beispielsweise befand sich die Küche im Tiefparterre und war mit dem Speisezimmer durch einen von Hand betriebenen Aufzug verbunden. Personal war eine Selbstverständlichkeit.

Uns war von Anfang an klar, daß das Haus nicht mehr in der ursprünglichen Form herzurichten und zu nutzen war. Die Umgestaltung ist bis heute nicht abgeschlossen. Das liegt daran, daß wir viele Dinge zunächst einfach funktionsfähig machen mußten und dieser Zustand nicht von Dauer sein konnte. Auch haben wir erst nach und nach die Vorteile des allgemein wenig geschätzten Stadtteils und der besonderen Lage unseres Hauses und die Möglichkeiten einer Veränderung zu einem modernen Wohnhaus erkannt. Schließlich wollten wir die nötigen Veränderungen möglichst ohne Beeinträchtigung der Atmosphäre des Altbaus vornehmen und den ursprünglichen Anspruch des Hauses berücksichtigen. Nicht zuletzt aber sind der Umfang der überwiegend eigenhändig ausgeführten Arbeiten und die Kosten die Gründe für die zum Teil ausstehende Vollendung der Gesamtkonzeption.

Einmal zu der positiven Einschätzung von Haus und Grundstück gelangt, entwickelte ich Anfang der 70er Jahre ein umfassendes Konzept zur Gestaltung eines Gesamtkunstwerkes. Das mag vermessen klingen, aber es gibt zu vielen Themen nicht nur große sondern auch kleine Werke. Wenige sind meisterlich, und doch können auch die unscheinbaren beeindruckende unverwechselbare Orte sein, an denen man sich gerne aufhält.

Schon während des Studiums hatte ich mich mit der Einbeziehung von Plastik in die Architektur befaßt, die nicht einfach schmückendes Beiwerk, sondern integraler Bestandteil sein sollte. Als praktische Examensarbeit in der Kunstakademie wählte ich zum Beispiel ein Thema, in dem ein formales Repertoire im Relief, in der Malerei und in der Grafik zu untersuchen war. Bei dieser Arbeit ergaben sich Fragen, die mich veranlaßten, nach der Referendarausbildung 1968 eine Doktorarbeit zum Problem des Gesamtkunstwerkes im 19. und 20. Jahrhundert zu beginnen.

Die hochgesteckte Zielsetzung für unser Grundstück hat meine Frau immer tatkräftig und trotz der oft geradezu untragbaren Belastung für die Haushaltsführung mit einer bewundernswerten Gelassenheit unterstützt. Wie engagiert und umfangreich unser gemeinsamer Einsatz war, ist schlaglichtartig mit folgendem zu zeigen: Meine Frau lackierte wenige Stunden vor der Geburt unseres ersten Kindes einen großen Heizkörper. Am Tag vor der Entbindung unseres zweiten Kindes stand sie in der Fensterhöhle des Atelierrohbaus und fing die mit einem kleinen PKW-Anhänger herbeigeschafften Steine auf, die ich ihr vom Hof aus zuwarf. Der marode Zustand des Hauses und der zweifellos im ursprünglichen Zustand ansprechende Garten mit seinem kaum noch vorhandenen Charme wurden für mich zu einer Aufgabe im Sinne meiner künstlerischen Ambitionen.

Nachdem das Hochparterre renoviert und das Dachgeschoß ausgebaut waren, haben wir das Obergeschoß durch Umgestaltung des Grundrisses für uns zu einer abgeschlossenen Wohnung umgewandelt. Das Souterrain wurde seit dem ersten Tag als Werkstatt genutzt. Dort sind eine Siebdruck- und eine nach Veränderungen für Steindruck geeignete Offsetandruckmaschine aufgestellt. In diesem Teil des Hauses und dem unteren Treppenhaus haben wir zehn Jahre lang Ausstellungen veranstaltet. Zu besonderen Anlässen haben wir Gruppenausstellungen ausgerichtet, die unter einem gegebenen Thema standen. Von dieser Zeit ist in unserem Treppenhaus eine kleine Sammlung von Arbeiten aufgehängt, die wir aus den Ausstellungen für uns gekauft haben. Seit 1992 stellen wir nur noch eigene Arbeiten aus.

Ende 1969 machte die im Erdgeschoß eingemietete Firma Konkurs. Wir konnten mit dem Anbau eines Ateliers beginnen. Die Baugenehmigung dafür wäre fast nicht erteilt worden. Die damals zuständigen Beamten vertraten die Auffassung, daß das alte Haus zur Verbesserung des Straßenbildes abgerissen werden sollte. Weil ein Anbau den alten Zustand für lange Zeit gesichert hätte, wurde die Baugenehmigung, trotz zunächst mündlich ausgesprochener Zustimmung, nicht erteilt. Auf Grund dieser Zusage hatte ich bereits mit den Erdarbeiten begonnen, die ich auf behördliche Anordnung einstellen mußte. Ich habe nicht aufgegeben und nach weiteren Gesprächen schließlich die Baugenehmigung doch erhalten.

Es entstand ein nach Norden gerichtetes, großzügig verglastes Atelier, auf dessen Dach sich ein Garten befindet. Die Rückfassade des Hauses habe ich neu gestaltet. Sie ist mit den überall raumhohen Fenstern das zweite Gesicht des Hauses mit einer südländisch anmutenden Offenheit.

Vor drei Jahren konnte ich endlich eine schon mit dem Entwurf des Ateliers geplante Brunnenanlage vollenden. Mit ihren Treppen bildet sie als gartenarchitektonisches Element ein fesselndes Bindeglied zwischen Haus und Garten. Mittelpunkt des Brunnens sind drei besondere Steine. Ins Auge fällt zunächst eine große Plastik auf einem mächtigen Sockel, der aus dem Wasser des Hauptbeckens hervorragt. Diese Plastik habe ich 1966/67 in der Akademie, von der ich den Stein erhielt, begonnen. Der Stein stammt aus dem Material, das in den 30er Jahren zum überdimensioniert geplanten Ausbau der Stadt aus den Ardennen herangeschafft worden war. Der über zwei Meter hohe und ein Meter im Durchmesser dimensionierte Stein lag lange Zeit auf unserem Hof. Es war nicht klar, wie ich ihn an die vorgesehene Stelle setzen könnte. Immerhin ist es mit Hilfe von Freunden gelungen, die Plastik ein Stück weit vom Hof in den Garten zu bewegen. Das haben wir mit zum Teil archaischen Methoden, mit Brettern, Rollen und Hebeln geschafft. Um den Stein aufzustellen, wurde ein Stahlseil um einen günstig stehenden Pflaumenbaum als »Umlenkrolle« gelegt und mit zwei hintereinander gespannten Autos aufgerichtet. Mit einem Kranwagen ist der Stein schließlich an seinen heutigen Standort gesetzt worden. Die Fahrt bis auf den Hof war ein Kunststück. Der Wagen war 4 cm schmaler als die engste Stelle der Einfahrt. Der zweite ins Auge fallende Stein ist eine 30 cm dicke, etwas mehr als 1 qm große Platte, die als vierte Ebene des Wasserspiels aus einer mit Basaltlava gebauten Wand kragt. Auf dieser wiederum steht ein Findling, der dritte Stein, den ich in einer Grube in der Eifel gefunden und bis auf zwei Maßnahmen in seiner Form belassen habe.

Alles andere Material der Brunnenanlage habe ich in den Jahren von 1970 bis 1990 aus Abbruchstellen in Düsseldorf gesammelt. Der größte Teil stammt von der alten Oberkasseler Brücke. Auch das meiste Material für die Natursteinfußböden in unserem Haus wurde nach und nach zusammengetragen. Ich habe es in meiner Werkstatt entsprechend bearbeitet. Angefangen hat das Sammeln durch einen Zufall. Um einem Stau in Köln bei der Heimfahrt zu entgehen, entschied ich mich für einen Umweg über Köln-Bocklemünd. Im Ortskern las ich den Hinweis auf eine Einrichtung der Emmaus-Bruderschaft, die abseits der Straße auf einem aufgegebenen Gehöft mit noch verwertbarem Sperrmüll handelte. Ich sah mich dort um und entdeckte Carraramarmor. Es waren Platten, die einmal Waschkommoden und Nachttische besserer Schlafzimmereinrichtungen abgedeckt hatten. Ich bin dann oft dort gewesen. Aus diesen Platten habe ich einen großen Teil des Ateliersbodens erstellt. Aus anderer Quelle stammende Reste habe ich für Mosaikböden verwenden können.

Nach Vollendung des Brunnens gaben wir genau an dem Tag ein Fest, an dem in der Stadt der 100. Jahrestag der Errichtung der Oberkasseler Brücke gefeiert wurde. Da kam meine Vorstellung von einem Gesamtkunstwerk voll zum Tragen. Das Gehäuse, der Gartenraum und der Anlaß der Brunneneinweihung, Wasser als generelles Thema einer Ausstellung mit Arbeiten, die ein großer Teil der Gäste vorher schon hereingereicht hatte, vom Erlebnis des Wassers inspirierte Lieder, Gedichte, kurze Ausführungen zum Thema, eine von meiner Frau und meinen Kindern bereitete Kaffeetafel und ein Büfett nach einem Klavierkonzert mit Stücken zu vier Händen von den Absolventen der Musikhochschule Martina Walbeck und Burkhard Kerkeling und nicht zuletzt amüsante Zu- und auch Absagen, die das Vorlesen verdienten, haben einen Nachmittag, Abend und die Nacht ausgefüllt.

Zum Thema Zeit haben wir ebenfalls in Verbindung mit einem Fest eine Ausstellung mit Werken von 46 Künstlern veranstaltet. Noch ein anderes Ereignis ist im Sinne eines Gesamtkunstwerkes gelungen. Es fand zur Feier des 70. Geburtstages unseres Freundes, des Malers Hans Walter Kivelitz, bei strahlendem Wetter in Haus und Garten statt. Im Atelier und in den Werkstatträumen im Souterrain hatte er eine beeindruckende repräsentative Auswahl seines gesamten künstlerischen Werkes gehängt. Es waren auch hier weit über 100 Menschen zu Gast. Es gab alles, was zu einem großartigen Fest gehört. Es endete erst in den frühen Morgenstunden.

Vor etlichen Jahren besuchte mich ein Aufnahmeteam eines Fernsehsenders. Es wollte meine Einschätzung der Leistungen der Hochschule für Gestaltung Ulm sowie meine Erfahrungen mit den Ulmer Dozenten und Absolventen, die ich während meiner Arbeit über die Geschichte der Hochschule gewinnen konnte, festhalten. Während der mehrere Stunden andauernden Aktion, die schließlich wohl für das Team unbefriedigend auslief, weil ich im Laufe der Befragung durch Probe, Wiederholung und endlich angesetzte Aufnahme meine spontane Unbefangenheit verloren hatte, wanderte der Blick des Redakteurs immer wieder zu einem ausgedehnten Loch in der Decke des Ateliers, das durch einen Wasserschaden entstanden war. Als das Interview beendet war, fragte er mich, ob er von dem Atelier und diesem Loch, das er als Kontrast zu den sonst eher klassisch gestalteten Details des Atelierraums für eine absichtlich hergestellte Störung hielt, in einer bekannten Zeitschrift berichten dürfe. In New York machte seinerzeit ein Künstler Furore, der eleganteste Penthäuser mit künstlichen Bauschäden ausstattete. Nachdem ich dem Redakteur die Zusammenhänge dargelegt hatte, war sein Interesse erloschen. Heute ist diese Decke, die sich wegen der notdürftig ausgeführten Reparatur des Bombenschadens als nicht genügend tragfähig erwies, durch eine Betondecke ersetzt. Die Schauseite im Atelier habe ich mit einer abgehängten, Licht bestückten Stuckdecke versehen.

In all den Jahren haben wir einige bemerkenswerte Gäste in unserem Haus erlebt. Von einem soll stellvertretend hier berichtet werden. Unser Freund, der Architekt Friedhelm Debus bat uns in Ermangelung eines geeigneten Raumes darum, in unserem Atelier, von Josef Beuys beauftragt, ein großes Teilstück einer Plastik modellieren zu können. Um die Arbeit zu beurteilen und zu korrigieren, kam Beuys, zu dem ich einen guten Kontakt hatte, ohne bei ihm studiert zu haben, zu uns. Bei dem zweiten Besuch versuchte er, seine Vorstellung von der endgültigen Oberfläche der Plastik mit Hilfe von Werkzeugen, die im Atelier greifbar waren, zu realisieren, war aber mit dem Ergebnis nicht zufrieden. Er fragte deshalb, ob er anderswo bei uns vielleicht etwas geeignetes suchen könne. Ich führte ihn in meine überfüllte Werkstatt, in der ich so gut wie alles aufzubewahren versuche, was noch verwertbar ist. Natürlich setzt der vorhandene Raum dafür zu enge Grenzen und deshalb ... Beuys fand, was er suchte. Er nahm ein Stück Dachdeckerlot und verwies auf die Spuren des Herstellungsprozesses, die kleinen Rillen, Kerben und Knubbel auf der Oberfläche der dreikantigen Stange. So sollte es aussehen, nur der großen Form entsprechend gröber, beschied er. Danach setzte er sich an den Flügel und spielte ein paar Takte. Er wollte den Klang des Instrumentes hören. Meine Tochter, damals noch im Kindergartenalter, lehnte sich unbefangen an den Klavierhocker und hörte und schaute zu. Beuys nahm sie auf den Schoß und spielte mit ihr auf dem Instrument.

Hier muß ein Punkt gesetzt werden. Nicht ohne Grund habe ich in der Überschrift von Splittern gesprochen. Der gesetzte Rahmen ist auch mit den wenigen ausgewählten Episoden, die sich im Laufe der Jahrzehnte in diesem Haus ereignet haben, überzogen. Aber eine muß ich doch noch wenigstens erwähnen, weil sie fraglos den Zeitgeist gegen Ende der 60er Jahre spiegelt. Im Herbst 1967 fand in unserem Haus eine Versammlung der Studienreferendare aus dem Land NRW statt, in der beschlossen wurde, die Prüfung zum Assessorexamen zu verweigern, wenn die Prüfungsgebühren nicht abgeschafft und das Referendarentgelt nicht der Bezahlung anderer Referendare wie Richter etc. angeglichen würde. Ein einziger Pappenheimer hat damals nicht unterschrieben. Die bei diesem Treffen erarbeitete Note ist dem damals zuständigen Minister Johannes Rau zugeleitet worden und zeitigte umgehend die gewünschten Wirkungen.

Beim Niederschreiben stellten sich so viele Bilder ein, daß es schwierig wurde, den berüchtigten roten Faden in der Hand zu behalten. Ich bitte um Nachsicht, daß mein Beitrag ein bißchen wie meine Werkstatt anmutet. Es ist wie so oft: Ich muß zusehen, daß das Zeug noch ins Regal paßt.

Helge Achenbach

Fortuna – Fußball und Kunst

Viele Wege führen nach Rom. Und ebenso zum verkehrsgünstig gelegenen Flinger Broich. Lassen Sie uns heute einmal am Flingerer S-Bahnhof in die Flurstraße einbiegen, und dann gleich wieder rechts in die Hoffeldstraße. So passieren wir wenig später die Fortunastraße mit ihrem »Fortuna-Eck«, ertragen auch das harte Kopfsteinpflaster, das uns zwischen zwei Bahnunterführungen begleitet – und nähern uns rasch einer schlecht einsehbaren Kurve. Davor haben sich die Stadtwerke angesiedelt, dahinter beginnt – zumindest numerisch – der Flinger Broich, an dem mein Verein Fortuna Düsseldorf seit 1930 zu Hause ist. Eine Straße, die mein Leben mehr als einmal gekreuzt hat.

Die Straße, die ich liebe, liegt in einem Stadtteil, der in seinem östlichen Teil Gewerbegebiet, in seinem westlichen Teil Arbeiterwohnviertel mit einem deutlichen Nord-Süd-Sozialgefälle ist. Die nördlichen Straßenzüge haben seit Anfang der 80er Jahre durch Altbausanierung und erste Ansätze einer Wohnumfeldverbesserung erheblich an Attraktivität gewonnen, der Süden zählt nach wie vor zu den benachteiligten Gegenden von Düsseldorf. So bietet der Stadtteil Eindrücke voller Gegensätze: Flingern, das sind die dampfenden Kühltürme der Kraftwerke mitten im Viertel und das Kultur- und Kommunikationszentrum zakk in einem ehemaligen Fabrikgebäude; das sind gepflegte Vorgärten vor Stuck-Fassaden nahe der Grafenberger Allee und türkische Kinder auf der Erkrather Straße. Flingern, das sind Metallverarbeitung und Baumärkte an öden, lauten Straßen, zunehmend aber auch Künstler-Ateliers und Ingenieur-Büros.

Der Spruch »In Flingern ißt man mit den Fingern« ist überliefert, hat allerdings in den letzten Jahren angesichts prosperierender Szenegastronomie an Kraft verloren. Almut Knaak schreibt in ihrem historischen Rundgang »Durch Flingern«: »Flingern war nie ein ›klassisches‹ Dorf mit Kirche und Marktplatz im Ortskern, sondern in früheren Jahrhunderten eine lockere Ansammlung von Höfen, errichtet auf einem fruchtbaren Sumpfland. Der größte Teil gehörte dem Geschlecht derer von Flingern (Vlyngeren, Vlingherin, Vleingeren), deren Haupthof am heutigen Grabbeplatz in der Altstadt lag. Ab 1870 entstand in dem Stadtteil ein bedeutendes Industriegebiet mit den Schwerpunkten Metallverarbeitung und Maschinenbau.« Ich erinnere mich – autobiographisch betrachtet – zuallererst an das Allwetterbad unweit des Fortuna-Platzes, in dem ich Ende der 60er Jahre Stammgast war und viele sonnige Tage erlebte, an die Metro, wo ich Kisten gestapelt habe, um ein paar Mark nebenbei zu verdienen, und an den Höher Weg, wo ich mein erstes Auto kaufte, einen VW Käfer.

Breiti von den Toten Hosen ist auch unweit des Flinger Broich aufgewachsen, wohnt bis heute dort und beschreibt das Lebensumfeld sehr wirklichkeitsgetreu: »Es ist nicht das lupenreine Arbeiterviertel, dieser Straßenzug zwischen Dorotheen- und Ronsdorfer Straße und den Bahngleisen, das nicht. Eher eine Kreuzung aus allen möglichen Welten, die hier nebeneinander existieren. Wenn ich über die Straße gehe, kommen mir auf fünf Metern eventuell sechs völlig verschiedene Gestalten entgegen. Hausfrauen mit Plastiktüten und echten Kindern am Handgelenk, Rentnerinnen mit kleinen Hunden, die hinter die Laterne kacken, Studenten, Türken, Griechen, versprengte Autonome. Es gibt einen unabhängigen Plattenladen um die Ecke und den griechischen Grill, die ›Flurschänke‹ und einen Aldi-Markt, vor dem sich ein paar Typen jeden Morgen um halb neun bereits den ersten Flachmann an den Hals setzen. Es gibt die Stadtbücherei und den Tschibo-Laden, und es gibt diese merkwürdigen Partnerlook-Pärchen im Trainingsanzug, die hier samstagsvormittags mit Otto-Mess-Tüten zwischen den Beinen rumstehen und rauchen. Es gibt hier fast alles, was man im feinen Oberkassel oder im Fernsehen kaum noch findet.«

Und da ist endlich die Straße, die Straße meiner Jugend! Ein Straßenschild mit der Aufschrift »Müllverbrennung«, und die drei Schlote weisen den Weg. Zwei davon haben wir bereits passiert, sie gehören zum Kohlekraftwerk; der dritte etwas weiter links gelegene, ist sozusagen das Auspuffrohr der Müllverbrennungsanlage. Ausgangs der engen Kurve werfen wir einen Blick auf die Autowerkstatt zur Linken und stellen kurz darauf fest, daß der Flinger Broich auch schon auf seinen ersten Metern mit geschichtsträchtigen Sportstätten gesegnet ist. Der älteste Fußballverein in Düsseldorf, der DSC Alemannia 08, residiert hier; sein Klubheim strahlt einen unwiderstehlichen 70er-Jahre-Charme aus und ist die Seele dieser liebenswerten Platzanlage. Mit der Ablösesumme, die man von der Fortuna einstmals für den Spieler Fred Hesse bekam, wurde in den 60er Jahren rund um den Ascheplatz eine der ersten Flutlichtanlagen Düsseldorfs errichtet. Den zwischenzeitlich existenten Rasenplatz nebenan nutzt mittlerweile die Recycling-Firma AWISTA zur Müllentsorgung.

Direkt gegenüber befinden sich die Parkplätze und das Büro des Busunternehmers Klaus Coblenz, der in den 80er und 90er Jahren die Profi- und Jugendmannschaften der Fortuna nicht nur zu ihren Auswärtsspielen kutschierte. Auch in Trainingslagern und natürlich bei den Heimspielen im Rheinstadion sorgte die »einzige Busfahrerin der Bundesliga«, Evi Ottlinger, für gehobenen Fahrkomfort. Daneben erstrecken sich die stark frequentierte AWO-Sporthalle, in der von Rock'n'Roll bis zu Kendo unterschiedlichste

Sportarten ausgeübt werden können, der »Düsseldorfer Pressevertrieb« und die ersten grünen Oasen der lokalen Kleingärtnerfront. Unmittelbar vor der Verkehrskreuzung mit der Ronsdorfer und Rosmarinstraße, bis hin zum Höher Weg, begegnen wir erneut den Stadtwerken – unter anderem mit der das Stadtteilpanorama entscheidend prägenden Müllverbrennungsanlage.

In meiner Funktion als »Kunstberater« werde ich die Stadtwerke in Zukunft kulturell beraten. So schließt sich auf dem Weg zum Vereinsgelände von Fortuna, wo ich seit 1998 als Präsident meine Visionen zu leben versuche, der Kreis zwischen Ehrenamt und Beruf. Eine schicksalhafte Fügung geradezu. Als ich Mitte der 70er Jahre eine kleine Galerie in der Bismarckstraße eröffnete, wußte ich kaum, worauf ich mich einließ. Ich hatte gerade mein Studium als Sozialpädagoge in Eller abgeschlossen, als Asta-Sprecher gelernt, wie man in einer Diskussion eine gute Figur macht, und war auf der Suche nach einem kreativen Produkt, das mir den Lebensunterhalt sichern und zugleich die Arbeit mit interessanten Menschen ermöglichen würde. Ich entschied mich damals, instinktiv und ohne großes Vorwissen, für die Kunst. Sie interessierte mich vor allem als Vehikel, um Kontakte zu knüpfen und bestimmte Ideen zu transportieren. Was ich damals verkaufte – dekorative Grafik, gefällige Skulpturen, sowie dann und wann ein buntes Bild –, ist genau das, was ich heute bekämpfe.

Vielleicht waren es damals meine Naivität und mein noch un- oder unterentwickeltes Qualitätsbewußtsein, die mir ermöglichten, an jene Kunden heranzutreten, die mich von Anfang an am meisten faszinierten, nämlich die Bauherren. In meiner Galerie zu sitzen und darauf zu warten, daß ein potentieller Kunde durch die Tür käme, entsprach einfach nicht meinem Naturell. Geleitet von der simplen Idee, daß Kunst immer da gebraucht wird, wo Wände entstehen, begann ich, durch Deutschland zu fahren. Montags, dienstags und mittwochs reiste ich in Richtung Norden; donnerstags, freitags und samstags wieder zurück. Wo große Kräne von vielversprechenden Bauvorhaben kündeten, hielt ich an – ein Handlungsreisender in Sachen Kunst, dem anfangs fast überall die Tür gewiesen wurde.

Das Berufsbild des Art Consultants existierte damals in Deutschland noch nicht. Deshalb mußte ich mir den Weg mehr oder weniger autodidaktisch erschließen. Mehr als die amerikanischen Vorbilder, die ich nur vom Hörensagen kannte, haben mich meine Gespräche mit Künstlern und Architekten geprägt. Ihr Anspruch an ihr eigenes Tun hat meinen Anspruch verändert. Und der hat mir geholfen, Argumente zu formulieren, mit deren Hilfe es mir heute immer wieder gelingt, meine Kunden zu überzeugen, daß das Bekenntnis zu guter Kunst sich nicht nur unter anlagetechnischen Gesichtspunkten lohnt. Für inhaltliche und formale Qualität, für Kompromißlosigkeit, für Risikobereitschaft und zukunftsweisende Ansätze läßt sich leichter kämpfen als für ein Stück dekorativen Wandschmuck.

Mir sind bislang nur wenige Führungskräfte begegnet, die sich nicht für die Gedankenwelt begeistern ließen, die zeitgenössische Kunst transportiert. Denn sie umfaßt Ideen, Fragen und Anforderungen, die auch für das Wirtschaftsleben relevant sind. Meine Ansprechpartner sind keine Fachleute. Anders als ein Galerist kann ich nicht auf Vorwissen bauen. Ich muß zunächst Interesse wecken, indem ich für einen Grundstock Informationen sorge und, vor allem, Zugangsmöglichkeiten zu Werken zeige, die vielen nicht unmittelbar verständlich sind. Verstehen ist eine Sache, Sehen ist eine andere. Sehen ist letztendlich eine Frage des Trainings, Verständnis dagegen eine Frage der Vermittlung. Über das Verstehen zum Sehen hinzuführen, ist vielleicht die schwierigste Aufgabe, die der Art Consultant zu bewältigen hat, und sie ist nur in einer langfristigen Zusammenarbeit zu lösen.

Kontinuität ist deshalb einer der wichtigsten Aspekte meiner Arbeit. Und auch das große Ziel meiner Tätigkeit für den Verein, der mein jugendliches Herz Ende der 60er und Anfang der 70er Jahre erstmals höher schlagen ließ. Damals spielte am Flinger Broich – wer weiß es noch? – sogar die Bundesliga: Das war 1971/72, als das Rheinstadion gerade für die Weltmeisterschaft 1974 umgebaut wurde. Zwar stand ich später auch immer mit meiner riesigen Fahne im Block 36 der zugigen Betonschüssel in Stockum, jedoch sind mir die Spieltage im guten alten heimeligen Stadion bis heute die liebsten und facettenreichsten geblieben. Ich besuchte die damaligen Begegnungen mit großer Ehrfurcht, nachdem ich mit 14 Jahren mit meinen Eltern aus Weidenau, heute Siegen, nach Düsseldorf übergesiedelt war. Damals wohnten wir in Oberbilk, in der Nähe der Philipshalle, was mich nicht daran hinderte, sehr schnell meine Leidenschaft für die Fortuna und speziell den Flinger Broich zu entdecken.

Kurz nach dem Zuzug begannen meine Stippvisiten in Flingern – und erlebten in den drei großen Pokalspielen der Saison 1970/71 ihre absoluten Höhepunkte. In der 1. Hauptrunde gewannen wir nach Verlängerung mit 3:1 gegen den SV Werder Bremen, besiegten zwischendurch im Achtelfinale den Wuppertaler SV leicht mit 4:0 – und ließen im Viertelfinale dem amtierenden Deutschen Meister Borussia Mönchengladbach keine Chance. Der mit Vogts, Netzer und Heynckes angetretene Lokalrivale vom Niederrhein wurde mit einem deutlichen 3:1 nach Hause geschickt. Und dann kam der Tag des Halbfinales: Der FC Bayern München trat mit Maier, Beckenbauer, Breitner, Schwarzenbeck, Müller und Hoeneß am Flinger Broich an – und unsere Mannschaft mit Woyke, Köhnen, Hesse, Budde, Geye und Herzog hielt mit ihrer unbestrittenen Kampfkraft dagegen. Lange vor Beginn herrschte bei schwüler hochsommerlicher Temperatur eine so fiebrige Atmosphäre, daß der Anstoßpfiff fast wie eine Erlösung empfunden wurde. 24.000 Zuschauer – und vielleicht noch etliche mehr auf Masten, Gerüsten und Kassenhäuschen, von wo aus auch immer ein Zipfel des Spielfeldes zu erblicken war – sorgten vorher und hinterher für chaotische Zustände auf den Anfahrtsstraßen und ließen die Sanitäter im Akkord arbeiten. Gerd Müller, Bayerns Bomber vom Dienst, staubte in der 56. Minute mit viel Glück zum Siegtreffer für die Bayern ab, deren Trainer Udo Lattek hinterher davon sprach, daß er froh sei, »daß wir das hier heute geschafft haben«.

Erst spät war Fortuna am Flinger Broich heimisch geworden; die Stadt hatte dem Verein dort eine ehemalige Sumpflandschaft zur Verfügung gestellt, die zunächst von Mitgliedern urbar gemacht werden mußte. Am 28. September 1930 trug die Fortuna ihr erstes Spiel am Flinger Broich aus: Der SSV Oberkassel wurde zur Sportplatz-Einweihung mit 2:0 geschlagen. Die Sportgazetten waren bereits nach diesem Eröffnungsspiel von dem Provisorium angetan: »Die Anlage macht heute schon einen ausgezeichneten Eindruck, obwohl bisher nur das Gelände fertiggestellt ist. Der mit leichtem Gefälle versehene Rasenplatz dürfte auch bei Regenwetter bespielbar sein. Die Aufbauten sind vorerst nur provisorisch angebracht, lassen aber die großzügigen Anlagen bereits erkennen.« Zunächst fehlte es vor allem an Umkleidekabinen am Flinger Broich, wie man der Vereinschronik »Fortuna Düsseldorf 1895-1995 – Die Chronik einer 100jährigen Leidenschaft« entnehmen kann. Doch ein Metzger in der Bruchstraße wußte Rat: Er stellte den Fortunen zwei Zimmer über seiner Wurstküche als Umkleiden zur Verfügung.

Heute besitzen wir innerhalb der »Bezirkssportanlage Flingern«, unserem sogenannten Amateur- und Jugendzentrum, glücklicherweise top-renovierte Umkleidekabinen sowie eine Sauna und einen Massageraum. Das heutige Paul-Janes-Stadion charakterisieren noch immer die Naturwälle und eine angebaute Sitztribüne für das interessierte Publikum – und neben dieser bespielbaren Rasenfläche existieren noch ein Asche- und in Kürze auch ein Kunstrasenplatz. Dazu kooperieren wir mit unserem direkten Nachbarverein, dem DJK Rheinfranken, was die Spielstättennutzung angeht. Persönlich bin ich während der Saison ungefähr zweimal pro Woche in der Geschäftsstelle am Flinger Broich 87 und überzeuge mich dort auch regelmäßig von unserer hervorragenden Nachwuchsarbeit: Elf Jugendmannschaften tragen in der Spielzeit 2000/2001 das rot-weiße Trikot – über 230 Kicker im Alter von 6 bis 18 Jahren. Mit Sicherheit ist die Jugendarbeit derzeit eine der stabilsten Positionen von Fortuna Düsseldorf. Ich habe bei meinem Amtsantritt gesagt, das wir etwas tun müssen, damit auch die 1. Mannschaft der Fortuna bald wieder in die 1. Liga kommt – habe mir das allerdings nicht so schwierig vorgestellt!

Zuletzt haben wir uns darum bemüht, die Spiele unserer 1. Mannschaft in der Regionalliga Nord, wieder in der alten Heimat austragen zu können. Klar, dort gibt es eben keine Laufbahn, die Zuschauer sind direkt am Spielfeldrand und könnten als »12. Mann« viel lautstärker die Spiele beeinflussen. Doch leider ist der Zustand des Paul-Janes-Stadions zu weit von den logistischen Anforderungen der Stadt und des Deutschen Fußball-Bundes entfernt. Unter anderem wird da ein separater Stadion-Zugang für Gästefans verlangt, Videoanlagen für die Polizei, Rot-Kreuz-Räume, Notrufsäulen auf den Parkplätzen, klar gekennzeichnete Zufahrts- und Fußwege, Wellenbrecher, ausreichend hohe Zäune, Sicherheitsbeleuchtung auch auf allen Gängen und eine äußere Begrenzung des Stadionbereichs. Allein die Umbauten, die eine neue Genehmigung möglich machten, würden rund eine halbe Million kosten. Rechnet man auch mobile Zusatztribünen wie im Rochusclub für rund 5.000 Zuschauer hinzu, sowie die Kosten für zum Beispiel VIP-Räume, dann ist die Rechnung schnell nahe der Millionen-Grenze angekommen. Und das kann sich die Fortuna in der momentanen finanziellen Situation nicht leisten!

Durch die Postadresse der Fortuna ist »mein« Flinger Broich natürlich längst nicht nur stadt-, sondern auch bundesweit bekannt geworden. Im Internet fördern die Suchmaschinen bei der Eingabe von »Flinger Broich« zahlreiche Fankommentare zu Tage, die die enge emotionale Bindung zum »Sportpark Flingern« dokumentieren. Als passende Vergleiche fallen mir eigentlich nur andere bekannte Vereinsgelände der Bundesliga ein, etwa die Säbener Straße in München und der Ochsenzoll in Hamburg – und davon abgesehen allerhöchstens noch die andere bekannte Düsseldorfer Meile, ja, die Königsallee. Ich habe mich deshalb auch schon öfter gefragt, welche Farben man verwenden müßte, wenn man meine Lieblingsstraße malen wollte – und mich für rot, grau und grün entschieden. Rot steht natürlich erst einmal für die Fortuna, andererseits paßt es als Farbe der Arbeiter hervorragend ins Flingerer Bild; grau symbolisiert die Tristesse der Schornsteine und Fabrikgebäude – und grün steht für die Schrebergärten in der Nachbarschaft sowie die Hoffnung, die bekanntlich beim Fußball »zuletzt stirbt«, und außerdem für weitere Rasenplätze, die wir uns von der Stadt wünschen, um eine noch bessere Jugendarbeit betreiben zu können! Als Präsident der Fortuna bin ich mir schließlich der Verantwortung des Vereins für den Stadtteil Flingern bewußt.

Ruth Willigalla
»... denn da sind ja immer die Zusammenhänge«

Man muß es mir glauben: Ich kam spontan auf den Gedanken, ein Wort von Willy Brandt einzusetzen, als ich um diesen Beitrag gebeten wurde. Die Bitte, den Bezug zu einem Haus oder einer Straße zu schildern, löste gleich in meinem Unterbewußtsein eine Reihe von Assoziationen aus, die einer einzelnen Beschreibung nicht standhielten. Und doch ... ich beginne erst einmal in Gerresheim.

»Du warst so klein, daß du in eine Zigarrenkiste gepaßt hast«, erzählte mir mein Onkel später, wenn er auf die Owensstraße zu sprechen kann, in der ich geboren wurde. Die Owensstraße liegt genau gegenüber dem heutigen Eingang der Gerresheimer Glashütte. Ich habe die Hausnummer vergessen, denn das Haus war zu Ende des Krieges Schutt und Asche. Bis dahin ging ich als Kind jedoch oft daran vorbei, schaute es an und dachte an die Zigarrenkiste. Später hat meine Mutter mir dann erklärt, warum ich gerade dort geboren wurde, obwohl mein Vater nicht »auf der Hütte« arbeitete: Eine Tante hatte den Eltern eine Kammer zur Verfügung gestellt, bis sie eine Wohnung gefunden hatten.

Wohnungsnot herrschte auch in den beginnenden Dreißiger Jahren, aber auch viele Menschen waren arbeitslos, daß sie sich kaum eine Miete leisten konnten. So erging es auch meinem Vater, der im väterlichen Betrieb Maler und Anstreicher, Sattler und Polsterer gelernt hatte. Hauptsächlich aber war Vater ausgezogen, weil der Großvater für seine Söhne »nicht geklebt« hatte, also keine Rentenversicherungsbeiträge einzahlte. Das, wußte ich später, war ein wichtiger Punkt im Leben eines arbeitenden Menschen für seine Alterssicherung.

Aufgewachsen bin ich ab 1931 auf der Hardenbergstraße, die zum Wald hin oben an der sich lang hinziehenden Quadenhofstraße und Richtung Gustav-Adolf-Kirche an der parallel dazu liegenden Heyestraße liegt. Und da ist auch noch in enger Nachbarschaft die Ottostraße und die Dreifaltigkeitsstraße. Die hieß von 1933 bis 1945 Webereistraße, weil man die heilige Dreifaltigkeit nicht gelten lassen wollte. Wegen der früher dort ansässigen Weberei wurde die Straße so umbenannt; auf deren Gelände hatte später die Tapetenfabrik Nobbe einen Betrieb. Und dorthin ging ich dann wiederum, um mit Vater Tapeten, Kleister, Farben und die zugeschnittenen Leisten einzukaufen. Heute noch mag ich den Geruch von echtem Lack und Holz.

Das Schönste an der Hardenbergstraße war der Wald mit seinem breiten einladenden Wiesengrund, der von der Dreifaltigkeitsstraße bis zur Hardenbergstraße reichte. Ganz gelb vom Buttersand war der Eingang an der Dreifaltigkeitsstraße, wenn es geregnet hatte. Diese Wonne für uns Kinder, wenn nach einem starken Regenguß der gelbe Sandberg seine sandigen Bäche freiließ bis in unsere Straße und wir buttergelbe Staudämme bauten, um im warmen Regenwasser zu plantschen. Durch den Gerresheimer Wald kann man bis nach Erkrath oder Mettmann laufen – immer im Grünen, durchs Papendell und an Bauernhöfen vorbei.

Ich konnte das Wetter riechen, denn die Düfte des Waldbodens hatte ich in der Nase. Im Winter 1945 haben viele Menschen, weil sie schon lange kein Brennmaterial mehr hatten, unsere wunderschönen, im Kreis stehenden zehn Buchenbäume abgesägt. Wir Jugendlichen aus unseren Straßen haben damals »Mörder« geschrien, ohne das Bäume-Fällen aufhalten zu können. Im Geiste sehe ich diese hohen Riesen immer noch und denke an die Hirschkäfer, die wir aus den Wurzeln für Hirschkäferkämpfe holten. Wenn sich die weißen Blüten der Brombeeren in herrliche Früchte verwandelten, oder der Waldboden uns die Blaubeeren vor den Mund hielt, wenn Stürme die Bäume bogen, wenn die Sonne nach einem Regenguß die Erde dampfen ließ, oder wenn Schneeberge uns die schönsten Rodelbahnen bescherten – ist es das, wo der besondere Bezug liegt? Jedenfalls deshalb wird mein Herz immer in Gerresheim sein.

Daß ich in der Kinderzeit beim Hinkelsteine-Spiel nur einen flachen Kieselstein und keinen gläsernen Hinkstein hatte, war mein Kinderkummer. Einen solchen Hinkstein hatten nur Kinder, die einen Verwandten »auf der Hütte« hatten. Ein Hinkstein war ein aus geschmolzenem Glas erstarrter Glastropfen, der dann beim Werfen wunderbar flutschte und oft die höchste Zahl der Kästchen erreichte. Ein solch meergrüner oder dunkelgrüner Hinkstein war mein Traum, der sich nicht erfüllte, weil mein Großvater später bei Rheinmetall arbeitete. Seine Lungen vertrugen das »Püstern« nicht mehr. Heute nehme ich einen solchen grünen Hinkstein oft in die Hand. Er liegt am Telefon und wurde mir von einem liebenswerten Gerresheimer verehrt.

Meine Gerresheimer Höhen haben aber auch anderes als uns Kinder, anderes als Maifeiern in der NS-Zeit und später anderes als die dort eingegrabenen Waldbunker gesehen, die uns vor den Bomben schützen sollten. Meine Gerresheimer Höhen haben Menschen in einer Sprache singen hören, die hier nicht aufgewachsen sind, die als Fremdarbeiter auf der Glashütte arbeiten mußten: Russen, Jugoslawen, Franzosen, Holländer. Es waren aber in den ersten Jahren nur die Jugoslawen, die sich an freien Wochenenden hin und wieder heraustrauten und als kleine Gruppe mit Gitarre fröhliche Melodien spielten, die ihre blassen Gesichter aufhellten.

Eigentlich war ich als nahe an der Glashütte Aufgewachsene von Kind an allerlei Aussprachen gewohnt, denn die Glasbläser mit ihren Familien kamen aus ganz Deutschland oder auch den umliegenden Ländern, so wie mein Großvater Ende des 19. Jahrhunderts als Glasbläser aus Bayern zuerst nach Holland, dann nach England, nach Polen, nach Deutschland und hier wiederum nach Gerresheim kam. Meine Mutter wurde 1903 als erstes von sechs Kindern in England geboren, ein Bruder in Polen. Immer schon gingen die Menschen dorthin, wo sie Arbeit für ihre Existenz fanden. Ist es nur ein schöner Zufall oder wo liegt der Zusammenhang, daß meine Schwester Ende 1958 nach England heiratete und ihre Tochter im gleichen Krankenhaus in Woolwich geboren wurde wie unsere Mutter?

Aus den aufgezeigten Ländern waren auch andere »Püster«, wie man Glasbläser nannte, nach Gerresheim gekommen, die sich alle ihr mit ihrer Sprache eingefärbtes Deutsch aneigneten und – tolerierten. Daraus hat sich dann das »Hütter Platt« ergeben, das nur dort so gesprochen wird. Die Toleranz dieser Menschen ist für mich sprichwörtlich, denn nach dem Zweiten Weltkrieg sind hier auch viele Italiener als »Püster« heimisch geworden.

Nun ist Gerresheim nicht gleich Gerresheim. Die alteingesessenen Gerresheimer wohnten rund um die Stiftskirche, die zu Unrecht hochnäsig auf die Neusiedler rund um »die Hütte«, 1864 von Ferdinand Heye begründet, schauten. Die Glasbläser waren eine angesehene Zunft, die zudem gutes Geld verdienten und in einem für damalige Zeit guten sozialen Umfeld lebten. Außerdem hatte Herr Heye dafür gesorgt, daß es neben der neuen evangelischen Gustav-Adolf-Kirche seit 1867 auch eine mehrklassige evangelische Schule gab.

Da bei uns zu Hause nur Hochdeutsch gesprochen wurde, hörte ich den verschiedenen Klangfarben aufmerksam zu und mag heute noch gern verschiedene Dialekte. Wie habe ich vor mich hingelacht, als ich mir selbst Siegfried Lenz' »*So zärtlich war Suleiken*« in Ostpreußisch laut vorlas. Hier kam der Bezug auch zur Sprache in Gerresheim zutage.

Obwohl es strengstens verboten war, mit Fremdarbeitern zu sprechen, die »bei Heye« zwangsverpflichtet waren, haben wir Jugendlichen uns an die so ärmlich gekleideten singenden Jugoslawen herangerobbt, bis wir ihnen nahe waren. Ihren Gesang mit der Gitarre fanden wir fremdländischschön, und wir hatten noch nicht einmal ein schlechtes Gewissen. Daß es auch zwei junge Jugoslawen waren, die bei einer Tante auf der Hardenbergstraße von unserem Wenigen während der Kriegsjahre mitaßen, hatten wir meinem Onkel zu verdanken, der die beiden armen Siebzehnjährigen – natürlich heimlich – mitbrachte, weil sie ohne Heimat und ohne Mutter waren. Bei der Heimlichkeit hatten wir in der Familie kein schlechtes Gewissen, aber hin und wieder Angst, daß man uns erwischen könnte. Ob ich mich deshalb im Jugoslawien-Urlaub nie fremd fühlte und mir die Sprache »vertraut« war?

Nachdem das Arbeitsamt am Eiskellerberg nach der Kapitulation 1945 wieder seine Pforten geöffnet hatte, war der erste Gedanke meiner Mutter, für mich eine Lehrstelle zu finden. Und so fuhren wir mit der Linie 3 gerade mal bis zum Staufenplatz, wo die Hortensien-Büsche leuchteten wie eh und je. Ab da ging es dann zu Fuß. Und das mit Schuhen, die von uns aus der schönen schwarzen Stadttasche meiner Mutter gefertigt worden waren. Mangels Brandsohlen pieksten die kleinen Nägel, und das Laufen wurde zur Tortur. Als ich nach Wochen endlich eine Lehrstelle bekam, hatte mir diese Lauferei aber noch etwas anderes eingebracht: Ich hatte gelernt, mich in der Düsseldorfer Innenstadt zu orientieren, auch an einigen Ruinen: Das Residenz-Theater war auf der Graf-Adolf-Straße, wo ich dann später mindestens sechs Mal die »Glenn-Miller-Story« und den gruseligen englischen Film »Die Treppe« mit James Mason sah. Ich ging damals für eine längere Zeit nachts nur mitten auf der Straße.

Während der Lehr- bzw. Freizeit übte ich mit den Freundinnen den »Boogie-Woogie« vom »Little brown Jack«. Daß die Normaluhr am anderen Ende der Kö unbeschädigt geblieben war, geriet zum Erkennungszeichen wie die Blumenfrauen am Kö-Graben, die die ersten Veilchen und später die Maiglöckchen anboten, die ich mir, in Ermangelung eines neuen Kostüms, an meinen einzigen Mantel ansteckte. Heute, im Jahr 2000 – damals unvorstellbar weit und nie daran gedacht – spreche ich mit dem freundlichen alten Türken in der Kaufhof-Passage, der körbeweise Maiglöckchen anbietet und an deren Duft ich immer noch nicht vorbeikomme.

Dreißiger Jahre, Nachkriegszeit und Fünfziger Jahre, auch im Jahr 2000 ist wieder Arbeitslosigkeit Hinderungsgrund für bezahlbaren Wohnraum. Obwohl in Gerresheim zu Hause, mußte ich, wie viele Menschen, mich an einen anderen Stadtteil gewöhnen. Das war dann das linksrheinische Heerdt mit seinem Industriegebiet, aber auch immer wieder der Rhein und somit das Hinwenden zum Strom, der das Leben dieser Stadt eigentlich erst begründet hat. War es zuerst der Wald, der mir Heimat bedeutete, ist dies seitdem auch der Rhein, mein Rio Rhino.

Mit der Bitte, über den Bezug zu einer Straße oder einem Gebäude zu schreiben, dachte ich schon darüber nach, wo wohl mein stärkster Bezug ist. Aber »Bezug« und »Beziehung« brachten viele ineinander verwobene Bezüge zutage, die eigentlich in dem Begriff HEIMAT münden.

Heimat ist für mich da, wo Menschen, ihre Gesichter, ihre Namen, die Sprache und die Gerüche sind. Nicht nur der Wald in Gerresheim ist das, auch die verschwundene Kaffeefabrik auf der Heyestraße, wenn der Geruch der Röstung je nach Windrichtung gar bis zum Waldfriedhof zog. Es ist auch das Bimmeln der Straßenbahnlinie 3, deren Endstation am Schloßturm war und die noch an der Gutehoffnungshütte vorbeifuhr mit ihrem Pförtnerhaus und der großen Uhr mit den römischen Ziffern auf dem Uhrenturm. Ich habe geholfen, den Uhrenturm vor dem Abbruch zu retten, denn er ist das einzig erhaltene Industriedenkmal aus den Zeiten, als Düsseldorf eine Stahlstadt war, die Tausenden von Menschen Arbeit und Brot bot. Für mich steht der Uhrenturm nun symbolisch vor dem neuen Arbeitsamt, kulturell wohlgenutzt von der Hermann-Harry-Schmitz-Societät.

Nach der Zeit zwischen Wald und Rhein hat sich in meinem Leben wie auch in Düsseldorf viel bewegt. Menschen kamen aus Italien, Spanien, Marokko, Griechenland und der Türkei, angeworben von Unternehmen, um den Bedürfnissen der Menschen im konjunkturellen Aufschwung nachkommen zu können. Besonders das Ruhrgebiet und seine Großstädte erlebten einen Zuzug, der die Gemeinden vor schier unlösbare Aufgaben stellte. Die wenigsten Unternehmen fühlten sich verpflichtet, für ausreichende Unterkünfte zu sorgen. Die Wohlfahrtsverbände übernahmen die Betreuung einzelner Nationalitäten. Düsseldorf hat frühzeitig mit den Verbänden nach Lösungen gesucht, um die aufgetretenen unmenschlichen Verhältnisse der »Gastarbeiter« auch auf gesetzlichem oder Verordnungswege zu mildern. So kam mir bei meinem ehrenamtlichen Einsatz bei der Arbeiterwohlfahrt oder im Rat der Stadt Düsseldorf sicherlich zu Gute, daß ich keine Berührungsängste mit »Ausländern« hatte, denn deren Vielfalt war ich ja schon von Gerresheim her gewohnt.

Um 1950 konzipierte die Stadt Düsseldorf für den Düsseldorfer Süden den Stadtteil Garath als Trabantenstadt, ein neuer Begriff im Städtebau für Ansiedlungen außerhalb des bestehenden Stadtkerns. Das hat bei den meisten Düsseldorfern die Vorstellung »Stadt mit vielen Kindern – ons Trabanten« ausgelöst, obwohl von den Planern anders gemeint. Hier bemühe man selbst das Wörterbuch.

1960 schon nahmen die ersten Häuser die aus den Bunkern, Kellern und Behelfswohnungen kommenden Menschen auf, die glücklich über ein angemessenes Dach über dem Kopf waren. Ich zog mit meiner Familie 1965 von Heerdt nach Garath SW, dem zweiten Bauabschnitt eines Bauvolumens, das 28.000 Menschen neue Heimat werden sollte. Und hier fand ich mein adäquates Zuhause: Wunderbares Grün, Wald und Wiesen ringsum, und den Rhein vor der Tür. Was sind schon zwanzig Minuten Fußweg bis Urdenbach? In den Anfängen konnte ich hier in stillen Nächten das Tuckern der Schiffe hören und fand es wunderbar.

Hier, im grünen Garath, ist das zusammengewachsen, was zusammengehört – um ein weiteres Zitat Willy Brandts richtig umzusetzen: Die heimatvertriebenen Düsseldorfer und Düsseldorferinnen, die in ihren früheren Stadtteilen durch Zerstörung und Flüchtlingsströme keine Bleibe fanden, haben hier ein neues Zuhause gefunden, sind sehr bewußte Garather.

Die Stadt hat unseren Stadtteil erbaut, wir haben ihn uns erarbeitet mit allen Mühen und auch Freuden einer Pionierzeit. Hier hat aber auch der Umbruch der Zeit erlebbar stattgefunden, im Gemeindesaal oder direkt in der Hoffnungskirche, wo Pfarrer Meyer sagte: Unser Herrgott bittet uns nicht nur sonntags zu sich: Diskussionen um das neue Strafrecht zu den §§ 175 und 218 (Ende der 60er Jahre); Öffnung des Garather Waldes durch Beibringung von mehr als 10.000 Unterschriften an den Grafen von Burgsdorf bzw. den Justizminister des Landes NRW, damals noch der unvergessene Dr. Dr. Josef Neuberger; Diskussionen um Zivildienst und Wehrdienstverweigerung; Erweiterung der Infrastruktur und Zuzug ausländischer Ärzte mangels deutscher Ärzte, die sich nicht zu uns trauten. Dies wurde für uns letztlich ein Gewinn. Ganztagsschule, Gemeinschaftsschule, Neubau eines Gymnasiums. Ist die Bezeichnung »Bürgerhaus« sozialistisch geprägt, obwohl in Bayern seit Jahrhunderten akzeptiert? Der Kompromiß »Freizeitstätte« hat sich jedenfalls bewährt, und sie ist eine anerkannte Kulturstätte geworden, in der auch die Stadtbücherei heute schon 25 Jahre besteht. Nur Charles Wilp konnte uns damals seine berühmte »Untertasse« aus Plastik nicht für DM 50.000,– verkaufen, denn die Anlegung eines dringend benötigten Kinderspielplatzes kostete die gleiche Summe.

Seit 1993 gab es eine Diskussion um den Nackten Mann, eine 2 Meter hohe und 3,6 Meter lange Bronzefigur von Kurt-Wolf von Borries. Ich hätte sie gern nach Garath geholt, nachdem einige Ärzte des Benrather Krankenhauses »den Nackten« nicht wollten. Nun steht bzw. liegt er auf dem ehemaligen Zoogelände Faunastraße, Höhe Brehmstraße.

Daß über unsere Hoffnungskirche – nomen est omen – Chilenen in Garath Aufnahme fanden, war ein Zeichen von Mitgefühl für Flüchtende, und längst gab es keine Diskussionen mehr über »Fremde«, die wir hier alle einmal waren.

Wo liegen also die Bezüge zu meiner Stadt, die mir nie Vaterstadt, sondern Heimatstadt ist, denn wo blieben sonst die Mütter mit der Muttersprache? Wie nahe oder wie weit gehen sie? Garath erforderte Kontakte und Verstehen für die Bedürfnisse der Menschen. Kontakte bringen neue Menschen, neue Aufgaben, die doch in Bezug zueinander geraten. Wie 1978 die Gründung meines Heimatvereins für Frauen in Düsseldorf – ein Novum in der Männervereinswelt. Und dies mit der freiwilligen Koppelung an das Stadtmuseum Düsseldorf, weil hier unsere Geschichte sichtbar wird. Zugleich berühren sich die Interessen: Der neue Verein »Düsseldorfer Weiter« (heißt Düsseldorfer Mädchen!) ist lernwillig in Bezug auf Düsseldorf. Dr. Wieland Koenig Museumsdirektor seit 1978, ist offen auch für das Brauchtum –, ein Novum im Museumsbereich.

Vor dem modernen Anbau des Stadtmuseum Düsseldorf, neben dem Speeschen Palais in der Berger Allee 2, steht ein bronzener Baum, der eigentlich das Blatt eines italienischen Baumes ist: »La Grande Foglia della Speranza« (Großes Hoffnungsblatt), von dem Mailänder Künstler Mario Rossello geschaffen. Dieser Baum schaut Richtung Rhein. Ist es nun so, daß mit dem Stadtmuseum, dem Rhein und diesem Baum sich der Bezug zu meiner Heimatstadt festmachen läßt? Ich möchte es bejahen. Denn das Stadtmuseum hat mir in verstärktem Maße die Geschichte meiner Stadt nahegebracht. Geschichte führt zu den Wurzeln der Stadt wie zu meinen eigenen. Meine Wurzeln liegen aber auch in Holland sowie in England, dem Mutterland der Demokratie, auch in Bayern, vielleicht bei römischen Legionären und ihren Frauen? Der Wald, die »Fremden«, denen ich nahegerückt bin, und die mir wieder in einem anderen Zusammenhang begegnet sind – es ist nicht nur eine Straße oder ein Haus in diesem Lebenskaleidoskop ... da sind ja immer wieder die Zusammenhänge.

FRITZ AURIN

Meine Halbinsel im Strom

»Ich gehe in die Stadt« sagt der Oberkasseler, wenn er einen Besuch auf der anderen Rheinseite machen will. Er wechselt aus einer überschaubaren sortierten Welt in eine Welt des Trends und Trubels, des schönen Scheins und des Business. Das hat seinen Reiz.

Nach einem langen Arbeitstag ist mir eher nach Beschaulichkeit zumute; wie so oft schlendere ich durch die Straßen von Oberkassel, ich treffe Freunde und es kehrt wieder Friede in meiner Seele ein.

Schon von weitem rieche ich ihn, höre das Tuckern der Frachtschiffe, und wenn ich die Rheinallee erreicht habe, sehe ich ihn vor mir: den schmutzigbraunen Strom, der liebevoll Oberkassel umschließt, die Halbinsel im Rhein.

Ich wandere langsam stromabwärts mit dem Blick auf die Silhouette von Düsseldorf und frage mich, warum ich Oberkassel verfallen bin, so sehr, daß ich fast mein ganzes Leben hier verbracht habe.

In der Ferne sehe ich mein Elternhaus in der Lohengrinstraße und denke daran, wie sich Stadtteil und Menschen gewandelt haben, seitdem ich hier geboren und am Heerdter Sandberg bei Fräulein Windrath zur Schule gegangen bin. Damals war Oberkassel ein gutbürgerlicher, gediegener und scheinbar langweiliger Stadtteil, doch mit eigenständigem Charakter, geprägt von einer behäbigen Bürgerschicht, die Oberkassel um die Jahrhundertwende begründet hat: gehobener Mittelstand, Beamte der höheren Laufbahn, arrivierte Künstler. Bis in den 70er Jahren Oberkassel aus dem Dornröschenschlaf geweckt wurde.

Das fing eigentlich mit dem *Sassafras* an. Ich bin auf meiner Wanderung durch das Mördergäßchen zur Düsseldorfer Straße geraten und stehe nun vor dem Haus, in dem Edi Christians vor fast 30 Jahren die *Linde* ins *Sassafras* verwandelt hat, einen Tempel der Omelettes, des Altbiers und rauschender Karnevalsfeste, Treffpunkt für das soeben erwachte neue Oberkassel. Bei Live-Musik, Dichterlesungen und einer für diese Seite des Rheins völlig neuen Atmosphäre vergaßen wir schnell unsere alten Stammkneipen, die behäbige Gemütlichkeit von *Vossen*, *Hecker*, *von Kürten* und *Neckenich*. Endlich gab es eine Alternative zur Altstadt. Als in schneller Folge ähnliche Lokale rund ums *Sassafras* entstanden, entwickelte sich ein lebhafter Kneipentourismus von der anderen Rheinseite, Oberkassel war »in«.

So entstand zum Beispiel das *Paul's*, *Hopper*, *Barbarossa* und *Muggel*. Pitter Muggel, natürlich, das war auch so ein Oberkasseler. Ein liebenswerter

Schnorrer, Lebenskünstler und Saufkopp, Gegenstand zahlreicher Anekdoten. Pitter, Held von Oberkassel, heute hättest Du keine Chance, Du wärst als nicht seßhafter Alkoholiker auf Entzug. Doch wieviel ärmer wären wir ohne Dich armen fröhlichen Kerl! Günter mit dem Rollbrett, gelbbärtiger Schachspieler und Stammgast im *Muggel*, Pefferbüdel, Schrottkönig vom Greifweg und viele andere fallen mir ein, die Oberkassel genauso geprägt haben wie die guten Bürger, die schnieken Designer, die Kreativen und die Arrivierten, die für viele ein Synonym für Oberkassel sind. Es ist diese wunderbare Mischung aus Tradition und Fortschritt, aus Behaglichkeit und quirliger Vitalität, die den Oberkasseler ausmacht, den ich so liebe und mit dem ich mich wohlfühle.

Durch die Steffenstraße komme ich zur Glücksburger Straße, meinem heimlichen Lieblingsort. Er ist für mich die gute Stube von Oberkassel, entstanden, als der heutige Stadtteil geboren wurde, Abbild einer Epoche der Gründerzeit an der Grenze zwischen Neoklassizismus und Jugendstil. Hier wie fast überall in Oberkassel ist die Architektur einheitlich und merkwürdig diszipliniert, weil sie innerhalb weniger Jahre von einer bestimmten Bürgerschicht geprägt wurde und weil sich die Baumeister trotz der damals beliebten Formenvielfalt auch ohne Bauvorschriften zu beschränken wußten.

Sicherlich hat diese Eigentümlichkeit von Oberkassel meinen eigenen Berufsweg beeinflußt. Mein Vater war ein kluger und vorausschauender Mann. Er hat sich großen Verdienst erworben, indem er mich vehement daran hinderte, freischaffender Künstler zu werden. Ich bin mir allerdings nicht so sicher, ob er darüber glücklich war, daß ich stattdessen Architekt geworden bin. Nach meinem Studium wurde Helmut Rhode mein Lehrmeister und Vorbild, und als er vor einigen Jahren in einem blitzeblauen Sarg zu Grabe getragen wurde, war ich sehr traurig.

Seit mehr als 20 Jahren setze ich in meinem Büro am Kaiser-Wilhelm-Ring das um, was mir Helmut Rhode beigebracht hat: Sachwalter des Bauherrn zu sein, die Entwicklungen der vergangenen Epochen zu respektieren, um etwas Fortschrittliches zu schaffen. In meinem Stadtteil finde ich diese Symbiose von Tradition und Moderne. Kein Wunder, daß Denkmalpflege meine Lieblingsaufgabe und daß gerade Oberkassel meine berufliche Heimat geworden ist.

Ich schlendere weiter bis zum Drakeplatz, kein sonderlich schöner Ort, aber für mich voller Erinnerung: hier haben meine Frau und ich in einer winzigen möblierten Wohnung unsere ersten gemeinsamen Jahre verbracht. Schon damals steckten wir voller Energie!

Ich gründete eine grottenschlechte Jazzband, wurde Vater und spielte Theater. Einmal gab Marika Rökk ein Gastspiel mit der *Maske in Blau* im Theater am Worringer Platz. Aus purem Jux bewarb ich mich als Statist, und ihr Mann Fred Raul engagierte mich für die Rolle des Ibn Saud. Die spärliche Gage vertranken wir in der Theaterkantine, und es blieb erst etwas übrig, als ich in den Spielpausen den Kulissenschieber machte. 25 Jahre später im Stadtmuseum eilte Bernd Hakenjos, Chef des Hetjens-Museums, auf mich zu mit den Worten: »Er ist es! Wir beide haben mit Marika Rökk auf der Bühne gestanden!«

Am Drakeplatz waren wir Nachbarn von Joseph Beuys und Gotthard Graubner und hier tauchten wir in die Kunstszene von Oberkassel ein, lernten Günter Weseler, Anatol und eine Menge anderer Künstler kennen, wurden selbst wieder künstlerisch aktiv. Hans Engstfeld, schon damals ein hervorragender Musiker, Robert Pele und andere trafen sich bei uns, machten guten Jazz und unsere Tochter strampelte dazu in der Wiege. Später zogen wir in die Columbusstraße in ein Haus voller Kreativer: Grafiker, Kunstmaler und eine frühpensionierte Kaltmamsell vom Kaufhof, die wunderbare Eat-Art produzieren konnte. Eines Tages öffneten wir unser Haus für Freunde, Nachbarn und Passanten. Es wurde ein herrliches Fest und eine vielbeachtete Ausstellung.

Mein Weg durch die Drakestraße führt mich wieder an wundervollen Fassaden entlang, und dann öffnet sich die Straße zu einem ausufernden Platzgebilde, das als Barbarossaplatz das eigentliche Zentrum von Oberkassel sein könnte. Anders als der abgrundtief häßliche Belsenplatz ist er kein Verkehrsknotenpunkt, aber durch Kirche, Rathaus, Wochenmarkt und Brunnen eher ein Platz zum Verweilen. Beim Anblick der Megert-Stele, des Marktes und des Brunnens denke ich an das Engagement des Vereins, dessen Vorsitzender ich seit vielen Jahren bin. Bis heute frage ich mich, wie ausgerechnet mir so etwas passieren konnte. Ich glaube, das kam so:

Einmal saß ich auf meinem Balkon in der Columbusstraße, genoß den herrlichen Blick in den Garten (ich vergaß zu erwähnen, daß Oberkassels Gärten die schönsten der Welt sind), das Zwitschern der Vögel und eine gute Flasche Rotwein und fand in der Tagespost das Bittschreiben eines Vereins mit einem unsäglichen Namen, der sich bei der Entstehung des heutigen Oberkassel vor 100 Jahren große Verdienste erworben hatte. Ich muß wohl ziemlich betrunken gewesen sein, denn ich füllte einen beachtlichen Scheck aus und wurde damit versehentlich Mitglied des *Verkehrs- und Verschönerungs-Vereins für den linksrheinischen Teil der Stadt Düsseldorf e.V.* Mit Vereinen, die sich das Brauchtum auf die Fahne geschrieben haben, tue ich mich heute noch schwer, und der VVV schien da keine Ausnahme zu machen. Weiß der Geier, warum gerade ich eines Tages zum Vorsitzenden gewählt wurde. Ich glaube, es war meine Frau, die mich dazu ermunterte, einen Stein ins Rollen zu bringen, neue Mitglieder aus der kreativen Szene von Oberkassel zu werben und für eine aktive Mitarbeit zu gewinnen. Bald darauf verkündete der VVV ein neues Programm, wir gaben uns als äußeres Zeichen ein pfiffiges Logo und begannen in der

Folgezeit immer nachhaltiger das kulturelle Leben im linksrheinischen Düsseldorf mitzugestalten.

Wir, das war inzwischen ein dynamischer, ideenreicher Kern, ein Team von Freunden, das Manches auf den Weg brachte: Kunstausstellungen, Lesungen und Vorträge, aber auch aktive Beiträge zur Stadtgestaltung, manchmal sogar gegen erhebliche Widerstände aus dem politischen Raum. So planten und finanzierten wir mit großzügiger Hilfe linksrheinischer Künstler die Umgestaltung des Teutonenplatzes (der zu einer wilden Parkplatzwüste verkommen war), kämpften erfolgreich für einen Wochenmarkt, stifteten Kunstwerke im öffentlichen Straßenraum und nahmen die Umplanung des Barbarossaplatzes in Angriff. Getreu meiner Philosophie, die Erkenntnisse der Vergangenheit zu nutzen, um Fortschrittliches zu schaffen, hatte ich inzwischen auch das Archiv des VVV übernommen, sortiert und gerade im kulturellen Bereich erheblich erweitert. Auf einmal war es ein Berg von Arbeit geworden, den ich neben meiner kreativen Tätigkeit als Architekt zu bewältigen hatte.

Nachdenklich setze ich mich auf eine Bank am Barbarossabrunnen (beides: Bank wie Brunnen eine Stiftung des VVV) und philosophiere darüber, ob ich da nicht einen großen Blödsinn angefangen und mir und meiner Familie eine Menge Zeit geklaut habe.

Manchmal habe ich mich gar zum Gespött der Bedenkenträger und Zweifler gemacht, die in keinem Verein fehlen, niemals eine Hand rühren (außer am kalten Buffet), sich Erfolge auf die eigene Fahne schreiben und Mißerfolge den eigentlichen Akteuren zuschanzen. Ich habe mich angreifbar gemacht, indem ich zu Problemen Stellung bezogen habe, habe mir Gegner geschaffen, indem ich Flagge gezeigt habe. Mein Gott, warum klingt das alles so militärisch? Das muß wohl so sein, wenn man für etwas kämpft. St. Florian, der Schutz- und Scheinheilige der Bürgerbewegungen und Unterschriftensammlungen war noch nie mein Freund. Nur wer konstruktiv und positiv denkt, wer sich den Herausforderungen stellt, kann wirklich etwas bewegen, nur wer eine Meinung hat, hat etwas zu sagen. Wer nur Worthülsen produziert, ist ein tönendes Nichts und wird nichts bewegen. Punkt.

Plötzlich weiß ich, daß ich keinen Blödsinn gemacht habe, und daß ich in meinem Stadtteil ziemlich gut aufgehoben bin, und das ist ein gutes Gefühl. Ich stehe auf, schlendere ins *Muggel* und trinke in aller Ruhe ein Bier.

Horst Landau
Düsseldorf – subjektiv

Ich hänge an Düsseldorf.

Es ist die Stadt, in der ich geboren und aufgewachsen bin, die Stadt, die mich geprägt und geschliffen hat.

Es ist die Stadt, in der ich gut drei Viertel meines bisherigen Lebens verbracht habe, die Stadt, in der ich aller Wahrscheinlichkeit nach bleiben werde – lebenslänglich.

Ich hänge an Düsseldorf:

Hier habe ich meine Familie und übe meinen Beruf aus; hier habe ich Wurzeln geschaffen – wenn man das Wurzeln nennen kann, diese allmählich sich verfestigenden Strukturen einer bürgerlichen Existenz, in der man sich entfaltet, indem man sich begrenzt.

Ich hänge an Düsseldorf – und doch beobachte ich diese Stadt mit einer gewissen kühlen Reserve; ich wohne in dieser Stadt, aber diese Stadt ist keine Heimat für mich.

Ich glaube, sie ist für niemanden eine Heimat: Es fehlt ihr dazu an Wärme!

Düsseldorf ist eine leichtlebige Stadt, aber das heißt nicht, daß es leicht ist, in ihr zu leben.

Düsseldorf ist schön und bezeichnet sich gerne als Kunststadt – so wie eine gut gewachsene Stripperin sich gern als Künstlerin bezeichnet.

Sie kleidet sich schick, sie schmückt sich gern und läßt sich den Hof machen; aber für andere als rein materielle Dinge hat sie kein Gespür.

Dabei ist sie konservativ durch und durch, aber die alten Hüte trägt sie mit einem besonderen modischen Pfiff.

Sie hängt sich immerzu an bekannte Persönlichkeiten und glänzt mit ihnen in der Öffentlichkeit. Aber sie tut es noch lange nicht mit jedem.

Bei ihr kommt keiner hoch – es sei denn, er ist schon oben!

Sie ist nicht dumm. Sie hat sogar Charme. Sie lächelt. Sie hat ein hinreißendes Temperament. –

Aber wenn mal keiner da ist, der genügend Umsatz macht, dann hockt sie herum und gähnt und ist kalt wie eine Hundeschnauze.

Sie gehört zu der Sorte, der man verfällt, obwohl man sie nicht liebt – nein, weil man sie nicht liebt!

Sie ist raffiniert, sie hat es heraus, die Begehrlichkeit immer wieder anzustacheln; man kommt nicht zur Ruhe in ihr.

Ich hänge an Düsseldorf, an diesem Weibsstück, und diese Stadt hängt mir an wie ein Laster.

Oft habe ich sie gefressen, diese verdammte, kalte, eitle, berechnende Stadt. Und sie frißt mich langsam auf.

Ich knurre sie an, aber ich komme nicht los von ihr.

Ich bin an sie gebunden.

Ich bin ein Kettenhund: ich hänge an dieser Stadt.

WOLFGANG KAMPER

Oberkassel

Der Drakeplatz in Oberkassel liegt im Mittelpunkt der sich kreuzenden Drakestraße und der Wildenbruchstraße. Diese stoßen nicht rechtwinkelig auf den Drakeplatz, sondern jeweils auf die Spitzen des quadratischen Platzes – eine äußerst seltene städtebauliche Situation. Ich wohne seit 1936 in der Nähe des Platzes und habe von hier aus Nachbarschaft und städtisches Umfeld erlebt. Eine eindrucksvolle interpretierende Darstellung des Drakeplatzes hat die Künstlerin Brigitte Seeling-Fassbender in einem Gemälde geschaffen.

Als Volksschüler wurde ich im Kriege mit der Bedeutung der Namensgebung für den Drakeplatz vertraut. Nationalsozialisten meinten, der Platz sei nach dem englischen Seefahrer Sir Francis Drake benannt, der im 16. Jahrhundert nicht nur die Welt umsegelte, sondern auch die Kartoffel nach Europa gebracht haben soll. Ein solches englisches Vorbild mochten die braunen Machthaber nicht dulden und veranlaßten die Umbenennung in Hans-Lody-Straße, nach einer dem Nationalismus ergebenen Persönlichkeit. Gleich nach dem Kriege erhielten Platz und Straße wieder den Namen »Drake«. Nachforschungen ergaben, daß die ursprüngliche Namensgebung nicht nach Sir Francis Drake erfolgte, sondern nach dem Künstler Friedrich Drake, der die Statue der Victoria für die Siegessäule im Berliner Tiergarten geschaffen hatte. Die preußisch orientierte Verwaltung wollte durch die Namensgebung der Düsseldorfer Künstlerschaft die offizielle Kunstauffassung als Vorbild hinstellen. Das geschah Anfang des 20. Jahrhunderts.

Nach der Eingemeindung von Heerdt nach Düsseldorf und nach Erschließung des heutigen linksrheinischen Düsseldorf durch die Rheinische Bahngesellschaft AG zogen nicht nur viele leitende Mitarbeiter aus Verwaltung und Wirtschaft »op de angere Sitt« sondern auch viele Künstler. Sie waren von Motiven und Lebensweise in Ober- und Niederkassel angetan und fühlten sich hier wohl. Für die Künstler sah das von Städteplaner Stübben geplante Oberkassel Häuser mit großen Ateliers um den Drakeplatz vor. Champion, Kohlschein, May und Pehle – von dem Plastiken in der St. Antonius Kirche stehen – arbeiteten hier. Eines der Häuser war uns Kindern etwas unheimlich, weil es ein großes Tor hatte, durch das die Künstler ihre großformatigen Arbeiten in ein hallenartiges Treppenhaus brachten. Wir näherten uns diesem Haus und seinen so gar nicht alltäglichen Bewohnern mit Respekt und nannten es Teufelshaus. Nach dem Kriege arbeiteten in den Ateliers des Hauses auch Joseph Beuys und Gotthard Graubner. Auch Conrad Sevens hat viele Jahre am Drakeplatz gearbeitet. So habe ich in »meinen« Straßen schon als Kind und später als Kunstinteressierter die Künstler aus der Nähe kennengelernt. Auch die Künstler liebten ihr Oberkassel. Sie beteiligten sich an Festen und schätzten die Nähe der Menschen. Mittler waren auch die Kantorenfamilie Hilberath und der mit der Geschichte des Stadtteils bestens vertraute Dr. Carl Vossen. Schriftsteller und Schauspieler gehörten zum Umfeld. Über die große Schauspielerin Ria Thiele, die Gründgens aus seiner Oberkasseler Zeit kannte, hat Heide Ines Willner ein kostbares Buch geschrieben. Auch heute fühlen sich viele Theaterleute wohl in Oberkassel. Eva Böttcher und Wolfgang Reinbacher wohnen hier, Manuela Alphons und jüngst auch das erfolgreiche Multitalent René Heinersdorff jun.

Zur Straße und zum Viertel gehören wesentlich die Menschen, die dort leben. Ich erinnere mich gut an meine Mitschülerinnen und Mitschüler, an die Nachbarn und Freunde der Eltern. Viele wohnen nicht mehr in Oberkassel. Ich selbst habe mit kurzen Unterbrechungen während der Evakuierung in der Kriegszeit und danach zeitweise während des auswärtigen Studiums immer in Oberkassel gewohnt und den Drakeplatz nie aus den Augen verloren. Mag es nun Mangel an Flexibilität oder treue Beständigkeit sein, der Wohnort hat mich geprägt, und später habe ich auch ihn mitgeprägt. Viele andere Bewohner sind verzogen, neue sind gekommen und haben Stadtteil und Straßen mitbestimmt. Erstaunlich ist, daß sich trotz beachtlicher Fluktuation der Bevölkerung die Sozialstruktur nur wenig verändert hat. Man erkennt das am Wahlverhalten, an der Einbindung in örtliche Gemeinschaften, an der Liebe zum Stadtbild, am Leben mit dem großen Fluß. Manche Menschen, die hier groß geworden sind und später – oft mit Rücksicht auf Freiheit für ihre Kinder – ins Umland zogen, sind nach deren Selbständigkeit nach Oberkassel zurückgekehrt. Froh lachend meldet sich ein früherer Mitschüler mit seiner Frau, der nach fast dreißig Jahren in einer Nachbargemeinde nun wieder den Lebensstil in der alten Heimat genießt. Das ist nicht nur Nostalgie, sondern Bestätigung früherer Erlebnisse mit immer neuen Akzenten. Die Rückkehrer müssen sich mit manchen Neuerungen vertraut machen, spüren aber, daß sie den guten alten Geist von Straßen und Stadtteil wiedererkennen. Eine gute Entwicklung für einen Stadtbezirk, dessen Wohnwert wegen seiner Akzeptanz und daraus wachsender Fürsorge groß ist.

Der Drakeplatz ist heute kein ebener Platz, sondern wird von einem begrünten Hügel geprägt. Fast als Eingang zu ihm wirkt eine vorgesetzte Technikstation der Stadtwerke. Unter dem Hügel verbirgt sich ein Bunker, in dem in den letzten Kriegsjahren Nachbarn Schutz vor Bombenangriffen suchten. Vorher waren schon in den umstehenden Wohnhäusern Keller zu

Luftschutzkellern ausgebaut worden, durch Verstärkung der Wände und Schaffung von Notausstiegen nach draußen und in Nachbarhäuser. In den Luftschutzkellern mußten sich die verschiedenen Wohnparteien auf engstem Raum einrichten und warten, bis es Entwarnung gab. Ich selbst habe in einem solchen Keller im dreistöckigen Feldbett geschlafen. Die Notgemeinschaft führte uns soweit zusammen, daß zur Kriegsweihnacht eine gemeinsame Bescherung der Kinder stattfand, bevor die Familien anschließend ihr eigenes Weihnachtsfest feierten.

An die Bunkererlebnisse erinnern an wenigen Häusern heute noch außen aufgemalte Hinweise auf die Lage der Luftschutzräume. Sie sollten den Weg zu Verschütteten erleichtern.

Bis in die ersten Nachkriegsjahre gab es um den Drakeplatz noch Reste der ehemals ländlichen Struktur. Hinter einem Haus befand sich noch ein Pferdestall. Mit Pferd Ella und Gespann wurden Kohlen und anderes Gut transportiert. Das Pferd soll den Weg in seinen Stall auch allein gefunden haben, wenn sein Herr noch ein Bierchen im Alten Bahnhof am Belsenplatz trank. Noch ländlicher ging es auf dem Faustenhof an der Oberkasseler Straße zu. Vom Hof wurden jeden Tag einige Kühe auf eine abgezäunte Wiesenfläche im Rheinvorland getrieben. Dort wurde in den Hungerjahren einmal nachts eine Kuh geschlachtet und weggeschafft. Seitdem weideten keine Kühe mehr nächtens auf den Rheinwiesen. Die landwirtschaftliche Nutzung des Hofes wurde bald aufgegeben. Aus Ställen wurden Garagen. Ich habe die Entwicklung miterlebt. Aus der ehemaligen Landgemeinde war schon früh der Teil einer großen Stadt geworden.

Früher als Kinder und auch heute erfahren die Menschen Oberkassel als Halbinsel. Der Rhein bildet eine natürliche Grenze zwischen Oberkassel und Düsseldorf. Vor der Eingemeindung 1909 schien Düsseldorf auf der anderen Rheinseite weit entfernt zu sein. Bis heute hat sich etwas von dieser Sicht erhalten. In den Nachkriegsjahren gab es kurze Zeit wieder eine eigene linksrheinische Bürgermeisterei. Der Weg über den Rhein war wegen der zerstörten Brücke nur mit »Bötchen« oder später über die schwankende Pontonbrücke möglich. An der Bootsanlegestelle gab es lange Warteschlangen. Als Schüler des Görres-Gymnasiums erhielten wir, wie viele Berufstätige, einen Vorzugsausweis und durften zuerst aufs Schiff. Die Eigenständigkeit der Oberkasseler muß auch der Stadtverwaltung bewußt gewesen sein. Als es beim Neubau der Oberkasseler Brücke eine neue Wegeführung über den Rhein gab, stand auf einem Hinweisschild »Nach Düsseldorf«. Dabei fühlen wir uns im Linksrheinischen wohl, sind aber auch gern Düsseldorfer.

Mit Freude habe ich auch von außen auf meinen Stadtteil und seine Straßen geschaut. Vom Rheinturm überblickt man den vom Strom umflossenen Bereich. In guter Erinnerung bleibt eine Aufnahme aus dieser Sicht, die bei Hochwasser Ober- und Niederkassel fast wie eine Insel erscheinen läßt. Der

Stadtteil lebt mit dem Fluß. Oft steigt Grundwasser in Gärten und Kellern hoch. Zuweilen müssen auch Garagen geräumt werden. Ich denke an die Zeit, da wir nach dem Schulunterricht kleine Flöße bauten und auf dem Grundwasser vielleicht gefährliche Seefahrt trieben. In einem der vergangenen Winter kam zum Hoch- und Grundwasser ein Kälteeinbruch. Grundwasser in den Gärten wurde zu Eis, auf dem die Anwohner Schlittschuh liefen. Im Sommer wirkt die Halbinsel stark durchgrünt, mehr durch das Gartengrün in den Blockbebauungen als durch öffentliches Grün auf Straßen und Plätzen. Das Rheinvorland mit seinen Wiesen gibt einen vertrauten Rahmen. Die grüne oder auch wasserumgebene Halbinsel wird oft von kräftigen Winden durchlüftet. In Ober- und Niederkassel ist es meist etwas kühler als im Stadtzentrum, auch etwas feuchter. Man lebt hier mehr mit den Jahreszeiten und tauscht sich beim Gespräch mit Nachbarn darüber aus. Manche Anregung und Hilfe kommt zur Pflege des Grüns. Gärten, Balkone und Baumscheiben werden liebevoll gepflegt. Leider ist am öffentlichen Grün zu sehr gespart worden. Der Gleisbereich der Luegallee, aber auch der Drakeplatz bieten sich für eine bessere Gestaltung an. Vielleicht könnten die Bemühungen in der Alpenstadt Innsbruck Vorbild sein, wo auch kleinste Flächen begrünt werden und häßliche Masten durch hochrankendes Grün erträglicher erscheinen.

Zum Erlebnis meiner Straße und meines Stadtteils gehören wesentlich die dort lebenden Menschen. Mit den Kindern von der Drakestraße spielten wir Völkerball gegen andere Gruppen. Gemeinsam tobten wir auf den Rheinwiesen und wagten uns auch in andere Gegenden des Stadtteils. Die Gemeinschaft gab Sicherheit und machte miteinander vertraut. Schon als Kind ging ich in Jugendgruppen der Kirchengemeinde. Das war nicht selbstverständlich, weil während der Nazizeit das Jungvolk der Hitler-Jugend mit erheblichem Druck Priorität forderte. Durch die Herkunft aus einem katholischen Elternhaus empfanden wir uns durchaus als Gesinnungsgemeinschaft. Viele Freundschaften aus dieser Zeit haben bis in die Gegenwart gehalten. Nach dem Krieg bildeten sich in Oberkassel kleine Gruppen, die gemeinsam Musik hörten und Literatur lasen. Ich arbeitete in der Pfarrbücherei mit. Diese Aktivitäten waren für die Nachkriegszeit charakteristisch und begründeten besonderes Interesse an Kunst und Kultur. Auf der Drakestraße mir gegenüber wohnte der Maler Ernst Heinrich, der das kleine und nur kurzlebige Kabarett in der Altstadt »Die Satiriker« leitete. Auch die Gründer des Kom(m)ödchens, Kay und Lore Lorentz wohnten nicht weit entfernt in Oberkassel. Später faszinierten auch die Lesungen im nahe gelegenen *Sassafras* und Jazz im *Paul's*. Alles Erleben vor Ort trieb mich zu aktiver Teilnahme an. Ich arbeitete im Pfarrgemeinderat meiner Kirchengemeinde mit, ich engagierte mich in örtlichen Bürgervereinen und kulturellen Initiativen. Ich erkannte die Notwendigkeit politischen Engagements. Als 1975 die Bezirksvertretungen gebildet wurden, wählte man mich zum Bezirksvorsteher. Das war fast 25 Jahre lang eine Aufgabe, in der ich mich für die örtlichen Belange eingesetzt habe. Der Erfolg gründete sich auf Erleben und Erfahrungen im zunächst kleineren Bereich des Wohnumfeldes. Die Einbettung in die gesamte Kommunalpolitik erfuhr ich in besonderem Maße, als ich 1979 für Oberkassel/Niederkassel in den Rat der Landeshauptstadt gewählt wurde. Ich konnte so im weiteren Rahmen für die engere Heimat arbeiten und andererseits Erfahrungen und Erkenntnisse aus dem kleinen vertrauten Umfeld für die umfassenderen Anforderungen in der Gesamtstadt nutzbar machen.

RALF LINGENS
Rundfahrt

Ich schlug es zur Sicherheit eben noch einmal nach: Ein Düsseldorfer, der, ohne die Fähre zu benutzen oder gar zu schwimmen, auf sein gegenüberliegendes linksrheinisches Ufer hatte überwechseln wollen, mußte bis zum Jahr 1870 warten. Just zu diesem Zeitpunkt entstand als erste feste Verbindung zwischen beiden Rheinseiten die Eisenbahnbrücke bei Hamm, die sinnigerweise statt mit Pauken und Trompeten mit aufgepflanzten Bajonetten eröffnet wurde. Es war ein Truppentransportzug, der kurz nach Ausbruch des deutsch-französischen Krieges als erster über die Brückengleise gen Westen gerollt war. Die Freude der Bevölkerung von Düsseldorf oder Neuss scheint damals keinen sichtbaren Ausdruck gefunden zu haben.

Knapp eine Generation später, um die Jahrhundertwende, betrieb ausgerechnet ein Verkehrsunternehmen, die Rheinische Bahngesellschaft, noch heute kurz »Rheinbahn« genannt, die Erschließung der Rheinseite, die der Düsseldorfer Altstadt unmittelbar gegenüberliegt. Sie ermöglichte den Bau der ersten Straßenbrücke und trug ein Übriges dazu bei, die Nachfrage nach Verkehrsmitteln zu wecken und zu decken. Noch heute soll eine stattliche Zahl von Mietshäusern gerade in der Nähe des Oberkasseler Brückenkopfes im Eigentum der Rheinbahn stehen.

Unsere Familie kam in der Mitte der dreißiger Jahre in die Rheinmetropole. Als Zeichen der Zeit trug die torbewehrte Oberkasseler Brücke den Namen Skagerrak und machte uns Kinder umso leichter mit den damals hoch im Kurs stehenden Ruhmestaten der deutschen Kriegsmarine im Ersten Weltkrieg vertraut. Die Zahl der Möglichkeiten, ins benachbarte Neuss zu kommen, hatte sich inzwischen verdoppelt. Die Hammer Eisenbahnbrücke besaß neben ihren Gleisen einen Fußgängersteig, und etwas weiter rheinauf überspannte eine soeben fertig gewordene neue Straßenbrücke den Fluß. Zwischen diesen beiden südlichen Brücken schien die Hammer Fährverbindung vollends zum Tode verurteilt.

Die Rheinbahn scheint bei Indienststellung der zweiten Straßenbrücke ihren Vorteil neuerlich nicht aus dem Auge gelassen zu haben. Hatte sie bereits zuvor ihre Straßenbahnlinie vom Düsseldorfer Hauptbahnhof nach Oberkassel bis ins Herz der Stadt Neuss weitergeführt, so war ihr jetzt gelungen, den Ring dergestalt zu schließen, daß dieselbe Linie über die neu entstandene Südbrücke wieder zum Ausgangspunkt zurückkehrte.

In der Zeit, in der ich als Junge das eigenständige Straßenbahnfahren lernte, fiel die Neusser Linie im Straßenbild schon allein dadurch auf, daß zwei unterschiedliche Wagentypen über die Gleise rollten. Wir Kinder wußten genau, welche Wagen dem Düsseldorfer und welche dem Neusser Depot entstammten. Auch daß die Südbrücke immer nur mit dem Triebwagen, also ohne Anhänger, befahren wurde. Aber was nützte diese Kenntnis dem Fremdling, der am Düsseldorfer Hauptbahnhof auf Anhieb wissen wollte, ob der aus der Immermannstraße vorfahrende Zug sein Neusser Ziel über Oberkassel oder auf dem kürzeren Weg über die Südbrücke ansteuern würde? Auch aus der Liniennummer »16« ließ es sich nicht ablesen. Man mußte schon genau hinsehen und, hatte man es nicht getan, merkte man spätestens auf einer der beiden Brücken, daß man falsch eingestiegen war.

Lange Zeit konnte es so nicht gutgehen. Viele Düsseldorfer waren sowieso im Trambahnfahren wenig geübt und dürften mit ihrem Unmut kaum zurückgehalten haben. Tatsächlich ließ die Abhilfe nicht auf sich warten. Ein paar Jahre später hatte es sich herumgesprochen: die »Oberkasseler 16« fuhr bis zur Novesia als »schwarze 16« und kehrte von dort als »rote 16« über die Südbrücke zum Hauptbahnhof zurück. Und umgekehrt natürlich entsprechend.

Ich glaube, es war damals die Zeit, als sich eine wirklich gute Schreibmaschine durch ein schwarz-rotes Farbband auszeichnete. Ein kleiner Knopfdruck genügte, und alle danach getippten Zeilen erschienen in Rot. Diese Besonderheit muß modebedingt gewesen sein, jedenfalls war sie eines Tages verschwunden. Mit ihr auch die »rote 16«. Eine neue Ära hob an.

Die »rote 16« war zur »26« verwandelt, und wer am Bahnhof in Düsseldorf noch in die »16« gestiegen war, um zur Südbrücke zu kommen, mußte den Umweg über Oberkassel in Kauf nehmen und dürfte kurz hinter Neuss vom Schaffner aufgefordert worden sein, nun für die Benutzung der zur »26« gewordenen Linie ein neues Billett zu lösen.

Das Ei des Columbus schien entdeckt. Die Rundlinie zog nur noch in der täglichen Wirklichkeit ihre Kreise, in der Sprache der Gesellschaft war sie überwunden. Auch dem Fahrpersonal hatte man keinen Tort angetan. War es sowieso daran gewöhnt, am Novesia-Eck, dessen Nähe sich jahrzehntelang durch den Wohlgeruch der Schokoladenfabrik angezeigt hatte, aus der schwarzen Zahl eine rote zu machen oder umgekehrt, so war nun der Mechanismus verbessert, um mühelos die Zahlen 16 und 26 zu vertauschen. Bald ging's sogar im Fahren. Einzige Veränderung: die Verwandlung geschah alsbald nicht mehr auf der einen Seite, bei der Novesia, sondern zur Abwechslung auf der anderen: am Bahnhof Neuss. Auch das war leicht gelernt.

In der Mitte der 70er Jahre wurde mein Glaube an den Fortschritt auf eine harte Probe gestellt. Die Verbindungswege nach Neuss bestanden wie eh und je. Ich aber hatte versäumt, dem Neuen auf der Spur zu bleiben. Auf einmal war es die Linie 5, die fleißig ihre Runden drehte. Die Liniennummer war wieder ein und dieselbe, nicht aber mehr die alte. Wer am Hauptbahnhof Düsseldorf wie vor dreißig Jahren nach Neuss strebte, wußte beim Anblick der ankommenden Bahn genausowenig wie damals, ob sie sich anschickte, direkt nach Neuss oder auf dem Umweg über Oberkassel zum Ziel zu fahren.

Es war aber nur ein vorübergehendes Zurück zur alten Unübersichtlichkeit. 1980 schlüpfte die traditionsreiche Rheinbahn Aktiengesellschaft mit neunzehn anderen Verkehrsbetrieben des Umlands, mit der Duisburger, der Essener, der Krefelder Verkehrsgesellschaft genauso wie mit den Stadtwerken Neuss unter das Dach eines neuen »Verkehrsverbundes Rhein-Ruhr«. Die Bahnen und Busse, die im Düsseldorfer Raum verkehrten, erhielten die Kennziffer 7, aus der Linie 5 wurde die Linie 705. Wer ausschließlich oder überwiegend linksrheinische Strecken befuhr, bekam für die vorderste Stelle die Zahl 8 zugeteilt.

Ob viele Gedanken darauf verwandt wurden, der Oberkasseler Linie 5 die rechtsrheinische »7« voranzustellen? Ihr linksrheinischer Schienenweg war eindeutig länger als auf der Düsseldorfer Seite! Kaum aber hatte sich die »705« eingebürgert, reihte sich Düsseldorf in die Städte mit U-Bahn-Verkehr ein. Mit dem »U« vor dem Namen verlor die Dreistelligkeit der Zahl ihre Notwendigkeit.

Wer heute über Oberkassel nach Neuss fährt, erlebt die Fahrt mit der »U 75« auf der Düsseldorfer Seite zunächst unterirdisch, auf der linken Rheinseite genießt er trotz des widersprüchlichen »U« voran wie stets den ungetrübten Ausblick auf Mutter Natur. Endstation ist der Neusser Bahnhof, der inzwischen zum »Hauptbahnhof« aufstieg. Hier dreht sie und kehrt auf gleichem Weg, wie gekommen, zum Düsseldorfer Hauptbahnhof zurück. Inzwischen wurde ihre Strecke bis zum Stadtteil Eller verlängert.

Ihr Pendant: die einstmals »roten« Bahnen verkehren als »704« und »709« von Düsseldorf-Derendorf bzw. -Grafenberg oberirdisch am Düsseldorfer Hauptbahnhof vorbei über die Südbrücke zur Stadthalle Neuss, unweit der alten Novesia, und von dort durch die Neusser Innenstadt bis zur Schleife der »unterirdischen« Schwester am Theodor-Heuss-Platz (= Hauptbahnhof Neuss). Wer wie früher rundfahren möchte, kommt am Wechsel vom Straßenbahn- ins U-Bahn-System nicht vorbei.

Die »704« und »709« berühren unterwegs auf der Düsseldorfer Seite die Haltestelle »Völklinger Straße«, uns Alt-Bürgern noch unter dem Namen »Fährstraße« geläufig. Diese Straße gibt es natürlich noch, sie führt durch den Ortsteil Hamm direkt dorthin, wo früher die Schiffsfähre ihren Platz hatte. Die beiden nahen Brücken rheinauf und rheinab – die Straßenbrücke heißt inzwischen Willy-Brandt-Brücke – und die Eisenbahnbrücke bezeugen unübersehbar ihre Entbehrlichkeit. Über die letztere verkehren jetzt zusätzliche S-Bahn-Züge der Deutschen Bahn AG, seit jüngstem auch noch höchst moderne Triebwagen der privat konkurrierenden »Regio-Bahn« Mettmann-Kaarst und zurück.

Der Rundverkehr von einst wandelte sich zu einem Netz mit weitreichender Ausstrahlung, die Geschlossenheit ist einer ungeahnten Vielfalt und Offenheit gewichen. Man darf sie freudiger begrüßen als den Brückenschlag aus dem Jahre 1870 zur besseren Verschiebung militärischer Streitkräfte. 130 Jahre liegen dazwischen. Wer nur zurückblickt, verfängt sich im Kreis. Der Blick sollte in die Weite gehen.

ULRIKE MERTEN
Nest – Werk

Schön klingt sie nicht. Schon gar nicht poetisch. Eher nach gurgelnden Abwässern, Unterwelt und feuchtem Klima. Unmittelbar angrenzend – und doch weit entfernt vom staatstragenden Image eines Kaiser-Friedrich-Rings. Bei ihr kommt der Alltag, der schnörkellose Pragmatismus zu Wort: Kanalstraße. Hier lief der erste Abwasserkanal von Niederkassel Richtung Rhein. Das war's. Ende der historischen Tiefenforschung.

Eine Straße – meine Straße. Nicht nur, weil sich früh fröhlich frotzelnde Kinderreimlust über Uli und Gulli hermachte. Diese Straße, diese kurzen 500 Meter mit dem unspektakulären Wohngebietsgesicht, haben es mir leicht und schwer gemacht. Leicht, weil ich ihren Namen bereits mit zwei Jahren zu meinem festen Wortschatz zählte und seither nicht mehr löschen mußte – von kurzen Intermezzi einmal abgesehen. Schwer, weil sie mich nicht losläßt mit ihren zahllosen Tentakeln der Erinnerung.

Ein Anachronismus ist unser Verhältnis allemal. Wo alle Welt auf Mobilität setzt, Zweit- und Drittwohnsitze zwischen Erkrath, New York und Tokio pflegt und Navigationssysteme braucht, um die Orientierung nicht zu verlieren, schreibe ich seit der ersten Klasse – seit 36 Jahren – Kanalstraße in die Rubrik, die nach meiner Adresse fragt.

Klar, vier Jahrzehnte haben an ihrem Erscheinungsbild retouchiert: eine Tankstelle zugunsten von Eigentumswohnungen und Mehrfamilienhäusern weichen lassen, ganz irdisch-erdige Hügel voller Kleingärten für eine katholische Kirche in kastiger Modernität der späten 60er samt Pfarrzentrum geebnet, wildwuchernde Forsythienbüsche und ländlich verstrüppte Tummelplätze geopfert für größere, auch kleinere Seitenstraßen-Villen im Tortenstück-Format. Das Herzstück der Kanalstraße aber, um das es mir geht, erstreckt sich von Hausnummer 20 bis 30 und schlägt alle anderen Straßen dieser Stadt in ihrer ganz individuellen Bedeutsamkeit.

Zwei geheimnisvolle Häuser rahmten Anfang der 60er dieses Herz ein: Links duckte sich ein mausgrau Gestrichenes mit lieb- und blütenlosem Vorgarten in die hintere Reihe. Rechts lockte das alte Backsteinhäuschen von Frau Kippels und Dackel Peer direkt ins Abenteuer.

Export-Import – war die einzige Auskunft, die ein glanzloses Messingschild an der Tür des Grauen über das angebliche Treiben hinter den Mauern gab. Vergilbte Gardinen, keine Blumen, erst recht kein lebendiges Gesicht tauchte je an einem der Fenster auf. Ein stets muffiger Mann im

Herbstzeitlosenalter, überkorrekter Anthrazitanzug samt Aktenkoffer, schloß morgens die Tür auf, verschwand wie verschluckt im Haus und tauchte erst am späten Nachmittag wieder am Ausgang auf. Sprudelnder Quell von Kindergänsehäuten und Gruselphantasien war dieses suspekte, seltsam tote Haus und hat bei Zeiten meine tiefsitzende Skepsis gegenüber dem Berufsfeld Export-Import geprägt.

Ganz anders: das Reich der kugelrunden Kippels. Ein dickschuppiger Acker mit Kartoffelpflanzen und Rhabarber lag als Graben zur Grundversorgung parallel zu ihrem Häuschen. Wie eine haarige, cognac-farbene Nackenrolle schleppte sich ihr überfütterter Langhaardackel Peer durch Feld und Straße. Drinnen im Haus aber begann die Zeitreise: Die wuchtigen Möbel in dem kleinen niedrigen Wohnzimmer wirkten im schummrigen Licht wie Schemen, wie ausgediente Kulissen aus Vorkriegstagen. Ganz real und kaum zu ignorieren war dieser Geruch, diese unverwechselbare modrige Mischung aus, Erde, Mottenkugeln und Gemüsesuppe. Die Spur kalten HB-Rauchs in dieser Duft-Mixtur war bald verflogen, nachdem Herr Kippels gestorben war – ein Mann, der viele Jahre zuvor allein als hustendes Standbild in Feinrippunterhemd samt Ausguckkissen im Seitenfenster des Hauses eine weitgehend stumme Rolle gespielt hatte.

Freundlich und spendierfreudig war Frau Kippels – keine Frage. Im Kinderkopf aber schillerte sie als personifiziertes Märchen, die Live-Ausgabe der Kräuterhexe, auf deren Herd immer ein Zaubertrank zu köcheln schien, die mit Kochstelle und rosaroter Toilette in unmittelbarer Küchen-Nachbarschaft ganz unverkrampft menschlich Elementares vereinte, bei der ein Besuch stets den schönen Schauder des Verbotenen garantierte. Bodenständigkeit mit einer Prise Begeisterung fürs Anderssein nistete sich so in meinem Charakternetz ein. Heute füllt das Eckgrundstück eine einfallslose Anhäufung von Eigentumswohnungen, die sich mit ihrer weiß glasierten Klinkerfassade den Titel »Bedürfnisanstalt« einhandelte.

Vis à vis grenzte an das Haus von Gottfried Meuser eine struppige Pferdekoppel. Hier machten die Ziege Fritzchen und der pfiffige Foxterrier Gerry Rappen, Apfelschimmel und Braunen täglich Beine. Mit vorwitzigen Bissen in die Waden und plötzlichen Bocksprüngen mischten sie das idyllische Weiden auf der Wiese auf und boten in ihrer unfreiwilligen Artistik einen kleinen Alltagszirkus fürs Kichern und Staunen am Wegesrand.

Und draußen vor der Tür, auf dem Treppenabsatz der Nummer 24, habe ich meine ersten und einzigen Geschäfte betrieben. Die Sache mit Konrad Adenauer, die hat mir meine Mutter lange nicht verziehen. Langstielig, samtig und blutrot war sie, die nach dem Nachkriegskanzler Konrad getaufte Rose – und ihr ganzer Gartenstolz. Um meine auf den Rheinwiesen gepflückten Butterblumen-, Klee- und Distelsträuße mit ein paar attraktiven Blüten aufzuwerten, hatte ich kurzerhand die Gartenschere sprechen lassen und die schönsten Rosen für meine floristischen Ambitionen aus dem Beet gekappt. Ein Volltreffer bei den Angestellten des Architektenbüros nebenan: »Ein kleines Sträußchen für Ihre Frau, vielleicht?« Schon klapperten die Münzen in der Niveadose. Die Kinderfaust voller Kleingeld, hatte ich nach meinem wirtschaftlichen Erfolg nur ein Ziel: Café Nußbaum, wenige Schritte entfernt in Alt-Niederkassel. Wo heute ein nobler Italiener verwöhnten Gaumen schmeichelt und dicke Portemonnaies erleichtert, tischte damals Emil Freitag mit mürrischer Miene ganz profane Bockwurst und Flaschenbier auf rotkarierten Decken auf. Riesige Bonbongläser umzingelten seine Theke. Gefüllt mit köstlich blubbernder Brause, tiefschwarzem Lakritz und sündigem Mäusespeck. 100 Bonbons für eine Mark: eine Tüte voller süßer Seligkeit. Da war Karies ganz weit, die zuckrige Vorfreude auf der Zunge so nah! Nur eine ästhetische Hürde mußte vor dem Vergnügen stets erst genommen werden. Emil Freitags lange, schmale Schaufelhände trieben sich tief ins Glas, bis sie die gewünschten Leckereien geangelt hatten. An Teufelskrallen mit finsteren Trauerrändern erinnerten mich seine schwarzen Nägel, und ich mußte schnell die Augen schließen – bis sich die Finger wieder aus dem Glas gewunden hatten.

Das Haus, auf dessen Treppenabsatz ich vor lauter spannender Geschichten und erhitztem Freundinnenplausch den kalten Stein meist völlig vergaß, ist nicht nur mein Eltern-, vielmehr mein Großelternhaus. 1929 hat es mein Großvater gebaut. Die Jugendstil-Schönheit nebenan gefiel mir zwar immer viel besser als der spröde dunkle Klinkerbau in geometrisch strengem Maß. Und trotzdem hat dieses Haus insbesondere unterm Dach Nestqualität. Hoch oben mischte mein Landschaftsmaler-Opa Peter Anton Weber seine Farben, entwarf Kirchenfenster, hielt den Blick aufs dörfliche Niederkassel in Öl auf Leinwand fest – eine bis heute kaum veränderte Perspektive.

Den Atelier-Glasaufbau fürs möglichst frei strömende Nordlicht hatte das Bauamt allerdings vereitelt. So blieb's bei einem kleinen Drahtglasausschnitt im Vordach. Der hat viele Jahre später auch meiner Sandkastenliebe noch den richtigen Licht-Einfall geboten. Der frühe Duft von Farben und Leim, der Künstler-Bazillus hatten mich längst infiziert. Auch mein Freund stellte hier in der malerischen Start-Phase seine Staffelei auf, und wir waren wild entschlossen, in den kleinen, zur Wohnung verknüpften Dachkammern Kunst und Leben zusammenwachsen zu lassen.

Doch schwer ist leicht was, das wußte ich spätestens seit mir mein Großvater – die schwarze Baskenmütze auf dem Kopf, den Stock in der rechten Hand – beim Spaziergang von der Kanalstraße hinunter zum Pappelwäldchen die Geschichte vom Kampf der Blutwurst mit der Butter ausgemalt hatte. Ein wundervoller Geschichtenerzähler, der seine westfälisch-urwüchsigen Tatorte in rheinisch changierenden Farben lebendig werden ließ, der die Ohren für Nuancen öffnete und mit Selbstgestricktem schon damals die Neugierde auf eigene Worte weckte.

Jede Wand, jeder krumme Winkel in diesem Nest, vier Stockwerke über der Straße, trägt unsichtbare, dicht verwobene Spuren aus Vergangenheit und Gegenwart. Schutz bieten sie, Geborgenheit, stellten sich aber auch dem Flüggewerden in den Weg, verhinderten, der Straße, der Stadt den Rücken zu kehren.

Als Niederkassel sich vom linksrheinischen Simpel, der dörflichen Schwester des eleganten Oberkassel, plötzlich zum In-Treff wandelte, nobles Blech, Designer-Klamotten und Mode-Vierbeiner zwischen Rhein und Meusers Speckpfannekuchen ausgeführt wurden, kamen kurz leise touristische Beklemmungen auf. So müssen sich die Eingeborenen in Ausflugsecken andernorts gefühlt haben. Doch längst hat sich der eitle Auflauf gelegt, ist die Straße einfach wieder mein Wohn- und Wiederaufbereitungsort – oftmals mein Wunschort.

Und noch einen Weg macht die Kanalstraße frei: Sie spült mich schnell und ohne Umwege zum Rhein hinaus. Zu den Wiesen, ohne die mein Vergnügen am grenzenlosen Freiluft-Spiel nie hätte wachsen können. Zum Fluß, der mit seinem Strandgut meinen eigenen Begriff von Schatzsuche formte, ein Strom, der sich ganz gelassen im scheinbaren Widerspruch von Bewegung und Beruhigung treiben läßt. R(h)ein gar nichts zieht mich hier weg.

ASTRID GEHLHOFF-CLAES

Am Fluß

I

Du mußt
still halten können
bei jedem Abschied,
mitten im Sommer, an einem
klaren Tag.
In der Morgenfrühe,
wenn der Fluß wie stets
an dir vorbei fließt,
wenn der Himmel
fern wie immer dämmert
über dir.

Über dir
allein.
Du mußt
stehn bleiben können,
wie ein Baum
mit durstigen Wurzeln steht
unter diesem fernen, teilnahmslosen Himmel,
an dem ziehenden, um nichts bekümmerten Fluß,
den das Verlorene, wie ein Boot, einsam
hinab treibt.

Du kannst den Fluß
nicht halten.
Du kannst
kauern, am Ufer,
das Wasser wandern lassen
durch die nichts mehr fassende Hand.
Und den großen, gefühllosen Himmel fühlen.
Und fühlen mit dem treibenden, fliehenden Boot.
Und nicht fliehen,
und nie gefühllos sein.
Und stehn gelassen stehn bleiben
und
still halten.

II

Die Stadt
atmet.
Nur ich
höre sie
atmen.

Ich sehe nicht
ihr Gesicht,
sie dreht den Kopf
zur Seite.

Im Schnee finde ich nicht
ihre Spur,
sie sorgt
für Tauwetter.

Aber ich
höre sie
atmen –

wie diesen Raben
am Rhein,
der entschlossen
unter schwarzen Schwingen
die starke Seele verbirgt

und vollendet
im Morgen
zur Zeit tiefen Blutdrucks
startet
und fliegt.

Ich male
den Atem:
das Bild
meiner Stadt
am Fluß.

Die Autoren

Barbara Abedi, geboren 1945 in Bremen, nach dem Abitur Studium zur Diplom-Dolmetscherin und -Übersetzerin; langjährige Tätigkeit als Texterin und Creative Diretor in großen Düsseldorfer Werbeagenturen; seit 1996 selbständige Buchhändlerin; Gründungsmitglied im Düsseldorfer Kultursalon; eine Tochter, eine Enkelin.

Helge Achenbach, geboren 1952 in Weidenau / Kreis Siegen, 1970-1974 Studium der Sozial-Pädagogik; 1974-1977 Galerist in Düsseldorf; seit 1978 Kunstberater; seit 1984 Edition und Verlag (Produktion von Grafik-Editionen und Kunstdrucken); seit 1988 zunehmend Tätigkeit als Architekturberater; Schwerpunkt: Integration von Architektur und Kunst; seit Oktober 1997 Vizepräsident von Fortuna Düsseldorf, seit August 1998 1. Vorsitzender des Vereins.

Wolfgang Arps, seit 1956 Mitglied des Düsseldorfer Schauspielhauses; über 200 Rollen an den Häusern in Hamburg: Junge Bühne und Zimmertheater, 1949-1955 Deutsches Schauspielhaus; danach Staatstheater Stuttgart, Renaissancetheater Berlin, Thalia-Theater Hamburg; Fernseh- und Rundfunktätigkeit; Tourneen durch Westeuropa, Rußland, die DDR und Israel; freie Tätigkeit als Sprecher, Erzähler und Rezitator bei Konzerten, Opern und Dichterlesungen.

Fritz Aurin, geboren 1938 in Düsseldorf-Oberkassel, Architekturstudium in Stuttgart und München; Vorsitzender des VVV, eines 1904 gegründeten Bürgervereins, der sich mit kulturellen und gestalterischen Belangen im linksrheinischen Düsseldorf befaßt. Lebt und arbeitet als freischaffender Architekt in Düsseldorf-Oberkassel.

Anna Badora, geboren 1951 in Czestochowa (Polen), Studium an der Staatlichen Hochschule für Darstellende Kunst Krakau; Regie-Studium am Max-Reinhardt-Seminar in Wien (als erste Frau); Hospitanz bei Giorgio Strehler in Mailand; Regieassistenz bei Peter Zadek und Klaus Michael Grüber in Berlin, sowie bei Jürgen Flimm und Jürgen Gosch in Köln; eigene Inszenierungen in Köln, Essen, Basel, Ulm, Darmstadt, Wien, München; Schauspieldirektorin im Staatstheater Mainz; 1994 Kulturpreis des Landes Rheinland-Pfalz; seit 1996 Generalintendantin des Düsseldorfer Schauspielhauses.

Jürg Baur, geboren 1918 in Düsseldorf; 1952-1966 Kantor in Düsseldorf-Unterrath; zweimal Stipendiat der Villa Massimo in Rom; seit 1946 Dozent, ab 1965 Direktor des Konservatoriums in Düsseldorf (seit 1971 Robert-Schumann-Musikhochschule); 1971-1990 Professor für Komposition an der Hochschule für Musik Köln; mehr als 100 Kompositionen, insbesondere Orchester-, Kammer- und Vokalmusik; zahlreiche Ämter, Ehrungen und Preise.

Helmut »Auto« Becker, geboren 1942 in Berlin; Sohn und Nachfolger von Wilhelm »Auto« Becker, Gründer des gleichnamigen Düsseldorfer Autohauses, das sich als das interessanteste der Welt versteht; zahlreiche Initiativen und Ämter in vielen Bereichen des Wirtschaftslebens weit über Düsseldorf hinaus, insbesondere für die Förderung junger Unternehmer.

Esther Betz, geboren 1924 in Neufechingen/Saar, seit 1938 in Düsseldorf; nach Arbeits- und Kriegshilfsdienst 1946 Studium in München, 1953 Promotion zum Dr. phil.; seit 1956 Mitherausgeberin der Rheinischen Post; seit 1985 Vorsitzende der Anton-Betz-Stiftung der Rheinischen Post e.V.; 1995 Großes Verdienstkreuz; 1997 Ehrensenatorin der Heinrich-Heine-Universität Düsseldorf.

Oskar Gottlieb Blarr, geboren 1934 in Bartenstein/Ostpreußen, Januar 1945 Flucht nach Niedersachsen; Studium Kirchenmusik und Schlagzeug in Hannover, 1961 Berufung nach Düsseldorf an die Neanderkirche (Altstadt), Dozent und Professor an der Robert-Schumann-Hochschule, Gründer des Chores der Neanderkirche, der Reihe für neue Musik »3 MAL NEU«, 1981/82 Sabbatical in Jerusalem; 1994 Rom-Stipendium; zahlreiche Kompositionen (Sinfonien, Oratorien, Oper »Josef Süß Oppenheimer – genannt Jud Süß«); Autor des Buches »Orgelstadt Düsseldorf«.

Eva Böttcher, geboren in Hamburg, dort zur Schule gegangen und Abitur gemacht; Schauspielausbildung bei Joseph Offenbach; Engagements am Hamburger Schauspielhaus, Düsseldorfer Schauspielhaus und am Residenztheater München; verheiratet seit 1965 mit Wolfgang Reinbacher.

Vittoria Borsò, Promotion 1983 an der Universität Mannheim; Forschungsstipendium in den USA; 1991 Habilitation; Lehrtätigkeit an der Universität Freiburg für Französisch und Italienisch; seit 1992 Professorin für Hispanische Literaturwissenschaft; seit 1998 Inhaberin des Lehrstuhls I für Romanische Philologie an der Heinrich-Heine-Universität Düsseldorf; seit 1998 Dekanin der Philosophischen Fakultät. Aktuelle Forschungsgebiete: Kulturtransfer und Übersetzungswissenschaft, Visualität in den Medien sowie Medialität und Gedächtnis.

Olaf Cless, geboren 1948 in Freiburg i. Br.; Studium der Geschichte und Politikwissenschaften in Freiburg und Marburg, Promotion; lebt seit 1977 in Düsseldorf; seit 1990 freier Kulturjournalist; schreibt für *Düsseldorfer Hefte, fiftyfifty, Freitag, Handelsblatt, kult, Westdeutsche Zeitung* u. a.; Mitautor des Merian-Heftes »Düsseldorf« sowie der Bände »Düsseldorf – Stadt am Rhein« und »Die KÖ«; Klavierbegleiter in Chanson-Programmen mit Helga Mangold und Leiter des Kleinkunst-»TrioGesangVereins«.

Bernd Dieckmann, geboren 1929 in Münster, seit 1949 Studium der Katholischen Theologie und Jura, 2. Juristische Staatsprüfung; 1962-1972 Stadtverwaltung Münster, zuletzt als Städtischer Direktor und Hilfsdezernent im Schul- und Kulturdezernat; 1972-1992 Beigeordneter der Landeshauptstadt Düsseldorf, Kulturdezernent; seit 1993 Geschäftsführer des Industrie-Clubs Düsseldorf e.V.

Manfred Droste, geboren 1927 in Düsseldorf als Sohn des Verlegers Heinrich Droste und seiner Frau Trude, geborene Otten; Hindenburgschule, Salem, Kriegsdienst, Gefangenschaft; Studium der Geschichte, Germanistik, Philosophie, Kunstgeschichte und Völkerkunde in Göttingen, Promotion; Redaktionsvolontariat beim Handelsblatt und beim Mittag in Düsseldorf, Verlagswerbeleiter, Verleger, Geschäftsführer im Verlag der Rheinischen Post, Aufsichtsrat; Mitglied der F.D.P. und zeitweise des Rates der Stadt Düsseldorf; verheiratet mit Gisela, geborene Roeber, fünf Kinder, zwölf Enkel.

Albert Eickhoff, geboren 1935 in Lippstadt; profunde Ausbildung in der Bekleidungsindustrie, 1961 gemeinsam mit seiner Frau Brigitte Eröffnung des ersten Modehauses in Lippstadt; seit 1981 ist das Familienunternehmen auf der Düsseldorfer Königsallee präsent, *Eickhoff Königsallee* gehört zu den internationalen Shopping-Adressen; Albert Eickhoff erhielt zahlreiche internationale Modemarketing-Preise.

Joachim Erwin, geboren 1949 in Stadtroda/Thüringen; lebt seit 1960 in Düsseldorf; Studium der Rechtswissenschaften, Sport und Hispanik; 1975-1988, sowie seit 1994 Ratsmitglied; 1988-1990 Landtagsabgeordneter; 1988 Wahl zum Bürgermeister; seit 1999 hauptamtlicher Oberbürgermeister, Vorsitzender der Aufsichtsräte von Messe Düsseldorf GmbH und Flughafen Düsseldorf GmbH sowie des Verwaltungsrates der Stadtsparkasse Düsseldorf.

Hanns Friedrichs, geboren 1928 in Dresden, 1939-1945 Auftritte in Theatern und als Tänzer; Schneiderlehre; 1948 Übersiedlung nach Düsseldorf; 1949 Eröffnung des Salons Hanns Friedrichs in Düsseldorf und Hagen; 1950/51 Meisterprüfung; Austattungen für Theater, Filme und Fernsehen, auch in den USA; 1978 Verleihung des »Goldenen Fingerhuts«; zahlreiche spektakuläre Modenschauen; seit 1993 1. Vorsitzender des Förderkreises A.I.D.S. (Alle im Dienste solidarisch).

Karin Füllner, geboren 1953 in Kiel, Studium der Germanistik, Romanistik, Philosophie und Erziehungswissenschaften an der Universität Düsseldorf, Erstes und Zweites Staatsexamen, Promotion. 1984-1996 wissenschaftliche Redakteurin an der Historisch-kritischen Heine-Ausgabe; seit 1997 wissenschaftliche Mitarbeiterin am Heinrich-Heine-Institut Düsseldorf; seit 1981 Lehrbeauftragte an der Heinrich-Heine-Universität Düsseldorf. Seit 1991 Vorstandsmitglied des Benrather Kulturkreis e.V.

Astrid Gehlhoff-Claes, geboren 1928 in Leverkusen; Promotion über die Lyrik Gottfried Benns; veröffentlichte Gedichtbände, Schauspiele, Erzählungen, einen Roman, Anthologien, einen Briefwechsel mit einem Lebenslänglichen; literarische Förderpreise in Berlin, Düsseldorf und Köln; Stipendien in Bonn, Darmstadt, Rom und Düsseldorf; Bundesverdienstkreuz 1. Klasse; Verdienstorden des Landes Nordrhein-Westfalen.

Ursula Gonnella, geboren 1935 in Stuttgart; Studium der Rechtswissenschaften, Neuen Geschichte und Kunstgeschichte; 1962 Übersiedlung nach Düsseldorf; 1972-1995 Mitglied FDP-Ratsfraktion, Kultursprecherin; Mitglied zahlreicher Gremien; 1987-1989 Lehrauftrag an der Hochschule für Kulturwissenschaften, Hildesheim; 1991-1996 wissenschaftliche Mitarbeiterin des Vorsitzenden der FDP-Landtagsfraktion NRW; 1996-1997 Studium des Kulturmanagements in Salzburg mit Abschluß Magister; seit 1998 stellvertretendes und geschäftsführendes Vorstandsmitglied des Freundeskreises des Hetjens-Museums; Delegierte des Deutschen Städtetags.

Bernd Hakenjos, geboren 1945 in St. Georgen/Schwarzwald, Schulzeit in Düsseldorf, 1964 Abitur am Humboldt-Gymnasium, 1966-1973 Studium der Kunstgeschichte, Archäologie und Theaterwissenschaft in Köln und Paris, 1973 Promotion in Köln, seit 1973 wissenschaftlicher Mitarbeiter des Hetjens-Museums, 1978-1985 Lehrauftrag für die Geschichte des Kunsthandwerks an der Bergischen Universität Wuppertal; zahlreiche Publikationen und Ausstellungen zur weltweiten Geschichte der Keramik, seit 1996 Leiter des Hetjens-Museums, des Deutschen Keramikmuseums in der Düsseldorfer Altstadt.

Volkmar Hansen, Prof. Dr. Dr. h.c. mult., zahlreiche wissenschaftliche Publikationen vor allem zu Thomas Mann, Heinrich Heine und Goethe; zahlreiche Vorträge und Lexikonbeiträge zur Literaturgeschichte mit editorischen, interkulturellen, komparatistischen und mediengeschichtlichen Schwerpunkten; Direktor des Goethe-Museums Düsseldorf; Lehrtätigkeit an der Heinrich-Heine-Universität Düsseldorf.

Peter Haseley, geboren in New York, Ausbildung als Pianist an der Eastman School of Music, Bachelor of Music und Master of Music; Fulbrigt-Stipendium für ein Studium an der Hochschule für Musik Köln (Klavier, Kammermusik und Liedbegleitung); stellvertretender Direktor der Rheinischen Musikschule in Köln; seit 1995 Leitung der Städtischen Clara-Schumann-Musikschule Düsseldorf; Dozent an der Robert-Schumann-Musikhochschule Düsseldorf; Regionalausschußvorsitzender sowie Mitglied des Landesausschusses »Jugend musiziert«.

René Heinersdorff, geboren 1963 in Düsseldorf, studierte Germanistik und Philosophie; arbeitet seit 1986 als Schauspieler und seit 1989 zusätzlich als Autor und Regisseur an vielen Theatern der Republik; gründete 1994 das Düsseldorfer Theater an der Kö; spielt, inszeniert und schreibt auch für das deutsche Fernsehen.

Gabriele Henkel, Autorin, Künstlerin, Honorar-Professorin an der Universität Wuppertal; schreibt Kulturberichte für die »Süddeutsche Zeitung«, München und die »B.Z.«, Berlin.

Helmut Hentrich, geboren 1905 in Krefeld; Studium in Freiburg, Wien und Berlin, 1928 Diplomexamen als Architekt, 1928 Schinkelpreis, 1929 Promotion an der TH Wien; 1933 Ernennung zum Regierungsbaumeisters und Gründung eines eigenen Büros; 1960 Ernennung zum Professor durch die Landesregierung NRW; 1981 Tessenow-Medaille in Gold; 1985 Verleihung der Ehrenbürgerschaft der Stadt Düsseldorf.

Hans Günter Hofmann, geboren 1941 in Aachen, aufgewachsen in Westfalen, Düsseldorf und Trier. Architekturstudium in Hannover, Darmstadt und London; dort und in Düsseldorf erste berufliche Erfahrungen, 1976 Gründung einer selbständigen Architektengruppe; seit 1979 Professor an der FH Düsseldorf im Fachbereich Architektur, 1993-1996 Dekan; lebt mit Frau und drei Kindern in Düsseldorf-Niederkassel.

Renate von Holenia, geboren in Wuppertal-Elberfeld, verbrachte dort Jugend- und Schulzeit; kam nach Dolmetscher- und Sekretariatsarbeit 1951 in Düsseldorf zur niederländischen Fluggesellschaft KLM und 1955 zur Deutschen Lufthansa, blieb dort bis zur Pensionierung.

Peter H. Jamin, geboren 1951, Journalist, Schriftsteller und Filmemacher, schrieb unter anderem gesellschaftskritische Sachbücher und Romane, gab Bildbände heraus (zuletzt »Die KÖ«, zusammen mit Jens Prüss). Er machte Fernsehdokumentationen und entwickelte TV-Reihen wie »WDR-Vermißt« oder »Wiedersehen – die andere Heimatshow«.

Gert Kaiser, Prof. Dr. Dr. h.c. geboren 1941; Studium der Germanistik und Romanistik in Heidelberg und München; seit 1977 Inhaber des Lehrstuhls für Ältere Germanistik an der Universität Düsseldorf; seit 1983 dort Rektor; seit 1988 Präsident des Wissenschaftszentrums NRW; zahlreiche wissenschaftliche Veröffentlichungen.

Heinz Kalenborn, geboren 1927, Kinder- und Jugendzeit in Düsseldorf-Benrath; Luftwaffenhelfer, RAD-Kriegsdienst und Gefangenschaft; Studium der Architektur in Stuttgart; seit 1955 freischaffender Architekt BDA in Düsseldorf; 1966-1993 Professor an der FH Düsseldorf; 1966-1998 Bürgermitglied und Ratsherr Düsseldorf; 1974-1996 Mitglied der Landschaftsversammlung Rheinland, in beiden Gremien langjähriger Vorsitzender des Bauausschusses und im Rat kulturpolitischer Sprecher der SPD-Fraktion.

Wolfgang Kamper, geboren 1930, Abitur am Görres-Gymnasium, Studium der Wirtschaftswissenschaften und Psychologie in Köln und Innsbruck, Dipl.-Kfm., 1975-1999 Bezirksvorsteher für das linksrheinische Düsseldorf, seit 1979 Ratsherr mit Schwerpunkt Kultur- und Wirtschaftspolitik, Vorsitzender der Theatergemeinde Düsseldorf, Mitglied verschiedener Organe von Kulturinstituten und Vereinen. Bundesverdienstkreuz 1. Klasse.

Wieland Koenig, geboren 1938; Studium der Rechte, Kunstgeschichte, Klassischen Archäologie und Publizistik, Promotion über mittelalterliche Tafelmalerei; 1973-1979 Museumspädagoge am Kunstmuseum Düsseldorf; seit 1979 Direktor des Stadtmuseums Düsseldorf.

Gerd Krumeich, Univ.-Prof. Dr. phil., geboren 1945 in Düsseldorf, Studium der Romanistik und Geschichte, 1975 Promotion in Düsseldorf, anschließend Wiss.Ass. am Historischen Seminar der Universität Düsseldorf (Lehrstuhl Prof. Dr. W. J. Mommsen), 1989 Habilitation, 1990-1997 Professur für Geschichte des romanischen Westeuropa in Freiburg i. Br., seit 1997 Lehrstuhlinhaber in Düsseldorf als Nachfolger von W. J. Mommsen; Forschungsgebiete: französische Geschichte, internationale Beziehungen, Kriegs- und Militärgeschichte.

Joseph Anton Kruse, geboren 1944 in Dingden (heute Hamminkeln); Studium der Germanistik, Philosophie und der Katholischen Theologie in Bonn, 1972 Promotion; seit 1975 Direktor des Heinrich-Heine-Instituts in Düsseldorf; seit 1986 Honorarprofessor an der Heinrich-Heine-Universität Düsseldorf; neben wissenschaftlichen Veröffentlichungen stets auch literarische Arbeiten, besonders Künstlerbücher.

Tatjana Kuschtewskaja, geboren 1947 in der Turkmenischen SSR, verbrachte ihre Kindheit in der Ukraine; Studium der Musikpädagogik an der Musikhochschule von Artjomowsk (Diplom); Musikpädagogin in Jakutien; 1976-1981 Studium an der Fakultät für Drehbuchautoren der Filmhochschule Moskau, leitete 1983-1991 Meisterkurse für Drehbuchautoren; freie Journalistin; zahlreiche Drehbücher und Reportagen; Reisen durch alle Regionen der ehemaligen UdSSR; seit 1991 in Deutschland; mehrere Buch-Veröffentlichungen in deutscher Sprache.

Horst Landau, geboren 1937 in Düsseldorf, seit 1962 Zahnarzt, Promotion; Schreiben als ergänzende Ausdrucks- und Präzisionsarbeit, Gedichte und Hörspiele, Geschichten, Essays, Glossen; seit 1973 Mitglied im Verband Deutscher Schriftsteller (VS); seit 1991 in der »Kogge«; zuletzt erschien »Die Invasion«, Erzählungen.

Ralf Lingens, geboren 1928 in Berlin, Schulen in Köln, Düsseldorf, Wiesbaden; Studium in Mainz, Köln und Brügge/Belgien; 1954 Promotion als Dr. jur.; Tätigkeiten in der Deutschen Forschungsgemeinschaft/Bad Godesberg sowie im Landesdienst Nordrhein Westfalen, zuletzt als Ministerialrat im Wissenschaftsministerium, Geschäftsführer der landeseigenen Heinrich-Hertz-Stiftung für den wissenschaftlichen Austausch; seit 1994 Rechtsanwalt in Düsseldorf.

Clemens Graf von Looz-Corswarem, geboren 1947 in Koblenz, Studium der Geschichte, Germanistik und Kunstgeschichte in Bonn und Münster, 1974 Staatsexamen, 1976 Promotion, 1976-1980 Mitarbeit beim Institut für vergleichende Städtegeschichte in Münster und Assistent am Lehrstuhl für westfälische Landesgeschichte, 1980-1982 Ausbildung zum Archivar in Marburg, bis 1985 wissenschaftlicher Mitarbeiter des Stadtarchivs Köln, seit 1985 beim Stadtarchiv Düsseldorf, seit 1988 Leiter des Archivs, seit 1997 Honorarprofessor an der Heinrich-Heine-Universität Düsseldorf.

Bruder Matthäus Werner CFP, geboren 1943 in Bad Kissingen, aufgewachsen in Düsseldorf, 1964 Eintritt in die Ordensgemeinschaft der Armen-Brüder des hl. Franziskus / Aachen das Geschwister Scholl Gymnasium; lebt seit 1966 im Caritasheim, einer Einrichtung für Wohnungslosen- und Altenhilfe, die von der Ordensgemeinschaft betrieben wird; 1967-1971 Ausbildung zum Dipl. Sozialarbeiter an der FH Essen; Leitungsaufgaben als Vorstand in sozialen Einrichtungen und der Ordensgemeinschaft.

Ulrike Merten, geboren 1958 in Düsseldorf; Studium der Germanistik, Sozialwissenschaften und Philosophie; seit 1993 Kulturredakteurin bei der »Neuen Rhein Zeitung« in Düsseldorf.

Bertram Müller, Dipl.-Psychologe, Gründer und Leiter des Vereins die werkstatt e.V. / Tanzhaus NRW, Direktor von World Dance Alliance Europa, Mitglied des Vorstandes der Gesellschaft für zeitgenössischen Tanz e.V., Seit 1975 Düsseldorfer, wohnt in Düsseldorf-Flingern.

Alexander Nitzberg, geboren 1969 in Moskau, 1980 Übersiedlung in die Bundesrepublik Deutschland; Studium der Germanistik und Philosophie in Düsseldorf; 1996-2000 Lektor beim Grupello Verlag in Düsseldorf; veröffentlichte drei Lyrikbände, zahlreiche Übersetzungen aus dem Russischen, u. a. A. Puschkin, W. Majakowski, A. Achmatowa, schrieb zwei Opernlibretti und ein Schauspiel; zahlreiche Literaturpreise und Stipendien; Mitglied im VS und Deutschen P.E.N.

Wulf Noll, geboren 1944 in Kassel, Studium der Germanistik und der Philosophie in Göttingen, Berlin und Düsseldorf, Promotion zum Dr. phil., 1986-1990 und 1993-1997 Lektor für deutsche Sprache und Literatur an den Universitäten Tsukuba und Okayyama/Japan; zahlreiche Buchveröffentlichungen und Rundfunksendungen; Arbeitsstipendium für Literatur der Stadt Düsseldorf (1982), Projektförderung durch das Land NRW 1993, 1999); Mitglied im Verband Deutscher Schriftsteller (VS).

Aloys Odenthal, geboren 1912 in Gerresheim, heute Düsseldorf Gerresheim; Gesellenprüfung als Maurer und Stukkateur, 1926-1936 Ausbildung zum Architekten, während der theoretischen Ausbildung zeitweilig Schüler von Prof. Kreis; seit 1937 selbständiger Architekt, Schwerpunkte: Industriebauten, Kirchen, Klöster; Ehrungen u. a. für 70jährige Mitgliedschaft in der Kolpingfamilie, 1977 Verdienstplakette der Landeshauptstadt Düsseldorf, 1985 Ehrenbürger der Landeshauptstadt Düsseldorf.

Christiane Oxenfort, geboren 1962 in Düsseldorf, studierte Flöte an den Musikhochschulen Köln und Stuttgart, mehrjährige Orchestertätigkeit; 1991 Initiatorin und künstlerische Leiterin des »Düsseldorfer Altstadt Herbst – Das Festival für junge Kultur«, heute geschäftsführende Gesellschafterin und künstlerische Leiterin der »Düsseldorfer Altstadt Herbst gemeinnützigen GmbH«; 1997 organisierte und veranstaltete sie im Rahmen des Heine-Jahres der Stadt Düsseldorf »Das Heine Spektakel – Eine poetische Nacht am Rhein«; Gründungsmitglied des Vereins »Freies Musiktheater NRW.NL.B.«; Mitglied des Flötenquartetts VIF.

Hans-Georg Paffrath, geboren 1922 in Düsseldorf, Eltern: Hans Paffrath und Eleonore Paffrath, geb. Theegarten; 1940-1945 Arbeitsdienst und Kriegseinsatz; nach dem Krieg Eintritt in die Galerie G. Paffrath; 1958 Übernahme der Galerie, 2000 Übergabe an die nächste Generation; 1958 Heirat mit Anna Helena Åkerhielm aus Stockholm, zwei Söhne, drei Töchter; seit 1977 Schwedischer Konsul, 1983-1992 Schwedischer Generalkonsul.

Marianne Perpeet, geboren in Düsseldorf, lebt im Stadtteil Pempelfort, in dem schon ihre Großeltern wohnten. Sie hat die Stadt nie verlassen, bis auf einen Sprachenaufenthalt in Paris und zahlreichen Auslandsreisen. Nach ihrer Tätigkeit in einer Privatbank arbeitet sie heute als Referentin in Bildungseinrichtungen und als ehrenamtliche Mitarbeiterin im 1983 gegründeten Arbeitskreis des Kunstmuseums.

Klaus Pfeffer, Prof. Dr. Ing., geboren 1931 Düsseldorf; Studium der Architektur an der TH München und der ETH Zürich, 1957 Diplom-Abschluß; 1963 Promotion an der TH Aachen, Thema: Spätklassizismus in Düsseldorf; 1958-1963 Mitarbeit im Architekturbüro Hentrich/Petschnigg; danach freier Architekt; seit 1973 Lehrtätigkeit an der FH Düsseldorf; seit 1975 Professor; zahlreiche wissenschaftliche Veröffentlichungen; seit 1965 Ausstellungen als Maler im In- und Ausland; Veröffentlichungen der Bildbände »Eine Stadt am Rhein – Düsseldorf« (1992) und »Neuss – Bilder einer rheinischen Stadt« (1994).

Wolfgang Reinbacher, geboren in der Steiermark, Abitur in Graz, Jura-Studium abgebrochen zu Gunsten einer Schauspieler-Ausbildung am Max-Reinhardt-Seminar in Wien, seit 1960 Mitglied des Düsseldorfer Schauspielhauses; weitere Engagements: Basler Theater, Münchener Kammerspiele, Burgtheater Wien und Residenztheater München; seit 1965 verheiratet mit Eva Böttcher.

Helmut Ricke, geboren 1943, Studium der Kunstgeschichte, Geschichte und Archäologie in Göttingen und Heidelberg, Promotion; seit 1972 am Kunstmuseum Düsseldorf tätig, gegenwärtig als Direktor der Sammlungen und Leiter des Glasmuseums Hentrich; Spezialgebiete: europäische Skulptur des 16./17. Jahrhunderts und – als Schwerpunkt – Geschichte der Glaskunst, vor allem des 19. und 20. Jahrhunderts.

Heinrich Riemenschneider, geboren 1924 in Düsseldorf, Musik- und Theaterstudium, Darsteller, Regisseur und Dramaturg an den Theatern in Trier, Essen, Düsseldorf und Bonn, 1977-1989 Leiter des Dumont-Lindemann-Archivs Düsseldorf, 1981 Gründungsdirektor des Theatermuseums der Landeshauptstadt Düsseldorf; Veröffentlichungen: »Theatergeschichte der Stadt Düsseldorf« (1987), »Der Fall Karlrobert K.« (Schauspiel, Düsseldorf 1983), »Immermann erinnert sich« (Schauspiel, Düsseldorf 1990); Auszeichnungen: Chevalier des Arts et des Lettres (La République Française 1991), Verdienstorden des Landes Nordrhein-Westfalen (1995).

Gisela Schäfer, Dr. med., geboren in Düsseldorf, Studium der Medizin in Marburg, Bonn und Düsseldorf, Assistenzärztin an der 1. Medizinischen Klinik der Universität Düsseldorf, Fachärztin für Innere Medizin; verheiratet mit Prof. Dr. med. Ernst L. Schäfer; gründete 1979 in Düsseldorf die Robert-Schumann-Gesellschaft e.V., deren geschäftsführendes Vorstandsmitglied sie ist; rief 1981 das Internationale Schumannfest Düsseldorf sowie 1994 den Internationalen Concours Clara Schumann für Klavier ins Leben.

Hilla Schnöring-Peetz, geboren 1922 in Hannover, humanistisches Elternhaus, Studium: Maschinenbau, Technische Physik, Promotion: Dr. rer. nat., seit 1949 Verfahrens-Technikerin in der Forschung und Entwicklung in der chemischen Großindustrie; seit 1980 Wissenschafts-Journalistin; sechs Buchveröffentlichungen über wissenschaftliche und sozialkritische Themen.

Jutta Scholl, geboren 1948 in Wuppertal, Dipl.-Bibliothekarin, seit 1971 Leiterin der Musikbibliothek der Stadtbüchereien. Herausgeberin der »Schriftenreihe des Freundeskreises Stadtbüchereien«, in der bisher fünf Bände erschienen sind. Lehraufträge an den Hochschulen für Bibliothekswesen in Stuttgart und Bonn und an der Robert-Schumann-Hochschule in Düsseldorf (bis 1996).

Ferdinand Scholz, geboren 1952 in Düsseldorf, veröffentlicht seit 1984 Lyrik, Prosa, Hörspiele; letzte Einzelveröffentlichung: »Wichtige Gedichte« Düsseldorf 1997; 1991 Hörspielpreis des WDR für »Es ist immer Heimat. Unausweichlich!«; Lesungen und Vorträge zu literarischen Themen; unterrichtet »Literarisches Schreiben« an der Heinrich-Heine-Universität Düsseldorf.

Lothar Schröder, geboren 1963 in Duisburg, Studium der Germanistik, Philosophie, Geschichte und Politischen Wissenschaften an der Gerhard-Mercator-Universität Duisburg; seit 1997 Feuilleton-Redakteur der Rheinischen Post, zahlreiche Veröffentlichungen zur Literatur, darunter Essays über Günter Eich und das Hörspiel der 50er Jahre, über Dieter Wellershoff, Mitherausgeber des Sammelbandes »Streitfall Berliner Republik«.

Hans Schwarz, geboren 1941 in Hannover, Banklehre bei der Norddeutschen Landesbank – Girozentrale –, Hannover, Diplom-Sparkassenbetriebswirt, 1972-1988 Vorstandsvorsitzender der Kreis- und Stadtsparkasse Borken, 1989-1993 Mitglied des Vorstandes der Stadtsparkasse München, 1994-1995 Vorsitzender des Vorstandes der Stadtsparkasse Münster, seit 1996 Vorsitzender des Vorstandes der Stadtsparkasse Düsseldorf; Mitarbeit in Räten und Ausschüssen im Sparkassen- und Verbundbereich sowie in Kammern und Firmen.

Hartmut Seeling, geboren 1940 in Wuppertal, Studium an der Kunstakademie Düsseldorf, 1969 Assessor für Kunsterziehung, bis 1975 Assistent an der Uni Essen und Studium an der Universität Köln mit Promotion 1983 über: Geschichte der Hochschule für Gestaltung Ulm (als Beispiel für ein modernes Gesamtkunstwerk); seit 1975 freischaffender Künstler und Bauarbeiter in Sachen Gesamtkunstwerk; 1967 Heirat mit der Malerin Brigitte Seeling-Fassbender. Wir haben vier Kinder.

Marlies Smeets, geboren 1936 in Düsseldorf, Ausbildung als Industriekauffrau bei der Rheinischen Bahngesellschaft AG und dort zuletzt stellvertretende Hauptabteilungsleiterin im Personal- und Sozialwesen; 1994 Wahl zur Oberbürgermeisterin als erste Frau in dieser Position in der über 700jährigen Stadtgeschichte Düsseldorfs; Schwerpunkte des mehr als dreißigjährigen kommunalpolitischen Engagements sind die Gesundheits-, Sozial- und Sportpolitik sowie die Sicherung des Wirtschaftsstandortes Düsseldorf; seit Oktober 1999 Bürgermeisterin der Landeshauptstadt Düsseldorf.

Edmund Spohr, geboren 1943 in Trier, Studium der Architektur in Aachen, 1965-1966 Stipendiat an der École Nationale Supérieure des Beaux-Arts in Paris, Stage im Ministerium für Städtebau in Paris, 1966 Dipl.-Ing., 1973 Promotion; seit 1969 freischaffender Architekt in Düsseldorf, Wohnanlagen, Banken, Altenheime, Städtebauliche Analysen, Denkmalpflege; seit 1988 Partnerschaft mit Sato et Ass., Paris; Expo '90 Europa Pavillion Osaka, Japan; zahlreiche Veröffentlichungen zum Städtebau und zur Baugeschichte Düsseldorfs.

Rolf Steinhäuser, Msgr., geboren 1952 in Köln, 1977 Priesterweihe in Köln, nach verschiedenen Kaplanstellen Stadtjugendseelsorger in Bonn, 1990-1996 Diözesanjugendseelsorger des Erzbistums Köln, Rektor von Haus Altenberg, seit 1996 Pfarrer von St. Lambertus, seit 1997 Stadtdechant von Düsseldorf.

Günter Tondorf, geboren 1934 in Bonn, 1951 Übersiedlung nach Düsseldorf; 1955-1961 Studium der Rechtswissenschaften an den Universitäten zu

Köln und der FU Berlin, 1961 erste juristische Staatsprüfung, 1965 Promotion, 1966 zweite juristische Staatsprüfung, 1966 Zulassung zur Anwaltschaft in Düsseldorf; 1970-1974 Bürgerschaftsmitglied der Landeshauptstadt Düsseldorf, 1983 Sprecher des Kulturbeirats in Düsseldorf, heute Initiativkreis Kultur in Düsseldorf e.V.; Honorarprofessor der Universität zu Köln.

Monika Voss, geboren 1942 in Düsseldorf, Studium der Pädagogik in Köln und Neuss, seit 1965 im Schuldienst der Stadt Düsseldorf; schreibt Mundarttexte für Kinder und Erwachsene, wöchentliche Kolumne in der Rheinischen Post; veröffentlichte »Düsseldorwer Dönekes« (1997), »Onger ons jesaht« (1999); verheiratet, ein Sohn.

Otto Vowinckel (Tito von Woleck), geboren 1939; Architekt und Grafik-Designer; schreibt Gedichte und Kurzprosa; zahlreiche Lesungen.

Friedrich Werthmann, geboren 1927 in Barmen, 1944-1945 Soldat und Kriegsgefangenschaft, seit 1948 Bildhauer; 1948-1952 Figurative Plastik in Holz und Stein, 1952-1956 Abstrakte Plastik in Holz und Stein, 1956-1957 Diastrukturen in armiertem Beton, seit 1957 Arbeiten in Stahl, 1959 erste Sphären, Kontinua, 1965 erste vom Winde bewegte Arbeiten, 1975 erste mit Dynamit gestaltete Arbeiten, 1987 erste Parallelogramme; zahlreiche Einzel- und Gruppenausstellungen u. a. in Lausanne, Mailand, Basel, Zürich, Paris, Lyon, New Delhi, Teheran, London, Antwerpen und Padua.

Alexander Westhoff, geboren 1980 in Düsseldorf, 1987-1991 St. Franziskus-Grundschule, 1991-2000 Goethe-Gymnasium Düsseldorf, Abitur 2000; will Journalist werden.

Bernd Wiesemann, geboren 1938 in Düsseldorf, wirkt als Pianist, Komponist, Konzeptkünstler und Pädagoge in Düsseldorf; Zusammenarbeit mit Künstlern verschiedener Sparten; CD- und Rundfunkproduktionen; 1991-2000 Initiator und künstlerischer Leiter der Reihe »forum 20 – musik des 20. jahrhunderts im spiegel der dezenien«.

Sophia Willems, geboren 1950 in Wittlich/Eifel, Studium der Musik, Germanistik, Literaturwissenschaft u. a. bei Walter Höllerer, Publizistik und Philosophie; Praktikum beim ZDF in Mainz und zweisemestriges Studium bei Elisabeth Noelle-Neumann, freie Mitarbeit beim RIAS Berlin, 1977 Volontariat bei der Westdeutschen Zeitung in Mönchengladbach, Wuppertal, Düsseldorf, 1979-1988 Lokalredakteurin in Mönchengladbach, seit 1989 Leiterin der zentralen Kulturredaktion der Westdeutschen Zeitung, Sitz Düsseldorf.

Ruth Willigalla, geboren 1930 in Düsseldorf, kaufmännische Angestellte, Sekretärin, Sachbearbeiterin, Mutter und Hausfrau, Ratsfrau, Gründerin des Heimatvereins »Düsseldorfer Weiter«; Veröffentlichungen: »Erlebt und Erlitten – Gerresheim in der NS-Zeit« und »Hinksteine – Gerresheimer Geschichten«, Lyrik.

Klaus Witzel, geboren 1933 in Dortmund; Abitur 1954 am humanistischen Stadtgymnasium Dortmund; Medizinstudium in Münster, München und Kiel; Promotion und Bestallung als Arzt 1961; seit 1966 Facharzt für Kinderheilkunde in Düsseldorf; 1971 Habilitation für das Fach Kinderheilkunde an der Fakultät für Klinische Medizin Mannheim der Universität Heidelberg; 1973-1999 Chefarzt der Kinderklinik am Evangelischen Krankenhaus Düsseldorf; 1998 Verleihung des Bundesverdienstkreuzes.

Renate Zilian, Pfarrerin, geboren 1952 in Berlin, Studium der Pädagogik und Philosophie in Bonn und der evangelischen Theologie in Bonn und Wuppertal; gestalttherapeutische Ausbildung am IfG in Düsseldorf; seit 1985 Pfarrerin der Johannes-Kirchengemeinde in Düsseldorf im Bezirk Innenstadt, seit 1995 auch in der Altstadt.

DIE neue literarische Visitenkarte von Düsseldorf

Alla Pfeffer (Hg.)
Straßenbilder
Düsseldorfer Schriftsteller
über ihr Quartier
192 Seiten • Br. • DM 24,80
ISBN 3-928234-86-2

... 37 Angehörige der hiesigen schreibenden Zunft haben für die »Straßenbilder« ihren Beitrag geliefert, ihren individuellen Mosaikstein für ein Porträt dieser Stadt, wie es in keinem Reiseführer und keinem Edelbildband zu finden ist. *Düsseldorfer Hefte*

Alla Pfeffer brachte als Herausgeberin in Düsseldorf lebende Literaten unter einem Motto zusammen ... Der Reigen bekannter Namen reicht – um nur wenige zu nennen – von Ingrid Bacher über Wilhelm Gössmann bis hin zu Astrid Gehlhoff-Claes und Gerda Kaltwasser ... Die »Straßenbilder« sind ein Muß für jeden bekennenden Düsseldorfer und eine Empfehlung für alle, die sich zu einem solchen Standpunkt bislang noch nicht durchringen konnten. *Rheinische Post*

Liebevolle, kritische, witzige, zwiespältige, mundartliche, historische, versförmige, frotzelnde wie plaudernde, in jedem Fall aber ganz persönliche Bekenntnisse und Auseinandersetzungen – vom Rolander Weg und der Bilker Straße bis zur Hansaallee – sind das frisch gedruckte Ergebnis. *Neue Rheinzeitung*

DAS AUGE LIEST MIT – schöne Bücher für kluge Leser
Besuchen Sie uns im Internet unter: www.grupello.de